Be a TOP SCORER
in CBSE Exams 2025

iSucceed

15 सैंपल प्रश्न-पत्र

with Quick Study Notes के साथ

विज्ञान 10th

arihant
SUCCESS AND NOTHING LESS

Be a TOP SCORER
in CBSE Exams 2025

i Succeed

15 सैंपल प्रश्न-पत्र

with Quick Study Notes के साथ

विज्ञान 10th

लेखक
शिल्पा जैन (भौतिक विज्ञान)
रोहित (रसायन विज्ञान)
चिराग मैंदांवत (जीव विज्ञान)

अरिहन्त प्रकाशन
(स्कूल डिवीज़न सीरीज़)

卐 रजि. कार्यालय
'रामछाया' 4577/15, अग्रवाल रोड, दरिया गंज, नई दिल्ली- 110002
फोन: 011-47630600, 43518550

卐 मुख्य कार्यालय
कालिन्दी, टी०पी० नगर, मेरठ (यूपी)– 250002
फोन: 0121-7156203, 7156204

卐 शाखा कार्यालय
आगरा, अहमदाबाद, बरेली, बंगलुरु, चेन्नई, दिल्ली, गुवाहाटी, हैदराबाद, जयपुर, झाँसी, कोलकाता, लखनऊ, नागपुर तथा पुणे

卐 मूल्य ₹ 225.00

PO No : TXT-XX-XXXXXXX-X-XX

PUBLISHED BY ARIHANT PUBLICATIONS (INDIA) LTD.

'अरिहन्त' की पुस्तकों के बारे में अधिक जानकारी के लिए हमारी वेबसाइट **www.arihantbooks.com** पर लॉग इन करें या **info@arihantbooks.com** पर सम्पर्क करें।

Follow us on

i Succeed

SAMPLE QUESTION PAPERS

THE **BEST CHOICE** OF TEACHERS & STUDENTS, Why?

01 परीक्षा पैटर्न पर आधारित

इस पुस्तक में दिए गए सभी सैंपल प्रश्न-पत्र CBSE के Exam पैटर्न पर आधारित हैं। सभी सैंपल प्रश्न-पत्र में सबसे Best प्रश्नों का संकलन किया गया है।

02 संपूर्ण Syllabus का Coverage

सभी सैंपल प्रश्न-पत्रों में संपूर्ण पाठ्यक्रम को विभिन्न प्रकार के प्रश्नों के माध्यम से Cover किया गया है।

03 50% CBQs

नवीनतम CBSE सर्कुलर के अनुसार प्रत्येक सैंपल प्रश्न-पत्र में 50% दक्षता आधारित प्रश्नों का समावेश किया गया है।

04 विस्तृत व्याख्या

प्रत्येक प्रश्न के उत्तर की विस्तृत व्याख्या की गई है, जिससे छात्र प्रश्न का उत्तर जानने के साथ-साथ अध्याय की महत्त्वपूर्ण जानकारी भी प्राप्त कर सकें।

05 Quick Study नोट्स

नवीनतम CBSE पाठ्यक्रम के अनुसार प्रत्येक पाठ के सार को Pointer form में दिया गया है, जिससे छात्र पाठ्यक्रमानुसार सभी अध्यायों का Quick Revision कर सकें।

i Succeed

विज्ञान 10

पाठ्यक्रम

2024-25

नवीनतम पाठ्यक्रम

क्रम संख्या	इकाई	अंक
1	रासायनिक पदार्थ– प्रकृति एवं व्यवहार	25
2	जैव–जगत	25
3	प्राकृतिक घटनाएँ	12
4	विद्युत का प्रभाव	13
5	प्राकृतिक संसाधन	05
	योग	80
	आन्तरिक मूल्यांकन	20
	कुल योग	**100**

पदार्थ

इकाई–1

रासायनिक पदार्थ–प्रकृति एवं व्यवहार

- **रासायनिक अभिक्रियाएँ** रासायनिक समीकरण, सन्तुलित रासायनिक समीकरण, सन्तुलित रासायनिक समीकरण से तात्पर्य, रासायनिक अभिक्रियाओं के प्रकार–संयोजन अभिक्रिया, अपघटन (वियोजन) अभिक्रिया, विस्थापन अभिक्रिया, द्विविस्थापन अभिक्रिया, अवक्षेपण अभिक्रिया, ऊष्माशोषी तथा ऊष्माक्षेपी अभिक्रियाएँ, उपचयन तथा अपचयन अभिक्रिया।

- **अम्ल, क्षार तथा लवण** H^+ तथा OH^- आयनों के आधार पर अम्ल, क्षार तथा लवण की परिभाषाएँ, सामान्य गुणधर्म, उदाहरण तथा उपयोग, उदासीनीकरण, pH पैमाना की अवधारणा, दैनिक जीवन में pH का महत्त्व, सोडियम हाइड्रॉक्साइड, विरंजक चूर्ण, बेकिंग सोडा, धावन सोडा, प्लास्टर ऑफ पेरिस के निर्माण की विधि तथा उपयोग।

- **धातु एवं अधातु** धातु तथा अधातुओं के गुणधर्म, सक्रियता श्रेणी, आयनिक यौगिकों का निर्माण तथा गुणधर्म, धातुकर्म की आधारभूत विधियाँ, संक्षारण तथा उसका निवारण।

- **कार्बनिक यौगिक** कार्बनिक यौगिकों में सहसंयोजी आबंध, कार्बन की सर्वतोमुखी प्रकृति, समजातीय श्रेणी, क्रियात्मक समूह वाले कार्बनिक यौगिकों (हैलोजन, एल्कोहल, कीटोन, एल्डिहाइड, एल्केन, एल्काइन) की नामपद्धति, संतृप्त तथा असंतृप्त हाइड्रोकार्बन में अन्तर, कार्बनिक यौगिकों के रासायनिक गुणधर्म (दहन, ऑक्सीकरण, संयोजन, प्रतिस्थापन अभिक्रिया), एथेनॉल तथा एथेनाइक अम्ल (केवल गुणधर्म तथा उपयोग), साबुन और अपमार्जक।

सजीव जगत

इकाई–2 जैव जगत

- **जैव प्रक्रम** सजीव, पौधों तथा जन्तुओं में पोषण, श्वसन, परिवहन तथा उत्सर्जन की मूलभूत अवधारणा।

- **जन्तुओं तथा पौधों में नियन्त्रण एवं समन्वय** पौधों में दिशिक गति, पादप हार्मोनों का परिचय, जन्तुओं में नियंत्रण एवं समन्वय, तन्त्रिका तन्त्र, ऐच्छिक पेशियाँ तथा अनैच्छिक पेशियाँ, प्रतिवर्ती क्रिया, रासायनिक समन्वयन–जन्तुओं में हार्मोन।

- **प्रजनन** जन्तुओं तथा पौधों में प्रजनन (लैंगिक तथा अलैंगिक) प्रजनन स्वास्थ्य–आवश्यकताएँ तथा परिवार नियोजन की विधियाँ, सुरक्षित यौन एवं HIV/AIDS, प्रसूति एवं जनन स्वास्थ्य।

- **आनुवंशिकता एवं जैव विकास** आनुवंशिकता, मेंडल का योगदान – लक्षणों की वंशागति के नियम, लिंग निर्धारण (संक्षिप्त परिचय), विकास की मूलभूत संकल्पना।

प्राकृतिक घटनाएँ

इकाई–3 प्राकृतिक घटनाएँ (संवृतियाँ)

- वक्रीय पृष्ठ द्वारा प्रकाश का परावर्तन, गोलीय दर्पणों द्वारा प्रतिबिम्ब बनाना, वक्रता केन्द्र, मुख्य अक्ष, मुख्य फोकस, फोकस दूरी, दर्पण सूत्र, (निगमन नहीं), आवर्धन।
- **अपवर्तन** अपवर्तन के नियम, अपवर्तनांक, गोलीय लेंसों द्वारा अपवर्तन, गोलीय लेंसों द्वारा प्रतिबिम्ब का बनाना, लेन्स सूत्र (निगमन नही), आवर्धन लेंस की क्षमता।
- मानव नेत्र में लेंस का कार्य, दृष्टि दोष एवं निवारण, गोलीय दर्पण तथा लेंसों का अनुप्रयोग।
- प्रिज्म द्वारा प्रकाश का अपवर्तन, प्रकाश का विक्षेपण, प्रकाश का प्रकीर्णन, दैनिक जीवन में अनुप्रयोग।

वस्तुएँ कैसे कार्य करती हैं

इकाई–4 विद्युत का प्रभाव

- विद्युत धारा, विभवांतर तथा विद्युत धारा, ओम का नियम, प्रतिरोध, प्रतिरोधकता, कारक जिन पर किसी चालक का प्रतिरोध निर्भर करता है। प्रतिरोधों का संयोजन (श्रेणी क्रम, समान्तर क्रम) एवं दैनिक जीवन में इसका उपयोग, विद्युत धारा का ऊष्मीय प्रभाव तथा दैनिक जीवन में उपयोग, विद्युत शक्ति, P, V, I तथा R में अन्र्तसम्बन्ध।
- **विद्युत धारा का चुम्बकीय प्रभाव** चुम्बकीय क्षेत्र, क्षेत्र रेखाएँ, किसी विद्युत धारावाही चालक के कारण चुम्बकीय क्षेत्र, परिनालिका में प्रवाहित विद्युत धारा के कारण चुम्बकीय क्षेत्र, चुम्बकीय क्षेत्र में किसी विद्युत धारावाही चालक का बल, फ्लेमिंग का बाँए हाथ का नियम दिष्ट धारा, प्रत्यावर्ती धारा, प्रत्यावर्ती धारा आवृत्ति, दिष्ट धारा की तुलना में प्रत्यावर्ती धारा से लाभ, घरेलू विद्युत परिपथ।

प्राकृतिक संसाधन

इकाई–5 प्राकृतिक संसाधन

- **हमारा पर्यावरण** पारितन्त्र, पर्यावरणीय समस्याएँ, ओजोन परत का अपक्षयन, अपशिष्ट उत्पादन तथा निवारण, जैवनिम्नीकरणीय तथा अजैवनिम्नीकरणीय पदार्थ।

प्रिपरेशन असेसमेंट जोन

Welcome to प्रिपरेशन असेसमेंट जोन

इस सेक्शन में CBSE बोर्ड द्वारा जारी नवीनतम CBSE सैंपल प्रश्न पत्र व CBSE बोर्ड पेपर 2024 को शामिल किया गया है, जिसका मुख्य उद्देश्य यह है कि प्रत्येक छात्र Board Exams के पैटर्न व प्रश्नों की प्रकृति को जान सके व Board Paper को निश्चित समय में हल करने का अध्ययन कर सके।

Progress Tracker प्रश्न पत्रों को समाप्त करने के पश्चात यहाँ Tick (✓) करें

☐ नवीनतम CBSE सैंपल प्रश्न-पत्र

☐ CBSE बोर्ड पेपर 2024

नवीनतम
CBSE सैंपल प्रश्न-पत्र

सेशन 2024-25

विज्ञान कक्षा 10 (कोड 086)

सामान्य निर्देश

1. सभी प्रश्न अनिवार्य होंगे। हालांकि, लगभग 33% का आंतरिक विकल्प प्रदान किया गया है। योग्यता-आधारित प्रश्नों के लिए 50% अंक आवंटित किए गए हैं।
2. **खण्ड 'क'** में 16 सरल/जटिल बहुविकल्पीय प्रश्न और 04 अभिकथन-कारण प्रकार के प्रश्न होंगे, जिनमें से प्रत्येक 01 अंक का होगा।
3. **खण्ड 'ख'** में 6 अतिलघु उत्तरीय प्रकार के प्रश्न होंगे, जिनमें से प्रत्येक 02 अंक का होगा।
4. **खण्ड 'ग'** में 7 लघु उत्तरीय प्रकार के प्रश्न होंगे, जिनमें से प्रत्येक 03 अंक का होगा।
5. **खण्ड 'घ'** में 3 दीर्घ उत्तारीय प्रकार के प्रश्न होंगे, जिनमें से प्रत्येक 05 अंक का होगा।
6. **खण्ड 'ङ'** में 3 स्रोत आधरित/केस आधारित/पैसेज आधारित प्रश्न होगें। जिनमें से प्रत्येक प्रश्न 04 अंक (1/2/3 अंकों के मान के उपभागों के साथ) का होगा।

- **कुल प्रश्न : 39**
- **खंडों की संख्या : 5**
- **निर्धारित समय : 3 घंटे**
- **अधिकतम पूर्णांक : 80**

खण्ड-क बहुविकल्पीय प्रश्न

1. निम्नलिखित सन्तुलित अभिक्रिया में 'p', 'q' और 'r' की पहचान करें।

$$p\text{Pb(NO}_3)_2(s) \xrightarrow{\text{ऊष्मा}} q\text{PbO}(s) + r\,\text{NO}_2(g) + \text{O}_2(g)$$

(a) 2, 2, 4 (b) 2, 4, 2
(c) 2, 4, 4 (d) 4, 2, 2

2. सूची-I को सूची-II से मिलाएँ और दिए गए कूट का उपयोग करके सही विकल्प चुनिए।

	सूची-I		सूची-II
A.	एक धातु जो उभयधर्मी ऑक्साइड बनाती हैं	1.	Ga
B.	एक धातु जो हथेली पर रखने पर पिघलती है	2.	Au
C.	एक धातु जो नाइट्रिक अम्ल के साथ अभिक्रिया करती है	3.	Al
D.	एक धातु जो अम्लों से हाइड्रोजन विस्थापित नहीं कर सकती।	4.	Mn

	A	B	C	D		A	B	C	D
(a)	2	1	3	4	(b)	3	1	4	2
(c)	4	2	3	1	(d)	3	2	1	4

3.

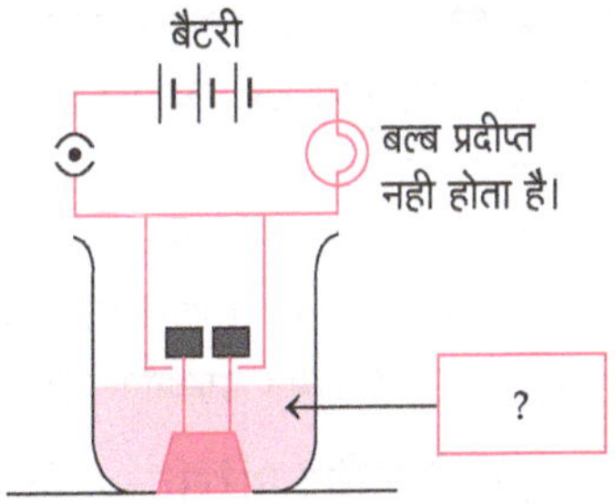

दिए गए चित्र में विलयन सम्भवतः होगा।

(a) HNO_3 (b) C_2H_5OH
(c) H_2SO_4 (d) जल में CO_2

4. एक जलीय विलयन 'A' फिनॉफ्थैलीन विलयन को गुलाबी कर देता है। 'A' में जलीय विलयन 'B' मिलाने पर गुलाबी रंग गायब हो जाता है विलयन 'A' और 'B' के लिए निम्नलिखित में से कौन-सा कथन सत्य है?

(a) A प्रबल क्षार है और B एक दुर्बल क्षार है।
(b) B प्रबल अम्ल है और B एक दुर्बल क्षार है।
(c) A का pH 7 से अधिक है और B का pH 7 से कम है।
(d) A का pH 7 से कम है और B का pH 7 से अधिक है।

5. जब 50 ग्राम लेड पाउडर 300 मिलीलीटर नीले कॉपर सल्फेट विलयन में मिलाया जाता है, तो कुछ घण्टों के पश्चात् विलयन रंगहीन हो जाता है यह एक उदाहरण है

(a) संयोजन अभिक्रिया
(b) वियोजन (अपघटन) अभिक्रिया
(c) विस्थापन अभिक्रिया
(d) द्विविस्थापन अभिक्रिया

6. तीन तत्त्वों X, Y और Z का इलेक्ट्रॉनिक विन्यास $X-2,8,7, Y-2,8,2$ और $Z-2,8$ है।

(a) Y और Z धातु हैं।
(b) Y और Z अधातु है।
(c) X एक अधातु है और Y एक धातु है।
(d) Y एक अधातु है और Z एक धातु है।

7. निम्नलिखित में से कौन-सी एक ऊष्माशोषी अभिक्रिया है?

(a) मोमबत्ती का जलना
(b) भोजन पकाना
(c) वनस्पति पदार्थ का अपघटन
(d) सोडियम की वायु के साथ अभिक्रिया

8. ग्लूकोस के कोशिकीय ऑक्सीकरण के दौरान, इस अभिक्रिया में अन्य उत्पादों के निर्माण के साथ-साथ ATP का उत्पादन होता है। निम्नलिखित में से कौन-सी घटना इस प्रक्रिया के दौरान ग्लूकोस के एक अणु से अधिकतम ATP अणुओं के उत्पादन से सम्बन्धित है?

(a) यीस्ट में ऐथेनॉल का संश्लेषण
(b) पेशी कोशिकाओं में लैक्टिक अम्ल का संश्लेषण
(c) यीस्ट कोशिकाओं में कार्बन डाइऑक्साइड का संश्लेषण
(d) मानव कोशिकाओं में कार्बन डाइऑक्साइड का संश्लेषण

9. सामान्य मनुष्य में रुधिर परिसंचरण के निम्नलिखित में से किस चरण के दौरान, ऑक्सीजन युक्त रुधिर शरीर के सभी भागों में पम्प किया जाता है?

(a) बाएँ अलिन्द का संकुचन
(b) बाएँ निलय का संकुचन
(c) दाएँ अलिन्द का शिथिलन
(d) दाएँ निलय का शिथिलन

10. निम्नलिखित में से कौन-सा अनुकूलन शाकाहारी प्राणियों में सेलुलोस के पाचन में सहायता करता है?

(a) लम्बी बड़ी आँत (b) छोटी बड़ी आँत
(c) छोटी छोटी आँत (d) लम्बी छोटी आँत

11. एक मरीज में अनुमस्तिष्कीय विकार था। इसके परिणामस्वरूप इस मरीज में निम्नलिखित में से कौन-सी गतिविधियाँ बाधित होंगी?

(a) लार का स्रावण
(b) भूख पर नियन्त्रण
(c) शरीर मुद्रा और सन्तुलन
(d) रक्तचाप का नियमन

12. घोंघे अपने जीवन की शुरूआत नर के रूप में कर सकते हैं और पर्यावरणीय परिस्थितियों के आधार पर वे बड़े होने पर मादा बन सकते हैं।
ऐसा इसलिए हैं, क्योंकि

(a) नर घोंघों में प्रभावी आनुवंशिक संरचना होती है।
(b) मादा घोंघों में प्रभावी आनुवंशिक संरचना होती है।
(c) घोंघे के जीवनकाल में लिंग गुणसूत्रों की अभिव्यक्ति परिवर्तित हो सकती है।
(d) घोंघों में लिंग आनुवंशिक रूप से निर्धारित नहीं होता है।

13. निम्नलिखित स्थितियों में, एक किरण अवतल दर्पण पर आपतित होती है। किस स्थिति में आपतन कोण शून्य के बराबर है?

(a) मुख्य अक्ष के समान्तर एक किरण।
(b) वक्रता केन्द्र से गुजरने वाली तथा संकीर्ण आपतित किरण।
(c) मुख्य फोकस से होकर गुजरने वाली तथा संकीर्ण आपतित किरण।
(d) दर्पण के ध्रुव पर मुख्य अक्ष से संकीर्ण आपतित किरण।

14.

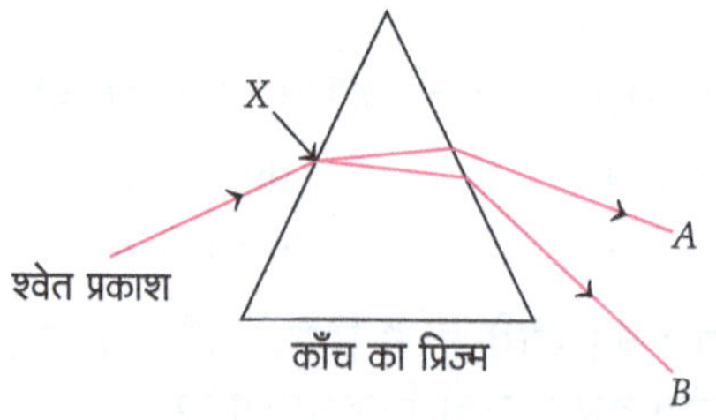

A और B किरणों के रंग के लिए सही विकल्प चुनिए।

	किरण A का रंग	किरण B का रंग
A.	नीला	लाल
B.	हरा	पीला
C.	लाल	बैंगनी
D.	बैंगनी	नीला

15. गलत कथन की पहचान करें
'उत्पादकों की प्राप्य ऊर्जा अधिकतम होती है', क्योंकि

(a) यह प्रथम पोषी स्तर है, जो स्रोत से सीधे 1% प्रकाश ऊर्जा को अवशोषित करता है।

(b) यह स्वयं के श्वसन, वृद्धि जनन, गति आदि के लिए रासायनिक ऊर्जा का सबसे अधिक उपयोग करता है।

(c) यह प्रकाश ऊर्जा का 10% उपयोग करता है और शेष ऊर्जा को अगले पोषी स्तर को स्थानान्तरित करता है।

(d) यह प्रकाश ऊर्जा का केवल 10% अगले पोषी स्तर को स्थानान्तरित करता है।

16. निम्नलिखित में से कौन-से पारिस्थितिकी तन्त्र में अपघटकों की कोई भूमिका नहीं होती है?

(a) मृदा का प्राकृतिक पुनर्भरण

(b) वातावरण में ऑक्सीजन की आपूर्ति

(c) अपशिष्टों का अपघटन

(d) मृत अवशेषों का विघटन

अभिकथन-कारण प्रकार के प्रश्न

निर्देश (प्र. सं. 17-20) इन प्रश्नों में दो कथन; **अभिकथन** (A) और **कारण** (R) दिए गए हैं। इन प्रश्नों के उत्तर नीचे दिए गए अनुसार उचित विकल्प को चुनकर दीजिए।

(a) A और R दोनों सही हैं तथा R द्वारा A की सही व्याख्या हो रही है।

(b) A और R दोनों सही हैं, परन्तु R द्वारा A की सही व्याख्या नहीं हो रही है।

(c) A सही है, परन्तु R गलत है।

(d) A गलत है, परन्तु R सही है।

17. **अभिकथन** (A) जब तनु हाइड्रोक्लोरिक अम्ल (HCl) को एक परखनली में रखे पदार्थ X में मिलाया जाता है, तो एक रंगहीन गैस उत्पन्न होती है, जो जलती हुई माचिस की तीली के समीप लाने पर 'पॉप' की ध्वनि उत्पन्न करती है।

कारण (R) इस अभिक्रिया में धातु 'X' को हाइड्रोजन द्वारा विस्थापित किया जाता है

18. **अभिकथन** (A) किसी भी जाति में एक कोशिका और एक जनन कोशिका में गुणसूत्रों की संख्या समान नहीं होती है।

कारण (R) जब 2 जनन कोशिकाएँ आपस में मिलती हैं, तो वे एक जाति में गुणसूत्रों की सामान्य संख्या को पुनः स्थापित कर देती हैं।

19. **अभिकथन** (A) उत्तल दर्पण सदैव अपने पीछे प्रतिबिम्ब बनाता है तथा बनाने वाला प्रतिबिम्ब आभासी होता है।

कारण (R) चिह्न परिपाटी के अनुसार, उत्तल दर्पण की फोकस दूरी धनात्मक होती है।

20. **अभिकथन** (A) यदि शेरों को खाद्य श्रृंखला से हटा दिया जाए, तो यह खाद्य श्रृंखला को प्रभावित नहीं करेगा, हालाँकि यदि पौधों को खाद्य श्रृंखला से हटा दिया जाए तो यह पारिस्थितिकी तन्त्र में बाधा उत्पन्न करेगा।

कारण (R) पौधे उत्पादक होते हैं, जो सूर्य के प्रकाश का उपयोग करके अपने भोजन का निर्माण कर सकते हैं, जबकि शेर उपभोक्ता है।

खण्ड-ख अतिलघु उत्तरीय प्रश्न

21. निम्नलिखित अभिक्रिया के प्रकार की पहचान करें और अपने उत्तर का कारण बताएँ।

A. $Fe_2O_3 + 2Al \longrightarrow Al_2O_3 + 2Fe +$ ऊष्मा

B. $Pb(NO_3)_2 + 2KI \longrightarrow PbI_2(\downarrow) + 2KNO_3$

22. निम्नलिखित बिन्दुओं के आधार पर वायुकोष्ठिका और नेफ्रॉन (वृक्क नलिका) के मध्य अन्तर बताइए।

क्र. सं.	विशेषता	वायुकोष्ठिका	नेफ्रॉन (वृक्क नलिका)
1.	संरचना तथा स्थान		
2.	कार्य		

23. उपभाग A अथवा B में से किसी एक का उत्तर दें।

A. पौधों द्वारा ग्लूकोस के संश्लेषण के चरणों (पदों) की सूची बनाइए। मरुस्थलीय पादपों में 'इस प्रक्रिया से सम्बन्धित कौन-सा विशेष लक्षण पाया जाता है?

अथवा

B. मानवों में भोजन के पाचन की प्रकिया में निम्नलिखित एंजाइमों की भूमिका की व्याख्या कीजिए।

(i) लार एमाइलेज (ii) पेप्सिन

(iii) ट्रिप्सिन (iv) लाइपेज

24.

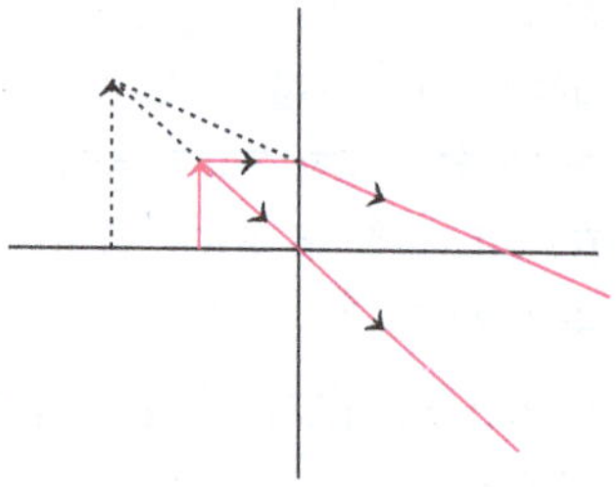

उपरोक्त चित्र में एक लेन्स द्वारा प्रतिबिम्ब के निर्माण को एक गहरी रेखा द्वारा दर्शाया गया है। आकृति का विश्लेषण करें तथा निम्नलिखित प्रश्नों के उत्तर दीजिए।

(a) किस प्रकार के लेन्स का प्रयोग किया गया है?

(b) प्रतिबिम्ब की प्रकृति क्या है?

(c) यदि प्रतिबिम्ब लेन्स से 30 सेमी की दूरी पर बनता है तथा प्रतिबिम्ब, बिम्ब के आकार का दोगुना है, तो बिम्ब कहाँ रखा गया है?

25. उपभाग A अथवा B में से किसी एक का उत्तर दें।

A. दोनों विकल्प A या B में से एक का प्रयास करें।

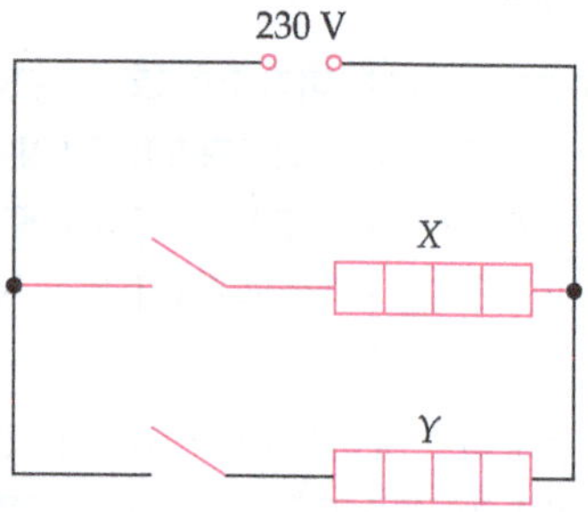

उपरोक्त चित्र में, क्लॉथ ड्रायर के विद्युत परिपथ में समान्तर रूप से दो हीटर X और Y लगे हुए हैं। उपरोक्त चित्र 230V विद्युत आपूर्ति से संयोजित परिपथ को दर्शाता है। जब दोनों स्विच बन्द होते हैं, तो X में धारा 3.5 A होती है।

ऊपर दिए गए परिपथ का विश्लेषण करें और निम्नलिखित प्रश्नों के उत्तर दीजिए।

(i) हीटर X में क्षपित सामर्थ्य की गणना करें।

(ii) यदि X का प्रतिरोध Y से दोगुना है, तो हीटर Y में धारा की गणना कीजिए।

अथवा

B.

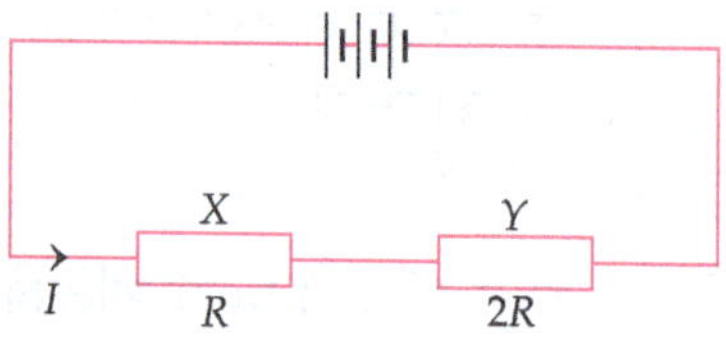

उपरोक्त चित्र श्रेणी में X और Y दो प्रतिरोधों को बैटरी से जोड़ता हुआ दर्शाता है।

इस संयोजन के लिए अपव्ययित शक्ति P_1 है जब ये प्रतिरोध समान बैटरी से समान्तर क्रम में जुड़े हो, तो अपव्ययित शक्ति को P_2 द्वारा दिया जाता है, अनुपात P_1/P_2 ज्ञात कीजिए।

26. नीचे दिया गया चित्र एक चिन्ताजनक स्थिति को प्रदर्शित करता है।

यदि मानव अन्तिम पोषी स्तर को अधिग्रहित कर लेते हैं, तो चित्र में दिखाई गई प्रक्रिया का मानव पर क्या प्रभाव पड़ेगा? समझाइए।

खण्ड-ग लघु उत्तरीय प्रश्न

27. A. अनिरूद्ध ने दो धातु ऑक्साइड लिए एल्युमीनियम ऑक्साइड और मैग्नीशियम ऑक्साइड जैसा कि नीचे दिए गए चित्रों में दिखाया गया हैं। लेकिन वह उन पर लेबल लगाना भूल गया। आप अनिरूद्ध को ऑक्साइड की पहचान और लेबल लगाने में कैसे मार्गदर्शन/सहायता करेगें?

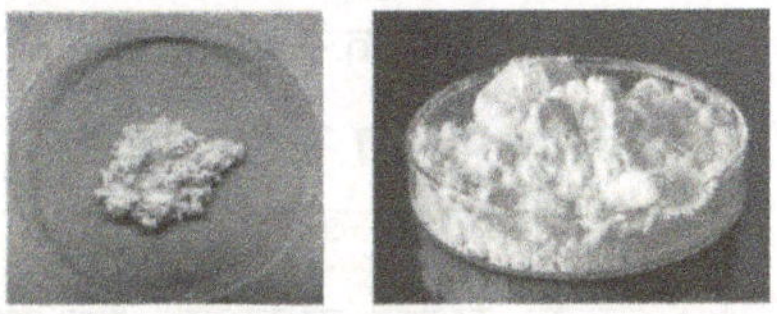

B. एक गतिविधि में, ऐशू को दो पदार्थ कॉपर सल्फाइड (CU_2S) और कॉपर ऑक्साइड (CU_2O) दिए गए। इन यौगिकों से उसने कॉपर सफलतापूर्वक प्राप्त किया।

रासायनिक समीकरणों की सहायता से यह दर्शाएँ की ऐशू ने यह गतिविधि कैसे पूरी की होगी?

28. उपभाग A अथवा B में से किसी एक का उत्तर दें।

A. (i) दी गयी अभिक्रियाओं के क्रम में यौगिक *X* और *Z* का नाम बताइए।

(ii) *X* से *Z* किस प्रकार की अभिक्रिया है?

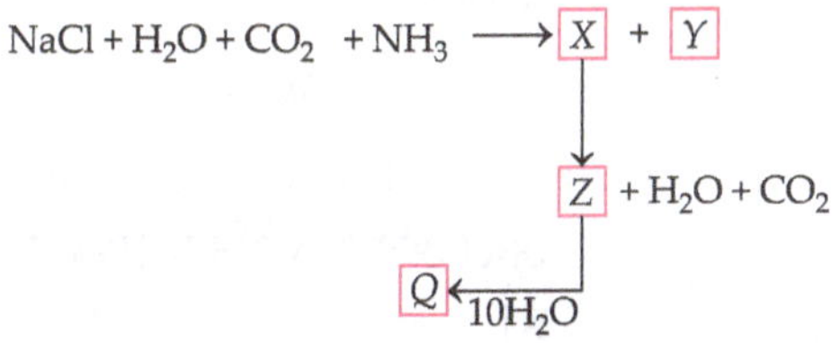

(iii) आपके पास तीन अज्ञात विलयन A, B और C जिनके pH का मान क्रमशः 6, 8 और 9.5 है। किस विलयन में हाइड्रोनियम (Hydronium) आयन की सान्द्रता अधिक है। नमुना (A, B और C) को H^+ आयन की सान्द्रता के आरोही क्रम में व्यवस्थित कीजिए?

अथवा

B. निम्नलिखित पर टिप्पणी लिखिए

(i) मधुमक्खी के डंक के लिए घरेलू उपचार बेकिंग सोडा से जबकि ततैया के डंक के लिए घरेलू उपचार तनु सिरके द्वारा किया जाता है।

(ii) किसान खेत जोतते समय मिट्‌टी का उपचार चूने (Quicklime) से करता है।

(iii) प्राचीन मूर्तियों और संगमरमर की संरचनाओं को रसायनों के उपचार द्वारा संरक्षित करना

29. पौधों की पत्तियाँ प्रकाश-संश्लेषण के लिए जल का उपयोग करती है, लेकिन हम पत्तियों को जल देने के बजाय मृदा के माध्यम से पौधे को जल देते है। यह जल पौधे की पत्तियों तक कैसे पहुँचता हैं?

30. A. चार व्यक्तियों के परिवार में, पिता के कान लम्बे थे और माँ के कान छोटे थे। यदि माता-पिता में क्रमशः शुद्ध प्रभावी तथा अप्रभावी लक्षण थे, तो F_2-पीढ़ी के आनुवंशिक संरचना के अनुपात की गणना कीजिए।

एक उपयुक्त क्रॉस को दर्शाइए।

B. यदि पिता के कान छोटे थे और माँ के कान लम्बे थे, तो समझाइए कि F_2-पीढ़ी में आनुवंशिक 'संरचना के अनुपात पर इसका क्या प्रभाव पड़ेगा?

31. A. किसी व्यक्ति के प्रकाशिक अनुभव के सन्दर्भ में दूर दृष्टि तथा निकट दृष्टि दोष के मध्य मौलिक अन्तर क्या हैं?

B. नीचे दिए गए चित्र में नेत्र दोष के एक विशेष स्थिति को दर्शाया गया है।

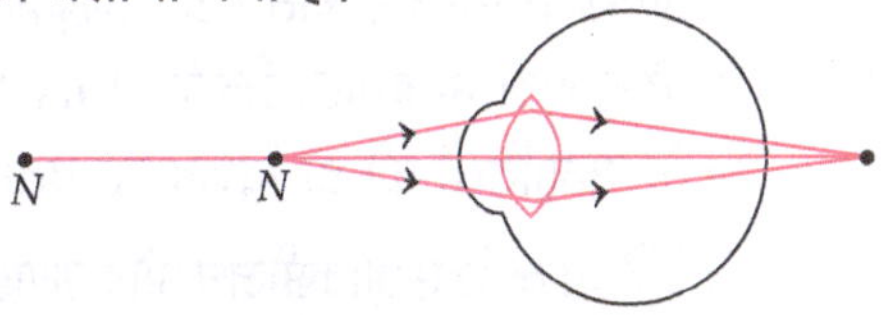

(i) चित्र में कौन-सा दोष दर्शाया गया है?

(ii) इस दोष का एक कारण बताइए।

(iii) कारण सहित समझाइए कि क्या दोष को सही करने के लिए अवतल लेन्स का उपयोग किया जा सकता है?

32. A. किसी तार के प्रतिरोध R तथा उसकी लम्बाई l और अनुप्रस्थ-काट क्षेत्रफल A के मध्य सम्बन्ध बताइए। अन्तिम सूत्र प्राप्त करने के लिए गणितीय प्रतीकों का उपयोग कीजिए।

B. सूत्र का उपयोग करके किसी पदार्थ की प्रतिरोधकता को परिभाषित करें।

33.

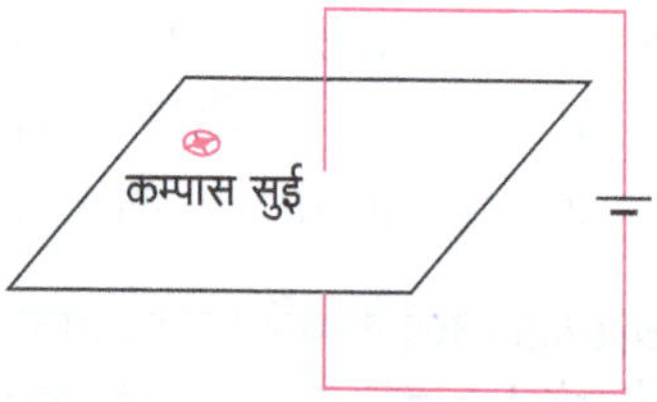

मोना एक चुम्बकीय कम्पास और एक सीधे धारावाही चालक तार के साथ एक प्रयोग कर रही थी।

उसने देखा कि जैसा ही वह कम्पास को धारावाही चालक तार से दूर ले जाती है कम्पास की सुई का विक्षेपण कम हो जाता है।

(a) समझाइए कि मोना द्वारा धारावाही चालक तार से कम्पास को दूर ले जाने पर कम्पास की सुई का विक्षेपण क्यों कम हो जाता है?

(b) तार के परिपथ में एक ऐसी वस्तु बताइए जिससे सुई का विक्षेप बढ़ाया जा सकता था।

(c) कारण सहित समझाइए कि उपरोक्त चित्र में वर्णित स्थिति में तार से सम्बन्धित चुम्बकीय क्षेत्र की दिशा क्या होगी?

खण्ड-घ दीर्घ उत्तरीय प्रश्न

34. उपभाग A अथवा B में से किसी एक का उत्तर दें।

A. (i) कीर्ति का अभिकथन है कि प्रतिस्थापन अभिक्रिया संतृप्त हाइड्रोकार्बन में होती है, जबकि कृषी का अभिकथन है कि यह अभिक्रिया असंतृप्त हाइड्रोकार्बन में होती है। किसका विचार सही है, उपयुक्त तर्क के साथ प्रमाणित करें?

(ii) मेथेन और प्रोपेन और उनके समावयवी ईंधन के रूप में उपयोग किए जाते हैं।" टिप्पणी करें।

प्रोपेन के निम्न सजात (Homologues) की इलेक्ट्रॉन बिन्दू संरचना बनाएँ। किसी दी गई सजातीय श्रृंखला के सजातियों की दो विशेषताएँ बताएँ।

(iii) वेल्डिंग के लिए ऑक्सीजन और एथाइन के मिश्रण को जलाया जाता है।

क्या आप अनुमान लगा सकते हैं कि एथाइन और वायु के मिश्रण का उपयोग क्यों नहीं किया जाता है?

अथवा

B. (i) A और B लम्बी श्रृंखला वाले कार्बोक्सिलिक अम्ल और सल्फोनिक अम्ल के सोडियम लवण है।

आप किसे भूमिगत जल (हैंड पम्प के पानी) के साथ कपड़े साफ करने में प्रयोग करेंगे कारण सहित बताएँ।

(ii) साबुन की स्वच्छीकारक क्रिया की प्रक्रिया का विस्तार से वर्णन करे। चित्र की सहातया से मिसेल को समझाइए।

(iii) एक एस्टर CH_3COOCH_3 से साबुन बनाने के रासायनिक समीकरण को लिखे इस प्रक्रिया का नाम क्या है?

35. A. नीचे दिए गए चित्र में केले का पौधा दर्शाया गया है, जो अन्तः भूस्तारी की सहायता से वृद्धि कर रहा है। ये अन्तः भूस्तारी छोटे पौधे के तने की अतिवृद्धियाँ होती हैं, जिन्हें मुख्य पौधे से पृथक् करके अलग से रोपित किया जा सकता है और इसके पश्चात् वे एक नए पौधे में विकसित हो जाएँगें।

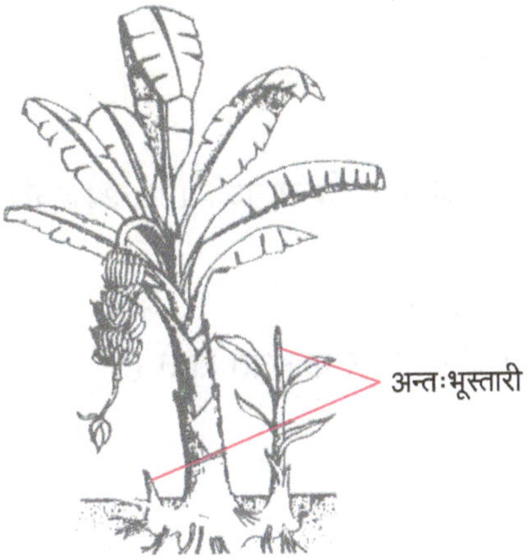

(i) उपरोक्त चित्र में दिखाए गए प्रजनन का नाम और प्रकार बताइए।

(ii) उपरोक्त बताए गए प्रजनन के प्रकार का उपयोग करने पर किसान को होने वाले दो लाभों की सूची बनाइए।

(iii) उपरोक्त पौधा केवल नर पुष्प उत्पन्न करता है। बताइए कि यह पौधा परागण की प्रक्रिया में किस प्रकार सम्मिलित होगा?

(iv) इस केले के पौधें की सन्तति अपने जनक पौधे के पूर्णतया समान क्यों नहीं है?

अथवा

B. नीचे दिए गए चित्र में माँ के गर्भ में एक विकासशील भ्रूण दिखाया गया है। विकासशील भ्रूण गर्भनाल के माध्यम से प्लेसेन्टा या अपरा से जुड़ा होता है। इसमें गर्भनाल शिरा और धमनी गर्भनाल के भीतर चली जाती हैं।

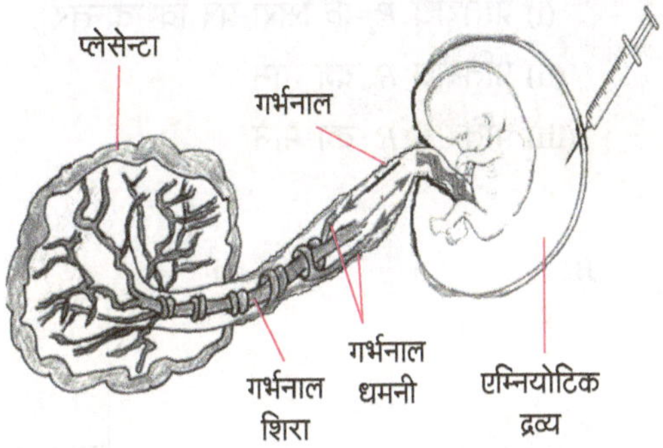

35. (i) रुधिर वाहिकाओं के माध्यम से प्रवाहित होने वाले दो पदार्थों के नाम बताइए।

(ii) यदि प्लेसेन्टा में रसांकुर (Villi) कम होते हैं, तो यह बच्चे की वृद्धि को कैसे प्रभावित करेगा?

(iii) उस क्षेत्र का नाम बताइए, जहाँ भ्रूण मादा शरीर के अन्दर विकसित होता है। बताइए कि यह क्षेत्र बच्चे के पोषण के लिए कैसे अनुकूलित है।

(iv) भ्रूण की कुछ कोशिकाएँ एम्नियोटिक द्रव्य से अलग हो जाती हैं और उन्हें सावधानीपूर्वक प्रक्रिया द्वारा एकत्रित किया जा सकता है।

कोशिकाओं की जाँच की गई और पाया गया कि उनमें XY गुणसूत्र हैं।

(a) भ्रूण का लिंग क्या होगा?

(b) भ्रूण लिंग निर्धारण का दुरुपयोग कैसे किया जाता है?

36. उपभाग A अथवा B में से किसी एक का उत्तर दें।

A.

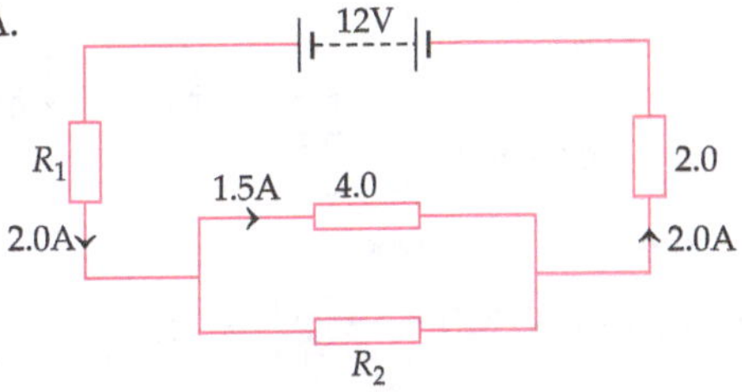

उपरोक्त परिपथ एक विद्युत उपकरण का एक भाग है। प्रश्न में दी गई जानकारी का उपयोग करके निम्नलिखित प्रश्नों की गणना कीजिए।

(i) प्रतिरोध R_2 के सिरों पर विभवान्तर

(ii) प्रतिरोध R_2 का मान

(iii) प्रतिरोध R_1 का मान

अथवा

B.

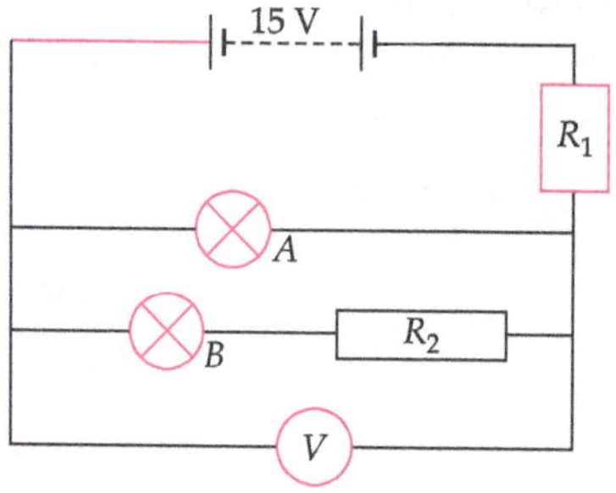

जैसा कि ऊपर चित्र में दिखाया गया है, सामर्थ्य *A* और *B* दो बल्ब हैं। बल्ब *A* की सामर्थ्य 12V, 24W हैं। बल्ब *B* की सामर्थ्य 6.0 V है।

जब बल्ब *B* अपने सामर्थ्य वोल्टता पर कार्यरत् है, तो इसमें धारा 3.0 A है।

R_1 और R_2 के मान इस तरह चुने गए हैं कि दोनों बल्ब अपने सामर्थ्य वोल्टेज पर कार्यरत् रहते हैं।

दी गई जानकारी के आधार पर निम्नलिखित प्रश्नों के उत्तर दीजिए।

(i) बल्ब *A* में धारा की गणना करें।

(ii) विभवमापी के पाठ्यांक का वर्णन कीजिए तथा कारण भी बताइए।

(iii) R_2 प्रतिरोध परिकलित कीजिए।

(iv) प्रतिरोध R_1 का मान ज्ञात कीजिए।

खण्ड-ड· स्रोत आधारित/केस आधारित प्रश्न

37.

1. $\boxed{A} + H_2O \xrightarrow{\text{विद्युत अपघटन}} \boxed{X} + \boxed{Y} + \boxed{Z}$ (X: कास्टिक सोडा, Y: ऐनोड, Z: कैथोड)

2. $\boxed{A} \xrightarrow{\text{विद्युत अपघटन}} \boxed{M} + \boxed{Y}$ (A: गलित, M: कैथोड, Y: ऐनोड)

3. $\boxed{M} + CH_3COOH \longrightarrow \boxed{P} + \boxed{Z}$

4. $CH_3COOH + \boxed{Q} \xrightarrow[H_2SO_4]{\text{सान्द्र}} \boxed{R}$

5. $\boxed{R} + \boxed{X} \longrightarrow \boxed{P} + \boxed{Q}$

A. *A, Y, Z, M, P* & *R* के नाम ज्ञात करें (3)

उपभाग B अथवा C में से किसी एक का उत्तर दें।

B. 2 का परीक्षण करने हेतु एक गतिविधि का सुझाव दें। (1)

अथवा

C. उस प्रक्रिया का नाम बताए जिसमें *A* से यौगिक *X, Y* और Z बनते हैं। उत्तर को प्रमाणित करें। (1)

38. मोहन और रोहित ने देखा कि छाया में उगने वाले पौधे के प्ररोह सूर्य के प्रकाश की ओर झुक जाते हैं। जबकि 'टच मी नॉट' पौधे (छुइमुई) की पत्तियाँ स्पर्श करने पर के तुरन्त पश्चात् मुड़ जाती हैं और झुक जाती हैं।

वे यह ज्ञात करने के लिए व्याकुल थे कि पौधें में ये गतियाँ कैसे होती है?

A. पौधे के प्ररोह प्रकाश की ओर झुकते हैं।

B. टच मी नॉट पादप की पत्तियों का मुड़ना

पौधों में होने वाली गतियों को समझने में उनकी सहायता के लिए, निम्नलिखित प्रश्नों के उत्तर दीजिए।

उपभाग A अथवा B में से किसी एक का उत्तर दें।

A. चित्र A में दिखाए अनुसार पौधें में प्ररोह के मुड़ने का क्या कारण है? (2)

अथवा

B. चित्र B में दिखाए अनुसार 'टच मी नॉट' पौधे में पत्तियों के मुड़ने का क्या कारण है? (2)

C. पराग नलिका के बीजाण्ड की ओर बढ़ने की गति की तुलना उपरोक्त चित्र के भाग A में दर्शायी गति से कीजिए। (1)

D. चित्र B में दिखाई गई गति की तुलना जन्तुओं के शरीर के अंगों की गति से कीजिए। (1)

39.

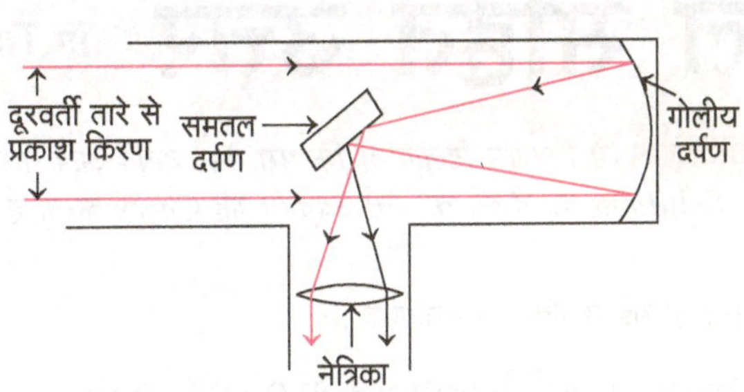

दी गई आकृति एक परावर्तक दूरदर्शी की है। परावर्तक दूरदर्शी ने आकाश में देखने के हमारे तरीकों में क्रान्ति ला दी है। वे प्रकाश को एकत्रित तथा केन्द्रित करने के लिए दर्पणों का उपयोग करते हैं, न कि केवल लेन्स पर निर्भर रहते हैं, जैसा कि उनके अपवर्तक समकक्षों में होता है। ये दूरदर्शी आने वाले प्रकाश को एकत्रित करने और उसे एक केन्द्र बिन्दु पर परावर्तित करने के लिए एक सटीक आकार और पॉलिश किए गए दर्पणों का उपयोग करती हैं, जहाँ यह अवलोकन के लिए एक प्रतिबिम्ब बनाती है।

A. पर्यवेक्षक को नेत्रिका पर तारे का कैसा प्रतिबिम्ब दिखाई देता है? (1)

B. इस परावर्तक दूरदर्शी में किस प्रकार के दर्पण का प्रयोग किया गया है? (1)

उपभाग C या D में से किसी एक का उत्तर दें।

C. नेत्रिका पर किस प्रकार के प्रकाशीय उपकरण (लेन्स या दर्पण का प्रकार) का प्रयोग किया जाता है? कारण सहित समझाइए। (2)

अथवा

D. दूरदर्शी में समतल दर्पण की क्या भूमिका है? (2)

हल सहित उत्तर in Topper's Style

मेरी प्रतिबद्धता मैं विश्वास दिलाता हूँ कि पूरा पेपर अपने आप करने के बाद ही मैं यहाँ दिए गए Solutions को देख रहा हूँ। इन Solutions को देखने का मेरा उद्देश्य यह Check करना है कि मेरे द्वारा किये गए Solutions Correct हैं या नहीं।

1. (a) दी गई सन्तुलित अभिक्रिया है

$$2Pb(NO_3)_2(s) \xrightarrow{\text{ऊष्मा}} 2PbO(s) + 4NO_2(g) + O_2(g)$$

इस प्रकार, $p = 2$

$q = 2$

$r = 4$ (1)

2. (b) सही मिलान A–3, B–1, C–4, D–2 है। (1)

3. (b) C_2H_5OH एक विद्युत अनअपघट्य है और यह आयन उत्पन्न नहीं करता है इसलिए यह विलयन में विद्युत का संचालन नहीं करता है। जिससे बल्ब प्रदीप्त नहीं होता है। अत: चित्र में विलयन सम्भवत: C_2H_5OH होगा। (1)

4. (c) फिनॉफ्थैलीन विलयन, क्षारीय विलयन में गुलाबी हो जाता है इसलिए विलयन A का pH 7 से अधिक है, जबकि विलयन मिलाने पर गुलाबी रंग गायब हो जाता है इसका अर्थ है की विलयन B का pH 7 से कम है। (1)

5. (c) जब लेड पाउडर को कॉपर सल्फेट विलयन में मिलाया जाता है, तो अधिक क्रियाशील लेड कॉपर सल्फेट के विलयन में से कॉपर को विस्थापित कर देता है और रंगहीन लेड सल्फेट का निर्माण होता है।

$$CuSO_4\,(pq) + Pb\,(s) \longrightarrow PbSO_4\,(pq) + Cu\,(s)$$

यह एक विस्थापन अभिक्रिया का उदाहरण है। (1)

6. (c)

क्र.स.	इलेक्ट्रॉनिक विन्यास	परमाणु संख्या	तत्त्व	धातु/अधातु
X	2, 8, 7	17	क्लोरीन	अधातु
Y	2, 8, 2	12	मैग्नीशियम	धातु
Z	2, 8	10	निऑन	-

अत: X एक अधातु है और Y एक धातु है। (1)

7. (b) वह रासायनिक अभिक्रिया जिसमें ऊष्मा अवशोषित होती है ऊष्माशोषी अभिक्रिया कहलाती है। दिए गए विकल्पों में से भोजन पकाना एक ऊष्माशोषी अभिक्रिया है। (1)

8. (d) मानव कोशिकाओं में वायवीय श्वसन के दौरान, ग्लूकोस पूरी तरह से कार्बन डाइऑक्साइड और जल में ऑक्सीकृत हो जाता है और ATP के 38 अणु उत्पन्न होते हैं, जबकि किण्वन या अवायवीय श्वसन में, इथेनॉल, लैक्टिक अम्ल और कार्बन डाइऑक्साइड के निर्माण के साथ ATP के केवल 2 अणु उत्पन्न होते हैं। (1)

9. (b) बाएँ निलय का संकुचन ऑक्सीजन युक्त रुधिर को महाधमनी में पम्प करता है, जो ऊतकों और अंगों को ऑक्सीजन और पोषक तत्वों की आपूर्ति करने के लिए इसे पूरे शरीर में संचरित करता है। (1)

10. (d) शाकाहारी प्राणियों की छोटी आँत लम्बी होती है, जो पौधों से प्राप्त खाद्य-सामग्री के सेलुलोस के प्रभावी पाचन के लिए आवश्यक होती है। (1)

11. (c) अनुमस्तिष्क विकार, अनुमस्तिष्क से सम्बन्धित है, जो ऐच्छिक गतियों के सटीक समन्वयन और शारीरिक मुद्रा और सन्तुलन बनाए रखने के लिए उत्तरदायी होता है।

12. (d) घोंघे में, लिंग उनकी आनुवंशिक संरचना (गुणसूत्रों की संख्या या प्रकार) से निर्धारित नहीं होता है, बल्कि पर्यावरणीय कारक घोंघे के लिंग पर प्रभाव डालते हैं और यह तय करते हैं कि कोई जीव जीवन का प्रारम्भ नर के रूप में करेगा या बाद में मादा में बदल जाएगा या नहीं। (1)

13. (b) जब एक प्रकाश किरण अवतल दर्पण के वक्रता केन्द्र से गुजरती है, तो प्रकाश किरण दर्पण से परावर्तित होकर पुन: उसी मार्ग पर चित्रानुसार लौट जाती है। इस स्थिति में आपतन कोण का मान शून्य होता है।

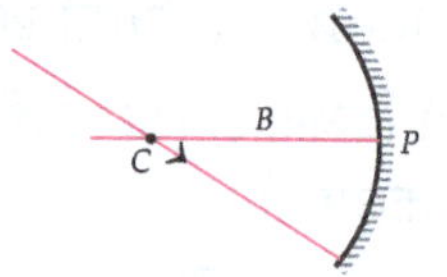

यहाँ C = वक्रता केन्द्र (1)

14. (c) प्रिज्म द्वारा लाल रंग के प्रकाश का न्यूनतम विचलन तथा बैंगनी रंग के प्रकाश का अधिकतम विचलन होता है अत: A लाल प्रकाश को तथा B बैंगनी प्रकाश को प्रदर्शित करती है। (1)

15. (c) विकल्प c में दिया गया कथन गलत है और इसे इस प्रकार सही किया जा सकता है।

प्राथमिक उत्पादकों के पास सबसे अधिक ऊर्जा होती है, क्योंकि वे प्रकाश-संश्लेषण के माध्यम से सीधे सौर ऊर्जा ग्रहण करते हैं और उपलब्ध ऊर्जा का केवल 10% ही अगले पोषी स्तर पर स्थानान्तरित करते हैं। (1)

16. (b) अपघटक मृदा के प्राकृतिक पुनर्भरण (Replenishment) अपशिष्टों के अपघटन और मृत अवशेषों के विघटन के लिए उत्तरदायी होते हैं, लेकिन वे वायुमण्डल में ऑक्सीजन की आपूर्ति में प्रत्यक्ष भूमिका नहीं निभाते हैं। (1)

17. (c) धातु X जिंक है यह HCl के साथ अभिक्रिया करके H_2 गैस का निर्माण करती है, जो जलती हुई माचिस की तीली के समीप लाने पर पॉप की ध्वनि उत्पन्न करती है।

$$Zn + 2HCl \longrightarrow ZnCl_2 + H_2\uparrow$$

इस अभिक्रिया में जिंक (X) हाइड्रोजन को विस्थापित करता है अत: A सही है, लेकिन R गलत है।

18. (b) अभिकथन (A) और कारण (R) दोनों सही है तथा कारण (R) अभिकरण (A) की सही व्याख्या नहीं हो रही हैं।

दैहिक कोशिकाओं और जनन कोशिकाओं में गुणसूत्रों की समान संख्या नहीं होती है, क्योंकि दैहिक कोशिकाएँ द्विगुणित होती है और उनमें गुणसूत्रों के दो सेट होते हैं, जबकि जनन कोशिकाएँ अगुणित होती हैं और उनमें गुणसूत्रों का एक ही सेट होता है।

अभिकथन (A) और कारण (R) दोनों सही हैं, परन्तु कारण (R) द्वारा अभिकरण (A) की सही व्याख्या नहीं हो रही हैं। (1)

19. (b) उत्तल दर्पण सदैव आभासी प्रतिबिम्ब निर्मित करता है, क्योंकि यह स्वयं पर आपतित किरणों को अभिसारित (Diverge) करता है तथा दर्पण के पीछे निर्मित होता है। जबकि वास्तविक प्रतिबिम्ब के निर्माण हेतु दर्पण को किरणों को अपसारित करना चाहिए।

20. (d) अभिकथन (A) गलत है, परन्तु कारण (R) सही है। अभिकथन (A) की सही व्याख्या इस प्रकार है

खाद्य श्रृंखला से शेरों और पौधों दोनों को हटाने से पारिस्थितिकी तन्त्र पर महत्त्वपूर्ण प्रभाव पड़ेगा। शेरों को हटाने से शिकारी-शिकार सम्बन्धों का सन्तुलन बिगड़ सकता है, जबकि प्राथमिक उत्पादक, पौधों को हटाने से खाद्य श्रृंखला का आधार नष्ट हो जाएगा और पूरे पारिस्थितिकी तन्त्र पर गम्भीर प्रभाव पड़ेगा। (1)

21. A. $Fe_2O_3 + 2Al \longrightarrow Al_2O_3 + 2Fe +$ ऊष्मा

- दी गई अभिक्रिया में Fe, Al के द्वारा विस्थापित होता है, इसलिए यह एक विस्थापन अभिक्रिया है।
- दी गई अभिक्रिया में ऊष्मा उत्सर्जित होती है, इसलिए यह एक ऊष्माक्षेपी अभिक्रिया है।
- एल्युमिनियम ऑक्सीकृत होता है और आयरन अपचयित होता है, इसलिए यह एक रेडॉक्स अभिक्रिया भी है।

B. $Pb(NO_3)_2 + 2KI \longrightarrow PbI_2(\downarrow) + 2KNO_3$

अभिक्रिया में आयनों का विनियम होता है। अतः यह द्वि-विस्थापन अभिक्रिया है। इस अभिक्रिया में PbI_2 का अवक्षेप प्राप्त होता है। (1)

22.

क्र.सं.	विशेषताएँ	एल्वियोली (वायुकोष्ठिका)	नेफ्रॉन (वृक्क नलिका)
1.	संरचना एवं स्थान	फेफड़ों में ब्रोन्किओल्स के अंतिम सिरे पर उपस्थित गुब्बारे जैसी संरचनाएँ	वृक्क में उपस्थित नलिकाकार संरचना
2.	कार्य	गैसों का आदान-प्रदान	मूत्र निर्माण के लिए रुधिर का निस्यंदन

(2)

23. A. पौधों में ग्लूकोस के संश्लेषण के चरण (पद) इस प्रकार हैं

- क्लोरोफिल द्वारा प्रकाश ऊर्जा का अवशोषण
- प्रकाश ऊर्जा का रासायनिक ऊर्जा में रूपान्तरण और जल के अणुओं का हाइड्रोजन और ऑक्सीजन में विपाटन।
- कार्बन डाइऑक्साइड का कार्बोहाइड्रेट में अपचयन।
- मरुस्थलीय पादपों में, कार्बन डाइऑक्साइड को रात में ग्रहण किया जाता है और एक मध्यवर्ती यौगिक के रूप में संग्रहीत किया जाता है। दिन के दौरान क्लोरोफिल द्वारा अवशोषित ऊर्जा का उपयोग करके इस यौगिक को ग्लूकोस में परिवर्तित किया जाता है।

(0.5×4)

अथवा

B. मानवों में भोजन के पाचन की प्रक्रिया में विभिन्न एंजाइमों की भूमिकाएँ इस प्रकार हैं

(i) लार एमाइलेज - स्टार्च, एक जटिल कार्बोहाइड्रेट को सरल शर्करा में विघटित करता है।

(ii) पेप्सिन - आमाशय में प्रोटीन को पचाने में सहायक होता है।

(iii) ट्रिप्सिन - छोटी आँत में प्रोटीन को अमीनो अम्ल में परिवर्तित करता है।

(iv) लाइपेज - इमल्सीफाइड वसा को वसीय अम्ल और ग्लिसरॉल में विघटित करता है। (½ × 4)

24. (a) प्रयुक्त लेन्स, उत्तल लेन्स है, क्योंकि प्रतिबिम्ब का आकार, वस्तु के आकार से बड़ा है।

(b) प्रतिबिम्ब आभासी है, क्योंकि किरणें वास्तविकता में एक-दूसरे को प्रतिछेदित नहीं करती हैं।

(c) हम जानते हैं,

लेन्स का आवर्धन, $m = \frac{v}{u} = \frac{h_i}{h_o} = 2$

$$\frac{-30}{u} = 2$$

$$u = -15 \text{ सेमी}$$

अतः वस्तु लेन्स से 15 सेमी दूरी पर रखी है। (2)

25. A. (i) क्षयित शक्ति, $P = VI$

$= 230 \times 3.5 = 805$ वाट (1)

(ii) हम जानते हैं,

$$I \propto \frac{1}{R}$$

अर्थात् Y में धारा, X में धारा की दोगुनी होगी, क्योंकि दोनों प्रतिरोध समान विभव से संयोजित हैं

अतः Y में धारा $= 2 \times 3.5 = 7.0$ A (1)

अथवा

B. श्रेणीक्रम संयोजन का तुल्य प्रतिरोध

$R_1 = R + 2R = 3R$

क्षयित शक्ति, $P_1 = \frac{V^2}{R_1} = \frac{V^2}{3R}$ ...(i)

समान्तर क्रम संयोजन में कुल प्रतिरोध

$$\frac{1}{R_2} = \frac{1}{R} + \frac{1}{2R} = \frac{3}{2R}$$

$$R_2 = \frac{2R}{3}$$

क्षयित शक्ति, $P_2 = \frac{V^2}{R_2} = \frac{V^2}{2R/3} = \frac{3V^2}{2R}$ ...(ii)

समी (i) तथा (ii) से,

$$\frac{P_1}{P_2} = \frac{V^2/3R}{3V^2/2R} = \frac{2}{9}$$ (2)

26. जब खेतों में उपयोग किए जाने वाले कीटनाशक झीलों या महासागरों में बह जाते हैं, तो उन्हें जलीय पौधों द्वारा अवशोषित कर लिया जाता है और मछलियों द्वारा खा लिया जाता है। जैसे-जैसे ये रसायन खाद्य शृंखला में ऊपर की ओर बढ़ते हैं, क्रमिक तौर पर इनकी सान्द्रता बढ़ती जाती है। परिणामस्वरूप, जो मनुष्य मछली का सेवन करते हैं, उनमें इन विषाक्त पदार्थों का स्तर उच्चतम हो जाता है, जिससे सम्भावित रूप से महत्त्वपूर्ण स्वास्थ्य समस्याएँ उत्पन्न हो सकती हैं। (2)

27. A. निम्न परीक्षण के द्वारा अनिरूद्ध द्वारा लिए गए ऑक्साइड की पहचान की जा सकती है।

(i) दोनों ऑक्साइडो का जलीय विलयन बना कर।

(ii) दोनों विलयनों का लाल लिटमस से परीक्षण करके।

मैग्नीशियम ऑक्साइड का जलीय विलयन लाल लिटमस को नीले लिटमस में बदल देता है। इसलिए, इसकी प्रकृति क्षारीय होगी। जबकि, एल्युमिनियम ऑक्साइड का जलीय विलयन लाल लिटमस को नीले में, नीले लिटमस को लाल में परिवर्तित कर देता है। अत: इसकी प्रकृति उभयधर्मी होती है। (3)

अथवा

B. ऐशू कॉपर सल्फाइड (Cu_2S) और कॉपर ऑक्साइड (Cu_2O) के मिश्रण को गर्म करके कॉपर प्राप्त करती है। (1)

जब कॉपर ऑक्साइड और कॉपर सल्फाइड के मिश्रण को गर्म किया जाता है, तो शुद्ध कॉपर प्राप्त होता है साथ ही सल्फर डाइऑक्साइड मुक्त होती है।

अभिक्रिया इस प्रकार है।

$$2Cu_2O\,(s) + Cu_2S\,(s) \xrightarrow{\Delta} \underset{\text{कॉपर}}{6Cu\,(s)} + SO_2\uparrow$$ (2)

28. A. दी गई अभिक्रिया का क्रम इस प्रकार पूर्ण किया जा सकता है।

$$NaCl + H_2O + CO_2\uparrow + NH_3\uparrow \longrightarrow \underset{(X)}{NaHCO_3} + \underset{(Y)}{NH_4Cl}$$

$$\underset{(X)}{NaHCO_3} \longrightarrow \underset{(Z)}{Na_2CO_3} + H_2O + CO_2\uparrow$$

$$\underset{(Z)}{Na_2CO_3} \xrightarrow{10H_2O_3} \underset{(Q)}{Na_2CO_3 \cdot 10H_2O}$$

(i) $X = NaHCO_3$

$Z = Na_2CO_3$ (1)

(ii) $NaHCO_3$ अपघटित होकर Na_2CO_3, जल और कार्बन डाइऑक्साइड का उत्पादन करता है। (0.5)

(iii) pH का मान जितना कम होगा। H^+ आयन की सान्द्रता उतनी अधिक होती है। इस प्रकार विलयन A की pH 6 है अत: इसमें H^+ आयन की सान्द्रता सबसे अधिक होगी। (0.5)

(iv) अत H^+ आयन की सान्द्रता का बढ़ता हुआ क्रम C (9.5) < B (8) < A (6) होगा। (1)

अथवा

B. (i) मधुमक्खी के डंक के लिए घरेलू उपचार बेकिंग सोडा से जबकि ततैया के डंक के लिए घरेलु उपचार तनु सिरके द्वारा किया जाता है। मधुमक्खी का डंक अम्लीय प्रकृति का होता है, जबकि बेकिंग सोड़ा क्षारीय प्रकृति का होता है। यह दोनों मिलकर उदासीन अभिक्रिया करते हैं तथा डंक का प्रभाव कम हो जाता है। ततैया का डंक क्षारीय प्रवृत्ति का होता है। इसके प्रभाव को कम करने के लिए तनु सिरके का उपयोग किया जाता है। यह दोनों उदासीन अभिक्रिया करके ततैया के डंक के प्रभाव को कम करते हैं। (1)

(ii) किसान खेत जोतते समय मिट्टी का उपचार चूने से करता है, क्योंकि चूने की प्रकृति क्षारीय होती है अत: इसका उपयोग अम्लीय प्रकृति की मिट्टी को कम अम्लीय, करने, उदासीन अथवा कुछ क्षारकीय करने के लिए किया जाता है। (1)

(iii) प्राचीन मूर्तियों और संगमरमर की संरचनाओं को अम्लीय वर्षा और वायुमण्डल में उपस्थित विभिन्न गैसों से बचाव के लिए रसायनों के उपचार द्वारा संश्लेषित किया जाता है। (1)

29. जल निम्नलिखित चरणों के माध्यम से जड़ों से पत्तियों तक जाता है

- **जल अवशोषण** : पौधे अपनी जड़ों के माध्यम से मिट्टी से जल अवशोषित करते हैं।
- **जाइलम तन्त्र** : जड़ों, तनों और पत्तियों में जाइलम ऊतक जल-संवाहक नलिकाओं का एक सतत् जाल बनाता है। (1)
- **वाष्पोत्सर्जन खिंचाव** : दिन के दौरान, जब रंध्र खुले होते हैं, तो वाष्पोत्सर्जन खिंचाव जाइलम में जल को गति प्रदान करने वाला मुख्य प्रेरक बल बन जाता है। (1)
- **वाष्पीकरण और चूषण** : रंध्रों से जल का वाष्पीकरण एक चूषण प्रभाव उत्पन्न करता है, जो जड़ों के जाइलम से तने से होते हुए पत्तियों तक जल खींचता है। (1)

30. A. माना कि "L" प्रभावी एलील का प्रतिनिधित्व करता है और "l" अप्रभावी एलील का प्रतिनिधित्व करता है एवं पिता का जीनोटाइप (जीनप्रारूप) "LL" है और माता का जीनोटाइप "ll" है।

जनक पिता LL × माता ll

युग्मक L L × l l

F_1 - पीढ़ी Ll (लम्बे कान)

जनक Ll × Ll

L l × L l

F_2 पीढ़ी

	L	l
L	LL	Ll
l	Ll	ll

जीनप्रारूप अनुपात = LL : Ll : ll = 1 : 2 : 1

लक्षणप्रारूप अनुपात = लम्बे कान (LL और Ll) : छोटे कान (ll) = 3 : 1 (2)

B. यदि पिता के कान छोटे (अप्रभावी लक्षण) और माँ के कान लम्बे (प्रभावी लक्षण) हो, तो भी F_2-पीढ़ी में आनुवंशिक सरंचना का अनुपात वही रहेगा। F_2-पीढ़ी का जीनप्रारूप अनुपात अभी भी 1 LL : 2 LI : 1 II होगा और लक्षणप्रारूप अनुपात 3 लम्बे कान: 1 छोटे कान होगा। ऐसा इसलिए है, क्योंकि संकरण अभी भी शुद्ध प्रभावी (LL) और शुद्ध अप्रभावी (II) एलील वाले व्यक्तियों के मध्य है। (1)

31. A. **दूरदृष्टि दोष** (Hypermetropia) इस दोष में व्यक्ति दूर की वस्तुओं को स्पष्ट देखा पाता है, परन्तु निकट की वस्तुओं को स्पष्ट रूप से नहीं देखा पाता है।

निकटदृष्टि दोष (Myopia) इस दोष में दूर की वस्तुएँ धुंधली दिखाई देती हैं, परन्तु निकट की वस्तुएँ स्पष्ट दिखाई देती हैं। (1)

B. (i) यह स्थिति दूरदृष्टि दोष की है, क्योंकि प्रतिबिम्ब रेटिना के पीछे बनता है। (0.5)

(ii) नेत्र गोलक में संकुचन या नेत्र लेन्स की फोकस दूरी बहुत बड़ी होना इस दोष का मुख्य कारण है। (0.5)

(iii) नहीं, अवतल लेन्स, फोकस दूरी को बढ़ाता है जिसके कारण नेत्र लेन्स से प्रतिबिम्ब की दूरी ओर बढ़ जाती है। इस दोष के संशोधन के लिए उत्तल लेन्स का उपयोग किया जाता हैं। (1)

32. A. प्रतिरोध (R), चालक की लम्बाई (l) के समानुपाती तथा अनुप्रस्थ-काट क्षेत्रफल (A) के व्युत्क्रमानुपाती होता है।

$$R \propto l$$

$$R \propto \frac{1}{A}$$

$$\Rightarrow \quad R = \rho \frac{l}{A}$$

यहाँ ρ = समानुपाती गुणांक है। (1½)

B. उपरोक्त व्यंजक से,

$$\rho = R\frac{A}{l}$$

दिया है, $A = 1\text{m}^2$ तथा $l = 1\text{m}$ के लिए

$$\rho = R$$

अत: एकांक अनुप्रस्थ-काट क्षेत्रफल तथा एकांक लम्बाई के तार का प्रतिरोध, प्रतिरोधकता कहलाता है। (1½)

33. (a) चुम्बकीय क्षेत्र सामर्थ्य, धारावाही चालक से दूरी के व्युत्क्रमानुपाती होता है अत: जब मोना, तार से कम्पास को दूर ले जाती है, तो चुम्बकीय क्षेत्र घटता है तथा कम्पास कम विक्षेपित होता है। (1)

(b) चुम्बकीय क्षेत्र, चालक में प्रवाहित धारा के समानुपाती होता है। अत: परिपथ में धारा का मान बढ़ाने पर, सुई में विक्षेप बढ़ता है। (1)

(c) धारा, बैटरी के धनात्मक सिरे से ऋणात्मक सिरे की ओर प्रवाहित होती है। अत: धारा वामावर्त दिशा में प्रवाहित होती है। दाँए हाथ के अँगूठे के नियम के अनुसार, तार के ऊपर, से देखने पर चुम्बकीय क्षेत्र दक्षिणावर्त होता है। (1)

34. A. (i) कीर्ति का अभिकथन सही है। प्रतिस्थापन अभिक्रिया संतृप्त हाइड्रोकार्बन में होती है।

$$CH_4 + Cl_2 \xrightarrow{hv} CH_3Cl + HCl$$

संतृप्त हाइड्रोकार्बन
(मेथेन) (1)

(ii) मेथेन और प्रोपेन और उनके समावयवी ईंधन के रूप में उपयोग किए जाते हैं। जिसमें बहुत से (C_1 से C_{40} तक) संतृप्त हाइड्रोकार्बन उपस्थित होते हैं,

जो दहन द्वारा ऊष्मा और प्रकाश उत्पन्न करते हैं।

$$CH_4 + O_2 \longrightarrow CO_2 + H_2O + \text{ऊष्मा एवं प्रकाश}$$

प्रोपेन के निम्न सजात (Homologues) की इलेक्ट्रॉन बिन्दू संरचना C_3H_8—$CH_2 \rightarrow C_2H_6$

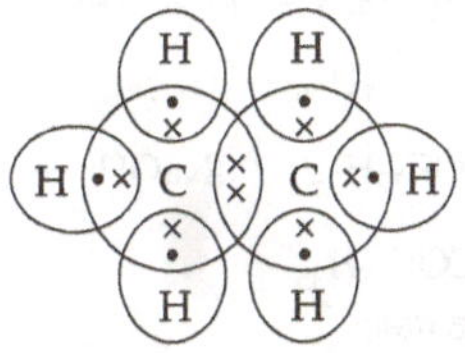

सजातीय श्रेणी की दो विशेषताएँ

- कार्बन के यौगिकों में सजातीय समूह —CH_2 या 14 अणु भार का अन्तर प्रदर्शित करते हैं।
- सजातीय श्रेणी के सदस्यों में उनके भौतिक एवं अधिकांश रासायनिक गुणों में एक क्रमिक वृद्धि या कमी पाई जाती है। (3)

(iii) वेल्डिंग के लिए ऑक्सीजन O_2 और एथाइन $CH \equiv CH$ गैस का उपयोग किया जाता है। पर्याप्त ऑक्सीजन की उपस्थित में पूर्ण दहन द्वारा नीली ज्वाला उत्पन्न होती है। वायु में अपर्याप्त ऑक्सीजन की उपस्थिति में अपूर्ण दहन द्वारा पीली या दीप्त ज्वाला उत्पन्न होती है। (1)

अथवा

B. (i) A ⇒ साबुन (उच्च अणु भार वाले मोनो कार्बोक्सिलिक अम्लों के सोडियम तथा पोटैशियम लवण)

B ⇒ अपमार्जक (लम्बी श्रृंखला वाले कार्बोक्सिलिक अम्लों के अमोनियम या सल्फोनेट लवण)

भूमिगत जल (हैड पम्प के पानी) के साथ कपड़े साफ करने में B अपमार्जक का प्रयोग करेंगे, क्योंकि साबुन को कठोर जल में प्रयोग नहीं किया जा सकता है, क्योंकि कठोर जल में उपस्थित कैल्सियम तथा मैग्नीशियम आयन साबुन के साथ धुंधला सफेद अवक्षेप बनाते हैं। (1)

(ii) साबुन की स्वच्छीकारक क्रिया साबुन के अुण लम्बी श्रृंखला वाले कार्बोक्सिलिक अम्लों के सोडियम एवं पोटैशियम लवण होते हैं। जल में घोलने पर ये कार्बोक्सिलेट आयन के रूप में आयनित हो जाते हैं इस आयन के दो भाग होते हैं जलरागी COO^- समूह तथा जलविरागी हाइड्रोकार्बन श्रृंखला।

साबुन को जल में घोलने पर $RCOO^-$ श्रणायन कोलॉइडी कणों के रूप में एकत्रित हो जाते हैं।

इन कणों में कार्बोक्सिलेट आयन का ध्रुवीय ऋणावेशित सिरा जल की ओर आकर्षित रहता है।

जबकि अध्रवीय हाइड्रोकार्बन शृंखला केन्द्र की ओर एकत्रित होकर एक सरंचना का निर्माण करता है।

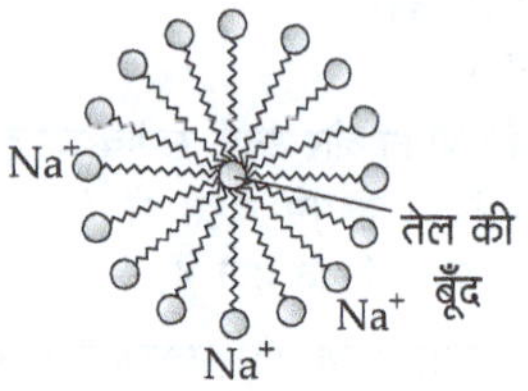

मिसेल (3)

(iii) वसा अम्लों के ग्लिसरॉल एस्टरों को जलीय सोडियम हाइड्रॉक्साइड के साथ गर्म करने पर साबुन का निर्माण होता है। साबुन बनाने का रासायनिक समीकरण—

$$\begin{array}{l} CH_2OCOC_{17}H_{35} \\ | \\ CHOCOC_{17}H_{35} \\ | \\ CH_2OCOC_{17}H_{35} \end{array} + 3NaOH \longrightarrow \begin{array}{l} CH_2OH \\ | \\ CHOH \\ | \\ CH_2OH \end{array} + 3C_{17}H_{35}COONa$$

स्टिऐरेट (वसा) ग्लिसरीन सोडियम स्टिऐरेट (साबुन)

इस प्रक्रिया को साबुनीकरण कहते हैं। (1)

35. A. (i) केले के पौधे वानस्पतिक (कायिक) प्रवर्धन के माध्यम से अलैंगिक रूप से प्रजनन करते हैं। (1)

(ii) वानस्पतिक प्रवर्धन के दो लाभ इस प्रकार है

वानस्पतिक प्रवर्धन किसानों को एक ही समय अंतराल में अधिक फसलें उगाने की अनुमति देता है।

यह आनुवंशिक रूप से समान पौधे उत्पन्न करता है, जिससे फलों की स्थाई गुणवत्ता सुनिश्चित होती है और परागणकर्त्ताओं की आवश्यकता समाप्त हो जाती है। (1+1)

(iii) पौधा पर परागण दर्शाएगा, जिसमें एक केले के पौधे के परागकोष से पराग कण दूसरे केले के पौधे के वर्तिकाग्र पर स्थानान्तरित हो जाते हैं। यह स्थानान्तरण वायु, जल या कीटों जैसे कारकों द्वारा सुगम होता है, जो पौधों के बीच पराग कण को स्थानान्तरित करने में सहायता करते हैं। (1)

(iv) DNA की प्रतिलिपि निर्माण के समय होने वाली छोटी त्रुटियों या उत्परिवर्तन के कारण सन्ततियों में मामूली विभिन्नताएँ उत्पन्न होती हैं। (1)

अथवा

B. (i) दो मुख्य पदार्थों जिनका नाभिनाल की रुधिर वाहिकाओं के माध्यम से परिवहन होता है, वे ऑक्सीजन और पोषक तत्त्व हैं। (1)

(ii) अपरा में कम रसांकुरों की उपस्थिति माँ से भ्रूण तक पोषक तत्त्वों और ऑक्सीजन के पारित होने के लिए आवश्यक सतही क्षेत्र को कम कर देती है, जिससे वृद्धि धीमी हो जाती है। (1)

(iii) भ्रूण गर्भाशय में विकसित होता है, जिसमें परिवर्धनशील गर्भ को सहारा देने और पोषण देने के लिए एक मोटी, पोषक तत्त्वों से समृद्ध और व्यापक रुधिर आपूर्ति वाली परत उपस्थित होती है। (1)

(iv) (a) भ्रूण का लिंग नर है, क्योंकि XY गुणसूत्रों की उपस्थिति नर के जीनप्रारूप का संकेत देती है।

(b) लिंग (Gender) आधारित लिंग (Sex) चयन के लिए जन्म-पूर्व लिंग निर्धारण का दुरुपयोग किया जा सकता है, जिससे भ्रूण के लिंग के आधार पर गर्भधारण समाप्त किया जा सकता है, जो लिंग असन्तुलन और नैतिक चिंताओं में योगदान कर सकता है। (2)

36. A. (i) 4Ω का प्रतिरोध तथा R_2 समान्तर क्रम में संयोजित हैं, अत: R_2 के सिरों पर विभव, 4Ω के सिरो पर विभव के समान है। 4Ω के सिरो पर विभवान्तर, $V = IR = 1.5 \times 4 = 6$ V (1)

(ii) परिपथ से स्पष्ट है कि 4Ω तथा R_2 के संयोजन से प्रवाहित कुल धारा 2.0A तथा 4Ω से प्रवाहित धारा 1.5 A है। अत:

R_2 से प्रवाहित धारा $= 2 - 1.5 = 0.5$ A

ओम के नियम द्वारा $V = IR_2$

$6 = 0.5 \times R_2 \Rightarrow R_2 = 12\Omega$ (1½)

(iii) R_1 के सिरों पर विभवान्तर = कुल विभवान्तर $-R_2$ के सिरो पर विभवान्तर $-$ 2.0Ω के सिरों पर विभवान्तर

$= 12 - 6 - 2 \times 2$

$= 2.0$ V

R_1 से प्रवाहित धारा = 20A

ओम के नियम से

$$R_1 = \frac{R_1 \text{ के एक्रोस विभवान्तर}}{R_1 \text{ से प्रवाहित धारा}} = \frac{2}{2} = 1\Omega$$ (2½)

अथवा

B. (i) शक्ति $(P) = VI$

$$\Rightarrow I = \frac{P}{V} = \frac{24}{12} = 2 \text{ A}$$ (1)

(ii) वोल्टमीटर बल्ब A के साथ संयोजित है अत:

वोल्टमीटर का पाठ्यांक = बल्ब के सिरों पर वोल्टेज

= 12 V (1)

(iii) बल्ब B तथा R_2 के सिरों पर विभवान्तर = 12 V

बल्ब B के सिरों पर विभवान्तर = 6 V

R_2 के सिरों पर विभवान्तर $= 12 - 6 = 6$ V

R_2 से प्रवाहित धारा = B से प्रवाहित धारा = 3 A (दिया है)

$$\because \quad R = \frac{V}{I}$$

$$\therefore \quad R_2 = \frac{6}{3} = 2\Omega$$ (2)

(iv) R_2 से प्रवाहित धारा = A से प्रवाहित धारा + B से प्रवाहित धारा $= 2 + 3 = 5$ A

R_1 के सिरों पर विभवान्तर = कुल −वोल्टमीटर का पाठ्यांक $= 15 - 12 = 3$ V

ओम के नियम द्वारा $R_1 = \frac{3}{5} = 0.6\Omega$ (1)

37. A. A- सोडियम क्लोराइड (NaCl)

Y- क्लोरीन गैस (Cl_2)

Z-हाइड्रोजन गैस (H_2)

M-सोडियम धातु (Na)

P- सोडियम एथेनोएट

R-एथिल एथेनोएट/एस्टर (3)

B. Z = हाइड्रोजन गैस का परीक्षण

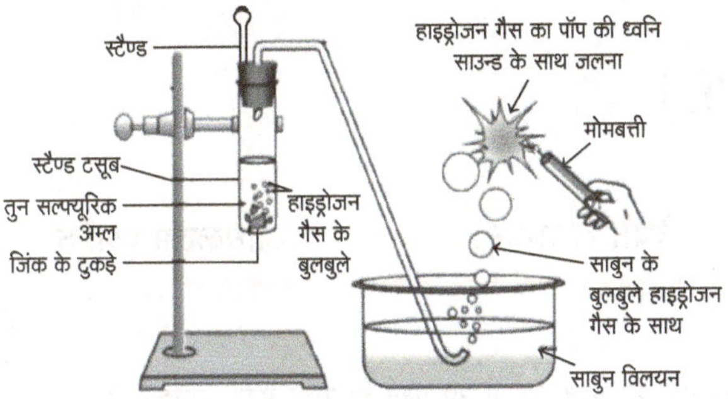

(1)

अथवा

C. क्लोर-क्षार प्रक्रिया में A → सोडियम क्लोराइड (NaCl) से यौगिक

X = NaOH सोडियम हाइड्रोक्साइड (NaOH)

Y = क्लोरीन (Cl_2)

Z = हाइड्रोजन गैस (H_2) बनती हैं।

सोडियम क्लोराइड के जलीय विलयन लवण जल में विद्युत प्रवाहित करने पर यह वियोजित होकर सोडियम हाइड्रॉक्साइड (NaOH) उत्पन्न करता है। इस प्रक्रिया को क्लोर-क्षार प्रक्रिया कहते हैं, क्योंकि इससे निर्मित उत्पाद अर्थात क्लोर (क्लोरीन के लिए) एवं क्षार (सोडियम हाइड्रॉक्साइड के लिए) (1)

38. A. पौधों में प्ररोह का झुकना प्रकाशानुवर्तन नामक घटना के कारण होता है। यह एक वृद्धि संबंधी गति है, जिसमें उद्दीपन के प्रति अनुक्रिया के कारण गति होती है।

जब वृद्धि करते हुए पौधे सूर्य के प्रकाश के सम्पर्क में आते हैं, तो ऑक्सिन नामक हॉर्मोन प्ररोह के शीर्ष पर संश्लेषित होता है और कोशिकाओं को लम्बी होने में सहायता करता है।

जब पौधे के एक तरफ से प्रकाश आ रहा होता है, तो ऑक्सिन दूसरी तरफ अर्थात् प्ररोह के छायादार भागों में विसरित हो जाता है।

ऑक्सिन की यह सान्द्रता प्ररोह की कोशिकाओं को प्ररोह के उस तरफ लम्बी होने के लिए प्रेरित करती है, जो प्रकाश से दूर है इस प्रकार पादप, प्रकाश की ओर झुकता हुआ प्रतीत होता है। (2)

अथवा

B. ''टच-मी-नॉट'' पौधे की पत्तियाँ वृद्धि स्वतन्त्र गति के साथ उद्दीपन पर प्रतिक्रिया करती है। इस प्रतिक्रिया में सम्मिलित हैं।

पौधे कोशिका के मध्य सूचना प्रसारित करने के लिए विद्युत और रासायनिक संकेतों का उपयोग करते हैं।

जहाँ स्पर्श हुआ उससे भिन्न स्थान पर गति होती है।

पौधों की कोशिकाएँ जल की मात्रा में परिवर्तन करके आकार बदलते हैं, जिससे वे फूल या सिकुड़ जाती हैं, जिसके कारण पत्तियाँ मुड़ जाती हैं। (2)

C. पराग नलिका का बीजाण्ड की ओर बढ़ना रसायनानुवर्तन का एक उदाहरण है, जहाँ नलिका बीजाण्ड द्वारा मुक्त रासायनिक संकेतों का अनुसरण करती हे। इसके विपरीत, प्रकाशानुवर्तन में हॉर्मोन के परिवर्तन (ऑक्सिन) के कारण पौधे का प्रकाश की ओर झुकना सम्मिलित होता है, जो छायांकित भाग पर कोशिका वृद्धि को उत्तेजित करता है। (1)

D. ''टच-मी-नॉट'' पौधों में पत्तियों का मुड़ना और जन्तुओं में शरीर के अंगों की गति निम्नलिखित तरीकों से भिन्न होती हैं

- हालाँकि पौधे और जन्तु दोनों ही कोशिकाओं के मध्य सूचना पहुँचाने के लिए विद्युत-रासायनिक संकेतों का उपयोग करते हैं, पौधों में सूचना संचालन के लिए विशेष ऊतकों की कमी होती है, जबकि जन्तुओं में इस उद्देश्य के लिए विशेष रूप से अभिकल्पित की गई तन्त्रिका कोशिकाएँ होती है।
- जन्तुओं में, शरीर के आकार में परिवर्तन माँसपेशियों की कोशिकाओं में विशेष प्रोटीन की प्रक्रिया के कारण होता है, जबकि पौधों में, पत्तियों के आकार या गति में परिवर्तन उनकी जल सामग्री में परिवर्तन के कारण होता है। (1)

39. A. प्रतिबिम्ब वास्तविक होगा, क्योंकि अन्तिम प्रतिबिम्ब लेन्स द्वारा निर्मित होता है। (1)

B. परावर्तक दूरदर्शी में अवतल दर्पण का उपयोग किया जाता है, जिसकी परावर्तक सतह अन्दर से वलित होती है। (1)

C. नेत्रिका के रूप में अभिसारी लेन्स का प्रयोग किया जाता है। जिससे वास्तविक, उल्टा तथा तीक्ष्ण प्रतिबिम्ब प्राप्त होता है। (2)

अथवा

D. समतल दर्पण, वक्रीय दर्पण से निर्मित प्रतिबिम्ब को पार्श्व उत्क्रमित करता है और किरणों को नेत्रिका की विक्षेपित करता है। (2)

अपना अनुक्रमांक लिखें

CBSE बोर्ड पेपर 2024

विज्ञान कक्षा 10 (कोड 086)

कुल प्रश्न : 39 **खंडों की संख्या :** 5 **निर्धारित समय :** 3 घंटे **अधिकतम पूर्णांक :** 80

सामान्य निर्देश

इस प्रश्न पत्र में पाँच खण्डों (क), (ख), (ग), (घ) और (ड़) में बाँटा गया है। प्रश्न-पत्र में 39 प्रश्न हैं। सभी प्रश्न अनिवार्य हैं।

1. प्रश्न में, 1 से 20 तक के सभी प्रश्न एक-एक अंक के हैं।
2. प्रश्न में, 21 से 26 अतिलघु उत्तरीय प्रश्न हैं, प्रत्येक के 2 अंक निर्धारित हैं। इन प्रश्नों के उत्तर 30 से 50 शब्दों के मध्य दिए जाने हैं।
3. प्रश्न में, 27 से 33 लघु उत्तरीय प्रश्न हैं, प्रत्येक के 3 अंक निर्धारित हैं। इन प्रश्नों के उत्तर 50 से 80 शब्दों के मध्य दिए जाने हैं।
4. प्रश्न में, 34 से 36 दीर्घ उत्तरीय प्रश्न हैं, प्रत्येक के 5 अंक निर्धारित हैं। इन प्रश्नों के उत्तर 80 से 120 शब्दों के मध्य दिए जाने हैं।
5. प्रश्न में, 4 अंको के उप-भागों के साथ 3 प्रश्न, स्रोत आधारित/केस आधारित दिए गए हैं।
   कोई समग्र विकल्प नहीं है। हालांकि, कुछ प्रश्नों में आंतरिक विकल्प दिए गए हैं, जिनमें केवल एक का उत्तर देना है।
   जहाँ कहीं आवश्यक हो, साफ-सुथरे और उचित रूप से नामांकित चित्र बनाए जाने हैं।

खण्ड-क बहुविकल्पीय प्रश्न

1. नीचे दी गई रासायनिक अभिक्रिया में प्राप्त उत्पाद 'X' पहचानिए (1)

$$CaCO_3 \xrightarrow{\Delta} 'X' + CO_2$$

(a) बिना बुझा चूना
(b) जिप्सम
(c) चूना पत्थर
(d) प्लास्टर ऑफ पेरिस

2. निम्नलिखित में से प्राकृतिक सूचकों का जोड़ा चुनिए। (1)

(a) लिटमस और मेथिल ऑरेन्ज
(b) हल्दी और लिटमस
(c) फीनॉल्फ्थैलीन और मेथिल ऑरेन्ज
(d) मेथिल ऑरेन्ज और हल्दी

3. काँच, साबुन और कागज उद्योगों में उपयोग होने वाला रासायनिक यौगिक है (1)

(a) धोने का सोडा (b) बेकिंग सोडा
(c) विरंजक चूर्ण (d) साधारण नमक

4. साइक्लोहेक्सेन का संरचनात्मक सूत्र है (1)

(a)
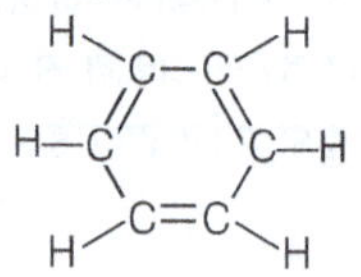

(b)
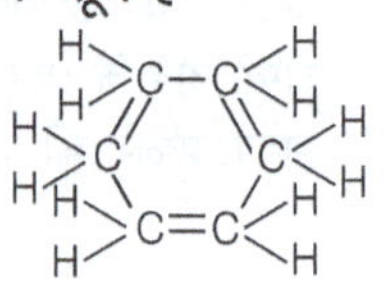

(c)
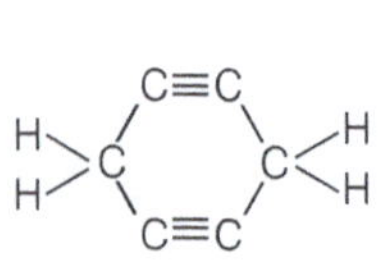

(d)
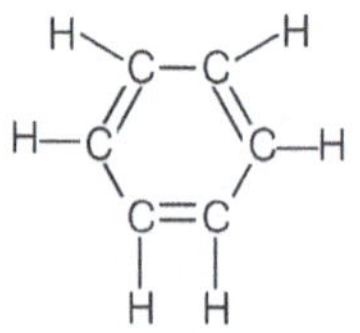

5. नीचे दिए गए रासायनिक समीकरण पर विचार कीजिए।

$$aAl_2O_3 + bHCl \longrightarrow cAlCl_3 + dH_2O$$

इस रासायनिक समीकरण को सन्तुलित बनाने के लिए a, b, c और d के मान क्रमशः होने चाहिए। (1)

(a) 1, 6, 2 और 3 (b) 1, 6 , 3 और 2
(c) 2, 6, 2 और 3 (d) 2, 6, 3 और 2

6. नीचे दिया गया कौन-सा एक हाइड्रोकार्बन अन्य से भिन्न है? (1)

(a) C_4H_{10} (b) C_7H_{14}
(c) C_5H_{12} (d) C_2H_6

7. नीचे दी गई कौन-सी एक अभिक्रिया अन्य तीन अभिक्रियाओं से भिन्न है? (1)

(a) $NaCl + AgNO_3 \longrightarrow AgCl + NaNO_3$
(b) $CaO + H_2O \longrightarrow Ca(OH)_2$
(c) $KNO_3 + H_2SO_4 \longrightarrow KHSO_4 + HNO_3$
(d) $ZnCl_2 + H_2S \longrightarrow ZnS + 2HCl$

8. नीचे दिए गए पादप हॉर्मोनों में से उस एक को चुनिए, जो कोशिका विभाजन को बढ़ावा देता है। (1)

(a) जिबरेलिन (b) ऑक्सिन
(c) एब्सिसिक अम्ल (d) साइटोकाइनिन

9. परागण के लिए कीटों को आकर्षित करने वाला/वाले पुष्प का/के भाग है/हैं (1)

(a) दल (पंखुड़ी) और बाह्य दल
(b) परागकोष और वर्तिकाग्र
(c) केवल दल (पंखुड़ी)
(d) केवल बाह्य दल

10. दो पृथक् लक्षणों-बीजों की आकृति और रंग (वर्ण) की स्वतन्त्र वंशानुगति के अध्ययन के लिए किए गए प्रयोग में F_2-संतति में विभिन्न संयोजनों का अनुपात होगा (1)

(a) 1 : 3 (b) 1 : 2 : 1
(c) 9 : 3 : 3 : 1 (d) 9 : 1 : 1 : 3

11. मानव हृदय के बारे में नीचे दिए गए कथनों में से सही कथन/कथनों को चुनिए। (1)

A. दायाँ अलिन्द फुफ्फुस से फुफ्फुसीय धमनी द्वारा ऑक्सीजनित रुधिर प्राप्त करता है।

B. बायाँ अलिन्द बाएँ निलय को ऑक्सीजनित रुधिर स्थानान्तरित करता है, जो उसे शरीर के विभिन्न भागों तक पहुँचा देता है।

C. दायाँ अलिन्द महाशिरा द्वारा शरीर के विभिन्न भागों में आने वाले विऑक्सीजनित रुधिर को प्राप्त करता है।

D. बायाँ अलिन्द महाधमनी को ऑक्सीजनित रुधिर स्थानान्तरित करता है, जो उसे शरीर के विभिन्न भागों को देती है।

(a) केवल B (b) A और D
(c) B और C (d) B और D

12. दो लम्बे मटर के पौधों के बीच संकरण के फलस्वरूप उत्पन्न संतति के पौधों में कुछ बौने पौधे प्राप्त हुए। जनक पौधों का जीन-संयोजन होना चाहिए (1)

(a) Tt और Tt (b) Tt और tt
(c) TT और tt (d) TT और Tt

13. आकाश में इन्द्रधनुष बनने में सम्मिलित होने वाली प्रकाश की परिघटनाएँ हैं (1)

(a) अपवर्तन, परिक्षेपण (विक्षेपण) और परावर्तन
(b) अपवर्तन, परिक्षेपण (विक्षेपण) और पूर्ण आन्तरिक परावर्तन
(c) परिक्षेपण (विक्षेपण), प्रकीर्णन और परावर्तन
(d) परिक्षेपण (विक्षेपण), अपवर्तन और आन्तरिक परावर्तन

14. समान पदार्थ के चार तारों के प्रकरण में उस तार का प्रतिरोध निम्नतम होगा, जिसका व्यास और लम्बाई क्रमशः हैं (1)

(a) $D/2$ और $L/4$ (b) $D/4$ और $4L$
(c) $2D$ और L (d) $4D$ और $2L$

15. ऊर्जा के पदों में कोई आहार शृंखला तब अधिक लाभकारी होती है, जब उसमें होते हैं (1)

(a) दो पोषी स्तर (b) तीन पोषी स्तर
(c) चार पोषी स्तर (d) पाँच पोषी स्तर

16. ओजोन के विषय में नीचे दिए गए कथनों पर विचार कीजिए। (1)

A. ओजोन विषैली गैस है।

B. ओजोन पृथ्वी के पृष्ठ को सूर्य से आने वाले हानिकारक अवरक्त विकिरणों से सुरक्षा प्रदान करती है।

C. पराबैंगनी विकिरणों के प्रभाव से ऑक्सीजन (O_2) अणुओं से ओजोन बनती है।

D. पृथ्वी के वायुमण्डल के निचले स्तर पर ओजोन एक अत्यन्त आवश्यक प्रकार्य सम्पादित करती है।

इनमें सही कथन हैं

(a) A और B (b) A और C
(c) B और C (d) B और D

अभिकथन-कारण प्रकार के प्रश्न

निर्देश (प्र.सं. 17-20) इन प्रश्नों में दो **कथन-अभिकथन** (A) और **कारण** (R) दिए गए हैं। इन प्रश्नों के उत्तर नीचे दिए गए अनुसार उचित विकल्प को चुनकर दीजिए

(a) A और R दोनों सही हैं तथा R द्वारा A की सही व्याख्या हो रही है।

(b) A और R दोनों सही हैं तथा R द्वारा A की ही व्याख्या नहीं हो रही है।

(c) A सही है, परन्तु R गलत है।

(d) A गलत है, परन्तु R सही है।

17. **अभिकथन** (A) कुछ समय तक कॉपर सल्फेट विलयन में डुबाएँ रखने पर जिंक धातु का टुकड़ा रक्ताभ भूरा हो जाता है।

कारण (R) कॉपर जिंक से अधिक सक्रिय धातु है। (1)

18. **अभिकथन** (A) अलैंगिक जनन द्वारा उत्पन्न संतति आनुवंशिक जनकों के समान होती है।

कारण (R) अलैंगिक जनन में एक जनक भाग लेता है। (1)

19. **अभिकथन** (A) सड़क पर वाहनों को रोकने के लिए लाल प्रकाश के सिग्नलों का उपयोग किया जाता है।

कारण (R) सबसे अधिक प्रकीर्णित होने के कारण, लाल प्रकाश को अधिक दूरी से देखा जा सकता है। (1)

20. **अभिकथन** (A) हमारे द्वारा प्रतिदिन उत्पन्न किया जाने वाला अपशिष्ट जैव-अपघटनीय अथवा अजैव-अपघटनीय हो सकता है।

कारण (R) यदि अपशिष्टों का उचित निपटारा न किया जाए तो यह गम्भीर पर्यावरणीय समस्याएँ उत्पन्न कर सकता है। (1)

खण्ड-ख अतिलघु उत्तरीय प्रश्न

21. जब मैग्नीशियम के रिबन को वायु में जलाया जाता है, तो श्वेत रंग की राख उत्पन्न होती है। होने वाली रासायनिक अभिक्रिया का समीकरण लिखिए और उत्पन्न राख के रासायनिक नाम का उल्लेख कीजिए। होने वाली रासायनिक अभिक्रिया के प्रकार का नाम लिखिए और अपने उत्तर की पुष्टि कीजिए। (2)

22. ऑक्सिन का संश्लेषण कहाँ होता है? ये प्रकाशानुवर्तन को किस प्रकार बढ़ावा देता है। (2)

23. (a) मटर के पौधों के किन्हीं दो दृष्टिगोचर होने वाले विपर्यासी लक्षणों के युगलों (जोड़ों) की सूची बनाइए, जिनका उपयोग मेण्डल ने अपने प्रयोगों में किया था। प्रत्येक जोड़े के प्रभावी और अप्रभावी लक्षणों का उल्लेख भी कीजिए। (2)

अथवा

(b) मानवों में शिशु नर होगा अथवा मादा होगी इसकी प्रायिकता (संभावना) 50% होती है। केवल प्रवाह आरेख खींचकर इस कथन की व्याख्या कीजिए। (2)

24. यह हम कब कहते हैं कि कोई व्यक्ति दीर्घ-दृष्टि दोष (दूर-दृष्टिता) से पीड़ित है? इस दोष के दो कारणों की सूची बनाइए। इस दोष के संशोधन के लिए उपयोग किए जाने वाले लेन्स के प्रकार का नाम लिखिए। (2)

25. (a) किसी सीधे धारावाही चालक के कारण उत्पन्न चुम्बकीय क्षेत्र रेखाओं के पैटर्न को दर्शाने के लिए नामांकित आरेख खींचिए। इस आरेख में चालक में प्रवाहित धारा की दिशा और चुम्बकीय क्षेत्र रेखाओं की दिशा अंकित कीजिए। (2)

अथवा

(b) उस युक्ति का नाम लिखिए, जिसका उपयोग किसी चुम्बकीय पदार्थ के टुकड़े को चुम्बकित करने में किया जाता है। उस व्यवस्था को दर्शाने के लिए नामांकित आरेख खींचिए, जिसका उपयोग नर्म लोहे के सिलेण्डर को चुम्बकित करने में किया जाता है। (2)

26. अपघटक (अपमार्जक) किसे कहते हैं? किसी पारितन्त्र में इनकी अनुपस्थिति के दो परिणामों की सूची बनाइए। (2)

खण्ड-ग लघु उत्तरीय प्रश्न

27. निम्नलिखित के लिए कारण दीजिए।
(a) जिंक ऑक्साइड एक उभयधर्मी ऑक्साइड है।
(b) सोडियम धातु का भण्डारण कैरोसीन से भरी बोतल में किया जाता है।
(c) सामान्यतः धातुओं की नाइट्रिक अम्ल से अभिक्रिया में हाइड्रोजन गैस का उत्सर्जन नहीं होता है। (3)

28. (a) नीचे दी गई धातुओं को उनके यौगिकों से प्राप्त करने के लिए उपयोग की जाने वाली अपचयन प्रक्रिया का कारण सहित उल्लेख कीजिए
(i) मरकरी, (ii) कॉपर तथा (iii) सोडियम (3)

अथवा

(b) नीचे दी गई प्रत्येक धातु को कुछ समय तक वायुमण्डलीय वायु में खुला रखने पर उसकी दिखावट में होने वाले परिवर्तनों का कारण देते हुए, उल्लेख कीजिए। (3)
(i) सिल्वर, (ii) कॉपर तथा (iii) लोहा

29. हम मृदा को जल देते हैं, परन्तु वह जल पौधों की सबसे ऊँची पत्ती तक पहुँच जाता है। इसमें होने वाली प्रक्रिया की संक्षेप में व्याख्या कीजिए। (3)

30. (a) केन्द्रीय तन्त्रिका तन्त्र (CNS) के दो संघटकों की सूची बनाइए। इन संघटकों की चोटों से सुरक्षा किस प्रकार होती है?
(b) विद्युत आवेगों के उपयोग की दो सीमाओं का उल्लेख कीजिए। (3)

31. प्रकाश की उस परिघटना का नाम लिखिए तथा उसकी व्याख्या कीजिए, जिसके कारण किसी सूक्ष्म छिद्र से धुएँ से भरे किसी कमरे में आने वाले प्रकाश पुंज का मार्ग दिखाई देने लगता है। यह भी उल्लेख कीजिए कि हमारे नेत्रों तक आने वाले प्रकाश का रंग, जिस माध्यम से होकर प्रकाश पुंज गुजरता है, उस माध्यम के कणों के साइज पर किस प्रकार निर्भर करता है? (3)

32. घरेलू परिपथों में विद्युत फ्यूज के कार्य की संक्षेप में व्याख्या कीजिए। 3 kW, 220 V अनुमतांक के किसी विद्युत हीटर को 5 A धारा अनुमतांक के विद्युत परिपथ में प्रचालित किया जाता है। विद्युत हीटर के स्विच को 'ऑन' करने पर क्या हो सकता है? आवश्यक परिकलनों की सहायता से अपने उत्तर की पुष्टि कीजिए। (3)

33. (a) ओम का नियम लिखिए। तीन प्रतिरोधकों, जिनके प्रतिरोध R_1, R_2 और R_3 हैं, के पार्श्व संयोजन के तुल्य प्रतिरोध R_p के लिए सूत्र लिखिए।
(b) प्रतिरोधकों के नीचे दिए गए नेटवर्क का कुल प्रतिरोध ज्ञात कीजिए

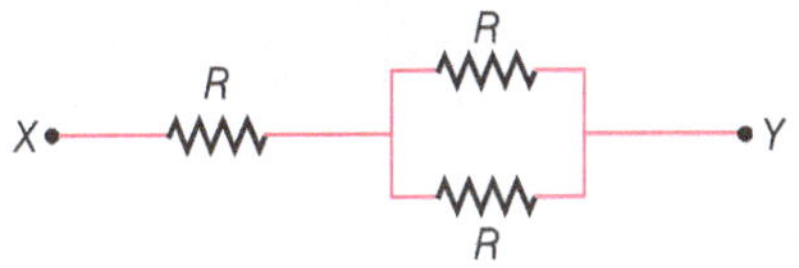

(3)

खण्ड-घ दीर्घ उत्तरीय प्रश्न

34. (a)(i) pH पेपर के साथ परीक्षण करने पर पाँच विलयनों A, B, C, D और E के pH क्रमशः 4, 1, 13, 7 और 10 दर्शाए गए। इनमें से कौन-सा विलयन- (1) प्रबल अम्लीय, (2) प्रबल क्षारकीय, (3) दुर्बल अम्लीय, (4) उदासीन तथा (5) दुर्बल क्षारकीय है? इन विलयनों को इनकी बढ़ती H^+ आयन सान्द्रता के क्रम में व्यवस्थित कीजिए।
(ii) (1) एक अम्लीय लवण और (2) एक क्षारकीय लवण का नाम लिखिए और प्रत्येक प्रकरण में इन लवणों के जनक अम्ल और जनक क्षारक का नाम भी दीजिए। (5)

अथवा

(b) सोडियम क्लोराइड से सोडियम हाइड्रॉक्साइड बनाने की प्रक्रिया का नाम लिखिए और उसका संक्षेप में उल्लेख कीजिए। इस प्रक्रिया में मुख्य उत्पाद के साथ दो गैसें 'X' और 'Y' भी दो इलेक्ट्रोडों पर निकलती हैं। 'X' और 'Y' के नाम तथा जिन इलेक्ट्रोडों पर ये प्राप्त होती हैं उनके नाम भी क्रमशः लिखिए। इन दोनों गैसों में एक गैस जब शुष्क कैल्सियम हाइड्रॉक्साइड से अभिक्रिया करती है, तो कोई यौगिक 'Z' बनता है जिसका उपयोग पीने के पानी को

जीवाणु से मुक्त कराने वाले सयंत्रों में तथा वस्त्र उद्योग में होता है। Z का नाम तथा इसके बनने में होने वाली रासायनिक अभिक्रिया का रासायनिक समीकरण लिखिए। (5)

35. (a) (i) बीजाणु किसे कहते हैं? यह किन संरचनाओं पर बनते हैं? ये प्रतिकूल परिस्थितियों से अपनी सुरक्षा किस प्रकार करते हैं? उस जीव का नाम लिखिए जो इन संरचनाओं की सहायता से वृद्धि करते हैं।

(ii) कुछ पादपों को कायिक प्रवर्धन की विधि द्वारा क्यों उगाया जाता है, इसके दो कारण दीजिए। कायिक प्रवर्धन द्वारा नए पादप उगाने की दो विधियों की सूची बनाइए। (5)

अथवा

(b) (i) नीचे दिए गए चित्र का अध्ययन करके A, B और C द्वारा अंकित भागों के नाम लिखिए। क्या होता है जब B अण्डाशय में स्थित C पर पहुँचता है? इसके महत्त्व का उल्लेख कीजिए।

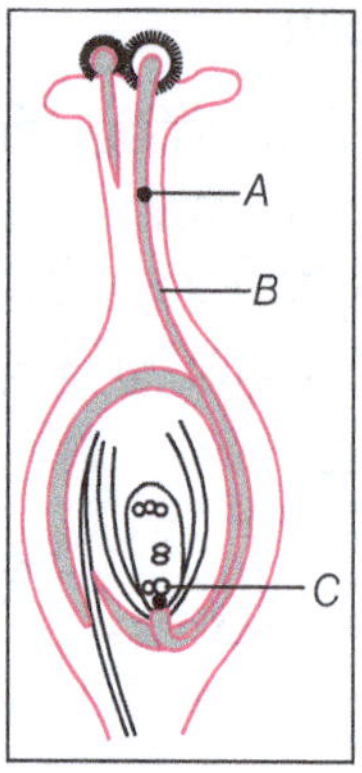

(ii) किसी पुष्प में निषेचन के पश्चात् होने वाले परिवर्तनों का उल्लेख कीजिए। (5)

36. (a) (i) नीचे दिए गए प्रत्येक प्रकरण में अपवर्तित किरण का पथ दर्शाने के लिए किरण आरेख खींचिए

किसी अवतल लेन्स पर आपतित उस प्रकाश किरण का

(1) जो मुख्य अक्ष के समान्तर गतिमान है तथा

(2) जो मुख्य फोकस की ओर दिशिक (जाती दिखाई देती) है।

(ii) 4 cm ऊँचा कोई प्रतिबिम्ब, 21 cm फोकस दूरी के किसी उत्तल लेन्स के मुख्य अक्ष पर लम्बवत् स्थित है। लेन्स से प्रतिबिम्ब की दूरी 16 cm है। प्रतिबिम्ब की स्थिति और आकार ज्ञात कीजिए। (5)

अथवा

(b) नीचे दिए गए प्रत्येक प्रकरण में परावर्तित किरण का पथ दर्शाने के लिए किरण आरेख खींचिए

किसी उत्तल दर्पण पर आपतित उस प्रकाश किरण का

(i) जो मुख्य अक्ष के समान्तर गतिमान है तथा

(ii) जो मुख्य फोकस की ओर दिशिक (जाती दिखाई देती) है।

(iii) 1.5 cm ऊँची मोमबत्ती की ज्वाला, 12 cm फोकस दूरी के किसी अवतल दर्पण के मुख्य अक्ष पर लम्बवत् रखी है। यदि ज्वाला की दर्पण के ध्रुव से दूरी 18 cm है, तो दर्पण सूत्र का उपयोग करके प्रतिबिम्ब की स्थिति और उसका आकार निर्धारित कीजिए। (5)

खण्ड-ङ स्रोत आधारित/केस आधारित प्रश्न

37. रसायन के क्षेत्र में तीस लाख से भी अधिक कार्बन के यौगिकों की खोज हो चुकी है। इन यौगिकों की विभिन्नता का कारण कार्बन परमाणुओं की परस्पर आबन्ध बनाने और अन्य तत्वों के साथ आबन्ध बनाने की क्षमता होना है। कार्बन के अधिकांश यौगिक विद्युत के कुचालक होते हैं तथा इसके गलनांक और क्वथनांक निम्न होते हैं

(a) उस समजातीय श्रेणी के पहले दो सदस्यों का आण्विक सूत्र लिखिए जिनका प्रकार्यात्मक समूह —Br है। (1)

(b) नीचे कुछ प्रकार्यात्मक समूहों के सूत्र दिए गए हैं

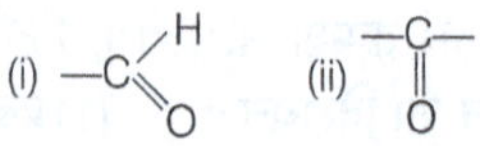

इन प्रकार्यात्मक समूहों का नाम लिखिए। (1)

(c) आप क्या प्रेक्षण करते हैं जब आप किसी परखनली में कुछ गरम एथेनॉल लेकर उसमें बूँद-बूँद करके 5% क्षारीय पोटैशियम परमैंगनेट मिलाते हैं? इसमें पोटैशियम परमैंगनेट की भूमिका का उल्लेख कीजिए तथा होने वाली अभिक्रिया का रासायनिक समीकरण लिखिए। (2)

अथवा

(c) एथेनॉल को आधिक्य सान्द्र सल्फ्यूरिक अम्ल के साथ 443K ताप पर गरम करने पर बनने वाले यौगिक का नाम लिखिए। इस अभिक्रिया में सान्द्र सल्फ्यूरिक अम्ल की भूमिका का उल्लेख कीजिए तथा होने वाली अभिक्रिया का रासायनिक समीकरण लिखिए। (2)

38. मानव पाचन तन्त्र एक नलिका होती है, जो मुँह से गुहा तक जाती है। इसका मुख्य कार्य भोजन में उपस्थित जटिल अणुओं, जो उसी रूप में अवशोषित नहीं हो सकते हैं, को छोटे अणुओं में खण्डित करना होता है। ये छोटे अणु इस नलिका की भित्तियों में अवशोषित होते हैं तथा अवशोषित भोजन शरीर की प्रत्येक कोशिका तक पहुँचता हैं, जहाँ इसका उपयोग ऊर्जा प्राप्त करने के लिए किया जाता है।

(a) मुखगुहा में उपस्थित ग्रन्थियों का नाम लिखिए तथा भोजन के उस घटक का उल्लेख कीजिए जिस पर इन ग्रन्थियों के स्राव क्रिया करते हैं। (1)

(b) दो अंगों में निकास पर अवरोधिनी पेशी होती हैं। इनका नाम लिखिए। (1)

(c) क्या होगा यदि

(i) जठर ग्रन्थियों द्वारा श्लेष्मा का स्रावण नहीं किया जाए?

(ii) क्षुद्रांत्र में दीर्घ रोम उपस्थित न हों? (2)

अथवा

(c) "पित्त रस में कोई एन्जाइम नहीं होते, फिर भी वह पाचन में महत्त्वपूर्ण भूमिका निभाता है।" इस कथन की पुष्टि कीजिए। (2)

39. किसी घरेलू परिपथ में पाँच LED बल्ब आरेख में दर्शाए अनुसार व्यवस्थित हैं। स्रोत की वोल्टता 220 V है तथा प्रत्येक बल्ब का शक्ति-अनुमतांक परिपथ आरेख में बल्ब के साथ अंकित किया गया है। नीचे दिए गए परिपथ आरेख के आधार पर निम्नलिखित प्रश्नों के उत्तर दीजिए

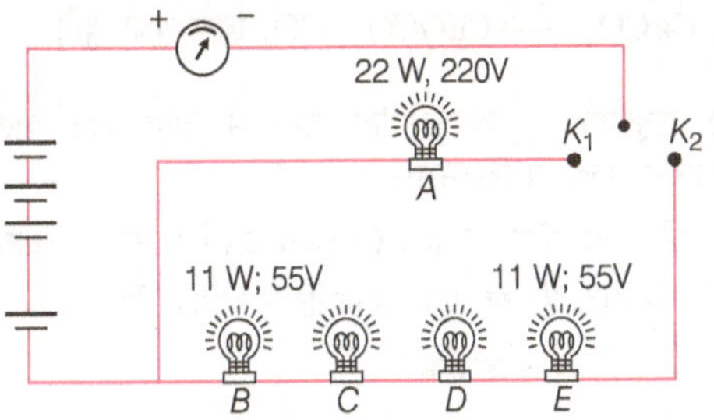

(a) उल्लेख कीजिए क्या होता है, जब

(i) कुँजी K_1 को बन्द करते हैं।

(ii) कुँजी K_2 को बन्द करते हैं। (1)

(b) जब बल्ब B चमक रहा होता है, तब वह कितनी धारा लेता है? (1)

(c) परिकलित कीजिए (2)

(i) बल्ब B का प्रतिरोध तथा

(ii) चारों बल्ब B, C, D और E के संयोजन का कुल प्रतिरोध

अथवा

(c) परिपथ के सभी बल्बों की चमक का क्या होगा, जबकि कुँजी K_1 तथा K_2 दोनों बन्द हैं तथा अचानक बल्ब C फ्यूज हो जाता है? अपने उत्तर की पुष्टि के लिए कारण दीजिए। (2)

हल सहित उत्तर in Topper's Style

मेरी प्रतिबद्धता मैं विश्वास दिलाता हूँ कि पूरा पेपर अपने आप करने के बाद ही मैं यहाँ दिए गए Solutions को देख रहा हूँ। इन Solutions को देखने का मेरा उद्देश्य यह Check करना है कि मेरे द्वारा किये गए Solutions Correct हैं या नहीं।

1. (a) $CaCO_3 \xrightarrow{\Delta} CaO(X) + CO_2$ बिना बुझा चुना

2. (b) प्राकृतिक सूचक-प्राकृतिक रूप से पाया जाने वाला पदार्थ उदाहरण-हल्दी व लिटमस।

3. (a) धोने का सोडा (Na_2CO_3) का उपयोग साबुन उद्योग, कागज उद्योग में होता है। यह एक अकार्बनिक यौगिक है।

4. (b)  साइक्लोहेक्सेन

5. (a) $Al_2O_3 + 6HCl \longrightarrow 2AlCl_3 + 3H_2O$

अत: $a = 1, b = 6, c = 2, d = 3$

6. (b) C_7H_{14} ऐल्कीन है।

7. (b) $CaO + H_2O \longrightarrow Ca(OH)_2$ यह एक योगात्मक अभिक्रिया है। अन्य सभी प्रतिस्थापन अभिक्रियाएँ हैं।

8. (d) साइटोकाइनिन कोशिका विभाजन को बढ़ावा देता है।

9. (c) परागण के लिए कीटों को आकर्षित करने वाला पुष्प का रंगीन भाग दल (पंखुड़ी) होता है।

10. (c) दो पृथक् लक्षणों की स्वतन्त्र वंशानुगति के अध्ययन हेतु किए गए संकरण को द्विसंकर संकरण कहते हैं, जिसका F_2-पीढ़ी में लक्षणप्रारूपी अनुपात 9 : 3 : 3 : 1 होता है।

11. (c) कथन B और C सही हैं। बायाँ अलिन्द फुफ्फुसीय शिरा से ऑक्सीजनित रुधिर प्राप्त करता है, जो बाएँ निलय से होते हुए महाधमनी के माध्यम से सम्पूर्ण शरीर में प्रवाहित होता है। दायाँ अलिन्द महाशिरा द्वारा शरीर से एकत्रित किए गए विऑक्सीजनित रुधिर को प्राप्त करता है।

12. (a) दो लम्बे मटर के पौधों के बीच संकरण के फलस्वरूप उत्पन्न संतति के पौधों में कुछ बौने पौधे प्राप्त हुए। जनक पौधों का जीन संयोजन Tt और Tt होगा।

13. (b) आकाश में इन्द्रधनुष बनने में सम्मिलित होने वाली प्रकाश की परिघटनाएँ अपवर्तन, परिक्षेपण और पूर्ण आन्तरिक परावर्तन है।

14. (d) $\because$ किसी तार का प्रतिरोध, $R = \frac{\rho L}{A}$

$$R \propto \frac{L}{r^2}$$

विकल्प (d) के लिए, जहाँ तार का व्यास $4D$ तथा लम्बाई $2L$ के लिए प्रतिरोध न्यूनतम होगा।

15. (a) दो पोषी स्तर वाली आहार शृंखला ऊर्जा की दृष्टि से अधिक लाभप्रद होती है, क्योंकि इसमें ऊर्जा स्थानान्तरण के एक ही स्तर होने के कारण ऊर्जा की न्यूनतम क्षति (90%) होती है।

16. (b) कथन A और C सही हैं। ओजोन वायुमण्डल के निचले स्तर, क्षोभमण्डल में एक विषैली गैस होती है। समतापमण्डल में यह सूर्य से आने वाली हानिकारक पराबैंगनी विकिरणों को अवशोषित कर जीवों को सुरक्षा प्रदान करती है। इन विकिरणों के प्रभाव के कारण ऑक्सीजन के अणुओं से पुन: ओजोन का निर्माण होता है।

17. (c) दिया गया अभिकथन (A) सही है, परन्तु कारण (R) गलत है।

अभिकथन (A) जब जिंक धातु कॉपर सल्फेट के विलयन में डाली जाती है तो जिंक सल्फेट बनता है। अत: जिंक धातु कॉपर को कॉपर सल्फेट से विस्थापित कर देता है।

$$CaSO_4 + Zn(s) \longrightarrow ZnSO_4 + Cu(s)$$

कॉपर सल्फेट (नीला रंग) + जिंक धातु (रंगहीन) ⟶ जिंक सल्फेट + कॉपर धातु

कारण (R) कॉपर जिंक की तुलना में कम सक्रिय धातु होती है।

18. (a) A और R दोनों सही हैं तथा R द्वारा A की सही व्याख्या हो रही है। अलैंगिक जनन द्वारा उत्पन्न संतति आनुवंशिकतया जनक के समान (क्लोन) होती है, क्योंकि इसमें एक ही जनक भाग लेता है।

19. (c) A सही है, परन्तु R गलत है। सड़क पर वाहन को रोकने के लिए लाल प्रकाश के सिग्नलों का उपयोग किया जाता है, क्योंकि लाल रंग के प्रकाश की तरंगदैर्ध्य अन्य रंगों की तुलना में अधिक होती है। जिसके कारण लाल रंग के प्रकाश का प्रकीर्णन सबसे कम होता है इसलिए इसे अधिक दूरी से देखा जा सकता है।

20. (b) A और R दोनों सही हैं तथा R द्वारा A की सही व्याख्या नहीं हो रही है।

21. जब मैग्नीशियम (Mg) रिबन को हवा में जलाया जाता है, तो मैग्नीशियम ऑक्साइड (MgO) बनता है।

रिबन के जलने और चूर्ण की राख (MgO) बनने पर एक चमकदार सफेद रोशनी पैदा होती है।

यह प्रतिक्रिया एक अत्यधिक उष्माक्षेपी प्रतिक्रिया है।

$$2Mg + O_2 \longrightarrow 2\,MgO + \text{ऊष्मा}$$

22. ऑक्सिन का संश्लेषण प्ररोह व मूल के शीर्षस्थ विभज्योतकों द्वारा होता है। यह हॉर्मोन पादपों में प्रकाशानुवर्तन को प्रभावित करता है। जब पौधे के किसी भाग की गति प्रकाश उद्दीपन के द्वारा निर्धारित होती है, तब इसे प्रकाशानुवर्तन गति कहते हैं। पौधे के कुछ अंग, जैसे तना, प्रकाश की ओर गति करते हैं, इन्हें धनात्मक प्रकाशानुवर्ती (Positively phototropic) कहते हैं तथा कुछ अंग प्रकाश के विपरीत दिशा में गति करते हैं जैसे जड़े, इन्हें ऋणात्मक प्रकाशानुवर्ती (Negatively phototropic) कहते हैं।

ऑक्सिन प्रकाश की दिशा के विपरीत ओर एकत्रित होकर प्ररोह व मूल की प्रकाशानुवर्ती वृद्धि को नियन्त्रित करता है।

23. (a) मेण्डल द्वारा मटर के पौधे में चुने गए दो युग्मविकल्पी (विपर्यासी) लक्षण निम्न है

लक्षण/गुण	प्रभावी	अप्रभावी
बीज की आकृति	गोल (Round)	झुर्रीदार (Wrinkled)
बीज का रंग	पीला (Yellow)	हरा (Green)

अथवा

(b) मानवों में शिशु नर होगा अथवा मादा होगी। इसकी प्रायिकता 50% होती है। इसे हम निम्न प्रवाह आरेख द्वारा समझ सकते हैं

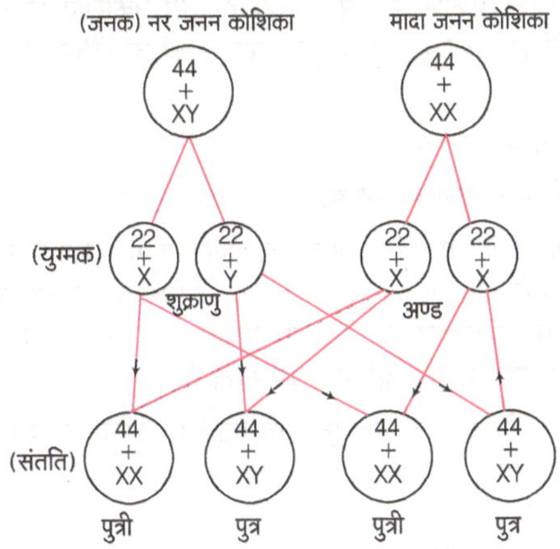

मानव शिशु में लिंग निर्धारण

24. जब किसी व्यक्ति को दूर की वस्तुएँ स्पष्ट दिखाई देती हैं परन्तु निकट की वस्तुएँ स्पष्ट दिखाई नहीं देती है, तो व्यक्ति दीर्घ-दृष्टिदोष से पीड़ित होता है।

दूर दृष्टि दोष होने के निम्नलिखित दो कारण होते हैं

(i) नेत्र लेन्स की वक्रता का कम हो जाना, जिससे उसकी फोकस दूरी बढ़ जाती है।

(ii) नेत्र की माँसपेशियों के क्षीण हो जाने से नेत्र गोलक के व्यास का कम हो जाना।

दूर दृष्टि दोष के संशोधन के लिए उचित फोकस दूरी वाले उत्तल लेन्स के चश्मे का उपयोग किया जाता है।

25. (a)

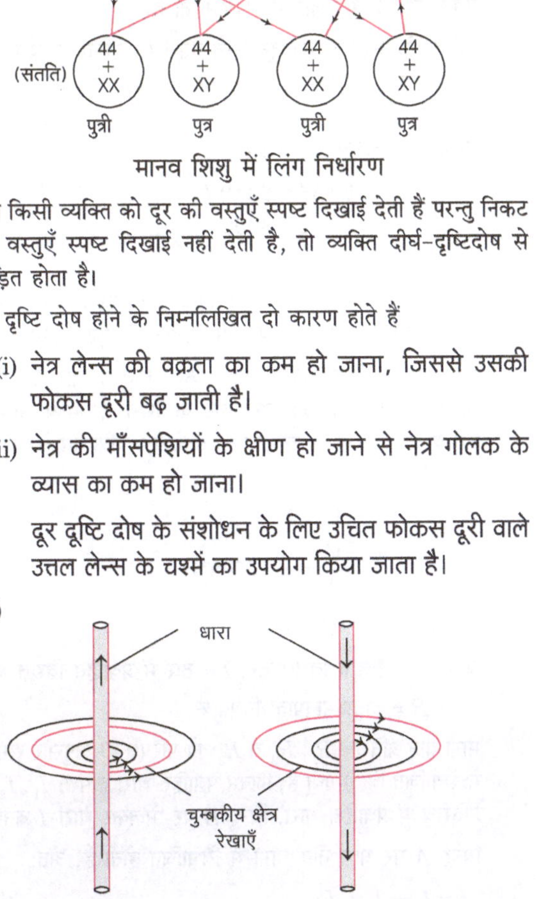

किसी सीधे विद्युत धारावाही चालक के चारों ओर चुम्बकीय क्षेत्र रेखाएँ संकेन्द्रित वृत्त होती हैं, जिनका केन्द्र चालक पर होता है।

अथवा

(b) चुम्बकीय पदार्थ के टुकडे को चुम्बकित करने के लिए उपयोग किए जाने वाली युक्ति को परिनालिका या विद्युत चुम्बक कहा जाता है।

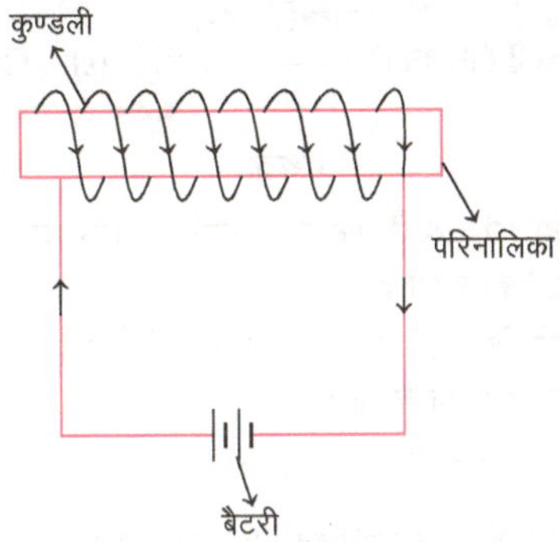

26. वे सूक्ष्मजीव, जो मृत या सड़े-गले जीवों से कार्बनिक पदार्थों के रूप में भोजन प्राप्त करते हैं, अपघटक या मृतोपजीवी कहलाते हैं; उदाहरण-जीवाणु, कवक, चींटी, दीमक, आदि। ये जीव पादप व जन्तुओं के मृत शरीर के जटिल कार्बनिक पदार्थों को सरल अकार्बनिक पदार्थों में तोड़कर अपना भोजन प्राप्त करते हैं। ये पादप व जन्तुओं में संचित जटिल कार्बनिक पदार्थों को विघटित कर पुन: वातावरण में लौटाने का कार्य करते हैं। अत: अपघटकों को परिवर्तक (Transformers) भी कहा जाता है। इस प्रकार, ये पर्यावरण में पोषक तत्वों के पुन:चक्रण एवं वातावरण को स्वच्छ बनाए रखने में सहायक होते हैं। इनकी अनुपस्थिति में ये दोनों प्रक्रियाएँ प्रभावित होगी।

27. (a) जिंक ऑक्साइड को उभयधर्मी ऑक्साइड कहाँ जाता है क्योंकि यह अम्लीय तथा क्षारीय दोनों ही गुणों को प्रदर्शित करता है।

अम्ल : $ZnO + 2HCl \longrightarrow ZnCl_2 + H_2O$

क्षार : $ZnO + 2NaOH \longrightarrow Na_2ZnO_1 + H_2O$

(b) सोडियम (Na) : बहुसक्रिय धातु

$2Na + O_2 \longrightarrow 2NaO$ (आग पकड़ लेता है) + ऊष्मा

$Na + H_2O \longrightarrow NaOH + H^+$

सोडियम ऑक्सीजन के साथ क्रिया कर आग पकड़ लेती है। अत: इसे कैरोसीन में रखा जाता है ताकि ये वायु में उपस्थित नमी के सम्पर्क में न आए।

(c) जब धातुएँ नाइट्रिक अम्ल के साथ क्रिया करती है, तो हाइड्रोजन गैस का उत्सर्जन नहीं होता । क्योंकि HNO_3 एक प्रबल ऑक्सीकारक है। यह उत्पन्न हाइड्रोजन का ऑक्सीकरण जल में कर देता है और स्वयं नाइट्रोजन के आक्साइडो (NO, N_2O, NO_2) में अपचयित हो जाता है।

28. (a) (i) मर्करी को पहले वायु की उपस्थिति में गर्म किया जाता है।

$$2HgS + O_2 \xrightarrow{\text{गर्म}} 2HgO \xrightarrow{300°C} 2Hg + O_2$$

HgO को लगभग 300°C पर गर्म करने पर यह मर्करी धातु में परिवर्तित हो जाता है।

(ii) $2Cu_2S + 3O_2 \xrightarrow{\Delta} 2Cu_2O + SO_2\uparrow$

$$2Cu_2O \xrightarrow{Cu_2S/\Delta} 6Cu$$

ताँबे वाले अयस्क से ताँबे के निष्कर्षण के लिए अपचयन का उपयोग किया जाता है।

(iii) सोडियम को डाउन प्रकिया द्वारा जुड़े हुए सोडियम क्लोराइड की इलेक्ट्रोलिसिस प्रक्रिया द्वारा निकाया जाता है।

$$\text{NaCl (विलयन)} \xrightarrow[\text{कैथोड़ पर}]{\text{इलेक्ट्रोलिसिस}} 2\text{Na}(s) + \text{Cl}_2(g)$$

अथवा

(b) (i) चाँदी की वस्तुएँ वायु के सम्पर्क में आने पर कुछ समय बाद काली हो जाती है।

चाँदी के काले रंग का कारण चाँदी की सतह पर सिल्वर सल्फाइड का बनना है।

$$\text{Ag} + \underset{\text{Air}}{\text{S}} \longrightarrow \text{AgS}$$

(ii) कॉपर वायु में उपस्थित CO_2 के साथ अभिक्रिया करता है, जिससे इसकी सतह से भूरे रंग की चमक धीरे-घीरे खत्म हो जाती है तथा इस पर हरे रंग की चमक चढ़ जाती है।

(iii) आयरन को नम वायु में खुला छोड़ने पर आयरन ऑक्साइड बनता है।

यह आयरन ऑक्साइड ही आयरन पर जंग के रूप में परत बना लेता है।

$$\underset{\text{नम वायु}}{\text{Fe} + \text{O}_2 + \text{H}_2\text{O}} \longrightarrow \underset{\text{आयरन ऑक्साइड}}{\text{Fe}_2\text{O}_3}$$

29. पादपों में मृदा से जल तथा खनिज-लवण मूल द्वारा अवशोषित होकर जाइलम ऊतक की सहायता से तने में होते हुए पत्तियों तक पहुँचते हैं, इस क्रिया को रसारोहण कहते हैं। रसारोहण जाइलम द्वारा होता है।

जल के अणुओं में परस्पर आकर्षण होता है अर्थात् इनके मध्य ससंजक बल (Cohesion force) काम करता है। इस बल के कारण जाइलम वाहिकाओं में जल का स्तम्भ बना रहता है। साथ ही जाइलम वाहिकाओं तथा जल स्तम्भ के मध्य लगने वाला आसंजन बल भी तने में जल स्तम्भ को खण्डित नहीं होने देता है।

वाष्पोत्सर्जन के कारण, जो पत्तियों से जल वाष्पित होता है, वह पर्णमध्योतक (Mesophyll) कोशिकाओं पर दाब बनाता है, जिसके कारण एक कोशिका से दूसरी कोशिका का जल परासरण दाब के कारण गतिशील हो जाता है। इससे क्रमश: पर्ण कोशिकाओं और जाइलम वाहिकाओं में जल की कमी होती है और एक प्रकार का खिंचाव उत्पन्न होता है। यह खिंचाव जाइलम वाहिकाओं में उपस्थित जल स्तम्भ को ऊपर की ओर खींचता है, जिसे वाष्पोत्सर्जनाकर्षण (Transpiration pull) कहते हैं।

30. (a) केन्द्रीय तन्त्रिका तन्त्र (CNS) के दो संघटक मस्तिष्क एवं मेरुरज्जु हैं, जो शरीर की समस्त प्रतिक्रियाओं का नियमन करते हैं। यह चारों ओर से तिहरी सुरक्षात्मक झिल्ली से घिरे होते हैं। बाहरी झिल्ली को दृढ़तानिका (Duramater), मध्य झिल्ली को जालतानिका (Arachnoid) तथा भीतरी झिल्ली को मृदुतानिका (Piamater) कहते हैं। मृदुतानिका में रुधिर केशिकाओं का एक सघन जाल होता है, इन्हीं के द्वारा मस्तिष्क को भोजन तथा O_2 मिलती है। मृदुतानिका एवं जालतानिका के मध्य तथा मस्तिष्क की गुहा (Ventricle) में एक रंगहीन, स्वच्छ तरल पदार्थ प्रमस्तिष्क मेरुद्रव्य (Cerebrospinal fluid) भरा रहता है, जो मस्तिष्क की बाह्य आघातों से सुरक्षा करता है।

(b) विद्युत आवेगों के उपयोग की दो सीमाएँ निम्न हैं

आवेग केवल एक ही दिशा में गति कर सकते हैं।

विद्युत आवेग काफी कम समय तक काम करने वाले होते हैं एवं सन्देश केवल उत्तेजना की उपस्थिति में भेजा जाता है।

31. किसी सूक्ष्म छिद्र से धुएँ से भरे किसी कमरे में आने वाले प्रकाश पुँज का मार्ग, टिण्डल प्रभाव के कारण दिखाई देने लगता है।

इस परिघटना द्वारा कोलायडी विलयन में उपस्थित कणों का प्रकीर्णन होता है। अत: हमारे नेत्रों तक आने वाला प्रकाश का रंग, जिस माध्यम से होकर प्रकाश पुँज से गुजरता है। उस प्रकीर्णित प्रकाश का रंग, प्रकीर्णित कणों के आकार और प्रकाश की तरंगदैर्ध्य पर निर्भर करता है।

अर्थात् प्रकीर्णन $\propto d^6$

जहाँ, d = कण का व्यास।

32. कभी-कभी घरों में बिजली के तार आपस में मिल जाते हैं, तो परिपथ में लघुपथन (short circuit) हो जाता है। जिस कारण उपकरणों में धारा का मान बढ़ जाता है व इतनी अधिक ऊष्मा उत्पन्न हो जाती है कि उपकरणों के जल जाने का भय रहता है।

परिपथ के इस दोष को दूर करने हेतु जिस युक्ति का प्रयोग करते हैं, उसे फ्यूज कहते हैं। फ्यूज तार का गलनांक, ताँबे की तुलना में बहुत कम होता है। फ्यूज को परिपथ के श्रेणीक्रम में संयोजित किया जाता है।

प्रश्नानुसार, शक्ति $(P) = VI$

$$3 \text{ kW} = (220)\, I$$

$$I = \frac{3000}{220} = 13.63 \text{ A}$$

जोकि विद्युत हीटर के धारा अनुमतांक से अधिक है। अत: विद्युत हीटर के स्विच को ऑन करने पर तार पिघल कर टूट जाएगा।

33. (a) ओम के नियम के अनुसार, किसी धातु के तार में प्रवाहित होने वाली विद्युत धारा (I), उस तार के सिरों के मध्य उत्पन्न विद्युत विभवान्तर (V) के अनुक्रमानुपाती होती है जबकि तार का ताप निश्चित होता है।

$$V \propto I$$

$$\frac{V}{I} = R \text{ (नियतांक)}$$

अथवा $V = IR$

जहाँ, V = विद्युत विभवान्तर, I = तार में प्रवाहित विद्युत धारा

R = अनुक्रमानुपाती नियतांक

माना तीन प्रतिरोध R_1, R_2 व R_3 को परिपथ के अनुसार समान्तर क्रम में संयोजित किया गया है, जिनमें प्रवाहित धारा क्रमश: I_1, I_2 व I_3 हैं। प्रतिरोध में प्रवाहित धारा, बिन्दु B पर मिलकर धारा I बनाती है।

बिन्दु A पर धारा तीन भागों में विभाजित होती है, अत:

$$I = I_1 + I_2 + I_3 \quad \text{...(i)}$$

यदि बिन्दुओं A और B के बीच तुल्य प्रतिरोध R हो, तो ओम के नियमानुसार,

$$I = \frac{V}{R} \quad \text{...(ii)}$$

समी (ii) का मान समी (i) में रखने पर,

$$\frac{V}{R} = \frac{V}{R_1} + \frac{V}{R_2} + \frac{V}{R_3}$$

$$\frac{1}{R} = \frac{1}{R_1} + \frac{1}{R_2} + \frac{1}{R_3}$$

(b) प्रश्न में दिया गया परिपथ निम्न है

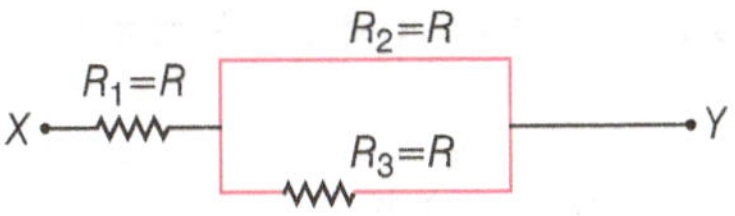

उपरोक्त परिपथ में R_2 व R_3 समान्तर क्रम में हैं तथा इनका तुल्य प्रतिरोध, R_1 के श्रेणीक्रम में है।

अत: X और Y के मध्य कुल प्रतिरोध,

$$R_{XY} = R_1 + \frac{R_2 \times R_3}{R_2 + R_3}$$

$$= R + \frac{R \times R}{R + R} = R + \frac{R^2}{2R} = \frac{3R}{2}$$

34. (a) (i)

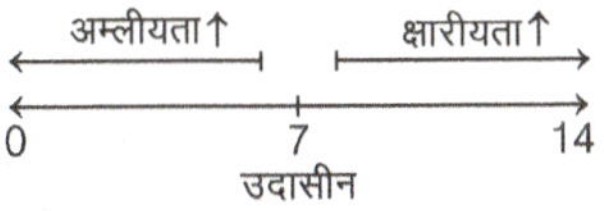

pH scale

विलयन	pH	
A	4	दुर्बल अम्लीय
B	1	प्रबल अम्लीय
C	13	प्रबल क्षारीय
D	7	उदासीन
E	10	दुर्बल क्षारीय

$[H^+] \propto$ अम्लीयता

$pH = -\log [H^+]$

$C < E < D < A < B$

(ii)

1. अम्लीय लवण वे लवण होते हैं जिसके जलीय घोल की प्रकृति विशिष्ट रूप से अम्लीय होती है। ये अधिकतर प्रबल अम्ल व दुर्बल क्षार के लवण होते हैं।

उदाहरण

लवण	क्षार	अम्ल
NH_4Cl	NH_4OH	HCl

2. क्षारीय लवण ऐसे लवण होते हैं जो एक प्रबल क्षार व दुर्बल अम्ल के लवण होते हैं।

उदाहरण

लवण	क्षार	अम्ल
CH_3COONa	$NaOH$	CH_3COOH

अथवा

(b) $2NaCl + 2H_2O(l) \longrightarrow \underset{\text{सोडियम हाइड्राक्साइड}}{2NaOH} + Cl_2(g) + H_2(g)$

विधि सोडियम क्लोराइड का जलीय विलयन से विद्युत प्रवाहित करने पर यह वियोजित होकर सोडियम हाइड्रॉक्साइड उत्पन्न करता है। इस प्रक्रिया को क्लोर क्षार प्रक्रिया कहते हैं।

क्लोर-क्षार प्रक्रिया में सोडियम हाइड्रॉक्साइड के साथ उपउत्पाद के रूप में क्लोरीन व हाइड्रोजन गैस बनती है। क्लोरीन गैस जब चूने के पानी के साथ क्रिया करती है, तो ब्लीचिंग शक्ति उत्पन्न होती है। $Ca(OH)_2$, ब्लीचिंग पाउडर का उपयोग रासायनिक उद्योगों ने ब्लीचिंग एजेण्ट के रूप में किया जाता है।

$$Ca(OH)_2(s) + Cl_2(g) \longrightarrow CaOCl_2(s) + H_2O$$

अत: X-क्लोरीन गैस है, Y-हाइड्रोजन गैस

एवं Z-ब्लीचिंग पाउडर है।

35. (a) (i) बीजाणु प्राय: वह एककोशिकीय जनन संरचना होती है जो बहुकोशिकीय सरल जीवों में प्राय: प्रतिकूल परिस्थितियों में बीजाणुधानी में बनती हैं। इनमें बाहर की ओर बाह्य वातावरण की प्रतिकूल परिस्थितियों से सुरक्षा हेतु दृढ़ आवरण (Cyst wall) उपस्थित होता है। यह आवरण अनुकूल परिस्थितियों में फट जाता है और बीजाणु वृद्धि करके नए जीव का निर्माण करता है।

म्यूकर, राइजोपस, पक्सीनिया, शैवाल व फर्न इन संरचनाओं की सहायता अलैंगिक जनन करते हैं।

(ii) **पादपों का कायिक प्रवर्धन एवं दो कारण**

1. कुछ पादप; जैसे—गन्ना, गुलाब या अंगूर, आदि को उगाने के लिए कायिक प्रवर्धन का प्रयोग किया जाता है, क्योंकि इसके द्वारा उगाए गए पादपों के बीज की आवश्यकता नहीं होती है और बीज द्वारा उगाए गए पादपों की अपेक्षा पुष्प व फल कम समय में आ जाते हैं।
2. यह पद्धति उन पादपों; जैसे—केला, सन्तरा एवं चमेली, आदि को उगाने के लिए उपयोगी है, जो बीज उत्पन्न करने की क्षमता खो चुके होते हैं तथा इस प्रकार उत्पन्न सभी पादप आनुवंशिक रूप से जनक पादप के समान ही होते हैं।

कायिक प्रवर्धन द्वारा नए पादप उगाने की दो विधियाँ

1. **प्राकृतिक कायिक प्रवर्धन** इस प्रक्रिया में प्राकृतिक रूप से पादप का कोई भाग या रूपान्तरित भाग नया पादप बनाता है; जैसे- शकरकन्द (जड़ों द्वारा), *ब्रायोफिल्लम* (पत्ती द्वारा), गन्ना (तना द्वारा)।
2. **कृत्रिम कायिक प्रवर्धन** मानव द्वारा पादपों में कृत्रिम ढंग से किए गए कायिक जनन; उदाहरण-गन्ना, गुलाब, गुड़हल (कलम लगाकर), नींबू, चमेली, अँगूर (दाब लगाकर)।

अथवा

(b) (i) A-जनन कोशिका

B-पराग नलिका

C-भ्रूणकोष में अण्ड कोशिका

पराग नलिका बीजाण्डद्वार द्वारा बीजाण्ड में प्रवेश कर भ्रूणकोष में प्रवेश करती है। यहाँ पराग नलिका दोनों नर

युग्मकों को मुक्त कर देती है। इनमें से एक नर युग्मक (Male gamete) अण्ड कोशिका से संलयित होकर युग्मनज बनाता है। इसे **वास्तविक निषेचन** (True fertilisation) कहते हैं तथा दूसरा नर युग्मक द्वितीयक केन्द्रक ($2n$) से संयुग्मित होकर त्रिगुणित भ्रूणपोष केन्द्रक ($3n$) बनता है। इस प्रक्रिया को **त्रिक संलयन** (Triple fusion) कहते हैं, क्योंकि इसमें तीन अगुणित (Haploid) केन्द्रकों का संलयन होता है। इस सम्पूर्ण प्रक्रिया को द्विनिषेचन कहते हैं।

(ii) निषेचन के पश्चात् मुख्यतया निम्न परिवर्तन होते हैं

(a) **बाह्यदल** (Calyx) प्राय: मुरझाकर गिर जाते हैं, परन्तु कई पादपों में चिरलग्न होते हैं; उदाहरण-टमाटर, बैंगन, आदि में।

(b) **दल** (Petal), पुंकेसर, वर्तिकाग्र एवं वर्तिका मुरझाकर गिर जाते हैं।

(c) **अण्डाशय** (Ovary) फल में तथा अण्डाशय भित्ति (Ovary wall) फल भित्ति (Pericarp) में बदल जाती है।

(d) **बीजाण्ड** (Ovule) बीज का निर्माण करता है।

- **बीजाण्ड** (Micropyle) बीजद्वार बनाता है।
- **बीजाण्डकाय** (Nucellus) नष्ट हो जाता है।
- **भ्रूणकोष** (Embryo sac)

— **अण्डकोशिका** भ्रूण बनाती है।

— **सहायक कोशिकाएँ** नष्ट हो जाती हैं।

— **प्रतिमुख कोशिकाएँ** नष्ट हो जाती हैं।

— **द्वितीयक केन्द्रक** भ्रूणपोष बनाता है, जो भ्रूण के परिवर्धन के समय भ्रूण के पोषण के काम आता है।

36. (a) (i) (1) जब प्रकाश किरण, मुख्य अक्ष के समान्तर गतिमान है।

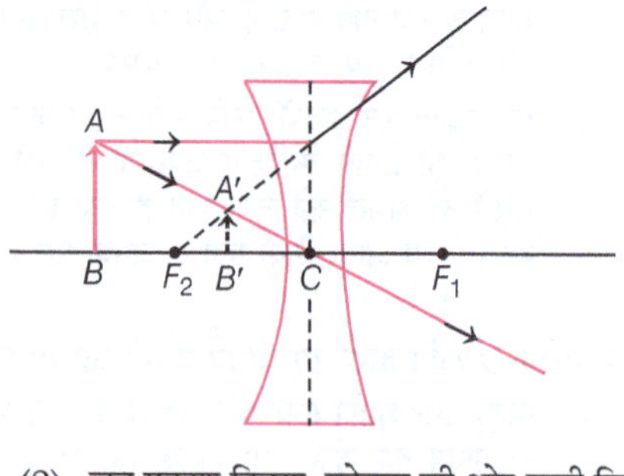

(2) जब प्रकाश किरण, फोकस की ओर जाती दिखाई देती है।

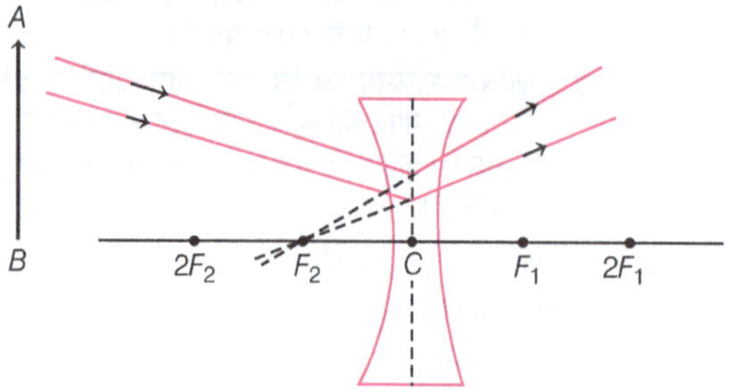

(ii) दिया है,

प्रतिबिम्ब की ऊँचाई (h_0) = 4 सेमी

फोकस दूरी (f) = + 24 सेमी

प्रतिबिम्ब दूरी (u) = – 16 सेमी

लेन्स सूत्र से, $\frac{1}{f} = \frac{1}{v} - \frac{1}{u} \Rightarrow \frac{1}{v} = \frac{1}{24} + \frac{1}{(-16)}$

प्रतिबिम्ब दूरी (v) = – 48 सेमी

∵ आवर्धन सूत्र से,

$$(m) = \frac{h_i}{h_0} = \frac{v}{u}$$

$$h_i = \frac{vh_0}{u} = \frac{(-48)\,(4)}{-16}$$

प्रतिबिम्ब की ऊँचाई (h_i) = 12 सेमी

(b) (i) जब प्रकाश किरण मुख्य अक्ष के समान्तर गतिमान हो।

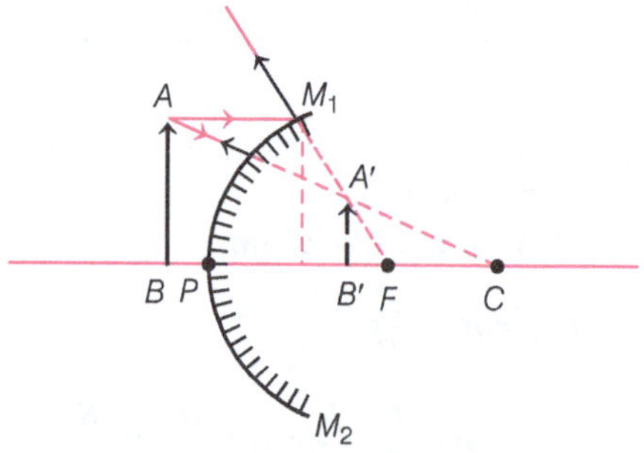

(ii) जब प्रकाश किरण फोकस की ओर दिशिक हो।

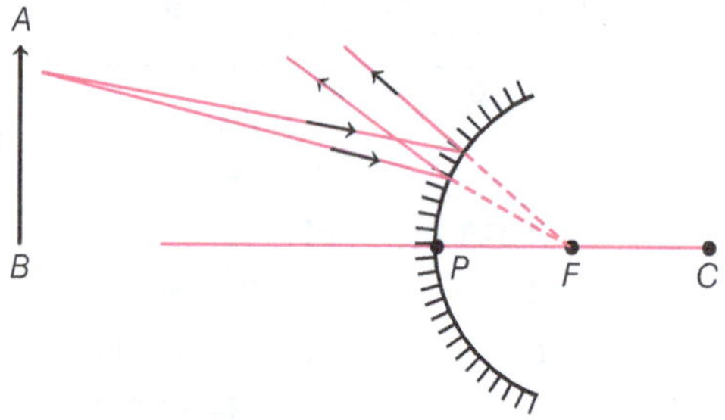

(iii) दिया है,

प्रतिबिम्ब की ऊँचाई (h_o) = 1.5 सेमी

फोकस दूरी (f) = – 1.2 सेमी

प्रतिबिम्ब दूरी (u) = – 18 सेमी

∵ दर्पण सूत्र से, $\frac{1}{f} = \frac{1}{v} + \frac{1}{u}$

$$\frac{1}{v} = \frac{1}{f} - \frac{1}{u} = \frac{1}{-12} - \frac{1}{(-18)}$$

प्रतिबिम्ब दूरी (v) = – 36 सेमी

∵ आवर्धन $(m) = \frac{h_i}{h_o} = \frac{-v}{u}$

$$h_i = \frac{-v}{u} \times h_o = \frac{-(-36)}{-18} \times 1.5$$

प्रतिबिम्ब की ऊँचाई (h_i) = – 3 सेमी

37. (a) CH_3Br— ब्रोमोमेथेन

C_2H_5Br— ब्रोमोएथेन

(b) $—C\langle^{H}_{O}$ ऐल्डिहाइड

$—\underset{\underset{O}{||}}{C}—$ कार्बोनिल समूह (ऐल्डिहाइड व कीटोन)

(c) गर्म एथेनॉल में 5% क्षारीय पोटैशियम परमैंगनेट घोल को बूँद-बूँद करके जोड़ने पर, पोटैशियम परमैंगनेट का बैंगनी रंग गायब होने लगता है।

इस प्रक्रिया में एथेनोइक एसिड बनता है, जो नीले लिटमस को लाल कर देता है।

$$\underset{\text{इथेनॉल}}{CH_3—CH_2—OH} \xrightarrow[\text{परमैंगनेट}]{\text{क्षारीय पोटैशियम}} \underset{\text{एथेनोइक एसिड}}{CH_3COOH + H_2O}$$

अथवा

(c) $$\underset{\text{एथेनॉल}}{CH_3CH_2OH} \xrightarrow[\text{सान्द्र } H_2SO_4 \text{(आधिक्य)}]{443K} \underset{\text{एथीन}}{CH_2 = CH_2}$$

एथेनॉल को 443 K पर सान्द्र H_2SO_4 (आधिक्य) में गर्म करने पर एथीन बनता है।

यहाँ सान्द्र H_2SO_4 एथेनॉल को निर्जलीकरण ($—H_2O$) करता है।

38. (a) मानव की मुखगुहा में तीन जोड़ी लार ग्रन्थियाँ खुलती हैं

(i) कर्णपूर्व ग्रन्थियाँ

(ii) अधोहनु ग्रन्थियाँ

(iii) अधोजिह्वा ग्रन्थियाँ

लार में उपस्थित α-एमाइलेज (α-amylase) या टायलिन एन्जाइम स्टार्च या मण्ड को माल्टोस शर्करा में परिवर्तित कर भोजन को मीठा बनाता है।

(b) निम्न दो अंगों में निकास पर अवरोधिनी पेशी होती है

(i) आमाशय के पाइलोरिक भाग पर।

(ii) मलाशय के गुदाद्वार पर

(c) (i) जठर ग्रन्थियों द्वारा श्लेष्मा का स्रावण नहीं हो, तो जठर रस में मौजूद HCl अम्ल आमाशय की आंतरिक भित्ति पर अल्सर (घाव) उत्पन्न कर देगा।

(ii) क्षुदांत्र में दीर्घ रोम उपस्थित न हो, तो आँत में अवशोषण की सतह कम हो जाएगी एवं भोजन का पूर्ण अवशोषण नहीं होगा।

अथवा

(c) पित्त रस क्षारीय रस होता है, जिसका pH 7.7 होता है। पित्त रस में 92% जल, 6% पित्त लवण, 0.3% पित्त वर्णक, 0.3-0.9%, कोलेस्ट्रॉल, 0.3%, लेसिथिन तथा 1% वसा अम्ल होते हैं।

पित्त रस का मुख्य कार्य वसा का इमल्सीकरण अर्थात् वसा की बड़ी बूँदों को छोटी गोलिकाओं में तोड़ना होता है ताकि लाइपेज एन्जाइम इसका पाचन कर सकें। आमाशय से प्राप्त भोजन के माध्यम को अम्लीय से क्षारीय बनाता है। अत: पित्त रस में कोई एन्जाइम नहीं होने पर भी यह वसा के पाचन में एक महत्त्वपूर्ण भूमिका निभाता है।

39. (a) (i) जब कुंजी K_1 बन्द है, तब बल्ब A प्रदीप्त होगा।

(ii) जब कुंजी K_2 बन्द है, तब बल्ब B, C, D तथा E प्रदीप्त होंगे।

(b) दिया है, $P = 11$ W, $V = 55$ V

हम जानते हैं,

$$P = VI$$

$$I = \frac{P}{V} = \frac{11}{55} = \frac{1}{5} \text{ A}$$

(c) (i) बल्ब B के लिए, $I = \frac{1}{5}$ A तथा $V = 55$ V

हम जानते हैं,

$$V = IR$$

$$R = \frac{V}{I} = \frac{55}{1/5} = 275\ \Omega$$

(ii) संयोजन का कुल प्रतिरोध,

$$R_{eq} = R_B + R_C + R_D + R_E$$

बल्ब B, C, D तथा E का विभव तथा शक्ति परास समान है। इनके प्रतिरोध भी समान होंगे।

$$R_B = R_C = R_D = R_E = 275\ \Omega$$

$$R_{eq} = 275 + 275 + 275 + 275 = 1100\ \Omega$$

अथवा

(c) जब कुंजी K_1 तथा K_2 दोनों बन्द होंगी, तो बल्ब C अचानक फ्यूज हो जाएगा। B, C, D तथा E वाला परिपथ विच्छेदित हो जाएगा तथा बल्ब कार्य करना बन्द कर देंगे, क्योंकि यह श्रेणीक्रम में संयोजित है। बल्ब A प्रदीप्त होगा क्योंकि यह समान्तर क्रम में संयोजित है।

प्रोफिशियंसी बिल्डिंग जोन

Welcome to प्रोफिशियंसी बिल्डिंग जोन

इस सेक्शन में 15 सैम्पल प्रश्न पत्र हैं, जिनका उद्देश्य आपके Problem Solving Skills व Proficiency को बढ़ाना है। इन Papers को नियमित रूप से Practice करें व अपनी Progress को Mark करें। ध्यान रखें Consistent Practice द्वारा ही Mastery प्राप्त की जा सकती है।

Progress Tracker प्रत्येक सैंपल पेपर को समाप्त करने के पश्चात् यहाँ Tick (✓) करें

- ☐ सैंपल प्रश्न-पत्र 1 ______ (Fill your score)
- ☐ सैंपल प्रश्न-पत्र 2 ______ (Fill your score)
- ☐ सैंपल प्रश्न-पत्र 3 ______ (Fill your score)
- ☐ सैंपल प्रश्न-पत्र 4 ______ (Fill your score)
- ☐ सैंपल प्रश्न-पत्र 5 ______ (Fill your score)
- ☐ सैंपल प्रश्न-पत्र 6 ______ (Fill your score)
- ☐ सैंपल प्रश्न-पत्र 7 ______ (Fill your score)
- ☐ सैंपल प्रश्न-पत्र 8 ______ (Fill your score)
- ☐ सैंपल प्रश्न-पत्र 9 ______ (Fill your score)
- ☐ सैंपल प्रश्न-पत्र 10 ______ (Fill your score)
- ☐ सैंपल प्रश्न-पत्र 11 ______ (Fill your score)
- ☐ सैंपल प्रश्न-पत्र 12 ______ (Fill your score)
- ☐ सैंपल प्रश्न-पत्र 13 ______ (Fill your score)
- ☐ सैंपल प्रश्न-पत्र 14 ______ (Fill your score)
- ☐ सैंपल प्रश्न-पत्र 15 ______ (Fill your score)

SQP Code : **PB-1/15** Series ***i*-Succeed 1-25/15** अनुक्रमांक

सैंपल प्रश्न-पत्र 01

विज्ञान कक्षा 10 (कोड 086)

सामान्य निर्देश

इस प्रश्न पत्र में पाँच खण्डों (क), (ख), (ग), (घ) और (ङ) में बाँटा गया है। प्रश्न-पत्र में 39 प्रश्न हैं। सभी प्रश्न अनिवार्य हैं।

1. प्रश्न में, 1 से 20 तक के सभी प्रश्न एक-एक अंक के हैं।
2. प्रश्न में, 21 से 26 अतिलघु उत्तरीय प्रश्न हैं, प्रत्येक के 2 अंक निर्धारित हैं। इन प्रश्नों के उत्तर 30 से 50 शब्दों के मध्य दिए जाने हैं।
3. प्रश्न में, 27 से 33 लघु उत्तरीय प्रश्न हैं, प्रत्येक के 3 अंक निर्धारित हैं। इन प्रश्नों के उत्तर 50 से 80 शब्दों के मध्य दिए जाने हैं।
4. प्रश्न में, 34 से 36 दीर्घ उत्तरीय प्रश्न हैं, प्रत्येक के 5 अंक निर्धारित हैं। इन प्रश्नों के उत्तर 80 से 120 शब्दों के मध्य दिए जाने हैं।
5. प्रश्न में, 4 अंको के उप-भागों के साथ 3 प्रश्न, स्रोत आधारित/केस आधारित दिए गए हैं।
   कोई समग्र विकल्प नहीं है। हालांकि, कुछ प्रश्नों में आंतरिक विकल्प दिए गए हैं, जिनमें केवल एक का उत्तर देना है।

समय : 3 घंटे

पूर्णांक : 80

खण्ड-क बहुविकल्पीय प्रश्न

1. $2FeCl_3 + 2H_2O + y \longrightarrow$
$2FeCl_2 + H_2SO_4 + 2HCl$ रासायनिक अभिक्रिया में y है

(a) S (b) H_2S
(c) SO_2 (d) Cl_2

2. प्रबल अम्लीय विलयन में मेथिल ऑरेंज सूचक का रंग होता है

(a) लाल (b) पीला
(c) नीला (d) रंगहीन

3. प्रयोगशाला में अपने तत्वों से प्रथम संश्लेषित कार्बनिक यौगिक था

(a) CH_3COOH
(b) CH_3COCH_3
(c) $NH_2—CO—NH_2$
(d) C_2H_5

4. निम्नलिखित में से किस यौगिक में कीटोन समूह उपस्थित है?

(a) $H—\overset{\overset{\Large O}{\|}}{C}—H$ (b) $CH_3—\overset{\overset{\Large O}{\|}}{C}—H$

(c) $CH_3—\overset{\overset{\Large O}{\|}}{C}—OH$ (d) $CH_3—\overset{\overset{\Large O}{\|}}{C}—CH_3$

5. $Fe_2O_3 + 2Al \longrightarrow Al_2O_3 + 2Fe$
ऊपर दी गयी अभिक्रिया किस प्रकार की है?

(a) संयोजन अभिक्रिया (b) द्विविस्थापन अभिक्रिया
(c) वियोजन अभिक्रिया (d) विस्थापन अभिक्रिया

6. निम्न में सजातीय युग्म है

(a) CH_4 व C_2H_4 (b) CH_3OH व CH_3CHO
(c) $HCHO$ व CH_3CHO (d) C_2H_5OH व CH_3OCH_3

7. निम्नलिखित में कौन-सी उभय अपघटन अभिक्रिया नहीं है?

(a) $AgNO_3 + NaCl \longrightarrow AgCl + NaNO_3$
(b) $NH_4Cl \longrightarrow NH_3 + HCl$
(c) $BaCl_2 + Na_2SO_4 \longrightarrow BaSO_4 + 2NaCl$
(d) $CH_3COOH + NaOH \longrightarrow CH_3COONa + H_2O$

8. निम्नलिखित में से कौन-सी ग्रन्थि बहिः एवं अन्तः स्रावी दोनों है?

(a) अग्न्याशय (b) पिट्यूटरी
(c) थाइमस (d) थायरॉइड

9. निम्न में से किस एककोशिकीय जीव में अलैंगिक जनन मुकुलन द्वारा होता है?

(a) *अमीबा* में (b) यीस्ट में
(c) *प्लाज्मोडियम* में (d) *लीशमानिया* में

10. मेण्डल के द्वारा अपने प्रयोगों में प्रयुक्त किए गए उद्यान मटर में अप्रभावी लक्षण है

(a) बैंगनी पुष्प (b) झुर्रीदार बीज
(c) पीला बीज (d) गोल बीज

11. पाचक एन्जाइम्स के सन्दर्भ में निम्नलिखित कथनों में से कौन-से सही हैं?

A. वे जैव उत्प्रेरक हैं।
B. वे शरीर में उसी स्थान पर अपना कार्य करते हैं, जहाँ वे उत्पादित होते हैं।
C. ट्रिप्सिन प्रोटीन पाचक एन्जाइम है।
D. पित्त रस में वसा पाचक एन्जाइम पाए जाते हैं।

(a) A, B और D (b) A, B और C
(c) A और C (d) A, C और D

12. बैंगनी (PP) और श्वेत (pp) पुष्प युक्त दो पादपों का संकरण करवाने पर F_2-पीढ़ी का जीनप्रारूप अनुपात होता है

(a) 3 : 1 (b) 1 : 2 : 1
(c) 2 : 1 : 1 : 2 (d) 9 : 3 : 3 : 1

13. श्वेत प्रकाश के वर्णक्रम में विद्यमान रंगों के क्रम को निम्न में से कौन-सा विकल्प सही दर्शाता है?

(a) बैंगनी, जामुनी, नीला, हरा, पीला, नारंगी, लाल
(b) जामुनी, नीला, हरा, लाल, पीला, बैंगनी, नारंगी
(c) नारंगी, लाल, पीला, नीला, बैंगनी, जामुनी, हरा
(d) लाल, नीला, पीला, हरा, बैंगनी, जामुनी, नारंगी

14. R_1 व R_2 दो प्रतिरोधक तार समान्तर क्रम में जोड़े गए हैं। इनका तुल्य प्रतिरोध होगा

(a) $R_1 + R_2$ (b) $R_1 \times R_2$
(c) $\dfrac{R_1 R_2}{R_1 + R_2}$ (d) $\dfrac{R_1 + R_2}{R_1 R_2}$

15. पारिस्थितिक तन्त्र में ऊर्जा का प्रवाह होता है

(a) एकदिशीय (b) द्विदिशीय
(c) बहुदिशीय (d) चक्रीय

16. ओजोन परत का अपक्षय चिंता का कारण इसलिए है, क्योंकि

A. इसके अपक्षय से पराबैंगनी विकिरण सीधे पृथ्वी की सतह पर पहुँचेगी, जिससे पारितन्त्र दुष्प्रभावित होगा।
B. शक्तिशाली पराबैंगनी किरणों से थायरॉइड कैंसर हो सकता है।
C. इससे उत्परिवर्तन एवं मोतियाबिन्द भी हो सकता है।
D. ओजोन परत के अपक्षय से वैश्विक उष्णता उत्पन्न होती है।

(a) A और B
(b) A और C
(c) A, C और D
(d) A, B, C और D

अभिकथन-कारण प्रकार के प्रश्न

निर्देश (प्र. सं. 17-20) इन प्रश्नों में **अभिकथन** (A) और **कारण** (R) दिए गए हैं। इन प्रश्नों के उत्तर नीचे दिए गए अनुसार उचित विकल्प को चुनकर दीजिए:

(a) A और R दोनों सही हैं तथा R द्वारा A की सही व्याख्या हो रही है।
(b) A और R दोनों सही हैं तथा R द्वारा A की सही व्याख्या नहीं हो रही है।
(c) A सही है, परन्तु R गलत है।
(d) A गलत है, परन्तु R सही है।

17. **अभिकथन** (A) जब सोडियम हाइड्रॉक्साइड के विलयन में आधिक्य में क्षारक मिलाते हैं, तो हाइड्रॉक्साइड आयन (OH^-) की सान्द्रता प्रभावित होती है।

कारण (R) सोडियम हाइड्रॉक्साइड भी एक क्षारक है तथा दो क्षारकों के मिलने से OH^- आयनों की सान्द्रता बढ़ जाती है।

SP-01

18. **अभिकथन** (A) अलैंगिक जनन द्वारा उत्पन्न सन्तति क्लोन कहलाती है।

कारण (R) अलैंगिक जनन द्वारा उत्पन्न सन्तति आनुवंशिकी व आकारिकी रूप से जनक के समरूप होती है।

19. **अभिकथन** (A) स्वच्छ आकाश का रंग नीला होता है।

कारण (R) नीले रंग का प्रकीर्णन अन्य रंगों की तुलना में अधिक होता है।

20. **अभिकथन** (A) किसी पारितन्त्र में जैव और अजैव घटक होते हैं।

कारण (R) सभी पारितन्त्रों में जीवन की उत्तरजीविता के लिए जैव और अजैव घटकों की महत्त्वपूर्ण भूमिका होती है और ये दोनों स्वतन्त्र रूप से कार्य करते हैं।

खण्ड-ख अतिलघु उत्तरीय प्रश्न

21. निम्न अभिक्रियाओं के लिए संतुलित रासायनिक समीकरणें लिखिए तथा अभिक्रिया का प्रकार भी लिखिए।

(a) नाइट्रोजन गैस की हाइड्रोजन गैस से, उत्प्रेरक की उपस्थिति में 773K पर अभिक्रिया द्वारा अमोनिया गैस बनना।

(b) सोडियम हाइड्रॉक्साइड विलयन की ऐसीटिक अम्ल से अभिक्रिया द्वारा सोडियम ऐसीटेट तथा जल का बनना।

22. शरीर में विद्युत आवेग के रूप में उद्दीपन की सूचना संचालित करने के लिए तन्त्रिका तन्त्र के सामने क्या बाधाएँ आती है?

23. (a) लक्षणप्रारूप एवं जीनप्रारूप में अन्तर बताइए।

अथवा

(b) मेण्डल ने अपने प्रयोगों हेतु मटर का पादप ही क्यों चुना?

24.

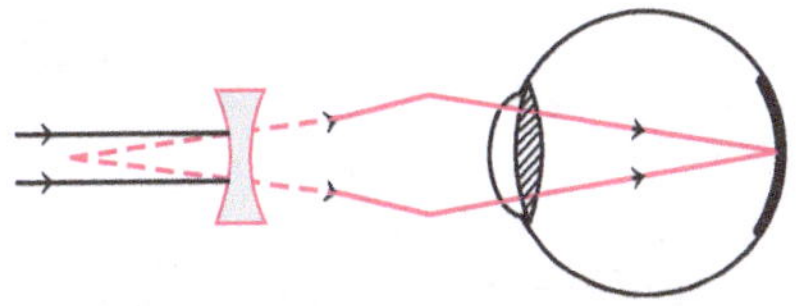

उपरोक्त चित्र में एक नेत्र दोष के निवारण को दर्शाया गया है।

निम्नलिखित प्रश्नों के उत्तर आरेख विश्लेषण के आधार पर दीजिए।

(a) यह कौन-सा दोष है?

(b) इस दोष में किस प्रकार के लेन्स का उपयोग किया गया है?

(c) इस दोष के प्रभाव को समझाइए।

25. (a)

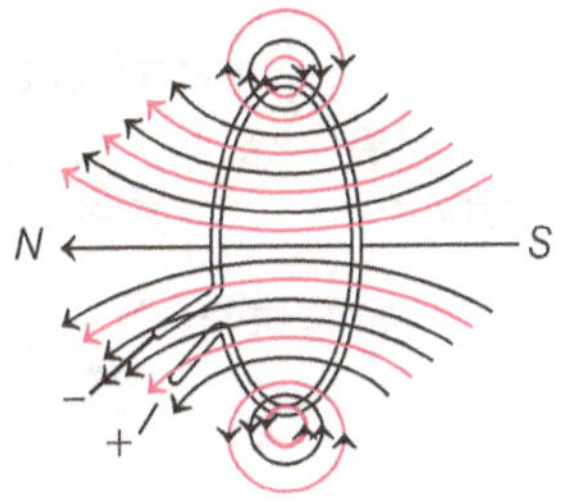

उपरोक्त चित्र में वृत्ताकार पाश का प्रत्येक भाग संकेन्द्रित बल रेखाएँ निर्मित करता है। उपरोक्त चित्र के आधार पर निम्न प्रश्नों के उत्तर दीजिए।

(i) धारावाही वृत्ताकार लूप द्वारा उस केन्द्र पर उत्पन्न चुम्बकीय क्षेत्र का परिमाण क्या होगा?

(ii) किस नियम का उपयोग करके ज्ञात किया जा सकता है कि विद्युत धारावाही तार के प्रत्येक बिन्दु से उत्पन्न चुम्बकीय क्षेत्र रेखाएँ; पाश के केन्द्र पर सरल रेखा जैसी प्रतीत होंगी?

अथवा

(b)

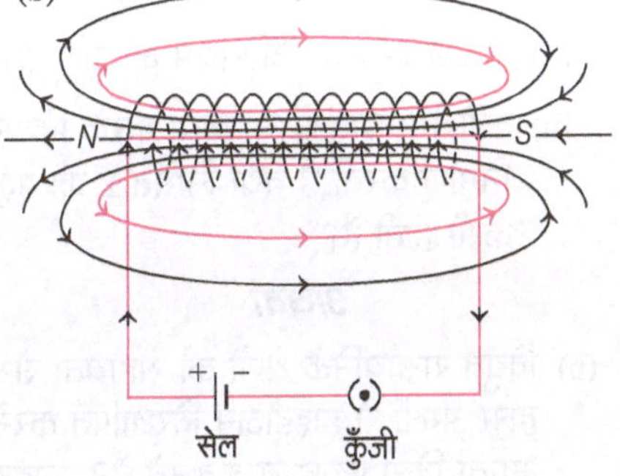

SP-01

दिए गए चित्र में एक बेलनाकार पाइप को एक परिपथ से जोड़ा गया है।

इस बेलनाकार पाइप को परिभाषित कीजिए। इसके द्वारा किस प्रकार विद्युत चुम्बक का निर्माण किया जाता है?

26. प्रकृति में खाद्य श्रृंखला के स्थान पर सदैव खाद्य जाल पाया जाता है, जो ऊर्जा के प्रवाह के अध्ययन हेतु सुविधाजनक नहीं होता है। प्रकृति में पाई जाने वाली खाद्य श्रृंखला और खाद्य जाल में दो अन्तर दीजिए।

खण्ड-ग लघु उत्तरीय प्रश्न

27. (a) अभिषेक ने प्रयोगशाला में फेरस सल्फेट को तीव्रता से गर्म किया। अभिक्रिया के पश्चात् फेरस सल्फेट का रंग हरे से भूरे में परिवर्तित हो गया। प्राप्त उत्पाद का नाम तथा रासायनिक अभिक्रिया लिखिए।

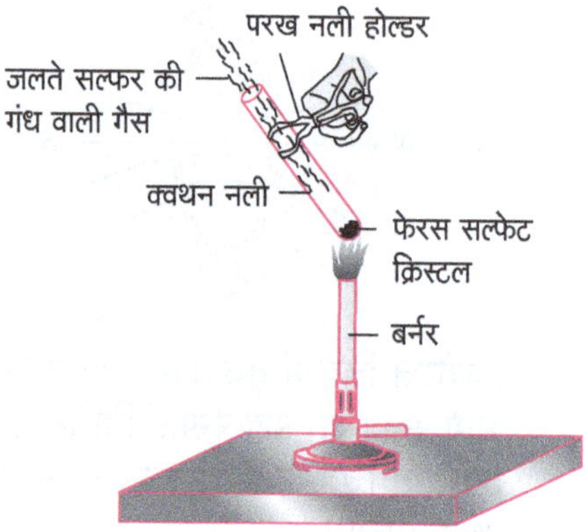

(b) फेरस सल्फेट क्रिस्टल जो विज्ञान प्रयोगशाला में उपलब्ध होते हैं, वस्तुतः फेरस सल्फेट हेप्टाहाइड्रेट, $FeSO_4 \cdot 7H_2O$ होते हैं। गर्म करने पर इन क्रिस्टलों का रंग सफेद क्यों हो जाता है?

28. (a) निम्नलिखित अभिक्रियाओं की समीकरण लिखिए।

(i) आयरन की जलवाष्प (भाप) से।

(ii) पोटैशियम तथा कैल्सियम की जल से।

(iii) क्लोरीन, धातुओं से क्रिया करके किसका निर्माण करती है तथा निर्मित *Y* की प्रकृति कैसी होती है?

अथवा

(b) विद्युत रासायनिक श्रेणी की सहायता से धातुओं द्वारा अम्लों से हाइड्रोजन विस्थापित करने की क्षमता किस प्रकार ज्ञात करते हैं? उदाहरण सहित स्पष्ट कीजिए।

29. विकसित जीवों में अनेक अंग परस्पर मिलकर जटिल अंग तन्त्रों का निर्माण करते हैं। मानव पाचन तन्त्र में आहारनाल के निम्न भागों के कार्य बताइए।

(a) यकृत

(b) पित्ताशय

(c) रसांकुर

30. हॉर्मोन स्रावण की पुनर्निवेशन क्रियाविधि क्या है? इस घटना को समझाने के लिए TSH एवं थायरॉक्सिन का उदाहरण लीजिए।

31. (a) सामान्य मानव आँख के दूरस्थ बिन्दु तथा निकटस्थ बिन्दु में अन्तर बताइए।

(b) नीचे दिया गया आरेख प्रकाश की एक प्राकृतिक परिघटना को दर्शाता है।

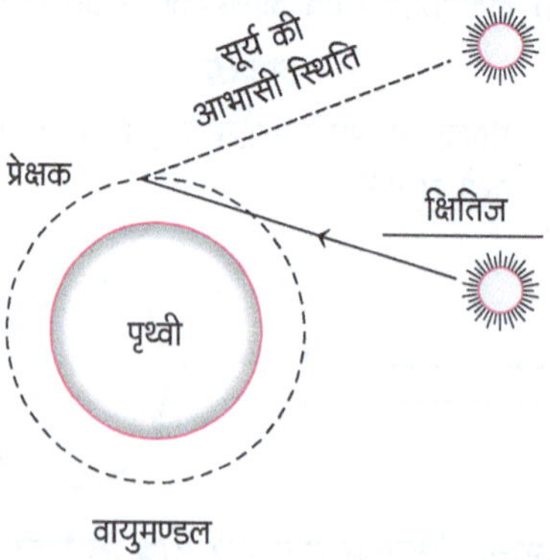

(i) आरेख में कौन-सी परिघटना को दर्शाया गया है?

(ii) यह परिघटना प्रकाश की किस परिघटना के कारण होती है?

(iii) इस परिघटना को समझाइए।

SP-01

32. (a) जूल का तापन नियम लिखिए।

(b) प्रतिरोध R के किसी तार के टुकड़े को चार बराबर भागों में काटा जाता है। इन टुकड़ों को फिर पार्श्वक्रम में संयोजित कर तुल्य प्रतिरोध ज्ञात कीजिए।

33.

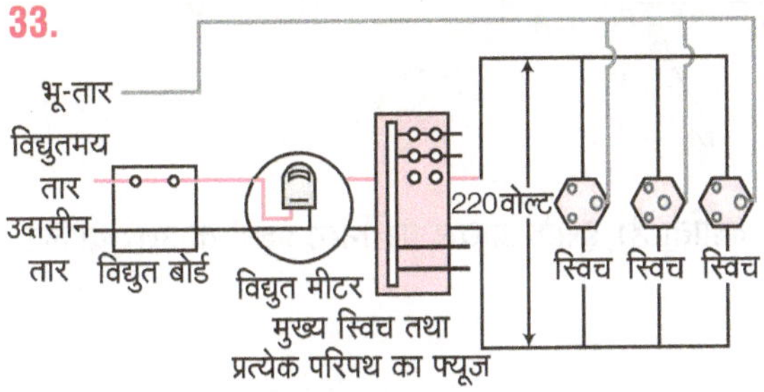

रमेश पानी गर्म करने के लिए 2 kW, 220 V अनुमतांक के विद्युत हीटर को 5A की धारा अनुमतांक के विद्युत परिपथ में प्रचालित करता है।

(a) 2 kW, 220 V अनुमतांक के विद्युत हीटर में प्रयुक्त धारा ज्ञात कीजिए।

(b) स्पष्ट करके बताइए कि आप किस प्रकार के परिणाम की अपेक्षा करते हैं?

(c) घरेलू परिपथों में अतिभारण की स्थिति से बचाव के लिए दो सावधानी लिखिए।

खण्ड-घ दीर्घ उत्तरीय प्रश्न

34. (a) हाइड्रोजन आयन सान्द्रण क्या है? एक विलयन में हाइड्रॉक्साइड आयन सान्द्रण 1×10^{-8} मोल/लीटर है। इस विलयन का pH मान ज्ञात कीजिए।

अथवा

(b) एक विलयन में H^+ की मात्रा 4.0×10^{-9} मोल प्रति लीटर है। विलयन का pH मान ज्ञात कीजिए। विलयन की प्रकृति क्या है?

35. (a) (i) पुष्प की अनुदैर्ध्य-काट का नामांकित चित्र बनाइए।

(ii) अलैंगिक एवं लैंगिक जनन में अन्तर बताइए।

अथवा

(b) (i) मानव स्त्री जनन तन्त्र में A से E तक के भागों को नामांकित कीजिए।

(ii) इस तन्त्र में उस भाग का नाम बताइए, जहाँ निषेचन होता है।

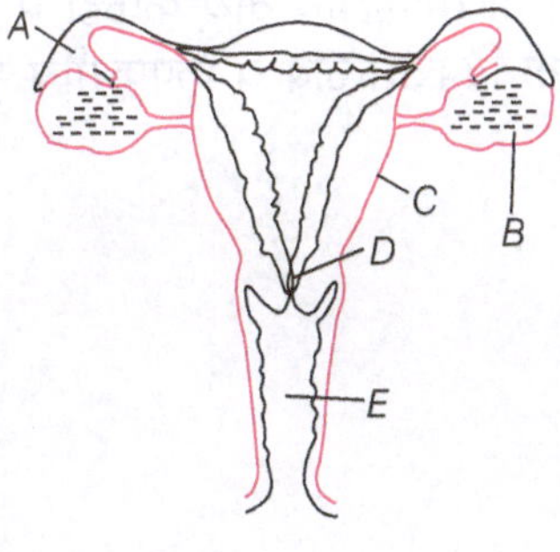

(iii) गर्भनिरोध क्या है?

(iv) गर्भनिरोध विधि के तीन लाभ बताइए।

36. (a)

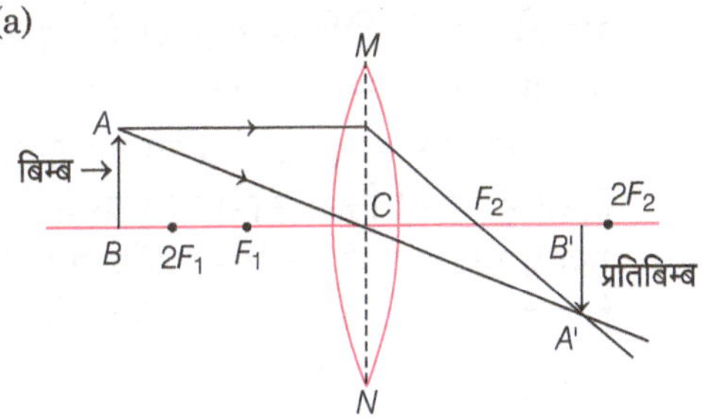

उपरोक्त आरेख उत्तल लेन्स द्वारा प्राप्त प्रतिबिम्ब को दर्शाता है। इसके अनुसार निम्न प्रश्नों के उत्तर दीजिए।

(i) प्राप्त प्रतिबिम्ब की प्रकृति कैसी होगी?

(ii) यदि 5 सेमी ऊँचा कोई बिम्ब 10 सेमी फोकस दूरी के किसी उत्तल लेन्स के मुख्य अक्ष के लम्बवत् रखा है। लेन्स से बिम्ब की दूरी 25 सेमी है, तब प्रतिबिम्ब की स्थिति ज्ञात कीजिए।

(iii) प्रश्न (ii) के आधार पर प्राप्त प्रतिबिम्ब की ऊँचाई की गणना कीजिए।

अथवा

(b)

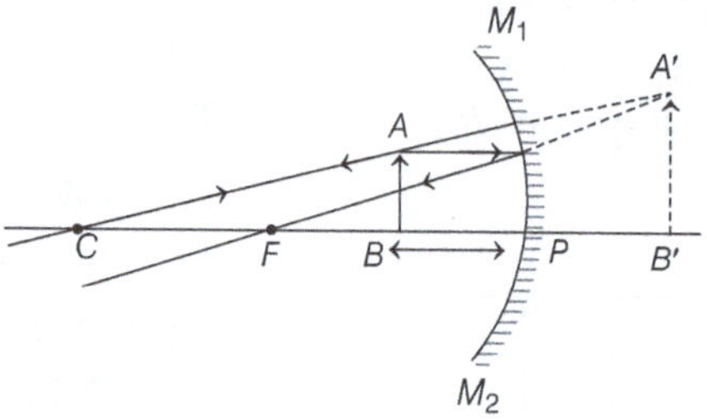

उपरोक्त आरेख अवतल दर्पण द्वारा प्राप्त प्रतिबिम्ब को दर्शाता है। इसके आधार पर निम्न प्रश्नों के उत्तर दीजिए।

(i) प्राप्त प्रतिबिम्ब की प्रकृति कैसी होगी?

(ii) 6 सेमी लम्बा कोई बिम्ब 20 सेमी फोकस दूरी के अवतल दर्पण से 30 सेमी की दूरी पर रखा है। दर्पण से कितनी दूरी पर किसी पर्दे को रखा जाए कि स्पष्ट प्रतिबिम्ब प्राप्त हो?

(iii) प्रश्न (ii) के आधार पर प्राप्त प्रतिबिम्ब की ऊँचाई ज्ञात कीजिए।

खण्ड-ङ स्रोत आधारित/केस आधारित प्रश्न

37. एक ही तत्व के विभिन्न परमाणुओं का शृंखलन का गुण कैटीनेशन कहलाता है। आवर्त सारणी के दो तत्वों में ही द्वारा शृंखलन का गुण पाया जाता है। इनमें जिस सीमा तक श्रंखलन का गुण पाया जाता है वह किसी और तत्व में नहीं मिलता। ये यौगिक अति अभिक्रियाशील होते हैं तथा इनकी चतुःसहसंयोजकता होती है।

(a) शृंखलन का गुण दर्शाने वाले तत्व कौन-से है? इनका नाम बताइए। (1)

(b) इन दोनों तत्वों में से किसका आबन्ध दुर्बल होगा? (1)

(c) एक छात्र ने चार परखनलियों में रखें $ZnSO_4$ (*ag*), $FeSO_4$(*aq*), $CuSO_4$(*aq*) तथा $FeSo_4$ (*ag*) के विलयनों में लोहे का एक छोटा टुकड़ा डाला। उसने देखा कि एक परखनली में लोहे पर लाल-भूरे रंग का पदार्थ संग्रहित हो गया है। किस परखनली का पदार्थ लोहे पर संग्रहित होगा तथा पदार्थ का नाम क्या है? (2)

अथवा

(c) Zn, Fe, Cu तथा Al धातुओं को उनके बढ़ते सक्रियता क्रम में लिखिए तथा ऐसी कौन-सी धातुएँ हैं, जिन पर सरलता से जंग नहीं लगता है? (2)

38. फेफड़ों में वायु का प्रवेश व निकास फुफ्फुसीय गुहा (Pleural cavity) पर निर्भर करता है, जब ये गुहाएँ अपने आकार में फैलती हैं, तो इनके भीतर की वायु का दबाव कम हो जाता है तथा फेफड़ों को भी फैलने हेतु स्थान मिल जाता है तथा वायुमण्डलीय वायु फेफड़ों में भर जाती है। इसके विपरीत जब ये फुफ्फुसीय गुहाएँ

पिचकती हैं, तो फेफड़ों की वायु बाहर निकल जाती है।

(a) स्वस्थ मनुष्य में औसतन श्वसन दर बताइए। (1)

(b) श्वसन गतिविधियों में सम्मिलित वायु के आयतन का आकलन किसकी सहायता से किया जा सकता है? (1)

(c) तनुपट्ट तथा अन्तरापर्शुक पेशियों में वायु के निःश्वसन के दौरान क्या परिवर्तन होते हैं? (2)

अथवा

(c) अन्तः श्वसन तब होता है जब फेफड़ों में वायुमण्डलीय दाब की तुलना में ऋणात्मक दाब उत्पन्न होता है। इस ऋणात्मक दाब के उत्पन्न होने पर श्वसन पर क्या प्रभाव पड़ता है? (2)

39. किसी घरेलू परिपथ में तीन LED बल्ब आरेख में दर्शाए अनुसार व्यवस्थित हैं। स्रोत की वोल्टता 220 V है तथा प्रत्येक बल्ब का शक्ति अनुमतांक परिपथ आरेख में बल्ब के साथ अंकित किया गया है।
दिए गए परिपथ के आधार पर निम्नलिखित प्रश्नों के उत्तर दीजिए।

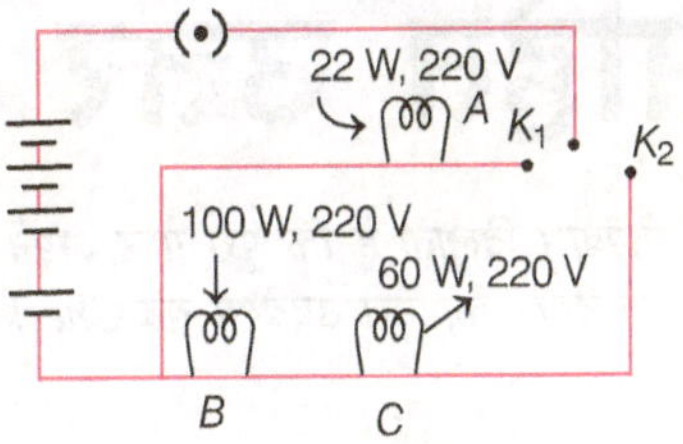

(a) उल्लेख कीजिए क्या होता है, जब

(i) कुँजी K_1 को बन्द करते हैं?

(ii) कुँजी K_2 को बन्द करते हैं? (1)

(b) जब बल्ब B चमक रहा होता है, तब वह कितनी धारा लेता है? (1)

(c) परिकलित कीजिए

(i) बल्ब B का प्रतिरोध तथा

(ii) दोनों बल्ब B, C के संयोजन का तुल्य प्रतिरोध (2)

अथवा

(c) परिपथ के सभी बल्बों की चमक का क्या होगा, जबकि कुँजी K_1 तथा K_2 दोनों बन्द हैं तो अचानक बल्ब C फ्यूज हो जाता है? अपने उत्तर की पुष्टि के लिए कारण दीजिए। (2)

हल सहित उत्तर in Topper's Style

मेरी प्रतिबद्धता *मैं विश्वास दिलाता हूँ कि पूरा पेपर अपने आप करने के बाद ही मैं यहाँ दिए गए Solutions को देख रहा हूँ। इन Solutions को देखने का मेरा उद्देश्य यह Check करना है कि मेरे द्वारा किये गए Solutions Correct हैं या नहीं।*

1. (c) $2FeCl_3 + 2H_2O + y \longrightarrow 2FeCl_2 + H_2SO_4 + 2HCl$
रासायनिक अभिक्रिया में y SO_2 है।
$2FeCl_3 + 2H_2 + SO_2 \longrightarrow 2FeCl_2 + H_2SO_4 + 2HCl$ (1)

2. (a) मेथिल ऑरेंज, प्रबल अम्लीय (Strong acidic) विलयन में लाल रंग (Red colour) एवं क्षारीय (Alkaline) विलयन में पीला रंग प्रदर्शित करता है। (1)

3. (c) प्रयोगशाला में अपने तत्वों से प्रथम संश्लेषित कार्बनिक यौगिक यूरिया ($NH_2—CO—NH_2$) था। (1)

4. (d) ऐसीटोन $\left(CH_3—\overset{\overset{\large O}{||}}{C}—CH_3\right)$ में कीटो समूह उपस्थित है। (1)

5. (d) दी गयी अभिकिया एक विस्थापन अभिक्रिया है।
इसमें अधिक क्रियाशील ऐलुमिनियम Al, Fe_2O_3 में से कम क्रियाशील आयरन (Fe) को विस्थापित कर देता है। (1)

6. (c) सजातीय श्रेणी के सदस्यों के अणुसूत्र एवं क्रियात्मक समूह समान होते हैं तथा दो क्रमागत सदस्यों के मध्य — CH_2— इकाई का अन्तर होता है, अत: केवल HCHO व CH_3CHO सजातीय युग्म हैं। (1)

7. (b) $NH_4Cl \longrightarrow NH_3 + HCl$, उभय-अपघटन अभिक्रिया नहीं है। (1)

8. (a) अग्न्याशय मिश्रित अर्थात् बहि: एवं अन्त:स्रावी दोनों प्रकार की ग्रन्थि है। (1)

9. (b) यीस्ट में अलैंगिक जनन मुकुलन द्वारा होता है। (1)

10. (b) मेण्डल के प्रयोगों में उद्यान मटर में झुर्रीदार बीजों की उपस्थिति अप्रभावी लक्षण है। (1)

11. (c) पाचक एन्जाइमों के सन्दर्भ में कथन A और C सही हैं। (1)

12. (b) बैंगनी (PP) और श्वेत (pp) पुष्प युक्त दो पादपों का संकरण करवाने पर F_2-पीढ़ी में जीनोटाइप या जीनप्रारूप अनुपात 1 : 2 : 1 होता है। (1)

13. (a) श्वेत प्रकाश के वर्णक्रम में विद्यमान रंगों का क्रम निम्न हैं
बैंगनी, जामुनी, नीला, हरा, पीला, नारंगी, लाल।
अत : विकल्प (a) सही है। (1)

14. (c) यदि दो प्रतिरोधक तार R_1 व R_2 समान्तर क्रम में जोड़े गए हों, तो इनका तुल्य प्रतिरोध

$$\frac{1}{R_{eq}} = \frac{1}{R_1} + \frac{1}{R_2} = \frac{R_2 + R_1}{R_1 R_2}$$

$$R_{eq} = \frac{R_1 R_2}{R_1 + R_2}$$ (1)

15. (a) पारिस्थितिक तन्त्र में ऊर्जा प्रवाह सदैव एक ही दिशा (एकदिशीय) में होता है। (1)

16. (b) ओजोन परत के अवक्षय के बारे में कथन A और C सही हैं। (1)

17. (a) जब सोडियम हाइड्रॉक्साइड विलयन में आधिक्य में क्षारक मिलाते हैं, तो हाइड्रॉक्साइड आयन (OH^-) की सान्द्रता प्रभावित होती है, क्योकि सोडियम हाइड्रॉक्साइड भी एक क्षारक है तथा दो क्षारकों को मिलाने से OH^- आयनों की सान्द्रता बढ़ जाती है। अत: अभिकथन (A) और कारण (R) दोनों सही हैं तथा कारण (R) द्वारा अभिकथन (A) की सही व्याख्या हो रही है। (1)

18. (a) अलैंगिक जनन द्वारा उत्पन्न सन्तति आनुवंशिक व आकारिकी रूप से जनक के समरूप होती है, जोकि क्लोन या पूर्वजक कहलाती है। अत: अभिकथन (A) व कारण (R) दोनों सही हैं तथा कारण (R) द्वारा अभिकथन (A) की सही व्याख्या हो रही है। (1)

19. (a) स्वच्छ आकाश का रंग प्रकीर्णन के कारण नीला दिखाई देता है क्योंकि वायुमण्डल में धूल के अतिसूक्ष्म कण, गैसों के अणु तथा परमाणु उपस्थित होते हैं। जब सूर्य का प्रकाश वायुमण्डल से गुजरता है, तो धूल के कणों द्वारा उसका प्रकीर्णन हो जाता है। नीले व बैंगनी रंगों का प्रकीर्णन लाल रंग की तुलना में लगभग 16 गुना अधिक होता है। अत: नीला व बैंगनी प्रकाश चारों ओर बिखर जाता है। अत: अभिकथन (A) तथा कारण (R) दोनों सही हैं तथा कारण (R) द्वारा अभिकथन (A) की सही व्याख्या हो रही है। (1)

20. (a) किसी पारितन्त्र में जैव और अजैव घटक होते हैं। सभी पारितन्त्रों में जीवन की उत्तरजीविता के लिए जैव और अजैव घटकों की महत्त्वपूर्ण भूमिका होती है और ये दोनों स्वतन्त्र रूप से कार्य करते हैं।
अत: अभिकथन (A) व कारण (R) दोनों सही हैं तथा कारण (R) द्वारा अभिकथन (A) की सही व्याख्या हो रही है। (1)

21. (a) $N_2(g) + 3H_2(g) \xrightarrow[773\,K]{\text{उत्प्रेरक}} 2NH_3(g)$
यह एक संयोजन तथा रेडॉक्स अभिक्रिया है। (1)

(b) $NaOH\,(aq) + CH_3COOH\,(aq) \longrightarrow CH_3COONa(aq) + H_2O\,(l)$
यह अभिक्रिया उदासीनीकरण तथा द्विविस्थापन दोनों के अन्तर्गत रखी जाती है। (1)

22. तन्त्रिक तन्त्र द्वारा विद्युत आवेग के रूप में सूचना संचालित करने में निम्नलिखित बाधाएँ आती हैं
(a) ये सूचनाओं को केवल उन्हीं कोशिकाओं में पहुँचा सकते हैं, जोकि तन्त्रिका ऊतक से जुड़ी होती हैं।
(b) जब कोशिका में विद्युत आवेग उत्पन्न होता है, तब कोशिका को अपनी क्रियाविधि को पुन: प्रारम्भ करने में कुछ समय लगता है। (2)

23. (a) लक्षणप्रारूप और जीनप्रारूप में निम्न अन्तर हैं

लक्षणप्रारूप	जीनप्रारूप
लक्षणप्रारूप जीव के विभिन्न गुणों; जैसे- आकार, आकृति, रंग एवं स्वभाव, आदि को व्यक्त करता है। अत: ये दिखाई देते हैं।	जीनप्रारूप जीव के जीनी संगठन को व्यक्त करता है, जो उसमें विभिन्न लक्षणों को निर्धारित करता है। अत: ये दिखाई नहीं देते हैं।
समान लक्षणप्रारूप वाले जीवों की जीनी संरचना समान हो सकती है और नहीं भी।	समान जीनप्रारूप वाले जीवों का लक्षणप्रारूप सदैव समान होता है।

(2)

अथवा

(b) मेण्डल ने अपने प्रयोगों हेतु मटर के पादप को चुनने के दो प्रमुख कारण निम्न हैं

(i) मटर का पादप वार्षिक (Annual) पादप है। अत: इसका जीवन चक्र छोटा होता है, जिससे कुछ ही समय में इसकी अनेक पीढ़ियों के अध्ययन में सुविधा मिलती है।

(ii) मटर के पादप में द्विलिंगी (Bisexual) पुष्प पाए जाते हैं अर्थात् नर व मादा जननांग एक ही पुष्प पर पाए जाते हैं। अत: इनमें स्व-परागण (Self-pollination) की क्रिया पाई जाती है तथा कृत्रिम पर-परागण (Cross-pollination) द्वारा संकरण (Hybridisation) कराया जा सकता है। (2)

24. (a) निकट दृष्टि दोष।

(b) इस दोष में अवतल लेन्स का उपयोग किया गया है।

(c) निकट दृष्टि दोषं में व्यक्ति निकट रखी वस्तुओं को स्पष्ट देख सकता है परन्तु दूर रखी वस्तुओं को स्पष्ट नहीं देख पाता। (2)

25. (a) (i) धारावाही वृत्ताकार लूप द्वारा उस केन्द्र पर उत्पन्न चुम्बकीय क्षेत्र का परिमाण, वृत्ताकार लूप में से गुजरने वाली धारा के अनुक्रमानुपाती तथा उसकी त्रिज्या के व्युत्क्रमानुपाती होता है। (1)

(ii) दक्षिण हस्त अँगुष्ठ नियम का उपयोग करके ज्ञात किया जाता है कि विद्युत धारावाही तार के प्रत्येक बिन्दु से उत्पन्न चुम्बकीय रेखाएँ पाश के केन्द्र पर सरल रेखा जैसी प्रतीत होती हैं। (1)

अथवा

(b) **परिनालिका** किसी कुचालक बेलनाकार पाइप के ऊपर उसकी लम्बाई के अनुदिश एकसमान रूप से विद्युतरोधी ताँबे के तारों को लपेटकर बनाई गई बहुत अधिक फेरों की कुण्डली परिनालिका कहलाती है।

विद्युत चुम्बक परिनालिका के अन्दर उत्पन्न चुम्बकीय क्षेत्र का उपयोग किसी चुम्बकीय पदार्थ जैसे नर्म लोहे को परिनालिका के अन्दर रखकर बने चुम्बक को विद्युत चुम्बक कहते हैं। (2)

26. खाद्य शृंखला और खाद्य जाल में निम्न अन्तर हैं

खाद्य शृंखला	खाद्य जाल
खाद्य शृंखला सरल रेखीय होती है।	खाद्य जाल अनेक सरल खाद्य शृंखलाओं का जटिल शाखित तन्त्र होता है।
प्रत्येक जीव उच्च पोषी स्तर के एक ही जीव द्वारा खाया जाता है।	प्रत्येक जीव दो या अधिक प्रकार के जीवों द्वारा खाया जाता है, जो स्वयं अनेक प्रकार के जीवों को अपना आहार बनाता है।

(2)

27. (a) अभिषेक ने जब फेरस सल्फेट को तीव्रता से गर्म किया तो वह अपघटित होकर फेरिक ऑक्साइड, सल्फर डाइऑक्साइड और सल्फर ट्राइऑक्साइड बनाता है।

$$\underset{\text{फेरस सल्फेट (हरा रंग)}}{2FeSO_4\,(s)} \xrightarrow[\text{(अपघटन)}]{\text{ऊष्मा}} \underset{\text{फेरिक ऑक्साइड (भूरा रंग)}}{Fe_2O_3\,(s)} + \underset{\text{सल्फर डाइऑक्साइड}}{SO_2(g)} + \underset{\text{सल्फर ट्राइऑक्साइड}}{SO_3(g)}$$ (1½)

(b) फेरस सल्फेट क्रिस्टल जो विज्ञान प्रयोगशाला में उपलब्ध होते हैं, वस्तुत: फेरस सल्फेट हेप्टाहाइड्रेट, $FeSO_4 \cdot 7H_2O$ होते हैं। उनमें 7 अणु क्रिस्टलन जल होता है। ये क्रिस्टल रंग में हरे होते हैं। जब हरे रंग के फेरस सल्फेट हेप्टाहाइड्रेट ($FeSO_4 \cdot 7H_2O$) क्रिस्टलों को गर्म किया जाता है, वे पहले क्रिस्टल जल के 7 अणुओं को खोकर निर्जल फेरस सल्फेट ($FeSO_4$) बनाते हैं, जो रंग में सफेद होता है और तत्पश्चात् यह निर्जल फेरस सल्फेट अपघटित होकर फेरिक ऑक्साइड, सल्फर डाइऑक्साइड और सल्फर ट्राइऑक्साइड देता है। (1½)

28. (a) (i) $$\underset{\text{आयरन}}{3Fe(s)} + \underset{\text{जल वाष्प}}{4H_2O(l)} \longrightarrow \underset{\text{आयरन (II, III) ऑक्साइड}}{Fe_3O_4(s)} + \underset{\text{हाइड्रोजन}}{4H_2(g)}$$ (1)

(ii) $$\underset{\text{पोटैशियम}}{2K(s)} + \underset{\text{जल}}{2H_2O(l)} \longrightarrow \underset{\text{पोटैशियम हाइड्रॉक्साइड}}{2KOH(aq)} + \underset{\text{हाइड्रोजन}}{H_2(g)}$$

$$\underset{\text{कैल्सियम}}{Ca(s)} + \underset{\text{जल}}{2H_2O(l)} \longrightarrow \underset{\text{कैल्सियम हाइड्रॉक्साइड}}{Ca(OH)_2(aq)} + \underset{\text{हाइड्रोजन}}{H_2(g)}$$ (1)

(iii) क्लोरीन (Cl_2), धातुओं से क्रिया करके आयनिक क्लोराइड (लवण) का निर्माण करती है।

उदाहरण— सोडियम (Na) धातु क्लोरीन (Cl_2) से क्रिया करके सोडियम क्लोराइड (NaCl) बनाती है

$$\underset{\text{सोडियम}}{2Na} + \underset{\text{क्लोरीन}}{Cl_2} \longrightarrow \underset{\text{सोडियम क्लोराइड}(Y)}{2NaCl}$$

यहाँ Y सोडियम क्लोराइड (लवण) है, जिसकी प्रकृति आयनिक है। (1)

अथवा

(b) विद्युत रासायनिक श्रेणी सक्रियता में जो धातुएँ हाइड्रोजन से ऊपर स्थित होती हैं, वे अम्लों से हाइड्रोजन गैस विस्थापित करती हैं तथा श्रेणी में धातु का स्थान जितना ऊपर होता है, उसकी अम्लों से क्रिया करके हाइड्रोजन विस्थापित करने की क्षमता भी उतनी ही अधिक होती है। अत: विद्युत रासायनिक श्रेणी धातुओं व अधातुओं की क्रियाशीलता का निर्धारण करती है।

उदाहरण—विद्युत रासायनिक श्रेणी में सोडियम व पोटैशियम हाइड्रोजन से ऊपर स्थित हैं। अत: ये दोनों ही अम्लों से हाइड्रोजन विस्थापित कर देती हैं, परन्तु कॉपर (Cu) या सोना (Au), आदि धातुएँ हाइड्रोजन से नीचे स्थित होने के कारण ऐसा नहीं कर पाती हैं। (1)

29. (a) **यकृत** द्वारा निर्मित क्षारीय पित्त रस वसा के पाचन (इमल्सीकरण) में सहायक होता है तथा ग्रहणी में आमाशय से प्राप्त अम्लीय भोजन को क्षारीय कर अग्न्याशयी एन्जाइमों को क्रियाशील बनाता है। (1)

(b) **पित्ताशय** यकृत में निर्मित पित्त रस को संचित एवं सान्द्रित करता है। (1)

(c) छोटी आँत में उपस्थित असंख्य **रसांकुर** (Villi) अवशोषण हेतु पृष्ठीय क्षेत्रफल में वृद्धि करते हैं। (1)

30. एक हॉर्मोन की रुधिर परिवहन में मात्रा कम या अधिक होने से इसका विपरीत प्रभाव सीधे हॉर्मोन स्रावण पर पड़ता है। यह हॉर्मोन स्तर के नियमन की पुनर्निवेशन प्रक्रिया कहलाती है। (1)

उदाहरण के लिए, थायरॉइड स्टीमुलेटिंग हॉर्मोन (TSH) थायरॉइड ग्रन्थि को थायरॉक्सिन हॉर्मोन के स्रावण के लिए प्रेरित करता है। रुधिर में थायरॉक्सिन की अत्यधिक मात्रा होने पर पिट्यूटरी ग्रन्थि पर संदमक प्रभाव पड़ता है और पिट्यूटरी से TSH हॉर्मोन का स्रावण कम हो जाता है, जिसके परिणामस्वरूप रुधिर में थायरॉक्सिन की मात्रा कम हो जाती है। इसके विपरीत थायरॉक्सिन की कम मात्रा पिट्यूटरी ग्रन्थि के TSH के अधिक स्रावण हेतु प्रेरित करती हैं। इसे प्रत्यक्ष अथवा नकारात्मक पुनर्निवेशन नियन्त्रण कहते हैं। (2)

31. (a) आँख के दूरस्थ बिन्दु जिस पर किसी वस्तु को स्पष्ट रूप से देखा जा सकता है, जबकि निकटस्थ बिन्दु तक आँख बिना किसी तनाव के वस्तु को स्पष्ट रूप से देख सकती है। यह 25 सेमी की दूरी पर होता है। (1)

(b) (i) आरेख में अग्रवर्ती सूर्योदय तथा विलम्बित सूर्यास्त को दर्शाया गया है।

(ii) यह परिघटना वायुमण्डलीय अपवर्तन पर आधारित है।

(iii) जब सूर्य क्षैतिज से थोड़ा नीचे होता है, तो कम सघन वायु से अधिक सघन वायु में आ रहा सूर्य का प्रकाश नीचे की ओर अपवर्तित होता है। इस वायुमण्डलीय अपवर्तन के कारण सूर्य क्षितिज से थोड़ा ऊपर उठा हुआ प्रतीत होता है, जबकि वस्तुत: वह क्षितिज के थोड़ा नीचे होता है, इसलिए सूर्योदय वास्तविक सूर्योदय से लगभग 2 मिनट पहले देखा जा सकता है। (2)

32. (a) **जूल का तापन नियम** यदि R प्रतिरोध वाले प्रतिरोधक से धारा I प्रवाहित हो तथा इनके सिरों के बीच विभवान्तर V हो, तब Q आवेश के द्वारा किया गया कार्य VQ है।

∴ स्रोत द्वारा परिपथ में निवेशित शक्ति

$$P = \frac{VQ}{t} = VI$$

$$H = P \times t = VI \times t$$

$$H = I^2Rt \qquad [\because V = IR]$$

इसे जूल का तापन नियम कहते हैं। (1)

(b) प्रश्नानुसार,

$$R_1 = R_2 = R_3 = R_4 = \frac{R}{4}$$

पार्श्वक्रम संयोजन में तुल्य प्रतिरोध,

$$\Rightarrow \frac{1}{R'} = \frac{1}{R_1} + \frac{1}{R_2} + \frac{1}{R_3} + \frac{1}{R_4}$$

$$\Rightarrow \frac{1}{R'} = \frac{1}{\frac{R}{4}} + \frac{1}{\frac{R}{4}} + \frac{1}{\frac{R}{4}} + \frac{1}{\frac{R}{4}} = \frac{1}{R'} = \frac{16}{R}$$

अत: $R' = \frac{R}{16}$ (2)

33. (a) विद्युत हीटर द्वारा प्रयुक्त धारा,

$$I = \frac{P}{V} = \frac{2\text{kW}}{220\text{V}} = \frac{2000\text{W}}{220\text{V}}$$

$$= 9.09\ \text{A}$$

(b) हीटर 9.09 ऐम्पियर की विद्युत धारा प्रयुक्त करता है, जबकि परिपथ का धारा अनुमतांक 5 ऐम्पियर है। इस कारण, परिपथ पर अतिभारण हो जाता है। धारा की अधिक मात्रा के कारण फ्यूज तार पिघल जाता है तथा परिपथ टूट जाता है।

(c) अतिभारण की समस्या से बचने के लिए निम्न सुरक्षा उपाय अपनाने चाहिए

(i) एक ही सॉकेट में एक से अधिक संधारित्रों को संयोजित नहीं करना चाहिए।

(ii) परिपथ को कई भागों में विभक्त करके प्रत्येक भाग में सुरक्षा फ्यूज लगाना चाहिए। (3)

34. (a) किसी जलीय विलयन में उपस्थित हाइड्रोजन आयनों की ग्राम अणु प्रति लीटर में मात्रा उस विलयन का हाइड्रोजन आयन सान्द्रण कहलाती है। इसे $[H^+]$ द्वारा प्रदर्शित करते हैं। (2)

जल के आयनिक सूत्र द्वारा,

$$[H^+][OH^-] = 1 \times 10^{-14}$$

$\because$ विलयन में OH^- आयन की सान्द्रता 10^{-8} है।

$$\therefore \quad [H^+] \times [1 \times 10^{-8}] = 1 \times 10^{-14}$$

$$[H^+] = \frac{1 \times 10^{-14}}{1 \times 10^{-8}} = 10^{-14+8}$$

$$= 10^{-6}\ \text{मोल/लीटर} \qquad (2)$$

सूत्र $pH = -\log[H^+]$ से,

$pH = -\log(10^{-6}) = +6\ \log 10 = 6 \times 1 = 6$ (1)

अथवा

(b) प्रश्नानुसार,

$pH = -\log[H^+]$

$[H^+] = 4.0 \times 10^{-9}$

$pH = -\log[4.0 \times 10^{-9}]$

$pH = -\log(4.0) - \log[10^{-9}]$

$[\because \log(m \times n) = \log m + \log m]$

$pH = -\log(2^2) - \log(10^{-9})$

$pH = -2\log 2 + 9\log 10$

$pH = -0.6020 + 9 = 8.39$

क्योंकि इस विलयन का pH मान 7 से अधिक है, अत: विलयन की प्रकृति क्षारीय होगी। (5)

35. (a) (i)

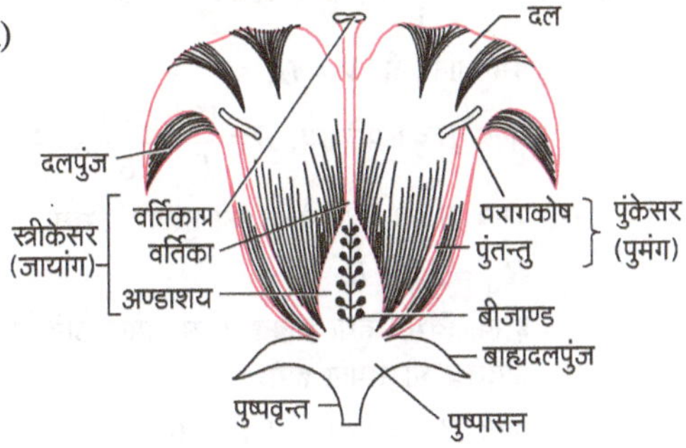

पुष्प की अनुदैर्ध्य काट (2)

(ii) अलैंगिक एवं लैंगिक जनन में निम्न अन्तर हैं

अलैंगिक जनन	लैंगिक जनन
इसमें एकल जीव के शरीर का कोई भाग या इससे बनी हुई विशिष्ट संरचना नए जीव का निर्माण करती है।	इस प्रकार के जनन में नर एवं मादा युग्मक संयुग्मन द्वारा नए जीव का विकास करते हैं।
अलैंगिक जनन में अर्द्धसूत्री विभाजन नहीं होता है।	इसमें अर्द्धसूत्री विभाजन द्वारा युग्मकों का निर्माण होता है।
यह जनन सामान्यतया निम्न श्रेणी के जन्तुओं में उपस्थित होता है, उच्च श्रेणी के जन्तुओं में अनुपस्थित होता है।	यह जनन सामान्यतया निम्न श्रेणी के जन्तुओं में अनुपस्थित होता है, किन्तु उच्च श्रेणी के जन्तुओं में उपस्थित होता है।

(3)

अथवा

(b) (i) A–अण्डवाहिनी, B–अण्डाशय, C–गर्भाशय, D–गर्भाशयी ग्रीवा, E–योनि (1)

(ii) मानव में अण्डवाहिनी में निषेचन होता है। (1)

(iii) जन्म नियन्त्रण हेतु सगर्भता को रोकने के लिए उपयोग की जाने वाली विधियाँ गर्भनिरोध कहलाती हैं। (1½)

(iv) गर्भनिरोध विधियों के निम्न लाभ हैं

- अवाँछित गर्भावस्था को रोका जा सकता है।
- कण्डोम के उपयोग द्वारा यौन संचारित रोगों के स्थानान्तरण को रोका जा सकता है।
- जन्मदर पर नियन्त्रण किया जा सकता है, जिससे जनसंख्या नियन्त्रित होती है। (1½)

36. (a) (i) प्रतिबिम्ब वास्तविक, उल्टा तथा वस्तु से छोटा प्राप्त होता है। (1)

(ii) दिया है, $f = +10$ सेमी, $u = -25$ सेमी, $h_O = 5$ सेमी

लेन्स सूत्र $\frac{1}{f} = \frac{1}{v} - \frac{1}{u}$ से,

$\frac{1}{v} = \frac{1}{f} + \frac{1}{u} = \frac{1}{10} + \frac{1}{(-25)}$

$= \frac{5-2}{50} = \frac{3}{50}$

$v = \frac{50}{3} = 16.66$ सेमी

अत: प्रतिबिम्ब लेन्स के दूसरी ओर 16.70 सेमी पर F_2 तथा $2F_2$ के बीच होगा। (2)

(iii) $\because$ आवर्धन, $m = \frac{v}{u} = \frac{h_I}{h_O}$

$\frac{\frac{50}{3}}{-25} = \frac{h_I}{5} \Rightarrow \frac{-2}{3} = \frac{h_I}{5}$

$h_I = \frac{-10}{3} = -3.33$ सेमी (2)

अथवा

(b) (i) प्रतिबिम्ब आभासी, सीधा तथा वस्तु से बड़ा प्राप्त होता है। (1)

(ii) दिया है, वस्तु का आकार, $h_O = +6.0$ सेमी

वस्तु की दर्पण से दूरी, $u = -30$ सेमी

फोकस दूरी, $f = -20$ सेमी

दर्पण सूत्र $\frac{1}{f} = \frac{1}{v} + \frac{1}{u}$ से,

$\frac{1}{v} = \frac{1}{f} - \frac{1}{u} = \frac{1}{(-20)} - \frac{1}{(-30)}$

$\Rightarrow \frac{1}{v} = -\frac{1}{20} + \frac{1}{30}$

$\Rightarrow \frac{1}{v} = \frac{-3+2}{60} = -\frac{1}{60}$

$\Rightarrow v = -60$ सेमी

पर्दे को दर्पण से 60 सेमी की दूरी पर रखना चाहिए। (2)

(iii) आवर्धन, $m = \frac{h_I}{h_O} = -\frac{v}{u}$

$h \leftarrow n_I = \frac{vh_O}{u} = -\frac{(-60) \times 6}{(-30)}$

प्रतिबिम्ब की ऊँचाई, $h_I = -12$ सेमी (2)

37. (a) श्रृंखलन का गुण दर्शाने वाले तत्व कार्बन (C) तथा सिलिकॉन (Si) हैं। (1)

(b) सिलिकॉन (Si) परमाणु का आबन्ध कार्बन (C) परमाणु की तुलना में दुर्बल होता है। (1)

(c) $CuSO_4$ (कॉपर सल्फेट)विलयन की परखनली में लाल-भूरे रंग की कॉपर धातु अपने लवण विलयन से विस्थापित होकर लोहे पर संग्रहित हो जाती है। कॉपर की सक्रियता Zn से

कम होने के कारण Cu अपने लवण विलयन से Fe द्वारा विस्थापित होकर लोहे पर संग्रहित हो जाता है। (2)

अथवा

(c) सक्रियता का बढ़ता क्रम निम्न प्रकार से होता है

Cu < Fe < Zn < Al

गोल्ड (Au), प्लेटिनम (Pt), क्रोमियम (Cr) ऐसी धातुएँ हैं, जिन पर सरलता से जंग नहीं लगता, क्योंकि इन धातुओं की क्रियाशीलता अत्यधिक कम होती है। (2)

38. (a) औसतन एक स्वस्थ मानव 12-16 बार प्रति मिनट श्वसन लेता है। (1)

(b) श्वसन में सम्मिलित वायु के आयतन का आकलन स्पाइरोमीटर द्वारा ज्ञात किया जा सकता है। (1)

(c) नि:श्वसन में तन्तुपट की अरीय पेशियों में शिथिलन तथा पसलियों के मध्य में उपस्थित अन्तरापर्शुक पेशियों (Internal intercostal muscles) में संकुचन होने के कारण तन्तुपट तथा पसलियाँ अपनी सामान्य स्थिति में आ जाती हैं। वक्ष गुहा, फुफ्फुसीय गुहा तथा फेफड़ों का आयतन प्राय: कम हो जाता है। फेफड़ों की वायु पर दबाव बाहरी वायु के दबाव से लगभग 1-3 mm Hg अधिक हो जाने से फेफड़ों की वायु श्वसन मार्ग से होती हुई बाहर की ओर निकल जाती है। (2)

अथवा

(c) अन्त: श्वसन में तन्तुपट (Diaphragm) की अरीय पेशियाँ सिकुड़ जाती हैं तथा तन्तुपट चपटा हो जाता है। इसके अतिरिक्त पसलियों के मध्य में उपस्थित बाह्य अन्तरापर्शुक पेशियों (External intercostal muscles) में संकुचन होता है, जिसके फलस्वरूप पसलियाँ ऊपर की ओर उठ जाती हैं तथा उरोस्थि आगे तथा बाहर की ओर खिसककर वक्षीय गुहा तथा फेफड़ों के आयतन को बढ़ा देती है। आयतन में वृद्धि होने के कारण फेफड़ों में वायु का दबाव वायुमण्डल (समुद्र तल पर 760 mm Hg) से 1-3 mm Hg तक कम ऋणात्मक हो जाता है। अत: वायु श्वसन मार्ग से भीतर आकर फेफड़ों में भर जाती है। (2)

39. (a) (i) जब कुँजी K_1 बन्द है, तब बल्ब A प्रदीप्त होगा।

(ii) जब कुँजी K_2 बन्द है तब बल्ब B, C प्रदीप्त होंगे। (1)

(b) दिया है, $P = 100\text{W}, V = 220 \text{ V}$

$\therefore P = VI$

$I = \frac{P}{V} = \frac{100}{220} = \frac{5}{11} \text{ A}$

अत: बल्ब B $\frac{5}{11} A$ धारा लेगा। (1)

(c) (i) $\because \quad I = \frac{5}{11} \text{ A}, \ V = 220\text{V}$

हम जानते हैं, $V = IR$

बल्ब B का प्रतिरोध, $R = \frac{V}{I} = \frac{220}{5} \times \frac{11}{1} = 484\ \Omega$

(ii) बल्ब B, C के संयोजन का तुल्य प्रतिरोध,

$R_{eq} = R_B + R_C$

इसके विभव तथा शक्ति परास समान होने के कारण इनके प्रतिरोध भी समान होंगे।

अत: $R_{eq} = 484 + 484 = 968\ \Omega$ (2)

अथवा

(c) जब कुँजी K_1 तथा K_2 दोनों बन्द होंगी तो बल्ब C अचानक फ्यूज हो जाएगा क्योंकि बल्ब B व C वाला परिपथ विच्छेदित हो जाता है तथा दोनों बल्ब कार्य करना बन्द कर देते हैं क्योंकि यह श्रेणीक्रम में संयोजित है अत: केवल बल्ब A प्रदीप्त रहेगा। (2)

SQP Code : **PB-2/15** Series ***i*-Succeed 2-25/15** अनुक्रमांक

सैंपल प्रश्न-पत्र 02

विज्ञान कक्षा 10 (कोड 086)

सामान्य निर्देश

इस प्रश्न पत्र में पाँच खण्डों (क), (ख), (ग), (घ) और (ङ) में बाँटा गया है। प्रश्न-पत्र में 39 प्रश्न हैं। सभी प्रश्न अनिवार्य हैं।

1. प्रश्न में, 1 से 20 तक के सभी प्रश्न एक-एक अंक के हैं।
2. प्रश्न में, 21 से 26 अतिलघु उत्तरीय प्रश्न हैं, प्रत्येक के 2 अंक निर्धारित हैं। इन प्रश्नों के उत्तर 30 से 50 शब्दों के मध्य दिए जाने हैं।
3. प्रश्न में, 27 से 33 लघु उत्तरीय प्रश्न हैं, प्रत्येक के 3 अंक निर्धारित हैं। इन प्रश्नों के उत्तर 50 से 80 शब्दों के मध्य दिए जाने हैं।
4. प्रश्न में, 34 से 36 दीर्घ उत्तरीय प्रश्न हैं, प्रत्येक के 5 अंक निर्धारित हैं। इन प्रश्नों के उत्तर 80 से 120 शब्दों के मध्य दिए जाने हैं।
5. प्रश्न में, 4 अंको के उप-भागों के साथ 3 प्रश्न, स्रोत आधारित/केस आधारित दिए गए हैं।
   कोई समग्र विकल्प नहीं है। हालांकि, कुछ प्रश्नों में आंतरिक विकल्प दिए गए हैं, जिनमें केवल एक का उत्तर देना है।

समय : 3 घंटे
पूर्णांक : 80

खण्ड-क बहुविकल्पीय प्रश्न

1. निम्न अभिक्रिया में अपचायक पहचान कर लिखिए।

$$Fe_2O_3 + 3CO \longrightarrow 2Fe + 3CO_2$$

(a) Fe_2O_3 (b) CO
(c) Fe (d) CO_2

2. कोई विलयन हल्दी के रंग को रक्ताभ भूरा कर देता है। यदि इसी विलयन को सार्वत्रिक सूचक में डाला जाए, तो उसका रंग परिवर्तित होकर कैसा हो जाएगा?

(a) बैंगनी (b) नीला
(c) लाल (d) हरा

3. साबुन बनाने में प्रयोग में लाया जाने वाला पदार्थ है

(a) सोडियम नाइट्रेट
(b) कास्टिक सोडा (सोडियम हाइड्रॉक्साइड)
(c) सोडियम ऐसीटेट
(d) सोडियम क्लोराइड

4. निम्न में से किस यौगिक में ऐल्कोहॉलीय समूह उपस्थित है?

(a) $CH_3—\overset{\overset{\large O}{||}}{C}—OH$ (b) $CH_3—CH_2—OH$
(c) C_6H_5OH (d) $H—OH$

5. समीकरण
$Be_2C + xH_2O \longrightarrow yBe(OH)_2 + CH_4$ में 'x' तथा 'y' का मान होगा।

(a) 2, 4 (b) 1, 2
(c) 4, 2 (d) 2, 1

6. मार्श गैस का रासायनिक सूत्र है

(a) CH_4 (b) C_2H_6
(c) C_2H_4 (d) C_2H_2

7. ऊष्माशोषी अभिक्रिया है

(a) $N_2 + O_2 \longrightarrow 2NO$
(b) $H_2 + I_2 \longrightarrow 2HI$
(c) $C + O_2 \longrightarrow CO_2$
(d) $S + O_2 \longrightarrow SO_2$

8. मनुष्य के मस्तिष्क में पाई जाने वाली अन्तःस्रावी ग्रन्थि है

(a) थायरॉइड (b) अधिवृक्क (c) थायमस (d) पीयूष

9. परिवार नियोजन की अस्थाई विधि नहीं है

(a) सुरक्षित काल
(b) गर्भ निरोधक गोलियाँ
(c) IUD
(d) वैसेक्टॉमी

10. एक लम्बे (TT) और छोटे (tt) मटर के पादपों के बीच संकरण कराने पर परिणामस्वरूप सन्तति में सभी लम्बे (Tt) पौधे प्राप्त हुए, क्योंकि

(a) लम्बापन एक प्रभावी लक्षण है।
(b) बौनापन एक प्रभावी लक्षण है।
(c) लम्बापन एक अप्रभावी लक्षण है।
(d) मटर के पौधे की ऊँचाई, जीन T या t द्वारा नहीं बताई जाती है।

11. मानव हृदय के विषय में नीचे दिए गए कथनों में से सही कथन को चुनिए।

A. दायाँ अलिन्द फुफ्फुस से फुफ्फुसीय धमनी द्वारा ऑक्सीजनित रुधिर प्राप्त करता है।

B. बायाँ अलिन्द, बाएँ निलय को ऑक्सीजनित रुधिर स्थानान्तरित करता है, जो उसे शरीर के विभिन्न भागों तक पहुँचा देता है।

C. दायाँ अलिन्द महाशिरा द्वारा शरीर के विभिन्न भागों से आने वाले विऑक्सीजनित रुधिर को प्राप्त करता है।

D. बायाँ अलिन्द महाधमनी को ऑक्सीजनित रुधिर स्थानान्तरित करता है, जो उसे शरीर के विभिन्न भागों में पँहुचाती है।

(a) B, C और D (b) A और D
(c) B और C (d) B और D

SP-02

12. मटर में, एक शुद्ध नीले पुष्प युक्त पौधे (BB) को एक पीले पुष्प युक्त पौधे (bb) के साथ संकरित कराया जाता है। F_2-पीढ़ी में, शुद्ध नीले पुष्प युक्त पौधों से पीले पुष्प युक्त पौधों का अनुपात है

(a) 1:3 (b) 3:1 (c) 1:1 (d) 2:1

13. चन्द्रमा से देखने पर आकाश काला दिखाई देता है

(a) प्रकीर्णन के कारण
(b) परावर्तन के कारण
(c) वायुमण्डलीय अभाव के कारण
(d) अपवर्तन के कारण

14. निम्नलिखित में से कौन-सा पद विद्युत परिपथ में विद्युत शक्ति को निरूपित नहीं करता?

(a) I^2R (b) IR^2 (c) VI (d) V^2/R

15. समताप मण्डल में ओजोन परत पतली या नष्ट हुई है

(a) ऑस्ट्रेलिया में (b) यूरोप में
(c) अण्टार्कटिका में (d) जापान में

16. पारितन्त्र के जैविक घटकों के सन्दर्भ में निम्न में से कौन-से कथन सही हैं?

A. सभी हरे पौधे और नीले-हरे शैवाल उत्पादक होते हैं।

B. अपघटक अपना भोजन मृत कार्बनिक पदार्थों से प्राप्त करते हैं।

C. उपभोक्ता अपना भोजन अकार्बनिक पदार्थों से प्राप्त करते हैं।

D. पौधे सौर ऊर्जा को रासायनिक ऊर्जा में परिवर्तित कर देते हैं।

(a) A, B और D (b) A, B और C
(c) B, C और D (d) A, B, C और D

अभिकथन-कारण प्रकार के प्रश्न

निर्देश (प्र. सं. 17-20) इन प्रश्नों में **अभिकथन** (A) और **कारण** (R) दिए गए हैं। इन प्रश्नों के उत्तर नीचे दिए गए अनुसार उचित विकल्प को चुनकर दीजिए।

(a) A और R दोनों सही हैं तथा R द्वारा A की सही व्याख्या हो रही है।
(b) A और R दोनों सही हैं तथा R द्वारा A की सही व्याख्या नहीं हो रही है।
(c) A सही है, परन्तु R गलत है।
(d) A गलत है, परन्तु R सही है।

17. **अभिकथन** (A) विद्युत तारों को कॉपर से नहीं बनाया जाता है।
कारण (R) कॉपर विद्युत का अच्छा चालक नहीं है।

18. **अभिकथन** (A) एकलिंगी पुष्प पपीता, मक्का आदि में पर-परागण पाया जाता है।
कारण (R) पर-परागण कीटों, वायु, जल और जन्तुओं के माध्यम से होता है।

19. **अभिकथन** (A) तारे टिमटिमाते हैं, जबकि ग्रह नहीं टिमटिमाते हैं।
कारण (R) तारे ग्रह की तुलना में बहुत बड़े होते हैं।

20. **अभिकथन** (A) उत्पादक प्राथमिक पोषक स्तर पर स्थित होते हैं।
कारण (R) उपभोक्ता अथवा विषमपोषी जीव ऊर्जा को स्थिर करके उसे स्वपोषियों को उपलब्ध कराते हैं।

खण्ड-ख अतिलघु उत्तरीय प्रश्न

21. लोहे की वस्तुओं को हम पेंट क्यों करते हैं?

22. निम्न पादप हॉर्मोनों के कार्य बताइए।
(a) एब्सिसिक अम्ल
(b) साइटोकाइनिन

23. (a) मटर के पादप के निम्नलिखित लक्षणों के विपर्यासी विशेषकों के युग्म लिखिए और बताइए कि उनमें से कौन-सा विशेषक प्रभावी है और कौन-सा अप्रभावी?
(i) पीला बीज
(ii) गोल बीज

अथवा

(b) मानवों में नर अथवा मादा बच्चा पैदा होने की सांख्यिकीय सम्भावना 50 : 50 होती है। उपयुक्त व्याख्या कीजिए।

24. (a) जब आप समीप स्थित बिम्ब को देखते हैं, तो नेत्र लेन्स तथा पक्ष्माभी माँसपेशियों का क्या होता है?
(b) जब हम किसी अंधेरे कमरे से बाहर आते हैं, तो वस्तुओं को नहीं देख पाते हैं, क्यों?

25. (a) (i) किसी सीधे धारावाही चालक के चारों ओर किस आकृति का चुम्बकीय क्षेत्र प्राप्त होता है?
(ii) चित्र में दर्शाए गए एक क्षैतिज तार में पूर्व से पश्चिम दिशा की ओर एक निश्चित व निरन्तर विद्युत धारा प्रवाहित होती है (तार कागज के तल में है)। किस बिन्दु पर चुम्बकीय क्षेत्र की दिशा उत्तर से दक्षिण होगी?

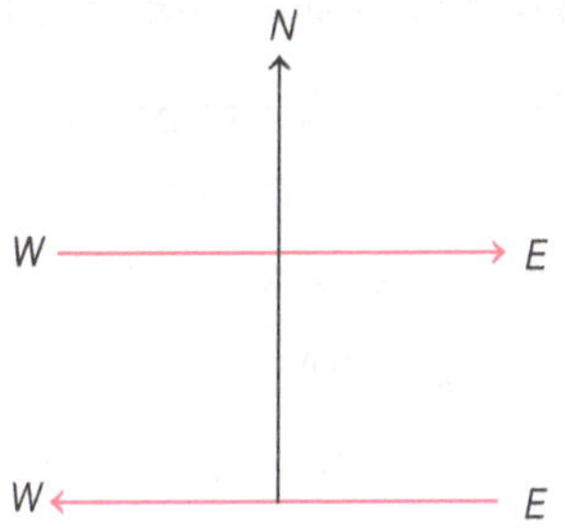

अथवा

(b) निम्नलिखित की दिशा को निर्धारित करने वाला नियम लिखिए
(i) किसी धारावाही सीधे चालक के चारों ओर उत्पन्न चुम्बकीय क्षेत्र की दिशा तथा
(ii) किसी चुम्बकीय क्षेत्र में क्षेत्र के लम्बवत् स्थित धारावाही सीधे चालक पर आरोपित बल की दिशा।

26. ऊर्जा का स्तर एक पोषी स्तर से अगले उच्च पोषी स्तर में घटता है। इसका कारण बताइए।

खण्ड-ग लघु उत्तरीय प्रश्न

27. (a) राधा ने एक चीनी की प्याली में सिल्वर क्लोराइड को सूर्य के प्रकाश में रखा जिससे सिल्वर क्लोराइड का सफेद रंग धूसर रंग में परिवर्तित हो गया। प्राप्त उत्पाद का नाम तथा रासायनिक समीकरण बताइए।

(b) क्या सिल्वर ब्रोमाइड भी प्रकाश ऊर्जा के साथ, सिल्वर क्लोराइड की तरह व्यवहार करेगा। अभिक्रिया का प्रकार तथा एक उपयोग बताइए।

28. (a) निम्नलिखित परिवर्तनों को रासायनिक समीकरण द्वारा दर्शाइए।

(i) एथेनॉल से एथीन

(ii) एथेनॉल से एथेन

(iii) एथेनॉल से 1, 2-डाइब्रोमोएथेन

अथवा

(b)(i) CH_3COOH का नाम लिखिए और इसमें उपस्थित प्रकार्यात्मक समूह का नाम लिखिए।

(ii) एस्टर यौगिक की पहचान के लिए एक रासायनिक परीक्षण लिखिए।

(iii) क्या होता है, जब यह यौगिक ठोस सोडियम कार्बोनेट के साथ अभिक्रिया करता है?

SP-02

29. जीवों में ऊर्जा उत्पादन हेतु ग्लूकोस के विघटन के विभिन्न पथों की आरेख चित्र द्वारा व्याख्या कीजिए।

30. जन्तुओं में हॉर्मोन नियन्त्रण तथा तन्त्रिका तन्त्र नियन्त्रण में अन्तर स्पष्ट कीजिए।

31. (a) प्रकाश की परिघटना वर्ण विक्षेपण तथा प्रकीर्णन में क्या अन्तर हैं।

(b) नीचे दिया गया चित्र प्रकाश की एक परिघटना को दर्शाता है।

(i) आरेख में किस परिघटना को दर्शाया गया है?

(ii) किस वर्ण की तरंगदैर्ध्य सर्वाधिक होगी?

(iii) किस वर्ण की तरंगदैर्ध्य न्यूनतम होगी?

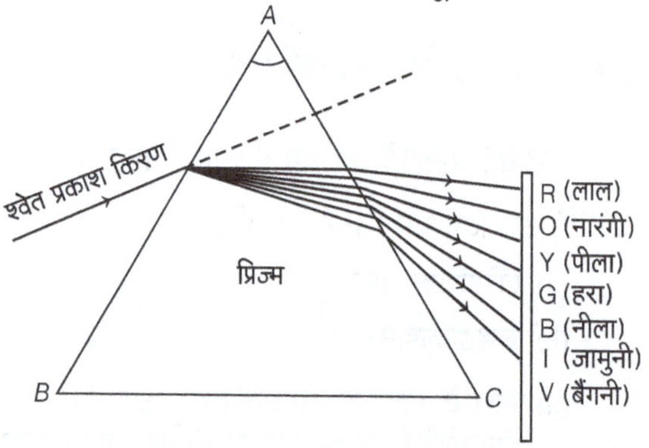

32. (a) किसी विद्युत परिपथ में दो बिंदुओं के बीच विभवान्तर मापने के लिए वोल्टमीटर को किस प्रकार संयोजित किया जाता है?

(b) 4 ओम, 8 ओम, 12 ओम तथा 24 ओम प्रतिरोध की चार कुण्डलियों को किस प्रकार संयोजित करें कि संयोजन से अधिकतम प्रतिरोध प्राप्त हो सके?

33. किसी दण्ड चुम्बक M को एक कागज की शीट पर रखा जाता है तथा एक आलेखन द्विकसूचक को दण्ड चुम्बक के पास लाकर चुम्बकीय क्षेत्र की आकृति को अनुरेखित किया जाता है।

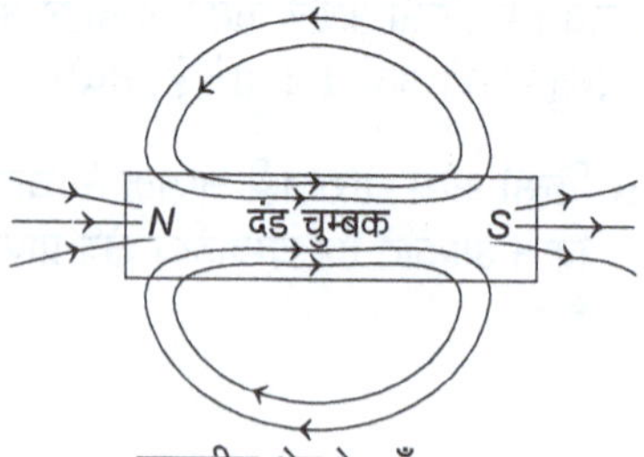

चुम्बकीय क्षेत्र रेखाएँ

(a) जब द्विकसूचक को दण्ड चुम्बक के N ध्रुव के पास लाया जाता है, तो द्विकसूचक में कैसा विक्षेपण प्राप्त होता है?

(b) चुम्बकीय क्षेत्र रेखाओं की दिशा किस प्रकार होती है?

(c) चुम्बकीय क्षेत्र रेखाएँ एक-दूसरे को प्रतिच्छेदित क्यों नहीं करती हैं?

खण्ड-घ दीर्घ उत्तरीय प्रश्न

34. (a) निम्नलिखित क्रियाओं में बनने वाले उत्पादों के सूत्र लिखिए।

(i) क्षारीय पोटैशियम परमैंग्नेट के साथ एथेनॉल की क्रिया।

(ii) एथेनॉल की सोडियम धातु के साथ क्रिया।

(iii) एथीन की अभिक्रिया निकिल उत्प्रेरक की उपस्थिति में।

(iv) एथेनॉल के गुणधर्म लिखिए।

(v) विकृत ऐल्कोहॉल किसे कहा जाता है?

अथवा

(b) अपघटन अभिक्रियाएँ क्या है? अपघटन अभिक्रिया के तीन उदाहरण दीजिए। क्या सभी अपघटन अभिक्रियाएँ उपचयन-अपचयन अभिक्रिया होती है! समझाइए।

35. (a) नीचे दिए गए चित्र को देखिए।

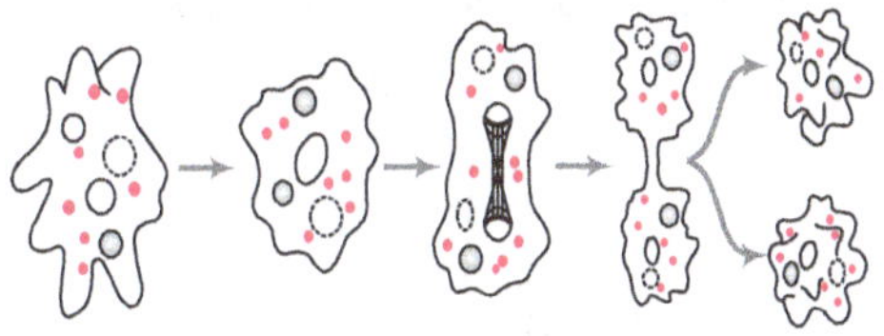

(i) प्रक्रम की पहचान कीजिए। उपरोक्त प्रजनन विधि किस जीव में होती है?

(ii) उपरोक्त विधि विखण्डन से किस प्रकार से भिन्न है?

(iii) परागण क्या होता है? पुष्पीय पादपों में परागण के दो प्रकारों के नाम एवं उनमें अन्तर बताइए।

अथवा

(b) दिए गए आरेख के आधार पर नीचे दिए गए प्रश्नों के उत्तर दीजिए।

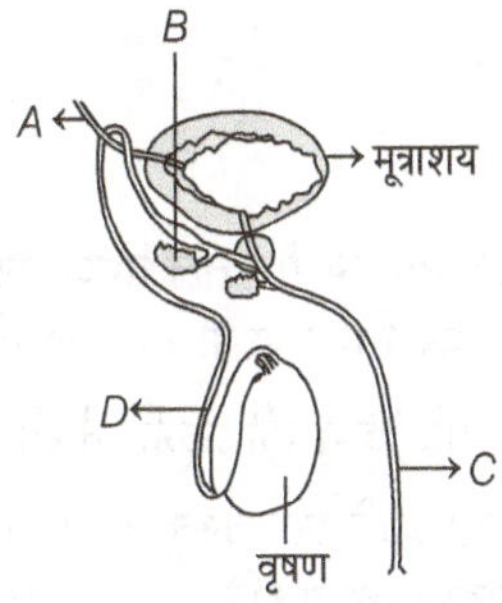

(i) भाग A, B, C और D का नामांकन कीजिए।

(ii) वृषण द्वारा स्रावित हॉर्मोन का नाम लिखिए और इसकी भूमिका का उल्लेख कीजिए।

(iii) जनन प्रक्रिया में B और C के कार्यों का उल्लेख कीजिए।

36. (a)

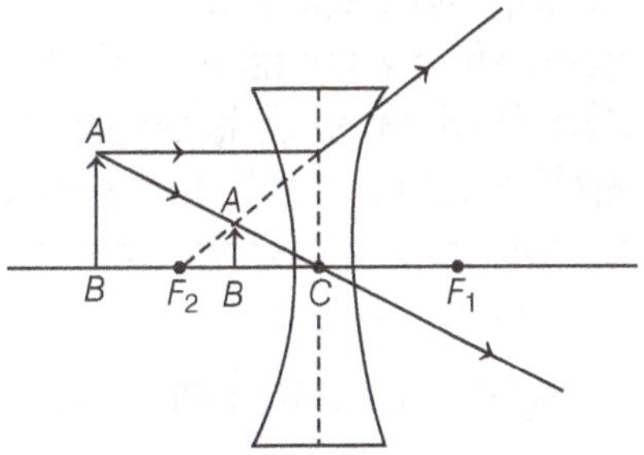

उपरोक्त आरेख में अवतल लेन्स पर आपतित प्रकाश किरण द्वारा प्राप्त प्रतिबिम्ब को दर्शाया गया है। चित्र के आधार पर निम्न प्रश्नों के उत्तर दीजिए।

(i) प्राप्त प्रतिबिम्ब की प्रकृति कैसी होगी?

(ii) एक 20 सेमी फोकस दूरी के एक अवतल लेन्स से 50 सेमी की दूरी पर एक वस्तु रखी है, तब प्रतिबिम्ब की स्थिति ज्ञात कीजिए।

(iii) लेन्स की आवर्धन क्षमता भी ज्ञात कीजिए।

(b)

अथवा

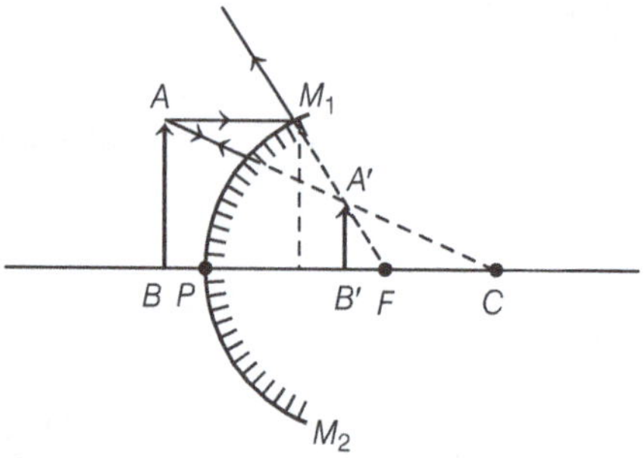

उपरोक्त आरेख में उत्तल दर्पण पर आपतित प्रकाश किरण द्वारा प्राप्त प्रतिबिम्ब को दर्शाया गया है। चित्र के आधार पर निम्न प्रश्नों के उत्तर दीजिए।

(i) प्राप्त प्रतिबिम्ब की प्रकृति कैसी होगी?

(ii) 5 सेमी ऊँची एक वस्तु 30 सेमी वक्रता त्रिज्या के एक उत्तल दर्पण से 10 सेमी की दूरी पर रखी है, तब प्रतिबिम्ब की प्रकृति तथा स्थिति ज्ञात कीजिए।

(iii) प्रतिबिम्ब के आकार की भी गणना कीजिए।

खण्ड-ङ स्रोत आधारित/केस आधारित प्रश्न

37. संतृप्त हाइड्रोकार्बन अक्रियाशील होता है, परन्तु यदि हम उसमें किसी अन्य 'परमाणु' (Atom) या 'परमाणुओं के समूह' को डाल देते हैं, तो परिणामी यौगिक काफी क्रियाशील हो जाता है। कार्बनिक यौगिक में उपस्थित यह अन्य 'परमाणु' या 'परमाणुओं का समूह', क्रियात्मक समूह (Functional group) कहलाता है।

(a) ब्यूटेनॉल में उपस्थित क्रियात्मक समूह बताइए। (1)

(b) कीटोन समूह जिसमें उपस्थित हो, उसके एक यौगिक का उदाहरण दीजिए। (1)

(c) निम्नलिखित यौगिकों में उपस्थित क्रियात्मक समूहों के नाम बताइए।

(i) $CH_3COCH_2CH_2CH_2CH_3$

(ii) $CH_3CH_2CH_2COOH$

(iii) $CH_3CH_2CH_2CH_2CHO$

(iv) CH_3CH_2OH (2)

अथवा

(c) उस अभिक्रिया का नाम लिखिए, जो वनस्पति तेलों को वसा में परिवर्तित करने हेतु उपयोगी है। इस अभिक्रिया का समीकरण लिखिए। (2)

38. नीचे वृक्क एवं इसके सम्बन्धित भागों का एक चित्र दिया गया है तथा *A* व *B* भागों में पाए जाने वाले कुछ तत्वों की प्रतिशतता दी गई है।

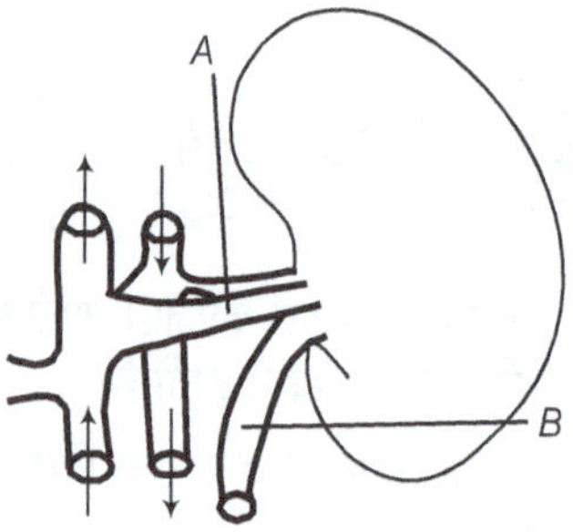

संघटक	सान्द्रता %	
	A में	*B* में
यूरिया	0.03	2.00
ग्लूकोस	0.10	0.00
अमीनो अम्ल	0.05	0.00
लवण	0.72	1.50
प्रोटीन	8.00	0.00

(a) केवल सारणी में दी गई सूचना के आधार पर वृक्क का कार्य बताइए। (1)

(b) वृक्क की निस्यंदन इकाई का नाम बताइए। (1)

(c) समझाइए, कि डायबिटिज मेलिटस से ग्रसित एक व्यक्ति में *B* भाग में संघटकों की सान्द्रता किस प्रकार परिवर्तित होगी? (2)

अथवा

(c) नीचे दिया गया चित्र वृक्क की संरचना से सम्बन्धित है। इसमें *W-Z* तक की पहचान कीजिए।

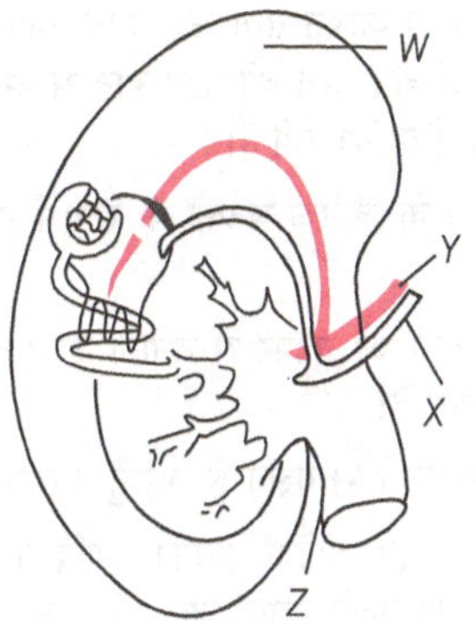

(2)

39. तीन समान बल्ब B_1, B_2 तथा B_3 को चित्र के अनुसार संयोजित किया गया है। जब तीनों बल्ब जलते हैं, तो अमीटर *A* के द्वारा 3 ऐम्पियर की विद्युत धारा मापी जाती है।

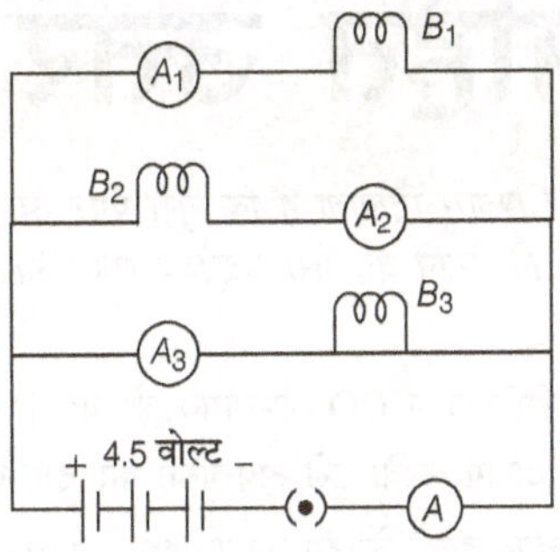

(a) उल्लेख कीजिए, क्या होता है?

(i) जब बल्ब B_1 फ्यूज हो जाता है।

(ii) जब बल्ब B_2 फ्यूज हो जाता है। (1)

(b) जब तीनों बल्ब एक साथ जलते हैं, तब परिपथ में उपयुक्त विद्युत शक्ति की मात्रा कितनी है? (1)

(c) परिकलित कीजिए

(i) सभी बल्बों के लिए प्रतिरोध

(ii) बल्ब B_1 के लिए धारा (2)

अथवा

(c) परिपथ में बल्ब B_3 के लिए *V* तथा *R* के मान B_1 के समान हैं। अतः अमीटर *A* का पाठ्यांक ज्ञात कीजिए। (2)

हल सहित उत्तर in Topper's Style

मेरी प्रतिबद्धता मैं विश्वास दिलाता हूँ कि पूरा पेपर अपने आप करने के बाद ही मैं यहाँ दिए गए Solutions को देख रहा हूँ। इन Solutions को देखने का मेरा उद्देश्य यह Check करना है कि मेरे द्वारा किये गए Solutions Correct हैं या नहीं।

1. (b) दी गयी अभिक्रिया में CO अपचायक है। यह Fe_2O_3 से ऑक्सीजन को अलग करके उसे अपचयित कर देता है। (1)

2. (b) क्षारीय विलयन हल्दी के रंग को रक्ताभ भूरा कर देता है। यदि क्षारीय विलयन को सार्वत्रिक सूचक में डाला जाए, तो नीला रंग प्राप्त होता है। (1)

3. (b) जब वसा अम्लों को सोडियम हाइड्रॉक्साइड अथवा पोटैशियम हाइड्रॉक्साइड के साथ गर्म किया जाता है तो लवण प्राप्त होते हैं, इन्हें साबुन कहते हैं। (1)

4. (b) $CH_3—CH_2—OH$ (एथेनॉल) ऐल्कोहॉल श्रेणी का सदस्य है।

ऐल्कोहॉल का सामान्य सूत्र $C_nH_{2n+1}OH$ होता है। (1)

5. (c) सन्तुलित समीकरण निम्न प्रकार से होगी

$$\underset{\text{बेरिलियम कार्बाइड}}{Be_2C} + \underset{\text{जल}}{4H_2O} \longrightarrow \underset{\text{बेरिलियम हाइड्रॉक्साइड}}{2Be(OH)_2} + \underset{\text{मेथेन}}{CH_4}$$

अत: $x = 4$ एवं $y = 2$ होंगे। (1)

6. (a) मेथेन गैस (CH_4) दलदली स्थानों पर पायी जाती है, इसलिए इसे मार्श गैस कहते हैं। (1)

7. (a) $N_2 + O_2 \longrightarrow 2NO; -45$ किलोकैलोरी

जब नाइट्रोजन और ऑक्सीजन के मिश्रण को उच्च ताप पर गर्म किया जाता है, तो नाइट्रिक ऑक्साइड (NO) बनता है एवं ऊष्मा वातावरण से अवशोषित की जाती है। (1)

8. (d) मनुष्य के मस्तिष्क में पाई जाने वाली अन्त:स्रावी ग्रन्थि पीयूष ग्रन्थि है। (1)

9. (d) वैसेक्टॉमी परिवार नियोजन की एक स्थायी विधि है, जिसमें नर की शुक्रनलिका का ऑपरेशन कर गर्भधारण की समस्या का स्थायी इलाज किया जाता है। (1)

10. (a) F_1-पीढ़ी में, TT और tt के बीच संकरण कराने पर सभी पादप लम्बे (Tt) प्राप्त होंगे, क्योंकि लम्बापन एक प्रभावी लक्षण है। (1)

11. (c) मानव हृदय के विषय में कथन *B* और *C* सही हैं। (1)

12. (c) F_2-पीढ़ी में शुद्ध नीले पुष्प युक्त और पीले पुष्प युक्त पौधों का अनुपात 1 : 1 होगा। (1)

13. (c) चन्द्रमा से देखने पर आकाश काला दिखाई देता है क्योंकि चन्द्रमा पर वायुमण्डल नहीं है, जिससे सूर्य के प्रकाश का प्रकीर्णन नहीं होता। (1)

14. (b) $\because P = VI$

[ओम के नियम से $\frac{V}{I} = R$ या $V = IR$ या $I = \frac{V}{R}$]

$$= I^2R = \frac{V^2}{R}$$ (1)

15. (c) क्लोरोफ्लोरोकार्बन तथा कुछ अन्य कारकों के कारण समताप मण्डल में ओजोन परत की क्षति होने से अण्टार्कटिका के ऊपर की परत पतली होती जा रही है। (1)

16. (a) पारितन्त्र के जैविक घटकों के सन्दर्भ में कथन A, B और D सही हैं। (1)

17. (d) विद्युत तारों को कॉपर से बनाया जाता है तथा कॉपर विद्युत का अच्छा चालक है।

अत: अभिकथन (A) गलत है, परन्तु कारण (R) सही है। (1)

18. (b) एकलिंगी पुष्प पपीता, मक्का, आदि में पर-परागण पाया जाता है। पर-परागण कीटों, वायु, जल और जन्तुओं के माध्यम से होता है। अत: अभिकथन (A) व कारण (R) दोनों सही हैं, परन्तु कारण (R) द्वारा अभिकथन (A) की सही व्याख्या नहीं हो रही है। (1)

19. (b) तारे टिमटिमाते हैं परन्तु ग्रह नहीं टिमटिमाते हैं क्योंकि तारे ग्रह की तुलना में अत्यधिक दूरी पर होते हैं। जिसके कारण उनसे आने वाले प्रकाश का अपवर्तन अधिक होता है।

अत: अभिकथन (A) तथा कारण (R) दोनों सही हैं, परन्तु, कारण (R) द्वारा अभिकथन (A) की सही व्याख्या नहीं हो रही है। (1)

20. (c) उत्पादक आहार श्रृंखला के प्राथमिक पोषक स्तर पर स्थित होते हैं क्योंकि ये सौर ऊर्जा को स्थिर करके विषमपोषी जन्तुओं या उपभोक्ताओं को भोजन उपलब्ध कराते हैं। अत: अभिकथन (A) सही है, परन्तु कारण (R) गलत है। (1)

21. लोहा वायुमण्डलीय ऑक्सीजन (वायु) तथा नमी से अभिक्रिया करके जलयोजित आयरन ऑक्साइड निर्मित करता है, जिसे सामान्यतया जंग कहते हैं तथा धीरे–धीरे होने वाली इस प्रक्रिया को संक्षारण कहते हैं। जंग एक भूरे रंग का भुरभुरा पदार्थ है, जो धीरे-धीरे धातु को नष्ट करता रहता है। लोहे की सतह पर पेंट लगाने से धातु की सतह का वायु से सम्पर्क नहीं होता। अत: संक्षारण की प्रक्रिया रूक जाती है। अत: लोहे को संक्षारण से बचाने हेतु लोहे की वस्तुओं पर पेंट किया जाता है। (2)

22. (a) **एब्सिसिक अम्ल के कार्य**
- बीजों तथा कलियों में प्रसुप्ति को बढ़ाता है।
- पत्तियों और फलों के विलगन को बढ़ाता है। (1)

(b) **साइटोकाइनिन के कार्य**
- कोशिका विभाजन और कोशिका की वृद्धि करता है।
- पादपों की जड़ों और तनों का प्रवर्धन करता है। (1)

23. (a) (i) **पीला बीज-हरा बीज**
पीला रंग प्रभावी लक्षण है एवं हरा रंग अप्रभावी लक्षण है। (1)

(ii) **गोल बीज-झुर्रीदार बीज**
गोल प्रभावी लक्षण है एवं झुर्रीदार अप्रभावी लक्षण है। (1)

अथवा

(b) मानव में बच्चे का लिंग-निर्धारण नर (44+XY) के शुक्राणुओं द्वारा होता है। अतः पिता के 50% शुक्राणुओं में X-गुणसूत्र के होने (22 + X) तथा शेष 50% शुक्राणुओं में Y-गुणसूत्र के होने (22 + Y) के कारण नर या मादा बच्चे के पैदा होने में 50-50% की संभावना होती है, क्योंकि 22 + X वाला शुक्राणु अण्डाणु (22 + X) को निषेचित कर लड़की (44 + X) को जन्म देता है, जबकि (22 + Y) वाला शुक्राणु अण्डाणु के निषेचन द्वारा लड़के (44+ XY) को जन्म देता है। यही कारण है, कि मानव जनसंख्या में लगभग आधा भाग नर एवं आधा भाग मादा का होता है। (2)

24. (a) पक्ष्माभी माँसपेशियाँ सिकुड़ जाती हैं तथा नेत्र लेन्स मोटा हो जाता है अर्थात् इसकी वक्रता त्रिज्या कम हो जाती है। (1)

(b) जब हम अंधेरे कमरे में होते हैं, तो पुतली का आकार बड़ा होता है जिससे वह अधिक प्रकाश का संग्रहण कर सके। जैसे ही हम कमरे से बाहर आते हैं, तो पुतली का आकार छोटा हो जाता है। इस समयान्तराल में व्यक्ति, वस्तुओं को नहीं देख पाता है। (1)

25. (a) (i) किसी सीधे धारावाही चालक के चारों ओर संकेन्द्रीय वृत्त के रूप में चुम्बकीय क्षेत्र प्राप्त होता है। (1)

(ii) दक्षिण हस्त अँगुष्ठ नियम के अनुसार, जब क्षैतिज तार में धारा पूर्व से पश्चिम की ओर होती है, तो तार के नीचे स्थित बिन्दु पर चुम्बकीय क्षेत्र की दिशा उत्तर से दक्षिण होगी। (1)

अथवा

(b) (i) किसी धारावाही सीधे चालक के चारों ओर उत्पन्न चुम्बकीय क्षेत्र की दिशा मैक्सवेल के दाएँ हाथ के अँगूठे के नियम द्वारा ज्ञात की जा सकती है। (1)

(ii) किसी चुम्बकीय क्षेत्र में क्षेत्र के लम्बवत् स्थित धारावाही सीधे चालक तार पर आरोपित बल की दिशा फ्लेमिंग के बाएँ हाथ के नियम के द्वारा ज्ञात की जा सकती है। (1)

26. लिण्डमान के 10% नियमानुसार एक पोषी स्तर से अगले उच्च पोषी स्तर में केवल 10% ऊर्जा का स्थानान्तरण होता है। अतः खाद्य शृंखला में उत्पादक स्तर से उच्च पोषी स्तर पर जाने वाली ऊर्जा की मात्रा लगातार कम होती जाती है, क्योंकि प्रत्येक पोषी स्तर पर ऊर्जा का एक बड़ा भाग (90 %) जीवों के रख-रखाव के लिए उपयोग किया जाता है और ऊष्मा के रूप में नष्ट होता है। (2)

27. (a) जब राधा ने सिल्वर क्लोराइड को सूर्य के प्रकाश में रखा तो अपघटन अभिक्रिया द्वारा सिल्वर धातु और क्लोरीन गैस प्राप्त होती है।

$$\underset{\text{सिल्वर क्लोराइड (सफेद)}}{2AgCl(s)} \xrightarrow[\text{(अपघटन)}]{\text{प्रकाश}} \underset{\text{सिल्वर (धूसर)}}{2Ag(s)} + \underset{\text{क्लोरीन}}{Cl_2(g)}$$
(1)

(b) सिल्वन ब्रोमाइड भी प्रकाश ऊर्जा के साथ सिल्वर क्लोराइड की तरह ही व्यवहार करता है। अतः सिल्वर ब्रोमाइड को प्रकाश में खुला रखा जाता है, वह अपघटित होकर सिल्वर धातु और ब्रोमीन वाष्प बनाता है।

$$\underset{\text{सिल्वर ब्रोमाइड (सफेद)}}{2AgBr(s)} \xrightarrow[\text{(अपघटन)}]{\text{प्रकाश}} \underset{\text{सिल्वर (धूसर)}}{2Ag(s)} + \underset{\text{ब्रोमीन}}{Br_2(g)}$$

सिल्वर ब्रोमाइड के अपघटन अभिक्रिया का उपयोग ब्लैक एण्ड वाइट फोटोग्राफी में किया जाता है। (2)

28. (a) (i)
$$\underset{\text{एथेनॉल}}{CH_3CH_2OH} \xrightarrow{443\text{ K, सान्द्र } H_2SO_4} \underset{\text{एथीन}}{CH_2 = CH_2} + H_2O$$
(1)

(ii)
$$\underset{\text{एथेनॉल}}{CH_3CH_2OH} \xrightarrow{443\text{ K, सान्द्र } H_2SO_4} CH_2 = CH_2 \xrightarrow{H_2,\ \text{Ni या Pt}} \underset{\text{एथेन}}{CH_3 - CH_3}$$
(1)

(iii)
$$\underset{\text{एथेनॉल}}{CH_3CH_2OH} \xrightarrow{443\text{ K, सान्द्र } H_2SO_4} CH_2 = CH_2 \xrightarrow{Br_2\text{ (जलीय)}} \underset{\text{1, 2– डाइब्रोमोएथेन}}{\underset{Br\qquad\ Br}{CH_2 - CH_2}}$$
(1)

अथवा

(b) (i) CH_3COOH का नाम ऐसीटिक अम्ल है और इसमें उपस्थित प्रकार्यात्मक समूह कार्बोक्सिलिक अम्ल (COOH) है। (1)

(ii) जब ऐसीटिक अम्ल की एथेनॉल के साथ अभिक्रिया कराते हैं, तो मृदु गन्ध वाले एस्टर का निर्माण होता है।

$$\underset{\text{ऐसीटिक अम्ल}}{CH_3COOH} + \underset{\text{एथेनॉल}}{C_2H_5OH} \xrightarrow[\text{गर्म}]{\text{सान्द्र } H_2SO_4} \underset{\text{एथिल एथेनॉएट (एस्टर)}}{CH_3COOC_2H_5} + H_2O$$
(1)

(iii) जब CH_3COOH की Na_2CO_3 के साथ क्रिया कराते हैं, तो CO_2 गैस निकलती है। जिसे चूने के पानी में प्रवाहित करने पर चूने का पानी दूध जैसा सफेद हो जाता है।

$2CH_3COOH$ + $Na_2CO_3 \longrightarrow$
एथेनॉइक अम्ल   सोडियम कार्बोनेट

$2CH_3COONa$ + $CO_2 \uparrow + H_2O$ (जल)
सोडियम एथेनॉएट   कार्बन डाइऑक्साइड   (1)

29. विभिन्न जीवों में ऊर्जा उत्पादन हेतु भोजन (ग्लूकोस) की विखण्डन विधि अलग-अलग होती है। कुछ जीव ग्लूकोस के कार्बन डाइऑक्साइड एवं जल में पूर्णतया विघटन के लिए ऑक्सीजन का उपयोग करते हैं। कुछ अन्य पथ का उपयोग करते हैं, जहाँ ऑक्सीजन की उपस्थिति नहीं होती, लेकिन सभी स्थितियों में, प्रथम पद ग्लूकोस (6-कार्बन अणु) का तीन कार्बन युक्त अणु पाइरुवेट में विघटन होता है। ग्लूकोस विघटन के इन तीनों पथों को निम्नलिखित प्रकार से दर्शाया गया है

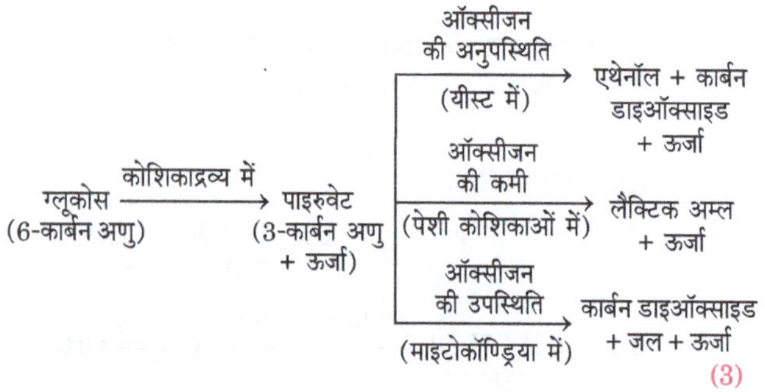

(3)

30. हॉर्मोन नियन्त्रण तथा तन्त्रिका तन्त्र नियन्त्रण में अन्तर निम्न प्रकार हैं

हॉर्मोन नियन्त्रण	तन्त्रिका तन्त्र नियन्त्रण
यह धीमी प्रक्रिया है।	यह एक तीव्र प्रक्रिया है।
यह लक्ष्य अंग को प्रभावित करता है।	सभी अंगों को प्रभावित करता है।
यह रासायनिक रूप से होता है।	विद्युत-रासायनिक रूप से संचालित होता है।
हॉर्मोन की परिवहन रुधिर के द्वारा होता है।	आवेग का परिवहन रुधिर के द्वारा नहीं, वरन् तन्त्रिका कोशिका (न्यूरॉन) द्वारा होता है।
वृद्धि प्रभावित होती है।	वृद्धि प्रभावित नहीं होती है।
उपापचय को नियन्त्रित करता है।	उपापचय को नियन्त्रित नहीं करता है।

(3)

31. (a) जब श्वेत प्रकाश को प्रिज्म जैसे पारदर्शक माध्यम से गुजारा जाता है, तो श्वेत प्रकाश का सात रंगों में विघटन होना प्रकाश का **विक्षेपण** कहलाता है जबकि **प्रकीर्णन**, प्रकाश की वह घटना है जिसमें प्रकाश का कुछ भाग सभी दिशाओं में फैल जाता है। (1½)

(b) (i) दिए गए आरेख में वर्ण विक्षेपण को दर्शाया गया है।

(ii) लाल रंग की तरंगदैर्ध्य सर्वाधिक होगा, क्योंकि लाल रंग का विक्षेपण न्यूनतम होता है।

(iii) बैंगनी रंग की तरंगदैर्ध्य न्यूनतम होगी क्योंकि बैंगनी रंग का विक्षेपण अधिकतम होता है। (1½)

32. (a) विद्युत परिपथ में दो बिंदुओं के बीच विभवान्तर मापने के लिए वोल्टमीटर को समान्तर क्रम में उन दो बिंदुओं के बीच संयोजित करते हैं, जिनके बीच विभवान्तर मापना है।

(b) अधिकतम तुल्य प्रतिरोध प्राप्त करने हेतु सभी प्रतिरोधों को श्रेणीक्रम में जोड़ा जाता है।

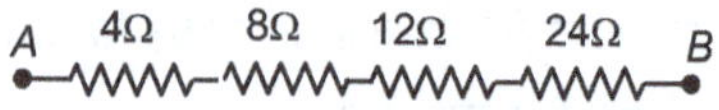

$R_S = R_1 + R_2 + R_3 + R_4$

$= 4 + 8 + 12 + 24 = 48$ ओम   (2)

33. (a) जब द्विकसूचक को दण्ड चुम्बक के N ध्रुव के पास लाया जाता है, तो चुम्बक का N ध्रुव द्विकसूचक सुईं के N ध्रुव को प्रतिकर्षित करता है. जिसके कारण द्विकसूचक का अग्रसिरा चुम्बक के N ध्रुव के विपरीत घूम जाता है तथा चुम्बक का N ध्रुव द्विकसूचक के S ध्रुव को आकर्षित करता है जिसके कारण द्विकसूचक का पश्च सिरा चुम्बक के N ध्रुव के पास आ जाता है। (1½)

(b) चुम्बकीय क्षेत्र रेखाओं की दिशा उत्तर से दक्षिण की ओर होती है। (½)

(c) चुम्बकीय क्षेत्र रेखाएँ एक-दूसरे को प्रतिच्छेदित नहीं करती हैं क्योंकि द्विक्सूचक की सुईं उस स्थान पर जिस दिशा को उत्तर बताएगी, उस दिशा की ओर संकेत करती है। (1)

34. (a)(i) $CH_3CH_2OH \xrightarrow{\text{क्षारीय } KMnO_4} CH_3COOH$
एथेनॉल   एथेनॉइक अम्ल   (1)

(ii) $CH_3CH_2OH + 2Na \longrightarrow 2CH_3CH_2ONa + H_2 \uparrow$
एथेनॉल   सोडियम एथॉक्साइड   (1)

(iii)

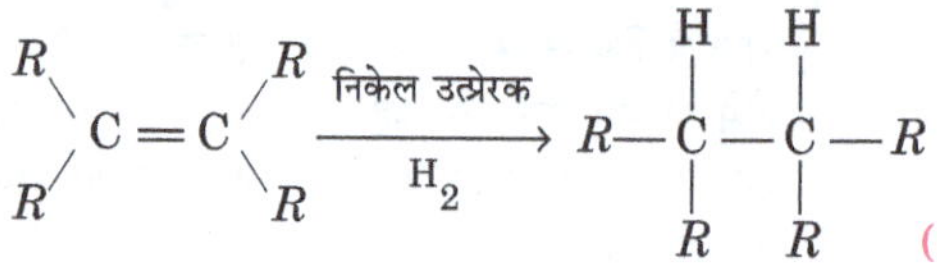

(1)

(iv) **एथेनॉल के गुणधर्म**
- एथेनॉल सामान्य ताप पर द्रव अवस्था में होता है।
- एथेनॉल के गलनांक और क्वथनांक क्रमशः 156 K और 351 K होते हैं।
- सामान्यतया एथेनॉल को ऐल्कोहॉल कहा जाता है। (1)

(v) ऐल्कोहॉल (एथेनॉल) में रंजक मिलाकर इसका रंग नीला बना दिया जाता है। मेथेनॉल, रंजक युक्त ऐल्कोहॉल को विकृत ऐल्कोहॉल कहा जाता है। (1)

अथवा

(b) अपघटन अभिक्रियाएँ संयोजन अभिक्रियाओं के विपरीत होती हैं। विशुद्ध रूप से अपघटन अभिक्रियाओं के अन्तर्गत यौगिक दो या दो से अधिक भागों में विखण्डित होता है, जिसमें कम से कम एक तत्व रूप में होता है। (1)

अभिक्रियाओं के उदाहरण हैं

1. $2\overset{+1}{H_2}\overset{-2}{O}(l) \xrightarrow{\Delta} 2\overset{0}{H_2}(g) + \overset{0}{O_2}(g)$

2. $2\overset{+1}{Na}\overset{-1}{H}(s) \xrightarrow{\Delta} 2\overset{0}{Na} + \overset{0}{H_2}(g)$

3. $2\overset{+1}{K}\overset{+5}{Cl}\overset{-2}{O_3}(s) \xrightarrow{\Delta} 2\overset{+1}{K}\overset{-1}{Cl}(s) + 3O_2(g)$ (2)

अभिक्रिया 3 में पोटैशियम क्लोरेट के पोटैशियम की ऑक्सीकरण-संख्या में कोई परिवर्तन नहीं होता है। अतः सभी अपघटन अभिक्रियाएँ अपचयोपचय नहीं होती हैं।

उदाहरण

$\overset{+2}{Ca}\overset{+4}{C}\overset{-2}{O_3}(s) \xrightarrow{\Delta} \overset{+2}{Ca}\overset{-2}{O}(s) + \overset{+2}{C}\overset{-2}{O_2}(g)$ (2)

35. (a) (i) यह अलैंगिक जनन की द्विखण्डन विधि है। उदाहरण— *अमीबा, यूग्लीना, पैरामीशियम,* आदि।

(ii) द्विखण्डन एवं विखण्डन में निम्न अन्तर हैं—

द्विखण्डन	विखण्डन
यह *अमीबा, पैरामीशियम* या *यूग्लीना* जैसे एककोशिकीय जीवों में होता है।	यह *स्पाइरोगायरा* जैसे सरल शारीरिक संरचना वाले बहुकोशिकीय जीवों में होता है।
इस प्रक्रम में जीव दो भागों में विभाजित होता है तथा नए सन्तति का निर्माण होता है।	बहुकोशिकीय जीवों का शरीर सामान्यतया दो या अधिक भागों में विभाजित होता है, जो स्वतन्त्र रूप से नए जीव में विकसित होते हैं।

(2)

(iii) पुंकेसर के परागकोष से स्त्रीकेसर के वर्तिकाग्र पर पराग कणों के स्थानान्तरण को परागण कहते हैं। यह निम्न दो प्रकार का होता है; स्वपरागण एवं पर-परागण।

स्वपरागण तथा पर-परागण में अन्तर निम्न प्रकार से हैं

स्वपरागण	पर-परागण
पराग कण उसी पुष्प के या उसी पादप के दूसरे पुष्प के वर्तिकाग्र पर पहुँचते हैं।	पराग कण समान जाति के किसी दूसरे पादप के पुष्प के वर्तिकाग्र पर पहुँचते हैं।
इस क्रिया से उत्पन्न बीज अधिक स्वस्थ नहीं होते हैं।	इस क्रिया से उत्पन्न बीज अधिक स्वस्थ होते हैं।
इस क्रिया से नई विभिन्नताएँ उत्पन्न नहीं होती हैं।	इस क्रिया से नई विभिन्नताएँ उत्पन्न होती हैं।

(2)

अथवा

(b) (i) A – *मूत्रनलिका*

B – शुक्राशय

C – मूत्रमार्ग

D – शुक्रवाहिनी (2)

(ii) वृषण द्वारा नर हॉर्मोन टेस्टोस्टेरॉन का स्रावण होता है, जो नर में यौवनारम्भ, द्वितीयक लैंगिक लक्षणों एवं शुक्रजनन को प्रेरित करता है। (1)

(iii) **शुक्राशय** (Seminal vesicle) एक थैलीनुमा संरचना होती है। इसके द्वारा हल्का पीला एवं क्षारीय पोषक तरल का स्रावण होता है, जिसमें शुक्राणु गति करते हैं। शुक्राणु इस तरल के साथ मिलकर **वीर्य** (Semen) का निर्माण करते हैं।

नर में **मूत्रमार्ग** शिश्न में उपस्थित होता है। यह मूत्र एवं वीर्य के लिए उभयनिष्ठ मार्ग होता है। (2)

36. (a) (i) जब वस्तु अनन्त पर स्थित हो, तो प्राप्त प्रतिबिम्ब आभासी, सीधा तथा वस्तु से छोटा होगा। (1)

(ii) दिया गया है, $\mu = -50$ सेमी,

$f = -20$ सेमी

$v = ?$

लेन्स सूत्र $\frac{1}{v} - \frac{1}{u} = \frac{1}{f}$ से,

या $\frac{1}{v} = \frac{1}{f} + \frac{1}{u}$

$\Rightarrow \frac{1}{v} = \frac{1}{-20} + \frac{1}{(-50)}$

$\Rightarrow \frac{1}{v} = \frac{-5-2}{100}$

$= \frac{-7}{100}$

$\Rightarrow v = \frac{-100}{7} = -14.3$ सेमी (3)

(iii) आवर्धन, $m = \frac{v}{u} = \frac{-14.3}{-50}$

$= 0.28$ (1)

अथवा

(b) (i) जब वस्तु अनन्त व ध्रुव के बीच स्थित हो, तब प्राप्त प्रतिबिम्ब आभासी, सीधा तथा वस्तु से छोटा प्राप्त होगा। (1)

(ii) दिया गया है, $u = -10$ सेमी, वक्रता त्रिज्या, $r = 2f$

या $f = \frac{r}{2} \Rightarrow f = \frac{30}{2}$

$= 15$ सेमी

दर्पण सूत्र $\frac{1}{f} = \frac{1}{v} + \frac{1}{u}$ से,

या $\frac{1}{v} = \frac{1}{f} - \frac{1}{u}$

$\frac{1}{v} = \frac{1}{15} + \frac{1}{10}$

$\frac{1}{v} = \frac{2+3}{30} = \frac{5}{30}$

$v = \frac{30}{5} = 6$ सेमी (3)

प्रतिबिम्ब की स्थिति उत्तल दर्पण के पीछे 6 सेमी पर है तथा उसकी प्रकृति आभासी और सीधी होगी।

(iii) आवर्धन, $m = \frac{v}{u} = \frac{h_I}{h_O} \Rightarrow \frac{6}{10} = \frac{h_I}{5}$

$= h_I = 3$ सेमी (1)

37. (a) ब्यूटेनॉल में ऐल्कोहॉल (ऑल) (—OH) क्रियात्मक समूह उपस्थित होता है।

$CH_3—CH_2—CH_2—CH_2—OH$ (1)

ब्यूटेनॉल

(b) ऐसीटोन $\left(CH_3-\overset{\overset{\large O}{\|}}{C}-CH_3\right)$ में कीटो समूह उपस्थित है। (1)

(c) (i) कीटोन $-\underset{\underset{\large O}{\|}}{C}-$ (½)

(ii) कार्बोक्सिलिक अम्ल $-COOH$ (½)

(iii) ऐल्डिहाइड $-CHO$ (½)

(iv) ऐल्कोहॉल $-OH$ (½)

अथवा

(c) वनस्पति तेलों को वसा में परिवर्तित करने की अभिक्रिया को **हाइड्रोजनीकरण** (Hydrogenation) कहते हैं।
हाइड्रोजनीकरण में Ni उत्प्रेरक का उपयोग किया जाता है।

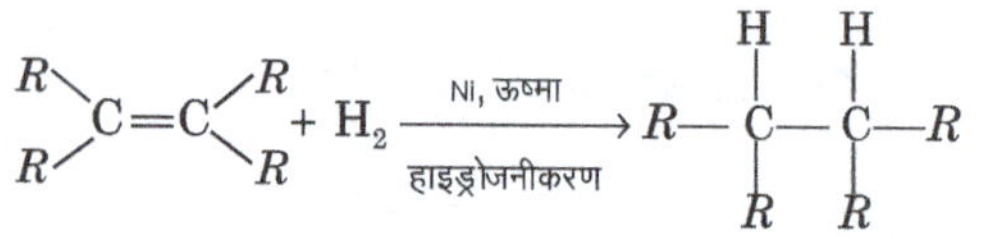

वनस्पति तेल (असंतृप्त) वनस्पति घी (वसा)
(संतृप्त) (2)

38. (a) B भाग में यूरिया तथा लवणों की सान्द्रता में तीव्रता से बढ़ोत्तरी होती है तथा ग्लूकोस, अमीनो अम्ल एवं प्रोटीन की सान्द्रता शून्य हो जाती है अर्थात् वृक्क रुधिर में से केवल यूरिया एवं लवणों को परानिस्यंदित कर मूत्र का निर्माण करता है। (1)

(b) वृक्क की निस्यंदन इकाई नेफ्रॉन को कहा जाता है। यह वृक्क में लाखों की संख्या में उपस्थित सूक्ष्म कुण्डलित नलिकीय संरचना है। (1)

(c) मधुमेह या डायबिटिज मेलिटस में इंसुलिन हॉर्मोन की कमी के कारण रुधिर में ग्लूकोस की मात्रा अत्यधिक बढ़ जाती है तथा वृक्क अतिरिक्त ग्लूकोस को मूत्र में निष्कासित करने का प्रयास करता है। (2)

अथवा

(c) W-वृक्कीय वल्कुट, X-वृक्कीय शिरा,
Y-वृक्कीय धमनी, Z-मूत्रवाहिनी। (2)

39. (a) (i) जब बल्ब B_1 फ्यूज होता है, तब बल्ब B_2 व B_3 के सिरों के मध्य विभवान्तर नहीं बदलता अर्थात् 4.5 वोल्ट ही रहता है। इसी कारण उनकी चमक भी अप्रभावित रहती है।

(ii) जब बल्ब B_2 फ्यूज होता है, तब इसमें से कोई धारा नहीं बहती, इसलिए अमीटर A_2 का पाठ्यांक शून्य रहता है। (1)

(b) जब तीनों बल्ब एक साथ जलते हैं, तब परिपथ में विभवान्तर $V = 4.5$ वोल्ट, धारा $I = 3$ ऐम्पियर
उपमुक्त विद्युत शक्ति, $P = V \cdot I = 4.5 \times 3 = 13.5$ वाट (1)

(c) (i) माना कि सभी बल्बों में से प्रत्येक का प्रतिरोध R ओम है। समांतर क्रम में तुल्य प्रतिरोध,

$$\frac{1}{R_P} = \frac{1}{R} + \frac{1}{R} + \frac{1}{R} = \frac{3}{R}$$

$$R_P = \frac{R}{3} \text{ ओम}$$

ज्ञात है, $V = 4.5$ वोल्ट, $I = 3$ ऐम्पियर
ओम के नियम के अनुसार,

$$V = IR \qquad \left[\because R_P = \frac{R}{3} \text{ ओम}\right]$$

$$4.5 = 3 \times \frac{R}{3}$$

अतः प्रत्येक बल्ब का प्रतिरोध, $R = 4.5$ ओम (1)

(ii) बल्ब B_1 के लिए धारा, $V = 4.5$ वोल्ट, $R = 4.5$ ओम,

$$\because I_1 = \frac{V}{R} = \frac{4.5}{4.5} = 1 \text{ ऐम्पियर}$$ (1)

अथवा

(c) अब बल्ब B_3 के लिए भी V व R के मान बल्ब B_1 के समान हैं, अतः I_3 भी I_1 के समान होगी
$I_3 = I_1 = 1$ ऐम्पियर
अमीटर A_1 तथा A_3 के पाठ्यांक 1 ऐम्पियर (प्रत्येक) होंगे। अमीटर A_2 का पाठ्यांक शून्य होगा तथा अमीटर A का पाठ्यांक $[I = I_1 + I_2 + I_3 = 1 + 0 + 1 = 2$ ऐम्पियर$]$ 2 ऐम्पियर होगा। (2)

SQP Code : **PB-3/15** Series *i*-Succeed 3-25/15 अनुक्रमांक

सैंपल प्रश्न-पत्र 03

विज्ञान कक्षा 10 (कोड 086)

समय : 3 घंटे
पूर्णांक : 80

सामान्य निर्देश

इस प्रश्न पत्र में पाँच खण्डों (क), (ख), (ग), (घ) और (ङ) में बाँटा गया है। प्रश्न-पत्र में 39 प्रश्न हैं। सभी प्रश्न अनिवार्य हैं।

1. प्रश्न में, 1 से 20 तक के सभी प्रश्न एक-एक अंक के हैं।
2. प्रश्न में, 21 से 26 अतिलघु उत्तरीय प्रश्न हैं, प्रत्येक के 2 अंक निर्धारित हैं। इन प्रश्नों के उत्तर 30 से 50 शब्दों के मध्य दिए जाने हैं।
3. प्रश्न में, 27 से 33 लघु उत्तरीय प्रश्न हैं, प्रत्येक के 3 अंक निर्धारित हैं। इन प्रश्नों के उत्तर 50 से 80 शब्दों के मध्य दिए जाने हैं।
4. प्रश्न में, 34 से 36 दीर्घ उत्तरीय प्रश्न हैं, प्रत्येक के 5 अंक निर्धारित हैं। इन प्रश्नों के उत्तर 80 से 120 शब्दों के मध्य दिए जाने हैं।
5. प्रश्न में, 4 अंको के उप-भागों के साथ 3 प्रश्न, स्रोत आधारित/केस आधारित दिए गए हैं। कोई समग्र विकल्प नहीं है। हालांकि, कुछ प्रश्नों में आंतरिक विकल्प दिए गए हैं, जिनमें केवल एक का उत्तर देना है।

खण्ड-क बहुविकल्पीय प्रश्न

1. निम्न अभिक्रिया में x तथा y क्या हैं? उनके सूत्र का नाम या प्रतीक लिखिए।

$Zn(s) + H_2SO_4(aq) \longrightarrow ZnSO_4(x) + H_2(y)$

(a) जलीय, गैस (b) गैस, जलीय
(c) ठोस, जलीय (d) जलीय, ठोस

2. कोई विलयन लाल लिटमस को नीला कर देता है, इसका pH मान सम्भवतः क्या होगा?

(a) 1 (b) 4 (c) 5 (d) 10

3. खाना बनाते समय यदि बर्तन की तली बाहर से काली हो रही है, तो इसका मतलब है कि

(a) भोजन पूरी तरह नहीं पका है
(b) ईंधन पूरी तरह से नहीं जल रहा है
(c) ईंधन आर्द्र है
(d) ईंधन पूरी तरह से जल रहा है

4. कार्बनिक यौगिकों की सजातीय श्रेणी में दो क्रमागत सदस्यों के मध्य समूह का अन्तर होता है।

(a) $—CH_3$ (b) $—CH_2—$
(c) $—\underset{|}{C}H—$ (d) इनमें से कोई नहीं

5. नीचे दी गई रासायनिक समीकरण को सन्तुलित करने के लिए x और y के मान क्रमशः होने चाहिए।

$2NaOH + xAl_2O_3 \longrightarrow yNaAlO_2 + H_2O$

(a) 1, 4 (b) 1, 2
(c) 2, 4 (d) 2, 3

6. एथेन का आण्विक सूत्र C_2H_6 है, इसमें

(a) 6 सहसंयोजक आबन्ध हैं
(b) 7 सहसंयोजक आबन्ध हैं
(c) 8 सहसंयोजक आबन्ध हैं
(d) 9 सहसंयोजक आबन्ध हैं

7. नीचे दी गई रासायनिक समीकरणों I और II पर विचार कीजिए।

I. $Mg + 2HCl \longrightarrow MgCl_2 + H_2$

II. $NaOH + HCl \longrightarrow NaCl + H_2O$

इन समीकरणों से सम्बन्धित सही कथन है,

(a) I विस्थापन अभिक्रिया और II वियोजन अभिक्रिया है।
(b) I विस्थापन अभिक्रिया और II द्विविस्थापन अभिक्रिया है।
(c) I और II दोनों विस्थापन अभिक्रियाएँ हैं।
(d) I और II दोनों द्विविस्थापन अभिक्रियाएँ हैं।

8. मेड्यूला ऑब्लोंगेटा नियन्त्रण करता है

(a) ऐच्छिक क्रिया
(b) अनैच्छिक क्रिया
(c) प्रतिवर्ती क्रिया
(d) सभी दैहिक क्रियाएँ

9. पुष्पों में लैंगिक जनन की घटना का निम्नलिखित में से कौन-सा क्रम सही है?

(a) परागण, निषेचन, बीज, भ्रूण
(b) बीज, भ्रूण, निषेचन, परागण
(c) परागण, निषेचन, भ्रूण, बीज
(d) भ्रूण, बीज, परागण, निषेचन

10. यदि एक गोल, पीले (RRYY) मटर के बीज के पौधे को हरे, झुर्रीदार (rryy) मटर के बीज के पौधों के साथ संकरण कराया जाए, तो F_1-पीढ़ी में सन्तति उत्पन्न होते हैं

(a) गोल और पीले (b) गोल और हरे
(c) झुर्रीदार और हरे (d) झुर्रीदार और पीले

SP-03

11. हीमोग्लोबिन के सम्बन्ध में निम्नलिखित कथनों पर विचार कीजिए तथा नीचे दिए गए कूट से सही उत्तर चुनिए।

A. इसमें लौह होता है।
B. यह रुधिर को लाल रंग प्रदान करता है।
C. यह कुछ रोगों से प्रतिरक्षा प्रदान करता है।
D. यह रुधिर में ऑक्सीजन का वाहक है।

कूट

(a) A, B तथा C (b) B, C तथा D
(c) A, B तथा D (d) A, B, C तथा D

12. मेण्डल के अनुसार, मटर के पौधे में निम्नलिखित में से कौन-सा जीनोटाइप लम्बे तने व झुर्रीदार बीजों के लक्षण व्यक्त करेगा?

(a) TTRR (b) ttRR
(c) TTrr (d) ttrr

13. दोपहर में सूर्य श्वेत दिखाई देता है, क्योंकि

(a) प्रकाश का प्रकीर्णन कम होता है।
(b) श्वेत प्रकाश में सभी रंगों का प्रकीर्णन हो जाता है।
(c) नीले रंग का प्रकीर्णन बहुत अधिक होता है।
(d) लाल रंग का प्रकीर्णन बहुत अधिक होता है।

14. किसी विद्युत बल्ब का अनुमतांक 220 वोल्ट, 100 वाट है। जब इसे 110 वोल्ट पर प्रचालित करते हैं, तब इसके द्वारा उपमुक्त शक्ति कितनी होती है?

(a) 100 वाट (b) 75 वाट
(c) 50 वाट (d) 25 वाट

15. भविष्य में त्वचा रोग किस कारण बढ़ेंगे?

(a) जल प्रदूषण से
(b) वायु प्रदूषण से
(c) हाइड्रोकार्बन से
(d) ओजोन परत की क्षति से

16. खाद्य शृंखलाओं से सम्बन्धित निम्नलिखित कथनों पर विचार कीजिए।

A. एक क्षेत्र से 80% बाघों के हटा दिए जाने पर वहाँ की वनस्पति में भारी वृद्धि हो गई।
B. अधिकतर माँसभक्षियों के हटाए जाने से हिरनों की आबादी बढ़ गई।
C. खाद्य शृंखलाओं की लम्बाई सामान्यतया 3-4 पोषण स्तरों तक ही सीमित होती है, जो ऊर्जा हानि के कारण होती है।
D. जलीय खाद्य शृंखलाओं की लम्बाई 2 से 8 पोषण स्तरों तक हो सकती हैं।

ऊपर दिए गए कथनों में से कौन-से कथन सही हैं?

(a) A और C
(b) B और C
(c) B, C और D
(d) B और D

अभिकथन-कारण प्रकार के प्रश्न

निर्देश (प्र. सं. 17-20) इन प्रश्नों में **अभिकथन** (A) और **कारण** (R) दिए गए हैं। इन प्रश्नों के उत्तर नीचे दिए गए अनुसार उचित विकल्प को चुनकर दीजिए।

(a) A और R दोनों सही हैं तथा R द्वारा A की सही व्याख्या हो रही है।

(b) A और R दोनों सही हैं, परन्तु R द्वारा A की सही व्याख्या नहीं हो रही है।

(c) A सही है, परन्तु R गलत है।

(d) A गलत है, परन्तु R सही है।

17. **अभिकथन** (A) बिना बुझे चूने (CaO) के विलयन का उपयोग सफेदी करने के लिए होता है।
कारण (R) बुझे चूने के विलयन का उपयोग सफेदी में करने पर कैल्सियम हाइड्रॉक्साइड वायु की CO_2 से अभिक्रिया करके $CaCO_3$ बनता है। जिससे दीवारों पर चमक आ जाती है।

18. **अभिकथन** (A) वृषणकोष उदरगुहा से बाहर स्थित होते हैं।
कारण (R) इसका तापमान शरीर के सामान्य तापमान से 2-3 °C कम होता है, जिसमें शुक्राणु निर्मित होते हैं।

19. **अभिकथन** (A) श्वेत प्रकाश पुँज के एक खोखले प्रिज्म से गुजरने पर स्पेक्ट्रम प्राप्त होता है।
कारण (R) प्रकाश की चाल प्रिज्म के भीतर व बाहर अलग-अलग है।

20. **अभिकथन** (A) ओजोन परत पृथ्वी की सतह को UV-किरणों से बचाती है।
कारण (R) UV किरणों के कारण मोतियाबिन्द होता है।

खण्ड-ख अतिलघु उत्तरीय प्रश्न

21. निम्न अभिक्रिया के लिए संतुलित रासायनिक समीकरण लिखिए तथा अभिक्रिया का प्रकार भी लिखिए।
एथेनॉल को एथेनॉइक अम्ल के साथ सान्द्र H_2SO_4 की उपस्थिति में गर्म करने पर एथिल ऐसीटेट का बनना।

22. रसायनानुवर्तन क्या होता है? उदाहरण सहित बताइए।

23. (a) प्रभावी तथा अप्रभावी लक्षण से क्या तात्पर्य है?

अथवा

(b) एक व्यक्ति ने सर्वप्रथम गोल-पीले बीज युक्त शुद्ध मटर के पादप को शुद्ध झुर्रीदार-हरे बीज वाले पादप के साथ संकरित करवाया। उसे F_1-पीढ़ी में केवल AB प्रकार के बीज प्राप्त हुए। तत्पश्चात् F_1-पीढ़ी के पादपों को स्व-परागित करवाने पर उपरोक्त जनक पादपों के अतिरिक्त A-D एवं C-B बीज प्रकार के पादप प्राप्त होते हैं।

(i) A-B प्रकार के बीज क्या हैं?

(ii) A-D प्रकार एवं C-B प्रकार के बीज क्या हैं?

(iii) F_2-पीढ़ी में सभी प्रकार के बीजों में से कौन-सा सर्वाधिक संख्या में पाया जाएगा?

24. दिया गया चित्र निकट दृष्टि दोष को प्रदर्शित करता है।

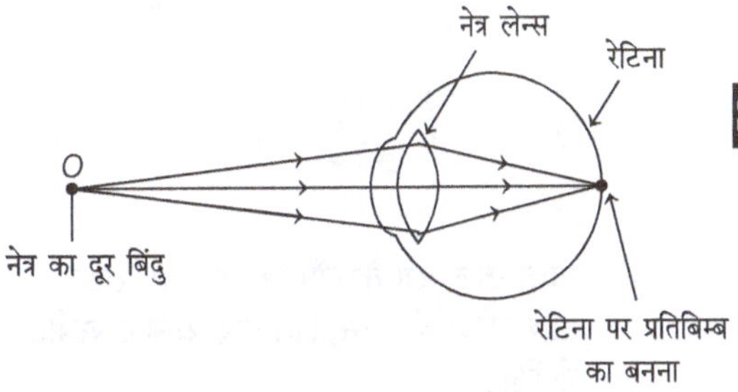

(a) नेत्र गोलक का आकार निकट दृष्टि दोष में कैसे परिवर्तित होता है?

(b) इस स्थिति में नेत्र गोलक के आकार की तुलना सामान्य नेत्र के गोलक से कीजिए।

(c) इस स्थिति में गोलक के आकार का परिवर्तन प्रतिबिम्ब के आकार को किस प्रकार प्रभावित करता है?

25. (a) दिए गए चित्र के आधार पर निम्न प्रश्नों के उत्तर दीजिए।

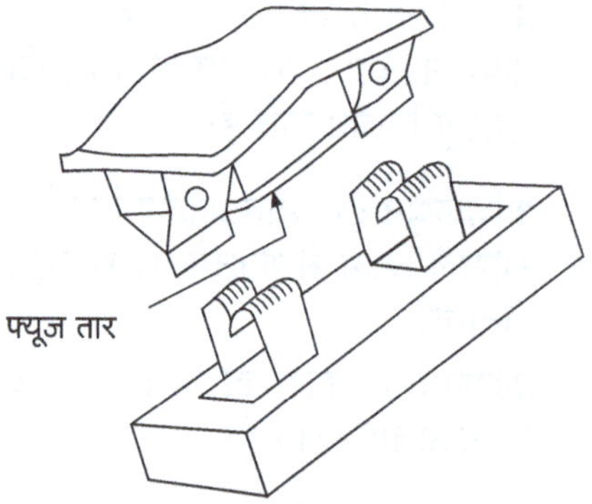

(i) चित्र में दिए गए अवयव का नाम लिखिए जिसका उपयोग अतिभारण तथा लघुपथन से बचाता है।

(ii) यह परिपथ को क्षतिग्रस्त होने से कैसे बचाता है इसको भी समझाइए?

अथवा

(b) किसी धारावाही कुण्डली के कारण उत्पन्न चुम्बकीय क्षेत्र की दिशा ज्ञात कीजिए। जब इसे क्षैतिज पर रखकर प्रेक्षक नीचे से देखता है, तो धारा वामावर्त दिशा में प्रवाहित होती दिखाई देती है।

26. नीचे दिए खाद्य जाल के चित्र को देखकर निम्न प्रश्नों के उत्तर दीजिए।

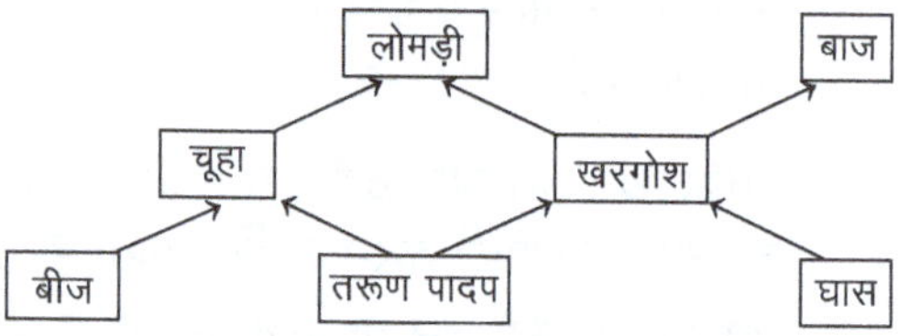

(a) खाद्य जाल में प्राथमिक उपभोक्ताओं की पहचान कीजिए।

(b) यदि सभी लोमड़ियाँ किसी बीमारी के कारण मर जाती हैं, तो खाद्य जाल के साथ क्या होगा?

खण्ड-ग लघु उत्तरीय प्रश्न

27. जब कॉपर को वायु में गर्म किया जाता है, तो वह वायु की ऑक्सीजन के साथ अभिक्रिया करके एक काला यौगिक बनाता है।

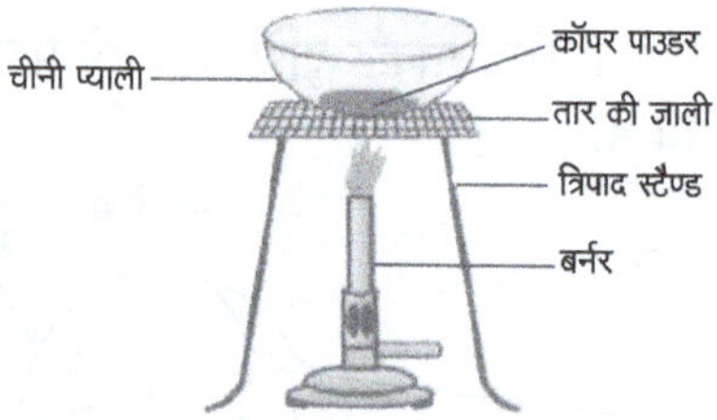

(a) प्राप्त काले रंग के यौगिक का नाम तथा अभिक्रिया की सन्तुलित रासायनिक समीकरण लिखिए।

(b) उपरोक्त अभिक्रिया में ऑक्सीकारक और अपचायक की पहचान कीजिए।

28. (a) यौगिक X तथा ऐलुमिनियम का उपयोग रेलवे लाइनों को जोड़ने के लिए किया जाता है।

(i) यौगिक X को पहचानिए।

(ii) इस अभिक्रिया का क्या नाम है?

(iii) उपरोक्त अभिक्रिया को लिखिए।

अथवा

(b) किन्हीं तीन धातुओं की निम्न के साथ अभिक्रिया लिखिए तथा इनकी संतुलित रासायनिक समीकरण लिखिए।

(i) ठण्डे जल से (ii) गर्म जल से

(iii) भाप से

29. (a) मानव शरीर की सबसे बड़ी पाचक ग्रन्थि कौन-सी है? इसका क्या कार्य है?

(b) शाकाहारी जन्तुओं में छोटी आँत माँसाहारी जन्तुओं की छोटी आँत की तुलना में लम्बी क्यों होती है?

30. उन हॉर्मोनों के नाम बताइए, जो निम्न अन्तःस्रावी ग्रन्थियों द्वारा स्रावित होते हैं और इनके कार्य भी लिखिए।

(a) थायरॉइड ग्रन्थि

(b) पीयूष ग्रन्थि

(c) अग्न्याशय ग्रन्थि

31.

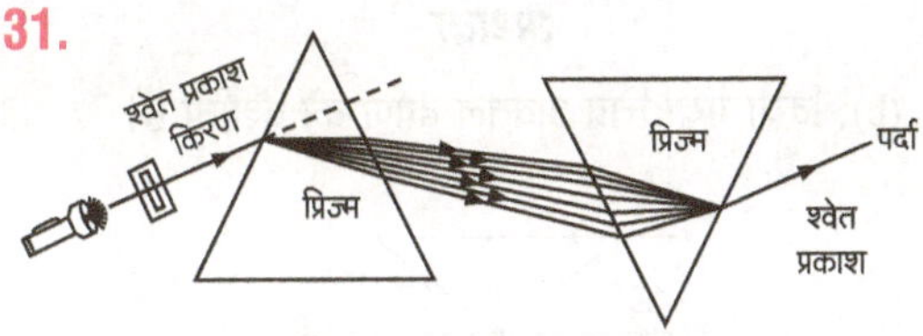

उपरोक्त चित्र के आधार पर निम्न प्रश्नों के उत्तर दीजिए।

(a) चित्र में दी गई परिस्थिति प्रकाश की किस परिघटना पर आधारित है?

(b) यह भी उल्लेख कीजिए कि आप दो सर्वसम प्रिज्मों का उपयोग किस प्रकार करेंगे कि एक प्रिज्म पर आपतित पहला श्वेत प्रकाश पुँज दूसरे प्रिज्म से श्वेत प्रकाश पुँज के रूप में निर्गत् हो।

32. (a) घरेलू विद्युत उपकरणों को आकस्मिक उच्च विद्युत प्रवाह से बचाने के लिए मुख्य कनेक्शन एवं विद्युत उपकरणों के मध्य क्या लगाना चाहिए?

(b) घरेलू विद्युत परिपथों में श्रेणीक्रम संयोजन का उपयोग क्यों नहीं किया जाता है? कारण देकर स्पष्ट कीजिए।

33. (a) $\frac{1}{5}$ ओम के पाँच प्रतिरोधों द्वारा प्राप्त होने वाला निम्नतम प्रतिरोध क्या होगा?

(b) नीचे चित्र में तीन प्रतिरोध दिखाए गए हैं

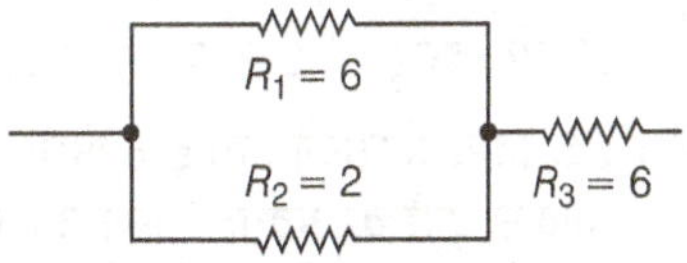

परिपथ का परिणामी प्रतिरोध ज्ञात कीजिए।

खण्ड-घ दीर्घ उत्तरीय प्रश्न

34. (a) (i) सार्वत्रिक सूचक क्या होता है? उस कार्य का उल्लेख कीजिए जिसके लिए इसका उपयोग किया जाता है।

(ii) फीनॉल्फ्थैलीन सूचक की एक बूँद डालने पर विलयन *A* गुलाबी रंग देता है। जबकि, एक बूँद मेथिल ऑरेंज डालने पर, विलयन *B* लाल रंग देता है। *A* तथा *B* किस प्रकार के विलयन हैं? *A* व *B* विलयनों में, किसके pH का मान अधिक है?

(iii) pH 7 से अधिक मान के विलयन से बने एक लवण तथा pH 7 से कम मान से बने एक लवण का नाम बताइए।

अथवा

(b) (i) अम्ल व क्षार प्रत्येक के किन्हीं तीन भौतिक गुणों को लिखिए।

(ii) उदाहरण द्वारा सिद्ध कीजिए कि धातु के ऑक्साइड क्षारीय प्रकृति के होते हैं।

(iii) धातु ऑक्साइड से सम्बन्धित रासायनिक समीकरण भी दीजिए।

35. (a) (i) एक एकलिंगी पुष्प और एक उभयलिंगी पुष्प का नाम लिखिए।

(ii) पर-परागण की परिभाषा लिखिए। उल्लेख कीजिए कि यह किस प्रकार होता है?

(iii) नीचे दिए गए आरेख का प्रेक्षण कीजिए तथा इस पर अंकित भाग *A* और *B* के नाम लिखिए। इन भागों में प्रत्येक के कार्य का उल्लेख कीजिए।

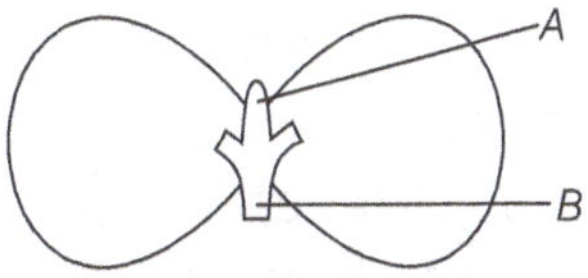

अथवा

(b) (i) मानव मादा जनन तन्त्र के नीचे दिए गए प्रत्येक भाग के दो कार्य लिखिए

I. अण्डाशय II. अण्डवाहिका

III. गर्भाशय

(ii) प्लैसेन्टा की संरचना और कार्य का वर्णन कीजिए।

SP-03

36. (a) दिया गया चित्र उत्तल लेन्स को दर्शाता है।

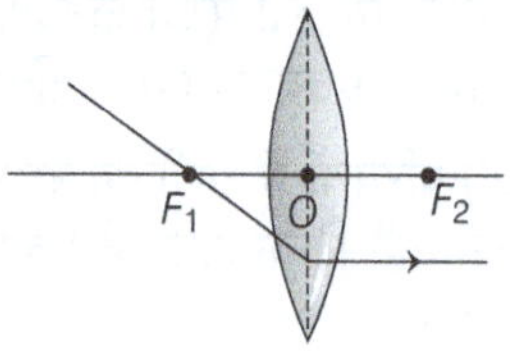

(i) निम्न स्थितियों द्वारा प्राप्त प्रतिबिम्बों की प्रकृति बताते हुए किरण आरेख बनाइए।

I. जब वस्तु को F_1 पर रखा जाए।

II. जब वस्तु को 2 F_1 पर रखा जाए।

(ii) एक बिम्ब जिसकी ऊँचाई 5 सेमी है, 10 सेमी फोकस दूरी के अवतल लेन्स की मुख्य अक्ष के अभिलम्बवत् स्थित है।यदि बिम्ब की लेन्स के प्रकाशिक केन्द्र से दूरी 20 सेमी है, तो प्रतिबिम्ब की स्थिति, प्रकृति तथा आकार, लेन्स सूत्र की सहायता से ज्ञात कीजिए।

अथवा

(b) दिया गया चित्र अवतल दर्पण को दर्शाता है।

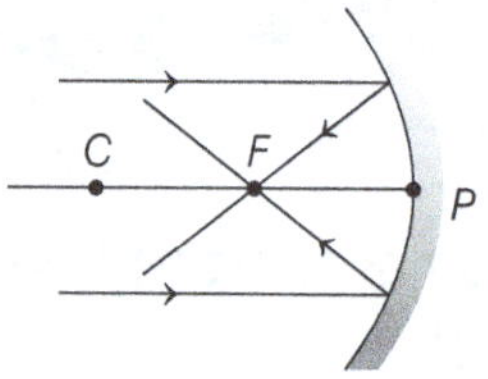

(i) निम्न स्थितियों द्वारा प्राप्त प्रतिबिम्बों की प्रकृति बताते हुए किरण आरेख बनाइए।

I. जब वस्तु को फोकस पर रखा जाए तथा

II. जब वस्तु को अनन्त तथा वक्रता केन्द्र के बीच रखा जाए।

(ii) 1.2 मी ऊँचा बिम्ब, 20 सेमी फोकस दूरी के अवतल दर्पण के सामने रखा गया है ताकि वास्तविक प्रतिबिम्ब इससे 60 सेमी दूरी पर बने। बिम्ब की स्थिति तथा प्रतिबिम्ब की ऊँचाई ज्ञात कीजिए।

खण्ड-ङ स्रोत आधारित/केस आधारित प्रश्न

37. समान संरचनाओं वाले सभी कार्बनिक यौगिक समान गुणधर्मों को प्रदर्शित करते हैं और उन्हें एक-साथ एक ही समूह या श्रेणी में रखा जाता है। ऐसा करने में कार्बनिक यौगिकों को बढ़ते हुए आण्विक द्रव्यमानों के क्रम में व्यवस्थित किया जाता है। सजातीय श्रेणी (Homologous series) समान संरचनाओं और समान रासायनिक गुणधर्मों वाले कार्बनिक यौगिकों का एक समूह है, जिसमें क्रमागत यौगिक CH_2 समूह द्वारा भिन्न होते हैं।

SP-03

(a) एक हाइड्रोकार्बन का अणुसूत्र $C_{10}H_{18}$ है। अतः इसकी सजातीय श्रेणी का नाम क्या होगा? (1)

(b) सामान्य सूत्र C_nH_{2n-2} द्वारा निरूपित कार्बन यौगिकों की सजातीय श्रेणी के तीसरे सदस्य का आण्विक सूत्र क्या होगा? (1)

(c) कोई यौगिक X आधिक्य सान्द्र सल्फ्यूरिक अम्ल के साथ 443 K पर गर्म करने पर कोई असंतृप्त यौगिक Y बनाता है। X, Y तथा Z को पहचानिए।

Y उत्पन्न होने की रासायनिक अभिक्रिया का समीकरण भी लिखिए तथा इसमें सान्द्र सल्फ्यूरिक अम्ल की भूमिका का उल्लेख भी कीजिए। (2)

अथवा

(c) एक कार्बनिक यौगिक 'X', जो बीयर तथा वाइन का अनिवार्य घटक है, पेय पदार्थों को विषाक्त करने के लिए उत्तरदायी है। 'X' के ऑक्सीकरण पर, सिरके में पाया जाने वाला कार्बनिक यौगिक Y उत्पाद रूप में प्राप्त होता है। यौगिक 'X' तथा 'Y' का नाम बताइए एवं इनके संरचना सूत्र लिखिए। (2)

38. मनुष्य में प्रमुख श्वसन अंग फेफड़े हैं, जो वक्ष गुहा में कशेरुक दण्ड तथा पसलियों द्वारा बने एक कटहरे (Cage) में सुरक्षित रहते हैं। बाहरी वातावरण से फेफड़ों तक गैसीय विनिमय हेतु अन्य सहायक अंग नासिका (Nose), ग्रसनी (Pharynx), श्वासनली (Trachea), श्वसनियाँ (Bronchi) व श्वसनिकाएँ (Bronchioles) परस्पर मिलकर एक वायुमार्ग का निर्माण करते हैं। फेफड़े तथा सहायक अंग मिलकर श्वसन तन्त्र बनाते हैं।

(a) नासिका में बाल तथा श्लेष्मा की क्या भूमिका है? (1)

(b) जब हम साँस बाहर निकालते हैं, तो वायु मार्ग निपातित क्यों नहीं होता? (1)

(c) फेफड़ों के अतिरिक्त, स्थलीय जन्तु श्वसन हेतु अन्य श्वसनांगों या सतहों का उपयोग करते हैं। ऐसे किन्हीं दो अंगों एवं उन्हें उपयोग करने वाले जन्तुओं के नाम बताइए। (2)

अथवा

(c) श्वसन तन्त्र में डायाफ्राम नामक पेशीय संरचना का क्या महत्त्व है? (2)

39. किसी परिपथ में अमीटर तथा वोल्टमीटर आरेख में दर्शाए अनुसार व्यवस्थित हैं। परिपथ में प्रतिरोध में प्रवाहित धारा का मान बढ़ाने पर, इसके सिरों पर उत्पन्न विभवान्तर का मान भी बढ़ता जाता है। यह वृद्धि सरल रेखीय होती है, जो यह व्यक्त करती है कि V तथा I आपस में समानुपाती हैं।

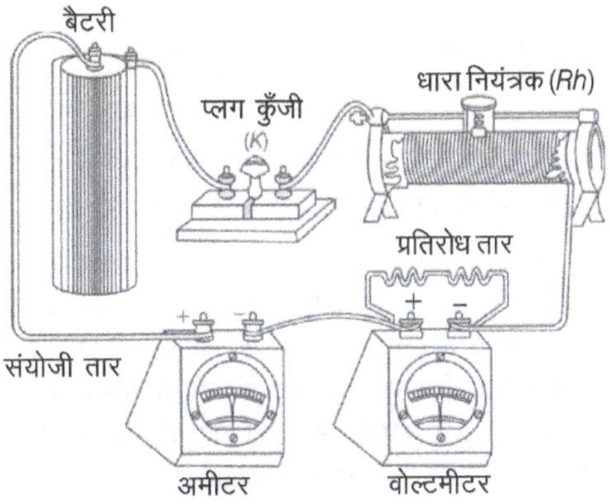

दिए गए आरेख के आधार पर निम्नलिखित प्रश्नों के उत्तर दीजिए।

(a) उल्लेख कीजिए क्या होता है, जब

(i) तीन छात्र X, Y तथा Z ने प्रयोग द्वारा धारा के विभवान्तर पर निर्भरता ज्ञात करने के लिए अमीटर (A), बैटरी (B), कुँजी (C) तथा प्रतिरोध (R) को श्रेणीक्रम में नीचे दिए गए क्रम के अनुसार संयोजित किया जाए?

$$X \longrightarrow B, K, R, A, B$$
$$Y \longrightarrow B, A, K, R, B$$
$$Z \longrightarrow B, R, K, A, B$$

(ii) यदि किसी चालक के सिरों पर विभवान्तर का मान दोगुना तथा इसका प्रतिरोध आधा कर दिया जाए, तो धारा के मान में कितनी वृद्धि होगी? (2)

(b) परिपथ में धारा नियंत्रक का क्या उपयोग है? (1)

(c) परिकलित कीजिए

(i) 1.5 ओम प्रतिरोध के तार में 1.5 ऐम्पियर धारा प्रवाहित करने पर तार के सिरों के बीच विभवान्तर ज्ञात कीजिए।

(ii) मिलीऐम्पियर (mA) तथा माइक्रो ऐम्पियर (μA) के मान ऐम्पियर में क्या होंगे? (1)

अथवा

(c) परिपथ में दिखाए गए वोल्टमीटर, अमीटर तथा प्रतिरोध की गणना करके सही अवस्था में परिपथ में संयोजित किया गया है। परिपथ में कुँजी लगाने पर अमीटर का पाठ्यांक 0.9 ऐम्पियर प्राप्त होता है, परन्तु वोल्टमीटर का पाठ्यांक शून्य प्राप्त होता है, क्या कारण हो सकता है? (1)

हल सहित उत्तर in Topper's Style

मेरी प्रतिबद्धता मैं विश्वास दिलाता हूँ कि पूरा पेपर अपने आप करने के बाद ही मैं यहाँ दिए गए Solutions को देख रहा हूँ। इन Solutions को देखने का मेरा उद्देश्य यह Check करना है कि मेरे द्वारा किये गए Solutions Correct हैं या नहीं।

1. (a) $Zn(s) + H_2SO_4(aq) \longrightarrow ZnSO_4(aq) + H_2(g)$
जिंक सल्फ्यूरिक अम्ल जिंक सल्फेट हाइड्रोजन
अत: x = जलीय (aq) तथा y = गैस (g) है। (1)

2. (d) 10; क्योंकि विलयन क्षारीय है, अत: इसका pH मान 7 से अधिक होगा। (1)

3. (b) ईंधन पूरी तरह से नहीं जल रहा है।
ईंधन के अधजले या बिना जले कण धुएँ के रूप में बर्तन की तली पर जमकर इसे काला कर देते हैं। (1)

4. (b) कार्बनिक यौगिकों की सजातीय श्रेणी में दो क्रमागत सदस्यों के मध्य $—CH_2—$ समूह का अन्तर होता है। (1)

5. (b) सन्तुलित समीकरण निम्न होगी
$2NaOH + Al_2O_3 \longrightarrow 2NaAlO_2 + H_2O$
सोडियम हाइड्रॉक्साइड ऐलुमिनियम ऑक्साइड सोडियम ऐलुमिनेट जल
अत: $x = 1$, $y = 2$ होंगे। (1)

6. (b) एथेन के आण्विक सूत्र C_2H_6 में 7 सहसंयोजक आबंध हैं।

C_2H_6 **की संरचना :**

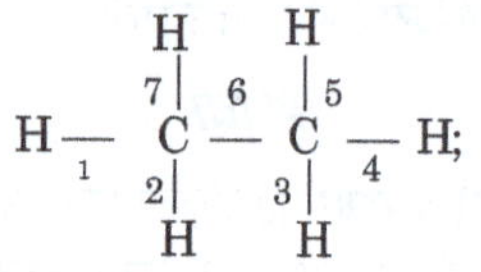

(1)

7. (b) दी गई रासायनिक समीकरणों में I विस्थापन अभिक्रिया और II द्विविस्थापन अभिक्रिया है। (1)

8. (b) मेड्यूला ऑब्लोंगेटा अनैच्छिक क्रियाओं; जैसे—श्वसन, हृदय गति, रुधिर परिसंचरण, वमन, आदि का नियमन और नियन्त्रण करता है। (1)

9. (c) पुष्पों में लैंगिक प्रजनन का सही क्रम परागण, निषेचन, भ्रूण निर्माण और अन्त में बीज बनना है। (1)

10. (a) RRYY और rryy बीजों के बीच संकरण कराने पर F_1-पीढ़ी में RrYy (गोल और पीले) बीज प्राप्त होते हैं, क्योंकि गोल और पीले प्रभावी लक्षण हैं। (1)

11. (c) हीमोग्लोबिन के सम्बन्ध में कथन A, B तथा D सही हैं। (1)

12. (c) TTrr जीनोटाइप लम्बे तने व झुर्रीदार बीजों के लक्षण को व्यक्त करेगा। (1)

13. (a) दोपहर के समय प्रकाश किरणों को हमारी आँख तक पहुँचने के लिए कम दूरी तय करनी पड़ती है, जिस कारण प्रकीर्णन कम होता है तथा सभी रंगों की किरणें हमारी आँख तक पहुँचती हैं जिसके परिणामस्वरूप सूर्य श्वेत दिखाई देता है। (1)

14. (d) दिया है, $V = 220$ वोल्ट, $P = 100$ वाट

$$\because \quad R = \frac{V^2}{P} = \frac{220 \times 220}{100} = 484 \text{ ओम}$$

जब इस विद्युत बल्ब को 110 वोल्ट पर प्रचालित करते हैं, तब शक्ति,

$$P' = \frac{V^2}{R} = \frac{110 \times 110}{484} = 25 \text{ वाट}$$

(1)

15. (d) ओजोन परत की क्षति होने से सूर्य के प्रकाश की हानिकारक UV-विकिरणें पृथ्वी की सतह पर पहुँच कर सजीवों के गुणसूत्र एवं जीनोम में उत्परिवर्तन उत्पन्न करती है, जिससे त्वचा सम्बन्धी कैंसर जैसे रोग उत्पन्न हो जाते हैं। (1)

16. (b) खाद्य शृंखलाओं से सम्बन्धित कथन B और C सही हैं। (1)

17. (a) बुझे चूने के विलयन का उपयोग सफेदी करने के लिए होता है। इसमें कैल्सियम हाइड्रॉक्साइड वायु की CO_2 से अभिक्रिया करके $CaCO_3$ बनाता है। जिससे दीवारों पर चमक आ जाती है।

$CaO(s) + H_2O(l) \longrightarrow Ca(OH)_2(aq)$ + ऊष्मा
बिना बुझा चूना बुझा चूना (कैल्सियम हाइड्रॉक्साइड)

अत: अभिकथन (A) तथा कारण (R) दोनों सही हैं तथा कारण (R) द्वारा अभिकथन (A) का सही व्याख्या हो रही है। (1)

18. (a) वृषणकोष उदरगुहा से बाहर स्थित होते हैं। इस कारण इसका तापमान शरीर के सामान्य तापमान से 2°-3°C कम होता है। इससे शुक्राणु निर्माण में सहायता मिलती है, क्योंकि अधिक ताप के कारण शुक्राणुओं का परिपक्वन उदरगुहा में नहीं हो सकता है। अत: अभिकथन (A) व कारण (R) दोनों सही हैं तथा कारण (R) द्वारा अभिकथन (A) की सही व्याख्या हो रही है। (1)

19. (d) खोखले प्रिज्म में भरी वायु द्वारा कोई विक्षेपण उत्पन्न नहीं हो सकता है। विक्षेपण का कारण अलग-अलग रंग के लिए माध्यम का अपवर्तनांक अलग-अलग होना है। इसलिए जब श्वेत प्रकाश वायु से प्रिज्म में गमन करेगा, तो अपवर्तनांक नियत रहेगा एवं कोई विक्षेपण नहीं होगा। अत: अभिकथन (A) गलत है, परन्तु कारण (R) सही है। (1)

20. (b) ओजोन परत सूर्य से आने वाली हानिकारक पराबैंगनी किरणों (UV-rays) को अन्तरिक्ष में अवशोषित एवं परावर्तित कर जैव मण्डल की सुरक्षा करती है। इन किरणों का जीवों पर बहुत अधिक दुष्प्रभाव पड़ता है।
जैसे—मोतियाबिन्द व त्वचा कैंसर उत्पन्न होना। अत: अभिकथन (A) तथा कारण (R) दोनों सही हैं, परन्तु कारण (R) द्वारा अभिकथन (A) की सही व्याख्या नहीं हो रही है। (1)

21. CH_3COOH (एथेनॉइक अम्ल) + $CH_3—CH_2—OH$ (एथेनॉल)

$$\xrightarrow[\Delta]{H_2SO_4\text{ अम्ल}} CH_3—\underset{\underset{O}{\|}}{C}—O—CH_2—CH_3 + H_2O$$
(एस्टर)

एस्टर मुख्य रूप से अम्ल एवं ऐल्कोहॉल की अभिक्रिया से निर्मित होते हैं। एथेनॉइक अम्ल किसी अम्ल उत्प्रेरक की उपस्थिति में परिशुद्ध एथेनॉल से अभिक्रिया करके एस्टर बनाते हैं। यह एस्टरीकरण की अभिक्रिया है। (2)

22. पौधे के कुछ भागों की वे गतियाँ जो विशिष्ट रसायनों की उपस्थिति के कारण उनकी ओर या उनसे विपरीत दिशा की ओर होती है, रसायनानुवर्तन कहलाती हैं।

परागनली की बीजाण्ड की ओर वृद्धि रसायनानुवर्तन (Chemotropism) का उत्तम उदाहरण है। (2)

23. (a) युग्मविकल्पी कारकों में वह लक्षण, जो समयुग्मजी और विषमयुग्मजी दोनों अवस्थाओं में प्रदर्शित होता है, **प्रभावी** लक्षण कहलाता है; उदाहरण—मटर के पौधे का लम्बापन, पुष्प का बैंगनी रंग, आदि। वह लक्षण, जो केवल समयुग्मजी स्थिति में प्रदर्शित होता है तथा विषमयुग्मजी अवस्था में छिपा हुआ रहता है, **अप्रभावी** लक्षण कहलाता है; उदाहरण—मटर के पौधे का बौनापन, पुष्प का सफेद रंग, आदि। (2)

अथवा

(b) (i) F_1-पीढ़ी में प्रभावी लक्षण गोल-पीले (A-B) प्रकार के बीज प्राप्त होंगे।

(ii) गोल-हरे (A-D) एवं झुर्रीदार पीले (C-B) नए संयोजन प्राप्त होंगे।

(iii) F_2-पीढ़ी में पैतृक प्रभावी संयोजन गोल-हरे (A-B) प्रकार के बीज सर्वाधिक संख्या में प्राप्त होंगे। (2)

24. (a) नेत्र लेन्स के गोलक की वक्रता का बढ़ जाना, जिससे उनकी फोकस दूरी कम हो जाती है।

(b) सामान्य नेत्र गोलक की अपेक्षा निकट दृष्टि दोष में नेत्र लेन्स के गोलक का व्यास बढ़ जाता है।

(c) इस दोष के कारण अनन्त पर स्थित वस्तु का प्रतिबिम्ब रेटिना पर फोकस न होकर, रेटिना के सामने कुछ पहले फोकस हो जाता है। इस कारण, अनन्त पर स्थित वस्तु स्पष्ट दिखाई नहीं देती। (2)

25. (a) (i) विद्युत फ्यूज सभी घरेलू परिपथों का एक महत्त्वपूर्ण अवयव होता है। विद्युत परिपथ में लगा फ्यूज परिपथ तथा उपकरण को अतिभारण और लघुपथन की स्थिति से बचाता है।

(ii) जब कभी परिपथ में विद्युत धारा अकस्मात बहुत अधिक हो जाती है, तब फ्यूज में होने वाला जूल तापन फ्यूज को पिघला देता है और विद्युत परिपथ विच्छेदित हो जाता है, जिससे विद्युत परिपथ और उपकरण क्षतिग्रस्त होने से बच जाते हैं। (2)

अथवा

(b) जब वृत्ताकार कुण्डली क्षैतिज में रखी है तथा कुण्डली में वामावर्त दिशा में धारा प्रवाहित होती है तब प्रेक्षक को नीचे से देखने पर चुम्बकीय क्षेत्र की दिशा नीचे की ओर ही दिखाई देगी। (2)

26. (a) वे जीव जो उत्पादकों (बीज, तरूण पादप एवं घास) से भोजन प्राप्त करते हैं, प्राथमिक उपभोक्ता कहलाते हैं; उदाहरण- चूहा व खरगोश।

(b) लोमड़ियों के मर जाने के कारण चूहों एवं खरगोशों की संख्या बहुत अधिक बढ़ जाएगी, जोकि भोजन के लिए सभी उत्पादकों (बीज, तरूण पादप एवं घास) को खा जाएगें। इससे पारितन्त्र असंतुलित हो जाएगा। (2)

27. (a) जब कॉपर को वायु में गर्म किया जाता है तो वह वायु की ऑक्सीजन के साथ अभिक्रिया करके काला यौगिक कॉपर ऑक्साइड बनाता है।

$$\underset{\text{कॉपर (लाल-भूरा)}}{2Cu} + \underset{\text{ऑक्सीजन (वायु से)}}{O_2} \xrightarrow{\text{ऊष्मा}} \underset{\text{कॉपर ऑक्साइड (काला)}}{2CuO}$$ (1½)

(b) उपरोक्त अभिक्रिया में, ऑक्सीजन ऑक्सीकारक है क्योंकि अभिक्रिया में ऑक्सीजन (O_2), कॉपर ऑक्साइड में अपचयित होती है। जबकि कॉपर अपचायक है क्योंकि Cu, CuO में परिवर्तित होता है। (1½)

28. (a) (i) X = आयरन (III) ऑक्साइड, Fe_2O_3 (1)

(ii) यह अभिक्रिया थर्मिट अभिक्रिया कहलाती है। (1)

(iii) उपरोक्त अभिक्रिया निम्न है

$$Fe_2O_3(s) + 2Al(s) \xrightarrow{\text{ऊष्मा}} 2Fe(l) + Al_2O_3(l) + \text{ऊष्मा}$$ (1)

अथवा

(b) (i) **ठण्डे जल से अभिक्रिया**

$$2Na + \underset{\text{(ठण्डा जल)}}{2H_2O} \longrightarrow 2NaOH + H_2(g)$$ (1)

(ii) **गर्म जल से अभिक्रिया**

$$Mg + \underset{\text{(गर्म जल)}}{2H_2O} \longrightarrow Mg(OH)_2 + H_2(g)$$ (1)

(iii) **भाप से अभिक्रिया**

$$Fe(s) + \underset{\text{(भाप)}}{H_2O} \longrightarrow \underset{\text{[आयरन (II) या फरस]}}{FeO} + H_2\uparrow$$ (1)

29. (a) मानव शरीर की सबसे बड़ी पाचक ग्रन्थि यकृत है। यह पित्त रस का स्रावण करती है, जो छोटी आँत में वसा के पायसीकरण में सहायक है। (1)

(b) शाकाहारी जन्तुओं के भोजन (पादप) में सेलुलोस की मात्रा अधिक होती है, जिसे पचाने में अधिक समय लगता है, जबकि माँसाहारी जन्तुओं के भोजन (माँस) में प्रोटीन की मात्रा अधिक होती है, जिसके पाचन में कम समय लगता है तथा वे सेलुलोस

का पाचन भी नहीं कर सकते हैं। इसलिए उनकी आँत की लम्बाई कम होती है। (2)

30. (a) **थायरॉइड ग्रन्थि** इसके द्वारा थायरॉक्सिन हॉर्मोन स्रावित होता है। यह हॉर्मोन शरीर की उपापचयी क्रियाओं का नियमन तथा नियन्त्रण करता है। (1)

(b) **पीयूष या पिट्यूटरी ग्रन्थि** इसके द्वारा स्रावित ऑक्सीटोसिन हॉर्मोन बच्चे के जन्म के समय गर्भाशय की पेशियों में संकुचन को प्रेरित करके प्रसव पीड़ा उत्पन्न करता है। (1)

(c) **अग्न्याशय ग्रन्थि** यह मिश्रित ग्रन्थि है। इसका अन्त:स्रावी भाग लैंगरहैन्स की द्वीपिकाएँ होती हैं, जिनकी β-कोशिकाएँ इन्सुलिन एवं α–कोशिकाएँ ग्लूकैगॉन का स्रावण करती हैं। इन्सुलिन रुधिर में शर्करा का नियमन तथा यकृत कोशिकाओं में ग्लाइकोजेनेसिस को प्रेरित करता है। (1)

31. (a) श्वेत प्रकाश का पुर्नसंयोजन वर्ण विक्षेपण पर आधारित परिस्थिति है। (1)

(b) दो प्रिज्मों के विक्षेपण का कोण बराबर और विपरीत होना चाहिए। जहाँ पहली प्रिज्म विक्षेपण के विभिन्न कोणों के कारण प्रकाश को सात रंगों में विभाजित करता है, वही दूसरी प्रिज्म सात रंगों को संयुक्त करके एक किरण प्रदान करता है यह किरण श्वेत प्रकाश को निरूपित करती है। (2)

32. (a) फ्यूज/एम.सी.बी. को मुख्य कनेक्शन और घर के अन्य विद्युत उपकरणों के बीच में रखा जाना चाहिए ताकि धारा में अचानक वृद्धि के कारण होने वाले प्रभाव से उन्हें बचाया जा सके। (1)

(b) घरेलू परिपथों में श्रेणीक्रम संयोजन का उपयोग नहीं किया जाता। इसके निम्न कारण हैं

(i) श्रेणीक्रम में विद्युत वोल्टता सभी बल्बों में बँट जाने के कारण प्रत्येक बल्ब को प्रदीप्त करने के लिए पर्याप्त विद्युत शक्ति की आपूर्ति नहीं मिलती है।

(ii) तुल्य प्रतिरोध बढ़ जाने के कारण विद्युत धारा घट जाती है व बल्ब धीमी रोशनी से प्रदीप्त होते हैं।

(iii) यदि परिपथ में एक युक्ति खराब हो जाती है, तो पूरा परिपथ ही कार्य करना बंद कर देता है। (2)

33. (a) जब पाँच प्रतिरोधों को समान्तर क्रम में रखा जाएगा, तो हमें निम्नतम तुल्य प्रतिरोध प्राप्त होता है।

अत: $\frac{1}{R_p}=\frac{5}{1}+\frac{5}{1}+\frac{5}{1}+\frac{5}{1}+\frac{5}{1}=\frac{25}{1}$

$R_p=\frac{1}{25}$ ओम (1)

(b) प्रतिरोध R_1 तथा R_2 समान्तर क्रम में हैं

$\therefore\ \frac{1}{R}=\frac{1}{R_1}+\frac{1}{R_2}=\frac{1}{6}+\frac{1}{2}=\frac{1+3}{6}=\frac{4}{6}=\frac{2}{3}$

$\Rightarrow\ R=\frac{3}{2}$ ओम

अब R तथा R_3 श्रेणीक्रम में हैं।

$\therefore\ R_S=R+R_3=\frac{3}{2}+6=\frac{15}{2}=7.5$ ओम (2)

34. (a) (i) सार्वत्रिक सूचक कई सूचकों का मिश्रण होता है। यह किसी विलयन में H^+ आयन की अलग-अलग सान्द्रता के लिए अलग-अलग रंग प्रदर्शित करता है। इसका उपयोग विलयन में अम्ल अथवा क्षारक की सान्द्रता जानने के लिए किया जाता है। (2)

(ii) फीनॉल्फ्थैलीन की एक बूंद विलयन A में डालने पर विलयन का रंग गुलाबी हो जाता है, अत: यह क्षारीय-विलयन है। इसी प्रकार, मेथिल ऑरेंज की एक बूंद विलयन B में डालने पर विलयन का रंग लाल हो जाता है। अत: विलयन B अम्लीय विलयन है। (2)

(iii) Na_2CO_3 (सोडियम कार्बोनेट) के विलयन का pH 7 से अधिक तथा NH_4Cl (अमोनियम क्लोराइड) के विलयन के pH का मान 7 से कम होगा। (1)

अथवा

(b) (i) **अम्लों के भौतिक गुण**

(a) अम्ल स्वाद में खट्टे होते हैं।

(b) यह नीले लिटमस को लाल कर देते हैं।

(c) यह संक्षारक प्रकृति के होते हैं।

क्षारों के भौतिक गुण

(a) क्षार स्वाद में कड़वें होते हैं।

(b) इनका स्पर्श साबुन की भाँति अनुभूति देता है।

(c) यह लाल लिटमस को नीला कर देते हैं। (2)

(ii) कॉपर (II) ऑक्साइड एवं तनु HCl के उदाहरण द्वारा लवण एवं जल का बनना, सिद्ध करता है, कि धातु के ऑक्साइड क्षारीय होते हैं।

धातु + ऑक्सीजन $\longrightarrow$ धातुऑक्साइड (2)

(iii) $\underset{\text{कॉपर (II) ऑक्साइड}}{CuO(s)}+2HCl(aq)\longrightarrow \underset{\text{लवण}}{CuCl_2}+H_2O$ (1)

35. (a) (i) एकलिंगी पुष्प-पपीता, उभयलिंगी पुष्प-मटर। (1)

(ii) जब एक पुष्प के पराग कण परागकोष से, लैंगिक जनन द्वारा उत्पन्न उसी जाति के अन्य पादप के पुष्प के वर्तिकाग्र पर विभिन्न माध्यमों से पहुँचते हैं, तो इस प्रक्रिया को पर-परागण कहते हैं। एकलिंगी पुष्प पपीता, मक्का, आदि में पर-परागण पाया जाता है। पर-परागण कीटों द्वारा, वायु द्वारा, जल द्वारा और जन्तुओं के माध्यम से होता है। (2)

(iii) A-प्रांकुर–नवोद्भिद् प्ररोह का निर्माण करता है।
B-मूलांकुर–नवोद्भिद् मूल का निर्माण करता है। (2)

अथवा

(b) (i) I **अण्डाशय के कार्य**

- ये अण्डाणुओं का निर्माण करते हैं।
- ये मादा हॉर्मोन्स अर्थात् प्रोजेस्टेरॉन तथा एस्ट्रोजन का स्रावण करते हैं।

II **अण्डवाहिका के कार्य**

- यह अण्डाशय से मुक्त हुए अण्डाणु का गर्भाशय तक परिवहन करती है।
- यह निषेचन का स्थल होता है।

III गर्भाशय के कार्य

- यह भ्रूण के रोपण का स्थल होता है।
- यह गर्भ को सुरक्षा एवं पोषण प्रदान करता है। (1×3)

(ii) मनुष्य में प्लैसेन्टा या अपरा (Placenta) का आकार बिम्बाकार (Disc-shaped) होता है तथा यह लगभग 18 सेमी व्यास की एवं 4 सेमी मोटी होती है। यह नाभि रज्जु द्वारा भ्रूण से जुड़ी रहती है।

अपरा के दो भाग होते हैं

- **गर्भ अपरा** (Fotel placenta) यह भ्रूण की कोरिऑन रसांकुर से बना भाग है।
- **मातृक अपरा** (Maternal placenta) यह भाग माता के गर्भाशय की भित्ति का बना होता है।

मातृक तथा गर्भ अपरा एक-दूसरे से सीधे सम्पर्क में नहीं होते हैं। मातृक अपरा से पोषक पदार्थ तथा ऑक्सीजन विसरण के द्वारा गर्भ अपरा के रुधिर में पहुँचते हैं तथा गर्भ अपरा से कार्बन डाइऑक्साइड तथा उत्सर्जी पदार्थ मातृक अपरा के रुधिर में पहुँचते हैं। (2)

36. (a) (i) I. जब वस्तु को F_1 पर रखा जाए, तो प्रतिबिम्ब वास्तविक, उल्टा तथा वस्तु से बहुत बड़ा प्राप्त होगा

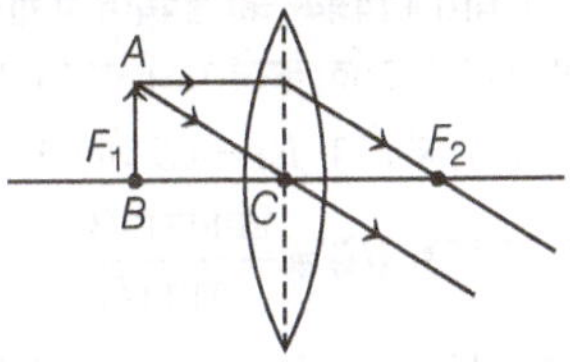

II. जब वस्तु को $2F_1$ पर रखा जाए, तो प्रतिबिम्ब वास्तविक, उल्टा तथा वस्तु के बराबर प्राप्त होगा।

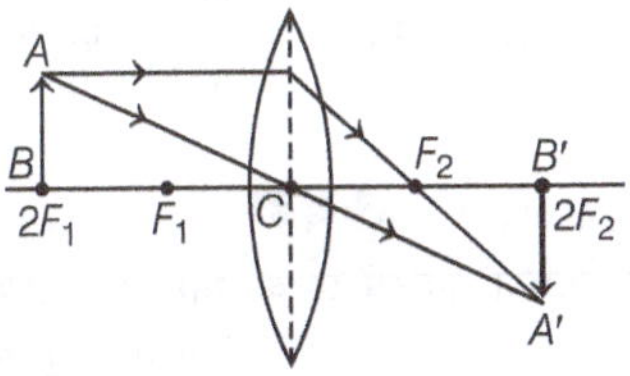

(2)

(ii) दिया है,

बिम्ब की ऊँचाई, $h_o = 5$ सेमी

फोकस दूरी, $f = -10$ सेमी

बिम्ब की दूरी, $u = -20$ सेमी

$v = ?$

लेन्स सूत्र का उपयोग करने पर,

$$\frac{1}{f} = \frac{1}{v} - \frac{1}{u}$$

$$\Rightarrow \quad \frac{1}{v} = \frac{1}{f} + \frac{1}{u}$$

$$= \frac{1}{-10} + \frac{1}{(-20)}$$

$$= \frac{-1}{10} - \frac{1}{20}$$

$$= \frac{-2-1}{20} = \frac{-3}{20}$$

$\Rightarrow \quad v = -6.67$ सेमी

प्रतिबिम्ब अवतल लेन्स से 6.67 सेमी दूरी पर स्थित है।

आवर्धन, $m = \frac{h_i}{h_o} = \frac{v}{u}$

$$\Rightarrow h_i = h_o \times \frac{v}{u} = 5 \times \left(\frac{-20}{3}\right) \times \left(\frac{1}{-20}\right)$$

$$= \frac{5}{3} = 1.67 \text{ सेमी}$$

अतः प्रतिबिम्ब आभासी, सीधा तथा धुँधला बनेगा। (3)

अथवा

(b) (i)

I. जब वस्तु फोकस पर हो, तो प्रतिबिम्ब वास्तविक, उल्टा तथा वस्तु से बहुत बड़ा होगा।

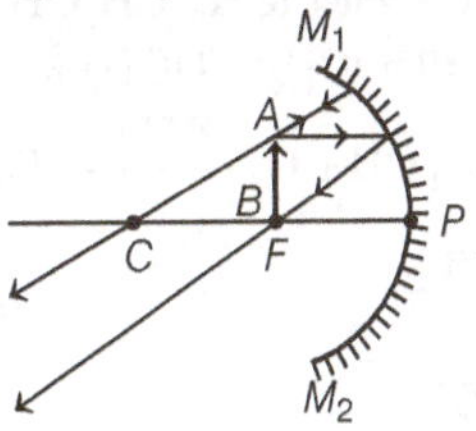

II. जब वस्तु अनन्त तथा वक्रता केन्द्र के बीच स्थित हो, तो प्रतिबिम्ब वास्तविक, उल्टा तथा वस्तु से छोटा होगा

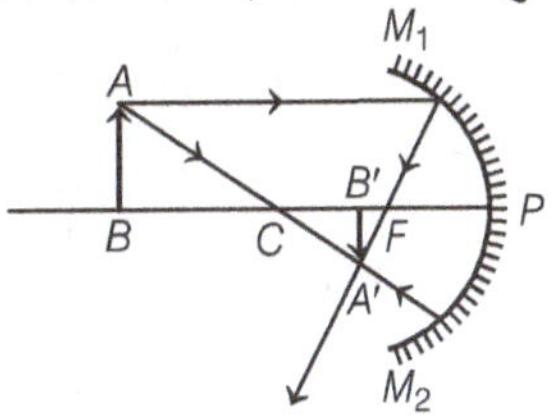

(2)

(ii) दिया है, फोकस दूरी, $f = -20$ सेमी, प्रतिबिम्ब की दूरी, $v = -60$ सेमी, बिम्ब की ऊँचाई, $h = 1.2$मी

दर्पण सूत्र $\frac{1}{v} + \frac{1}{u} = \frac{1}{f}$ के द्वारा,

$$\Rightarrow \quad \frac{1}{u} = \frac{1}{f} - \frac{1}{v} = \frac{1}{(-20)} - \frac{1}{(-60)}$$

$$= \frac{1}{-20} + \frac{1}{60} = \frac{-3+1}{60}$$

$$\Rightarrow \quad \frac{1}{u} = \frac{-2}{60} = \frac{-1}{30} \Rightarrow u = -30 \text{ सेमी}$$

आवर्धन, $m = \frac{h'}{h} = \frac{-v}{u}$

प्रतिबिम्ब की ऊँचाई,

$$h' = \frac{-v}{u} \times h = \frac{(+60)}{(-30)} \times 1.2 = -2.4 \text{ मी}$$

अतः 2.4 मी ऊँचा वास्तविक उल्टा प्रतिबिम्ब बनता है और बिम्ब अवतल दर्पण के सामने उससे 30 सेमी की दूरी पर बनता है। (3)

37. (a) $C_{10}H_{18}$ अणुसूत्र वाले हाइड्रोकार्बन की सजातीय श्रेणी का नाम ऐल्काइन होगा। (1)

(b) सामान्य सूत्र ऐल्काइन श्रेणी का है। ऐल्काइन श्रेणी के तीसरे सदस्य में 4 कार्बन परमाणु होंगे। अतः तीसरे सदस्य का आण्विक सूत्र $C_4H_{2\times 4-2}$ या C_4H_6 होगा। (1)

(c) $X - CH_3—CH_2OH$ (एथेनॉल) है,
$Y - CH_2 = CH_2$ (एथीन) है, $Z—H_2$ (हाइड्रोजन गैस) है।

अभिक्रिया की समीकरण

$$\underset{\text{एथेनॉल}}{CH_3CH_2OH} \xrightarrow[445\text{ K}]{\text{गर्म सान्द्र } H_2SO_4} \underset{\text{एथीन}}{CH_2 = CH_2} + H_2O$$

इस अभिक्रिया में सल्फ्यूरिक अम्ल निर्जलीकारक के रूप में कार्य करता है। (2)

अथवा

(c) यौगिक 'X' एथेनॉल ($CH_3 \cdot CH_2OH$) तथा यौगिक 'Y' एथेनॉइक अम्ल ($CH_3 \cdot COOH$) है।

$$\underset{\substack{[X]\\ \text{एथेनॉल}}}{CH_3 \cdot CH_2\,OH} + O_2 \xrightarrow{\text{ऑक्सीकरण}} \underset{\substack{[Y]\\ \text{एथेनॉइक अम्ल}\\ \text{(ऐसीटिक अम्ल)}}}{CH_3COOH} + H_2O$$

संरचना सूत्र

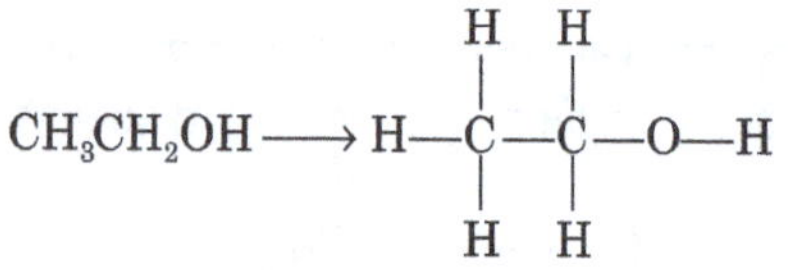

तथा

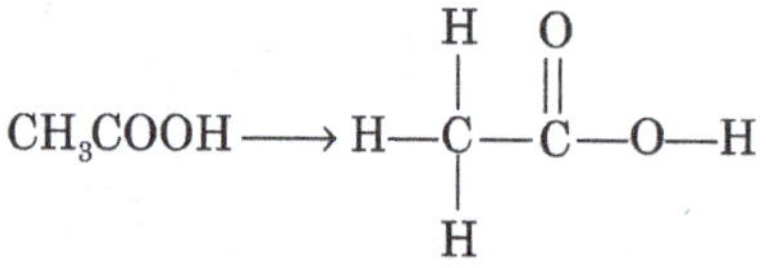

(2)

38. (a) सूक्ष्म बाल तथा श्लेष्मा नासिका से गुजरने वाले वायु का निस्यन्दन कर धूल-मिट्टी, रेशों को शरीर के अन्दर जाने से रोकते हैं। (1)

(b) वायु मार्ग उपास्थि के 'C' आकार के छल्लों द्वारा आस्तरित होता है, जो इसे वायु-रिक्तता की स्थिति में पिचकने से रोकता है। (1)

(c) (i) टिड्डा एवं कॉकरोच—वातरन्ध्र (Spiracles)

(ii) मकड़ी एवं बिच्छू—पुस्त फेफड़े (Book lungs) (2)

अथवा

(c) डायाफ्राम एक पतली पेशीय संरचना है, जो फेफड़ों की सतह के नीचे स्थित होती है व वक्ष गुहा को उदरगुहा से पृथक् करती है। यह अपनी ऊपर और नीचे की गति के द्वारा वक्ष गुहा के आयतन को परिवर्तित करने में सहायता करती है।

वक्ष गुहा के आयतन में वृद्धि हवा को फेफड़ों के अन्दर भरने में सहायता करती है तथा इसके आयतन में कमी से फेफड़ों पर दबाव पड़ता है, जिससे हवा बाहर निकल जाती है। (2)

39. (a) (i) परिपथ में अमीटर, प्रतिरोध तथा कुंजी को किसी भी क्रम में संयोजित किया जा सकता है। अतः सभी छात्रों ने सही क्रम में संयोजित किया है।

(ii) प्रश्नानुसार, $V' = 2V$

$\Rightarrow \quad R' = \dfrac{R}{2}$

धारा, $I' = \dfrac{V'}{R'} = \dfrac{2V}{R/2} = 4I$

अतः धारा का मान चार गुना हो जाएगा। (2)

(b) परिपथ में धारा नियंत्रक का उपयोग प्रवाहित धारा के परिमाण को परिवर्तित करने के लिए किया जाता है। (1)

(c) (i) दिया है, प्रतिरोध (R) = 1.5 ओम, धारा (I) = 1.5 ऐम्पियर

$\because$ प्रतिरोध (R) = $\dfrac{\text{विभवान्तर } (V)}{\text{धारा } (I)}$

अतः $V = R \times I = 1.5 \times 1.5 = 2.25$ वोल्ट

(ii) 1 मिलीऐम्पियर = $\dfrac{1}{1000}$ ऐम्पियर = 10^{-3} ऐम्पियर

1 माइक्रो ऐम्पियर = $\dfrac{1}{1000000}$ ऐम्पियर = 10^{-6} ऐम्पियर (1)

अथवा

(c) इसका कारण वोल्टमीटर का परिपथ में संयोजन ढीला है।

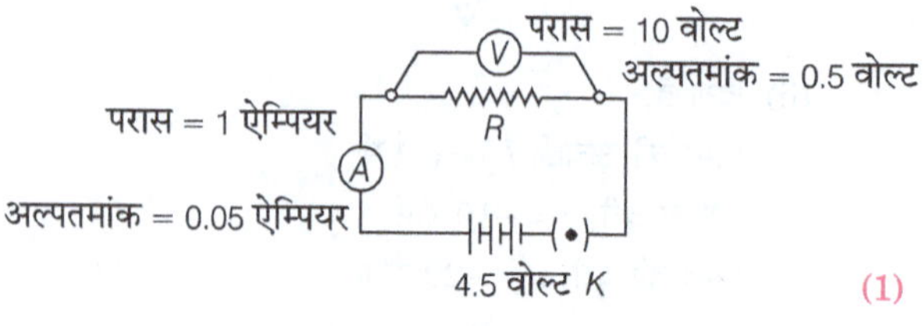

(1)

SQP Code : **PB-4/15** Series *i*-**Succeed 4-25/15** अनुक्रमांक

सैंपल प्रश्न-पत्र 04

विज्ञान कक्षा 10 (कोड 086)

समय : 3 घंटे

पूर्णांक : 80

सामान्य निर्देश

इस प्रश्न पत्र में पाँच खण्डों (क), (ख), (ग), (घ) और (ङ) में बाँटा गया है। प्रश्न-पत्र में 39 प्रश्न हैं। सभी प्रश्न अनिवार्य हैं।

1. प्रश्न में, 1 से 20 तक के सभी प्रश्न एक-एक अंक के हैं।
2. प्रश्न में, 21 से 26 अतिलघु उत्तरीय प्रश्न हैं, प्रत्येक के 2 अंक निर्धारित हैं। इन प्रश्नों के उत्तर 30 से 50 शब्दों के मध्य दिए जाने हैं।
3. प्रश्न में, 27 से 33 लघु उत्तरीय प्रश्न हैं, प्रत्येक के 3 अंक निर्धारित हैं। इन प्रश्नों के उत्तर 50 से 80 शब्दों के मध्य दिए जाने हैं।
4. प्रश्न में, 34 से 36 दीर्घ उत्तरीय प्रश्न हैं, प्रत्येक के 5 अंक निर्धारित हैं। इन प्रश्नों के उत्तर 80 से 120 शब्दों के मध्य दिए जाने हैं।
5. प्रश्न में, 4 अंको के उप-भागों के साथ 3 प्रश्न, स्रोत आधारित/केस आधारित दिए गए हैं। कोई समग्र विकल्प नहीं है। हालांकि, कुछ प्रश्नों में आंतरिक विकल्प दिए गए हैं, जिनमें केवल एक का उत्तर देना है।

खण्ड-क बहुविकल्पीय प्रश्न

1. निम्न में संयोजन अभिक्रिया का उदाहरण है

(a) $CaCO_3 \xrightarrow{\Delta} CaO + CO_2$

(b) $CaO + H_2O \longrightarrow Ca(OH)_2(aq)$

(c) $2H_2O \xrightarrow{\text{विद्युत धारा}} 2H_2 + O_2$

(d) $2KClO_3(s) \longrightarrow 2KCl(s) + 3\,O_2(g)$

2. ऐसीटिक अम्ल एक दुर्बल अम्ल है, क्योंकि

(a) इसमें जल की मात्रा अधिक होती है।
(b) इसमें आयनन की मात्रा कम होती है।
(c) यह एक कार्बनिक अम्ल है।
(d) यह एक अकार्बनिक अम्ल है।

3. सोडियम लॉरिल सल्फेट है

(a) साबुन (b) अपमार्जक
(c) प्लास्टिक (d) विस्फोटक

4. नीचे दिए गए चार कार्बनिक यौगिकों में से एथेन का सूत्र कौन-सा होगा?

(a) 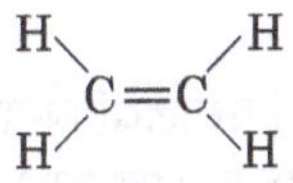

(b) 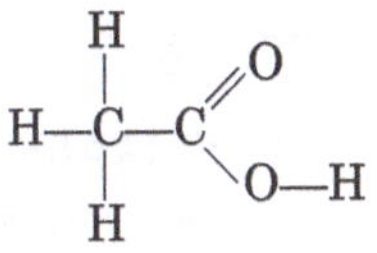

(c) 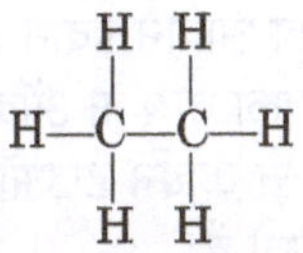

(d) 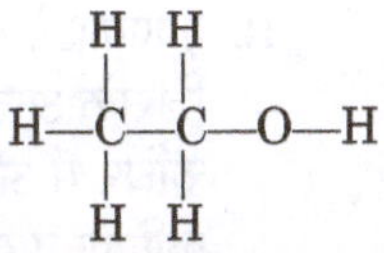

5. लौह चूर्ण पर तनु हाइड्रोक्लोरिक अम्ल डालने से क्या होता है? सही उत्तर का चयन कीजिए।

(a) हाइड्रोजन गैस एवं आयरन क्लोराइड बनता है।
(b) क्लोरीन गैस एवं आयरन हाइड्रॉक्साइड बनता है।
(c) कोई अभिक्रिया नहीं होती है।
(d) आयरन लवण एवं जल बनता है।

6. एथिलीन के साथ हाइपोक्लोरस अम्ल की क्रिया से प्राप्त पदार्थ है

(a) CH_2Cl-CH_2Cl (b) CH_3-CH_2-Cl

(c) CH_2-OH | CH_2Cl (d) CH_3-CH_2-OH

7. अभिक्रिया $CO_2 + H_2O \longrightarrow C_6H_{12}O_6 + H_2O + O_2$ का सन्तुलित रूप है

(a) $2CO_2 + 6H_2O \longrightarrow 2C_6H_{12}O_6 + 3H_2O + 6O_2$
(b) $3CO_2 + 10H_2O \longrightarrow C_6H_{12}O_6 + H_2O + 5O_2$
(c) $6CO_2 + 12H_2O \longrightarrow C_6H_{12}O_6 + 6H_2O + 6O_2$
(d) $4CO_2 + 10H_2O \longrightarrow C_6H_{12}O_6 + 5H_2O + 6O_2$

8. परागनली की वृद्धि बीजाण्ड की ओर होती है

(a) जलानुवर्तन के कारण (b) रसायनानुवर्तन के कारण
(c) गुरुत्वानुवर्तन के कारण (d) प्रकाशानुवर्तन के कारण

9. निम्नलिखित में से कौन-सा रोग लैंगिक सम्पर्क द्वारा स्थानान्तरित नहीं होता है?

(a) सिफलिस (b) हिपेटाइटिस- A
(c) HIV- AIDS (d) गोनोरिया

10. गुलबाँस के पौधों के साथ किए गए किसी प्रयोग में किसी शुद्ध लाल पुष्प (RR) के पौधे का किसी शुद्ध श्वेत पुष्प (rr) के पौधे के साथ संकरण कराया गया। F_2 सन्तति के पौधों में शुद्ध लाल पुष्पों के पौधों और शुद्ध श्वेत पुष्प के पौधों का अनुपात क्या होगा?

SP-04

(a) 1 : 3 (b) 3 : 1 (c) 1 : 1 (d) 2 : 1

11. निम्नलिखित में से कौन-सा कथन श्वसन के लिए सही है?

A. अन्तःश्वसन के समय पसलियाँ अन्दर की ओर गति करती हैं, डायाफ्राम ऊपर उठता है।

B. कूपिकाओं में, गैसों का आदान-प्रदान होता है जिसके अन्तर्गत, कूपिका वायु से ऑक्सीजन रुधिर में और रुधिर से कार्बन डाइऑक्साइड कूपिका वायु में ले जाती है।

C. हीमोग्लोबिन ऑक्सीजन की तुलना में कार्बन डाइऑक्साइड के लिए अधिक बन्धुता रखते हैं।

D. गैसों के आदान-प्रदान के लिए कूपिकाएँ सतह के क्षेत्रफल को बढ़ाती हैं।

(a) B और D (b) B और C
(c) A और C (d) A और D

12. मनुष्य में गुणसूत्रों की संख्या कितनी होती हैं?

(a) 44 (b) 45 (c) 46 (d) 47

13. निम्न किरण आरेख द्वारा बनने वाले प्रतिबिम्ब की प्रकृति एवं आकार के लिए सही विकल्प का चयन कीजिए।

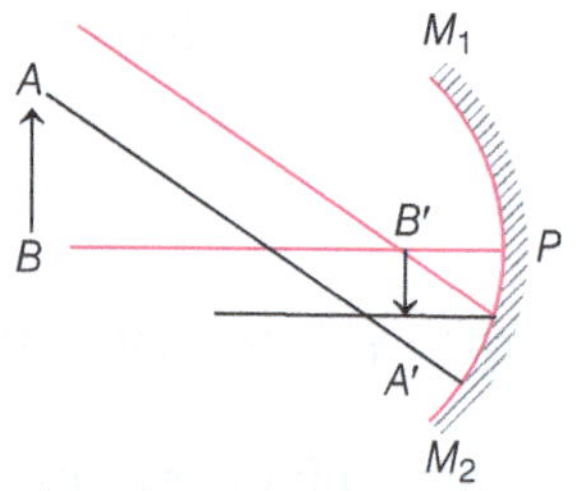

(a) वास्तविक, उल्टा तथा वस्तु से छोटा
(b) वास्तविक, उल्टा तथा वस्तु के बराबर
(c) वास्तविक, उल्टा तथा वस्तु से बड़ा
(d) आभासी, सीधा तथा वस्तु से बड़ा

14. दो चालक तार जिनके पदार्थ, लम्बाई तथा व्यास में समान हैं, किसी विद्युत परिपथ में पहले श्रेणीक्रम में और फिर समान्तर क्रम में संयोजित किए जाते हैं। श्रेणीक्रम तथा समान्तर क्रम संयोजन में उत्पन्न ऊष्माओं का अनुपात क्या होगा?

(a) 1 : 2 (b) 2 : 1 (c) 1 : 4 (d) 4 : 1

15. पारितन्त्र में ऊर्जा प्रवाह हेतु 'दस प्रतिशत का नियम' देने वाले वैज्ञानिक हैं

(a) ओडम (b) लिण्डमान
(c) टेन्सले (d) हेकल

16. निम्न में से ओजोन परत के क्षरण के कारणों के सम्बन्ध में कौन-से कथन सही हैं?

A. एरोसॉल प्रणोदकों में क्लोरोफ्लोरोकार्बन का उपयोग।

B. प्रशीतलकों में क्लोरोफ्लोरोकार्बन का प्रयोग।

C. जेट वायुयानों के द्वारा मुक्त NO।

D. हैलोजनीकृत हाइड्रोकार्बन वाले अग्निशामक यन्त्रों का प्रयोग।

(a) A और B (b) A, B और C
(c) A, B और D (d) A, B, C और D

अभिकथन-कारण प्रकार के प्रश्न

निर्देश (प्र. सं. 17-20) इन प्रश्नों में **अभिकथन** (A) और **कारण** (R) दिए गए हैं। इन प्रश्नों के नीचे दिए गए अनुसार उचित विकल्प को चुनकर दीजिए:

(a) A और R दोनों सही हैं तथा R द्वारा A की सही व्याख्या हो रही है।

(b) A और R दोनों सही हैं, परन्तु R द्वारा A की सही व्याख्या नहीं हो रही है।

(c) A सही है, परन्तु R गलत है।

(d) A गलत है, परन्तु R सही है।

17. **अभिकथन** (A) वह अभिक्रिया जिसमें कोई पदार्थ दो या दो से अधिक अपेक्षाकृत सरल पदार्थों में टूटता है, वियोजन (अपघटन) अभिक्रिया कहलाती है।

कारण (R) किसी पदार्थ का वियोजन (अपघटन), ऊर्जा की आपूर्ति किए बिना सम्भव नहीं होता है।

18. **अभिकथन** (A) वैसेक्टोमी जन्मदर नियन्त्रण की शल्य विधि है।

कारण (R) वैसेक्टोमी में अण्डवाहिनी को काटकर बाँध दिया जाता है।

19. **अभिकथन** (A) एक प्रिज्म का अपवर्तनांक इसके पदार्थ (काँच) की प्रकृति एवं प्रयुक्त प्रकाश के रंग पर निर्भर नहीं करता है।

कारण (R) प्रिज्म का अपवर्तनांक, प्रिज्म के अपवर्तक कोण एवं न्यूनतम विचलन कोण पर निर्भर नहीं करता है।

20. **अभिकथन** (A) हमारे द्वारा प्रतिदिन उत्पन्न किया जाने वाला अपशिष्ट जैव-अपघटनीय अथवा अजैव-अपघटनीय हो सकता है।

कारण (R) यदि अपशिष्टों का उचित निपटारा न किया जाए, तो यह गम्भीर पर्यावरणीय समस्याएँ उत्पन्न कर सकता है।

खण्ड-ख अतिलघु उत्तरीय प्रश्न

21. ऐलुमिनियम एक सक्रिय धातु है, परन्तु फिर भी यह भोज्य पदार्थों की पैकिंग में प्रयुक्त किया जाता है। क्यों?

22. निम्न के उत्तर दीजिए

(a) मस्तिष्क से सम्बन्धित अन्तःस्रावी ग्रन्थि का नाम बताइए।

(b) कौन-सी ग्रन्थि पाचक एन्जाइमों के साथ हॉर्मोन भी स्रावित करती है?

(c) वृक्क से सम्बन्धित अन्तःस्रावी ग्रन्थि का नाम बताइए।

(d) कौन-सी अन्तःस्रावी ग्रन्थि नर में उपस्थित होती हैं, किन्तु मादा में नहीं?

23. (a) जीन किसे कहते हैं? इस शब्द का सर्वप्रथम प्रयोग किसने किया?

अथवा

(b) मेण्डल ने अपने आनुवंशिकी के प्रयोगों हेतु दो विपर्यासी लक्षणों युक्त गोल हरे एवं झुर्रीदार पीले बीज चुने, तो

(i) F_1-पीढ़ी का लक्षणप्रारूप क्या होगा?

(ii) F_2-पीढ़ी की सन्ततियों का क्या अनुपात होगा?

24.

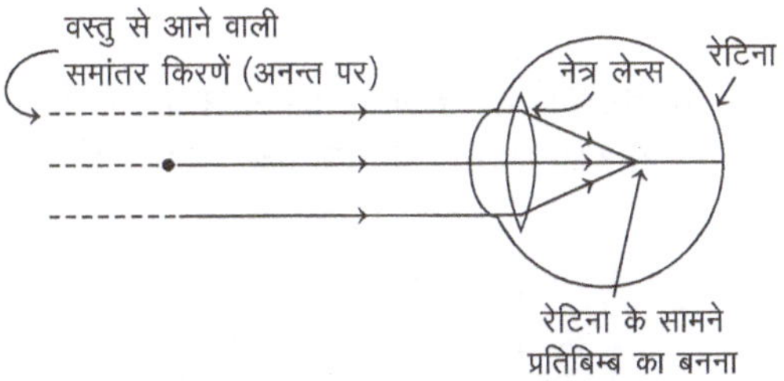

उपरोक्त चित्र में नेत्र दोष को दर्शाया गया है। चित्रानुसार प्रश्नों के उत्तर दीजिए।

(a) चित्र में कौन-सा नेत्र दोष है?

(b) निकट दृष्टि दोष से पीड़ित नेत्र द्वारा प्रतिबिम्ब कहाँ बनता है?

(c) तीव्र व मन्द प्रकाश में पुतली का आकार कैसा हो जाता है?

25. (a)

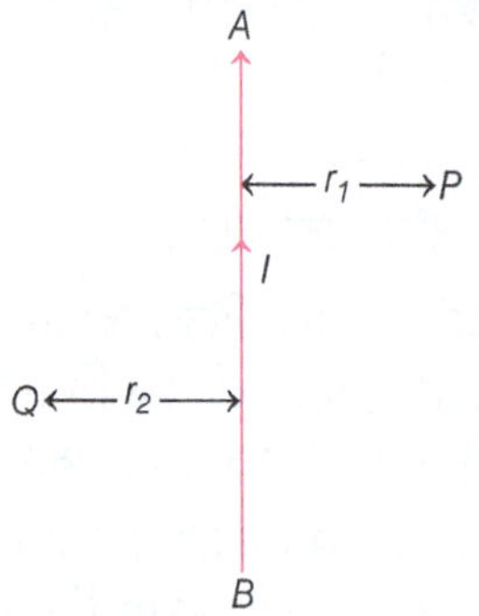

चित्र में दर्शाए गए एक सीधे धारावाही चालक AB को कागज के तल में रखा गया है।

(i) इसके द्वारा उत्पन्न बिन्दु P तथा Q पर चुम्बकीय क्षेत्र की दिशाएँ क्या हैं?

(ii) दिया है, $r_1 > r_2$, चुम्बकीय क्षेत्र की प्रबलता कहाँ सबसे अधिक होगी?

अथवा

(b)

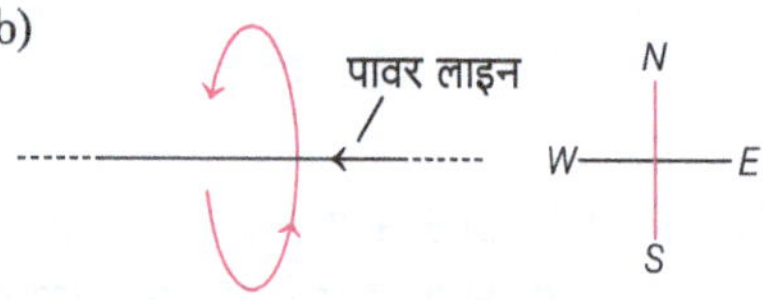

उपरोक्त चित्र में एक क्षैतिज पावर लाइन में धारा पूर्व दिशा से पश्चिम दिशा में प्रवाहित हो रही है।

धारा के कारण पावर लाइन के ऊपर तथा पावर लाइन के नीचे स्थित बिन्दुओं पर चुम्बकीय क्षेत्र की दिशा क्या होगी?

26. हम जानते हैं, कि एक प्रारूपी पारितन्त्र खाद्य श्रृंखला में विभिन्न पोषी स्तरों पर विभिन्न जीव उपस्थित होते हैं। पारितन्त्र में ऊर्जा प्रवाह के चित्र में द्वितीयक उपभोक्ता को पहचानिए तथा कारण बताइए।

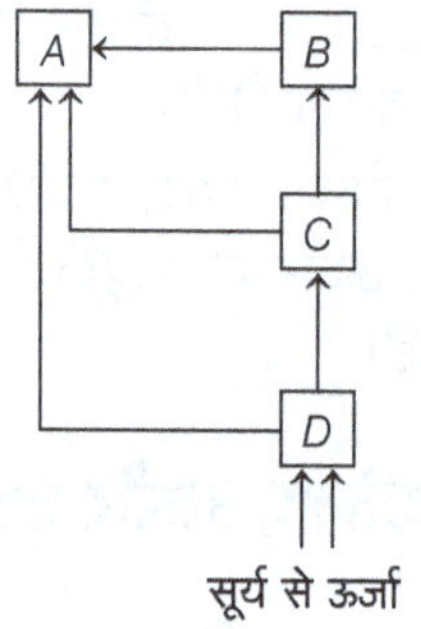

खण्ड-ग लघु उत्तरीय प्रश्न

27. (a) जब लोहे की कील को कॉपर सल्फेट के विलयन में रखा जाता है तो क्या प्रेक्षण प्राप्त होते हैं?

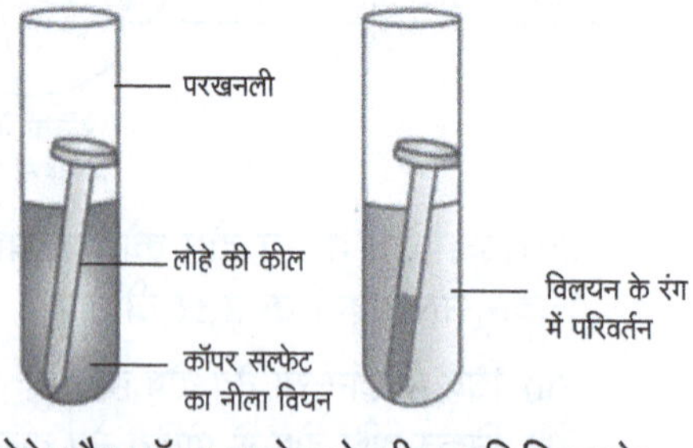

(b) लोहे और कॉपर सल्फेट के बीच अभिक्रिया के लिए सन्तुलित रासायनिक समीकरण लिखिए। लोहे और कॉपर सल्फेट के बीच अभिक्रिया क्यों होती है? लोहे और कॉपर सल्फेट की अभिक्रिया की व्याख्या सक्रियता श्रेणी के आधार पर कीजिए।

28. (a) रासायनिक गुणधर्मों के आधार पर धातुओं तथा अधातुओं में विभेद कीजिए तथा कोई तीन अन्तर बताइए।

अथवा

(b) निम्न का कारण बताइए।

(i) प्लेटिनम, सोना एवं चाँदी का उपयोग आभूषण बनाने के लिए किया जाता है।

(ii) सोडियम, पोटैशियम एवं लीथियम को तेल के अन्दर संग्रहित किया जाता है।

(iii) ऐलुमिनियम अत्यन्त अभिक्रियाशील धातु है, फिर भी इसका उपयोग खाना बनाने वाले बर्तन बनाने के लिए किया जाता है।

29. धमनियों एवं शिराओं में तीन अन्तर बताइए।

30. पादपों में कोई तन्त्रिका तन्त्र नहीं होता है, लेकिन फिर भी यदि हम किसी संवेदनशील पादप को स्पर्श करते हैं, तो उसकी पत्तियों में कुछ परिवर्तन होते हैं। बताइए कि यह पौधा बाहरी उद्दीपनों के प्रति प्रतिक्रिया कैसे करता है और इसे कैसे संप्रेषित करता है?

31. (a) तारे टिमटिमाते हैं जबकि ग्रह नहीं, क्यों? व्याख्या कीजिए।

(b) नीचे दिया गया चित्र प्रकाश की एक प्राकृतिक परिघटना को दर्शाता है।

(i) चित्र में प्रदर्शित परिघटना की व्याख्या कीजिए।

(ii) इसे कब प्राप्त नहीं किया जा सकता है?

(iii) यह कितने अवयवी रंगों का मिश्रण है, नाम देकर बताइए।

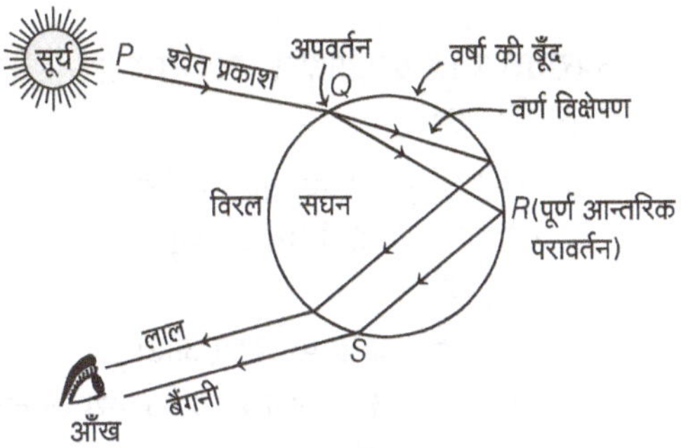

32. (a) विद्युत लैंपों के तंतुओं के निर्माण में प्रायः एकमात्र टंगस्टन का ही उपयोग क्यों किया जाता है?

(b) दो विद्युत लैंप जिनमें से एक का अनुमतांक 100 वाट, 220 वोल्ट तथा दूसरे का 60 वाट, 220 वोल्ट है, विद्युत मेंस के साथ समान्तर क्रम में संयोजित हैं। यदि विद्युत आपूर्ति की वोल्टता 220 वोल्ट है, तो विद्युत मेंस से कितनी धारा ली जाती है?

33. (a) ओम के नियम द्वारा प्राप्त नियतांक (R) जिसे प्रतिरोध कहते हैं, परिभाषा देते हुए मात्रक बताइए।

(b) 4 ओम, 8 ओम, 12 ओम तथा 24 ओम प्रतिरोध की चार कुंडलियों को किस प्रकार संयोजित करें कि संयोजन से न्यूनतम प्रतिरोध प्राप्त हो सके।

(c) नीचे दिए गए परिपथ का कुल प्रतिरोध ज्ञात कीजिए।

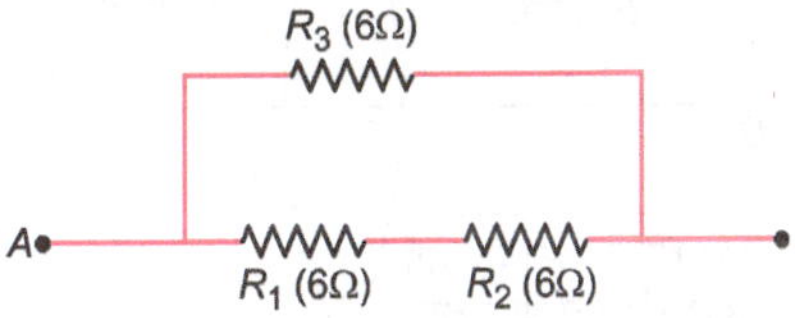

खण्ड-घ दीर्घ उत्तरीय प्रश्न

34. (a) (i) उन अम्ल और क्षार की पहचान कीजिए जिनके संयोग से साधारण नमक बनता है। इस लवण का रासायनिक नाम और सूत्र लिखिए तथा एक उपयोग भी लिखिए। उस स्रोत का नाम लिखिए जिससे इसे प्राप्त किया जाता है।

(ii) खनिज लवण किसे कहते हैं? इसका रंग लिखिए और इसके रंगीन प्रतीत होने का कारण भी लिखिए।

अथवा

(b) पाँच विलयनों A, B, C, D तथा E की जब सार्वत्रिक सूचक से जाँच की जाती है, तो pH के मान क्रमशः 4, 1, 11, 7 एवं 9 प्राप्त होते हैं। कौन-सा विलयन

(i) उदासीन है?

(ii) प्रबल क्षारीय है?

(iii) प्रबल अम्लीय है?

(iv) दुर्बल अम्लीय है?

(v) दुर्बल क्षारीय है?

pH के मानों को हाइड्रोजन आयन की सान्द्रता के आरोही क्रम में व्यवस्थित कीजिए तथा कारण बताइए।

35. (a) (i) बीजाणु किसे कहते हैं? यह किन संरचनाओं पर बनते हैं? ये प्रतिकूल परिस्थितियों से अपनी सुरक्षा किस प्रकार करते हैं? उस जीव का नाम लिखिए, जो इन संरचनाओं की सहायता से वृद्धि करते हैं।

(ii) कुछ पादपों को कायिक प्रवर्धन की विधि द्वारा क्यों उगाया जाता है, इसके दो कारण दीजिए। कायिक प्रवर्धन द्वारा नए पादप उगाने की दो विधियों की सूची बनाइए।

अथवा

(b) (i) यौवनारम्भ किसे कहते हैं? प्रारम्भिक किशोरावस्था में लड़कों में होने वाले किन्हीं दो परिवर्तनों का उल्लेख कीजिए।

(ii) मानव नरों में वृषणों के दो कार्यों की सूची बनाइए। मानव नर जनन तन्त्र में निम्नलिखित में से प्रत्येक की एक भूमिका का उल्लेख कीजिए

(A) शुक्रवाहिनी (B) शुक्राशय
(C) मूत्रमार्ग (D) वृषण कोष

36.

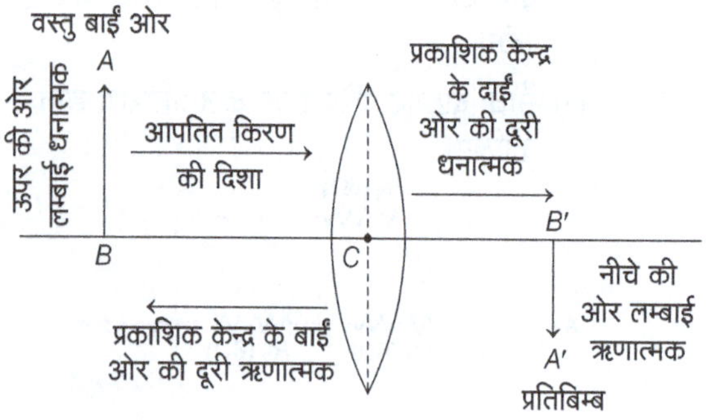

उपरोक्त चित्र के आधार पर निम्न प्रश्नों के उत्तर दीजिए।

(i) किसी उत्तल लेन्स के लिए किरण आरेख खींचिए तथा प्रतिबिम्ब की प्रकृति बताइए, जब वस्तु को

I. अनन्त पर रखा जाए।

II. $2F_1$ तथा F_1 के मध्य रखा जाए।

(ii) एक 25 सेमी फोकस दूरी के उत्तल लेन्स की मुख्य अक्ष पर 6 सेमी ऊँचाई का बिम्ब रखा है। बिम्ब की लेन्स से दूरी 40 सेमी है। प्रतिबिम्ब के आकार की गणना कीजिए।

अथवा

(b)

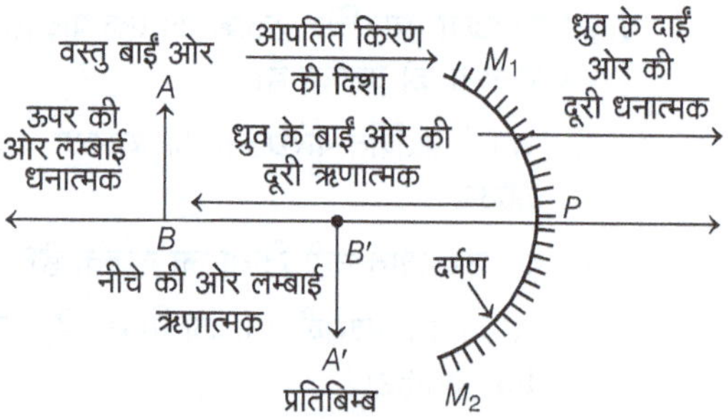

उपरोक्त चित्र के आधार पर निम्न प्रश्नों के उत्तर दीजिए।

(i) किसी अवतल दर्पण के लिए किरण आरेख खींचिए तथा प्रतिबिम्ब की प्रकृति बताइए, जब वस्तु को

I. वक्रता केन्द्र पर रखा जाए।

II. वक्रता केन्द्र तथा मुख्य फोकस के बीच रखा जाए।

(ii) वक्रता त्रिज्या 60 सेमी के किसी अवतल दर्पण द्वारा +2 का आवर्धन प्राप्त करने के लिए बिम्ब की दूरी क्या होनी चाहिए?

SP-04

खण्ड-ङ स्रोत आधारित/केस आधारित प्रश्न

37. जब साबुन को जल में घोला जाता है तथा उसमें मैला कपड़ा भी रगड़ा जाता है, तब तैलीय धूल के कण हाइड्रोकार्बन भाग से तथा जल के अणु आयनिक भाग से जुड़ जाते हैं।

अब ये सभी साबुन के अणुओं के आयनिक (ऋणात्मक) भाग बाहर की ओर तथा हाइड्रोकार्बन भाग भीतर की ओर व्यवस्थित हो जाता है।

(a) जब साबुन को जल में डाला जाता है, तो किसका निर्माण होता है। (1)

(b) क्या एथेनॉल जैसे दूसरे विलायकों में भी मिसेल का निर्माण होगा? (1)

(c) साबुन अपमार्जकों से किस प्रकार भिन्न है? कोई दो अन्तर बताइए। (2)

अथवा

(c) कपड़ा साफ करने के लिए उसे रगड़ने की आवश्यकता क्यों होती है? (2)

38. शरीर में होने वाली विभिन्न उपापचयी क्रियाओं के परिणामस्वरूप हानिकारक तथा विषाक्त अपशिष्ट पदार्थों का निर्माण होता है। इन पदार्थों को शरीर से बाहर निष्कासित करने की जैव प्रक्रिया को उत्सर्जन कहते हैं तथा उत्सर्जन को कार्यान्वित करने वाले अंग उत्सर्जी अंग कहलाते हैं। मानव में वृक्क मुख्य उत्सर्जी अंग होते हैं। मानव में एक जोड़ी वृक्क पाए जाते हैं, जो उदरगुहा में डायाफ्राम के नीचे कशेरुक दण्ड के दोनों ओर अधर सतह पर लगे रहते हैं।

(a) वृक्क के उस भाग का नाम बताइए, जिससे होकर मूत्र नलिका, रुधिर वाहिनियाँ तथा तन्त्रिकाएँ इसमें प्रवेश करती हैं। (1)

(b) वयस्क मानव में प्रतिदिन कितना मूत्र उत्सर्जित होता है? (1)

(c) वृक्क के दो प्रमुख कार्य लिखिए। (2)

अथवा

(c) वृक्क के अतिरिक्त और कौन-से अंग उत्सर्जी अपशिष्टों के निष्कासन में सहायता करते हैं? (2)

39.

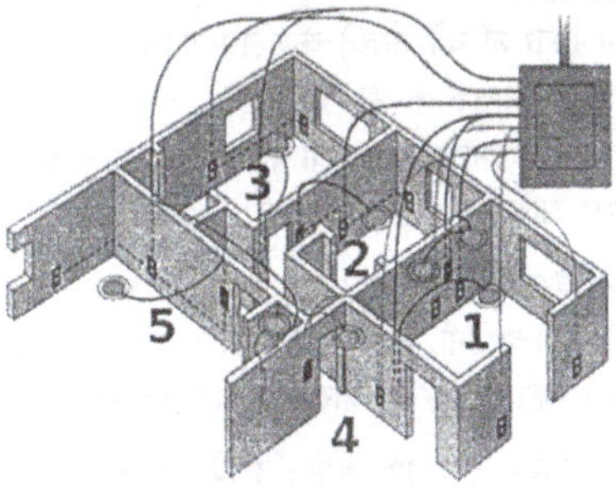

दिया गया आरेख घरेलू परिपथ का एक योजनाबद्ध आरेख है। आरेख के अनुसार घर में 5 स्थानों पर विद्युत कनेक्शन बनाए जा सकते हैं।

घर में प्रयुक्त मेन्स वोल्टेज 220 वोल्ट है, जिससे उत्पन्न शुद्ध धारा 22 ऐम्पियर हो, स्थान 5 व स्थान 4 में समान प्रतिरोध 150 Ω है तथा स्थान 3 व स्थान 2 में प्रतिरोध 20 Ω व 30 Ω हैं, स्थान 1 में प्रतिरोध स्थान 5 के प्रतिरोध का दोगुना है।

(a) उल्लेख कीजिए, क्या होगा, जब

(i) अल्प समय के लिए निम्न धारा इसमें प्रवाहित की जाती है?

(ii) जब 30 सेकण्ड तक उच्च धारा इसमें प्रवाहित की जाती है? (1)

(b) घर के सभी स्थानों पर मेन्स के अनुसार विद्युत कनेक्शन किस प्रकार होगा? (1)

(c) परिकलित कीजिए

(i) स्थान 3 के लिए धारा।

(ii) स्थान 5 के लिए धारा। (2)

अथवा

(c) यदि किसी तार का व्यास 0.25 मिमी तथा विद्युत प्रतिरोधकता 0.8×10^{-8} ओम-मीटर है, तो 5 ओम का प्रतिरोध बनाने के लिए इस तार की लम्बाई क्या होगी? (2)

हल सहित उत्तर in Topper's Style

मेरी प्रतिबद्धता मैं विश्वास दिलाता हूँ कि पूरा पेपर अपने आप करने के बाद ही मैं यहाँ दिए गए Solutions को देख रहा हूँ। इन Solutions को देखने का मेरा उद्देश्य यह Check करना है कि मेरे द्वारा किये गए Solutions Correct हैं या नहीं।

1. (b) $CaO + H_2O \longrightarrow Ca(OH)_2(aq)$

संयोजन अभिक्रिया का उदाहरण है, क्योंकि इस अभिक्रिया में एक से अधिक अभिकर्मक संयुक्त होकर एकल उत्पाद $Ca(OH)_2(aq)$ देते हैं। (1)

2. (b) ऐसीटिक अम्ल (CH_3COOH) एक दुर्बल अम्ल है, क्योंकि दुर्बल अम्ल की जल आयनन की मात्रा कम होती है। (1)

3. (b) सोडियम या अमोनियम के सल्फेट लवण अपमार्जक कहलाते हैं; जैसे—सोडियम लॉरिल सल्फेट। (1)

4. (c) एथेन का सामान्य सूत्र ($CH_3—CH_3$) अथवा

$$H-\underset{\underset{H}{|}}{\overset{\overset{H}{|}}{C}}-\underset{\underset{H}{|}}{\overset{\overset{H}{|}}{C}}-H$$

होगा। (1)

5. (a) लौह चूर्ण पर तनु हाइड्रोक्लोरिक अम्ल डालने से हाइड्रोजन गैस एवं आयरन क्लोराइड बनता है।

$Fe(s) + 2HCl(aq) \longrightarrow FeCl_2(aq) + H_2(g)$ (1)

6. (c) एथिलीन, हाइपोक्लोरस अम्ल से क्रिया करके क्लोरोएथेनॉल का निर्माण करता है।

$$\begin{matrix} CH_2 \\ \| \\ CH_2 \end{matrix} + \underset{\text{हाइपोक्लोरस अम्ल}}{HOCl} \longrightarrow \underset{\text{क्लोरो एथेनॉल}}{\begin{matrix} CH_2—OH \\ | \\ CH_2Cl \end{matrix}}$$ (1)

7. (c) $6CO_2 + 12H_2O \longrightarrow C_6H_{12}O_6 + 6H_2O + 6O_2$ (1)

8. (b) परागनली की वृद्धि बीजाण्ड की ओर रसायनानुवर्तन के कारण होती है। (1)

9. (b) हिपेटाइटिस- A संक्रमित जल या भोजन के सेवन से होता है, अत: यह लैंगिक सम्पर्क द्वारा स्थानान्तरित नहीं होता है। (1)

10. (c) शुद्ध लाल पुष्प के पौधे का किसी शुद्ध श्वेत पुष्प के पौधे के साथ संकरण कराने पर F_2 सन्तति के पौधों में शुद्ध लाल पुष्प के पौधों और शुद्ध श्वेत पुष्प के पौधों का अनुपात 1:1 होगा। (1)

11. (a) श्वसन के सन्दर्भ में कथन B तथा D सही हैं। (1)

12. (c) मनुष्य में गुणसूत्रों की संख्या 46 होती हैं। (1)

13. (a) प्रश्न में, अवतल दर्पण द्वारा बनने वाले प्रतिबिम्ब का किरण आरेख दिया है, जिसके अनुसार वस्तु की स्थिति अनन्त पर है एवं प्रतिबिम्ब फोकस तल पर वास्तविक, उल्टा तथा वस्तु से छोटा प्राप्त होगा। (1)

14. (c) माना प्रत्येक तार का प्रतिरोध R है, तब

श्रेणीक्रम में तुल्य प्रतिरोध, $R_S = R + R = 2R$

श्रेणीक्रम में उत्पन्न ऊष्मा, $H_S = \dfrac{V^2t}{2R}$ ...(i)

समान्तर क्रम में तुल्य प्रतिरोध,

$$\frac{1}{R_P} = \frac{1}{R} + \frac{1}{R} = \frac{2}{R} \Rightarrow R_P = \frac{R}{2}$$

समान्तर क्रम में उत्पन्न ऊष्मा, $H_P = \dfrac{2V^2t}{R} = 4H_S$

(समी (i) से)

$$\therefore \frac{H_S}{H_P} = \frac{1}{4} = 1:4$$ (1)

15. (b) पारितन्त्र के सम्बन्ध में ऊर्जा प्रवाह का दस प्रतिशत का नियम लिण्डमान ने दिया था। (1)

16. (d) ओजोन परत के क्षरण के कारणों के सम्बन्ध में कथन A, B, C और D सही हैं। (1)

17. (a) एकल अभिकारक टूटकर एक से अधिक उत्पाद बनाता है। अभिकारकों को तोड़ने के लिए ऊष्मा, प्रकाश तथा ऊर्जा की आपूर्ति आवश्यक है।

अत: अभिकथन (A) तथा कारण (R) दोनों सही हैं तथा कारण (R) द्वारा अभिकथन (A) की सही व्याख्या हो रही है। (1)

18. (c) वैसेक्टोमी जन्मदर नियन्त्रण की शल्य विधि है, जिसमें पुरुष की शुक्रवाहिनी को काटकर बाँध दिया जाता है। अत: अभिकथन (A) सही है, परन्तु कारण (R) गलत है। (1)

19. (b) प्रिज्म का अपवर्तनांक इसके पदार्थ (काँच) की प्रकृति एवं प्रयुक्त प्रकाश की तरंगदैर्ध्य पर निर्भर करता है, प्रिज्म के अपवर्तक कोण एवं न्यूनतम विचलन कोण पर नहीं करता है।

अत: अभिकथन (A) तथा कारण (R) दोनों सही हैं, परन्तु कारण (R) द्वारा अभिकथन (A) की सही व्याख्या नहीं हो रही है। (1)

20. (b) अनुपयोगी या अवाँछित पदार्थों को अपशिष्ट पदार्थ कहते हैं; जैसे- रद्दी, टूटी बोतल, पॉलीथीन, आदि। ये जैव-अपघटनीय या अजैव-अपघटनीय हो सकते हैं। यदि इन अपशिष्टों का उचित निपटान न किया जाए, तो इनके कारण जल एवं भूमि प्रदूषण उत्पन्न होता है। अभिकथन (A) तथा कारण (R) दोनों सही हैं, परन्तु कारण (R) द्वारा अभिकथन (A) की सही व्याख्या हो नहीं रही है। (1)

21. वायु में स्थित ऑक्सीजन के सम्पर्क में ऐलुमिनियम की सतह पर ऐलुमिनियम ऑक्साइड (Al_2O_3) की अक्रिय परत जमा हो जाती हैं जिससे ऐलुमिनियम सक्रिय नहीं रह पाता।

अत: ऐलुमिनियम का प्रयोग भोज्य पदार्थों की पैकिंग में किया जा सकता है। (2)

22. (a) पीयूष ग्रन्थि (b) अग्न्याशय ग्रन्थि
(c) एड्रीनल ग्रन्थि (d) वृषण (½ × 4)

23. (a) **जीन** (Gene) गुणसूत्र पर स्थित वह रचना है, जो किसी आनुवंशिक लक्षण को पीढ़ी-दर-पीढ़ी स्थानान्तरित करती है। यह आनुवंशिक पदार्थ DNA की क्रियात्मक इकाई (Functional unit) होती है। जीन को मेण्डल ने कारक (Factor) कहा। जीन शब्द का प्रयोग सर्वप्रथम **जॉहन्सन** (Johannsen ; 1909) ने किया था। (2)

अथवा

(b) (i) F_1-पीढ़ी के लक्षणप्रारूप में सभी विषमयुग्मजी बीज गोल व पीले (RrYy) होंगे, जोकि प्रभावी लक्षण है। (1)

(ii) F_2-पीढ़ी की सन्ततियों का अनुपात

9	:	3	:	3	:	1
गोल		गोल		झुर्रीदार		झुर्रीदार
पीले		हरे		पीले		हरे

(1)

24. (a) निकट दृष्टि दोष (½)
(b) निकट दृष्टि दोष से पीड़ित नेत्र द्वारा प्रतिबिम्ब रेटिना से पहले बनता है। (1)
(c) जब प्रकाश अत्यधिक तीव्र होता है, तो आइरिस सिकुड़कर पुतली को छोटा बना देती है, जिससे नेत्र में कम प्रकाश प्रवेश कर सके। जब प्रकाश मन्द होता है, तो आइरिस फैलकर पुतली को बड़ा बना देती है, जिससे नेत्र में अधिक प्रकाश प्रवेश कर सके। अत: प्रकाश की सीमित मात्रा ही नेत्र में प्रवेश कर पाती है। (1½)

25. (a) (i) बिन्दु P पर चुम्बकीय क्षेत्र की दिशा कागज के तल के भीतर की ओर तथा बिन्दु Q पर चुम्बकीय क्षेत्र की दिशा कागज के तल के बाहर की ओर होगी। (1)

(ii) चुम्बकीय क्षेत्र की प्रबलता, चालक AB के निकट ($r_2 < r_1$) अर्थात् बिन्दु Q पर अधिकतम होगी। चुम्बकीय क्षेत्र की प्रबलता $B \propto \frac{1}{r}$, जहाँ r चालक से किसी बिन्दु की दूरी है। (1)

अथवा

(b) दाएँ हाथ के अँगूठे के नियम के अनुसार
(i) पावर लाइन के ऊपर स्थित बिन्दुओं पर चुम्बकीय क्षेत्र की दिशा दक्षिण से उत्तर में होगी।
(ii) पावर लाइन के नीचे स्थित बिन्दुओं पर चुम्बकीय क्षेत्र की दिशा उत्तर से दक्षिण की ओर होगी। (2)

26. दिए गए चित्र में D उत्पादक या पादप है, जो सूर्य की ऊर्जा प्राप्त कर रहा है एवं इससे भोजन प्राप्त करने वाला C शाकाहारी जीव या प्राथमिक उपभोक्ता है तथा C से भोजन प्राप्त करने वाला B माँसाहारी जीव या द्वितीयक उपभोक्ता है। यहाँ A एक अपघटक या सर्वाहारी सर्वोच्च उपभोक्ता है, जो तीनों स्तरों से पोषण प्राप्त करता है। (2)

27. (a) जब लोहे की कील को कॉपर सल्फेट के विलयन में रखा जाता है तो निम्न प्रेक्षण प्राप्त होते हैं।
- आयरन कॉपर सल्फेट विलयन से कॉपर को विस्थापित करता है।
- कॉपर सल्फेट विलयन का गहरा नीला रंग, आयरन सल्फेट का हल्का हरा विलयन बनने के कारण लुप्त हो जाता है। (1½)

(b) $CuSO_4(aq) + Fe(s) \rightarrow FeSO_4(aq) + Cu(s)$
कॉपर सल्फेट (नीला विलयन) आयरन आयरन सल्फेट (हरा विलयन) कॉपर

सक्रियता श्रेणी में लोहा (Fe), कॉपर (Cu) से पहले आता है। अत: लोहा कॉपर सल्फेट के जलीय विलयन में से कॉपर को विस्थापित कर देता है तथा विस्थापन अभिक्रिया होती है। (1½)

28. (a) रासायनिक गुणधर्मों के आधार पर धातुओं तथा अधातुओं में अन्तर निम्न हैं

धातु	अधातु
इलेक्ट्रॉन त्यागकर धनायन बनाती हैं। $M \longrightarrow M^+ + e^-$	ये इलेक्ट्रॉन ग्रहण करके ऋणायन बनाती हैं। $M + e^- \longrightarrow M^-$
धातुएँ ऑक्सीजन से अभिक्रिया करके क्षारीय ऑक्साइड बनाती हैं।	अधातुएँ ऑक्सीजन से अभिक्रिया करके अम्लीय या उदासीन ऑक्साइड बनाती हैं।
धातुएँ (सक्रिय) तनु अम्लों से हाइड्रोजन गैस को विस्थापित करती हैं। $M + 2HCl \xrightarrow{\text{तनु}} MCl_2 + H_2\uparrow$	अधातुएँ तनु अम्लों से हाइड्रोजन को विस्थापित नहीं करतीं हैं।

(3)

अथवा

(b) (i) सोना, चाँदी तथा प्लेटिनम धातुएँ अत्यन्त तन्य, आघातवर्ध्य तथा चमकदार हैं। ये वायु की ऑक्सीजन व नमी से अभिक्रिया नहीं करती हैं। इन गुणों के कारण ये धातुएँ आभूषणों के निर्माण के लिए उपयोगी हैं। (1)

(ii) सोडियम, पोटैशियम तथा लीथियम धातुएँ अत्यन्त क्रियाशील हैं। वायु की ऑक्सीजन व नमी से ये तीव्र व विस्फोटक क्रिया दिखाती हैं। इस अभिक्रिया को रोकने के लिए इन्हें तेल के अन्दर संग्रहित किया जाता है। (1)

(iii) ऐलुमिनियम धातु का उपयोग खाना पकाने के बर्तनों के निर्माण में किया जाता है, क्योंकि अभिक्रियाशील होने पर भी यह संक्षारणरोधी है। इस पर बनी ऐलुमिनियम ऑक्साइड की महीन परत इसके और अधिक संक्षारण को रोकती है। (1)

29. धमनी एवं शिरा में निम्न अन्तर हैं

धमनी	शिरा
ये रुधिर को हृदय से शरीर के विभिन्न अंगों तक पहुँचाती है।	ये शरीर के विभिन्न अंगों से रुधिर को हृदय की ओर ले जाती है।
धमनियों में कपाट नहीं होते हैं।	शिराओं में अर्द्धचन्द्राकार कपाट होते हैं, जो रुधिर को शरीर में उल्टा बहने से रोकते हैं।
धमनियों में रुधिर अत्यधिक दबाव से बहता है।	शिराओं में रुधिर बहुत कम दबाव के साथ बहता है।

(3)

30. पादपों में गति जीवद्रव्य की संवेदनशीलता अथवा उत्तेजनशीलता के कारण होती है।

संवेदनशील पादप (छुई-मुई) उद्दीपन के प्रति तत्काल अनुक्रिया दर्शाते हैं अर्थात् गति करते हैं। जैसे ही इस पादप को स्पर्श किया जाता है, उसमें सूचनाओं का आदान-प्रदान होने लग जाता है। यह निम्न प्रकार से होता है

(i) स्पर्श होने की सूचना पादप एक कोशिका से दूसरी कोशिका तक संचारित करने के लिए वैद्युत रसायन का उपयोग करते हैं।

(ii) पादपों में सूचनाओं के चालन के लिए कोई विशिष्ट ऊतक नहीं होता है, इसलिए पादप कोशिकाएँ जल की मात्रा में परिवर्तन करके अपनी आकृत्ति बदल लेती हैं, जिससे फूलने-सिकुड़ने से उनका आकार बदल जाता है। (3)

31. (a) तारे टिमटिमाते हैं क्योंकि तारों से आने वाला प्रकाश जब पृथ्वी के वायुमण्डल में प्रवेश करता है तब प्रकाशिक घनत्व के कारण प्रकाश का अपवर्तन हो जाता है तथा वायुमण्डलीय अपवर्तन के कारण तारिक प्रकाश निरन्तर बढ़ता तथा घटता रहता है। जबकि ग्रह नहीं टिमटिमाते हैं, क्योंकि ग्रह तारों की अपेक्षा पृथ्वी के निकट होते हैं। जिस कारण इनको विस्तृत स्रोत का संग्रह माना जाता है। (1)

(b) (i) प्रकाश के वर्ण विक्षेपण का एक प्राकृतिक उदाहरण इन्द्रधनुष का बनना है, जब वर्षा के समय धूप निकलती है तो आकाश में रंगीन संकेन्द्रीय वृत्तीय चाप सूर्य के विपरीत ओर दिखाई देता है। यह रंगीन चाप इन्द्रधनुष है। (1)

(ii) इन्द्रधनुष को दोपहर के समय प्राप्त नहीं किया जा सकता; क्योंकि उस समय सूर्य से प्राप्त प्रकाश हमारे ऊपर होता है। (½)

(iii) यह सात अवयवी रंगों का मिश्रण है; जो इस प्रकार है बैंगनी, जामूनी, नीला, हरा, पीला, नारंगी तथा लाल। (½)

32. (a) विद्युत लैंपों के तंतु टंगस्टन धातु से ही बनाए जाते हैं, क्योंकि इनकी प्रतिरोधकता तथा प्रतिरोध अन्य सुचालक धातुओं की अपेक्षा अधिक होते हैं। साथ ही टंगस्टन धातु का गलनांक भी उच्च होता है। अतः विद्युत धारा प्रवाहित करने पर यह गर्म होकर प्रकाश उत्पन्न करता है। (1½)

(b) परिपथ में प्रयुक्त कुल शक्ति, $P = 100$ वाट $+ 60$ वाट $= 160$ वाट; वोल्टता, $V = 220$ वोल्ट,

परन्तु शक्ति, $P = V \times I$

अतः धारा, $I = \dfrac{P}{V} = \dfrac{160}{220} = 0.727$ ऐम्पियर (1½)

33. (a) किसी चालक का वह गुण, जिसके कारण वह उसमें प्रवाहित होने वाली धारा के प्रवाह का विरोध करता है, चालक का प्रतिरोध कहलाता है। इसे R से प्रदर्शित करते हैं।

इसका SI मात्रक वोल्ट/ऐम्पियर या ओम (Ω) होता है। (1)

(b) न्यूनतम तुल्य प्रतिरोध (R_P) प्राप्त करने हेतु सभी प्रतिरोधों को समान्तर क्रम में जोड़ा जाता है।

$$\frac{1}{R_P} = \frac{1}{R_1} + \frac{1}{R_2} + \frac{1}{R_3} + \frac{1}{R_4}$$

$$= \frac{1}{4} + \frac{1}{8} + \frac{1}{12} + \frac{1}{24}$$

$$= \frac{6+3+2+1}{24} = \frac{12}{24}$$

$$R_P = \frac{24}{12} = 2 \text{ ओम}$$ (1)

(c) $R_S = R_1 + R_2 = 6 + 6 = 12$ ओम

$$\frac{1}{R_P} = \frac{1}{R_S} + \frac{1}{R_3} = \frac{1}{12} + \frac{1}{6}$$

$$= \frac{1+2}{12} = \frac{3}{12} = \frac{1}{4}$$

$R_P = 4$ ओम (1)

34. (a) (i) क्षार NaOH और अम्ल HCl की अभिक्रिया से उत्पन्न लवण सोडियम क्लोराइड (साधारण नमक NaCl) बनता है। (1)

साधारण नमक का अणुसूत्र NaCl

रासायनिक नाम सोडियम क्लोराइड

रासायनिक अभिक्रिया

$NaOH + HCl \longrightarrow NaCl + H_2O$ (1)

इसका उपयोग विभिन्न खाद्य पदार्थों जैसे अचार के परीक्षण में किया जाता है।

इसका मुख्य स्रोत समुद्री जल होता है। (1)

(ii) खनिज लवण क्रिस्टल प्रायः अपद्रव्य मिले होने के कारण भूरे रंग के होते हैं। यह एक उदासीन लवण है। सामान्य नमक द्वारा कई उपयोगी पदार्थ जैसे—सोडियम हाइड्रॉक्साइड, बेकिंग सोडा, वॉशिंग सोडा, विरंजक चूर्ण आदि प्राप्त किए जा सकते हैं। (2)

अथवा

(b) (i) विलयन D उदासीन है (pH = 7) (½)

(ii) विलयन C प्रबल क्षारीय है (pH = 11) (½)

(iii) विलयन B प्रबल अम्लीय है (pH = 1) (½)

(iv) विलयन A दुर्बल अम्लीय है (pH = 4) (½)

(v) विलयन E दुर्बल क्षारीय है (pH = 9) (½)

किसी विलयन का pH मान जितना कम होता है, उसमें H^+ आयनों की सान्द्रता उतनी ही अधिक होती है। (1)

अतः H^+ आयनों की सान्द्रता का आरोही क्रम इस प्रकार है:

विलयन $C < E < D < A < B$

pH मान (11) (9) (7) (4) (1)

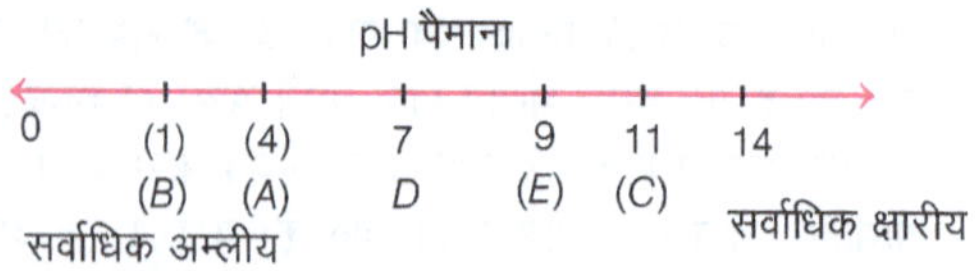

अम्लीय विलयनों का pH मान 7 से कम होता है, जबकि क्षारीय विलयनों का 7 से अधिक। उदासीन विलयन का pH मान 7 होता है। (1½)

35. (a) (i) बीजाणु प्राय: वह एककोशिकीय जनन संरचना होती है, जो बहुकोशिकीय सरल जीवों में प्राय: प्रतिकूल परिस्थितियों में बीजाणुधानी में बनती हैं। इनमें बाहर की ओर बाह्य वातावरण की प्रतिकूल परिस्थितियों से सुरक्षा हेतु दृढ़ आवरण (Cyst wall) उपस्थित होता है। यह आवरण अनुकूल परिस्थितियों में नमी अवशोषित कर फट जाता है और बीजाणु वृद्धि करके नए जीव का निर्माण करता है।

म्यूकर, राइजोपस, पक्सीनिया, शैवाल व फर्न इन संरचनाओं की सहायता से अलैंगिक जनन करते हैं। (2)

(ii) पादपों में कायिक प्रवर्धन करने के दो कारण निम्न हैं

1. इसके द्वारा उगाए गए पादपों के बीज की आवश्यकता नहीं होती है। जैसे—गन्ना, गुलाब या अंगूर, आदि।
2. इस प्रकार उत्पन्न सभी पादप आनुवंशिक रूप से जनक पादप के समान ही होते हैं एवं पुष्प व फल कम समय में ही आ जाते हैं।

कायिक प्रवर्धन द्वारा नए पादप उगाने की दो विधियाँ निम्न हैं

1. **प्राकृतिक कायिक प्रवर्धन** इस प्रक्रिया में प्राकृतिक रूप से पादप का कोई भाग या रूपान्तरित भाग नया पादप बनाता है; जैसे- शकरकन्द (जड़ों द्वारा), *ब्रायोफिल्लम* (पत्ती द्वारा), गन्ना (तना द्वारा)।
2. **कृत्रिम कायिक प्रवर्धन** यह मानव द्वारा पादपों में कृत्रिम रूप से किए गए कायिक जनन हैं; उदाहरण-गन्ना, गुलाब, गुड़हल (कलम लगाकर), नींबू, चमेली, अँगूर (दाब लगाकर)। (3)

अथवा

(b) (i) **यौवनारम्भ** किसी भी प्राणी के जनन करने योग्य हो जाने को यौवनारम्भ कहते हैं।

प्रारम्भिक किशोरावस्था में लड़कों में होने वाले दो परिवर्तन निम्न हैं

- चेहरे व शरीर पर बाल उग जाते हैं और स्वर भारी हो जाता है।
- वृषण की शुक्रजनन नलिकाओं में शुक्राणुओं का निर्माण आरम्भ हो जाता है। (2)

(ii) मानव नर में वृषणों के दो कार्य निम्न हैं

- शुक्राणुओं का निर्माण
- टेस्टोस्टेरॉन नामक नर हॉर्मोन का स्रावण

(A) **शुक्रवाहिनी** ये शुक्राणुओं को अधिवृषण से शुक्राशय में लाने का कार्य करती हैं।

(B) **शुक्राशय** इसके द्वारा स्रावित द्रव शुक्राणुओं को पोषण प्रदान करता है।

(C) **मूत्रमार्ग** यह मूत्र त्यागने के अतिरिक्त मैथुन के समय वीर्य स्खलन का कार्य भी करता है।

(D) **वृषण कोष** इसमें उपस्थित वृषणों में शुक्राणुओं का निर्माण शरीर के तापक्रम से 2-3°C कम ताप पर होता है, इसलिए यह शरीर से बाहर पाया जाता है। (3)

36. (a) (i) I. जब वस्तु अनन्त पर हो, तो प्रतिबिम्ब वास्तविक, उल्टा तथा वस्तु से छोटा प्राप्त होगा।

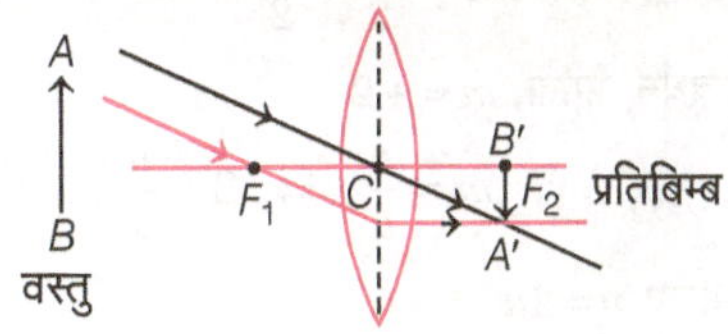

II. जब वस्तु $2F_1$ तथा F_1 के मध्य हो, तो प्रतिबिम्ब वास्तविक, उल्टा तथा वस्तु से बड़ा प्राप्त होगा।

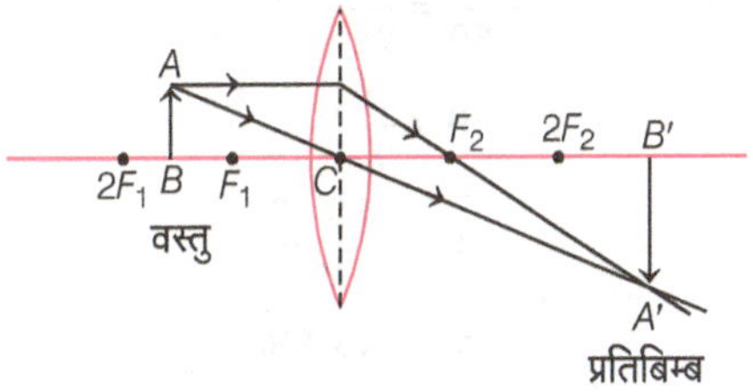

(2)

(ii) दिया है, बिम्ब की ऊँचाई, $h_o = 6$ सेमी

लेन्स की फोकस दूरी, $f = 25$ सेमी

बिम्ब की लेन्स से दूरी, $u = -40$ सेमी

लेन्स सूत्र $\frac{1}{f} = \frac{1}{v} - \frac{1}{u}$ से,

$$\Rightarrow \frac{1}{v} = \frac{1}{f} + \frac{1}{u} = \frac{1}{25} + \frac{1}{(-40)} = \frac{8-5}{200} = \frac{3}{200}$$

$$v = \frac{200}{3} = 66.67 \text{ सेमी}$$

आवर्धन, $m = \frac{h_i}{h_o} = \frac{v}{u}$

$$\Rightarrow h_i = \frac{v}{u} \times h_o = \frac{200}{3 \times (-40)} \times 6 = -10 \text{ सेमी}$$

(3)

अथवा

(b) (i) I. जब वस्तु वक्रता केन्द्र पर हो, तो प्रतिबिम्ब वास्तविक, उल्टा तथा वस्तु के बराबर होगा।

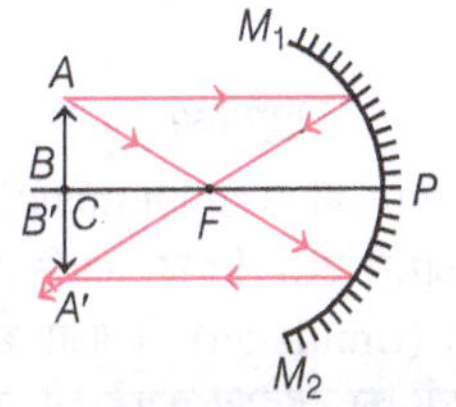

II. जब वस्तु वक्रता केन्द्र तथा मुख्य फोकस के बीच हो, तो प्राप्त प्रतिबिम्ब वास्तविक, उल्टा तथा वस्तु से बड़ा होगा।

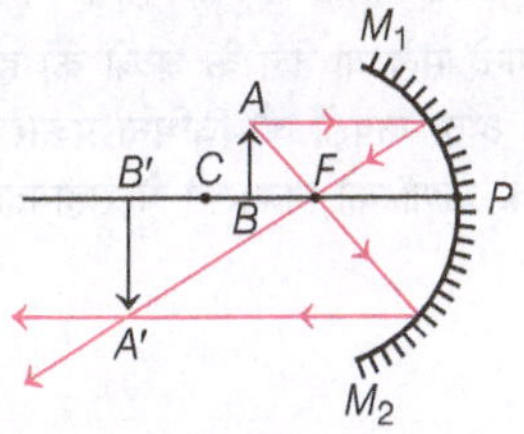

(3)

(ii) दिया है, वक्रता त्रिज्या, $R = 60$ सेमी,

तब फोकस दूरी, $f = \frac{R}{2} = \frac{60}{2} = -30$ सेमी

आवर्धन क्षमता, $m = +2$

$\therefore \quad m = \frac{v}{u} \quad \Rightarrow \quad 2 = \frac{v}{u}$

इसलिए $v = 2u$

दर्पण सूत्र से, $\frac{1}{f} = \frac{1}{v} + \frac{1}{u}$

$\Rightarrow \quad \frac{1}{-30} = \frac{1}{2u} + \frac{1}{u}$

$\Rightarrow \quad -30 = \frac{2u}{3}$

$\Rightarrow \quad u = \frac{-30 \times 3}{2}$

$\Rightarrow \quad u = -45$ सेमी (2)

37. (a) जब साबुन को जल में डाला जाता है तब हाइड्रोकार्बन भाग तेल (मैल) में घुलता है, जबकि आयनिक भाग जल में घुलता है। जल में साबुन घोलकर कपड़ा धोने पर साबुन के अणु मिसेल संरचना का निर्माण करते हैं। (1)

(b) एथेनॉल अथवा दूसरे ऐसे विलायकों में साबुन के दोनों सिरे पूर्णतया घुल जाते हैं। ऐसे इसलिए होता है, क्योंकि एथेनॉल ध्रुवीय सहसंयोजी यौगिक है।

अत: एथेनॉल जैसे दूसरे विलायकों में मिसेल का निर्माण नहीं होगा। (1)

(c)

साबुन	अपमार्जक
साबुन, लम्बी शृंखला वाले कार्बोक्सिलिक अम्लों के सोडियम या पोटैशियम लवण होते हैं।	अपमर्जाक, लम्बी शृंखलाओं वाले कार्बोक्सिलिक अम्लों के अमोनियम या सल्फोनेट लवण होते हैं।
साबुन कठोर जल के साथ अघुलनशील पदार्थ (Scum) का निर्माण करता है।	अपमार्जक कठोर जल के साथ अवक्षेप (Scum) का निर्माण नहीं करते हैं।

(2)

अथवा

(c) धुलाई के समय साबुन अथवा अपमार्जक का विलयन बनाया जाता है, जिससे उसमें मिसेल का निर्माण होता है। इसके द्वारा पायस (Emulsion) भी बनता है। प्रश्न में कही गई सभी विधियों का उद्देश्य कपड़े की सतह से तेलीय धूल के कणों को अलग करना तथा उन्हें धोना है। इसके लिए कपड़े को तथाकथित किसी भी विधि द्वारा रगड़ा जाता है।

मिसेल गन्दे मैल या तेल के धब्बों को हटाने में सहायक होता है। अत: कपड़ों को विभिन्न प्रकार से रगड़ने से इनसे गन्दगी के कणों को निकालने में सहायता मिलती है। (2)

38. (a) वृक्क के केन्द्रीय भाग की भीतरी अवतल सतह के मध्य एक खाँच होती है, जिसे हाइलम (नाभिका) कहते हैं। इससे होकर मूत्र नलिका, रुधिर वाहिनी और तन्त्रिकाएँ वृक्क में प्रवेश करती हैं। (1)

(b) मानवों में प्रतिदिन वृक्कों द्वारा 1.5 - 1.8 लीटर मूत्र उत्सर्जित होता है। (1)

(c) वृक्क के प्रमुख कार्य निम्न हैं

(i) **उत्सर्जन** उपापचयी नाइट्रोजनी अपशिष्ट पदार्थों जैसे- यूरिया को मूत्र के रूप में शरीर से निष्कासित करना।

(ii) **परासरण नियमन** शरीर के सभी भागों में जल व लवणों की मात्रा को नियन्त्रित करना। (2)

अथवा

(c) मानव शरीर में पाए जाने वाले अन्य उत्सर्जी अंग निम्न हैं फेफड़े CO_2 गैस का निष्कासन करते हैं। यकृत पित्त लवणों एवं वर्णकों का स्रावण एवं यूरिया का संश्लेषण करता है। त्वचा में स्थित स्वेद ग्रन्थियाँ तथा तेल ग्रन्थियाँ लवण तथा अन्य उत्सर्जी उत्पादों का निष्कासन करती हैं। (2)

39. (a) (i) जब अल्प समय के लिए, निम्न धारा किसी चालक में प्रवाहित की जाती है, तो इसका प्रतिरोध बढ़ जाता है।

(ii) जब उच्च धारा 30 सेकण्ड तक अर्थात् अल्प समय के लिए चालक में प्रवाहित की जाती है, तो चालक का प्रतिरोध घट जाता है। (1)

(b) घर में स्थित सभी रिक्त स्थान मेन्स से समान्तर क्रम में संयोजित हैं जिससे कि रिक्त स्थान में स्थित सभी उपकरणों को उचित वोल्टेज प्राप्त होती रहती है। यदि कोई उपकरण फ्यूज हो जाता है, तो वह अन्य उपकरणों को प्रभावित नहीं करता है। (1)

(c) (i) स्थान 3 के लिए धारा, $I_3 = \frac{V}{R_3} = \frac{220}{20} = 11\text{ A}$

(ii) स्थान 5 के लिए धारा,

$I_5 = \frac{V}{R_5} = \frac{220}{150} = 1.46\text{ A}$ (2)

अथवा

(c) दिया है, व्यास $= 0.25$ मिमी

प्रतिरोधकता, $\rho = 0.8 \times 10^{-8}$ ओम-मीटर

हम जानते हैं,

$$R = \frac{\rho l}{A} \Rightarrow l = \frac{RA}{\rho} = \frac{5 \times \pi \times \left[\frac{0.25}{2} \times 10^{-3}\right]^2}{0.8 \times 10^{-8}}$$

$[\because A = \pi r^2$ तथा $r = \frac{D}{2}]$

$$= \frac{5 \times \pi \times 1.56 \times 10^{-8}}{0.8 \times 10^{-8}} = 30.61 \text{ मी}$$ (2)

SQP Code : **PB-5/15** Series *i*-**Succeed 5-25/15** अनुक्रमांक

सैंपल प्रश्न-पत्र 05

विज्ञान कक्षा 10 (कोड 086)

सामान्य निर्देश

इस प्रश्न पत्र में पाँच खण्डों (क), (ख), (ग), (घ) और (ङ) में बाँटा गया है। प्रश्न-पत्र में 39 प्रश्न हैं। सभी प्रश्न अनिवार्य हैं।

1. प्रश्न में, 1 से 20 तक के सभी प्रश्न एक-एक अंक के हैं।
2. प्रश्न में, 21 से 26 अतिलघु उत्तरीय प्रश्न हैं, प्रत्येक के 2 अंक निर्धारित हैं। इन प्रश्नों के उत्तर 30 से 50 शब्दों के मध्य दिए जाने हैं।
3. प्रश्न में, 27 से 33 लघु उत्तरीय प्रश्न हैं, प्रत्येक के 3 अंक निर्धारित हैं। इन प्रश्नों के उत्तर 50 से 80 शब्दों के मध्य दिए जाने हैं।
4. प्रश्न में, 34 से 36 दीर्घ उत्तरीय प्रश्न हैं, प्रत्येक के 5 अंक निर्धारित हैं। इन प्रश्नों के उत्तर 80 से 120 शब्दों के मध्य दिए जाने हैं।
5. प्रश्न में, 4 अंको के उप-भागों के साथ 3 प्रश्न, स्रोत आधारित/केस आधारित दिए गए हैं। कोई समग्र विकल्प नहीं है। हालांकि, कुछ प्रश्नों में आंतरिक विकल्प दिए गए हैं, जिनमें केवल एक का उत्तर देना है।

समय : 3 घंटे

पूर्णांक : 80

खण्ड-क बहुविकल्पीय प्रश्न

1. लेड सल्फेट का रासायनिक सूत्र है

(a) Pb_2SO_4 (b) $Pb(SO_4)_2$
(c) $PbSO_4$ (d) $Pb(SO_4)_3$

2. कोई जलीय विलयन '*A*' फीनॉल्फ्थैलीन विलयन को गुलाबी कर देता है। विलयन '*A*' में किसी अन्य जलीय विलयन '*B*' को मिलाने पर गुलाबी रंग विलुप्त हो जाता है। विलयनों '*A*' और '*B*' के लिए कौन-सा कथन सत्य है?

(a) *A* प्रबल क्षार है तथा *B* दुर्बल क्षार है।
(b) *A* प्रबल अम्ल है तथा *B* दुर्बल अम्ल है।
(c) *A* का pH 7 से अधिक तथा *B* का pH 7 से कम है।
(d) *A* का pH 7 से कम तथा *B* का pH 7 से अधिक है।

3. ऐल्कोहॉलों के विहाइड्रोजनीकरण द्वारा प्राप्त होता है

(a) अम्ल (b) एस्टर
(c) ऐल्डिहाइड (d) ऐमीन

4. ऐल्डिहाइड का सामान्य सूत्र है

(a) $C_n H_{2n+1}OH$ (b) $C_n H_{2n-2}$
(c) $C_n H_{2n}O$ (d) $C_n H_{2n}O_2$

5. समीकरण $Be_2C + x\,H_2O \longrightarrow y\,Be(OH)_2 + CH_4$ में '*x*' तथा '*y*' का मान क्या होगा?

(a) $x = 4, y = 3$ (b) $x = 4, y = 2$
(c) $x = 2, y = 4$ (d) $x = 2, y = 3$

6. मिट्टी के तेल में कार्बन परमाणुओं की संख्या होती है

(a) $C_5 — C_6$ (b) $C_8 — C_9$
(c) $C_{18} — C_{22}$ (d) $C_{11} — C_{16}$

7. अभिक्रिया $Na + H_2O \longrightarrow NaOH + H_2$ का सन्तुलित रूप है

(a) $Na + 2H_2O \longrightarrow 2NaOH + H_2$
(b) $2Na + 2H_2O \longrightarrow 2NaOH + H_2$
(c) $3Na + 2H_2O \longrightarrow 2NaOH + H_2$
(d) $2Na + H_2O \longrightarrow 2NaOH + H_2$

8. यदि एक मनुष्य में प्रतिवर्ती क्रियाएँ नहीं हो रही हैं, तो उसके तन्त्रिका तन्त्र का कौन-सा भाग क्षतिग्रस्त हुआ है?
(a) प्रमस्तिष्क (b) अनुमस्तिष्क
(c) मेरुरज्जु (d) मेड्यूला ऑब्लोंगेटा

9. वह लक्षण, जो *स्पाइरोगायरा* और यीस्ट में समान हैं
(a) इनमें अलैंगिक प्रजनन होता है।
(b) ये एककोशिकीय होते हैं।
(c) इनमें केवल लैंगिक प्रजनन होता है।
(d) ये बहुकोशिकीय होते हैं।

10. जीन्स के विपरीत लक्षणों के जोड़ों को कहते हैं
(a) युग्मविकल्पी (b) निर्धारक
(c) समयुग्मजी (d) समरूप

11. अग्न्याशय के सन्दर्भ में निम्न में से कौन-से कथन सही हैं?
(A) यह मानव शरीर की दूसरी सबसे बड़ी ग्रन्थि है।
(B) इसका रस विशेष प्रकार की कोशिकाओं से स्रावित होता है तथा क्षारीय होता है।
(C) इसके रस को पूर्ण पाचक रस कहा जाता है।
(D) यह बहिःस्रावी ग्रन्थि आमाशय के पास स्थित होती है।
(a) A, B और C (b) B और C
(c) B, C और D (d) A, B और D

12. गुलाबी रंग के दो पुष्पों के बीच संकरण कराए जाने पर 1 लाल रंग की, 2 गुलाबी रंग की और 1 सफेद रंग की संतति उत्पन्न हुई। इस परिणाम का कारण क्या होगा?
(a) स्वतन्त्र अपव्यूहन
(b) अपूर्ण प्रभाविता
(c) प्रभाविता
(d) युग्मकों का पृथक्करण

SP-05

13. जब हम सामान्य नेत्र से किसी बिम्ब की दूरी में वृद्धि करते हैं, तो अभिनेत्र लेन्स से प्रतिबिम्ब की दूरी
(a) बढ़ जाती है
(b) घट जाती है
(c) इसमें कोई परिवर्तन नहीं होता
(d) नेत्र गोलक के आकार पर निर्भर करती है

14. प्रतिरोध R के किसी तार के टुकड़े को पाँच बराबर भागों में काटा जाता है। इन टुकड़ों को फिर श्रेणीक्रम में संयोजित कर देते हैं। यदि संयोजन का तुल्य प्रतिरोध R' है, तो R/R' अनुपात का मान क्या है?
(a) 1/25 (b) 1/5
(c) 1 (d) 25

15. निम्नलिखित में से कौन आहार श्रृंखला का निर्माण करते हैं?
(a) घास, गेहूँ तथा आम
(b) घास, बकरी तथा भेड़िया
(c) बकरी, गाय तथा मानव
(d) घास, मछली तथा बकरी

16. जैव-निम्नीकृत अपशिष्ट का अनुचित निस्तारण पर्यावरण के लिए अभिशाप है, क्योंकि
(A) ये अपशिष्ट जल प्रदूषण उत्पन्न करते हैं।
(B) ये अपशिष्ट जलाने पर वायु प्रदूषण उत्पन्न करते हैं।
(C) ये अपशिष्ट जैव-आवर्धन द्वारा सर्वोच्च उपभोक्ताओं को प्रभावित करते हैं।
(D) ये अपशिष्ट विभिन्न रोगजनकों को आश्रय प्रदान कर रोगों के संचरण में सहायक होते हैं।
(a) A, B और C (b) A, B और D
(c) A, C और D (d) A, B, C और D

अभिकथन-कारण प्रकार के प्रश्न

निर्देश (प्र. सं. 17-20) इन प्रश्नों में **अभिकथन** (A) और **कारण** (R) दिए गए हैं। इन प्रश्नों के उत्तर नीचे दिए गए अनुसार उचित विकल्प को चुनकर दीजिए।
(a) A और R दोनों सही हैं तथा R द्वारा A की सही व्याख्या हो रही है।
(b) A और R दोनों सही हैं, परन्तु R द्वारा A की सही व्याख्या नहीं हो रही है।
(c) A सही है, परन्तु R गलत है।
(d) A गलत है, परन्तु R सही है।

17. **अभिकथन** (A) फोटोग्राफी (ब्लैक एंड वाइट) में सिल्वर ब्रोमाइड अपघटन का उपयोग किया जाता है।
कारण (R) प्रकाश इस ऊष्माक्षेपी अभिक्रिया के लिए ऊर्जा प्रदान करता है।

18. **अभिकथन** (A) मादा जनन तन्त्र का मैथुनांग-योनि जनन मार्ग भी कहलाता है।

कारण (R) यह जन्म के समय शिशु के बाहर आने का मार्ग है।

19. **अभिकथन** (A) नेत्र लेन्स की अभिसारी क्षमता बढ़ने के कारण निकट दृष्टि दोष होता है।

कारण (R) निकट दृष्टि दोष के निवारण हेतु अवतल लेन्स का उपयोग किया जाता है।

20. **अभिकथन** (A) जलीय खाद्य शृंखला जलाशयों में उपस्थित खाद्य शृंखला है।

कारण (R) जलीय खाद्य शृंखला का उदाहरण है पादपप्लवक → जन्तुप्लवक → मछली → बगुला

खण्ड-ख अतिलघु उत्तरीय प्रश्न

21. एक धातु X वायु में खुला छोड़ने पर भूरे रंग की हो जाती हैं। X को एक नीले रंग के विलयन में डाला जाता है जो एक लाल भूरे रंग की धातु Y का लवण प्राप्त होता है। विलयन का रंग हरे रंग का होने लगता है तथा X पर भूरे रंग की परत चढ़ने लगती है।

(a) X तथा Y को पहचानिए।

(b) अभिक्रिया का समीकरण लिखिए। यह अभिक्रिया किस प्रकार की है?

22. बहुकोशिकीय जीवों की कोशिकाओं के बीच संचार के साधन के रूप में विद्युत आवेग की तुलना में रासायनिक संचरण बेहतर क्यों होता है?

23. (a) आनुवंशिक लक्षणों के सन्दर्भ में गुणसूत्रों के कार्य बताइए।

अथवा

(b) जीवों में लक्षण एवं विशेषक में क्या अन्तर होता है?

24.

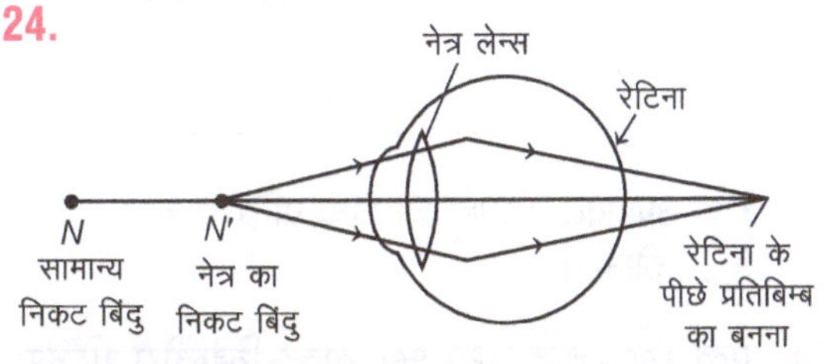

उपरोक्त चित्र के आधार पर निम्न प्रश्नों के उत्तर दीजिए।

(a) नेत्र गोलक का आकार दूर दृष्टि दोष में कैसे परिवर्तित होता है?

(b) इस स्थिति में नेत्र गोलक के आकार की तुलना सामान्य नेत्र के गोलक से कीजिए।

(c) इस स्थिति में गोलक के आकार का परिवर्तन प्रतिबिम्ब के आकार को किस प्रकार प्रभावित करता है?

25. (a)

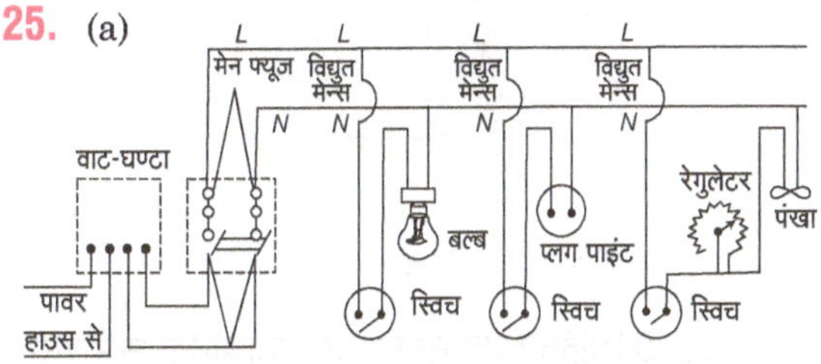

उपरोक्त चित्र के आधार पर निम्न प्रश्नों के उत्तर दीजिए।

(i) विद्युत परिपथ में फ्यूज के कार्य को समझाइए।

(ii) इसे उदासीन तार अथवा विद्युतमय तार, दोनों में से किसके साथ जोड़ा जाता है?

अथवा

(b) किन दशाओं में एक स्थायी विद्युत चुम्बक प्राप्त होगा, यदि विद्युत धारावाही परिनालिका का उपयोग किया जाता है?

SP-05

26. खेत में फसलों में उपस्थित कीटों जैसे कैटरपिलरों को मारने हेतु कीटनाशकों का प्रयोग किया गया है। इन कैटरपिलरों से सम्बन्धित खाद्य जाल नीचे दिया गया है।

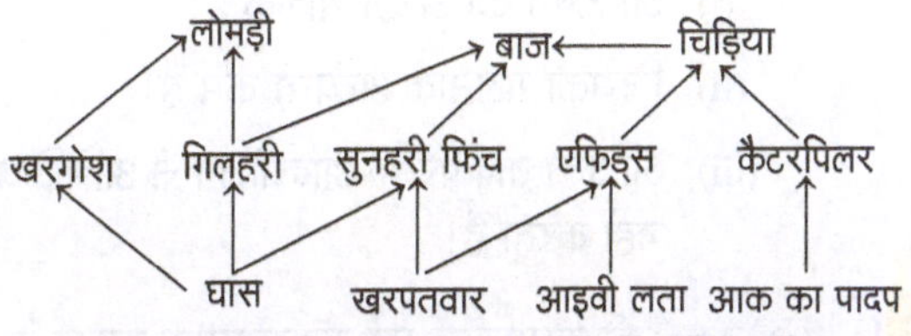

कुछ समय बाद खाद्य जाल में अधिकतम कीटनाशकों की सान्द्रता वाले जीव की पहचान कीजिए।

खण्ड-ग लघु उत्तरीय प्रश्न

27. राधा ने लेड नाइट्रेट को तीव्रता से गर्म किया एक रंगहीन यौगिक और पीली धूम युक्त गैस प्राप्त हुई।

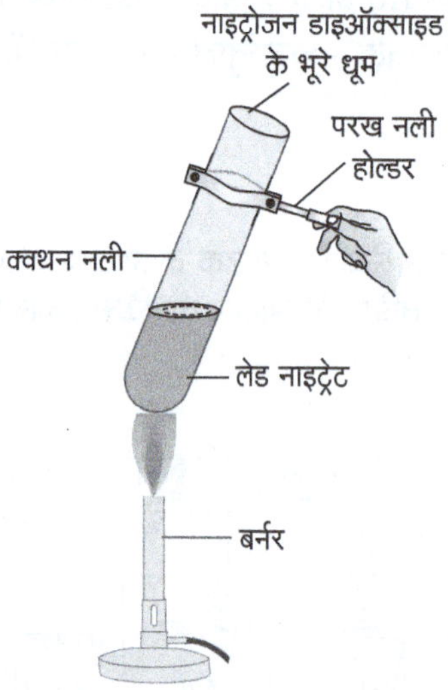

(a) अभिक्रिया का नाम तथा रासायनिक समीकरण लिखिए।

(b) विद्युत धारा को अम्लीकृत जल से प्रवाहित करके ऑक्सीजन बनाने की विधि की रासायनिक समीकरण लिखिए।

28. (a) निम्नलिखित के कारण बताइए।

(i) विद्यालय की घण्टी, धातु से बनाते हैं।

(ii) विद्युतीय तार, कॉपर से बनाए जाते हैं।

(iii) शुष्क अमोनिया गैस की वाष्प लाल लिटमस में आने पर, लिटमस पत्र के रंग में क्या परिवर्तन होता है?

अथवा

(b) धातुओं के नाम तथा कारण बताइए।

(i) जो ऊष्मा का अच्छा चालक है।

(ii) जिसका गलनांक अत्यन्त कम है।

(iii) जो उच्च ताप पर भी ऑक्सीजन से अभिक्रिया नहीं करता है।

29. (a) वृक्क की कार्यात्मक एवं संरचनात्मक इकाई के महत्त्वपूर्ण कार्य बताइए।

(b) कृत्रिम वृक्क के दो कार्य बताइए।

30. प्रतिवर्ती क्रिया क्या है? दो उदाहरण दीजिए। प्रतिवर्ती चाप समझाइए।

31.

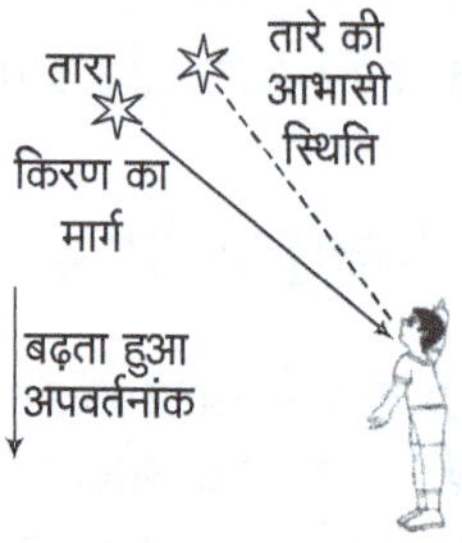

उपरोक्त चित्र में प्रकृति की एक प्रकाशिक परिघटना को दर्शाया गया है। इसके आधार पर निम्न प्रश्नों को समझाइए।

(a) उपरोक्त चित्र में अंकित परिस्थिति प्रकाश की किस परिघटना के कारण प्रकृति में घटित होती है?

(b) प्रकाश की किस परिघटना के कारण हमारे द्वारा देखी गई तारे की प्रत्यक्ष स्थिति, उस तारे की सही स्थिति से थोड़ी अलग होती है?

32. (a) एक निश्चित अनुमतांक (रेटिंग) वाले फ्यूज को अधिक अनुमतांक वाले फ्यूज के साथ क्यों नहीं प्रतिस्थापित करना चाहिए?

(b) एक छात्र ने 2 , 3 तथा 6 के तीन प्रतिरोधों को चित्रानुसार व्यवस्थित किया है

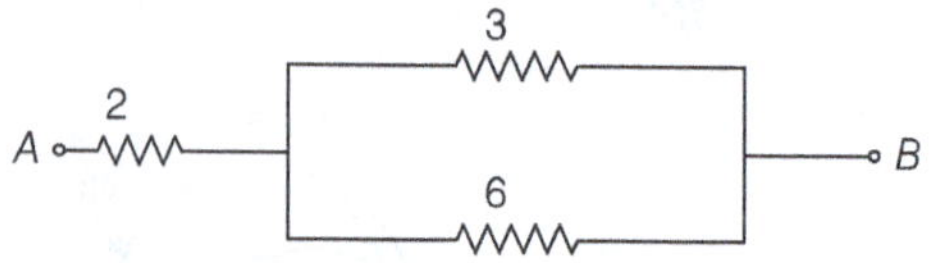

उपरोक्त परिपथ का तुल्य प्रतिरोध ज्ञात कीजिए।

33. एक 1500 वाट तथा 250 वोल्ट विद्युतीय गीजर (Geyser) को 250 वोल्ट की आपूर्ति से जोड़ा जाता है। ज्ञात कीजिए

(a) गीजर द्वारा अवशोषित धारा।

(b) 50 घण्टे में अवशोषित ऊर्जा।

(c) यदि ऊर्जा शुल्क प्रति यूनिट ₹ 6 हो, तो ऊर्जा के अनुरूप राशि।

खण्ड-घ दीर्घ उत्तरीय प्रश्न

34. (a) (i) निम्न पदार्थ अपने जलीय विलयनों में किस प्रकार वियोजित होकर आयन उत्पन्न करेंगे? समीकरण लिखिए।

I. हाइड्रोक्लोरिक अम्ल II. नाइट्रिक अम्ल

III. पोटैशियम हाइड्रॉक्साइड

(ii) प्रतिअम्ल क्या होते हैं? उदर दर्द से राहत के लिए यह किस प्रकार कार्य करते है तथा इसका उदाहरण बताइए?

अथवा

(b) निम्न प्रक्रमों में रासायनिक अभिक्रियाओं के प्रकार को पहचानिए तथा सन्तुलित रासायनिक समीकरण लिखिए।

(i) बेरियम क्लोराइड विलयन को कॉपर सल्फेट विलयन में मिश्रित किया जाता है तथा एक सफेद अवक्षेप प्राप्त होता है।

(ii) कॉपर पाउडर को वायु में गर्म करने पर कॉपर पाउडर की सतह काली हो जाती है।

(iii) फेरस सल्फेट के हरे क्रिस्टलों को गर्म करने पर एक लाल भूरे रंग का ठोस बनता है तथा जलते हुए सल्फर की गन्ध की एक गैस उत्सर्जित होती है।

(iv) कॉपर सल्फेट के नीले विलयन में लोहे की कीलें रखे रहने पर भूरी हो जाती हैं तथा कॉपर सल्फेट का नीला रंग हल्के हरे रंग में बदल जाता है।

(v) बिना बुझा हुआ चूना जल से प्रबल अभिक्रिया कर अधिक मात्रा में ऊष्मा उत्सर्जित करता है।

35. (a) (i) किन्हीं दो लैंगिक संचरित रोगों के नाम लिखिए।

(ii) दिया गया चित्र गर्भाशय में भ्रूण के विकास को दर्शाता है। इस अवस्था में जन्म से पूर्व भ्रूण के स्वास्थ्य, लिंग-निर्धारण या आनुवंशिक संरचना का पता लगाया जा सकता है।

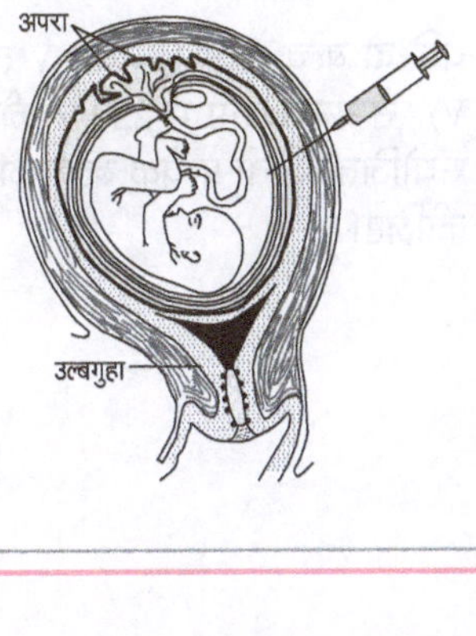

भ्रूण के लिंग का परीक्षण कानूनी अपराध है, क्यों?

(iii) गर्भनिरोध की तीन विधियों के नाम तथा प्रत्येक का एक-एक विपरीत प्रभाव लिखिए।

अथवा

(b) (i) दिए गए चित्र का अध्ययन करके *A*, *B* और *C* द्वारा अंकित भागों के नाम लिखिए। क्या होता है जब *B* अण्डाशय में स्थित *C* पर पहुँचता है? इसके महत्त्व का उल्लेख कीजिए।

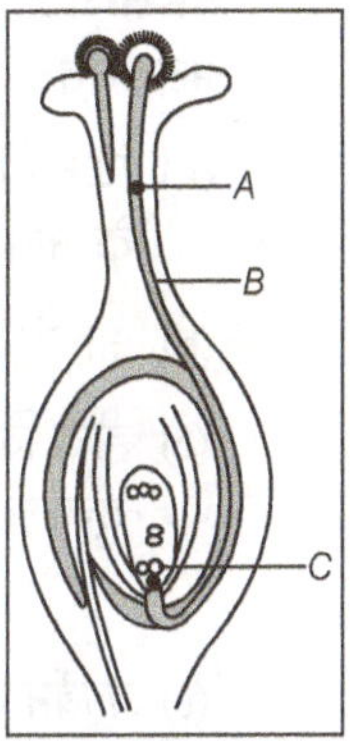

(ii) किसी पुष्प में निषेचन के पश्चात् होने वाले परिवर्तनों का उल्लेख कीजिए।

36. (a) (i) नीचे दिए गए प्रत्येक प्रकरण में अपवर्तित किरण का पथ दर्शाने के लिए किरण आरेख खींचिए तथा प्रतिबिम्ब की प्रकृति भी बताइए।

I. जब प्रतिबिम्ब $2F_2$ पर प्राप्त हो।

II. जब प्रतिबिम्ब वस्तु की ओर अनन्त तथा फोकस के बीच प्राप्त हो।

(ii) एक उत्तल लेन्स की फोकस दूरी 20 सेमी है। इस लेन्स के आगे 2 सेमी लम्बी एक पिन 10 सेमी दूर रखी है। पिन के प्रतिबिम्ब की लम्बाई ज्ञात कीजिए।

अथवा

(b) (i) नीचे दिए गए प्रत्येक प्रकरण में परावर्तित किरण का पथ दर्शाने के लिए किरण आरेख खीचिंए।
किसी अवतल दर्पण के लिए वस्तु

I. जब अनन्त पर हो।

II. जब मुख्य फोकस तथा ध्रुव के मध्य हो।

(ii) यदि p, q तथा r किसी गोलीय दर्पण के क्रमशः बिम्ब की दूरी, प्रतिबिम्ब की दूरी तथा वक्रता त्रिज्या प्रदर्शित करते हैं, तो गोलीय दर्पण के लिए उनमें सम्बन्ध ज्ञात कीजिए।

खण्ड-ङ स्रोत आधारित/केस आधारित प्रश्न

37. सहसंयोजी यौगिकों के परमाणुओं के मध्य, इलेक्ट्रॉनों की साझेदारी द्वारा आबन्ध बनने के कारण इनके आवेश मुक्त कण (आयन) नहीं बनाते, अतः सहसंयोजी यौगिक सामान्यतः विद्युत के कुचालक होते हैं। हीरे की संरचना में, कार्बन के सभी चार संयोजी इलेक्ट्रॉन सहसंयोजी बन्ध बनाने में प्रयुक्त हो जाते हैं। अतः मुक्त इलेक्ट्रॉन उपलब्ध नहीं होता।

(a) किन्हीं दो सहसंयोजक बन्ध रखने वाले यौगिकों के नाम बताइए। (1)

(b) सहसंयोजक यौगिक का एक गुण बताइए। (1)

(c) हीरा विद्युत का कुचालक है, जबकि ग्रेफाइट सुचालक है। कारण स्पष्ट कीजिए। (2)

अथवा

(c) कार्बन के दो गुणधर्म कौन-कौन से हैं, जिनके कारण हमारे चारों ओर कार्बन यौगिकों की अधिक संख्या दिखाई देती है? (2)

38. भोजन के रूप में ग्रहण किए गए जटिल पदार्थों को शरीर की कोशिकाओं द्वारा प्रयोग में लाए जाने हेतु सरल व घुलनशील पदार्थों में विघटित करने की क्रिया पाचन क्रिया कहलाती है। इस क्रिया को कार्यान्वित करने के लिए मानव शरीर में एक सम्पूर्ण तन्त्र पाया जाता है, जिसे पाचन तन्त्र कहते हैं। इस पाचन तन्त्र में भोजन का पाचन विभिन्न प्रकार के पाचक विकरों या एन्जाइम्स की सहायता से होता है। इन पाचक एन्जाइम्स का स्रावण इसी पाचन तन्त्र में उपस्थित पाचक ग्रन्थियाँ करती हैं।

(a) भोजन का पाचन किस प्रकार प्रभावित होगा, यदि पित्त नलिका पूर्णतया अवरुद्ध हो जाए? (1)

(b) बहिःक्षेपण, अंतर्ग्रहण से किस प्रकार भिन्न है? (1)

(c) आमाशय एवं आँत में आवश्यक pH किस प्रकार नियंत्रित किया जाता है? (2)

अथवा

(c) निम्न चित्र छोटी आँत के आन्तरिक भाग को प्रदर्शित करता है। इस चित्र के आधार पर बताइए कि छोटी आँत की भित्ति की संरचना किस प्रकार अवशोषण में सहायक होती है? (2)

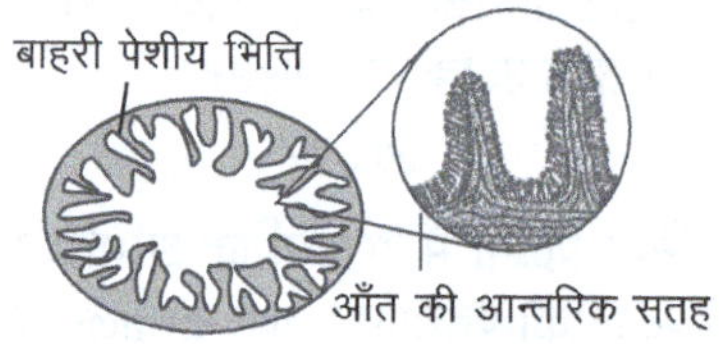

39. किसी घरेलू परिपथ में 100 वाट के तीन लेड बल्बों को आरेख में दर्शाए अनुसार समान्तर क्रम में व्यवस्थित किया गया है, स्रोत की वोल्टता 220V है। नीचे दिए गए परिपथ आरेख के आधार पर निम्नलिखित प्रश्नों के उत्तर दीजिए।

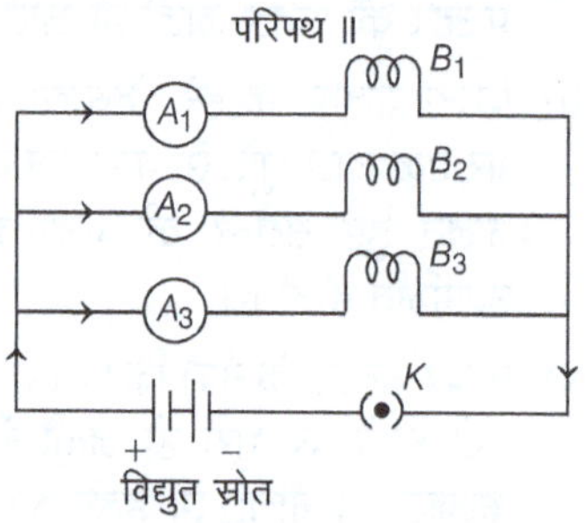

(a) उल्लेखित कीजिए, क्या होता है जब

(i) बल्ब B_1 फ्यूज हो जाता है?

(ii) कुँजी K को बन्द करते हैं? (2)

(b) परिकलित कीजिए।

(i) एक बल्ब द्वारा 1 मिनट में उपयुक्त ऊर्जा

(ii) एक बल्ब द्वारा 2 मिनट में उपयुक्त ऊर्जा (2)

अथवा

(b) यदि दो बल्ब (100 W, 220 V तथा 60 W, 220 V) समान्तर क्रम में 220 V की आपूर्ति से संयोजित हैं, तो प्रत्येक बल्ब का प्रतिरोध ज्ञात कीजिए। (2)

SP-05

हल सहित उत्तर in Topper's Style

मेरी प्रतिबद्धता मैं विश्वास दिलाता हूँ कि पूरा पेपर अपने आप करने के बाद ही मैं यहाँ दिए गए Solutions को देख रहा हूँ। इन Solutions को देखने का मेरा उद्देश्य यह Check करना है कि मेरे द्वारा किये गए Solutions Correct हैं या नहीं।

1. (c) लेड सल्फेट का रासायनिक सूत्र $PbSO_4$ होता है। (1)

2. (c) जलीय विलयन 'A' = NaOH (क्षारीय विलयन) फीनॉल्फ्थैलीन विलयन को गुलाबी कर देता है।

विलयन 'A' में कोई अम्ल (HCl) विलयन 'B' को मिलाने पर विलयन उदासीन हो जाता है तथा गुलाबी रंग विलुप्त हो जाता है।

अतः 'A' का pH 7 से अधिक तथा B का pH 7 से कम है। (1)

3. (c) Cu उत्प्रेरक की उपस्थिति में ऐल्कोहॉल के विहाइड्रोजनीकरण से कार्बोनिल यौगिक ऐल्डिहाइड का निर्माण होता है।

$$R — CH_2 — OH \xrightarrow[\Delta]{Cu, 573\ K} R — CHO + H_2$$ (1)

4. (c) ऐल्डिहाइड का सामान्य सूत्र $C_nH_{2n}O$ होता है। (1)

5. (b) सन्तुलित समीकरण निम्न प्रकार से होगी

$$\underset{\text{बेरिलियम कार्बाइड}}{Be_2C} + \underset{\text{जल}}{4H_2O} \longrightarrow \underset{\text{बेरिलियम हाइड्रॉक्साइड}}{2Be(OH)_2} + \underset{\text{मेथेन}}{CH_4}$$

अतः $x = 4$ एवं $y = 2$ (1)

6. (d) मिट्टी के तेल में कार्बन परमाणुओं की संख्या C_{11} से C_{16} तक होती है। (1)

7. (b) इस अभिक्रिया का संतुलित रूप निम्न है

$2Na + 2H_2O \longrightarrow 2NaOH + H_2$ (1)

8. (c) प्रतिवर्ती क्रियाएँ मेरुरज्जु द्वारा नियन्त्रित होती हैं। अतः मेरुरज्जु के क्षतिग्रस्त होने पर मनुष्य में प्रतिवर्ती क्रियाएँ नहीं हो पाती हैं। (1)

9. (a) यीस्ट एककोशिकीय होते हैं, जबकि *स्पाइरोगायरा* बहुकोशिकीय होता है, परन्तु ये दोनों ही अलैंगिक प्रजनन करते हैं। (1)

10. (a) विपरीत लक्षणों के जोड़ों को युग्मविकल्पी या एलीलोमॉर्फ कहा जाता है। (1)

11. (a) अग्न्याशय के सन्दर्भ में कथन A, B और C सही हैं। (1)

12. (b) अपूर्ण प्रभाविता के कारण गुलाबी रंग के दो पुष्पों के बीच संकरण कराए जाने पर 1 लाल रंग की, 2 गुलाबी रंग की और 1 सफेद रंग की संतति उत्पन्न हुई। (1)

13. (c) अभिनेत्र लेन्स से प्रतिबिम्ब की दूरी में कोई परिवर्तन नहीं होता, क्योंकि नेत्र लेन्स की फोकस दूरी परिवर्तित हो जाती है। (1)

14. (c) तार का प्रतिरोध $= R$, तार के प्रत्येक भाग का प्रतिरोध $= \frac{R}{5}$

श्रेणीक्रम में संयोजित करने पर तुल्य प्रतिरोध,

$$R' = \frac{R}{5} + \frac{R}{5} + \frac{R}{5} + \frac{R}{5} + \frac{R}{5} = \frac{5R}{5} = R$$

$\therefore$ अनुपात, $\frac{R}{R'} = 1$ (1)

15. (b) 'घास → बकरी → भेड़िया' आहार शृंखला का निर्माण करते हैं। (1)

16. (b) जैव-निम्नीकृत अपशिष्टों के सन्दर्भ में कथन A, B और D सही हैं। (1)

17. (c) फोटोग्राफी (ब्लैक एंड वाइट) में सिल्वर ब्रोमाइड का उपयोग किया जाता है, क्योंकि यह प्रकाश के प्रति संवेदनशील होता है, जब प्रकाश उस पर आपतित होता है, तो यह विघटित हो जाता है तथा धात्विक चाँदी के कणों में परिवर्तित हो जाता है।

अतः अभिकथन (A) सही है, परन्तु कारण (R) गलत है। (1)

18. (a) मादा जनन तन्त्र में योनि जननमार्ग भी कहलाती है। यह पुरुष के लिंग का प्रवेश द्वार, प्रसव पश्चात् शिशु के बाहर आने का मार्ग तथा रजोधर्म स्रावण का मार्ग होता है। अतः अभिकथन (A) व कारण (R) दोनों सही हैं तथा कारण (R) द्वारा अभिकथन (A) की सही व्याख्या हो रही है। (1)

19. (b) नेत्र लेन्स की अभिसारी क्षमता बढ़ने के कारण निकट दृष्टि दोष होता है। इस दोष के निवारण हेतु अवतल लेन्स का उपयोग किया जाता है।

अतः अभिकथन (A) तथा कारण (R) दोनों सही हैं, परन्तु कारण (R) द्वारा अभिकथन (A) की सही व्याख्या नहीं हो रही है।

20. (b) जलीय खाद्य शृंखला जल स्रोतों जैसे जलाशयों में पाई जाने वाली खाद्य शृंखला होती है; जैसे—पादपप्लवक → जन्तुप्लवक → छोटी मछली → बगुला।

अतः अभिकथन (A) तथा कारण (R) दोनों सही हैं, परन्तु कारण (R) द्वारा अभिकथन (A) की सही व्याख्या नहीं हो रही है। (1)

21. (a) $X \rightarrow Fe$; $Y \rightarrow Cu$ (1)

(b) $CuSO_4 + \underset{X}{Fe} \longrightarrow FeSO_4 + \underset{Y}{Cu}$

यह विस्थापन अभिक्रिया है। (1)

22. बहुकोशिकीय जीवों की कोशिकाओं के बीच संचार के साधन के रूप में विद्युत आवेग की तुलना में रासायनिक संचरण बेहतर होता है, क्योंकि

(i) इसमें रुधिर में उपस्थित हॉर्मोन के माध्यम से संचार होता है, अतः इसे संकेत देने के लिए तन्त्रिका ऊतकों जैसे किसी विशेष ऊतक की आवश्यकता नहीं होती है। (1)

(ii) रासायनिक संचार लगातार होता है, जबकि तन्त्रिका समन्वय केवल निश्चित अन्तराल पर ही किया जा सकता है। (1)

23. (a) गुणसूत्रों के निम्न कार्य हैं

(i) ये आनुवंशिक लक्षणों के वाहक हैं।

(ii) ये लिंग-निर्धारण में महत्त्वपूर्ण भूमिका निभाते हैं।

(iii) ये उत्परिवर्तन एवं जीन विनिमय द्वारा विभिन्नताएँ उत्पन्न करते हैं।

(iv) ये संरचनात्मक प्रोटीन निर्माण में सहायक होते हैं। (2)

अथवा

(b) **लक्षण** (Characters) किसी जीव की आकारिकी से सम्बन्धित विशेषताओं को लक्षण कहते हैं; जैसे—रंग, ऊँचाई।

विशेषक (Trait) किसी लक्षण के दो या अधिक भिन्न प्रकारों को विशेषक कहते हैं; उदाहरण—लम्बा (Tall) एवं बौना (Dwarf) ऊँचाई के विशेषक हैं। (2)

24. (a) नेत्र गोलक की वक्रता का कम हो जाना, जिससे उसकी फोकस दूरी बढ़ जाती है। (½)

(b) इस स्थिति में नेत्र की माँसपेशियों के क्षीण हो जाने से नेत्र गोलक का व्यास सामान्य नेत्र के गोलक की अपेक्षा कम हो जाता है। (½)

इस दोष के कारण निकट स्थित वस्तु का प्रतिबिम्ब रेटिना पर फोकस न होकर रेटिना के पीछे फोकस हो जाता है, जिस कारण वस्तु स्पष्ट दिखाई नहीं देती है। (1)

25. (a) (i) फ्यूज को विद्युतमय तार से जोड़ा जाना चाहिए, क्योंकि यह उच्च विभवान्तर का होता है।
यदि उपकरण में विद्युतमय तार क्षतिग्रस्त हो जाता है और बहुत अधिक धारा उत्पन्न होती है, तो इस भाग में फ्यूज की आवश्यकता होती है, जिससे कि यह पिघल जाए और परिपथ विच्छेदित हो जाए।

(ii) यदि फ्यूज को उदासीन तार से लगाया जाता है, तो विद्युत लाइन में त्रुटि होने पर, फ्यूज सक्रिय परिपथ में नहीं होगा तथा परिपथ को क्षति होगी। (2)

अथवा

(b) निम्न दशाओं में एक स्थायी विद्युत चुम्बक प्राप्त होगा, यदि विद्युत धारावाही परिनालिका का उपयोग किया जाए

(i) परिनालिका से प्रवाहित धारा का दिष्ट धारा (DC) होना आवश्यक है।

(ii) परिनालिका के भीतर रखी छड़ का किसी चुम्बकीय गुणयुक्त पदार्थ (जैसे-स्टील) द्वारा निर्मित होना आवश्यक है। (2)

26. जैविक आवर्धन के अन्तर्गत खाद्य शृंखला में अजैवनिम्नीकृत रसायनों जैसे-कीटनाशकों की सान्द्रता उत्तरोत्तर पोषक स्तरों में क्रमिक रूप से बढ़ती है। अत: दिए गए खाद्य जाल के अनुसार; केवल कैटरपिलर में उपस्थित कीटनाशक के कारण अर्थात् कैटरपिलर को खाने के कारण इसकी अधिकतम सान्द्रता सर्वोच्च उपभोक्ता बाज में होगी। अजैव निम्नीकृत तत्त्वों की सान्द्रता खाद्य शृंखला के निचले स्तर में नगण्य होती है, किन्तु सर्वोच्च उपभोक्ता तक पहुँचने पर इनकी सान्द्रता कई 100 गुना बढ़ जाती है, जो उस जीव के लिए अत्यन्त हानिकारक होती है।

उदाहरण—कीटनाशक (DDT) का तालाब से बाज तक पहुँचना है। (2)

27. (a) जब लेड नाइट्रेट को गर्म किया जाता है, तो वह सरलतम पदार्थों, लेड मोनॉक्साइड, नाइट्रोजन डाइऑक्साइड और ऑक्सीजन बनाता है।

$$\underset{\substack{\text{लेड नाइट्रेट} \\ \text{(रंगहीन)}}}{Pb(NO)_3(s)} \xrightarrow[\text{अपघटन}]{\text{ऊष्मा}} \underset{\substack{\text{लेड मोनॉक्साइड} \\ \text{(पीला)}}}{2PbO(s)} + \underset{\substack{\text{नाइट्रोजन} \\ \text{डाइ-ऑक्साइड}}}{4NO_2(g)} + \underset{\text{ऑक्सीजन}}{O_2(g)}$$

उपरोक्त अभिक्रिया ऊष्मीय अपघटन अभिक्रिया है। (2)

(b) जब विद्युत धारा को अम्लीकृत जल से प्रवाहित किया जाता है, वह अपघटित होकर हाइड्रोजन और ऑक्सीजन गैस देता है। इस अभिक्रिया को निम्न रूप में निरूपित किया जा सकता है

$$\underset{\text{जल}}{2H_2O\,(l)} \xrightarrow[\text{अपघटन}]{\text{ऊष्मा}} \underset{\text{हाइड्रोजन}}{2H_2(g)} + \underset{\text{ऑक्सीजन}}{O_2(g)}$$ (1)

28. (a) (i) धातुओं में 'सोनोरस' (ध्वनि उत्पन्न करने का गुण) गुण होने के कारण इनका प्रयोग विद्यालय की घण्टी बनाने के लिए किया जाता है। (1)

(ii) विद्युत का अच्छा सुचालक होने के कारण, कॉपर का प्रयोग विद्युतीय तार बनाने के लिए किया जाता है। (1)

(iii) लिटमस के रंग में कोई परिवर्तन नहीं होता, क्योंकि जल की अनुपस्थिति में शुष्क अमोनिया क्षार की भाँति व्यवहार नहीं करता। (1)

अथवा

(b) (i) कॉपर ऊष्मा का अच्छा चालक होता है, क्योंकि यह ऊष्मा को अच्छे से अवशोषित करता है और इसे लम्बे समय तक बनाए रखता है। सिल्वर (चाँदी) भी ऊष्मा की अच्छी चालक है। (1)

(ii) गैलियम का गलनांक $29.7°C$ होता है तथा यह Ga_2O अवस्था में पाया जाता है। यह सामान्य तापमान पर द्रव अवस्था में उपस्थित होती है। (1)

(iii) स्वर्ण तथा चाँदी उच्च ताप पर भी ऑक्सीजन से अभिक्रिया नहीं करती है क्योंकि ये कम अभिक्रियाशील धातु है। (1)

29. (a) नेफ्रॉन वृक्क की कार्यात्मक एवं संरचनात्मक इकाई है। इसका महत्त्वपूर्ण कार्य परानिस्यन्दन, वरणात्मक पुनरावशोषण एवं नलिकीय स्रावण द्वारा मूत्र का निर्माण करना है। (1)

(b) कृत्रिम वृक्क के प्रमुख कार्य निम्न हैं

(i) रुधिर में से हानिकारक नाइट्रोजनी अपशिष्ट पदार्थों का पृथक्करण/निस्यन्दन करना। (1)

(ii) Na^+ एवं K^+ का रुधिर में सन्तुलन बनाए रखना। (1)

30. प्रतिवर्ती क्रिया को किसी अचानक उत्पन्न होने वाली उद्दीपन के प्रति प्रभावकों (पेशी या ग्रन्थि) द्वारा दिखाए जाने वाले त्वरित, अवचेतन तथा अनैच्छिक अनुक्रिया के रूप में परिभाषित किया जाता है।

उदाहरण के लिए, किसी बहुत गर्म प्लेट को छू जाने पर हम अपने हाथ को अचानक तेजी से पीछे खींच लेते हैं या दुर्घटनावश किसी तेज धार वाली चीज पर पैर जाने से हम एकाएक अपना पैर वापस खींच लेते हैं। इस क्रिया में मस्तिष्क भाग नहीं लेता है। ये क्रियाएँ मेरुरज्जु द्वारा नियन्त्रित होती हैं। प्रतिवर्ती क्रिया में ग्राही अंग के संदेश को संवेदी तन्त्रिका द्वारा मेरुरज्जु तक प्रेषित किया जाता है।

मेरुरज्जु प्रेरक तन्त्रिकाओं के माध्यम से सम्बन्धित अंगों तक अपना आदेश प्रेषित करता है, इस सम्पूर्ण पथ को प्रतिवर्ती चाप कहते हैं। आदेश प्राप्त करने के बाद सम्बन्धित पेशी में संकुचन आता है और अंग अनुक्रिया प्रदर्शित करता है। (3)

31. (a) तारे की आभासी स्थिति वायुमण्डलीय अपवर्तन के कारण प्रकृति में घटित होती है। (1)

(b) तारे की प्रत्यक्ष स्थिति, वायुमण्डल में तारे के प्रकाश के अपवर्तन के कारण थोड़ी-सी अलग होती है, क्योंकि वायुमण्डल, तारे के प्रकाश को अभिलम्ब की ओर झुका देता है जिससे तारे से आने वाला प्रकाश पथ थोड़ा परिवर्तित हो जाता है। (2)

32. (a) यदि कम रेटिंग वाले फ्यूज को अधिक रेटिंग वाले फ्यूज से प्रतिस्थापित करते हैं, तो फ्यूज विद्युत उपकरण के अनुकूल धारा से अधिक होने पर भी नहीं पिघलता तथा उपकरण को क्षति पहुँच सकती है। (1)

(b) 3Ω तथा 6Ω के प्रतिरोध समान्तर क्रम में हैं।

अतः $\frac{1}{R}=\frac{1}{3}+\frac{1}{6}=\frac{2+1}{6}=\frac{3}{6}=\frac{1}{2}$

$\Rightarrow \quad R_P = 2\Omega$

R_P तथा 2Ω के प्रतिरोध श्रेणीक्रम में हैं।

अतः $R_{eq} = R_P + 2\Omega = 2+2 = 4\Omega$ (2)

33. दिया है, शक्ति, $P = 1500$ वाट

वोल्टता, $V = 250$ वोल्ट

(a) अवशोषित धारा, $I = \frac{P}{V} = \frac{1500}{250} = 6$ ऐम्पियर (1)

(b) अवशोषित ऊर्जा, E = शक्ति $\times$ समय

$= 1500 \times 50 = 75000$ वाट-घण्टा = 75 यूनिट

($\because$ 1 किलोवाट = 1000 वाट तथा 1 यूनिट = 1 किलोवाट-घण्टा) (1)

(c) ऊर्जा के अनुरूप राशि = 75×6 = ₹450 (1)

34. (a) (i) I. HCl जलीय विलयन में निम्न आयन उत्पन्न करता है

$HCl(l) + H_2O(l) \rightarrow H_3O^+(aq) + Cl^-(aq)$ (1)

II. HNO_3 जलीय विलयन में निम्न आयन उत्पन्न करता है

$HNO_3(l) + H_2O(l) \rightarrow H_3O^+(aq) + NO_3^-(aq)$ (1)

III. KOH जलीय विलयन में निम्न आयन उत्पन्न करता है

$KOH_{(s)} \xrightarrow{H_2O} K^+_{(aq)} + Cl^-(aq)$ (1)

(ii) प्रति अम्ल दुर्बल क्षार होते हैं।

प्रति अम्ल अपच के समय उदर में निर्मित अतिरिक्त अम्ल की मात्रा को उदासीन कर देता है तथा दर्द से राहत दिलाता है।

उदाहरण–मैग्नीशियम हाइड्रॉक्साइड $[Mg(OH)_2]$, सोडियम हाइड्रोजन कार्बोनेट $(NaHCO_3)$। (2)

अथवा

(b) (i) यह अभिक्रिया द्विविस्थापन अभिक्रिया है

$$\underset{\text{बेरियम क्लोराइड}}{BaCl_2(aq)} + \underset{\text{कॉपर सल्फेट}}{CuSO_4(aq)} \longrightarrow \underset{\text{सफेद अवक्षेप}}{BaSO_4(s)} + CuCl_2(aq)$$ (1)

(ii) यह अभिक्रिया रेडॉक्स अभिक्रिया है

$$\underset{\text{कॉपर ऑक्साइड}}{2CuO(s)} + O_2(g) \xrightarrow{\text{ऊष्मा}} \underset{\text{काला}}{2CuO(s)}$$ (1)

(iii) यह अभिक्रिया अपघटन अभिक्रिया है

$$2FeSO_4(s) \xrightarrow{\text{गर्म करने पर}} Fe_2O_3(s) + SO_2(g) + SO_3(g)$$ (1)

(iv) यह अभिक्रिया विस्थापन अभिक्रिया है

$$Fe(s) + \underset{\text{नीला विलयन}}{CuSO_4(aq)} \longrightarrow \underset{\text{हल्का हरा}}{FeSO_4(aq)} + Cu(s)$$ (1)

(v) यह अभिक्रिया संयोजन अभिक्रिया है

$$CaO(s) + H_2O(l) \longrightarrow Ca(OH)_2 + \text{ऊष्मा}$$ (1)

35. (a) (i) सिफलिस और गोनोरिया जीवाणु जनित लैंगिक संचरित रोग (STD) हैं। (1)

(ii) भ्रूण लिंग निर्धारण कानूनी अपराध है, क्योंकि गर्भ में कन्या भ्रूण के होने का पता चलने पर कई दम्पत्ति कन्या भ्रूण हत्या द्वारा गर्भपात करा देते हैं, जिससे सामाजिक लिंगानुपात बिगड़ता है। कई बार असुरक्षित गर्भपात गर्भवती माँ के लिए जानलेवा भी हो जाता है। (2)

(iii) **कण्डोम** प्रयोग के दौरान पृथक् होने या फटने की सम्भावन।

सम्भोग व्यवधान उच्च असफलता दर, स्व-अनुशासन की आवश्यकता, शुक्राणु की कुछ मात्रा लिंग के बाहर निकालने से पूर्व शरीर में जा सकती है।

अन्तःगर्भाशयी युक्ति निवेशन या निकालते समय वेदना हो सकती है, अपने आप निकल सकती है या गर्भाशय में फँस सकती है (ऐसा बहुत कम होता है) तथा IUD के साथ होने वाले 3-9% गर्भ अस्थानिक (Ectopic) होते हैं। (2)

अथवा

(b) (i) A-जनन कोशिका

B-पराग नलिका

C-भ्रूणकोष में अण्ड कोशिका

पराग नलिका बीजाण्डद्वार द्वारा बीजाण्ड में से होती हुई भ्रूणकोष में प्रवेश करती है। यहाँ पराग नलिका दोनों अगुणित नर युग्मकों को मुक्त कर देती है। इनमें से एक नर युग्मक (Male gamete) अण्ड कोशिका से संलयित होकर द्विगुणित युग्मनज बनाता है। इसे **वास्तविक निषेचन** (True fertilisation) कहते हैं तथा दूसरा नर युग्मक द्वितीयक केन्द्रक ($2n$) से संयुग्मित होकर त्रिगुणित भ्रूणपोष केन्द्रक ($3n$) बनता है। इस प्रक्रिया को **त्रिक संलयन** (Triple fusion) कहते हैं। इस सम्पूर्ण प्रक्रिया को द्विनिषेचन कहते हैं। (3)

(ii) निषेचन के पश्चात् पुष्प में मुख्यतया निम्न परिवर्तन होते हैं

- बाह्यदल प्राय: मुरझाकर गिर जाते हैं, परन्तु कई पादपों में चिरलग्न होते हैं; उदाहरण-टमाटर, बैंगन, आदि में।
- दल पुंकेसर, वर्तिकाग्र एवं वर्तिका मुरझाकर गिर जाते हैं।
- **अण्डाशय** (Ovary) फल में तथा अण्डाशय भित्ति फल भित्ति (Pericarp) में बदल जाती है।
- **बीजाण्ड** (Ovule) बीज का निर्माण करता है।
- **भ्रूणकोष** (Embryo sac)
  - **अण्ड कोशिका** भ्रूण बनाती है।
  - **सहायक एवं प्रतिमुख कोशिकाएँ** नष्ट हो जाती हैं।
  - **द्वितीयक केन्द्रक** भ्रूणपोष बनाता है, जो भ्रूण के परिवर्धन के समय भ्रूण के पोषण के काम आता है। (2)

36. (a) (i) I. जब प्रतिबिम्ब $2F_2$ पर प्राप्त हो, तो प्रतिबिम्ब वास्तविक, उल्टा तथा वस्तु के बराबर होगा।

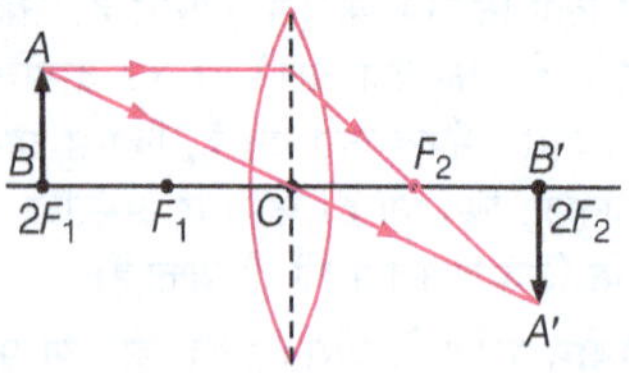

(1)

II. जब प्रतिबिम्ब वस्तु की ओर अनन्त तथा फोकस के बीच प्राप्त हो, तो प्रतिबिम्ब आभासी, सीधा तथा वस्तु से बड़ा बनेगा।

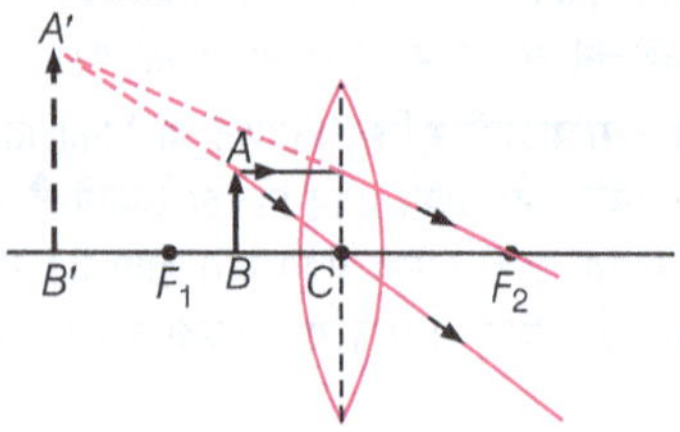

(1)

(ii) दिया है, लेन्स की फोकस दूरी, $f = 20$ सेमी

वस्तु की लम्बाई, $O = 2$ सेमी

लेन्स से वस्तु की दूरी, $u = -10$ सेमी

लेन्स से प्रतिबिम्ब की लम्बाई, $I = ?$

लेन्स सूत्र से, $\frac{1}{f} = \frac{1}{v} - \frac{1}{u}$

$\Rightarrow \quad \frac{1}{20} = \frac{1}{v} - \frac{1}{(-10)}$

$\Rightarrow \quad \frac{1}{v} = \frac{1}{20} - \frac{1}{10} = \frac{1-2}{20} = \frac{-1}{20}$

$\Rightarrow \quad v = -20$ सेमी

हम जानते हैं, रेखीय आवर्धन, $m = \frac{I}{O} = \frac{v}{u}$

$\Rightarrow \quad \frac{I}{2} = \frac{-20}{-10}$

$\Rightarrow \quad 10\,I = 2 \times 20$

$\Rightarrow \quad I = \frac{2 \times 20}{10}$

$\Rightarrow \quad I = 4$ सेमी

अत: प्रतिबिम्ब वस्तु की ओर, लेन्स से 20 सेमी दूर, 4 सेमी ऊँचा तथा सीधा बनेगा। (3)

अथवा

(b) (i)

I. जब वस्तु अनन्त पर हो, तो प्राप्त प्रतिबिम्ब वास्तविक, उल्टा तथा वस्तु से छोटा होगा।

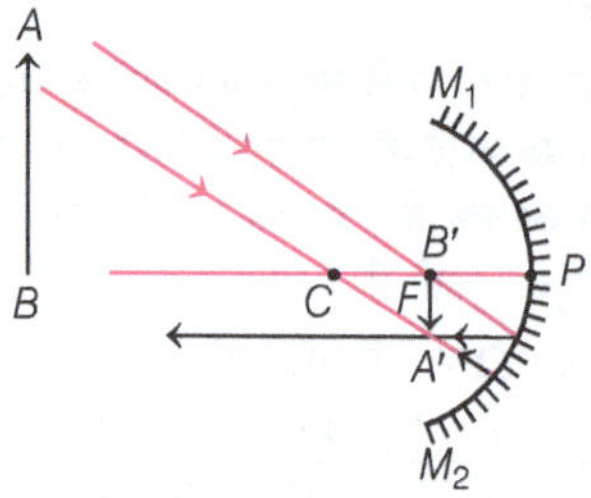

(1)

II. जब वस्तु मुख्य फोकस तथा ध्रुव के मध्य हो, तो प्राप्त प्रतिबिम्ब आभासी, सीधा तथा वस्तु से बड़ा होगा।

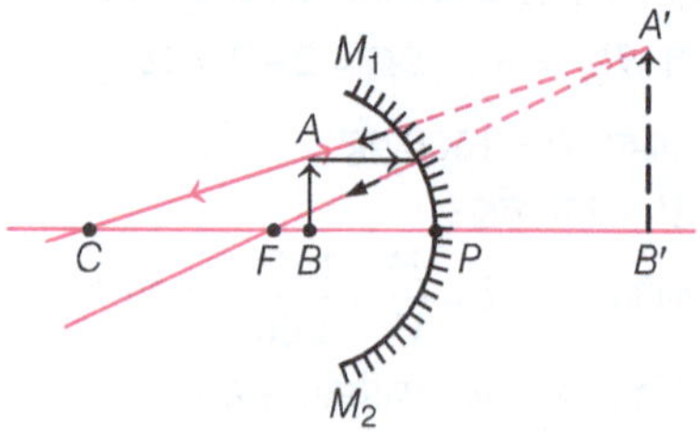

(1)

(ii) दर्पण के सूत्र से,

$$\frac{1}{f} = \frac{1}{v} + \frac{1}{u}$$

$$\frac{1}{\frac{r}{2}} = \frac{1}{q} + \frac{1}{p} \qquad \left[\because f = \frac{r}{2}\right]$$

या $$\frac{2}{r} = \frac{p+q}{pq}$$

या $$\frac{r}{2} = \frac{pq}{p+q}$$

$\therefore$ $$r = \frac{2pq}{p+q}$$ (3)

37. (a) दो सहसंयोजक यौगिक

I. CCl_4 (कार्बन टेट्राक्लोराइड)

II. CH_4 (मेथेन) (1)

(b) सामान्यत: ये विद्युत के कुचालक होते है, क्योंकि परमाणुओं के बीच इलेक्ट्रॉनों की साझेदारी होती है तथा कोई आवेशित आयन उपलब्ध नहीं होता। (1)

(c) हीरा विद्युत का कुचालक होता है क्योंकि इसमें मुक्त इलेक्ट्रॉन अनुपस्थित होते हैं जिसके कारण यह विद्युत का चालन नहीं करता है। अत: हीरा विद्युत का कुचालक है। जबकि, ग्रेफाइट की संरचना में केवल तीन संयोजी इलेक्ट्रॉन सहसंयोजी बंध बनाने में प्रयुक्त होते हैं तथा चौथा इलेक्ट्रॉन मुक्त रहता है, इसलिए ग्रेफाइट विद्युत का सुचालक है। (2)

अथवा

(c) कार्बन अधिक संख्या में यौगिक बनाता है। इसके दो मुख्य कारण निम्न हैं

(i) **शृंखलन** (Catenation) कार्बन परमाणुओं के परस्पर जुड़कर लम्बी शृंखलाएँ बनाने के गुण को शृंखलन कहते हैं। ये सीधी शृंखला, शाखित शृंखला अथवा वलय के रूप में जुड़ने की क्षमता रखते हैं। (1)

(ii) **चतु:संयोजकता** (Tetravalency) कार्बन की चतु:संयोजकता के कारण यह अन्य कार्बन परमाणुओं से या अन्य तत्वों के परमाणुओं से सहसंयोजक आबन्धों द्वारा जुड़ता है। (1)

38. (a) पित्त नलिका के अवरुद्ध हो जाने के कारण पित्त रस छोटी आँत में नहीं पहुँच पाएगा। अत: इससे वसा का पाचन प्रभावित होगा। (1)

(b) जीवों द्वारा भोजन को ग्रहण करना, अंतर्ग्रहण कहलाता है, जबकि पाचन के पश्चात् बचे अनावशोषित एवं अपचित भोजन को शरीर से बाहर निकालने की प्रक्रिया बहि:क्षेपण कहलाती है। (1)

(c) आमाशय में जठरीय ग्रन्थियों द्वारा स्रावित HCl द्वारा अम्लीय माध्यम का निर्माण किया जाता है, जो पेप्सिन के सक्रियण हेतु आवश्यक होता है। इसी प्रकार छोटी आँत में क्षारीय माध्यम का निर्माण पित्त रस एवं अग्न्याशयी रसों द्वारा निर्मित किया जाता है, जो विभिन्न एन्जाइमों को क्रियाशील बनाता है। (2)

अथवा

(c) छोटी आँत की आन्तरिक भित्ति असंख्य सूक्ष्म अँगुलीनुमा प्रवर्धों से आस्तरित होती है, जिन्हें रसांकुर कहते हैं। ये भोजन के अवशोषण हेतु पृष्ठीय क्षेत्रफल में वृद्धि करते हैं। प्रत्येक प्रवर्ध के भीतर रुधिर वाहिकाओं का जाल पाया जाता है, जो पचित भोजन को रुधिर में अवशोषित करने में सहायक होता है। (2)

39. (a) (i) जब एक बल्ब B_1 फ्यूज होता है, तो समान्तर क्रम संयोजन में परिपथ में विभवान्तर वही बना रहेगा तथा अन्य बल्ब अपनी पहले जितनी दीप्ति या चमक के साथ जलते रहेंगे।

(ii) कुँजी K को बन्द करते हैं, तो बल्ब 3 गुना अधिक तीव्रता से प्रकाशमान होते हैं। (2)

(b) (i) $P = 100$ W, $t = 60$ सेकण्ड

एक बल्ब द्वारा 1 मिनट में उपयुक्त ऊर्जा

$= P \times t = 100 \times 60 = 6000$ जूल

(ii) एक बल्ब द्वारा 2 मिनट में उपयुक्त ऊर्जा =

$P \times t = 100 \times 60 \times 60 = 360000$ जूल (2)

अथवा

(b) प्रथम बल्ब के लिए,

$P_1 = 100$ W,

$V_1 = 220$ V

$$R_1 = \frac{V_1^2}{P_1} = \frac{220 \times 220}{100}$$

$$= 484\,\Omega$$

दूसरे बल्ब के लिए,

$P_2 = 60$ W, $V_2 = 220$ V

$$R_2 = \frac{V_2^2}{P_2} = \frac{220 \times 220}{60} = 806.6\,\Omega$$ (2)

SQP Code : **PB-6/15**

Series ***i*-Succeed 6-25/15**

अनुक्रमांक | | | | | | | | |

सैंपल प्रश्न-पत्र 06

विज्ञान कक्षा 10 (कोड 086)

सामान्य निर्देश

इस प्रश्न पत्र में पाँच खण्डों (क), (ख), (ग), (घ) और (ङ) में बाँटा गया है। प्रश्न-पत्र में 39 प्रश्न हैं। सभी प्रश्न अनिवार्य हैं।

1. प्रश्न में, 1 से 20 तक के सभी प्रश्न एक-एक अंक के हैं।
2. प्रश्न में, 21 से 26 अतिलघु उत्तरीय प्रश्न हैं, प्रत्येक के 2 अंक निर्धारित हैं। इन प्रश्नों के उत्तर 30 से 50 शब्दों के मध्य दिए जाने हैं।
3. प्रश्न में, 27 से 33 लघु उत्तरीय प्रश्न हैं, प्रत्येक के 3 अंक निर्धारित हैं। इन प्रश्नों के उत्तर 50 से 80 शब्दों के मध्य दिए जाने हैं।
4. प्रश्न में, 34 से 36 दीर्घ उत्तरीय प्रश्न हैं, प्रत्येक के 5 अंक निर्धारित हैं। इन प्रश्नों के उत्तर 80 से 120 शब्दों के मध्य दिए जाने हैं।
5. प्रश्न में, 4 अंको के उप-भागों के साथ 3 प्रश्न, स्रोत आधारित/केस आधारित दिए गए हैं। कोई समग्र विकल्प नहीं है। हालांकि, कुछ प्रश्नों में आंतरिक विकल्प दिए गए हैं, जिनमें केवल एक का उत्तर देना है।

समय : 3 घंटे

पूर्णांक : 80

खण्ड-क बहुविकल्पीय प्रश्न

1. जब कॉपर सल्फेट विलयन में लोहे का टुकड़ा डालते हैं, तो कॉपर व फेरस सल्फेट बनते हैं। यह अभिक्रिया कहलाती है

(a) प्रतिस्थापन अभिक्रिया (b) योगात्मक अभिक्रिया
(c) ऊष्मीय वियोजन (d) ऊष्मीय अपघटन

2. जब सोडियम हाइड्रोजन कार्बोनेट को ऐसीटिक अम्ल में मिलाया जाता है, तो एक गैस उत्पन्न होती है। इस गैस के सम्बन्ध में निम्न में से कौन-सा/से कथन सत्य है/हैं?

(a) यह चूने के पानी को दूधिया कर देती है
(b) यह एक जलते हुए लकड़ी के टुकड़े को बुझा देती है
(c) यह सोडियम हाइड्रॉक्साइड विलयन में घुल जाती है
(d) उपरोक्त में से सभी सही हैं

3. लोहे के फ्राइंग पैन (Frying pan) को जंग से बचाने के लिए निम्न में से कौन-सी विधि उपयुक्त है?

(a) ग्रीज लगाकर (b) पेंट लगाकर
(c) जिंक की परत चढ़ाकर (d) इन सभी के द्वारा

4. मैग्नीशियम धातु का वायु में जलना एक उदाहरण है

(a) भौतिक परिवर्तन का
(b) रासायनिक परिवर्तन का
(c) उत्क्रमणीय अभिक्रिया का
(d) उपरोक्त में से कोई नहीं

5. पॉलिथीन किस यौगिक का बहुलक है?

(a) मेथेन (b) एथेन
(c) एथीन (d) एथाइन

6. A, B, C तथा D विलयनों के pH मान क्रमशः 11, 9.5, 3.5 तथा 6.5 हैं। इनमें से सर्वाधिक क्षारीय विलयन है

(a) B (b) C
(c) A (d) D

7. 10^{-6} M HCl विलयन का pH मान है

(a) 7 (b) 6
(c) 8 (d) 14

8. नीचे दो कॉलम दिए गए हैं। कॉलम I में मानव पाचन तन्त्र में ग्रन्थियों द्वारा स्रावित एन्जाइम और कॉलम II में भोजन के अवयव जिन पर एन्जाइम क्रिया करते हैं, दिए गए हैं। सही मिलान को दर्शाने वाला विकल्प चुनिए।

	कॉलम I (एन्जाइम)	कॉलम II (अवयव)
(a)	पेप्सिन	स्टार्च
(b)	ट्रिप्सिन	प्रोटीन
(c)	लाइपेज	प्रोटीन
(d)	एमाइलेज	इमल्सीकृत वसा

9. धमनियों का वर्णन करने के लिए सही कथन चुनिए।

A. इनकी भित्तियाँ मोटी और प्रत्यास्थ होती हैं।

B. इनमें रुधिर उच्च दाब के साथ बहता है और ये विभिन्न अंगों से रुधिर एकत्रित करके वापस हृदय में पहुँचाती हैं।

C. इनकी भित्तियाँ पतली होती हैं और इनके भीतर कपाट होते हैं।

D. इनमें रुधिर कम दाब के साथ बहता है और ये रुधिर को हृदय से दूर शरीर के विभिन्न भागों तक ले जाती हैं।

E. इनमें रुधिर उच्च दाब के साथ बहता है और ये रुधिर को हृदय से दूर शरीर के विभिन्न भागों तक ले जाती हैं।

(a) A और B (b) A और E
(c) C और E (d) C और D

10. इन्सुलिन के सम्बन्ध में गलत कथन को चुनिए।

(a) यह अग्न्याशय से उत्पन्न होता है।
(b) यह शरीर के विकास और वृद्धि को नियन्त्रित करता है।
(c) यह रुधिर शर्करा स्तर को नियन्त्रित करता है।
(d) इन्सुलिन का अपर्याप्त स्रावण, डायबिटीज का कारण होता है।

11. निम्नलिखित कथनों को पढ़िए एवं सही विकल्प का चयन कीजिए।

A. मेण्डलियन कारकों को अब जीन कहा जाता है।

B. लक्षण केवल समयुग्मजी स्थिति में सम्मिश्रित होते हैं।

C. मानव में सभी लक्षण प्रभाविता दर्शाते हैं।

D. कई जीन लिंगों से सहलग्न रहते हैं।

सही विकल्प का चयन कीजिए।

(a) A तथा B (b) B तथा C
(c) A तथा D (d) C तथा D

12. *स्पाइरोगायरा* में अलैंगिक प्रजनन होता है

(a) तन्तुओं के छोटे-छोटे टुकड़ों में टूटने से
(b) एक कोशिका का दो कोशिकाओं में विभाजन से
(c) एक कोशिका का अनेक कोशिकाओं में विभाजन से
(d) पुरानी कोशिका से वयस्क कोशिका के निर्माण से

13. काँचाभ द्रव उपस्थित होता है

(a) कॉर्निया और नेत्र लेन्स के मध्य
(b) नेत्र लेन्स और रेटिना के मध्य
(c) कॉर्निया और रेटिना के मध्य
(d) उपरोक्त में से कोई नहीं

14. यदि किसी चालक में 5 ऐम्पियर की धारा 15 सेकण्ड के लिए प्रवाहित करने पर व्यय हुई ऊर्जा 45×10^3 जूल हो, तो चालक के प्रतिरोध की गणना कीजिए।

(a) 12 ओम (b) 120 ओम
(c) 1200 ओम (d) 12000 ओम

15. किसी स्थलीय पारितन्त्र की कुल प्राथमिक उत्पादकता का लगभग कितना भाग शाकाहारियों द्वारा खाया जाता है?

(a) 100% (b) 10% (c) 1% (d) 0.1%

16. निम्न में से असत्य कथन छाटिएँ।

(a) पारिस्थितिक तन्त्र अजैविक व जैविक घटकों से मिलकर बनता है।
(b) उत्पादक सौर ऊर्जा को रासायनिक ऊर्जा में परिवर्तित करते हैं।
(c) जलीय पारिस्थितिक तन्त्र या किसी अन्य पारिस्थितिक तन्त्र के लिए अन्तिम ऊर्जा का स्रोत सूर्य है।
(d) प्राकृतिक पारिस्थितिक तन्त्र के अन्तर्गत गेहूँ का खेत व मछलीघर आता है।

अभिकथन-कारण प्रकार के प्रश्न

निर्देश (प्र. सं. 17-20) इन प्रश्नों में **अभिकथन** (A) और **कारण** (R) दिए गए हैं। इन प्रश्नों के उत्तर नीचे दिए गए अनुसार उचित विकल्प को चुनकर दीजिए।

(a) A और R दोनों सही हैं तथा R द्वारा A की सही व्याख्या हो रही है।
(b) A और R दोनों सही हैं, परन्तु R द्वारा A की सही व्याख्या नहीं हो रही है।
(c) A सही है, परन्तु R गलत है।
(d) A गलत है, परन्तु R सही है।

17. **अभिकथन** (A) जब जिंक को आयरन (II) सल्फेट विलयन में मिलाया जाता है, तो कोई परिवर्तन दिखाई नहीं देता है।

कारण (R) जिंक, आयरन की तुलना में अधिक सक्रिय है।

18. **अभिकथन** (A) शिशु का लिंग पिता से प्राप्त गुणसूत्र द्वारा निर्धारित होता है।

कारण (R) नर में एक X-गुणसूत्र व एक Y-गुणसूत्र होता है।

19. **अभिकथन** (A) अवतल दर्पण को जल में रखने पर फोकस दूरी का मान बढ़ जाता है।

कारण (R) अवतल दर्पण की फोकस दूरी माध्यम पर निर्भर नहीं करती है।

20. **अभिकथन** (A) लैंगिक प्रजनन द्वारा उत्पन्न सन्तति में विभिन्नता पाई जाती है।

कारण (R) लैंगिक जनन द्वारा उत्पन्न सन्तति में प्रत्येक जनक के जीनों की वंशागति होती है।

खण्ड-ख अतिलघु उत्तरीय प्रश्न

21. परखनली A एवं B में समान लम्बाई की मैग्नीशियम की पट्टी लीजिए। परखनली A में हाइड्रोक्लोरिक अम्ल (HCl) तथा परखनली B में ऐसीटिक अम्ल (CH_3COOH) डालिए। किस परखनली में अधिक तेजी से बुदबुदाहट होगी तथा क्यों?

22. मनुष्य के शरीर में कौन-कौन से उत्सर्जी अंग पाए जाते हैं?

23. (a) ऑक्सिन तथा जिबरेलिन के दो-दो कार्यों को स्पष्ट कीजिए।

अथवा

(b) जब हमारी आँखों पर तीव्र प्रकाश पड़ता है, तो हमारे शरीर में होने वाले प्रक्रमों को क्रमबद्ध कीजिए।

SP-06

24.

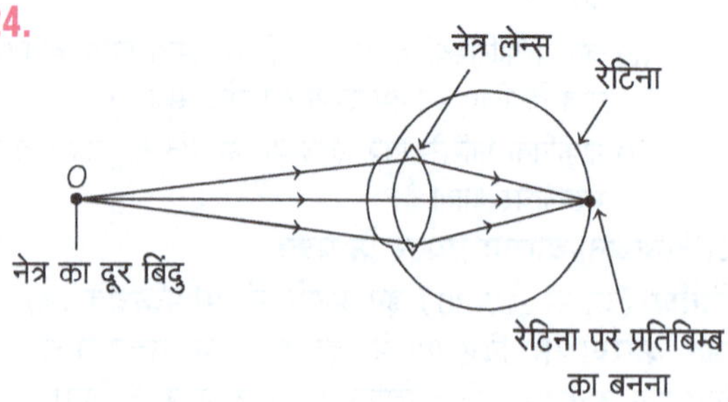

उपरोक्त चित्र दूर दृष्टि दोष से सम्बन्धित है निम्न प्रश्नों के उत्तर दीजिए।

(a) दूर दृष्टि दोष क्या है?

(b) इस दोष को दूर करने के लिए किस प्रकृति का लेन्स प्रयुक्त किया जाता है?

25. (a) एक परिनालिका के अन्दर कम्पास सुईं को चित्रानुसार रखा गया है।

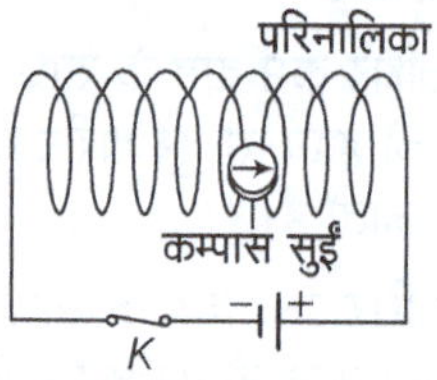

कम्पास सुईं की दिशा चित्र में प्रदर्शित है, तो

(i) चित्र में परिनालिका में प्रवाहित धारा की दिशा प्रत्येक फेरे के लिए अंकित कीजिए।

(ii) परिनालिका के अन्दर चुम्बकीय क्षेत्र की दिशा का वर्णन कीजिए।

अथवा

(b) घरेलू परिपथ के उस अवयव का नाम लिखिए, जिसकी छड़ों में कई ब्रांच लाइनों को संयोजित किया जाता है तथा उसके कार्य को समझाइए।

26. क्या माँ के आनुवंशिक संयोजन की नवजात बच्चे के लिंग-निर्धारण में कोई महत्त्वपूर्ण भूमिका होती है? कारण सहित बताइए।

खण्ड-ग लघु उत्तरीय प्रश्न

27. जब बेरियम क्लोराइड विलयन को सोडियम सल्फेट विलयन में डाला जाता है, तो सफेद विलयन बनता है।

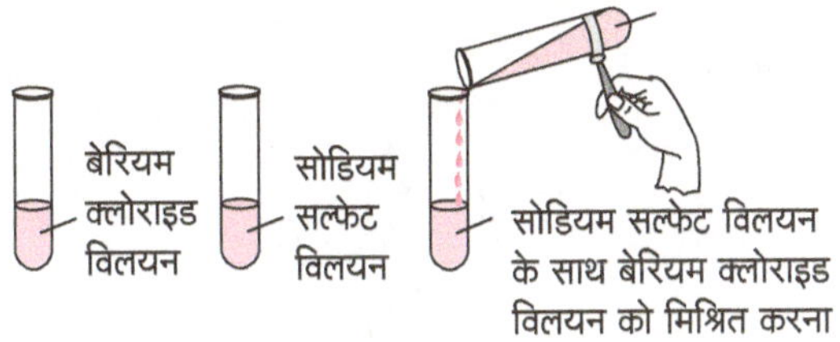

(a) अभिक्रिया का प्रकार तथा रासायनिक अभिक्रिया लिखिए।

(b) बेरियम क्लोराइड में सोडियम सल्फेट के स्थान पर कॉपर सल्फेट से अभिक्रिया करवाने पर प्राप्त उत्पाद तथा अभिक्रिया की रासायनिक समीकरण लिखिए। (1)

28. (a) भौतिक गुणधर्मों के आधार पर एथेनॉल एवं एथेनोइक अम्ल में कोई तीन अन्तर लिखिए।

अथवा

(b) असंतृप्त हाइड्रोकार्बन काले धुएँ के साथ जलते हैं, क्यों? संतृप्त और असंतृप्त हाइड्रोकार्बन में कोई दो अन्तर बताइए।

29. अनुकुंचन गतियाँ क्या हैं? प्रत्येक का एक उदाहरण दीजिए।

30. दी हुई आहार श्रृंखला में, माना चौथे पोषी स्तर पर ऊर्जा की मात्रा 5 किलो जूल है, तो उत्पादक स्तर पर ऊर्जा क्या होगी?

घास $\rightarrow$ टिड्डा $\rightarrow$ मेंढक $\rightarrow$ सर्प $\rightarrow$ मोर

31. (a) प्रकाश की उस परिघटना का नाम लिखिए तथा उचित कारण देकर समझाइए कि कोहरे वाले दिन वाहन चलाना क्यों मुश्किल होता है।

(b) यह भी उल्लेख कीजिए की नेत्र के रेटिना पर बने प्रतिबिम्ब की प्रकृति क्या होती है?

32. (a) विद्युत ऊर्जा का सबसे छोटा व्यावहारिक मात्रक क्या है? इसकी परिभाषा तथा नाम लिखिए।

(b) एक इलेक्ट्रीशियन 5 ऐम्पियर दर का 'फ्यूज' घरेलू विद्युत परिपथ में लगाता है, जिसमें एक 1.5 किलोवाट का विद्युत हीटर 220 वोल्ट पर प्रचालित होता है। इस स्थिति में क्या होगा और क्यों?

33. (a) प्रतिरोध का मात्रक क्या होता है? दो प्रतिरोधी तार x तथा y एक ही पदार्थ के बने हुए हैं। तार x की कुल लम्बाई व त्रिज्या y से दोगुनी है। x और y प्रतिरोधों का अनुपात ज्ञात कीजिए।

(b) नीचे दिए परिपथ के तुल्य प्रतिरोध का सूत्र स्थापित कीजिए तथा बताइए कौन-से प्रतिरोध श्रेणी तथा समान्तर क्रम में हैं?

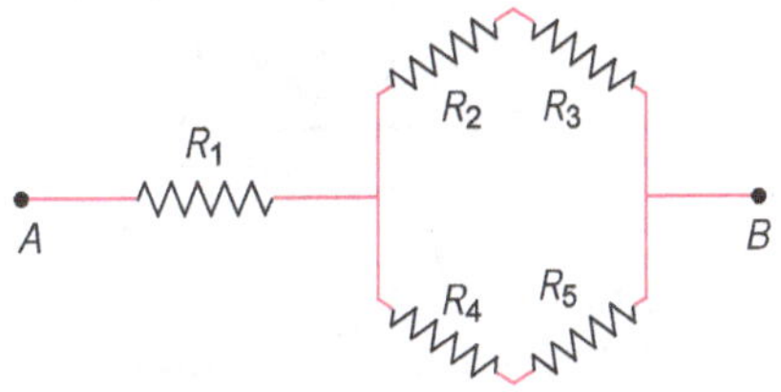

(c) श्रेणी तथा समान्तर क्रम संयोजित प्रतिरोधों को हल कीजिए। प्राप्त दोनों परिणामों से परिपथ का तुल्य प्रतिरोध ज्ञात कीजिए।

खण्ड-घ दीर्घ उत्तरीय प्रश्न

34. (a) निम्नलिखित का कारण लिखिए।

(i) सामान्यतः धातुओं की तनु नाइट्रिक अम्ल के साथ अभिक्रिया होने पर हाइड्रोजन गैस उत्पन्न नहीं होती।

(ii) सोडियम हाइड्रॉक्साइड के विलयन को ऐलुमिनियम के पात्र में नहीं रखा जाता है।

(iii) सिल्वर धातु सुगमता से ऑक्सीजन से अभिक्रिया नहीं करते, परन्तु चाँदी के जेवर कुछ समय पश्चात् मलिन हो जाते हैं।

(iv) सोडियम क्लोराइड के जलीय विलयन द्वारा सोडियम धातु को क्यों नहीं प्राप्त किया जा सकता है?

(v) तनु हाइड्रोक्लोरिक अम्ल की ऐलुमिनियम से अभिक्रिया, प्रारम्भ में मन्द होती है।

अथवा

(b) कोई चमकदार धातु (M) जलने पर चकाचौंध करने वाली सफेद ज्वाला से जलती है और सफेद पाउडर (N) में बदल जाती है।

(i) M और N की पहचान कीजिए।

(ii) उपर्युक्त अभिक्रिया को सन्तुलित रासायनिक समीकरण के रूप में निरूपित कीजिए।

(iii) इस अभिक्रिया में M का उपचयन होता है, अथवा अपचयन? अपने उत्तर की पुष्टि कीजिए।

(iv) सोडियम क्लोराइड का गलनांक उच्च क्यों होता है?

35. (a) (i) नीचे दिया गया चित्र वाष्पोत्सर्जन को प्रदर्शित कर रहा है।

वाष्पोत्सर्जन से आप क्या समझते हैं? इसे प्रभावित करने वाले प्रमुख कारकों के नाम बताइए।

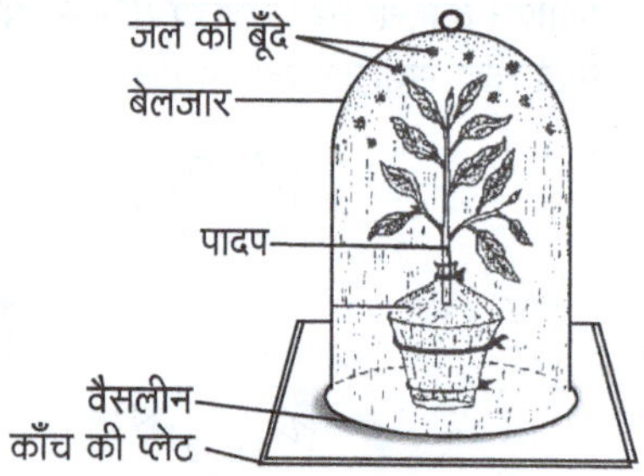

(ii) परिवहन में वाष्पोत्सर्जन की क्या भूमिका है?

(iii) जल के एकदिशीय प्रवाह में पादप का कौन-सा भाग उपयोगी होता है?

अथवा

(b) चित्र A मानव आहारनाल को दर्शाता है

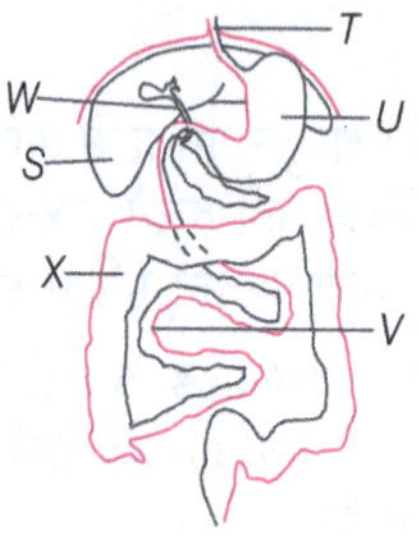

A

(i) S, T, U एवं V का नामांकन कीजिए।

(ii) W नलिका द्वारा स्थानान्तरित स्राव का नाम बताइए एवं यह वसा के पाचन में किस प्रकार सहायक होता है?

(iii) अतिसार या दस्त होने पर X क्षेत्र में सामान्यतया न हो पाने वाला प्रक्रम कौन-सा है?

36. (a) (i)

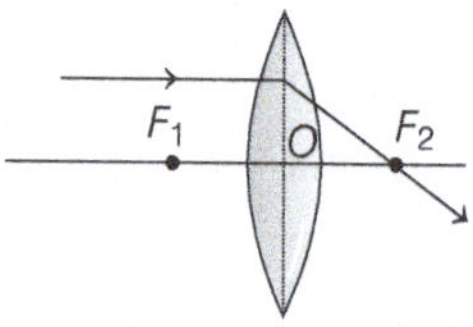

उपरोक्त चित्र उत्तल लेन्स को दर्शाता है इसके आधार पर निम्न प्रश्नों के उत्तर कारण सहित दीजिए।

I. यदि वस्तु की ऊँचाई बढ़ाते हैं, तो आवर्धन का मान घटता है, क्यों?

II. लेन्स की फोकस दूरी बढ़ाने पर क्षमता में कमी आती है, क्यों?

(ii) उत्तल लेन्स से 30 सेमी दूर स्थित एक वस्तु का वास्तविक प्रतिबिम्ब 20 सेमी दूर बनता है, तो लेन्स की फोकस दूरी ज्ञात कीजिए।

अथवा

(b) (i)

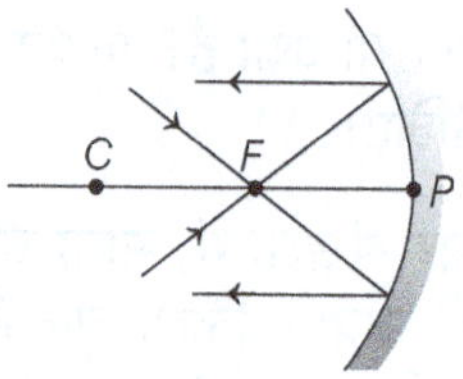

उपरोक्त चित्र अवतल दर्पण को दर्शाता है इसके आधार पर निम्न तथ्यों की पुष्टि कारण सहित कीजिए।

I. "एक फोकस दूरी f का अवतल दर्पण, अपने सामने रखे बिम्ब का आवर्धित प्रतिबिम्ब सीधा तथा उल्टा बना सकता है।"

II. यदि अवतल दर्पण को पानी में डुबों दिया जाए, तो कोई परिवर्तन नहीं होगा।

(ii) 20 सेमी फोकस दूरी के किसी अवतल दर्पण के सामने 30 सेमी दूरी पर कोई बिम्ब स्थित है। दर्पण सूत्र का उपयोग करके बनने वाले प्रतिबिम्ब की स्थिति और आवर्धन निर्धारित कीजिए।

खण्ड-ङ स्रोत आधारित/केस आधारित प्रश्न

37. रसायन को समझाने हेतु अपचयोपचय या रेडॉक्स अभिक्रियाओं का ज्ञान होना अति आवश्यक है। ये अभिक्रियाएँ ऑक्सीकरण तथा अपचयन प्रक्रमों का सम्मिलित रूप हैं।

किसी पदार्थ में ऑक्सीजन या विद्युतऋणात्मक तत्व का जुड़ना अथवा हाइड्रोजन या विद्युतधनात्मक तत्व का ह्रास या धनविद्युती तत्व की संयोजकता में वृद्धि होना, ऑक्सीकरण कहलाता है।

किसी पदार्थ में हाइड्रोजन या विद्युतधनात्मक तत्व का जुड़ना अथवा उससे ऑक्सीजन या विद्युतऋणात्मक तत्व का ह्रास होना अथवा पदार्थ के धनविद्युती तत्व की संयोजकता में कमी होना, अपचयन कहलाता है।

(a) रेडॉक्स अभिक्रिया से आपका क्या अभिप्राय है? (1)

(b) $CuSO_4$ में कॉपर (Cu) की संयोजकता तथा KNO_3 में पोटैशियम (K) की संयोजकता क्या होगी? (1)

(c) $14H^+ + Cr_2O_7^{2-} + 3Ni \longrightarrow 2Cr^{3+} + 7H_2O + 3Ni^{2+}$

उपरोक्त अभिक्रिया में अपचायक तथा ऑक्सीकारक की भाँति कौन कार्य करता है? (2)

अथवा

(c) निम्न दोनों अभिक्रियाओं में उपचयित तथा अपचयित पदार्थों की पहचान कीजिए।

(i) $4Na(s) + O_2(g) \longrightarrow 2Na_2O(s)$

(ii) $CuO(s) + H_2(g) \longrightarrow Cu(s) + H_2O(l)$ (2)

38. उच्च पादपों (आवृतबीजी) में लैंगिक जनन की प्रक्रिया के लिए विशेष संरचनाएँ पाई जाती हैं, जिन्हें पुष्प कहते हैं। इन पुष्पों के विशेष अंगों में जनन कोशिकाएँ पाई जाती हैं, जिनसे युग्मक बनते हैं। अधिकांश पादपों में पुष्प चार प्रकार की रूपान्तरित पत्तियों की संघनित प्ररोह युक्त संरचना होते हैं। इसमें से बाह्य दलपुंज एवं दलपुंज पुष्प के सहायक अंग तथा पुमंग एवं जायांग आवश्यक अंग या जननांग कहलाते हैं।

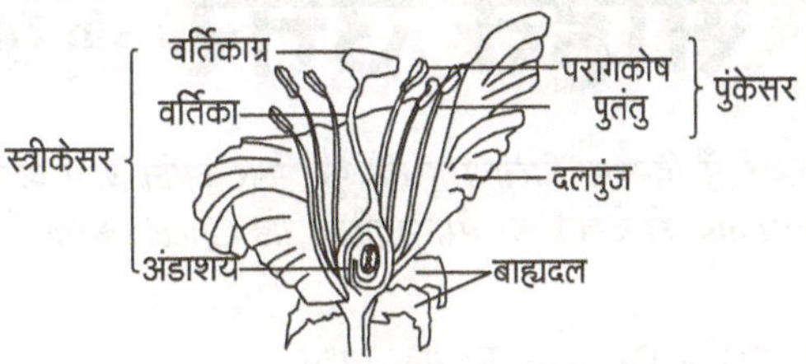

उपरोक्त चित्रों को देखकर निम्न प्रश्नों के उत्तर दीजिए।

(a) बाह्य दलपुंज एवं दलपुंज के क्या कार्य है? (2)

(b) एकलिंगी व द्विलिंगी पुष्प का उदाहरण सहित वर्णन कीजिए। (1)

(c) पुष्प का कौन-सा भाग फल व बीज उत्पन्न करता है? (1)

अथवा

(c) पुष्प के विभिन्न भागों को बाहर से अन्दर के क्रम में लिखिए। (1)

39. किसी घरेलू परिपथ में 100 वाट के तीन लेड बल्बों को आरेख में दर्शाए अनुसार श्रेणीक्रम में व्यवस्थित किया गया है। स्रोत की वोल्टता 220 वोल्ट है। नीचे दिए गए परिपथ आरेख के आधार पर निम्नलिखित प्रश्नों के उत्तर दीजिए।

परिपथ।

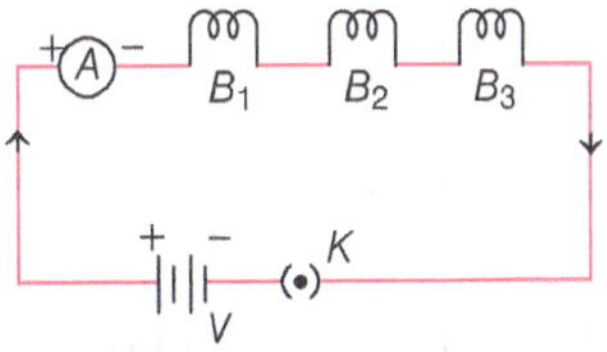

विद्युत स्रोत

(a) उल्लेख कीजिए, क्या होता है जब

(i) एक बल्ब फ्यूज हो जाता है?

(ii) कुँजी K को बन्द करते हैं? (1)

(b) श्रेणीक्रम में प्रत्येक बल्ब द्वारा प्रवाहित धारा क्या होगी?

(c) परिकलित कीजिए (1)

(i) एक बल्ब द्वारा 1 मिनट में उपयुक्त ऊर्जा।

(ii) एक बल्ब द्वारा 2 मिनट में उपयुक्त ऊर्जा। (2)

अथवा

(c) यदि दो बल्ब 50 वाट, 220 वोल्ट तथा 60 वाट, 220 वोल्ट के श्रेणीक्रम में 220 वोल्ट की आपूर्ति से संयोजित हैं, तो बल्बों का तुल्य प्रतिरोध ज्ञात कीजिए। (2)

SP-06

हल सहित उत्तर in Topper's Style

मेरी प्रतिबद्धता *मैं विश्वास दिलाता हूँ कि पूरा पेपर अपने आप करने के बाद ही मैं यहाँ दिए गए Solutions को देख रहा हूँ। इन Solutions को देखने का मेरा उद्देश्य यह Check करना है कि मेरे द्वारा किये गए Solutions Correct हैं या नहीं।*

1. (a) $CuSO_4 + Fe \longrightarrow FeSO_4 + Cu$

उपरोक्त अभिक्रिया में लोहा, कॉपर को विस्थापित कर फेरस सल्फेट का निर्माण करता है।

अत: यह प्रतिस्थापन/विस्थापन अभिक्रिया है। (1)

2. (d) इसमें तीनों विकल्प a, b, c सही हैं। इसमें उत्पन्न गैस CO_2 है, जो रंगहीन गन्धहीन गैस है। (1)

3. (d) ग्रीज लगाकर, पेंट लगाकर तथा जिंक की परत चढ़ाकर लोहे के फ्राइंग पैन को जंग से बचाया जा सकता है। (1)

4. (b) मैग्नीशियम धातु का वायु में जलना रासायनिक परिवर्तन का उदाहरण है, क्योंकि इस प्रक्रम में मैग्नीशियम के रासायनिक संघटन एवं गुणधर्म परिवर्तित हो जाते हैं।

$$2Mg + O_2 \longrightarrow 2MgO$$ (1)

5. (c) एथीन बहुलीकृत होकर पॉलिथीन बहुलक का निर्माण करती है।

$$\underset{\text{एथीन}}{nCH_2 = CH_2} \longrightarrow \underset{\text{पॉलिथीन}}{-\!\!(CH_2 - CH_2)\!\!-_n}$$ (1)

6. (c) चूँकि pH मान बढ़ने पर विलयन की क्षारीयता बढ़ती है, अत: विलयनों की क्षारकता का क्रम निम्न है

$C < D < B < A$

(3.5) (6.5) (9.5) (11.0)

अत : A सर्वाधिक क्षारीय विलयन है। (1)

7. (b) दिया है, 10^{-6} M HCl विलयन के लिए,

$[H^+] = 10^{-6}$

$\because \quad pH = -\log[H^+] \qquad [\because \log 10 = 1]$

$\therefore \quad pH = -\log(10^{-6}) = +6\log 10$

$= 6 \times 1 = 6$ (1)

8. (b) ट्रिप्सिन द्वारा छोटी आँत में प्रोटीन का पाचन होता है। (1)

9. (b) कथन A और E सही हैं।

धमनियों की भित्तियाँ मोटी एवं प्रत्यास्थ होती है। इनमें रुधिर उच्च दाब के साथ बहता है और ये रुधिर को हृदय से दूर शरीर के विभिन्न भागों तक ले जाती हैं। (1)

10. (b) इन्सुलिन अग्न्याशय से स्रावित होता है, जो रुधिर शर्करा स्तर को नियन्त्रित करने में सहायक है। अत: यह शरीर के विकास और वृद्धि को नियन्त्रित नहीं करता है। (1)

11. (c) कथन A तथा D सही हैं। (1)

12. (a) *स्पाइरोगायरा* में, शरीर परिपक्वता के समय खण्डन द्वारा कई छोटे-छोटे टुकड़ों में टूट जाता है तथा ये टुकड़े नए जीवों में परिवर्तित हो जाते हैं। (1)

13. (*b*) नेत्र लेन्स और रेटिना के मध्य काँचाभ द्रव उपस्थित होता है। (1)

14. (b) दिया है,

$I = 5$ ऐम्पियर

$H = 45 \times 10^3$ जूल

$t = 15$ सेकण्ड

चालक में व्यय हुई ऊर्जा, $H = I^2Rt$

$\therefore$ चालक का प्रतिरोध, $R = \dfrac{H}{I^2t} = \dfrac{45 \times 10^3}{(5)^2 \times 15}$

$= \dfrac{45000}{25 \times 15} = 120$ ओम (1)

15. (b) स्थलीय पारितन्त्र की कुल प्राथमिक उत्पादकता का लगभग 10% भाग शाकाहारियों द्वारा खाया जाता है। (1)

16. (d) प्राकृतिक पारिस्थितिक तन्त्र के अन्तर्गत तालाब, समुद्र, वन, मरुस्थल, आदि आते हैं, जबकि गेहूँ का खेत व मछलीघर कृत्रिम पारिस्थितिक तन्त्र के अन्तर्गत आते हैं। (1)

17. (d) जिंक, आयरन की तुलना में अधिक सक्रिय होता है। यह आयरन को आयरन (II) सल्फेट विलयन में विस्थापित कर देता है।

$$\underset{\text{जिंक}}{Zn(s)} + \underset{\text{हरा}}{FeSO_4(aq)} \longrightarrow \underset{\text{रंगहीन}}{ZnSO_4(aq)} + Fe(s)$$

अत: अभिकथन (A) गलत है, परन्तु कारण (R) सही है। (1)

18. (a) शिशु का लिंग पिता से प्राप्त लिंग गुणसूत्र द्वारा निर्धारित होता है, क्योंकि नर में एक X-गुणसूत्र व एक Y-गुणसूत्र होता है। अत: अभिकथन (A) तथा कारण (R) दोनों सही हैं तथा कारण (R) द्वारा अभिकथन (A) की सही व्याख्या हो रही है। (1)

19. (d) फोकस दूरी दर्पण का गुण है। अत: यह माध्यम पर निर्भर नहीं करता है। अत: अभिकथन (A) गलत है, परन्तु कारण (R) सही है। (1)

20. (a) लैंगिक प्रजनन द्वारा उत्पन्न सन्तति में विभिन्नता पाई जाती है, क्योंकि सन्तति में प्रत्येक जनक में उपस्थित जीनों की वंशागति होती है अर्थात् जनकों में पाए जाने वाले लक्षणों की वंशागति जीनों द्वारा होती है, जिससे इनमें विभिन्नताएँ आ जाती हैं। अत: अभिकथन (A) तथा कारण (R) दोनों सही हैं तथा कारण (R) द्वारा अभिकथन (A) की सही व्याख्या हो रही है। (1)

21. हाइड्रोक्लोरिक अम्ल (HCl), ऐसीटिक अम्ल (CH_3COOH) की अपेक्षा अधिक प्रबल अम्ल है। अत: HCl द्वारा उत्पन्न $H^+(aq)$ आयनों की संख्या ऐसीटिक अम्ल की अपेक्षा अधिक होगी। अत: HCl की अभिक्रिया मैग्नीशियम के साथ अधिक तीव्रता से होगी व तेजी से बुदबुदाहट के साथ H_2 गैस उत्पन्न होगी।

$$Mg + 2HCl \longrightarrow MgCl_2 + \underset{\text{(तीव्र)}}{H_2\uparrow}$$

$$Mg + 2CH_3COOH \longrightarrow (CH_3COO)_2Mg + \underset{\text{(मन्द)}}{H_2\uparrow}$$ (2)

22. मनुष्य के शरीर में निम्न उत्सर्जी अंग पाए जाते हैं

(a) **वृक्क** (Kidneys) ये मुख्य उत्सर्जी अंग हैं। ये हानिकारक नाइट्रोजनी अपशिष्ट पदार्थों को रुधिर से छानकर पृथक् कर लेते हैं तथा इन्हें मूत्र के रूप में बाहर निकाल देते हैं।

(b) **त्वचा** (Skin) यह उत्सर्जी पदार्थों को पसीने के रूप में मुक्त करती है।

(c) **यकृत** (Liver) मनुष्य में यकृत अमोनिया को यूरिया में बदलता है।

(d) **फेफड़े** (Lungs) ये CO_2 का उत्सर्जन करते हैं। (2)

23. (a) **ऑक्सिन के कार्य**

(i) यह शीर्ष प्रमुखता को बढ़ाता है।

(ii) यह कोशिका दीर्घीकरण एवं कलम में मूल का प्रारम्भन करता है। (1)

जिबरेलिन के कार्य

(i) इससे बसन्तीकरण तथा दीर्घ प्रदीप्तिकाली पादपों में पुष्पन की क्रिया तेज होती है।

(ii) यह बीज के अंकुरण को प्रेरित करता है तथा प्रसुप्ति को समाप्त करता है। (1)

अथवा

(b) तीव्र प्रकाश के कारण हमारी पलकें एवं पुतलियाँ प्रतिवर्ती क्रिया के कारण क्रमश: बन्द एवं सिकुड़ जाएगी। इस प्रतिवर्ती क्रिया का पथ या चाप निम्न होगा

ग्राही (नेत्र) → संवेदी न्यूरॉन → मेरुरज्जु → चालक न्यूरॉन → नेत्र की पेशियाँ → संकुचन। (2)

24. (a) दूर दृष्टि दोष से पीड़ित व्यक्ति को दूर की वस्तुएँ तो स्पष्ट दिखाई देती हैं, परन्तु निकट की वस्तुएँ स्पष्ट दिखाई नहीं देती हैं।

(b) इस दोष युक्त नेत्र का निकट बिन्दु 25 सेमी से अधिक दूर हो जाता है। इसे दूर करने के लिए उत्तल लेन्स का प्रयोग किया जाता है। (1+1)

25. (a) (i)

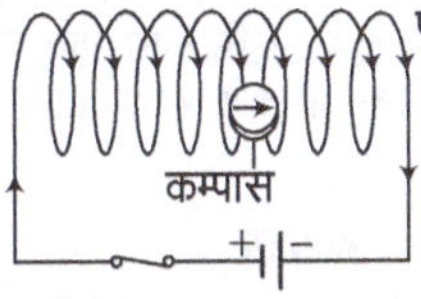

(½)

(ii) परिनालिका के अन्दर उत्पन्न चुम्बकीय क्षेत्र की दिशा, परिनालिका में प्रेरित दक्षिणी ध्रुव से प्रेरित उत्तरी ध्रुव की ओर होती है। (1½)

अथवा

(b) वितरण बॉक्स का मुख्य कार्य, आवश्यकतानुसार मेन लाइन को अलग-अलग ब्रांच लाइनों में बाँटना (Distribution) है। वितरण बॉक्स की छड़ों से कई ब्रांच लाइनें ली जाती हैं, जो घर के अलग-अलग भागों में ले जाई जाती हैं। प्रत्येक ब्रांच लाइन के गर्म तार में फ्यूज लगाया जाता है। (2)

26. नहीं, नवजात बच्चे के लिंग-निर्धारण में माँ (XX) की भूमिका नहीं होती है, क्योंकि मानव में संतान के लिंग निर्धारण में पुरुषों की प्रमुख भूमिका होती है। पुरुषों में XY लिंग गुणसूत्र पाए जाते हैं। मानव में अर्द्धसूत्री विभाजन द्वारा X या Y गुणसूत्र युक्त शुक्राणु तथा केवल X गुणसूत्र युक्त अण्डाणु का निर्माण होता है। अत: जब X गुणसूत्र वाला शुक्राणु अण्डाणु को निषेचित करता है, तो पुत्री (XX) का जन्म होता है। इसके विपरीत Y गुणसूत्र वाले शुक्राणु के निषेचन द्वारा पुत्र (XY) का जन्म होता है। (2)

27. (a) बेरियम क्लोराइड को सोडियम सल्फेट विलयन में डालने पर बेरियम सल्फेट का सफेद अवक्षेप प्राप्त होता है।

अभिक्रिया का प्रकार अवक्षेपण अभिक्रिया

$$\underset{\text{बेरियम क्लोराइड}}{BaCl_2(aq)} + \underset{\text{सोडियम सल्फेट}}{Na_2SO_4(aq)} \rightarrow \underset{\text{बेरियम सल्फेट (सफेद अवक्षेप)}}{BaSO_4(s)} + \underset{\text{सोडियम क्लोराइड}}{2NaCl(aq)}$$

(1½)

(b) बेरियम क्लोराइड में सोडियम सल्फेट के स्थान पर कॉपर सल्फेट से अभिक्रिया करवाने पर बेरियम सल्फेट का सफेद अवक्षेप प्राप्त होता है।

$$\underset{\text{बेरियम क्लोराइड}}{BaCl_2(aq)} + \underset{\text{कॉपर सल्फेट}}{CuSO_4(aq)} \longrightarrow \underset{\text{सफेद अवक्षेप}}{BaSO_4(s)} + \underset{\text{कॉपर क्लोराइड}}{CuCl_2(aq)}$$

(1½)

28. (a) भौतिक गुणधर्मों के आधार एथेनॉल एवं एथेनोइक अम्ल में अन्तर इस प्रकार है

	एथेनॉल	एथेनोइक अम्ल
गन्ध	एथेनॉल की एक विशेष गन्ध (ऐल्कोहॉल जैसी) होती है।	एथेनोइक अम्ल की एक तीक्ष्ण (सिरके जैसी) गन्ध होती है।
गलनांक	एथेनॉल का गलनांक कम (156K) होता है।	एथेनोइक अम्ल का गलनांक अपेक्षाकृत अधिक (290 K) होता है।
क्वथनांक	एथेनॉल का क्वथनांक कम (351K) होता है।	एथेनोइक अम्ल का क्वथनांक (391 K) अपेक्षाकृत अधिक होता है।

(3)

अथवा

(b) असंतृप्त हाइड्रोकार्बन में, कार्बन की मात्रा प्रतिशता अधिक होती है और उपस्थित वायुमण्डलीय ऑक्सीजन सभी कार्बन को जलाने के लिए पर्याप्त नहीं होती है इसलिए बिना जले कार्बन कण ज्वाला में उपस्थित होते हैं, जो काले धुँआ के साथ जलते हैं तथा ये पीली लौ के साथ जलते हैं।

संतृप्त एवं असंतृप्त हाइड्रोकार्बन में दो अन्तर इस प्रकार हैं

गुणधर्म	संतृप्त हाइड्रोकार्बन	असंतृप्त हाइड्रोकार्बन
(i)	इनमें सभी कार्बन परमाणुओं के मध्य केवल एकल बन्ध होता है।	इनमें कार्बन परमाणुओं के मध्य द्वि-अथवा त्रि-बन्ध भी स्थित होते हैं।
(ii)	ये प्रतिस्थापन अभिक्रिया प्रदर्शित करते हैं।	ये योगात्मक अभिक्रिया प्रदर्शित करते हैं।

(3)

29. अनुकुंचन गतियाँ (अदिशीय गतियाँ) विसरित उद्दीपन के कारण उत्पन्न होती हैं। इन गतियों में अनुक्रिया का उद्दीपन की दिशा से कोई सम्बन्ध नहीं होता है। यह निम्न प्रकार की होती हैं

(i) **कंपानुकुंचनी गतियाँ;** उदाहरण - छुई-मुई

(ii) **प्रकाशानुकुंचनी गतियाँ;** उदाहरण - *ऑक्जेलिस*

(iii) **तापानुकुंचनी गतियाँ;** उदाहरण - *ट्यूलिप*

(iv) **हैप्टोनास्टिक गतियाँ;** उदाहरण - *ड्रोसेरा* (3)

30. ऊर्जा स्थानान्तरण के 10% नियम के अनुसार, जीवों में एक पोषी स्तर से अगले उच्च पोषी स्तर में केवल 10% ऊर्जा स्थानान्तरित होती है। यदि उपरोक्त आहार श्रृंखला में चौथे पोषी स्तर पर सर्प के लिए केवल 5 किलोजूल ऊर्जा है, वो उत्पादक स्तर पर 5000 किलोजूल ऊर्जा होगी।

घास 5000 किलोजूल (प्रथम पोषी स्तर) —(5000 किलोजूल का 10%)→ टिड्डा 500 किलोजूल (द्वितीय पोषी स्तर) —(500 किलोजूल का 10%)→ मेंढक 50 किलोजूल (तृतीय पोषी स्तर) —(50 किलोजूल का 10%)→ सर्प 5 किलोजूल (चौथा पोषी स्तर) —(5 किलोजूल का 10%)→ बाज 0.5 किलोजूल (पाँचवा पोषी स्तर)

(3)

31. (a) प्रकाश की यह परिघटना प्रकीर्णन के कारण होती है, क्योंकि कोहरे वाले दिन अधिकांश प्रकाश, कोहरे में उपस्थित कणों के कारण प्रकीर्णित हो जाता है तथा दृष्टि क्षेत्र कम हो जाता है। इस कारण कोहरे वाले दिन वाहन चलाना मुश्किल होता है। (2)

(b) नेत्र के रेटिना पर निर्मित प्रतिबिम्ब प्रकृति में वास्तविक, उल्टा तथा कम चमकीला होता है। (1)

32. (a) विद्युत ऊर्जा का व्यावहारिक मात्रक वाट-घण्टा है। यह विद्युत ऊर्जा की वह मात्रा है, जो किसी चालक में एक घण्टे में व्यय होती है, जब शक्ति एक वाट (W) होती है। (1)

(b) दिया है, $P = 1.5$ किलोवाट $= 1.5 \times 10^3$ वाट

$V = 220$ वोल्ट

$\therefore$ हीटर द्वारा ली गई धारा, $I = \dfrac{P}{V} = \dfrac{1.5 \times 10^3}{220}$

$= 6.8$ ऐम्पियर

हीटर द्वारा ली गयी धारा का मान फ्यूज के मान की दर से अधिक है। अत: फ्यूज पिघल जाएगा तथा परिपथ विच्छेदित हो जाएगा। (2)

33. (a) प्रतिरोध का मात्रक वोल्ट/ऐम्पियर अथवा ओम होता है।

प्रतिरोध, $R_x = \rho \dfrac{2l}{\pi (2r)^2} = \dfrac{\rho l}{2\pi r^2}$

$\Rightarrow \quad R_y = \dfrac{\rho l}{\pi r^2}$

$\dfrac{R_x}{R_y} = \dfrac{\rho l / 2\pi r^2}{\rho l / \pi r^2} = \dfrac{1}{2} = 1:2$ (1)

(b) प्रतिरोध R_2 तथा R_3 श्रेणीक्रम में हैं।

इनका तुल्य प्रतिरोध, $R' = R_2 + R_3$

इसी प्रकार, R_4 तथा R_5 श्रेणीक्रम में संयोजित हैं, अत:

$R'' = R_4 + R_5$ (1)

(c) प्रतिरोध R' तथा R'' समान्तर क्रम में हैं

$\therefore R''' = \dfrac{R' R''}{R' + R''} = \dfrac{(R_2 + R_3) \times (R_4 + R_5)}{R_2 + R_3 + R_4 + R_5}$

R_1 तथा R''' श्रेणीक्रम में हैं

$\therefore R_{\text{तुल्य}} = R_1 + \dfrac{(R_2 + R_3) \times (R_4 + R_5)}{R_2 + R_3 + R_4 + R_5}$ (1)

34. (a) (i) तनु नाइट्रिक अम्ल (HNO_3) सामान्यतया एक ऑक्सीकारक (या अपचायक) का कार्य करता है। अत: यह धातुओं (Mn या Mg के अतिरिक्त) से अभिक्रिया करने पर उत्पन्न H_2 गैस को अपचयित करके जल (H_2O) में परिवर्तित कर देता है। (1)

(ii) सोडियम हाइड्रॉक्साइड और ऐलुमिनियम (Al) की अभिक्रिया से अत्यंत ज्वलनशील हाइड्रोजन गैस उत्पन्न होती है, अत: इसे ऐलुमिनियम (Al) के पात्रों में नहीं रखा जाता। (1)

(iii) सिल्वर एक अक्रिय धातु है अत: सुगमता से ऑक्सीजन से क्रिया नहीं करता, परन्तु चाँदी के जेवर, चाँदी की सतह पर सल्फाइड की परत बन जाने के कारण कुछ समय पश्चात् मलिन (काले) हो जाते हैं। यह आवरण सिल्वर की हाइड्रोजन सल्फाइड से अभिक्रिया के परिणामस्वरूप बनता है। (1)

(iv) यदि हम सोडियम क्लोराइड के जलीय विलयन का विद्युत -अपघटन करते हैं, तो कैथोड पर जैसे ही सोडियम धातु उत्पन्न होती है वह जलीय विलयन में उपस्थित जल के साथ अभिक्रिया करके सोडियम हाइड्रॉक्साइड बना देगा। अत: जलीय सोडियम क्लोराइड विलयन सोडियम हाइड्रॉक्साइड उत्पन्न करेगा ना कि सोडियम धातु। (1)

(v) ऐलुमिनियम धातु, सतह पर ऐलुमिनियम ऑक्साइड की संरक्षी परत की उपस्थिति के कारण, तनु हाइड्रोक्लोरिक अम्ल के साथ पहले धीरे-धीरे अभिक्रिया करता है। परन्तु जब महीन, बाहरी ऑक्साइड परत तनु अम्ल में विलेय हो जाती है, तो शुद्ध ऐलुमिनियम धातु घुल जाती है, जो तनु हाइड्रोक्लोरिक अम्ल के साथ तीव्रता से अभिक्रिया करती है। (1)

अथवा

(b) (i) मैग्नीशियम, समूह IIA की क्षारीय मृदा धातु है, जो वायु में चकाचौंध करने वाली सफेद ज्वाला के साथ जलती है तथा सफेद धुएँ के साथ मैग्नीशियम ऑक्साइड बनाती है। अत: *M* मैग्नीशियम (Mg) तथा N मैग्नीशियम ऑक्साइड है। (1)

(ii) इस अभिक्रिया का रासायनिक समीकरण निम्न होगा

$$\underset{\text{मैग्नीशियम}}{Mg} + \underset{\text{ऑक्सीजन}}{O_2} \longrightarrow \underset{\text{मैग्नीशियम ऑक्साइड}}{2MgO}$$ (1½)

(iii) धातु *M* (Mg) ऑक्सीजन के योग के साथ ऑक्सीकरण देती है क्योंकि शुद्ध धातु की ऑक्सीकरण अवस्था शून्य होती है तथा यह अभिक्रिया कर MgO में परिवर्तित हो जाते हैं जिसमें मैग्नीशियम की ऑक्सीकरण अवस्था +2 होती है। (1½)

(iv) सोडियम क्लोराइड अणु के रूप में विद्यमान नहीं होता बल्कि धनावेशित एवं ऋणावेशित आयनों के संग्रह के रूप में

होता है, जो शक्तिशाली स्थिर विद्युत बल से जुड़े होते हैं। यही कारण है कि इन आयनों के बीच इस आकर्षण बल को तोड़ने के लिए हमें उच्च तापमान की आवश्यकता होती है, अत: इसका गलनांक भी उच्च होता है। (1)

35. (a) (i) पादपों के वायवीय भागों द्वारा जल के वाष्प बनकर उड़ने की क्रिया को **वाष्पोत्सर्जन** कहते हैं, जोकि रन्ध्रों द्वारा नियन्त्रित होती हैं। वाष्पोत्सर्जन की दर विभिन्न बाह्य कारकों, जैसे-तापमान, प्रकाश, वायु की गति, आर्द्रता, CO_2 की सान्द्रता, आदि द्वारा प्रभावित होती है। (2)

(ii) वाष्पोत्सर्जन, जल के अवशोषण एवं जड़ से पत्तियों तक जल तथा उसमें विलेय खनिज लवणों के उपरिमुखी गति में सहायक है। रात्रि के समय मूल दाब तथा दिन में रन्ध्रों के खुले होने पर वाष्पोत्सर्जनाकर्षण, जाइलम में जल की गति के लिए मुख्य प्रेरक बल है। यह अतिरिक्त जल को निकालता है एवं प्रकाश-संश्लेषण की क्रिया में ताप का नियमन करता है। (2)

(iii) जल के ऊपरिमुखी एकदिशीय प्रवाह में पादप में उपस्थित जाइलम ऊतक सहायक होता है। (1)

अथवा

(b) (i) *S*-यकृत *T*-ग्रसिका, *U*-आमाशय, *V*-छोटी आँत। (1)

(ii) W नलिका द्वारा पित्त रस का परिवहन होता है, जो वसा के पाचन में निम्न प्रकार से सहायक है

- लाइपेज एन्जाइम की क्रियाशीलता हेतु छोटी आँत में माध्यम को क्षारीय बनाना।
- लाइपेज एन्जाइम की क्रियाशीलता हेतु बड़ी वसा कणिकाओं का छोटे कणों में पायसीकरण करना। (3)

(iii) अतिसार या दस्त में बड़ी आँत में ठीक प्रकार से जल का अवशोषण नहीं हो पाता है। (1)

36. (a) (i) I. लेन्स का आवर्धन

$$(m) = \frac{\text{प्रतिबिम्ब की लम्बाई } (h')}{\text{वस्तु की लम्बाई } (h)}$$

अत: वस्तु की लम्बाई बढ़ाने पर आवर्धन का मान घटता है। (1)

II. लेन्स की फोकस दूरी का प्रतिलोम, लेन्स की क्षमता के बराबर होता है अर्थात्

$$P = \frac{1}{f}$$

अत: लेन्स की फोकस दूरी बढ़ाने पर लेन्स की क्षमता कम होती है। (2)

(ii) दिया है, लेन्स से वस्तु की दूरी $(u) = -30$ सेमी

लेन्स से प्रतिबिम्ब की दूरी $(v) = 20$ सेमी

हम जानते हैं, $\frac{1}{f} = \frac{1}{v} - \frac{1}{u}$

$$\frac{1}{f} = \frac{1}{20} - \left(\frac{1}{-30}\right)$$

$$= \frac{1}{20} + \frac{1}{30} = \frac{3+2}{60} = \frac{5}{60}$$

$$\Rightarrow \quad f = \frac{60}{5} = 12 \text{ सेमी}$$

अत: लेन्स की फोकस दूरी 12 सेमी होगी। (2)

अथवा

(b) (i) I. जब कोई बिम्ब दर्पण के फोकस तथा ध्रुव के मध्य रखा होता है, तो बना हुआ प्रतिबिम्ब आभासी, आवर्धित तथा सीधा होता है। यदि बिम्ब वक्रता केन्द्र तथा फोकस के मध्य रखा होता है, तो अवतल दर्पण द्वारा बना प्रतिबिम्ब वास्तविक, आवर्धित तथा उल्टा होता है। (2)

II. अवतल दर्पण की फोकस दूरी में कोई परिवर्तन नहीं होगा, क्योंकि यह दर्पण की वक्रता त्रिज्या की आधी होती है। बाह्य माध्यम का इस पर कोई प्रभाव नहीं पड़ता है। (1)

(ii) दिया है,

लेन्स की फोकस दूरी, $f = 20$ सेमी

वस्तु या बिन्दु की दूरी, $u = -30$ सेमी

लेन्स सूत्र द्वारा,

$$\frac{1}{f} = \frac{1}{v} - \frac{1}{u}$$

$$\frac{1}{20} = \frac{1}{v} - \frac{1}{(-30)}$$

$$\Rightarrow \quad \frac{1}{v} = \frac{1}{20} - \frac{1}{30} = \frac{3-2}{60} = \frac{1}{60}$$

$$\Rightarrow \quad v = 60 \text{ सेमी}$$

आवर्धन, $m = \frac{v}{u} = \frac{60}{-30}$

$$m = -2$$

अत: प्रतिबिम्ब वास्तविक तथा उल्टा बनेगा। (2)

37. (a) किसी अभिक्रिया में यदि एक अभिकारक उपचयित तथा दूसरा अभिकारक अपचयित होता है, तो इन अभिक्रियाओं को रेडॉक्स अभिक्रिया कहते हैं। (1)

(b)

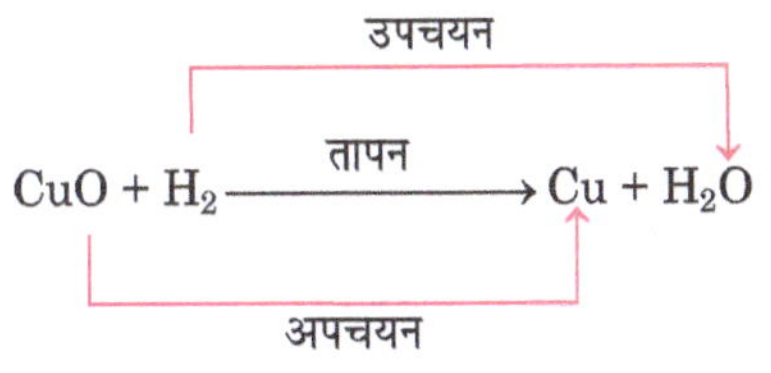

$CuSO_4$ में कॉपर (Cu) की संयोजकाता +2 तथा KNO_3 में पोटैशियम (K) की संयोजकाता +1 होती है। (1)

(c) $Cr_2O_7^{2-} + 3Ni + 14H^+ \longrightarrow 2Cr^{3+} + 7H_2O + 3Ni^{2+}$

Ni, Ni^{2+} में ऑक्सीकृत होकर $Cr_2O_7^{2-}$ को Cr^{3+} में अपचयित कर रहा है। अत: Ni अपचायक का कार्य करता है, तथा यहाँ Cr अपचयित हो रहा है तथा ऑक्सीकारक का कार्य कर रहा है। (2)

अथवा

(c) (i) उपचयित पदार्थ – Na

अपचयित पदार्थ – O_2

(ii) उपचयित पदार्थ – H_2

अपचयित पदार्थ – CuO (2)

38. (a) **बाह्य दलपुंज के कार्य**

- कलिकावस्था में पुष्प की सुरक्षा करना।
- हरे होने पर प्रकाश-संश्लेषण करना या रंगीन होने पर कीट-परागण में सहायक।

दलपुंज के कार्य

- कीट-परागण में सहायक।
- जननांगों को सुरक्षा प्रदान करना। (2)

(b) जब पुष्प में पुंकेसर या स्त्रीकेसर में से कोई एक जननांग उपस्थित होता है, तो पुष्प एकलिंगी कहलाते हैं; जैसे—पपीता, तरबूज, आदि।

जब पुष्प में पुंकेसर एवं स्त्रीकेसर दोनों जननांग उपस्थित होते हैं, तो पुष्प उभयलिंगी कहलाते हैं; जैसे—गुड़हल, सरसों, आदि। (1)

(c) पुष्प के विभिन्न भाग पुष्पवृंत के फूले हुए सिरे पर चक्रों के रूप में बाहर से अन्दर की ओर निम्न प्रकार विन्यासित रहते हैं

बाह्य दलपुंज $\longrightarrow$ दलपुंज $\longrightarrow$ पुमंग (पुंकेसर) $\longrightarrow$ जायांग (स्त्रीकेसर) (1)

अथवा

(c) पुष्प के अण्डाशय से फल तथा बीजाण्ड द्वारा बीज का निर्माण होता है। (1)

39. (a) (i) जब परिपथ का एक बल्ब फ्यूज हो जाता है, तब श्रेणीक्रम संयोजन में परिपथ विच्छेदन के कारण धारा का प्रवाह रुक जाता है तथा अन्य बल्ब भी नहीं जलते हैं।

(ii) कुँजी K को बन्द करने पर सभी बल्ब प्रकाशित होते हैं। (1)

(b) $R_s = R + R + R = 3R$, विभवान्तर $= V$

यदि श्रेणीक्रम के प्रत्येक बल्ब में विद्युत धारा I_1 है, तो

$V = I \times R_S = I_1 \times 3R$

$\Rightarrow \quad I_1 = \dfrac{V}{3R}$ (1)

(c) (i) $P = 100$ वाट, $t = 1$ मिनट $= 60$ सेकण्ड

एक बल्ब द्वारा 1 मिनट में उपयुक्त ऊर्जा,

$P \times t = 100 \times 60 = 6000$ जूल

(ii) $P = 100\text{W}, t = 2$ मिनट $= 60 \times 60$ सेकण्ड

एक बल्ब द्वारा 2 मिनट में उपयुक्त ऊर्जा,

$P \times t = 100 \times 60 \times 60 = 360000$ जूल (2)

अथवा

(c) प्रथम बल्ब के लिए,

$P_1 = 50$ वाट, $V_1 = 220$ वोल्ट

$$R_1 = \frac{V_1^2}{P_1} = \frac{220 \times 220}{50} = 968\ \Omega$$

द्वितीय बल्ब के लिए,

$P_2 = 60$ वाट, $V_2 = 220$ वोल्ट

$$R_2 = \frac{V_2^2}{P_2} = \frac{220 \times 220}{60} = 806\ \Omega$$

श्रेणीक्रम में तुल्य प्रतिरोध,

$$R = R_1 + R_2 = 968 + 806 = 1774\ \Omega$$ (2)

SQP Code : **PB-7/15**   Series *i*-**Succeed 7-25/15**   अनुक्रमांक

सैंपल प्रश्न-पत्र 07

विज्ञान कक्षा 10 (कोड 086)

समय : 3 घंटे

पूर्णांक : 80

सामान्य निर्देश

इस प्रश्न पत्र में पाँच खण्डों (क), (ख), (ग), (घ) और (ङ) में बाँटा गया है। प्रश्न-पत्र में 39 प्रश्न हैं। सभी प्रश्न अनिवार्य हैं।

1. प्रश्न में, 1 से 20 तक के सभी प्रश्न एक-एक अंक के हैं।
2. प्रश्न में, 21 से 26 अतिलघु उत्तरीय प्रश्न हैं, प्रत्येक के 2 अंक निर्धारित हैं। इन प्रश्नों के उत्तर 30 से 50 शब्दों के मध्य दिए जाने हैं।
3. प्रश्न में, 27 से 33 लघु उत्तरीय प्रश्न हैं, प्रत्येक के 3 अंक निर्धारित हैं। इन प्रश्नों के उत्तर 50 से 80 शब्दों के मध्य दिए जाने हैं।
4. प्रश्न में, 34 से 36 दीर्घ उत्तरीय प्रश्न हैं, प्रत्येक के 5 अंक निर्धारित हैं। इन प्रश्नों के उत्तर 80 से 120 शब्दों के मध्य दिए जाने हैं।
5. प्रश्न में, 4 अंको के उप-भागों के साथ 3 प्रश्न, स्रोत आधारित/केस आधारित दिए गए हैं। कोई समग्र विकल्प नहीं है। हालांकि, कुछ प्रश्नों में आंतरिक विकल्प दिए गए हैं, जिनमें केवल एक का उत्तर देना है।

खण्ड-क बहुविकल्पीय प्रश्न

1. कार्बन मोनॉक्साइड की क्लोरीन के साथ अभिक्रिया द्वारा कार्बोनिल क्लोराइड का बनना उदाहरण है

(a) वियोजन अभिक्रिया का
(b) संयोजन अभिक्रिया का
(c) विस्थापन अभिक्रिया का
(d) अपघटन अभिक्रिया का

2. यदि आपको डिटर्जेंट युक्त जल का नमूना प्रदान किया जाए, तो आप इस नमूने को उदासीन करने के लिए किस विधि का उपयोग करेंगे?

(a) बेकिंग सोडे के साथ पानी का उपचार
(b) जल को सिरके से उपचारित करना
(c) कास्टिक सोडे से जल उपचार
(d) वाशिंग सोडे से जल उपचार

3. निम्न में कौन-सा युग्म विस्थापन अभिक्रिया प्रदर्शित करता है?

(a) NaCl विलयन एवं कॉपर धातु
(b) $MgCl_2$ विलयन एवं ऐलुमिनियम धातु
(c) $FeSO_4$ विलयन एवं सिल्वर धातु
(d) $AgNO_3$ विलयन एवं कॉपर धातु

4. अभिक्रिया $Hg_2Cl_2 + NH_3 \longrightarrow Hg + HgNH_2Cl + NH_4Cl$ का सन्तुलित रूप है

(a) $Hg_2Cl_2 + 4NH_3 \longrightarrow 2Hg + HgNH_2Cl + 3NH_4Cl$
(b) $Hg_2Cl_2 + 3NH_3 \longrightarrow 3Hg + HgNH_2Cl + 2NH_4Cl$
(c) $2Hg_2Cl_2 + 4NH_3 \longrightarrow 2Hg + HgNH_2Cl + 2NH_4Cl$
(d) $Hg_2Cl_2 + 2NH_3 \longrightarrow Hg + HgNH_2Cl + NH_4Cl$

5. एक धात्विक कार्बाइड की जल से क्रिया कराने पर, एक रंगहीन गैस उत्पन्न होती है, जो वायु में सुगमता से जलती है तथा अमोनियामय सिल्वर नाइट्रेट विलयन के साथ अवक्षेप बनाती है। उत्पन्न गैस है

(a) मेथेन (b) एथेन (c) ऐसीटिलीन (d) एथिलीन

6. एक विलयन में हाइड्रॉक्साइड आयन का सान्द्रण 1×10^{-12} मोल प्रति लीटर है। इस विलयन का pH मान होगा
(a) 2 (b) 4 (c) −2 (d) −4

7. कोई विलयन अण्डे के पिसे हुए कवच से अभिक्रिया करके एक गैस उत्पन्न करता है, जो चूने के पानी को दूधिया कर देता है। इस विलयन में क्या होगा?
(a) NaCl (b) HCl (c) LiCl (d) KCl

8. मानव परिसंचरण तन्त्र के विषय में निम्नलिखित में से कौन-सा कथन सही है?
(a) रुधिर केवल ऑक्सीजन का वहन करता है तथा कार्बन डाइऑक्साइड का वहन नहीं करता है।
(b) मानव हृदय में पाँच कोष्ठ होते हैं।
(c) वाल्व रुधिर के पश्च प्रवाह पर रोक को सुनिश्चित करते हैं।
(d) हृदय में ऑक्सीजन-बहुल और ऑक्सीजन-न्यून दोनों रुधिर मिश्रित होते हैं।

9. एकलिंगी पुष्पों के लिए निम्नलिखित कथनों में से कौन-से कथन सही हैं?
A. इनमें पुंकेसर और स्त्रीकेसर दोनों उपस्थित होते हैं।
B. इनमें या तो पुंकेसर या स्त्रीकेसर उपस्थित होता हैं।
C. ये पर-परागण को प्रदर्शित करते हैं।
D. एकलिंगी फूल जो केवल पुंकेसर को प्राप्त करते हैं, फल उत्पन्न नहीं करते हैं।
(a) A तथा D (b) B, C तथा D
(c) C तथा D (d) A, C तथा D

10. गुलाब के लाल पुष्प का संकरण सफेद पुष्प से कराने पर प्रथम पीढ़ी में लाल पुष्प उत्पन्न होते हैं। यदि दूसरी पीढ़ी में कुल 50 सफेद पुष्प वाले पौधे प्राप्त होते हैं, तो लाल पुष्प वाले पौधों की संख्या होगी
(a) 200 (b) 150
(c) 175 (d) 250

11. एक समयुग्मजी प्रभावी काले फर वाले कारक के गिनी पिग को सफेद फर वाले समयुग्मजी गिनी पिग से क्रॉस करवाते हैं। प्राप्त F_1-पीढ़ी का संकरण स्वयं के साथ कराया जाता है, तो F_2-पीढ़ी में प्राप्त सफेद फर की सन्तति की प्रतिशत मात्रा होगी
(a) 25% (b) 50% (c) 75% (d) 100%

12. हीमोग्लोबिन के सम्बन्ध में निम्नलिखित में से कौन-से कथन सही है?
A. यह लाल रंग का वर्णक होता है।
B. यह फेफड़ों से कोशिकाओं तक ऑक्सीजन का वाहक होता है।
C. यह कुछ अम्लीय होता है।
D. यह ऊतकों से फेफड़ों तक कार्बन डाइऑक्साइड को पहुँचाता है।
(a) B और D (b) B, C और D
(c) A, B और D (d) A, B, C और D

13. जिस बिन्दु से दृष्टि नाड़ियाँ मस्तिष्क को जाती हैं, उस बिन्दु को कहते हैं
(a) पीत बिन्दु (b) अन्ध बिन्दु
(c) नेत्र बिन्दु (d) इनमें से कोई नहीं

14.

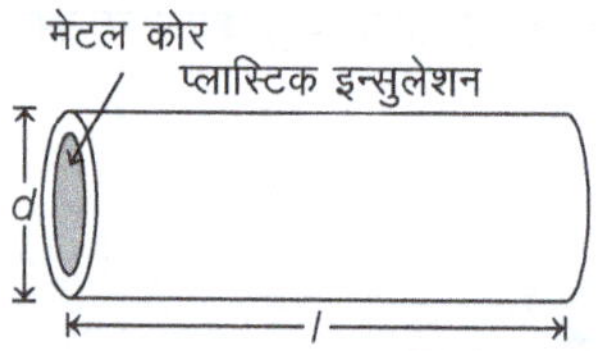

जैसा कि उपरोक्त चित्र में दर्शाया गया है, प्लास्टिक इन्सुलेशन व्यास d तथा लम्बाई l वाले तार से घिरा हुआ है। किसमें वृद्धि करके तार के प्रतिरोध में कमी की जा सकती है?
(a) तार की लम्बाई (l)
(b) तार का व्यास (d)
(c) तार का तापमान
(d) प्लास्टिक इन्सुलेशन की मोटाई

15. सामान्य प्रशीतन कारक क्लोरोफ्लोरोकार्बन, फ्रिऑन एवं N_2O एक गम्भीर प्रदूषक है, ये
(a) वर्षा को रोक देते हैं।
(b) हीमोग्लोबिन को नष्ट करते हैं।
(c) वायुमण्डलीय O_3 परत को क्षति पहुँचाते हैं।
(d) वायुमण्डलीय तापमान घटा देते हैं।

SP-07

16. आरेख में दिए गए आहार जाल का अध्ययन कीजिए और इसमें प्राथमिक उपभोक्ता पहचानिए।

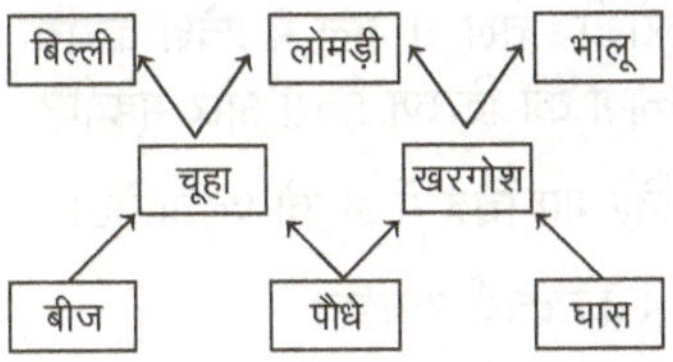

(a) चूहा और भालू
(b) खरगोश और बिल्ली
(c) खरगोश और लोमड़ी
(d) चूहा और खरगोश

अभिकथन-कारण प्रकार के प्रश्न

निर्देश (प्र. सं. 17-20) इन प्रश्नों में **अभिकथन** (A) और **कारण** (R) दिए गए हैं। इन प्रश्नों के उत्तर नीचे दिए गए अनुसार उचित विकल्प को चुनकर दीजिए।

(a) A और R दोनों सही हैं तथा R द्वारा A की सही व्याख्या हो रही है।
(b) A और R दोनों सही हैं, परन्तु R द्वारा A की सही व्याख्या नहीं हो रही है।
(c) A सही है, परन्तु R गलत है।
(d) A गलत है, परन्तु R सही है।

17. **अभिकथन** (A) खाद्य पदार्थो के केन को जिंक से आवरित (Coated) नहीं करके टिन से किया जाता है।
कारण (R) जिंक, टिन की अपेक्षा अधिक सक्रिय धातु है।

18. **अभिकथन** (A) गर्भाशयी अस्तर के टूटने से 4-5 दिन तक लगातार होने वाला रुधिर स्राव ऋतुस्राव कहलाता है।
कारण (R) शुक्राणु के द्वारा अण्ड के निषेचित होने पर ऋतुस्राव होता है।

19. **अभिकथन** (A) उत्तल दर्पण का उपयोग वाहनों में पीछे का दृश्य देखने हेतु किया जाता है।
कारण (R) उत्तल दर्पण द्वारा बहुत बड़े क्षेत्र का वास्तविक प्रतिबिम्ब प्राप्त होता है।

20. **अभिकथन** (A) पादपों में तन्त्रिका तन्त्र का अभाव होता है, परन्तु वे समन्वयन करते हैं।
कारण (R) पादप हॉर्मोन्स के द्वारा अपनी जैविक क्रियाओं का नियन्त्रण व समन्वयन करते हैं।

खण्ड-ख अतिलघु उत्तरीय प्रश्न

21. अम्ल के विलयन को तनुकृत करते समय हाइड्रोनियम आयन (H_3O^+) की सान्द्रता कैसे प्रभावित होती है?

22. वृक्क की निस्यंदन इकाई का नाम बताइए तथा इसे ऐसा क्यों कहते हैं?

23. (a) (i) मस्तिष्क के उस भाग का नाम बताइए, जो नियन्त्रित करता है
I. ऐच्छिक गतिविधियाँ
II. अनैच्छिक गतिविधियाँ
(ii) परिधीय तन्त्रिका तन्त्र का क्या महत्त्व है? इसके संघटकों के नाम बताइए।

अथवा

(b) निम्न के मुख्य कार्य लिखिए
(i) संवेदी तन्त्रिका कोशिका
(ii) कपाल
(iii) कशेरुक दण्ड
(iv) प्रेरक तन्त्रिका कोशिका

24.

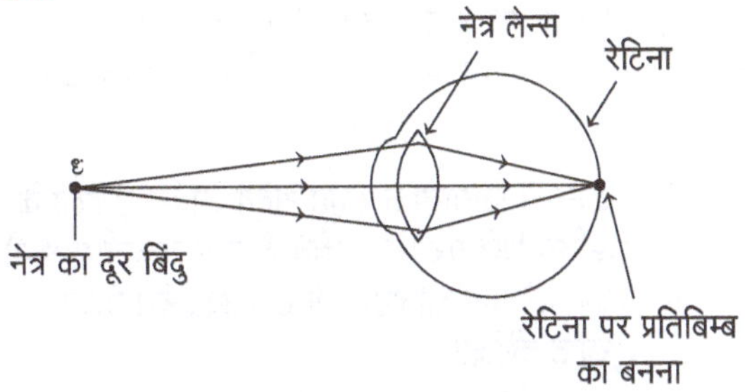

उपरोक्त चित्र दूर दृष्टि दोष को दर्शाता है। चित्र के आधार पर निम्न प्रश्नों के उत्तर दीजिए।

(a) एक व्यक्ति दूर स्थित बस का नम्बर आसानी से पढ़ सकता है लेकिन समीप रखी पुस्तक पढ़ने में परेशानी अनुभव करता है। उसको कौन-सा नेत्र दोष है?

(b) इस दोष के निवारण के लिए किस प्रकार के लेन्स का उपयोग करना चाहिए?

25. (a)

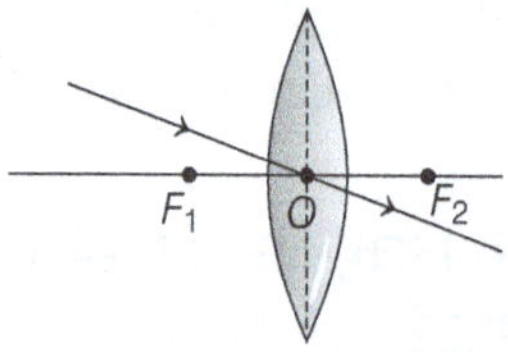

उपरोक्त चित्र उत्तल लेन्स को दर्शाता है। निम्न प्रश्नों के उत्तर दीजिए।

(i) 20 सेमी फोकस दूरी का कोई उत्तल लेन्स आवर्धित आभासी प्रतिबिम्ब के साथ-साथ आवर्धित वास्तविक प्रतिबिम्ब भी बना सकता है। क्या यह कथन सही है?

(ii) उपरोक्त कथन यदि सही है, तो दोनों प्रकरणों में प्रतिबिम्ब प्राप्त करने के लिए वस्तु को कहाँ रखा जाना चाहिए?

अथवा

(b) जल तथा कैरोसीन तेल का अपवर्तनांक क्रमशः 1.33 तथा 1.44 है। यदि प्रकाश की किरण को कैरोसीन तेल से जल में प्रवेश कराया जाए, तो प्रकाश की किरण किस ओर मुड़ेगी?

26. (a) दिए गए चित्र में *A* को पहचानिए।

(b) *A* का कार्य बताइए।

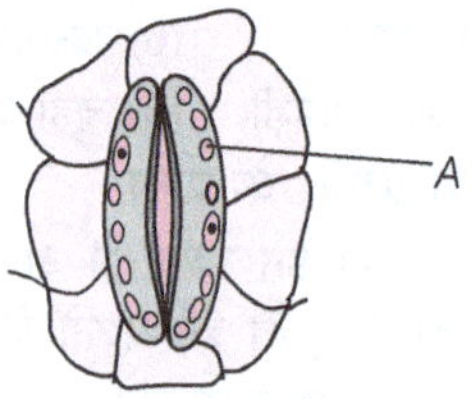

खण्ड-ग लघु उत्तरीय प्रश्न

27. जब विद्युत धारा को अम्लीकृत जल से प्रवाहित किया जाता है वह अपघटित होकर हाइड्रोजन और ऑक्सीजन गैस देता है।

जलती हुई मोमबत्ती की सहायता से

(a) कैथोड पर एकत्रित गैस की पहचान कीजिए।

(b) एनोड पर एकत्रित गैस की पहचान कीजिए।

28. (a) क्रियात्मक समूह क्या है? किन्हीं चार क्रियात्मक समूहों के सूत्र सहित नाम लिखिए।

अथवा

(b) कौन-से क्रियात्मक समूह सदैव कार्बन श्रृंखला के अंतिम सिरे पर स्थित होते हैं तथा सजातीय श्रेणी की परिभाषा दीजिए। इसे एक उदाहरण देकर स्पष्ट कीजिए।

SP-07

29. हमारे शरीर में हॉर्मोन एक निश्चित मात्रा में आवश्यक है, थोड़ा-सा कम या ज्यादा स्रावण हमारे शरीर में विकार उत्पन्न कर देता है। इसे दो उदाहरणों की सहायता से समझाइए।

30. (a) शाकाहारी भोजन की आदत को अधिक ऊर्जा प्रदान करने वाला क्यों माना जाता है?

(b) यदि किसी घास के मैदान से सभी शाकाहारियों को हटा दिया जाए, तो होने वाला परिणाम लिखिए।

31. (a) उपयुक्त चित्र में अंकित प्रकाश की परिघटना का नाम लिखिए।

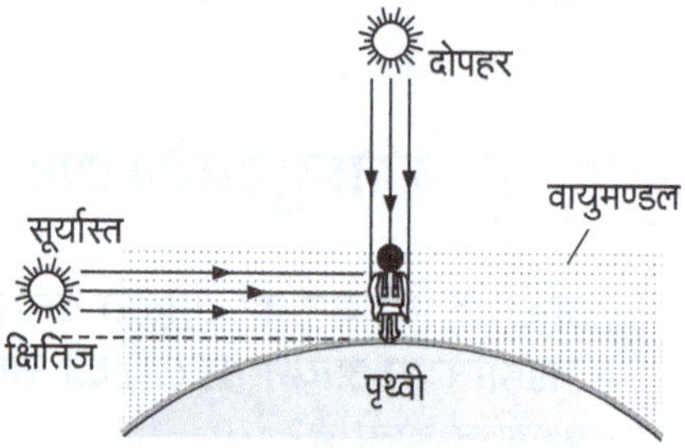

(b) हमें दोपहर में सूर्य सिर के ऊपर श्वेत क्यों दिखाई देता है?

(c) यह भी उल्लेख कीजिए कि हम बहुत कम प्रकाश में रंगों की पहचान करने में सक्षम क्यों नहीं हैं?

32. (a) अमीटर का प्रतिरोध निम्न अथवा उच्च में से क्या होना चाहिए? कारण दीजिए।

(b)

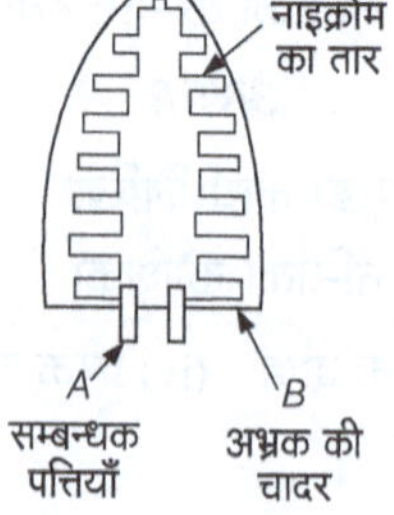

उपर्युक्त आरेख में विद्युत प्रेस के दोनों टर्मिनलों के मध्य विभवान्तर 220 वोल्ट है तथा इसके ऐलीमेण्ट से प्रवाहित धारा का मान 5 ऐम्पियर है। विद्युत प्रेस के ऐलीमेण्ट का प्रतिरोध तथा शक्ति की गणना कीजिए।

33. (a) क्या होता है, जब प्रकाश की किरण एक माध्यम से दूसरे (समान अपवर्तनांक मान के) माध्यम में संचरित होती है?

(b) नीचे दिए गए आरेख को पूर्ण कीजिए जिसमें एक बिम्ब का प्रतिबिम्ब $A'B'$ लेन्स से अपवर्तन के पश्चात् बनता दिखाया गया है।

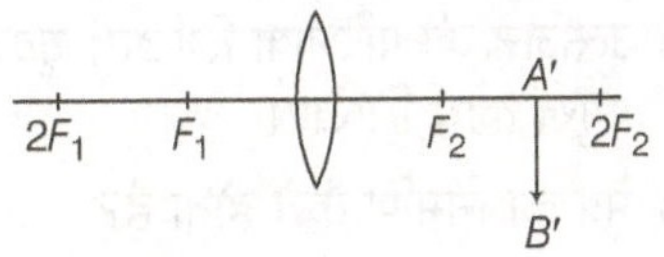

(c) उपरोक्त सूचना के आधार पर निम्न प्रश्नों के उत्तर दीजिए

(i) बिम्ब AB की स्थिति आरेख अनुसार लिखिए क्या होगी?

(ii) प्रतिबिम्ब के आकार की तुलना में बिम्ब का आकार कैसा होगा?

खण्ड-घ दीर्घ उत्तरीय प्रश्न

34. (a) किसी धातु 'M' की तनु अम्ल से अभिक्रिया होने पर कोई गैस 'G' निकलती है। इसी धातु की किसी क्षारक से अभिक्रिया होने पर वही गैस 'G' निकलती है।

(i) गैस 'G' का नाम लिखिए एवं इस गैस का कोई एक गुण भी लिखिए।

(ii) इस धातु की (1) किसी अम्ल तथा (2) किसी क्षारक के साथ अभिक्रिया के रासायनिक समीकरण लिखिए।

(iii) हाइड्रोजन धातु नहीं है, परन्तु इसे धातुओं की सक्रियता श्रेणी में स्थान दिया गया है। व्यक्त कीजिए।

अथवा

(b) निम्नलिखित प्रश्नों के उत्तर दीजिए।

(i) आघातवर्ध्य तथा तन्य का अर्थ बताइए।

(ii) सोडियम को कैरोसीन तेल में डुबोकर क्यों रखा जाता है?

(iii) जब अभिक्रियाशील धातु को तनु हाइड्रोक्लोरिक अम्ल में डाला जाता है, तो कौन-सी गैस निकलती है? आयरन के साथ तनु H_2SO_4 की रासायनिक अभिक्रिया लिखिए।

35. (a) (i) दिया गया चित्र पादपों में मूल द्वारा जल का अवशोषण प्रदर्शित कर रहा है। पादपों में मूल द्वारा जल किस प्रकार अवशोषित किया जाता है?

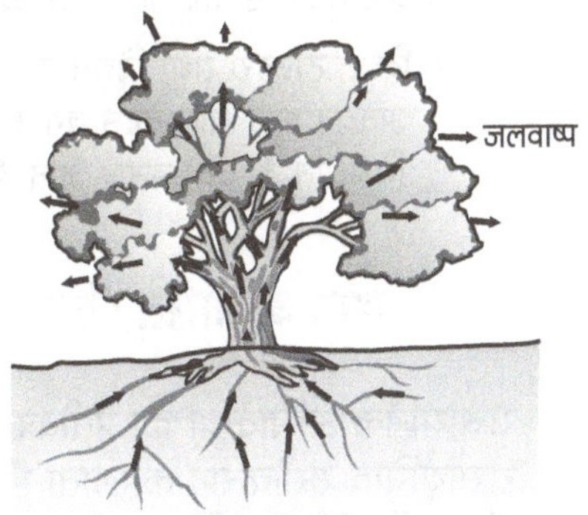

वाष्पोत्सर्जनाकर्षण

(ii) परिवहन में वाष्पोत्सर्जनाकर्षण की भूमिका बताइए।

(iii) भोजन के उन घटकों के नाम बताइए, जो जीवित ऊतकों द्वारा परिवाहित होते हैं।

अथवा

(b) (i) निम्न चित्र में A-D तक को नामांकित कीजिए।

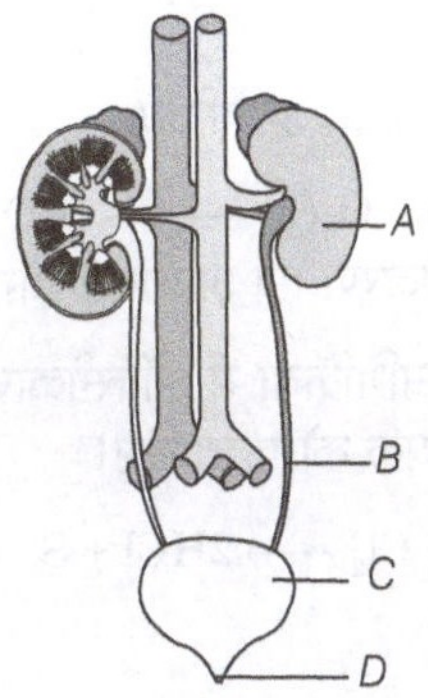

(ii) उत्सर्जन की परिभाषा लिखिए। वृक्क के दो प्रमुख कार्य लिखिए।

(iii) मूत्र का निर्माण कैसे होता है?

36. (a)

(i) उपरोक्त चित्र के आधार पर नीचे दिए गए प्रत्येक तथ्यों के कारण सहित व्याख्या कीजिए।

I. विद्युत टोस्टरों तथा विद्युत इस्त्रीयों के तापन अवयव शुद्ध धातु के न बनाकर किसी मिश्रधातु के क्यों बनाए जाते हैं?

II. किसी विद्युत हीटर की डोरी क्यों तप्त नहीं होती, जबकि उसका तापन अवयव तप्त हो जाता है?

(ii) 20 ओम प्रतिरोध की कोई विद्युत इस्त्री 5 ऐम्पियर विद्युत धारा लेती है। 30 सेकण्ड में उत्पन्न ऊष्मा को परिकलित कीजिए।

अथवा

(b)(i) निम्नलिखित तथ्यों को कारण सहित स्पष्ट कीजिए।

I. किसी तार का प्रतिरोध उसकी अनुप्रस्थ-काट के क्षेत्रफल में परिवर्तन के साथ किस प्रकार परिवर्तित होता है?

II. विद्युत संचरण के लिए प्रायः कॉपर तथा ऐलुमिनियम के तारों का उपयोग क्यों किया जाता है?

(ii) 8 ओम प्रतिरोध का कोई विद्युत हीटर विद्युत मेंस से 2 घण्टे तक 15 ऐम्पियर विद्युत धारा लेता है। हीटर में उत्पन्न ऊष्मा की दर परिकलित कीजिए।

खण्ड-ड स्त्रोत आधारित/केस आधारित प्रश्न

37. रासायनिक अभिक्रिया का प्रतीकात्मक निरूपण रासायनिक समीकरण कहलाता है। इसमें बाएँ ओर अभिकर्मकों/अभिकारकों (प्रारम्भिक पदार्थ) तथा दाएँ ओर उत्पादों (बनने वाले पदार्थों) के रासायनिक सूत्र लिखे जाते हैं।

रासायनिक अभिक्रिया में द्रव्यमान अपरिवर्तित रहता है। इसका न तो निर्माण होता है ओर न ही विनाश, अर्थात् किसी भी रासायनिक अभिक्रिया के उत्पाद तत्वों का कुल द्रव्यमान अभिकारक तत्वों के कुल द्रव्यमान के बराबर होता है।

(a) निम्नलिखित अभिक्रिया

$H_2(g) + O_2(g) \longrightarrow H_2O$ में किस तत्व का ऑक्सीकरण एवं अपचयन होगा? (1)

(b) निम्न अभिक्रिया में ऑक्सीकारक और अपचायक को पहचानिए।

$H_2S + Cl_2 \longrightarrow 2HCl + S$ (1)

(c) किसी धातु X का कार्बोनेट श्वेत ठोस है, गर्म करने पर यह विघटित होकर कार्बन डाइऑक्साइड तथा पीला ठोस ऑक्साइड बनाता है। तत्व X क्या है तथा इसका समीकरण भी लिखिए। (2)

अथवा

(c) जिंक तनु हाइड्रोक्लोरिक अम्ल से अभिक्रिया करके हाइड्रोजन गैस उत्पन्न करता है, जबकि कॉपर ऐसा नहीं करता। कारण दीजिए। (2)

38. मानव के दिए गए मादा जनन तन्त्र के चित्र में अण्डाशय, फैलोपियन नलिका या डिम्बवाहिनी, गर्भाशय तथा योनि पाए जाते हैं। मादा जनन कोशिकाओं का निर्माण अण्डाशय में होता है। ये कुछ हॉर्मोन भी उत्पादित करते हैं। सहायक जननांगों के अन्तर्गत दो डिम्बवाहिनियाँ होती हैं, जो संयुक्त होकर एक लचीली थैलेनुमा संरचना का निर्माण करती हैं, जिसे गर्भाशय

SP-07

कहते हैं। गर्भाशय ग्रीवा द्वारा योनि में खुलता है।

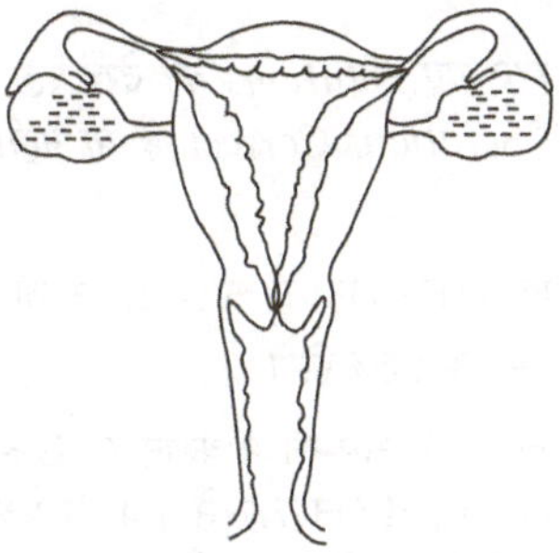

(a) मादा जनन तन्त्र में फैलोपियन नलिका की उपयोगिता तथा गर्भाशयी ग्रीवा की भूमिका बताइए। (2)

अथवा

(a) निषेचन न होने की स्थिति में गर्भाशय में क्या परिवर्तन होते हैं? (2)

(b) नीचे दिया गया चित्र क्या प्रदर्शित करता है?

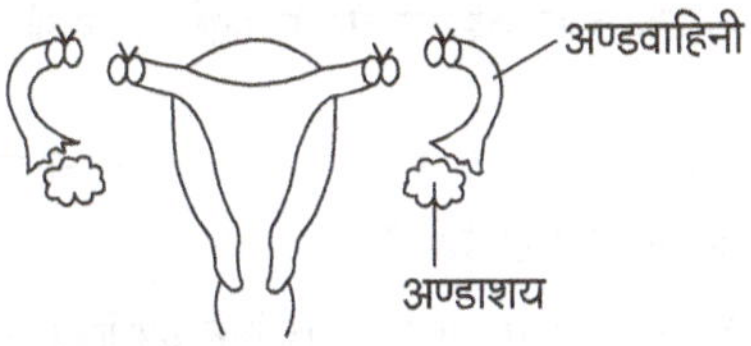

(1)

(c) मानव मादा जनन तन्त्र में अण्डाशय के दो कार्य लिखिए। (1)

39. किसी प्रायोगिक व्यवस्था के एक वृत्ताकार पाश में, जो कागज के तल के अभिलम्बवत् तल में रखा हुआ है, कुँजी को ऑन करने पर विद्युत धारा प्रवाहित होती है। चित्र में बिन्दुओं A तथा B (कागज के तल में तथा कुण्डली के अक्ष पर) से देखने पर विद्युत धारा क्रमशः वामावर्त (Anti-clockwise) तथा दक्षिणावर्त (Clockwise) बहती है। चुम्बकीय क्षेत्र रेखाएँ B से A की ओर इसकी दिशा की ओर संकेत करती हैं।

नीचे दिए गए आरेख के आधार पर निम्न प्रश्नों के उत्तर दीजिए

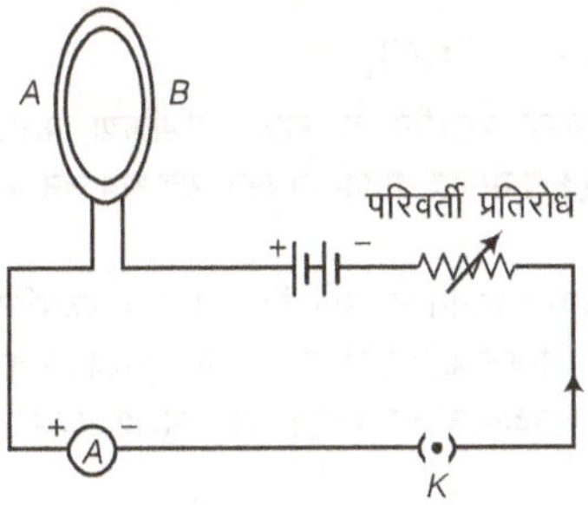

(a) उल्लेख कीजिए, क्या होता है जब

(i) विद्युत धारा के परिमाण में वृद्धि की जाए?

(ii) वृत्ताकार पाश से दूरी बढ़ाई जाए? (1)

(b) इस प्रकार निर्मित चुम्बक का उत्तरी ध्रुव किसके समीप स्थित होगा? (1)

(c) यदि एक विद्युत धारावाही कुण्डली में फेरों की संख्या n होती है, तब उसके द्वारा किसी बिन्दु पर उत्पन्न चुम्बकीय क्षेत्र, एकल फेरें द्वारा उत्पन्न क्षेत्र की अपेक्षा n गुना अधिक प्रबल क्यों होता है? (2)

अथवा

(c) मीना ने एक धारावाही कुण्डली की चुम्बकीय बल रेखाओं का निरूपण कुण्डली के अक्ष के समीप किया। जैसे-जैसे वह वृत्ताकार कुण्डली के केन्द्र से दूर जाती, तो उसने पाया कि बल रेखाओं का अपसरण होता जाता है। आप किस प्रकार उसके परीक्षणों की व्याख्या करेंगें? (2)

SP-07

हल सहित उत्तर in Topper's Style

मेरी प्रतिबद्धता मैं विश्वास दिलाता हूँ कि पूरा पेपर अपने आप करने के बाद ही मैं यहाँ दिए गए Solutions को देख रहा हूँ। इन Solutions को देखने का मेरा उद्देश्य यह Check करना है कि मेरे द्वारा किये गए Solutions Correct हैं या नहीं।

1. (b) $CO + Cl_2 \longrightarrow COCl_2$

कार्बन मोनॉक्साइड क्लोरीन के साथ अभिक्रिया करके कार्बोनिल क्लोराइड का एकल उत्पाद बनाता है। अत: यह संयोजन अभिक्रिया है। (1)

2. (b) डिटर्जेंट क्षारीय प्रकृति के होते हैं। अत: इसे उदासीन करने के लिए अम्ल की आवश्यकता होती है, क्योंकि सिरका एक अम्ल है, यह डिटर्जेंट को उदासीन कर सकता है। इसलिए, विकल्प (b) सही है। (1)

3. (d) $AgNO_3$ विलयन एवं कॉपर धातु, क्योंकि कॉपर, सिल्वर से अधिक क्रियाशील है। (1)

4. (d) इस अभिक्रिया का सही सन्तुलित रूप है

$Hg_2Cl_2 + 2NH_3 \longrightarrow Hg + HgNH_2Cl + NH_4Cl$ (1)

5. (c) प्रश्नानुसार दिए गए गुण ऐसीटिलीन गैस के हैं, अत: उत्पन्न गैस ऐसीटिलीन है। (1)

6. (a) दिया है, $[OH^-] = 1 \times 10^{-12}$ मोल प्रति लीटर

$\therefore \quad pOH = -\log[OH^-] = -\log(1 \times 10^{-12}) = +12$

$\because \quad pH + pOH = 14$

$\therefore \quad pH + 12 = 14$

$\Rightarrow \quad pH = 14 - 12 = 2$ (1)

7. (b) इस विलयन HCl; उपस्थित होगा अण्डे के कवच में $CaCO_3$ उपस्थित होता है।

$$CaCO_3 + 2HCl \longrightarrow CaCl_2 + H_2O + CO_2 \uparrow$$

$$\underset{\text{चूने का पानी}}{CO_2 + Ca(OH)_2} \longrightarrow \underset{\text{श्वेत (दूधिया)}}{CaCO_3 \downarrow} + H_2O$$ (1)

8. (c) हृदय एवं शिराओं में उपस्थित वाल्व (कपाट) रुधिर के पश्च प्रवाह को रोकते हैं। (1)

9. (b) कथन B, C और D सही हैं। एकलिंगी पुष्पों में केवल एक जनन अंग उपस्थित होता है, जो पर-परागण में सहायक होता है। निषेचन के लिए स्त्रीकेसर व पुंकेसर दोनों की आवश्यकता होती है। (1)

10. (b) एकसंकर संकरण के अनुसार, गुलाब के लाल पुष्प का संकरण सफेद पुष्प से कराने पर प्रथम-पीढ़ी में लाल पुष्प उत्पन्न होते हैं। यदि दूसरी-पीढ़ी में कुछ 50 सफेद पुष्प वाले पौधे प्राप्त होते हैं, तो लाल पुष्प वाले पौधों की संख्या 150 होगी, क्योंकि एकसंकर संकरण में 3 : 1 के अनुपात में लाल व सफेद पुष्प प्राप्त होंगे। अत: $50 \times 3 = 150$। (1)

11. (a) अप्रभावी लक्षण होने के कारण F_2 सन्तति में सफेद फर प्राप्त होने की संभावना 25% होगी। (1)

12. (c) हीमोग्लोबिन के सम्बन्ध में कथन A, B और D सही है। हीमोग्लोबिन का pH मान 7.1 से 7.4 के मध्य होता है अर्थात् हीमोग्लोबिन हल्का क्षारीय होता है। (1)

13. (b) जिस बिन्दु से दृष्टि नाड़ियाँ मस्तिष्क को जाती हैं, उस बिन्दु को अन्ध बिन्दु कहते हैं। (1)

14. (b) तार का प्रतिरोध,

$$R = \rho \frac{l}{A} = \rho \frac{l}{\frac{\pi}{4} d^2} = \rho \frac{4l}{\pi d^2}$$

$$R \propto \frac{1}{d^2}$$

अत: तार का व्यास बढ़ाकर तार के प्रतिरोध में कमी की जा सकती है। (1)

15. (c) क्लोरोफ्लोरोकार्बन, मीथेन एवं N_2O के कारण वायुमण्डल की O_3 परत क्षतिग्रस्त हो रही है। (1)

16. (d) दिए गए आहार जाल में प्राथमिक उपभोक्ता चूहा और खरगोश हैं। (1)

17. (a) खाद्य पदार्थों के केन को जिंक से आवरित न करके टिन द्वारा किया जाता है, क्योंकि जिंक (Zn), टिन (Sn) की अपेक्षा अधिक सक्रिय होती है, जोकि खाद्य सामग्री में उपस्थित कार्बनिक अम्ल से क्रिया कर लेता है।

अत: अभिकथन (A) तथा कारण (R) दोनों सही हैं तथा कारण (R) द्वारा अभिकथन (A) की सही व्याख्या हो रही है। (1)

18. (c) अभिकथन (A) सही है, परन्तु कारण (R) गलत है, क्योंकि ऋतुस्राव निषेचन न होने की स्थिति में होता है। (1)

19. (a) उत्तल दर्पण का उपयोग वाहनों में पीछे का दृश्य देखने हेतु किया जाता है। जिससे पीछे की ओर के काफी बड़े क्षेत्र का स्पष्ट तथा सीधा प्रतिबिम्ब दिखाई पड़ता है।

अत: अभिकथन (A) तथा कारण (R) दोनों सही हैं तथा कारण (R) द्वारा अभिकथन (A) की सही व्याख्या है। (1)

20. (a) पादपों में तन्त्रिका तन्त्र का अभाव होता है, परन्तु विशेष रासायनिक समन्वयकों (हॉर्मोन्स) के द्वारा ये अपनी जैविक क्रियाओं का नियन्त्रण व समन्वयन करते हैं। अत: अभिकथन (A) तथा कारण (R) दोनों सही हैं तथा कारण (R) द्वारा अभिकथन (A) की सही व्याख्या हो रही है। (1)

21. जब किसी अम्ल को जल में मिलाया जाता है, तो यह (H_3O^+) तथा ऋणायनों में वियोजित हो जाता है। परन्तु साथ-साथ उसका आयतन भी बढ़ जाता है यद्यपि इसमें आयनों की संख्या समान होती है अत: प्रति इकाई आयतन आयनों (H_3O^-) की संख्या कम हो जाती है।(2)

22. वृक्क की निस्यन्दन इकाई नेफ्रॉन को कहा जाता है। यह वृक्क में लाखों की संख्या में उपस्थित सूक्ष्म कुण्डलित नलिकीय संरचना है, जो रुधिर को निस्यन्दित कर यूरिया को पृथक् कर मूत्र का निर्माण करती है, जोकि वृक्क का मुख्य कार्य है। ये पुनरावशोषण द्वारा जल एवं लवणों की मात्रा का भी नियमन करते हैं। (2)

23.(a) (i) I. ऐच्छिक गतिविधियाँ प्रमस्तिष्क द्वारा नियन्त्रित होती हैं।
II. अनैच्छिक गतिविधियाँ पश्च मस्तिष्क के मेड्यूला ऑब्लोंगेटा द्वारा नियन्त्रित होती हैं। (1)

(ii) परिधीय तन्त्रिका तन्त्र शरीर एवं केन्द्रीय तन्त्रिका तन्त्र के मध्य संयोजक एवं मध्यस्थ की भूमिका निभाता है। इसमें कपालीय एवं मेरु-तन्त्रिकाएँ सम्मिलित होती हैं। (1)

अथवा

(b) (i) **संवेदी तन्त्रिका कोशिका** यह संवेदी आवेगों को ग्राही जैसे-त्वचा, से केन्द्रीय तन्त्रिका तन्त्र तक पहुँचाने का कार्य करती है।

(ii) **कपाल** यह मस्तिष्क को यान्त्रिक चोट तथा आघात से सुरक्षा प्रदान करता है।

(iii) **कशेरुक दण्ड** यह मेरुदण्ड के चारों ओर उपस्थित एक सुरक्षात्मक अस्थिल आवरण है, जो शरीर को यान्त्रिक सहारा भी प्रदान करता है।

(iv) **प्रेरक तन्त्रिका कोशिका** यह केन्द्रीय तन्त्रिका तन्त्र से प्रेरक आवेगों को विशिष्ट प्रभावकों (पेशी तन्तु अथवा ग्रन्थि कोशिकाओं, आदि) तक पहुँचाने का कार्य करती है। (2)

24. (a) व्यक्ति समीप रखी वस्तुएँ (पुस्तक के अक्षर) स्पष्ट नहीं देख सकता। अत: वह दूर दृष्टि दोष से पीड़ित है। (1)

(b) इस दोष के निवारण के लिए उसे उचित फोकस दूरी का उत्तल लेन्स उपयोग में लेना चाहिए। (1)

25. (a) (i) हाँ, यह कथन सही है, क्योंकि 20 सेमी फोकस दूरी वाला उत्तल लेन्स आवर्धित आभासी प्रतिबिम्ब के साथ आवर्धित वास्तविक प्रतिबिम्ब भी बना सकता है। (1)

(ii) आवर्धित आभासी प्रतिबिम्ब के लिए वस्तु को प्रथम फोकस F_1 तथा प्रकाशिक केन्द्र O के मध्य 20 सेमी से कम दूरी पर रखा जाता है।

आवर्धित वास्तविक प्रतिबिम्ब के लिए वस्तु को F_1 तथा $2F_1$ के मध्य 20 सेमी और 40 सेमी के मध्य रखा जाता है। (1)

अथवा

(b) दिया है, कैरोसीन तेल का अपवर्तनांक $= n_k = 1.44$
जल का आवर्तनांक $n_W = 1.33$

चूँकि जल की तुलना में कैरोसीन सघन माध्यम है। अत: प्रकाश की किरण जब सघन से विरल माध्यम में जाती है, तो वह अभिलम्ब की ओर मुड़ जाती है। (2)

26. (a) A रन्ध्र में उपस्थित द्वार कोशिकाएँ हैं। (1)

(b) ये रन्ध्रीय छिद्र एक जोड़ी द्वार कोशिकाओं से रक्षित होता है। द्वार कोशिकाओं का कार्य रन्ध्रों को खोलना व बन्द करना होता है। (1)

27. (a) जब जलती मोमबत्ती को बाई परखनली के मुँह के नजदीक ले जाते हैं, उसमें गैस 'फट ध्वनि' (Popping sound) या 'थोड़ा विस्फोट' (Little explosion) करती हुई तेजी से जलती है। हम जानते हैं कि हाइड्रोजन गैस फट ध्वनि के साथ जलती है। इसलिए, ऋण इलेक्ट्रोड के ऊपर बाई परखनली में एकत्रित गैस [जिसका आयतन दूना (2 गुना) था] हाइड्रोजन है। (1½)

(b) जब जलती मोमबत्ती की दाएँ ओर की परखनली के मुख के नजदीक ले जाते हैं, मोमबत्ती तेजी से जलने लगती है।
हम जानते हैं कि ऑक्सीजन गैस चीजों को तेजी से जलाती है। इसलिए, धन इलेक्ट्रोड के ऊपर दाई ओर की परखनली में एकत्रित (जो 1 आयतन थी) ऑक्सीजन है। (1½)

28. (a) **क्रियात्मक समूह** (प्रकार्यात्मक समूह) परमाणु अथवा परमाणुओं का समूह, जो कार्बन यौगिक की अभिक्रियाशीलता बताते हैं तथा उसके गुणधर्मों (क्रियाओं) को सुनिश्चित करते हैं, **क्रियात्मक समूह** कहलाते हैं। (1)

उदाहरण—

(i) ऐल्कोहॉल —OH

(ii) ऐल्डिहाइड $-\mathrm{C}{\lessgtr}^{\mathrm{H}}_{\mathrm{O}}$

(iii) कीटोन $-\overset{}{\underset{\|\atop \mathrm{O}}{\mathrm{C}}}-$

(iv) कार्बोक्सिलिक अम्ल $-\overset{\mathrm{O}\atop \|}{\mathrm{C}}-\mathrm{OH}$ (2)

अथवा

(b) क्रियात्मक ऐल्डिहाइड समूह R — CHO तथा कार्बोक्सिलिक समूह R — COOH (जहाँ, R = ऐल्किल समूह) सदैव कार्बन शृंखला के अन्तिम सिरे पर स्थित होते हैं।

जब कार्बनिक यौगिकों का अणुसूत्र व क्रियात्मक समूह हों तथा इन्हें अणुभार 14 के अन्तर से घटते हुए या बढ़ते हुए क्रम में व्यवस्थित किया जाए, तो एक श्रेणी का निर्माण होता है, इसे सजातीय श्रेणी कहते हैं।

उदाहरण के लिए, CH_4 (मेथेन) तथा C_2H_6 (एथेन) में एक CH_2 इकाई का अन्तर होता है। (3)

29. शरीर में हॉर्मोन की एक निश्चित मात्रा का होना आवश्यक है, इसके कम या अधिक स्रावण से शरीर में विकार उत्पन्न हो सकता है। जैसे—

(i) **सोमैटोट्रॉपिक हॉर्मोन** (STH) या **वृद्धि हॉर्मोन** (GH) ऊतकों तथा अस्थियों की वृद्धि को नियन्त्रित करता है एवं प्रोटीन-संश्लेषण को भी प्रभावित करता है। इसके अल्पस्रावण से व्यक्ति में **बौनापन** तथा अतिस्रावण से भीमकायता उत्पन्न हो जाती है, जिसे **अग्रातिकायता** भी कहते हैं।

(ii) **थायरॉक्सिन हॉर्मोन** (Thyroxine hormone) मुख्यतया शरीर की उपापचयी क्रियाओं का नियमन तथा नियन्त्रण करता है। इसके अल्पस्रावण से **जड़वामनता** रोग उत्पन्न हो जाता है, जिसमें बाल्यावस्था में बच्चों में बौनापन तथा कुरूपता आ जाती है। इसके अतिस्रावण से **नेत्रोत्सेंधी** घेंघा रोग उत्पन्न हो जाता है, जिसमें रोगी के नेत्र चौड़े तथा नेत्र गोलक के नीचे श्लेष्म के संचित हो जाने से ये बाहर की तरफ उभरे नजर आते हैं। (3)

30. (a) शाकाहारी भोजन की आदतों को अधिक ऊर्जा देने वाला माना जाता है, क्योंकि शाकाहारी जन्तु दूसरे पोषक स्तर पर पादपों या उत्पादकों के प्रथम पोषक स्तर के समीप पाए जाते हैं अर्थात् शाकाहारी जीव पादपों से भोजन प्राप्त करते हैं। अत: वे ऊर्जा स्थानान्तरण के 10% नियमानुसार माँसाहारी जन्तुओं की अपेक्षा अधिक ऊर्जा ग्रहण करते हैं। इनमें माँसाहारी जन्तुओं से 10 गुना अधिक ऊर्जा होती है। (2)

(b) यदि घास के मैदान से सभी शाकाहारी हटा दिए जाए, तो भोजन हेतु इन पर निर्भर माँसाहारी जन्तु भी जीवित नहीं रह पाएँगे और स्वपोषियों (पादपों) की संख्या में तीव्र वृद्धि होगी। (1)

31. (a) यह परिघटना प्रकीर्णन के कारण होती है, जब दोपहर के समय सूर्य सिर के ऊपर होने के कारण श्वेत दिखाई देता है। (1)

(b) इस स्थिति में प्रकाश को हम तक पहुँचने में कम दूरी तय करनी पड़ती है। इस कारण नीले रंग का बहुत कम भाग वायुमण्डल में प्रकीर्णित होता है, क्योंकि सूर्य का प्रकाश सिर के ऊपर सीधा आपतित हो रहा है। इसमें सभी रंगों का सम्मिश्रण उचित अनुपात में होता है। अत: सूर्य सिर के ऊपर श्वेत दिखाई देता है। (1)

(c) धीमें प्रकाश में रेटिना की केवल दण्डाकार कोशिकाएँ ही प्रभावी होती हैं। शंक्वाकार कोशिकाएँ अप्रभावी रहती हैं। दण्डाकार कोशिकाएँ रंगों में विभेदन नहीं कर पाती अर्थात् वे रंगों के लिए संवेदी नहीं हैं। अत: धीमे प्रकाश में वस्तुएँ तो दिखाई देती हैं लेकिन उनके रंगों में विभेदन नहीं हो पाता है। (1)

32. (a) अमीटर का प्रतिरोध निम्न होना चाहिए। विद्युत परिपथ में अमीटर को श्रेणीक्रम में लगाया जाता है। यदि अमीटर का प्रतिरोध निम्न नहीं है, तो परिपथ में लगाने पर धारा का मान कम हो जाएगा। वास्तविकता में आदर्श अमीटर का प्रतिरोध शून्य होना चाहिए। (1)

(b) दिया है, विद्युत प्रेस के टर्मिनलों पर वोल्टता,

$V = 220$ वोल्ट

प्रवाहित धारा, $I = 5$ ऐम्पियर

$\therefore$ प्रतिरोध, $R = \frac{V}{I} = \frac{220}{5} = 44$ ओम

हम जानते हैं,

शक्ति, $P = V \times I = 220 \times 5 = 1100$ वाट (2)

33. (a) इसका अपने सरल रेखीय मार्ग से विचलन नहीं होगा। (1)

(b)

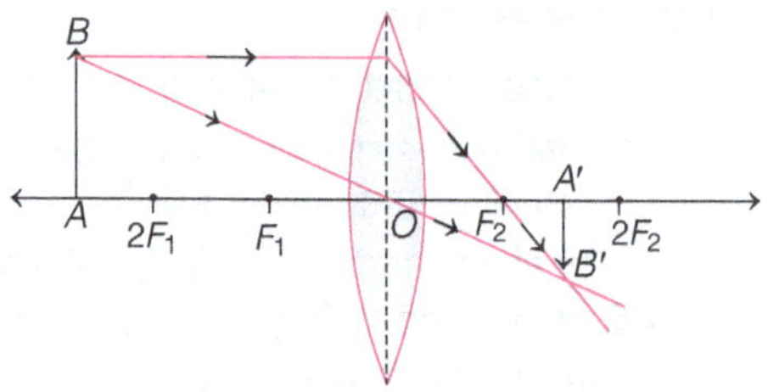

(½)

(c) (i) बिम्ब $2F_1$ से आगे की ओर स्थित होगा। (½)

(ii) बिम्ब का आकार प्रतिबिम्ब के आकार से बड़ा होगा। (1)

34. (a) धातु M = ऐलुमिनियम (Al) तनु अम्ल (HCl) से क्रिया करके गैस G = हाइड्रोजन (H_2) बनाती है।

$2Al + 6HCl \rightarrow 2AlCl_3 + 3H_2$ (1)

(i) गैस G हाइड्रोजन (H_2) गैस है।
हाइड्रोजन गैस एक ज्वलनशील गैस है। यह जल में विलेय है। गैसों में हाइड्रोजन, सबसे हल्की गैस है। (1)

(ii) Al धातु की अम्ल से क्रिया
$2Al + 6HCl \rightarrow 2AlCl_3 + 3H_2$
Al धातु की क्षार से क्रिया
$NaOH + Al + H_2O \rightarrow Na\ AlO_2 + H_3$ (1)

(iii) हाइड्रोजन यद्यपि धातु नहीं है, परन्तु हाइड्रोजन द्वारा धातुओं की भाँति इलेक्ट्रॉन त्याग सकने की प्रवृत्ति के कारण इसे सक्रियता श्रेणी में धातुओं के साथ स्थान दिया गया है।
यह धातुओं की भाँति, इलेक्ट्रॉन त्यागकर H^+ आयन (धनआयन) देता है। वे धातुएँ जो हाइड्रोजन की अपेक्षा सुगमता से इलेक्ट्रॉन त्याग सकता है, सक्रियता श्रेणी में हाइड्रोजन के ऊपर स्थित है तथा अन्य हाइड्रोजन से नीचे स्थित हैं (जैसे—Cu)। (2)

अथवा

(b) (i) **आघातवर्ध्य** धातुओं का वह गुण, जिसके कारण उन्हें हथोड़े से पीटकर चादरों में बदला जा सकता है, आघातवर्ध्यता कहलाता है, सोना व चाँदी सर्वाधिक आघातवर्ध्य धातुएँ हैं।
तन्य धातुओं का वह गुण, जिसके कारण उनके तार खीचें जा सकते हैं, तन्यता कहलाता है, सोना सर्वाधिक तन्य धातु है। (2)

(ii) सोडियम एक अत्यधिक क्रियाशील धातु है। वायु में उपस्थित नमी व ऑक्सीजन से यह तीव्र व विस्फोटक रूप से अभिक्रिया करती है। इसे अभिक्रिया से बचाने हेतु कैरोसीन तेल में डुबाकर रखा जाता है। (1)

(iii) जब कोई अभिक्रियाशील धातु को तनु हाइड्रोक्लोरिक अम्ल में डाला जाता है, तो हाइड्रोजन गैस उत्पन्न होती है।

उदाहरण– $2Na(s) + 2\,HCl(aq) \xrightarrow{\text{तनु}} NaCl(aq) + H_2(g)$

आयरन धातु की तनु H_2SO_4 के साथ अभिक्रिया

$$Fe(s) + H_2SO_4(aq) \longrightarrow FeSO_4(aq) + H_2(g)$$

(2)

35. (a) (i) मृदा से जल का अवशोषण पादपों की मूल में उपस्थित मूलरोम द्वारा होता है। ये मूलरोम मृदा के कणों के बीच फँसे केशिका जल को ग्रहण करते हैं।

मूलरोमों के कोशिकाद्रव्य की सान्द्रता अर्थात् कोशिकाद्रव्य का परासरण दाब मृदा के जल के परासरण दाब से अधिक होता है। अत: जल के अणु इस उच्च दाब के कारण अर्द्धपारगम्य प्लाज्मा झिल्ली से होकर मूलरोम कोशिका में प्रवेश कर जाता है। (2)

(ii) पादपों में मृदा से जल तथा खनिज-लवण मूल द्वारा अवशोषित होकर जाइलम ऊतक की सहायता से तने में होते हुए पत्तियों तक पहुँचते हैं, इस क्रिया को **रसारोहण** कहते हैं।

जाइलम में जल के अणुओं के मध्य ससंजन बल तथा जल एवं जाइलम वाहिकाओं के मध्य आसंजन बल लगता है। उपरोक्त बलों के कारण जाइलम वाहिकाओं में जल के अटूट जल स्तंभ का निर्माण होता है, जो वाष्पोत्सर्जनाकर्षण वाष्पोत्सर्जन के कारण उत्पन्न जल की न्यूनता के कारण पत्तियों में उत्पन्न जल का तनाव/खिंचाव बल के कारण ऊपर की ओर सतत् रूप से बढ़ता है। (2)

(iii) जीवित ऊतकों फ्लोएम द्वारा निम्न भोज्य तत्वों का परिवहन होता है

(a) कार्बोहाइड्रेट सुक्रोस के रूप में

(b) अमीनो अम्ल (1)

अथवा

(b) (i) *A*-वृक्क *B*-मूत्रवाहिनी *C*-मूत्राशय *D*-मूत्रमार्ग।(1)

(ii) जैव प्रक्रिया जो शरीर से हानिकारक उपापचयी अपशिष्टों के निष्कासन में संलग्न होती है, उत्सर्जन कहलाती हैं।

वृक्क के दो कार्य इस प्रकार हैं

- यूरिया एवं यूरिक अम्ल जैसे नाइट्रोजनी अपशिष्टों को रुधिर से निष्कासित करने का कार्य वृक्क में होता है।
- वृक्क शरीर में जल के सन्तुलन को बनाए रखने में सहायता करता है। (2)

(iii) वृक्कीय धमनी से रुधिर वृक्क में उच्च रुधिर दाब से वृक्काणु के ग्लोमेरुलस में प्रवेशित होकर निस्यन्दित होता है। यहाँ से परानिस्यन्दित द्रव कुण्डलित नलिकीय भाग में जाता है, जहाँ आवश्यक लवणों, जल, अमीनो अम्लों, आदि का पुनरावशोषण एवं कुछ तत्वों जैसे K^+, H^+ आयनों का वाहिकीय होता है तथा अन्त में सान्द्रित मूत्र का निर्माण होता है। (2)

36. (a) (i) I. मिश्रधातुओं की प्रतिरोधकता अपनी अवयवी धातुओं की अपेक्षा अधिक होती है, इसलिए मिश्रधातुओं का उच्च ताप पर उपचयन (दहन) नहीं होता। अत: इनका उपयोग विद्युत टोस्टरों, इस्त्रीयों, आदि के तापन अवयव के अवयव बनाने हेतु किया जाता है। (1)

II. तापन अवयव तथा डोरी दोनों में ही समान विद्युत धारा प्रवाहित होती है, जबकि डोरी का बाह्य भाग एक कुचालक पदार्थ से बना होता है, जिसकी प्रतिरोधकता बहुत अधिक होती है तथा इसी कारण प्रतिरोध भी उच्च होता है। हीटर का तापन अवयव सुचालक धातु (मिश्रधातु) से निर्मित होता है। जोकि कम प्रतिरोधकता (तथा प्रतिरोध) वाला होता है, इसलिए यह तृप्त हो जाता है, जबकि डोरी तप्त नहीं होती। (2)

(ii) दिया है, $R = 20$ ओम, $I = 5$ ऐम्पियर

$t = 30$ सेकण्ड

उत्पन्न ऊष्मा, $H = I^2Rt = 5 \times 5 \times 20 \times 30$

$= 15000$ जूल $= 15$ किलोजूल (2)

अथवा

(b)(i) I. किसी तार का प्रतिरोध (*R*) उसकी अनुप्रस्थ-काट का क्षेत्रफल (*A*) के व्युत्क्रमानुपाती होता है $\left[R \propto \frac{1}{A}\right]$।

अर्थात् क्षेत्रफल (*A*) बढ़ने पर प्रतिरोध *R* घटता है। अत: मोटे तार से विद्युत धारा (कम प्रतिरोध के कारण) अधिक सरलता से प्रवाहित होती है, जबकि पतले तार (अधिक प्रतिरोध) से विद्युत धारा कम मात्रा में प्रवाहित होती है। (2)

II. कॉपर तथा ऐलुमीनियम के प्रतिरोधकता मान कम होते हैं। जब इन से बने तारों में विद्युत धारा प्रवाहित की जाती है, तब ऊष्मा के रूप में विद्युत शक्ति का अपव्यय या व्यय कम होता है। (1)

(ii) दिया है, $R = 8$ ओम; $t = 2$ घण्टे;

$I = 15$ ऐम्पियर

हीटर में उत्पन्न ऊष्मा की दर

$$\frac{Q}{t} = \text{विद्युत शक्ति, } P$$

अत: विद्युत शक्ति,

$P = I^2R = 15 \times 15 \times 8$

$= 1800$ जूल/सेकण्ड या 1800 वाट (2)

37. (a) तत्व हाइड्रोजन (H_2) का ऑक्सीकरण होता है तथा ऑक्सीजन (O_2) का अपचयन होता है। (1)

(b) $H_2S + Cl_2 \longrightarrow 2HCl + S$

ऑक्सीकारक : Cl_2

अपचायक : H_2S (1)

(c) तत्व *X* लैड (Pb) है।

धातु कार्बोनेट का नाम – लैड कार्बोनेट ($PbCO_3$)

$$PbCO_3(s) \xrightarrow{\Delta} PbO(s) + CO_2(g)$$

लैड कार्बोनेट — लैड ऑक्साइड (पीला) — कार्बन डाइऑक्साइड

(2)

अथवा

(c) जिंक की सक्रियता कॉपर की अपेक्षा अधिक है [क्योंकि सक्रियता श्रेणी में कॉपर का स्थान हाइड्रोजन से नीचे है, जबकि जिंक का स्थान हाइड्रोजन से ऊपर]। अत: जिंक तनु HCl से अभिक्रिया करके H_2 गैस मुक्त करता है, जबकि कॉपर नहीं।

$$Zn\,(s) + \underset{(\text{तनु})}{2HCl(aq)} \longrightarrow ZnCl_2(aq) + H_2(g)$$ (2)

38. (a) मादा जनन तन्त्र में फैलोपियन नलिका में अण्डाणु का निषेचन होता है। गर्भाशयी ग्रीवा योनि से शुक्राणु को ग्रहण कर गर्भाशय तक पहुँचाती है तथा प्रसव के समय योनि के साथ जन्म-नाल का निर्माण करती है। (2)

अथवा

(a) यदि अण्डाणु का निषेचन नहीं होता है, तो कॉर्पस ल्यूटियम नष्ट होना आरम्भ हो जाता है। रुधिर मे प्रोजेस्ट्रॉन का स्तर गिरने लगता है और गर्भाशय की आन्तरिक परत के ऊतकों का ह्रास होने लगता है। इसके पश्चात् अनिषेचित अण्डाणु के साथ अन्त:गर्भाशयी स्तर, रुधिर एवं कुछ मात्रा में श्लेष्म योनि छिद्र के द्वारा बाहर विसर्जित किए जाते हैं, जिसे रजोस्राव कहा जाता है। (2)

(b) स्त्री की अण्डवाहिनी या फैलोपियन नलिका को अवरुद्ध कर या काट देने से अण्ड गर्भाशय तक नहीं पहुँच पाता, इस तकनीक को नलिका विच्छेदन या ट्यूबैक्टॉमी (Tubectomy) कहते हैं। इस तकनीक का प्रयोग गर्भधारण रोकने के लिए किया जाता है। (1)

(c) (i) मादा युग्मक या अण्ड उत्पादित करना।

(ii) द्वितीयक लैंगिक लक्षणों के विकास के लिए आवश्यक हॉर्मोन उत्पन्न करना। (1)

39. (a) (i) विद्युत धारा के परिमाण में वृद्धि करने पर चुम्बकीय क्षेत्र की प्रबलता में भी वृद्धि होगी, क्योंकि चुम्बकीय क्षेत्र धारा के परिमाण के अनुक्रमानुपाती होती है।

(ii) वृत्ताकार पाश से दूरी बढ़ाने पर चुम्बकीय क्षेत्र में कमी आएगी। (1)

(b) चुम्बकीय क्षेत्र रेखाएँ B से वृत्ताकार पाश में प्रवेश करती हैं तथा A से बाहर आती हैं। किसी भी चुम्बकीय क्षेत्र में रेखाएँ चुम्बक के उत्तरी ध्रुव से बाहर आती हैं। अत: उत्तरी ध्रुव A के नजदीक होगा। (1)

(c) यदि हमारे पास n फेरों की कोई कुण्डली हो, तो उत्पन्न चुम्बकीय क्षेत्र परिमाण में एकल फेरें द्वारा उत्पन्न चुम्बकीय क्षेत्र की तुलना में n गुना अधिक प्रबल होगा। इसका कारण यह है कि प्रत्येक फेरें में विद्युत धारा के प्रवाह की दिशा समान है, अत: सभी फेरों के व्यक्तिगत चुम्बकीय क्षेत्र संयोजित हो जाते हैं। (2)

अथवा

(c) धारावाही वृत्ताकार कुण्डली में परिधि के समीप चुम्बकीय क्षेत्र दुर्बल होता है लेकिन कुण्डली के केन्द्र के समीप प्रबल होता है। इस कारण केन्द्र के समीप चुम्बकीय बल रेखाएँ सीधी दिखाई देती हैं। जब हम परिधि की ओर जाते हैं, तो चुम्बकीय बल रेखाएँ अपसरित होती प्रतीत होती हैं। अत: वे कुण्डली के तार पर वृत्ताकार हो सकती हैं। (2)

SQP Code : **PB-8/15** Series *i*-Succeed 8-25/15 अनुक्रमांक

सैंपल प्रश्न-पत्र 08

विज्ञान कक्षा 10 (कोड 086)

सामान्य निर्देश

इस प्रश्न पत्र में पाँच खण्डों (क), (ख), (ग), (घ) और (ङ) में बाँटा गया है। प्रश्न-पत्र में 39 प्रश्न हैं। सभी प्रश्न अनिवार्य हैं।

1. प्रश्न में, 1 से 20 तक के सभी प्रश्न एक-एक अंक के हैं।
2. प्रश्न में, 21 से 26 अतिलघु उत्तरीय प्रश्न हैं, प्रत्येक के 2 अंक निर्धारित हैं। इन प्रश्नों के उत्तर 30 से 50 शब्दों के मध्य दिए जाने हैं।
3. प्रश्न में, 27 से 33 लघु उत्तरीय प्रश्न हैं, प्रत्येक के 3 अंक निर्धारित हैं। इन प्रश्नों के उत्तर 50 से 80 शब्दों के मध्य दिए जाने हैं।
4. प्रश्न में, 34 से 36 दीर्घ उत्तरीय प्रश्न हैं, प्रत्येक के 5 अंक निर्धारित हैं। इन प्रश्नों के उत्तर 80 से 120 शब्दों के मध्य दिए जाने हैं।
5. प्रश्न में, 4 अंको के उप-भागों के साथ 3 प्रश्न, स्रोत आधारित/केस आधारित दिए गए हैं। कोई समग्र विकल्प नहीं है। हालांकि, कुछ प्रश्नों में आंतरिक विकल्प दिए गए हैं, जिनमें केवल एक का उत्तर देना है।

समय : 3 घंटे

पूर्णांक : 80

खण्ड-क बहुविकल्पीय प्रश्न

1. निम्नलिखित में से कौन-सी धातु जल के साथ सामान्य ताप पर क्रिया करती है?

(a) Cu (b) Na (c) Al (d) Mg

2. प्रोपेनॉल है

(a) C_2H_5OH (b) C_3H_7OH

(c) C_3H_5OH (d) C_3H_6OH

3. क्लोरीन गैस.........के साथ अभिक्रिया करके विरंजक चूर्ण का निर्माण करती है।

(a) शुष्क $Ca(OH)_2$

(b) $Ca(OH)_2$ का तनु विलयन

(c) $Ca(OH)_2$ का सान्द्र विलयन

(d) शुष्क CaO

4. दो लवणों '*X*' और '*Y*' को पृथक्-पृथक् जल में घोला गया। जब इन दोनों विलयनों में फीनॉल्फ्थैलीन मिलायी गयी, तो विलयन '*X*' गुलाबी हो गया तथा विलयन '*Y*' में कोई परिवर्तन नहीं हुआ, अतः *X* और *Y* हैं।

	(*X*)	(*Y*)
(a)	Na_2CO_3	NH_4Cl
(b)	Na_2SO_4	$NaHCO_3$
(c)	NH_4Cl	Na_2SO_4
(d)	$NaNO_3$	Na_2SO_4

5. यदि कॉपर को वायु में खुला रखते हैं, तो इसकी भूरी चमकीली सतह धीरे-धीरे अपनी चमक खो देती है तथा इस पर एक हरे रंग की परत जमा हो जाती है, यह निम्न के बनने के कारण होता है

(a) $CuSO_3$ (b) $CuCO_3$

(c) $Cu(NO_3)_2$ (d) CuO

6. एक विलयन में हाइड्रोजन आयन का सान्द्रण 1×10^{-7} मोल प्रति लीटर है। विलयन का pH मान होगा

(a) 0 (b) 8 (c) 7 (d) 6

7. NaOH का 10 मिली विलयन, HCl के 8 मिली विलयन से पूर्णतः उदासीन हो जाता है। यदि हम NaOH के उसी विलयन का 20 मिली लें, तो उदासीन करने के लिए HCl के उसी विलयन की कितनी मात्रा की आवश्यकता होगी?

(a) 4 मिली (b) 8 मिली
(c) 12 मिली (d) 16 मिली

8. हमारे शरीर में मूत्र का सही मार्ग चुनिए

(a) वृक्क → मूत्रनली → मूत्रमार्ग → मूत्राशय
(b) वृक्क → मूत्राशय → मूत्रमार्ग → मूत्रनली
(c) वृक्क → मूत्रनली → मूत्राशय → मूत्रमार्ग
(d) मूत्राशय → वृक्क → मूत्रनली → मूत्रमार्ग

9. पुष्पित पौधों में, लैंगिक जनन के लिए निम्नलिखित में से कौन-से कथन सही हैं?

A. इसके लिए दो प्रकार के युग्मकों की आवश्यकता होती है।

B. निषेचन एक आवश्यक घटना हैं।

C. इसमें हमेशा युग्मनज का निर्माण होता है।

D. संतति एकपूर्वजक बनाते हैं।

(a) A तथा D (b) A, B तथा D
(c) A तथा C (d) A, B तथा C

10. युग्मक बनते समय जीन के जोड़े में से केवल एक जीन युग्मक में प्रवेश करता है, यह सिद्धान्त है

(a) अपूर्ण प्रभाविता के नियम का
(b) पृथक्करण के नियम का
(c) प्रभाविता के नियम का
(d) स्वतन्त्र अपव्यूहन के नियम का

11. यदि लार में क्षारीय एमाइलेज की कमी होती है, तब निम्नलिखित में से कौन-सी घटना मुखगुहा में प्रभावित होगी?

(a) प्रोटीन का अमीनो अम्ल में विघटन
(b) स्टार्च का माल्टोस शर्करा में विघटन
(c) वसा का वसीय अम्ल और ग्लिसरॉल में विघटन
(d) विटामिनों का अवशोषण

12. नीचे दिए गए कथनों में से सही कथनों की पहचान कीजिए।

A. मानव एवं गोल कृमि में लैंगिक द्विरूपता पायी जाती है।

B. मानव में आन्तरिक निषेचन एवं सजीवप्रजकता पायी जाती है।

C. मानव हेतु 15-20 वर्ष की आयु का काल यौवनारम्भ से सम्बन्धित होता है।

D. मानव में भ्रूण गैस्ट्रुला अवस्था में अन्तःरोपित होता है।

(a) A और B
(b) B और D
(c) A, B और C
(d) A, B और D

13. यदि 10 Ω तथा 20 Ω के दो प्रतिरोध समान्तर क्रम में संयोजित हैं, तो इनका तुल्य प्रतिरोध होगा

(a) (10/5) Ω
(b) (130/4) Ω
(c) (20/3) Ω
(d) 5 Ω

14. निम्न चित्र द्वारा स्पेक्ट्रम के नीचे भागों से देखने पर प्राप्त रंगों का क्रम होगा

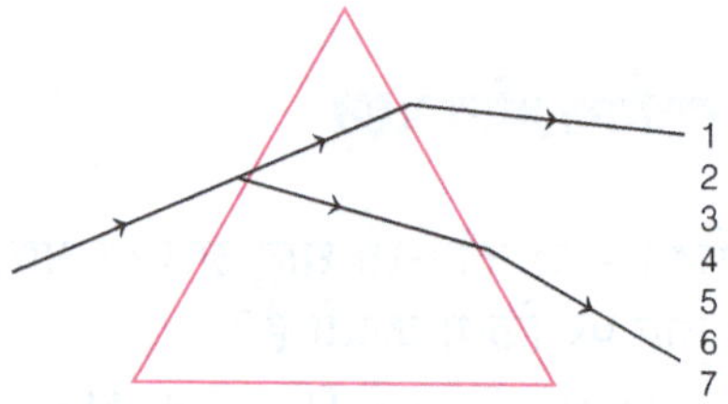

(a) लाल, नारंगी, पीला, हरा, नीला, जामुनी, बैंगनी
(b) नारंगी, पीला, हरा, लाल, नीला, जामुनी, बैंगनी
(c) बैंगनी, जामुनी, नीला, हरा, पीला, नारंगी, लाल
(d) बैंगनी, जामुनी, नीला, पीला, हरा, नारंगी, लाल

15. किसी आहार श्रृंखला में दूसरे पोषी स्तर से तीसरे पोषी स्तर को जाने वाली 50000 kJ ऊर्जा की लगभग 5000 kJ ऊर्जा

(a) शरीर के ऊतकों में संचित होती है।
(b) श्वसन में व्यय हो जाती है।
(c) पर्यावरण में फँस जाती है।
(d) ऊष्मा के रूप में लुप्त हो जाती है।

16. निम्नलिखित में से असत्य कथन चुनिए।

(a) ऑक्सीजन के तीन परमाणुओं से ओजोन का एक अणु बनता है।

(b) ओजोन पराबैंगनी विकिरणों से पृथ्वी के पृष्ठ की सुरक्षा करती है।

(c) ओजोन अत्यन्त विषैली होती है।

(d) ओजोन पराबैंगनी विकिरणों द्वारा अपघटित (वियोजित) हो जाती है।

अभिकथन-कारण प्रकार के प्रश्न

निर्देश (प्र. सं. 17-20) इन प्रश्नों में **अभिकथन** (A) और **कारण** (R) दिए गए हैं। इन प्रश्नों के उत्तर नीचे दिए गए अनुसार उचित विकल्प को चुनकर दीजिए।

(a) A और R दोनों सही हैं तथा R द्वारा A की सही व्याख्या हो रही है।

(b) A और R दोनों सही हैं, परन्तु R द्वारा A की सही व्याख्या नहीं हो रही है।

(c) A सही है, परन्तु R गलत है।

(d) A गलत है, परन्तु R सही है।

17. **अभिकथन** (A) ऐल्कोहॉलों की किसी समजातीय श्रेणी में दूसरे सदस्य का सूत्र C_2H_5OH तथा तीसरे सदस्य का सूत्र C_3H_7OH है।

कारण (R) किसी समजातीय श्रेणी के दो क्रमागत सदस्यों के आण्विक द्रव्यमानों में 144 का अन्तर होता है।

18. **अभिकथन** (A) एकसंकर संकरण में F_2-पीढ़ी में सन्तति के लक्षण उसके पैतृक लक्षणों के समान थे।

कारण (R) सन्तति लक्षणों के असम्मिश्रण को दर्शाती है।

19. **अभिकथन** (A) अभिलम्ब का अनुदिश दर्पण पर आपतित किरण पुनः अपने पथ से परावर्तित हो जाती है।

कारण (R) परावर्तन का आपतन कोण सदैव, परावर्तन कोण के तुल्य होता है।

20. **अभिकथन** (A) फलों और बीजों में साइटोकाइनिन की अधिक सान्द्रता पाई जाती है।

कारण (R) साइटोकाइनिन कोशिका विभाजन को प्रेरित करता है।

खण्ड-ख अतिलघु उत्तरीय प्रश्न

21. यदि आप लिटमस पत्र (लाल एवं नीला) से साबुन की जाँच करें, तो आपका प्रेक्षण क्या होगा?

22. जन्तुओं में तन्त्रिका तन्त्र के होते हुए भी समन्वयन में हॉर्मोन की प्रमुख भूमिका होती है। जन्तु में स्रावित होने वाले हॉर्मोनों के विशिष्ट गुण क्या हैं?

23. (a) आहारनाल में से मल का निष्कासन उत्सर्जन क्यों नहीं कहलाता है?

अथवा

(b) बहुकोशिकीय जीवों में भोजन एवं ऑक्सीजन के परिवहन हेतु परिसंचरण तन्त्र की आवश्यकता क्यों होती है?

24.

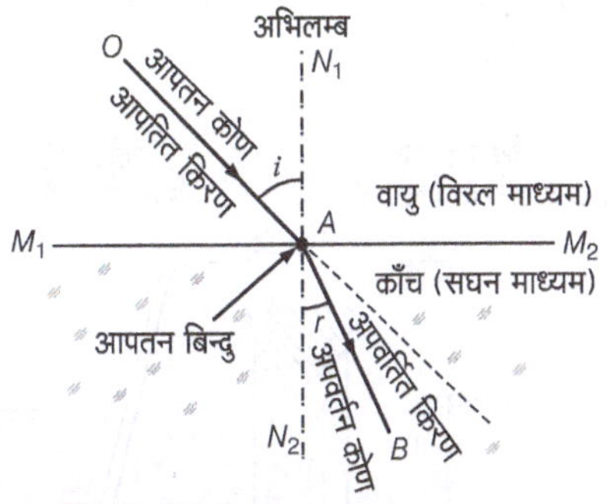

उपरोक्त चित्र प्रकाश के अपवर्तन को दर्शाता है। चित्र के आधार पर निम्न प्रश्नों के उत्तर दीजिए।

(a) प्रकाश के अपवर्तन के लिए प्रथम नियम को समझाइए।

(b) स्नैल के नियम को लिखिए।

25. (a) राकेश की उम्र 60 साल है जिसको दृष्टि दोष के कारण समीप व दूर की वस्तुएँ चश्मा लगाने के बाद भी धुँधली दिखाई देती हैं। चिकित्सक से परामर्श के बाद चिकित्सक ने उसे शल्य चिकित्सा कराने की सलाह दी।
उपरोक्त प्रसंग के आधार पर निम्न प्रश्नों के उत्तर दीजिए।

(i) राकेश किस दृष्टि दोष से पीड़ित है?

(ii) इस दोष में होने वाले लक्षणों को उचित कारण देकर समझाइए।

अथवा

(b) स्कूल में शिक्षण के दौरान अचानक काले बादल आकाश में घिर आए जिसके कारण कक्षा में काफी अँधेरा छा गया। शिक्षक ने विद्यार्थी को सारी लाइट चालू करने को कहा। उपरोक्त प्रसंग के आधार पर निम्न प्रश्नों के उत्तर दीजिए।

(i) बादल आकाश में घिरने से पहले विद्यार्थियों की आँखों की पुतलियों का आकार कैसा था?

(ii) शिक्षक ने सारी लाइट चालू करने को क्यों कहा?

26. (a) नीचे मानव की आँखों का चित्र दर्शाया गया है। जिसके आधार पर यदि मानव में जीन B एवं b क्रमशः भूरी एवं नीली आँखों को प्रदर्शित करते हैं, तो निम्न जीन सम्मिश्रण वाले व्यक्तियों की आँखों का रंग क्या होगा?

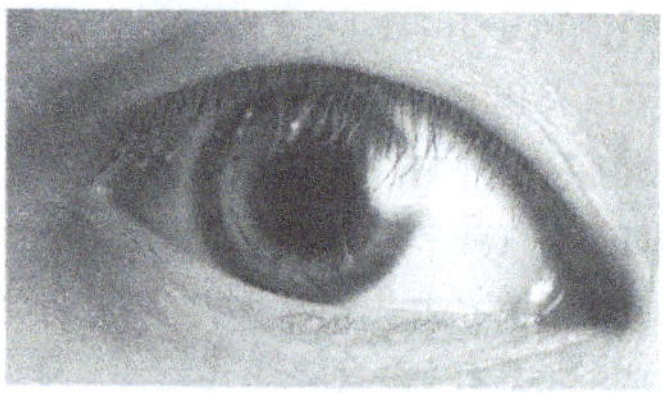

(i) Bb

(ii) bb

(b) मानव में आँखों का रंग किस प्रकार का लक्षण है? समझाइए।

खण्ड-ग लघु उत्तरीय प्रश्न

27. जब तनु हाइड्रोक्लोरिक अम्ल, सोडियम कार्बोनेट के साथ क्रिया करता है, तो सोडियम क्लोराइड, कार्बन डाइऑक्साइड और जल प्राप्त होता है।

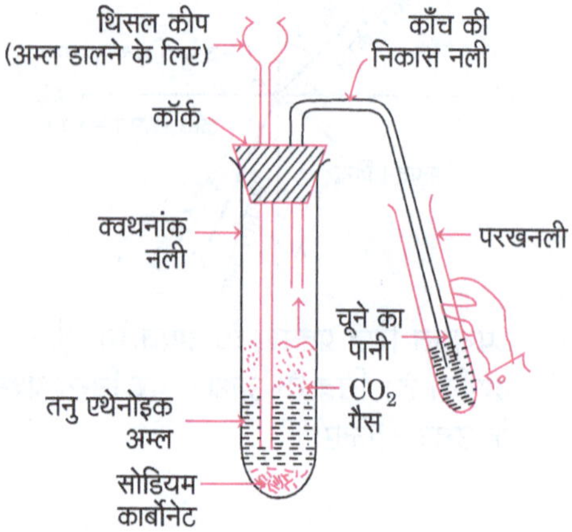

(a) उपरोक्त प्रयोग से प्राप्त कार्बन डाइऑक्साइड गैस को जब चूने के पानी में प्रवाहित किया जाता है, तो क्या प्रेक्षण प्राप्त होता है?

(b) चूने के पानी में, यदि अधिक कार्बन डाइऑक्साइड गैस प्रवाहित कि जाती है, तो क्या होता है?

28. (a) निम्न अभिक्रियाओं के लिए समीकरण लिखिए।

(i) भाप के साथ लोहा

(ii) जल के साथ कैल्सियम

(iii) जिंक को आयरन (II) सल्फेट के विलयन में डालने से क्या होता है?

अथवा

(b) नीचे दी गई अभिक्रियाओं का अध्ययन कीजिए, समझाइए कि इनमें से कौन-सी रासायनिक अभिक्रिया होगी अथवा नहीं?

(i) $Zn(s) + CuSO_4(aq) \longrightarrow ZnSO_4(aq) + Cu(s)$

(ii) $Fe(s) + ZnSO_4(aq) \longrightarrow FeSO_4(aq) + Zn(s)$

(iii) $Zn(s) + FeSO_4(aq) \longrightarrow ZnSO_4(aq) + Fe(s)$

29. किन्हीं तीन पादप हॉर्मोनों के नाम बताइए तथा उनके कार्य भी लिखिए।

30. वर्तमान में सभी विकसित एवं विकासशील देशों के लिए कचरे का उचित निपटान समस्या बन रहा है। इससे सम्बन्धित निम्न प्रश्नों के उत्तर दीजिए।

(a) प्लास्टिक बैग के उपयोग से पर्यावरण पर होने वाले हानिकारक प्रभाव लिखिए। इसके विकल्प भी बताइए।

(b) अपशिष्ट का अनुचित निस्तारण पर्यावरण के लिए अभिशाप क्यों है?

31.

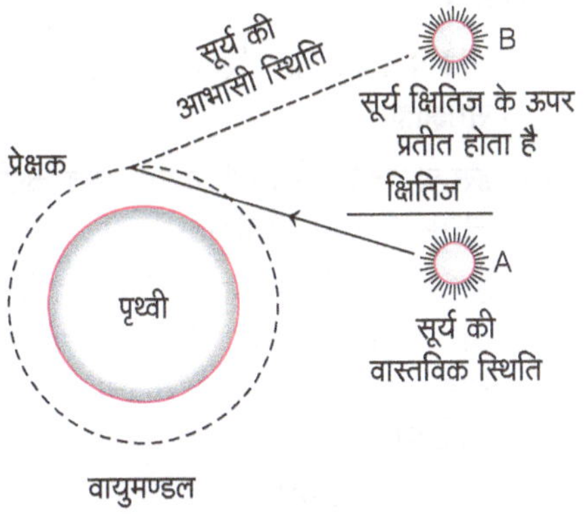

(a) उपरोक्त चित्र में अंकित परिघटना का कारण लिखिए।

(b) क्षैतिज के समीप सूर्य समतल क्यों होता है?

(c) नेत्र में किस प्रकार का लेन्स होता है?

32. (a) विभवान्तर, कार्य तथा प्रवाहित आवेश में क्या संबंध है? एक 4 कूलॉम के आवेश को 220 वोल्ट से 230 वोल्ट के विभवान्तर के मध्य विस्थापित करने में किए गए कार्य की गणना कीजिए।

(b) नीचे दिए परिपथ का तुल्य प्रतिरोध ज्ञात कीजिए।

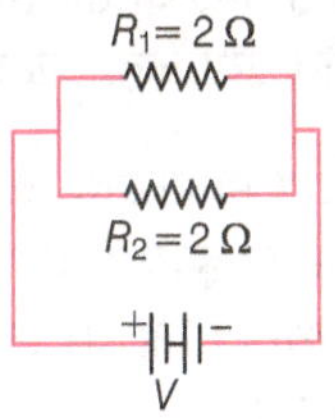

33.

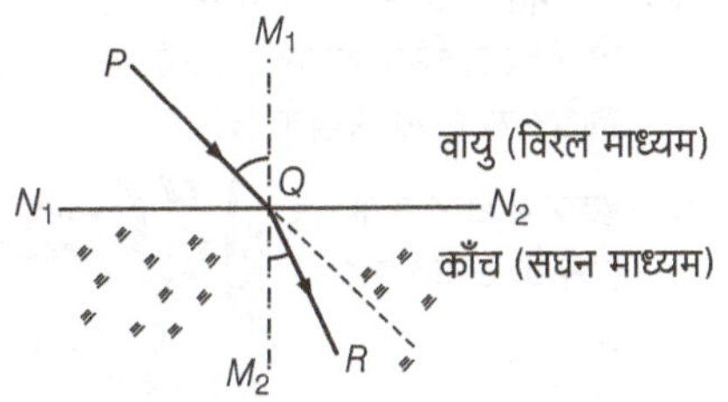

उपरोक्त आरेख में प्रकाश अपवर्तन को दर्शाया गया है। निम्न प्रश्नों के उत्तर दीजिए।

(a) अपवर्तनांक किसे कहते हैं तथा यह किस पर निर्भर करता है?

(b) प्रकाश का एक किरण पुंज वायु से एक पदार्थ X में जाता है। यदि आपतन कोण 72° और अपवर्तन कोण 40° है, तो पदार्थ X के अपवर्तनांक की गणना कीजिए।

(c) वायु में 1.50 अपवर्तनांक वाली काँच की प्लेट में प्रकाश प्रवेश करता है। काँच में प्रकाश की चाल क्या है?

खण्ड-घ दीर्घ उत्तरीय प्रश्न

34. (a) (i) संक्षारण का वर्णन कीजिए तथा इसके दो उदाहरण समीकरण सहित दीजिए।

(ii) निम्नलिखित अभिक्रियाओं के लिए सन्तुलित समीकरण लिखिए तथा अभिक्रिया का प्रकार पहचानिए।

1. थर्माइट प्रक्रिया में, आयरन (III) ऑक्साइड की ऐलुमिनियम से अभिक्रिया पर गलित आयरन तथा ऐलुमिनियम ऑक्साइड प्राप्त होता है।
2. नाइट्रोजन गैस के वातावरण में मैग्नीशियम के रिबन (फीता) को जलाने पर ठोस मैग्नीशियम नाइट्राइड प्राप्त होता है।

अथवा

(b) निम्न के लिए रासायनिक अभिक्रिया का प्रकार रासायनिक समीकरण सहित लिखिए।

(i) मैग्नीशियम का तार वायु में जलाया जाता है।

(ii) जल में विद्युत धारा प्रवाहित की जाती है।

(iii) अमोनिया तथा हाइड्रोजन क्लोराइड गैसों को मिश्रित किया जाता है।

(iv) वियोजन अभिक्रिया को संयोजन अभिक्रिया के विपरीत क्यों कहा जाता है?

35. (a) दिया गया चित्र मानव हृदय की अनुलम्ब काट दर्शाता है। मानव हृदय में चार कक्ष पाए जाते हैं, दो अलिन्द तथा दो निलय। एक हृदय खाँच भी उपस्थित होती है।

(i) दिए गए चित्र में कौन-सी संरचना विऑक्सीजनित रुधिर को ऑक्सीजनित रुधिर से पृथक् रखती है?

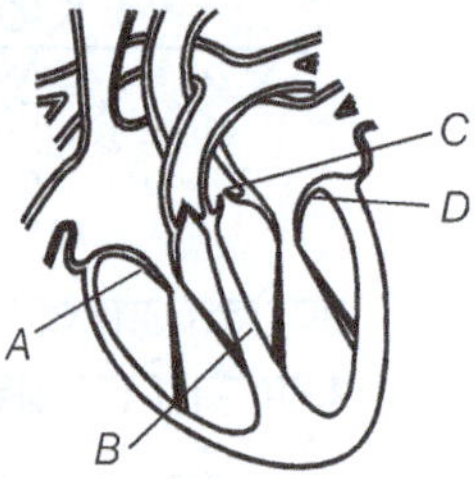

(ii) हृदय में चार कक्ष होने के क्या लाभ हैं?

(iii) निलयों की भित्तियाँ अलिन्दों की तुलना में मोटी क्यों होती हैं?

(iv) मानव हृदय के दो ऊपरी कक्षों के कार्य बताइए।

अथवा

(b) दिया गया चित्र मानव अग्न्याशय का है। यह यकृत के बाद शरीर की दूसरी सबसे बड़ी ग्रन्थि है। यह एक मिश्रित ग्रन्थि है। यह उदरगुहा में आमाशय व शेषान्त्र के मध्य स्थित होती है।

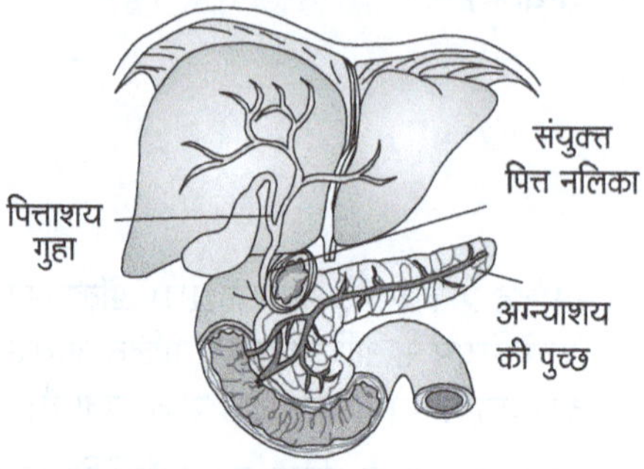

चित्र के आधार पर दिए गए प्रश्नों के उत्तर दीजिए।

(i) हमारे शरीर में अग्न्याशय द्वारा किए जाने वाले दो विभिन्न कार्यों की सूची बनाइए।

(ii) अग्न्याशिक रस में पाए जाने वाले दो एन्जाइम्स के नाम लिखिए।

(iii) पित्त रस कहाँ बनता हैं?

(iv) निम्न एन्जाइमों के कार्य बताइए।

I. पेप्सिन

II. लाइपेज

36. (a)

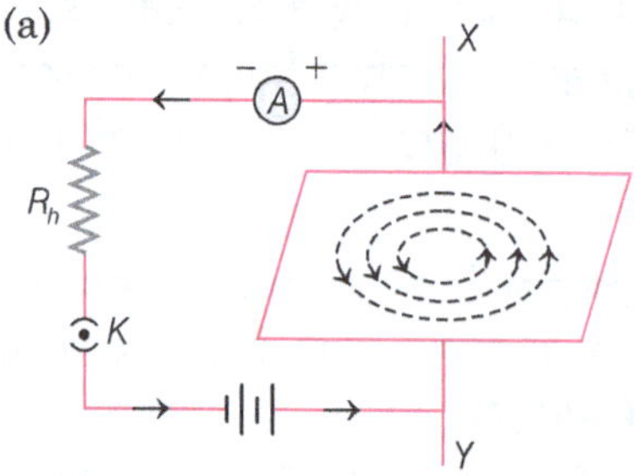

उपरोक्त चित्र एक सीधे धारावाही चालक के कारण उत्पन्न चुम्बकीय क्षेत्र रेखाओं को निरूपित करता है।

(i) चित्र में दर्शाए गए परिपथ आरेख को समझाइए।

(ii) इस चुम्बकीय क्षेत्र की दिशा व्यक्त करने का नियम का कथन लिखिए।

(iii) एक सीधे लम्बे तार में 5.0 ऐम्पियर विद्युत धारा प्रवाहित हो रही है। तार से 50 सेमी दूर उत्पन्न चुम्बकीय क्षेत्र की तीव्रता ज्ञात कीजिए।

अथवा

(b)(i) एक ताँबे की कुण्डली को गैल्वेनोमीटर से जोड़ा गया है। क्या होगा, जब एक छड़ चुम्बक

I. कुण्डली के अन्दर उत्तरी ध्रुव की ओर विस्थापित की जाए?

II. कुण्डली के अन्दर स्थिर रखी जाए?

(ii) आपके घरों में विद्युत आपूर्ति के लिए पोल से पोल के बीच लगे एक तार में 100 ऐम्पियर धारा बह रही है।

इस तार को ऋजुरेखीय तथा अनन्त लम्बाई का मानते हुए इससे 10 सेमी दूर उत्पन्न चुम्बकीय क्षेत्र की गणना कीजिए।
($\mu_0 = 4\pi \times 10^{-7}$ न्यूटन/ऐम्पियर^2)

SP-08

खण्ड-ड· स्रोत आधारित/केस आधारित प्रश्न

37. प्रकृति में सोडियम कार्बोनेट मिट्टी तथा रेत के रूप में पाया जाता है। इसमें सोडियम कार्बोनेट की प्रतिशत मात्रा 20-50% तक होती है। यह कैलीफोर्निया तथा पूर्वी अफ्रीका में भी पाया जाता है। जलयोजित सोडियम कार्बोनेट प्रायः धावन सोडा या धोने का सोडा (Washing soda) कहलाता है। सोडियम हाइड्रोजन कार्बोनेट को बेकिंग सोडा भी कहते हैं।

(a) बेकिंग सोडा तथा वॉशिंग सोडा का सामान्य सूत्र लिखिए। (1)

(b) आप बेकिंग पाउडर तथा वॉशिंग सोडा में, ऊष्मा द्वारा किस प्रकार विभेद करेंगे? (1)

(c) धावन सोडा एवं बेकिंग सोडा के दो-दो प्रमुख उपयोग बताइए। (2)

अथवा

(c) ब्राइन में अमोनिया (NH_3) व कार्बन डाइऑक्साइड (CO_2) प्रवाहित करने पर बने पदार्थ का नाम लिखिए। घटित रासायनिक अभिक्रिया को समीकरण सहित लिखिए। (2)

38. पृथ्वी पर उपस्थित समस्त जीवों का एक निश्चित जीवन चक्र होता है। सभी जीवों में जन्म के पश्चात् वृद्धि, परिपक्वता व जनन प्रावस्थाएँ देखी जा सकती हैं। आयु बढ़ने के साथ जीवों में शक्ति का ह्रास होने लगता है और अन्ततया उनकी मृत्यु हो जाती है। अतः मृत्यु इस जीवन चक्र की अन्तिम प्रावस्था है। कोई भी जीव अमर नहीं है। प्रत्येक जीव की एक निश्चित जीवन-अवधि होती है। अतः जीव के जन्म से मृत्यु तक की समयावधि, जीवन-अवधि कहलाती है।

जनन जीवों का एक प्रमुख लक्षण है। जनन द्वारा जीव अपने समान अन्य सन्तति उत्पन्न करते हैं।

(a) जनन की आधारभूत विशेषताएँ बताइए। (1)

(b) जीव A एवं B तथा इनके द्वारा प्रदर्शित अलैंगिक जनन के प्रकार की पहचान कीजिए।

(1)

(c) सजीवों के लिए जनन क्यों आवश्यक है? (2)

अथवा

(c) द्विखण्डन एवं मुकुलन की विधियों में अन्तर बताइए। (2)

39. नीचे दिए गए चित्र में एक बैटरी E को तीन समान बल्बों से जोड़ा गया है। प्रारम्भ में स्विच S खुला रहता है तथा बल्ब P और Q की चमक समान दिखाई देती है।

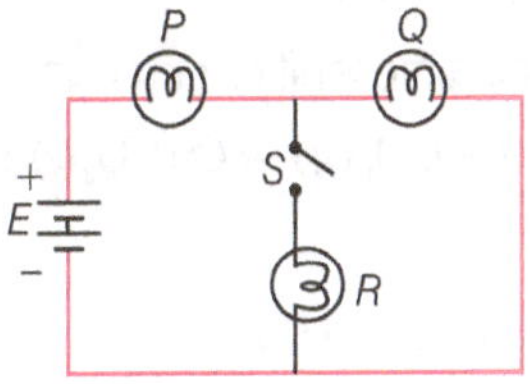

(a) उल्लेख कीजिए क्या होता है, जब

(i) स्विच S को बन्द करते हैं?

(ii) स्विच S को बन्द नहीं करते हैं? (1)

(b) जब श्रेणीक्रम में संयोजित एक विद्युत बल्ब तथा 5 ओम के चालक में 1 ऐम्पियर की धारा 10 वोल्ट की बैटरी से जोड़ने पर प्रवाहित होती है, तो विद्युत बल्ब का प्रतिरोध ज्ञात कीजिए। (1)

(c) यदि इस श्रेणीक्रम संयोजन के साथ 10 ओम का प्रतिरोध समान्तर क्रम में जोड़ दिया जाए, तो 5 ओम के प्रतिरोध में प्रवाहित धारा में क्या परिवर्तन होगा? (2)

अथवा

(c) एक विद्युत परिपथ में तीन बल्बों A, B, C जिन पर क्रमशः 40 वाट, 60 वाट तथा 100 वाट अंकित हैं, को एक विद्युत स्रोत से समान्तर क्रम में संयोजित किया जाता है। बल्बों की चमक का क्रम लिखिए। (2)

हल सहित उत्तर in Topper's Style

मेरी प्रतिबद्धता मैं विश्वास दिलाता हूँ कि पूरा पेपर अपने आप करने के बाद ही मैं यहाँ दिए गए Solutions को देख रहा हूँ। इन Solutions को देखने का मेरा उद्देश्य यह Check करना है कि मेरे द्वारा किये गए Solutions Correct हैं या नहीं।

1. (b) सोडियम (Na) धातु जल के साथ सामान्य ताप पर क्रिया करती है तथा सोडियम हाइड्रॉक्साइड और हाइड्रोजन गैस देती है। (1)

2. (b) प्रोपेनॉल का सूत्र C_3H_7OH है

$CH_3—CH_2—CH_2—OH$ (1)
प्रोपेनॉल

3. (a) शुष्क $Ca(OH)_2$

$$\underset{\text{शुष्क बुझा चूना}}{Ca(OH)_2} + Cl_2 \longrightarrow \underset{\text{विरंजक चूर्ण}}{CaOCl_2} + H_2O$$ (1)

4. (a) X-Na_2CO_3 क्षारीय विलयन
Y-NH_4Cl अम्लीय विलयन (1)

5. (b) $CuCO_3$ बेसिक कॉपर कार्बोनेट (हरा) की परत बनती है।
$2CuO(s) + H_2O(l) + CO_2(g) \rightarrow CuCO_3(s) + Cu(OH)$ (1)

6. (c) दिया है, $[H^+] = 10^{-7}$

$$pH = -\log [H^+]$$
$$= -\log 10^{-7}$$
$$= 7 \log 10 = 7$$ (1)

7. (d) 16 मिली, क्योंकि विलयन की सान्द्रता नहीं बदलती है, अत: NaOH का आयतन दोगुना होने पर HCl का आयतन भी दोगुना हो जाता है। (1)

8. (c) वृक्क में मूत्र बनता है, जो मूत्रनली के द्वारा आगे जाता है और मूत्राशय में एकत्रित होता है। इसके पश्चात् यह मूत्रमार्ग द्वारा बाहर निकलता है। (1)

9. (d) कथन A, B तथा C सही हैं। लैंगिक जनन द्वारा जीवों में विभिन्नताएँ उत्पन्न होती हैं। अत: एकपूर्वजक इनके द्वारा नहीं बनते हैं, क्योंकि एकपूर्वजक बिल्कुल जनक जीव की तरह होते हैं। (1)

10. (b) युग्मक बनते समय जीन के जोड़े में से केवल एक जीन युग्मक में प्रवेश करता है, यह पृथक्करण के नियम का सिद्धान्त है। (1)

11. (b) क्षारीय एमाइलेज का कार्य स्टार्च को माल्टोस शर्करा में परिवर्तित करना है। इसकी कमी से स्टार्च माल्टोस शर्करा में विघटित नहीं होगा। (1)

12. (a) कथन A और B सही हैं। (1)

13. (c) यदि दो प्रतिरोधक तार R_1 व R_2 समान्तर क्रम में जोड़े गए हों, तो इनका तुल्य प्रतिरोध,

$$\frac{1}{R_{\text{तुल्य}}} = \frac{1}{R_1} + \frac{1}{R_2} = \frac{R_2 + R_1}{R_1 R_2}$$

$$R_{\text{तुल्य}} = \frac{R_1 R_2}{R_1 + R_2} = \frac{10 \times 20}{10 + 20} = \frac{200}{30} = \frac{20}{3}\,\Omega$$ (1)

14. (c) स्पेक्ट्रम से नीचे से देखने पर प्राप्त रंगों का क्रम बैंगनी, जामुनी, नीला, हरा, पीला, नारंगी, लाल होगा यही VIBGYOR कहलाता है। (1)

15. (a) लिण्डमान के 10% नियमानुसार, दूसरे पोषी स्तर (50000 J) से तीसरे पोषी स्तर में केवल 10% ऊर्जा जाती है अर्थात् 5000 J शरीर के ऊतकों में संचित होगी। (1)

16. (c) ओजोन अत्यन्त विषैली गैस नहीं है। (1)

17. (c) समजातीय श्रेणी के दो क्रमागत सदस्यों के मध्य आण्विक द्रव्यमान में 14 का अन्तर होता है। अत: अभिकथन (A) सही है, परन्तु कारण (R) गलत है। (1)

18. (a) एकसंकर संकरण में F_2-पीढ़ी में सन्तति के लक्षण उसके पैतृक लक्षणों के समान थे। अत: सन्तति प्रभावी एवं अप्रभावी लक्षणों के असम्मिश्रण को दर्शाती है। अत: अभिकथन (A) तथा कारण (R) दोनों सही हैं तथा कारण (R) द्वारा अभिकथन (A) की सही व्याख्या हो रही है। (1)

19. (a) जब प्रकाश किरण अभिलम्ब के अनुदिश दर्पण पर आपतित होती है, तो आपतन कोण का मान शून्य होता है तथा प्रकाश के परावर्तन के नियमानुसार, आपतन कोण का मान सदैव परावर्तन कोण के तुल्य होता है, प्रकाश किरण पुन: इसलिए उसी पथ से परावर्तित हो जाएगी।
अत: अभिकथन (A) तथा कारण (R) दोनों सही हैं तथा कारण (R) द्वारा अभिकथन (A) की सही व्याख्या हो रही है। (1)

20. (b) फलों और बीजों में साइटोकाइनिन की अधिक सान्द्रता पाई जाती है एवं साइटोकाइनिन कोशिका विभाजन को प्रेरित करता है। अत: अभिकथन (A) व कारण (R) दोनों सही हैं, परन्तु कारण (R) द्वारा अभिकथन (A) की सही व्याख्या नहीं हो रही है। (1)

21. साबुन की प्रकृति क्षारीय है, क्योंकि यह दुर्बल वसा अम्लों तथा प्रबल कास्टिक क्षारकों से मिलकर बनता है। इसलिए साबुन का विलयन लाल लिटमस पत्र को नीला कर देगा। अत: प्रेक्षण अनुसार, नीले लिटमस पत्र पर साबुन के विलयन का कोई प्रभाव नहीं होगा। (2)

22. जन्तुओं में स्रावित हॉर्मोनों के विशिष्ट गुण निम्नवत् हैं

(i) ये विशिष्ट रासायनिक संदेशवाहक हैं।
(ii) ये अन्त:स्रावी ग्रन्थियों द्वारा स्रावित होते हैं।
(iii) ये सीधे रुधिर प्रवाह में स्रावित होते हैं।
(iv) ये केवल लक्ष्य अंग कोशिकाओं की कार्यिकी को प्रभावित करते हैं। (2)

23. (a) कोशिकाओं की उपापचयी क्रियाओं के फलस्वरूप उत्पन्न नाइट्रोजनी वर्ज्य पदार्थों का निष्कासन उत्सर्जन कहलाता है, जबकि अपचित भोजन (मल) का आहारनाल के मलाशय से निष्कासित होना बहि:क्षेपण कहलाता है। चूँकि यहाँ मल का निर्माण कोशिकीय उपापचयी क्रियाओं द्वारा नहीं होता है, अत: यह उत्सर्जन नहीं कहलाता है। (2)

अथवा

(b) बहुकोशिकीय प्राणियों में शरीर की संरचना अत्यन्त जटिल होने के कारण विभिन्न जैव-क्रियाओं के उत्पाद एवं अन्य पदार्थों को शरीर के विभिन्न भागों में स्थानान्तरण की आवश्यकता होती है; जैसे—भोज्य पदार्थों का पाचन तो आहारनाल में होता है, परन्तु इन पोषक पदार्थों से ऊर्जा प्राप्त करने के लिए इनका शरीर की सभी कोशिकाओं में पहुँचना अतिआवश्यक है और इसे सफलतापूर्वक सम्पन्न करने के लिए शरीर में परिसंचरण तन्त्र आवश्यक होता है। (2)

24. (a) प्रकाश के अपवर्तन के प्रथम नियम के अनुसार, आपतन कोण का मान अपवर्तन कोण के बराबर नहीं होता है। (1)

(b) अपवर्तन के द्वितीय नियम के अनुसार, किन्हीं दो माध्यमों के लिए आपतन कोण (i) की ज्या तथा अपवर्तन कोण (r) की ज्या का अनुपात नियतांक होता है।

अर्थात् $\dfrac{\sin i}{\sin r}$ = नियतांक

इस नियम को स्नैल का नियम भी कहते हैं। (1)

25. (a) (i) राकेश मोतियाबिन्द दृष्टि दोष से पीड़ित है।

(ii) इस दोष में आँखों के लेन्स के ऊपर एक झिल्ली बन जाती है, जिसकी वजह से दृश्य धुँधला हो जाता है। (2)

अथवा

(b) (i) बादल आकाश में घिरने से पहले विद्यार्थियों की आँखों की पुतलियों का आकार छोटा था।

(ii) कम प्रकाश के कारण ब्लैकबोर्ड पर लिखा हुआ पढ़ने में विद्यार्थियों की आँखों पर बहुत जोर पड़ता है। (2)

26. (a) यहाँ भूरा (B) रंग प्रभावी है, जबकि नीला (b) रंग अप्रभावी है।

(i) Bb-संकर भूरी (ii) bb-शुद्ध नीली (1)

(b) मानव में आँखों का रंग वंशागत लक्षण है। यह लक्षण जनकों से सन्तति में जीन B या b द्वारा वंशागत होता है। (1)

27. (a) जब कार्बन डाइऑक्साइड गैस चूने के पानी में प्रवाहित किया जाता है, तो कैल्सियम कार्बोनेट का सफेद अवक्षेप बनने के कारण चूने का पानी दूधिया हो जाता है।

$$Ca(OH)_2(aq) + CO_2(g) \longrightarrow CaCO_3(s) + H_2O(l)$$

कैल्सियम हाइड्रॉक्साइड (चूने का पानी) + कार्बन डाइऑक्साइड ⟶ कैल्सियम कार्बोनेट (सफेद अवक्षेप) (चूने के पानी को दुधिया बनात है) + जल (1½)

(b) चूने के पानी में, यदि अधिक कार्बन डाइऑक्साइड गैस प्रवाहित की जाती है, तो पहले बना सफेद अवक्षेप, विलेय लवण कैल्सियम हाइड्रोजन कार्बोनेट बनने के कारण विलेय हो जाता है और विलयन फिर से स्वच्छ हो जाता है।

$$CaCO_3(s) + CO_2(g) + H_2O(l) \longrightarrow Ca(HCO_3)_2(aq)$$

कैल्सियम कार्बोनेट (सफेद अवक्षेप) (जल में अविलेय) + कार्बन डाइऑक्साइड + जल ⟶ कैल्सियम हाइड्रोजनकार्बोनेट (जल में विलेय) (1½)

28. (a) (i) आयरन (Fe) की अभिक्रिया जल (H_2O) के साथ कराने पर आयरन ऑक्साइड (Fe_3O_4) का निर्माण होता है तथा H_2 गैस निकलती है।

$$3Fe(s) + 4H_2O(l) \longrightarrow Fe_3O_4(s) + 4H_2(g)$$

आयरन + जलवाष्प या भाप ⟶ आयरन (II, III) ऑक्साइड + हाइड्रोजन (1)

(ii) कैल्सियम (Ca) की अभिक्रिया ठण्डे जल के साथ कराने पर कैल्सियम हाइड्रॉक्साइड $Ca(OH)_2$ तथा हाइड्रोजन (H_2) गैस का निर्माण होता है। (1)

(ii) (a) $Ca(s) + 2H_2O(l) \longrightarrow Ca(OH)_2(aq) + H_2(g)$

कैल्सियम + ठण्डा जल ⟶ कैल्शियम हाइड्रॉक्साइड + हाइड्रोजन (1)

(iii) जब जिंक धातु को आयरन (II) सल्फेट के विलयन से अभिकृत कराया जाता है, तब विलयन का हरा रंग अदृश्य हो जाता है तथा लोहे के ठोस कण दृश्य होते हैं।

$$Zn(s) + FeSO_4(aq) \longrightarrow ZnSO_4(aq) + Fe(s)$$

(हरा) (रंगहीन) (1)

अथवा

(b) (i) जिंक कॉपर से अधिक अभिक्रियाशील है। अत: अभिक्रिया होगी तथा जिंक, कॉपर को कॉपर सल्फेट से विस्थापित कर देगा।

$$Zn(s) + CuSO_4(aq) \longrightarrow ZnSO_4(aq) + Cu(s)$$ (1)

(ii) अभिक्रिया नहीं होगी, क्योंकि लोहा जिंक से कम अभिक्रियाशील है। (1)

(iii) अभिक्रिया होगी, क्योंकि जिंक लोहा से अधिक अभिक्रियाशील है तथा यह लोहे को आयरन सल्फेट से विस्थापित कर देगा।

$$Zn(s) + FeSO_4(aq) \longrightarrow ZnSO_4(aq) + Fe(s)$$ (1)

29. प्रमुख तीन पादप हॉर्मोन हैं

(a) **ऑक्सिन** यह अनिषेकफलन, प्रकाशानुवर्तन गति, पुष्पन शीर्षस्थ प्रभाविता, जैसे कार्यों में सहायक होता है। (1)

(b) **जिबरेलीन** यह पादपों के दीर्घीकरण, प्रसुप्ति निरोधन, बीजों के अंकुरण, आदि में सहायक होता है। (1)

(c) **साइटोकाइनिन** यह प्रकाश संवेदी बीजों के अंकुरण, कोशिका विभाजन तथा दीर्घीकरण में सहायक होता है। (1)

30. (a) प्लास्टिक बैग अजैवनिम्नीकृत होने के कारण जलाने पर वायु को एवं सामान्य रूप में जल तथा भूमि को प्रदूषित करता है। प्लास्टिक बैग की जगह कागज, जूट या कपड़े के बैग का प्रयोग करना चाहिए। (1)

(b) अपशिष्ट का अनुचित निस्तारण पर्यावरण के लिए अभिशाप है, क्योंकि
 (i) ये अपशिष्ट जल एवं भूमि प्रदूषण उत्पन्न करते हैं।
 (ii) ये अपशिष्ट जलाने पर वायु प्रदूषण उत्पन्न करते हैं।
 (iii) ये अपशिष्ट विभिन्न रोगजनकों एवं रोगवाहकों को आश्रय प्रदान कर रोगों के संचरण में सहायक होते हैं। (2)

31. (a) यह वायुमण्डलीय अपवर्तन के कारण होती है। (½)

(b) वायुमण्डल का घनत्व तथा अपवर्तनांक ऊँचाई बढ़ने के साथ-साथ घटता जाता है। अत: सूर्य के ऊपरी तथा निम्न भाग से आने वाली प्रकाश की किरणें भिन्न कोणों पर अपवर्तित होती हैं, इस कारण सूर्य का आकार समतल दिखाई देता है। (2)

(c) नेत्र लेन्स प्रोटीन का बना पारदर्शक तथा मुलायम पदार्थ का एक द्वि-उत्तल लेन्स होता है तथा यह अभिसारी प्रकृति का होता है। (½)

32. (a) विभवान्तर, कार्य तथा प्रवाहित आवेश के मध्य निम्न संबंध है

$$\text{विभवान्तर} = \frac{\text{कृत कार्य}}{\text{आवेश}}$$

$$\Rightarrow \quad V = \frac{W}{q}$$

दिया है, आवेश $q = 4$ कूलॉम

$V_A = 220$ वोल्ट, $V_B = 230$ वोल्ट

विभवान्तर, $\Delta V = V_B - V_A = 230 - 220 = 10$ वोल्ट

हम जानते हैं, $W = \Delta V \times q$

$= 10 \times 4$ जूल $= 40$ जूल (1½)

(b) दिए गए परिपथ में प्रतिरोधों का क्रम समान्तर क्रम है। प्रतिरोध R_1 तथा R_2 समान्तर क्रम में हैं। अत: इनका तुल्य प्रतिरोध R' होगा

$$\frac{1}{R'} = \frac{1}{R_1} + \frac{1}{R_2} = \frac{1}{2} + \frac{1}{2} = \frac{2}{2}$$

$\Rightarrow \quad R' = 1$ ओम (1½)

33. (a) किसी माध्यम का अपवर्तनांक निर्वात् अथवा वायु में प्रकाश की चाल व उस माध्यम में प्रकाश की चाल के अनुपात के बराबर होता है। इसे n से प्रदर्शित करते हैं।

$$\text{अर्थात्}\ n = \frac{\text{प्रकाश की चाल}\ (c)}{\text{माध्यम में प्रकाश की चाल}\ (v)}$$

यह माध्यम के पदार्थ की प्रकृति एवं प्रकाश की तरंगदैर्ध्य पर निर्भर करता है। (1)

(b) दिया है, $\sin i^\circ = 72^\circ$, $\sin r = 40^\circ$

$$n = \frac{\sin 72^\circ}{\sin 40^\circ} = \frac{0.951}{0.642} = 1.48$$

पदार्थ X का अपवर्तनांक 1.48 है। (1)

(c) हम जानते हैं, $n = \dfrac{\text{प्रकाश की चाल}}{\text{काँच में प्रकाश की चाल}}$

$$1.50 = \frac{3 \times 10^8}{\text{काँच में प्रकाश की चाल}}$$

$$\text{काँच में प्रकाश की चाल} = \frac{3 \times 10^8}{1.50}$$

$= 2 \times 10^8$ मी/से (1)

34. (a) (i) संक्षारण वह प्रक्रिया, जिसमें धातु नमी तथा वायु से धीरे-धीरे अभिक्रिया के द्वारा नष्ट होती जाती है। सामान्यतया यह एक विनाशकारी प्रक्रम है, अत: इसे रोकना आवश्यक है। उदाहरण—

(1) लोहे पर जंग लगना।

$$\underset{\text{लोहा}}{4Fe} + \underbrace{3O_2 + x\,H_2O}_{\text{(वायु से)}} \longrightarrow \underbrace{2Fe_2O_3 \cdot x\,H_2O}_{\text{जंग (भूरा)}}$$

(2) चाँदी का काला होना।

$$\underset{\text{(चाँदी)}}{2Ag} + \underbrace{H_2S}_{\text{(वायु से)}} \longrightarrow \underset{\text{काला}}{Ag_2S} + H_2$$ (2½)

(ii) 1. $$\underset{\text{आयरन (III) ऑक्साइड}}{Fe_2O_3(s)} + 2Al\,(s) \xrightarrow{\Delta} 2Fe\,(l) + \underset{\text{ऐलुमिनियम ऑक्साइड}}{Al_2O_3(s)}$$

यह एक विस्थापन प्रक्रिया है।

2. $$3Mg(s) + N_2(g) \xrightarrow{\Delta} \underset{\text{मैग्नीशियम नाइट्राइड}}{Mg_3N_2(s)}$$

यह एक संयोजन प्रक्रिया है। (2½)

अथवा

(i) मैग्नीशियम का तार वायु में जलाने पर मैग्नीशियम ऑक्साइड तथा ऊष्मा उत्पन्न करता है।

$$2Mg(s) + \underset{\text{(वायु से)}}{O_2(g)} \longrightarrow 2MgO + \text{ऊष्मा}$$

यह संयोजन अभिक्रिया है। (1)

(ii) जल में विद्युत धारा प्रवाहित करने पर हाइड्रोजन तथा ऑक्सीजन गैस मुक्त होती है।

$$2H_2O\,(l) \xrightarrow{\text{विद्युत धारा}} 2H_2(g) + O_2(g)$$

यह वियोजन (अपघटन) अभिक्रिया है। (1)

(iii) अमोनिया तथा हाइड्रोजन क्लोराइड गैस को मिलाने पर अमोनियम क्लोराइड (NH_4Cl) प्राप्त होता है।

$$NH_3\,(g) + HCl\,(g) \longrightarrow NH_4Cl$$

यह संयोजन अभिक्रिया है। (1)

(iv) वियोजन अभिक्रिया में एक अभिकर्मक विघटित होकर दो या दो से अधिक उत्पाद बनाता है, जबकि संयोजन अभिक्रिया में दो या दो से अधिक अभिकर्मक परस्पर संयोग करके एक उत्पाद निर्मित करते हैं। इस प्रकार ये दोनों अभिक्रियाएँ एक-दूसरे के विपरीत हैं। (2)

35. (a) (i) हृदय के अलिन्द एवं निलय के मध्य स्थित अंतराअलिन्द-निलय पट जिसे B से प्रदर्शित किया है, विऑक्सीजनित रुधिर को ऑक्सीजनित रुधिर से पृथक् करता है। (1)

(ii) पक्षी एवं स्तनधारी को शरीर के ताप नियन्त्रण हेतु अधिक ऊर्जा की आवश्यकता होती है। दाएँ और बाएँ भागों में विभक्त, चार कक्षीय हृदय ऑक्सीजनयुक्त तथा बिना ऑक्सीजनयुक्त रुधिर को मिश्रित होने से रोकता है। इस

प्रकार यह शरीर को अधिक ऑक्सीजन की पूर्ति हेतु सक्षम बनाता है। (2)

(iii) निलयों की भित्तियाँ अलिन्दों की तुलना में मोटी होती हैं, क्योंकि अलिन्द केवल रुधिर ग्रहण करता है, जबकि निलय रुधिर को हृदय से दूर उच्च दाब के साथ प्रवाहित करता है, जिसके लिए मोटी भित्ति आवश्यक है। (1)

(iv) मानव हृदय के दो ऊपरी कक्ष बायाँ एवं दायाँ अलिंद हैं, जो क्रमशः फेफड़ों से ऑक्सीजनित एवं शेष शरीर से विऑक्सीजनित रुधिर ग्रहण करते हैं। (1)

अथवा

(b) (i) अग्न्याशय के दो कार्य निम्नवत् हैं

- अग्न्याशय दो हॉर्मोन इन्सुलिन और ग्लाइकोजन का स्रावण करता है, जो रुधिर शर्करा के स्तर को नियन्त्रित करते हैं।
- यह अग्न्याशयी रस का स्राव करता है, जो भोजन के पाचन में सहायक है। (2)

(ii) अग्न्याशयी रस में पाए जाने वाले दो एन्जाइम्स ट्रिप्सिन व एमाइलेज हैं। ट्रिप्सिन एक प्रोटीन पाचक एन्जाइम तथा एमाइलेज कार्बोहाइड्रेट पाचक एन्जाइम है। (1)

(iii) पित्त रस यकृत की कोशिकाओं में बनता है तथा यकृत के नीचे स्थित पित्ताशय नामक संरचना में संचित रहता है। (1)

(iv) I. **पेप्सिन** यह प्रोटीन को पचाने वाला एन्जाइम है। यह प्रोटीन को प्रोटिओसेज तथा पेप्टोन्स में बदलता है। पेप्सिन एन्जाइम आमाशय के अम्लीय माध्यम में सक्रिय रहता है।

II. **लाइपेज** ये एन्जाइम छोटी आँत में इमल्सीकृत वसा का वसीय अम्लों व ग्लिसरॉल में विघटन करते हैं। (1)

36. (a) (i) धारावाही चालक XY के क्षैतिज एक कार्डबोर्ड पर लोहे की छीलन फैलाकर कार्डबोर्ड को हिलाते हैं, तो चालक के चारों ओर वह संकेन्द्रित वृत्तों के रूप में व्यवस्थित हो जाती हैं। ये संकेन्द्रित वृत्त चालक से दूर होने पर एक-दूसरे से दूर होते जाते हैं, जो चालक से दूरी बढ़ने पर चुम्बकीय क्षेत्र की प्रबलता में कमी दर्शाते हैं। (1½)

(ii)

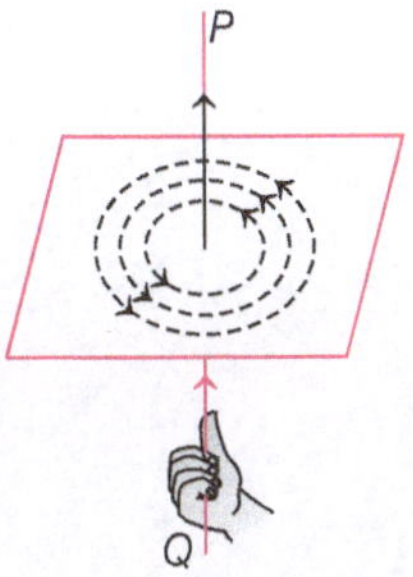

उत्पन्न चुम्बकीय क्षेत्र की दिशा दक्षिण हस्त नियम के अनुसार ज्ञात करते हैं। दक्षिणहस्त नियम के अनुसार, दक्षिण या दाहिने हाथ की मुट्ठी में यदि चालक में प्रवाहित धारा की दिशा अँगूठे द्वारा दर्शायी जाती हो, तब अँगुलियों के घूमने की दिशा उसके द्वारा उत्पन्न चुम्बकीय क्षेत्र की रेखाओं की दिशा को दर्शाते हैं। (1½)

(iii) दिया है, चालक तार में धारा, $I = 5.0$ ऐम्पियर

तार से प्रेक्षण बिन्दु की दूरी $r = 50$ सेमी $= 0.5$ मीटर

सीधे धारावाही चालक के कारण किसी बिन्दु पर उत्पन्न चुम्बकीय क्षेत्र

$$B = \frac{\mu_0}{2\pi} \cdot \frac{I}{r}$$

$$= 4\pi \times \frac{10^{-7}}{2\pi} \times \frac{5}{0.5}$$

$$(\because \mu_0 = 4\pi \times 10^{-7} \text{ न्यूटन / ऐम्पियर}^2)$$

$= 2 \times 10^{-6}$ न्यूटन/ऐम्पियर-मी (2)

अथवा

(b) (i) I. जब उत्तरी ध्रुव की ओर से छड़ चुम्बक को अन्दर विस्थापित किया जाता है, तो गैल्वेनोमीटर में क्षणिक विक्षेप प्राप्त होता है। यह विक्षेप यह प्रदर्शित करता है कि कुण्डली में क्षणिक धारा उत्पन्न होती है। कुण्डली में धारा की दिशा दक्षिणावर्त होती है। (1½)

II. जब छड़ चुम्बक स्थिर होती है, तो गैल्वेनोमीटर में कोई विक्षेप उत्पन्न नहीं होता है। अतः इस स्थिति में कुण्डली में कोई धारा उत्पन्न नहीं होती है। (1½)

(ii) दिया है, तार में प्रवाहित धारा, $i = 100$ ऐम्पियर

दूरी $r = 10$ सेमी $= 10 \times 10^{-2}$ मी

चुम्बकीय क्षेत्र की तीव्रता,

$$B = \frac{\mu_0}{2\pi} \cdot \frac{i}{r} = 2 \times 10^{-7} \times \frac{100}{10^{-1}}$$

$$\left[\because \frac{\mu_0}{2\pi} = 2 \times 10^{-7} \text{ न्यूटन / ऐम्पियर}^2\right]$$

$= 2 \times 10^{-7} \times 10^3$

$= 2 \times 10^{-4}$ न्यूटन/ऐम्पियर-मी (2)

37. (a) वाशिंग सोडा- सोडियम कार्बोनेट (Na_2CO_3)

बेकिंग सोडा- सोडियम बाइकार्बोनेट ($NaHCO_3$) या सोडियम हाइड्रोजन कार्बोनेट (1)

(b) ऊष्मा द्वारा बेकिंग पाउडर तथा वॉशिंग सोडा में विभेद निम्न हैं

बेकिंग सोडा (बेकिंग पाउडर में स्थित)	**वॉशिंग सोडा**
$NaHCO_3$ को गर्म करने पर CO_2 गैस उत्पन्न होती है, जो चूने के पानी को दूधिया कर देती है।	वॉशिंग सोडा के क्रिस्टलों $Na_2CO_3 \cdot 10H_2O$ को गर्म करने पर इससे 10 क्रिस्टलन के जल के अणु अलग हो जाते हैं तथा निर्जल सोडियम कार्बोनेट बनता है।

(1)

(c) धावन सोडा के दो प्रमुख उपयोग निम्नलिखित हैं

(i) इसका उपयोग जल की स्थायी कठोरता को दूर करने के लिए किया जाता है।

(ii) सोडियम कार्बोनेट का उपयोग काँच, साबुन, आदि उद्योगों में किया जाता है।

बेकिंग सोडा के दो प्रमुख उपयोग निम्नलिखित है

(i) सोडियम बाइकार्बोनेट का उपयोग अग्निशामक यन्त्रों में किया जाता है।

(ii) इसका उपयोग पेट की अम्लता की अधिकता को उदासीन करने के लिए किया जाता है। (2)

अथवा

(c) ब्राइन [सान्द्र सोडियम क्लोराइड (NaCl) विलयन] में कार्बन डाइऑक्साइड (CO_2) तथा अमोनिया (NH_3) प्रवाहित करने पर सोडियम कार्बोनेट (Na_2CO_3) प्राप्त होता है।

रासायनिक अभिक्रिया

$$\underset{\text{सोडियम क्लोराइड}}{NaCl} + \underset{\text{अमोनिया}}{NH_3} + H_2O + \underset{\text{कार्बन डाइऑक्साइड}}{CO_2} \longrightarrow \underset{\text{सोडियम बाइकार्बोनेट}}{NaHCO_3} \downarrow + NH_4Cl$$

$$\underset{\text{सोडियम बाइकार्बोनेट}}{2NaHCO_3} \xrightarrow{\text{गर्म}} \underset{\text{सोडियम कार्बोनेट}}{Na_2CO_3} + \underset{\text{जल}}{H_2O} + \underset{\text{कार्बन डाइऑक्साइड}}{CO_2} \uparrow$$ (2)

38. (a) जनन की आधारभूत विशेषताएँ निम्न हैं

(i) DNA का द्विगुणन (ii) कोशिका विभाजन (1)

(b) A. *ब्रायोफिल्लम*—कायिक जनन B. *प्लाज्मोडियम* —बहुखण्डन (1)

(c) जनन की आवश्यकता निम्न कारणों से होती है

- जनन की सबसे अधिक आवश्यकता और उपयोगिता किसी विशेष जाति की निरन्तरता बनाए रखने के लिए है।
- जनन द्वारा जीव अपने समान लक्षणों वाले जीव उत्पन्न कर सकते हैं। (2)

अथवा

(c) द्विखण्डन एवं मुकुलन की विधियों में निम्न अन्तर हैं

द्विखण्डन	मुकुलन
पैतृक कोशिका विभाजित होकर दो सन्तति कोशिकाओं का निर्माण करती हैं।	पैतृक कोशिका की सतह पर उत्पन्न उभारनुमा संरचना पृथक् होकर नए जीव का निर्माण करती है।
जीवद्रव्य का एकसमान वितरण होता है, उदाहरण- *अमीबा, पैरामीशियम*।	जीवद्रव्य का असमान वितरण होता है, उदाहरण— यीस्ट, *हाइड्रा*।

(2)

39. (a) (i) जब स्विच S को बन्द करते हैं, तो बल्ब Q तथा R समान्तर क्रम में होंगे। अत: धारा का विभाजन हो जाएगा और कम धारा Q में से प्रवाहित होगी। अत: इस कारण Q की चमक कम हो जाएगी।

(ii) जब स्विच S को बन्द नहीं करते हैं, तो बल्ब P तथा Q की चमक समान दिखाई देती है। (1)

(b) माना कि विद्युत बल्ब का प्रतिरोध R_1 है तथा चालक का प्रतिरोध $R_2 = 5$ ओम

$\therefore$ श्रेणीक्रम में कुल प्रतिरोध

$R_S = R_1 + R_2 = R_1 + 5$

धारा $I = 1$ ऐम्पियर, वोल्टता $V = 10$ वोल्ट

ओम के नियम से, $V = IR_S$

$10 = 1\,(R_1 + 5)$

$\Rightarrow R_1 = 5$ ओम

अत: विद्युत बल्ब का प्रतिरोध 5 ओम है। (1)

(c) जब 10 ओम का प्रतिरोध समान्तर क्रम में श्रेणीक्रम संयोजन के साथ लगा दिया जाता है, तो परिपथ का कुल प्रतिरोध

$$\frac{1}{R_P} = \frac{1}{R_1 + 5} + \frac{1}{10} = \frac{1}{10} + \frac{1}{10}$$

$\Rightarrow R_P = 5$ ओम

अत: परिपथ में प्रवाहित धारा,

$$I = \frac{V}{R} = \frac{10}{5} = 2 \text{ ऐम्पियर}$$ (2)

अथवा

(c) बल्ब B की चमक बल्ब A की अपेक्षा अधिक होगी। समान्तर क्रम संयोजन में वोल्टता सभी बल्बों में समान होगी। अत: अधिक शक्ति होने से अधिक चमक उत्पन्न होगी, अत: बल्बों की चमक का क्रम

$C > B > A =$ [100 वाट > 60 वाट > 40 वाट] (2)

SQP Code : **PB-9/15** Series *i*-Succeed 9-25/15 अनुक्रमांक

सैंपल प्रश्न-पत्र 09

विज्ञान कक्षा 10 (कोड 086)

सामान्य निर्देश

इस प्रश्न पत्र में पाँच खण्डों (क), (ख), (ग), (घ) और (ङ) में बाँटा गया है। प्रश्न-पत्र में 39 प्रश्न हैं।
सभी प्रश्न अनिवार्य हैं।

1. प्रश्न में, 1 से 20 तक के सभी प्रश्न एक-एक अंक के हैं।
2. प्रश्न में, 21 से 26 अतिलघु उत्तरीय प्रश्न हैं, प्रत्येक के 2 अंक निर्धारित हैं। इन प्रश्नों के उत्तर 30 से 50 शब्दों के मध्य दिए जाने हैं।
3. प्रश्न में, 27 से 33 लघु उत्तरीय प्रश्न हैं, प्रत्येक के 3 अंक निर्धारित हैं। इन प्रश्नों के उत्तर 50 से 80 शब्दों के मध्य दिए जाने हैं।
4. प्रश्न में, 34 से 36 दीर्घ उत्तरीय प्रश्न हैं, प्रत्येक के 5 अंक निर्धारित हैं। इन प्रश्नों के उत्तर 80 से 120 शब्दों के मध्य दिए जाने हैं।
5. प्रश्न में, 4 अंको के उप-भागों के साथ 3 प्रश्न, स्रोत आधारित/केस आधारित दिए गए हैं।
   कोई समग्र विकल्प नहीं है। हालांकि, कुछ प्रश्नों में आंतरिक विकल्प दिए गए हैं, जिनमें केवल एक का उत्तर देना है।

समय : 3 घंटे

पूर्णांक : 80

खण्ड-क बहुविकल्पीय प्रश्न

1. कुछ धातुएँ जैसे— Al, Zn, Pb, Be, ऑक्सीजन (O_2) से क्रिया करके ऑक्साइडों का निर्माण करती हैं। इन ऑक्साइडों की प्रकृति कैसी होती है?

(a) अम्लीय (b) क्षारीय
(c) उदासीन (d) उभयधर्मी

2. वायुमण्डल में कार्बन निम्नलिखित में से किस रूप में रहता है?

(a) केवल कार्बन मोनोऑक्साइड
(b) अल्प मात्रा में कार्बन मोनोऑक्साइड तथा कार्बन डाइऑक्साइड
(c) केवल कार्बन डाइऑक्साइड
(d) कोयला

3. निम्न अभिक्रिया एक उदाहरण है

$$Pb(s) + \underset{\text{(कॉपर क्लोराइड)}}{CuCl_2(aq)} \longrightarrow \underset{\text{(लेड क्लोराइड)}}{PbCl_2(aq)} + Cu(s)$$

(a) संयोजन अभिक्रिया (b) वियोजन अभिक्रिया
(c) विस्थापन अभिक्रिया (d) द्वि-विस्थापन अभिक्रिया

4. सोडियम कार्बोनेट के जलीय विलयन में कार्बन डाइऑक्साइड गैस अधिकता से प्रवाहित करने पर प्राप्त होने वाला पदार्थ है

(a) $NaOH$ (b) $Na_2CO_3 \cdot 10H_2O$
(c) $NaHCO_3$ (d) $Na_2CO_3 \cdot H_2O$

5. जब किसी कम सक्रिय धातु को अधिक सक्रिय धातु के धनायनों के विलयन में डाला जाता है, तो क्या प्रदर्शित होता है?

(a) कोई क्रिया नहीं
(b) सक्रिय धातु का विस्थापन
(c) कम सक्रिय धातु का विस्थापन
(d) हाइड्रोजन विस्थापन

6. निम्नलिखित में से असत्य कथन का चयन कीजिए।

(a) सल्फ्यूरिक अम्ल के सम्पर्क में आने पर कपड़ा, कागज, आदि नष्ट हो जाते हैं।

(b) अम्ल सक्रिय धातुओं से क्रिया करके हाइड्रोजन मुक्त करते हैं।

(c) क्षारक जल में विलेय करने पर OH^- आयन देते हैं।

(d) टूथपेस्ट हल्का सा अम्लीय होता है।

7. ऐसीटिक अम्ल एक दुर्बल अम्ल है, क्योंकि

(a) इसमें पानी की मात्रा अधिक होती है।

(b) इसके आयनन की मात्रा कम होती है

(c) यह एक कार्बनिक अम्ल है।

(d) यह एक अकार्बनिक अम्ल है।

8. पोषकों के अवशोषण से सम्बन्धित निम्न कथनों में से असत्य कथनों को पहचानिए।

A. कार्बोहाइड्रेट का अवशोषण आमाशय व छोटी आँत में होता है।

B. भोजन के पाचन के अन्तिम उत्पाद ग्लूकोस, जल, वसा और अमीनो अम्ल रुधिर व लसीका दोनों में अवशोषित होकर कोशिकाओं तक पहुँचते हैं।

C. बड़ी आँत व मुख गुहा अवशोषण स्थल का कार्य करते हैं।

D. बड़ी आँत में पचे हुए भोजन से लगभग 30% जल का अवशोषण होता है।

(a) A, B तथा D (b) A, C तथा D

(c) A तथा D (d) B तथा C

SP-09

9. सीधी रेखा में चलना और साइकिल चलाना ऐसे क्रियाकलाप हैं, जो मस्तिष्क के किसी भाग के कारण सम्भव हैं। नीचे दी गई तालिका से इस भाग की स्थिति और नाम चुनिए।

	मस्तिष्क का भाग	नाम
(a)	अग्र मस्तिष्क	प्रमस्तिष्क
(b)	मध्य मस्तिष्क	हाइपोथैलेमस
(c)	पश्च मस्तिष्क	अनुमस्तिष्क
(d)	पश्च मस्तिष्क	मेड्यूला ऑब्लोगेंटा

10. परागनली की लम्बाई निर्भर करती है

(a) पराग कण और वर्तिका की ऊपरी सतह के बीच की दूरी पर

(b) वर्तिका के ऊपरी सतह पर पराग कण और बीजाण्ड के बीच की दूरी पर

(c) परागकोष में पराग कण और वर्तिका की ऊपरी सतह के बीच की दूरी पर

(d) वर्तिका के ऊपरी सतह और वर्तिकाग्र की निचली सतह के बीच की दूरी पर

11. पुष्पों के लिए निम्नलिखित में से कौन-से कथन सही हैं?

A. पुष्प सदैव द्विलिंगी होते हैं।

B. ये लैंगिक जननीय अंग होते हैं।

C. ये पादपों के सभी प्रभागों में उत्पन्न होते हैं।

D. ये निषेचन के बाद फल देते हैं।

(a) A और D (b) B और C

(c) A और C (d) B और D

12. एक लम्बे (TT) और छोटे (tt) मटर के पौधों के बीच संकरण कराने पर परिणामस्वरूप संतति में सभी लम्बे पौधे प्राप्त हुए, क्योंकि

(a) लम्बापन एक प्रभावी लक्षण है

(b) बौनापन एक प्रभावी लक्षण है

(c) लम्बापन एक अप्रभावी लक्षण है

(d) मटर के पौधे की ऊँचाई, जीन T या t द्वारा नहीं बताई जाती

13. समतल दर्पण के सामने एक वस्तु दर्पण से 10 सेमी की दूरी पर रखी गई है, तो दर्पण से प्रतिबिम्ब की दूरी होगी

(a) 5 सेमी (b) 10 सेमी (c) 20 सेमी (d) शून्य

14. निम्न में से चुम्बकीय क्षेत्र की दिशा के संदर्भ में सही विकल्प का चयन कीजिए।

(a) दाएँ हाथ के अँगूठे के नियम से

(b) फ्लेमिंग के बाएँ हाथ के नियम से

(c) ऐम्पियर के तैरने के नियम से

(d) दाएँ हाथ की हथेली के नियम से

15. निम्नलिखित में से कौन-से समूहों में केवल जैव-निम्नीकरणीय पदार्थ नहीं है?

(a) घास, पुष्प एवं चमड़ा

(b) घास, लकड़ी एवं सब्जी के छिलके

(c) फलों के छिलके, केक एवं नींबू का रस

(d) सूती कपड़े, PVC पाइप, कोक की बोतल

16. दिए गए आरेख में A, B एवं C की पहचान कीजिए।

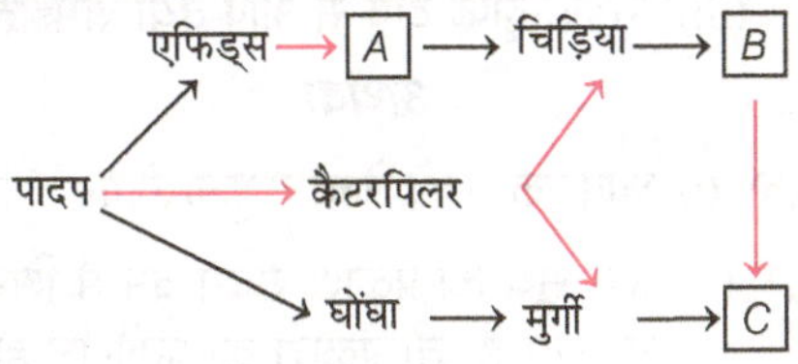

(a) A-बुलबुल, B-सर्प, C-बन्दर
(b) A-भृंग (Beetle), B-छिपकली, C-प्रेइंग मैन्टिस (Praying mantis)
(c) A-लेडीबग, B-सर्प, C-बाज
(d) A-छिपकली, B-पक्षी, C-सर्प

अभिकथन-कारण प्रकार के प्रश्न

निर्देश (प्र. सं. 17-20) इन प्रश्नों में **अभिकथन** (A) और **कारण** (R) दिए गए हैं। इन प्रश्नों के उत्तर नीचे दिए गए अनुसार उचित विकल्प को चुनकर दीजिए।
(a) A और R दोनों सही हैं तथा R द्वारा A की सही व्याख्या हो रही है।
(b) A और R दोनों सही हैं तथा R द्वारा A की सही व्याख्या नहीं हो रही है।
(c) A सही है, परन्तु R गलत है।
(d) A गलत है, परन्तु R सही है।

17. **अभिकथन** (A) CH_3OH, CH_3CH_2OH तथा $CH_3CH_2CH_2OH$ समजातीय श्रेणी के सदस्य हैं।
कारण (R) यौगिकों की ऐसी श्रृंखला, जिसमें समान क्रियात्मक समूह होता है, परन्तु एक $—CH_2—$ इकाई का अन्तर होता है, समजातीय श्रेणी कहलाती है।

18. **अभिकथन** (A) अन्तःस्रावी ग्रन्थियों को नलिका विहीन ग्रन्थियाँ भी कहते हैं।
कारण (R) ये अपना स्राव सीधे रुधिर में स्रावित करती हैं।

19. **अभिकथन** (A) कॉर्निया एक पारदर्शी गोलाकार झिल्ली है, जो नेत्र के सामने के भाग को ढकती है।
कारण (R) आइरिस नेत्र में प्रकाश के अपवर्तन एवं प्रतिबिम्ब के लिए उन्हें रेटिना पर केन्द्रित करने के लिए उत्तरदायी है।

20. **अभिकथन** (A) सभी पारितन्त्रों में ऊर्जा का प्राथमिक स्रोत सूर्य है।
कारण (R) सौर ऊर्जा के द्वारा स्वपोषी अपने भोजन का निर्माण करते हैं।

खण्ड-ख अतिलघु उत्तरीय प्रश्न

21. दिए गए हाइड्रोकार्बन $C_2H_6, C_3H_8, C_3H_6, C_2H_2$ एवं CH_4 में से किसमें संकलन (योग) अभिक्रिया होती है?

22. क्या होता है जब निम्न स्थितियाँ उत्पन्न होती हैं?
(a) *प्लेनेरिया* को तीन टुकड़ों में काट दिया जाता है।
(b) कलिकाओं सहित *ब्रायोफिल्लम* की पत्तियाँ मृदा पर गिर जाती हैं।

23. (a) भारत सरकार पॉलीथीन की थैलियों के उपयोग पर प्रतिबन्ध क्यों लगा रही है? इन थैलियों के दो विकल्प सुझाइए।

अथवा

(b) हम कैसे कह सकते हैं, कि एन्जाइम की प्रक्रिया विशिष्ट होती है।

24.

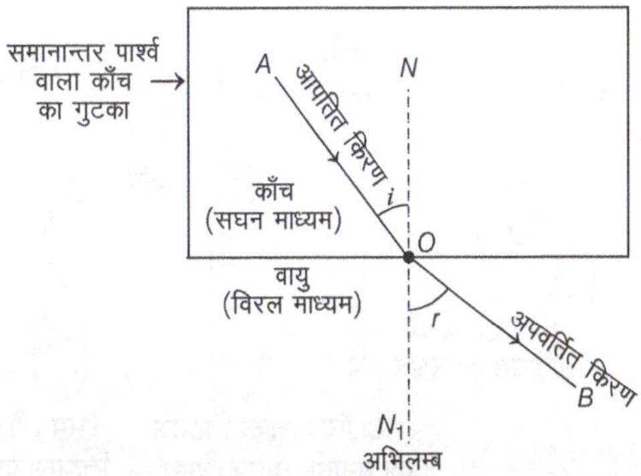

उपरोक्त चित्र प्रकाश के अपवर्तन की स्थिति को दर्शाता है। चित्र का विश्लेषण करते हुए निम्न प्रश्नों के उत्तर दीजिए।
(a) जब प्रकाश की किरण काँच से वायु में जाती है, तो क्या स्थिति उत्पन्न होती है?

(b) जब प्रकाश की किरण वायु से जल में जाती है, तो क्या स्थिति उत्पन्न होती है?

(c) प्रकाश के अपवर्तन के दैनिक जीवन में अनुप्रयोग लिखिए।

25. (a)

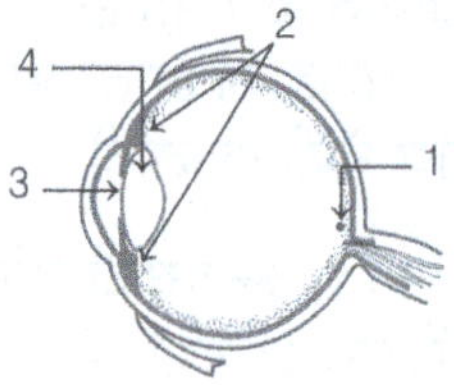

उपरोक्त चित्र में मानव नेत्र को दर्शाया गया है। इसके आधार पर निम्न प्रश्नों के उत्तर दीजिए।

(i) चित्र में दिए गए बिन्दु 1, 2, 3 तथा 4 का नाम लिखिए।

(ii) मनुष्य की नेत्र के रेटिना के कार्य का उल्लेख कीजिए।

(iii) निकट दृष्टि दोष से आप क्या समझते हैं?

अथवा

(b) (i) श्वेत प्रकाश को प्रिज्म से गुजारने पर क्या होता है?

(ii) जब सूर्य का प्रकाश सघन वन में शिखर से गुजरता है, तो प्रकाश का प्रकीर्णन हो जाता है। व्याख्या कीजिए।

26. एक व्यक्ति यकृत रोग से पीड़ित है, उसे चिकित्सक द्वारा यह सलाह दी जाती है कि वह वसा युक्त भोजन का सेवन बन्द करें। कारण दीजिए कि चिकित्सक द्वारा यकृत रोग से पीड़ित व्यक्ति को वसीय भोजन को ना खाने की सलाह क्यों दी गई है?

खण्ड-ग लघु उत्तरीय प्रश्न

27. स्वच्छ और शुष्क क्वथन नली में लगभग 1 ग्राम ठोस सोडियम क्लोराइड (NaCl) लें और अत्यन्त सावधानीपूर्वक उसमें थोड़ा सान्द्र सल्फ्यूरिक अम्ल डालें। चित्र में दिखाए गए अनुसार क्वथन नली के मुँह में एक छोटी काँच की निकास नली सहित एक रबड़ कॉर्क लगाए। सोडियम क्लोराइड के साथ सल्फ्यूरिक अम्ल क्रिया करके हाइड्रोजन क्लोराइड गैस बनाता है। हाइड्रोजन क्लोराइड गैस काँच नली के खुले सिरे से बाहर निकलना आरम्भ कर देती है।

SP-09

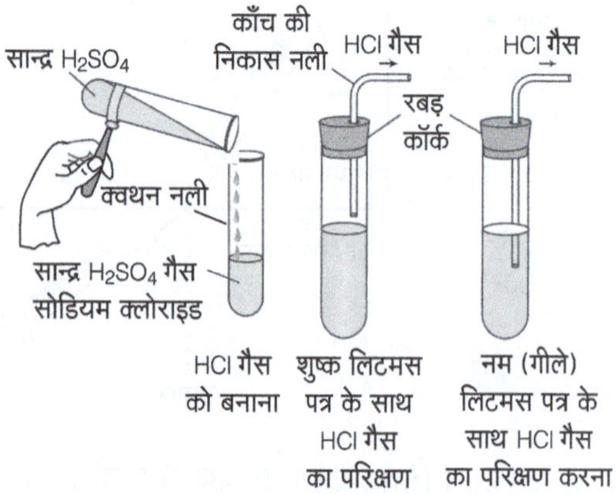

(a) हाइड्रोजन क्लोराइड गैस में 'शुष्क नीला लिटमस पत्र रखने पर प्राप्त प्रेक्षण लिखिए।

(b) हाइड्रोजन क्लोराइड गैस में नम (या भीगा) नीला लिटमस पत्र रखने पर प्राप्त प्रेक्षण लिखिए।

28. (a) एक तत्व A जल से अभिक्रिया करके एक यौगिक B बनाता है, जिसे सफेदी के लिए उपयोग किया जाता है। यौगिक B को गर्म करने पर यौगिक C बनता है, जो जल से अभिक्रिया करके पुनः B बनाता है। A, B तथा C को पहचानिए तथा अभिक्रियाओं की समीकरण भी लिखिए।

अथवा

(b) तीन तत्व P, Q तथा R की रासायनिक अभिक्रियाओं से सम्बन्धित समीकरण निम्नलिखित हैं।

I. $P_2O_3 + 2Q \longrightarrow Q_2O_3 + 2P$

II. $3RSO_4 + 2Q \longrightarrow Q_2(SO_4)_3 + 3R$

III. $3RO + 2P \longrightarrow P_2O_3 + 3R$

निम्नलिखित प्रश्नों के उत्तर दीजिए।

(i) सबसे सक्रिय तत्व कौन-सा है?

(ii) सबसे कम सक्रिय तत्व कौन-सा है?

(iii) उपरोक्त रासायनिक अभिक्रियाएँ किस प्रकार की हैं?

29. पूजा की आँखों का रंग हरा है, जबकि उसके माता-पिता और भाई की आँखों का रंग काला है। पूजा के पति रवि की आँखों का रंग काला है, जबकि असकी माता की आँखों का रंग हरा व उसके पिता की आँखों का रंग काला है।

(a) ऊपर दी गई जानकारी के आधार पर आँखों का हरा रंग प्रभावी या अप्रभावी लक्षण है। न्यायोचित उत्तर दिजिए।

(b) पूजा के भाई की आँखों के रंग का सम्भावित आनुवंशिक जीनप्रारूप क्या होगा?

(c) पूजा और रवि की सन्तति की आँखों के रंग के हरे होने की क्या प्रायिकता होगी?

30. (a) गुलाब के पादपों को उगाने के लिए किस विधि का उपयोग किया जाता है?

(b) कायिक प्रवर्धन के चार लाभों की सूची बनाइए।

31. (a)

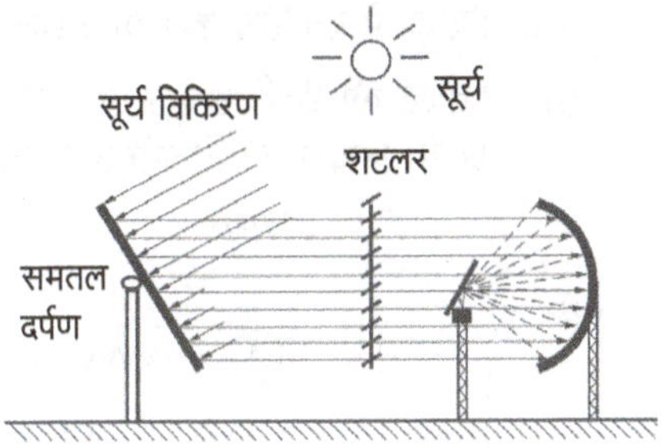

उपरोक्त चित्र में सौर भट्टी को प्रदर्शित किया गया है।

इसके आधार पर निम्न प्रश्नों के उत्तर दीजिए।

(i) सौर भट्टी में किस प्रकार के दर्पण का उपयोग किया जाता है?

(ii) इस युक्ति द्वारा किस प्रकार ताप वृद्धि की जाती है?

(b) (i) किसी बिम्ब तथा उत्तल लेन्स द्वारा बने वास्तविक प्रतिबिम्ब के मध्य न्यूनतम दूरी कितनी होनी चाहिए?

(ii) कोई बिम्ब 15 सेमी फोकस दूरी के उत्तल दर्पण के सामने 30 सेमी दूरी पर स्थित है। दर्पण द्वारा बने प्रतिबिम्ब के चार अभिलक्षणों का उल्लेख कीजिए।

32. (a) एक सामान्य दृष्टि वाले व्यक्ति के लिए अधिकतम समंजन क्षमता की गणना कीजिए।

(b) एक निकट दृष्टि दोष वाला व्यक्ति 20 सेमी दूर स्थित पुस्तक को स्पष्ट पढ़ सकता है। पुस्तक को 25 सेमी दूर रखकर पढ़ने के लिए उसे कैसा और कितनी फोकस दूरी का लेंस अपने चश्में में प्रयुक्त करना चाहिए?

33. (a) एक घर में लगे दो बल्बों में से एक-पहले की अपेक्षा अधिक चमक से प्रदीप्त होता है। उन दोनों में से किसका प्रतिरोध अधिक होगा? कारण देकर स्पष्ट कीजिए।

(b) 9 Ω के तीन प्रतिरोधों को निम्न परिपथ द्वारा संयोजित किया जाए, तो तुल्य प्रतिरोध ज्ञात कीजिए।

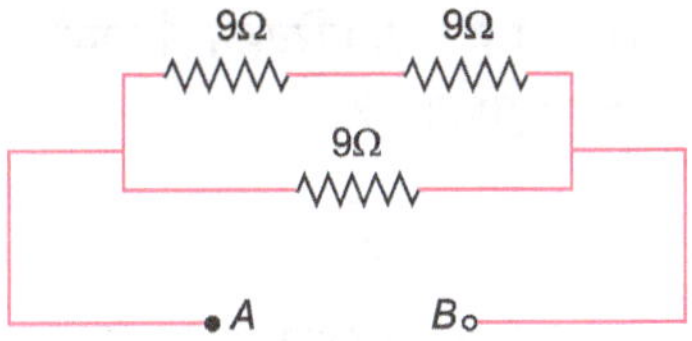

(b) उपरोक्त परिपथ के A तथा B सिरों के मध्य 20 V की बैटरी संयोजित की जाए, तो परिपथ में प्रवाहित धारा क्या होगी?

खण्ड-घ दीर्घ उत्तरीय प्रश्न

34. (a) आपको कॉपर तथा ऐलुमिनियम के बने दो पात्र दिए गए हैं। आपको तनु HCl, तनु HNO_3, $ZnCl_2$ तथा H_2O के विलयन दिए गए हैं। इन पात्रों में से किसमें यह विलयन रखे जा सकते हैं।

अथवा

(b) (i) निम्नलिखित अभिक्रियाएँ सम्भव है अथवा नहीं, पूर्वानुमान लगाइए

जिंक तथा सिल्वर नाइट्रेट का विलयन।

मैग्नीशियम तथा आयरन (II) क्लोराइड का विलयन।

कॉपर तथा मैग्नीशियम सल्फेट का विलयन।

प्रतीकों से भौतिक अवस्था बताते हुए सम्बन्धित अभिक्रियाओं के लिए समीकरण लिखिए।

(ii) एक लैम्प तत्व X से बना है, जिसे चाकू द्वारा आसानी से काटा जा सकता है। जल से अभिक्रिया के समय, तत्व X जल पर तैरने और पिघलने लगता है। तत्व X क्या है? व्यक्त कीजिए।

35. (a)(i) नीचे दिए गए चित्र में फुफ्फुस में उपस्थित वायु कूपिका की अनुप्रस्थ काट को दर्शाया गया है जिसमें गैस विनिमय होता है। अधिकांशतया हमारे रुधिर में उपस्थित वर्णक हीमोग्लोबिन द्वारा ऑक्सीजन का परिवहन होता है, जबकि कार्बन डाइऑक्साइड का रुधिर में घुलित होकर परिवहन होता है। कथन की पुष्टि के लिए कारण दीजिए।

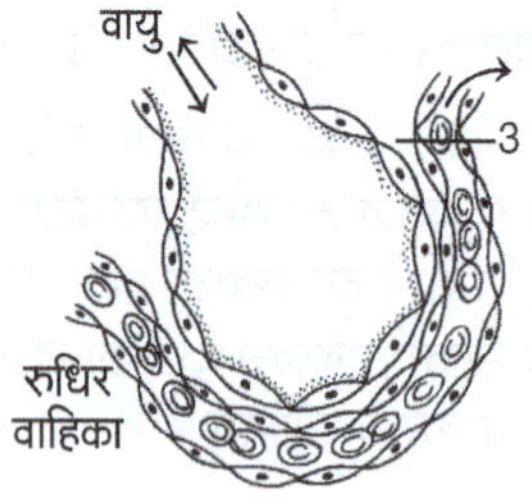

(ii) फेफड़ों में उपस्थित कूपिकाओं के कोई दो ऐसे अनुकूलन बताइए जो इसे उच्च गैसीय-विनिमय हेतु सक्षम बनाते हैं।

अथवा

(b) (i) नीचे दिए गए चित्र में वाष्पोत्सर्जन की क्रिया को दर्शाया गया है। वाष्पोत्सर्जन से आप क्या समझते हैं तथा परिवहन में वाष्पोत्सर्जन की क्या भूमिका है?

(ii) जल के एकदिशीय प्रवाह में पादप का कौन-सा भाग उपयोगी होता है?

36. (a)

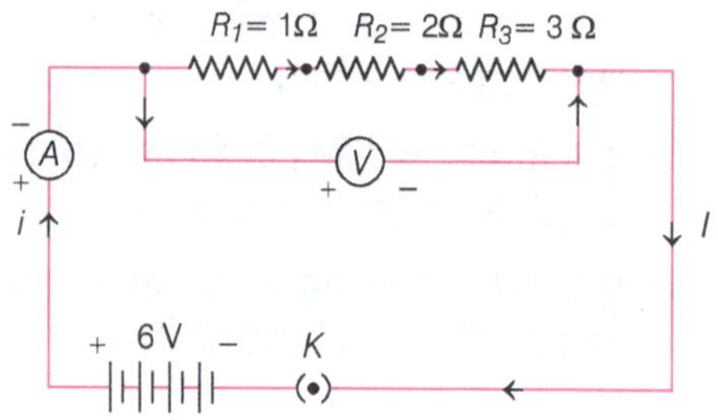

उपरोक्त परिपथ आरेख के आधार पर निम्न प्रश्नों के उत्तर दीजिए।

(i) तीनों प्रतिरोधों का तुल्य प्रतिरोध ज्ञात कीजिए।

(ii) परिपथ में प्रवाहित कुल धारा ज्ञात कीजिए।

(iii) 6 वोल्ट की बैटरी से गुजरने वाले प्रत्येक एक कूलॉम आवेश को कितनी ऊर्जा दी जायेगी?

अथवा

(b)

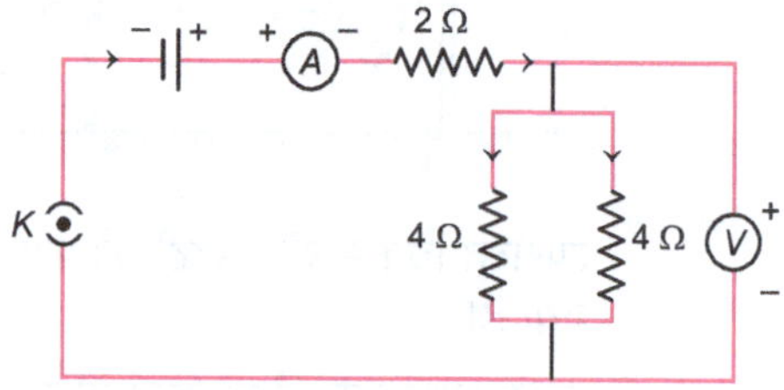

उपरोक्त परिपथ आरेख के आधार पर निम्न प्रश्नों के उत्तर दीजिए।

(i) परिपथ आरेख में 2Ω के प्रतिरोध के सिरों पर प्राप्त विभवान्तर 4Ω के दोनों प्रतिरोधों के सिरों पर प्राप्त विभवान्तर के तुल्य है। कारण देकर स्पष्ट कीजिए।

(ii) परिपथ में प्रवाहित धारा ज्ञात कीजिए।

(iii) n प्रतिरोधों में प्रत्येक प्रतिरोध का मान R है। उन्हें पहले श्रेणीक्रम तथा बाद में समान्तर क्रम में संयोजित किया जाता है, तो बताओं श्रेणी व समान्तर क्रम में संयोजन के प्रभावी प्रतिरोधों का अनुपात क्या होगा?

SP-09

खण्ड-ङ स्रोत आधारित/केस आधारित प्रश्न

37. 1909 में डेनिश रसायनज्ञ **सोरेन्सन** (Sorenson) ने हाइड्रोजन आयन के सान्द्रण को प्रकट करने के लिए एक नई पद्धति प्रस्तुत की, जिसे **pH स्केल** कहा जाता है। इस pH में p एक जर्मन शब्द 'पोटेन्ज' (Potenz) को दर्शाता है', जिसका अर्थ शक्ति (Power) होता है, जबकि हाइड्रोजन (H), हाइड्रोजन आयन (H^+) सान्द्रता को प्रकट करता है। pH पैमाने पर 0 से 14 तक मान होते हैं। pH एक शुद्ध संख्या होती है, जिसका कोई मात्रक नहीं होता है।

(a) एक छात्र के पास *A, B, C, D* चार नमूने हैं, जिनमें क्रमशः तनु HCl, जलीय KCl, तनु NaOH तथा आसुत जल है। इनमें से किन दो नमूनों के pH का मान समान होगा? (1)

(b) 1 M CH_3COOH की तुलना में 1 M HCl के विलयन में H^+ आयनों की सान्द्रता अधिक क्यों होती है? (1)

(c) मीठा खाने से इसका दन्त क्षय किस प्रकार होता है? दन्त क्षय को रोकने के लिए हमें क्या करना चाहिए? (2)

अथवा

(c) निम्नलिखित अम्लों में विस्थापन योग्य H^+ की संख्या पहचानिए।

(i) HCl (ii) CH_3COOH

(iii) H_2SO_4 (iv) H_3PO_4 (2)

38. अग्रमस्तिष्क मुख्य सोचने वाला भाग है। इसमें विभिन्न ग्राहियों से संवेदी आवेग प्राप्त करने के क्षेत्र उपस्थित होते हैं। सुनने, देखने व सूँघने के क्षेत्रों के साथ इसमें साहचर्य के क्षेत्र अलग से होते हैं, जहाँ एकत्रित सूचनाओं का अर्थ लगाया जाता है। इसके बाद अनुक्रिया तथा सूचनाएँ प्रेरक क्षेत्र तक पहुँचाने का कार्य किया जाता है। हालाँकि, सामान्य प्रतिवर्ती कार्य पर हमारे सोचने का कोई नियन्त्रण नहीं है।

(a) अनैच्छिक क्रियाओं के दो उदाहरण दीजिए। (1)

(b) मानव में केंद्रीय तन्त्रिका तन्त्र के दो संघटकों के नाम लिखिए। (1)

(c) निम्नलिखित कार्यों में संलग्न मस्तिष्क के भागों का उल्लेख कीजिए

(i) सीधी रेखा में टहलना

(ii) पेंसिल को उठाना

(iii) रुधिर चाप

(iv) शिक्षक द्वारा कक्षा में एक प्रश्न पूछा जाना (2)

अथवा

(c) मानव मस्तिष्क के उस भाग का नाम बताइए जो सोचने का कार्य करता है। इस भाग के अन्य दो प्रमुख कार्य लिखिए। (2)

39. चित्र में लम्बाई के अनुदिश धारावाही परिनालिका को दिखाया गया है।

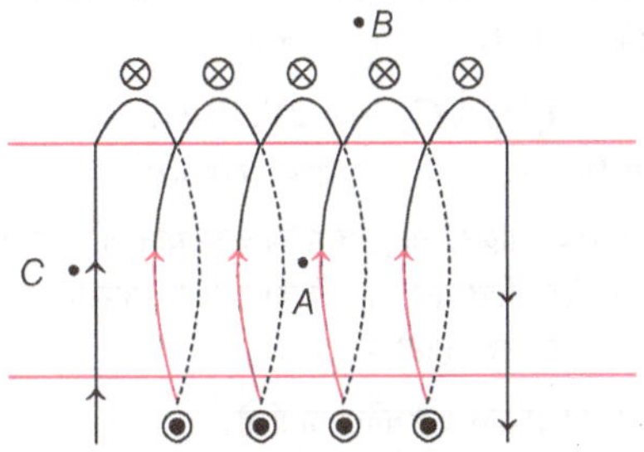

⊗ चिन्ह धारा, पृष्ठ के अन्दर की ओर प्रदर्शित करता है।

qचिन्ह धारा, पृष्ठ के बाहर की ओर प्रदर्शित करता है।

(a) निम्न प्रश्नों के उत्तर दीजिए।

(i) किस बिन्दु पर चुम्बकीय क्षेत्र अधिकतम होगा?

(ii) किस बिन्दु पर चुम्बकीय क्षेत्र न्यूनतम होगा? (1)

(b) चुम्बकीय क्षेत्र की प्रबलता का क्रम बताइए। (1)

(c) यदि कम्पास सुईं को परिनालिका में रख दिया जाए तो

(i) चित्र में परिनालिका में प्रवाहित धारा की दिशा प्रत्येक फेरे के लिए अंकित कीजिए।

(ii) परिनालिका के अन्दर चुम्बकीय क्षेत्र की दिशा का वर्णन कीजिए। (2)

अथवा

(c) एक चुम्बकीय दिक्सूचक को एक विद्युत धारावाही चालक के पास रखने पर उसकी सुईं विक्षेपित होती है।

यदि चालक में विद्युत धारा की मात्रा बढ़ाई जाती है, तब दिक्सूचक की सुईं का विक्षेपण किस प्रकार प्रभावित होता है? अपने उत्तर की पुष्टि कारण सहित कीजिए। (2)

हल सहित उत्तर in Topper's Style

मेरी प्रतिबद्धता मैं विश्वास दिलाता हूँ कि पूरा पेपर अपने आप करने के बाद ही मैं यहाँ दिए गए Solutions को देख रहा हूँ। इन Solutions को देखने का मेरा उद्देश्य यह Check करना है कि मेरे द्वारा किये गए Solutions Correct हैं या नहीं।

1. (d) Al, Zn, Pb, Be धातुएँ ऑक्सीजन (O_2) से क्रिया करके Al_2O_3, ZnO, PbO, BeO ऑक्साइडों का निर्माण करती हैं, इन ऑक्साइडों की प्रकृति उभयधर्मी होती है। (1)

2. (c) वायुमण्डल में कार्बन केवल कार्बन डाइऑक्साइड (CO_2) गैस के रूप में विद्यमान होती है। (1)

3. (c) दी गई अभिक्रिया विस्थापन अभिक्रिया का उदाहरण है।
विस्थापन अभिक्रिया में अधिक क्रियाशील तत्व कम क्रियाशील तत्व द्वारा विस्थापित होता है। (1)

4. (c) $\underset{\text{सोडियम कार्बोनेट}}{Na_2CO_3} + H_2O + CO_2 \longrightarrow \underset{\text{सोडियम बाइकार्बोनेट}}{2NaHCO_3}$ (1)

5. (a) केवल अधिक सक्रिय धातु, कम सक्रिय धातु को उसके लवण के विलयन से विस्थापित कर सकती है। इसका विपरीत सम्भव नहीं है, अत: कोई क्रिया नहीं होती है। (1)

6. (d) टूथपेस्ट की प्रकृति क्षारकीय होती है। (1)

7. (b) ऐसीटिक अम्ल एक दुर्बल अम्ल है, क्योंकि इसमें आयनन की मात्रा कम होती है। (1)

8. (c) कथन A और D असत्य हैं। कार्बोहाइड्रेट का अवशोषण आमाशय में नहीं होता है तथा बड़ी आँत में 90% जल अवशोषित होता है। (1)

9. (c) सीधी रेखा में चलना और साइकिल चलाना ऐसे क्रियाकलाप हैं, जो पश्च मस्तिष्क के अनुमस्तिष्क भाग के कारण सम्भव हैं। (1)

10. (b) पराग नली की लम्बाई वर्तिका के ऊपरी सतह पर पराग कण और बीजाण्ड के बीच की दूरी पर निर्भर करती है। (1)

11. (d) कथन B और D सही हैं। पुष्प, पादपों के लैंगिक जनन अंग हैं। निषेचन के पश्चात् फूल फल उत्पन्न करते हैं। ये एकलिंगी एवं उभयलिंगी दो प्रकार के होते हैं तथा ये पादपों के केवल आवृतबीजी प्रभाग में उपस्थित होते हैं। (1)

12. (a) F_1-पीढ़ी में, TT और tt के बीच संकरण कराने पर सभी लम्बे (Tt) पौधे प्राप्त होंगे, क्योंकि लम्बापन एक प्रभावी लक्षण है। (1)

13. (b) प्रतिबिम्ब दर्पण से उतनी ही दूर पीछे होता है, जितनी कि वस्तु दर्पण के आगे है। अत: दर्पण से प्रतिबिम्ब 10 सेमी की दूरी पर होगा। (1)

14. (c) चुम्बकीय क्षेत्र की दिशा, ऐम्पियर के तैरने के नियम द्वारा ज्ञात की जाती है। (1)

15. (d) PVC पाइप और कोक की बोतल अजैव-निम्नीकरणीय पदार्थ हैं। घास, पुष्प, चमड़ा, लकड़ी, फल एवं सब्जी के छिलके, सूती कपड़े केक तथा नींबू का रस जैव-निम्नीकरणीय पदार्थ हैं। (1)

16. (c) दिए गए आरेख में *A*-लेडीबग, *B*-सर्प, *C*-बाज है। (1)

17. (a) कार्बनिक यौगिकों की वह श्रेणी जिसमें एक ही क्रियात्मक समूह उपस्थित होता है तथा दो क्रमागत सदस्यों के बीच $-CH_2$ समूह (अणुभार = 14) का अन्तर होता है, सजातीय श्रेणी कहलाती है।
अत: अभिकथन (A) तथा कारण (R) दोनों सही हैं तथा कारण (R) द्वारा अभिकथन (A) का सही व्याख्या हो रही है। (1)

18. (a) अन्त:स्रावी ग्रन्थियों को नलिका विहीन ग्रन्थियाँ भी कहते हैं, क्योंकि ये अपना स्राव (हॉर्मोन) सीधे रुधिर में स्रावित करती है। अत: अभिकथन (A) व कारण (R) दोनों सही हैं तथा कारण (R) द्वारा अभिकथन (A) की सही व्याख्या हो रही है। (1)

19. (b) एक पारदर्शी बेलनाकार कोशिका जो नेत्र के सामने के भाग को ढकती है, कॉर्निया कहलाती है तथा आइरिस नेत्र में प्रकाश के अपवर्तन एवं प्रतिबिम्ब बनाने के लिए उन्हें रेटिना पर प्रकाश को केन्द्रित करने के लिए उत्तरदायी है।
अत: अभिकथन (A) तथा कारण (R) दोनों सही हैं, परन्तु कारण (R) द्वारा अभिकथन (A) की सही व्याख्या नहीं हो रही है। (1)

20. (a) प्राय: सभी पारितन्त्रों में सूर्य ही ऊर्जा का प्राथमिक स्रोत होता है, जो उत्पादकों (स्वपोषियों) को भोजन के निर्माण के लिए ऊर्जा प्रदान करता है। अत: अभिकथन (A) और कारण (R) दोनों सही हैं तथा कारण (R) द्वारा अभिकथन (A) की सही व्याख्या हो रही है। (1)

21. असंतृप्त हाइड्रोकार्बनों में संकलन योग अभिक्रिया होती है। C_3H_6 तथा C_2H_2 में संकलन अभिक्रिया होगी, क्योंकि ये असंतृप्त हाइड्रोकार्बन हैं। C_3H_6 (प्रोपीन), एक ऐल्कीन है। C_2H_2 (एथाइन) एक ऐल्काइन है। C_2H_6, C_3H_8 और CH_4 ऐल्केन हैं। इनमें संकलन अभिक्रिया नहीं होगी। ये प्रतिस्थापन अभिक्रिया देते हैं। (2)

22. (a) यदि *प्लेनेरिया* को तीन अलग-अलग भागों में काटा जाता है, तो इसका प्रत्येक भाग पुनर्जनन की क्रिया के द्वारा एक नए जीव में विकसित हो जाता है। (1)

(b) जब *ब्रायोफिल्लम* की कलिका युक्त पत्तियाँ मृदा में गिर जाती हैं, तो ये कलिकाएँ विकसित होकर नया पादप बना लेती हैं। यह प्राकृतिक कायिक जनन द्वारा होता है। (1)

23. (a) अजैव-निम्नीकरणीय पॉलीथीन की थैलियों के उपयोग से पर्यावरण प्रदूषित होता है, इसलिए भारत सरकार इनके उपयोग पर प्रतिबन्ध लगा रही है।
इन थैलियों के दो विकल्प निम्न हैं
(i) लोग बाजार से सामान लाने के लिए अपने घरों से कपड़े के थैले लेकर जाएँ।
(ii) इनके बदले पेपर की थैलियों या जैव-निम्नीकृत पॉलीथीन का उपयोग भी कर सकते हैं। (2)

अथवा

(b) पाचक ग्रन्थियों द्वारा स्रावित एन्जाइम जटिल अघुलनशील भोज्य पदार्थों को सरल घुलनशील इकाइयों में विघटित कर देते हैं अर्थात् प्रोटीन, वसा व कार्बोहाइड्रेट का पाचन करते हैं। यह प्रक्रिया विशिष्ट होती है, क्योंकि प्रत्येक घटक के पाचन के लिए एक विशिष्ट एन्जाइम की आवश्यकता होती है, जैसे-पेप्सिन आमाशय में प्रोटीन के पाचन का कार्य करता है तथा टायलिन मुख में कार्बोहाइड्रेट का पाचन करता है। ये एन्जाइम भी विशिष्ट pH पर ही कार्य करते हैं। (2)

24. (a) जब प्रकाश किरण काँच (सघन) से वायु (विरल) में जाती हैं, तो वह अभिलम्ब से बाहर झुकती है। (½)

(b) जब प्रकाश किरण वायु (विरल) से जल (सघन) में जाती है, तो वह अभिलम्ब की ओर मुड़ जाती है। (½)

(c) प्रकाश अपवर्तन के दैनिक जीवन अनुप्रयोग निम्न हैं

तालाब का कम गहरा प्रतीत होना, निर्मल रात्रि में तारों का टिमटिमाना इत्यादि हैं। (1)

25. (a) (i) 1. रेटिना 2. पक्षमाभी माँसपेशीयाँ 3. पुतली 4. नेत्र लेन्स (½)

(ii) यह प्रकाश शिराओं की एक फिल्म होती है, ये शिराएँ वस्तुओं के प्रतिबिम्बों के रूप, रंग तथा आकार का ज्ञान मस्तिष्क तक पहुँचाती हैं। (½)

(ii) इस दोष से पीड़ित व्यक्ति को निकट की वस्तुएँ तो स्पष्ट दिखाई देती है, परन्तु दूर की वस्तुएँ स्पष्ट दिखाई नहीं देती हैं। इस दोष से युक्त नेत्र का दूर बिन्दु अनन्त पर न होकर पास आ जाता हैं। (1)

अथवा

(b) (i) श्वेत प्रकाश का किसी प्रिज्म से गुजरने पर सात रंगों में विभक्त होना प्रकाश का विक्षेपण कहलाता है। (1)

(ii) जब सूर्य का प्रकाश शिखर से वन में पेड़ों से गुजरता है, तो यह उनके समीप स्थान में आर्द्रता में उपस्थित अतिसूक्ष्म पानी की बूँदों से प्रकीर्णित होता है। (1)

26. यकृत मानव शरीर की अतिमहत्त्वपूर्ण ग्रन्थि है। यह मानव शरीर में पाचन के अतिरिक्त बहुत सारे महत्त्वपूर्ण कार्य करती है। इसके द्वारा स्रावित पित्त रस वसा के पाचन में सहायक है, क्योंकि इसके द्वारा वसा का इमल्सीकरण होता है। पित्त रस द्वारा छोटी आँत में भोजन का माध्यम अम्लीय से क्षारीय होता है।

यदि व्यक्ति यकृत रोग से पीड़ित है, तो उसके शरीर की आहारनाल में वसा का पाचन ठीक से नहीं हो पाएगा। इसलिए उसे चिकित्सक अधिक वसा युक्त भोजन से परहेज करने को कहता है। (2)

27. (a) हाइड्रोजन गैस में शुष्क नीला लिटमस पत्र रखने पर निम्न प्रेक्षण प्राप्त होता है।

शुष्क नीले लिटमस पत्र के रंग में परिवर्तन नहीं होता है। यह प्रदर्शित करता है कि हाइड्रोजन क्लोराइड (HCl) गैस जल की अनुपस्थिति में मल के रूप में व्यवहार नहीं करती है। ('शुष्क' लिटमस पत्र में जल नहीं होता है)। (1½)

(b) हाइड्रोजन क्लोराइड गैस में नम (या भीगा) नीला लिटमस पत्र रखने पर प्राप्त प्रेक्षण निम्न है

हाइड्रोजन क्लोराइड गैस में 'नम' (या भीगा) नीला लिटमस पत्र रखने पर हम देखते हैं कि 'नम' नीला लिटमस पत्र लाल हो जाता है। यह प्रदर्शित करता है कि हाइड्रोजन क्लोराइड गैस (HCl gas) जल की उपस्थिति में (जो 'नम' या 'भीगे') लिटमस पत्र में उपस्थित है अम्लीय आचरण दर्शाती है। (1½)

28. (a) A – कैल्सियम (Ca)

B – कैल्सियम हाइड्रॉक्साइड $Ca(OH)_2$

C – कैल्सियम ऑक्साइड (CaO) (1)

$$\underset{A}{Ca(s)} + 2H_2O(l) \longrightarrow \underset{(B)}{Ca(OH)_2(aq)} + H_2(g)$$

$$\underset{\text{चूने का पानी}}{Ca(OH)_2(aq)} + \underset{\text{(वायु से)}}{CO_2(g)} \longrightarrow \underset{\text{(सफेद)}}{CaCO_3(s)} + \underset{\text{(वाष्पन के बाद)}}{H_2O(g)}$$

यौगिक B को गर्म करने पर यौगिक (C) बनता है।

$$Ca(OH)_2 \xrightarrow{\text{ऊष्मा}} \underset{C}{CaO} + H_2O$$

यौगिक C जल से अभिक्रिया करके पुनः B निर्मित करता है।

$$\underset{(C)}{CaO} + H_2O \longrightarrow \underset{(B)}{Ca(OH)_2} \quad (2)$$

अथवा

(b) (i) Q सबसे सक्रिय तत्व है, क्योंकि यह P तथा R दोनों को उनके यौगिकों से विस्थापित कर देता है। (1)

(ii) R सबसे कम सक्रिय तत्व है, क्योंकि यह P तथा Q, दोनों के द्वारा विस्थापित हो जाता है। (1)

(iii) उपरोक्त रासायनिक अभिक्रियाएँ प्रतिस्थापन अभिक्रियाओं के उदाहरण हैं। (1)

29. (a) आँखों का हरा रंग अप्रभावी कारक है तथा केवल समयुग्मजी दशा में ही प्रदर्शित होगा। (1)

(b) BB या Bb (1)

(c) bb × Bb

	B	b
b	Bb (काला)	bb (हरा)
b	Bb (काला)	bb (हरा)

अतः 50% सन्तति की आँखों का रंग हरा हो सकता है। (1)

30. (a) कृत्रिम कायिक प्रवर्धन की कलम रोपण विधि का उपयोग गुलाब को उगाने में किया जाता है। (1)

(b) कायिक प्रवर्धन के लाभ निम्नलिखित हैं

(i) इस विधि द्वारा कम समय में पादप विकसित किए जा सकते हैं।

(ii) इस विधि से उत्पन्न नए पादप, मातृ पादप के समान (क्लोन) होते हैं अर्थात् इनमें विभिन्नताएँ नहीं होती हैं।

(iii) कायिक जनन द्वारा अनुपयोगी जंगली प्रजातियों को उपयोगी पादपों में परिवर्तित किया जा सकता है।

(iv) पादपों के वाँछित लक्षण पीढ़ी-दर-पीढ़ी बने रहते हैं। (2)

31. (a) (i) सौर भट्टी में अवतल दर्पण का उपयोग होता है। सौर भट्टी को एक बड़े अवतल दर्पण के सामने फोकस बिन्दु पर स्थापित किया जाता है।

(ii) यह अवतल दर्पण सूर्य की किरणों को सौर भट्टी पर फोकस करता है। इस प्रकार उच्च तापक्रम प्राप्त होता है। (1½)

(b) (i) न्यूनतम दूरी $4f$ होनी चाहिए अर्थात् जब बिम्ब को किसी एक वक्रता केन्द्र पर रखा जाता है, तो प्रतिबिम्ब दूसरे वक्रता केन्द्र पर बनता है।

(ii) उत्तल दर्पण द्वारा प्रतिबिम्ब छोटा, आभासी, सीधा बनेगा तथा ध्रुव P तथा फोकस F के बीच, दर्पण के पीछे बनेगा।

32. (a) सामान्य नेत्र के लिए स्पष्ट दृष्टि की न्यूनतम दूरी 25 सेमी होती है।

अतः व्यक्ति की अधिकतम समंजन क्षमता,

$P = \frac{100}{f} = \frac{100}{25} = 4$ डायोप्टर (1)

(b) निकट दृष्टि दोष को दूर करने के लिए अवतल लेन्स का प्रयोग करना चाहिए।

माना इस लेन्स की फोकस दूरी f है, जो 25 सेमी दूर रखी वस्तु का प्रतिबिम्ब 20 सेमी पर बना दें।

दिया है, प्रतिबिम्ब की दूरी, $v = -20$ सेमी

वस्तु की दूरी, $u = -25$ सेमी

लेन्स की फोकस दूरी, $f = ?$

लेन्स सूत्र $\frac{1}{f} = \frac{1}{v} - \frac{1}{u}$ से,

$$\frac{1}{f} = \frac{1}{(-20)} - \frac{1}{(-25)}$$

$$= \frac{1}{25} - \frac{1}{20} = \frac{4-5}{100} = \frac{-1}{100}$$

$\Rightarrow \quad f = -100$ सेमी

अतः पुस्तक पढ़ने के लिए 100 सेमी फोकस दूरी का अवतल लेन्स चश्में में प्रयुक्त करना चाहिए। (2)

33. (a) कम प्रदीप्त बल्ब का प्रतिरोध अधिक होगा, क्योंकि यह धारा को अधिक अवरोधित करेगा तथा नियत ताप व दाब पर चालक में उत्पन्न धारा i उसके सिरों के बीच आरोपित विभवान्तर के अनुक्रमानुपाती होती है। (1)

(b) $R_S = 9 + 9 = 18\,\Omega$

$$\frac{1}{R_{eq}} = \frac{1}{9} + \frac{1}{18} = \frac{3}{18}$$

$R_{eq} = 6\,\Omega$ (1)

(c) ओम के नियम से, $I = \frac{V}{R}$

जहाँ, $V = 20V$

तथा $R_{eq} = 6\,\Omega$ (प्राप्त)

$I = \frac{20}{6} = 3.3$ ऐम्पियर (1)

34. (a) कॉपर एवं ऐलुमिनियम धातु से बने हुए पात्र दिए गए विलयनों के रखने योग्य हैं। यह इन विलयनों की कॉपर एवं ऐलुमिनियम धातु के साथ अभिक्रिया तथा सक्रियता श्रेणी में इनकी क्रमागत स्थिति (Consecutive position) पर निर्भर करता है।

(i) कॉपर तथा ऐलुमिनियम धातु की दिए हुए विलयनों के साथ अभिक्रिया निम्न प्रकार है

कॉपर, तनु HCl से अभिक्रिया नहीं करता, अतः तनु HCl को कॉपर के पात्र में रखा जा सकता है।

ऐलुमिनियम तनु HCl से अभिक्रिया करता है और उसका लवण तथा हाइड्रोजन बनते हैं। अतः तनु HCl को ऐलुमिनियम नहीं रखा जा सकता है।

$2Al + 6HCl \longrightarrow 2AlCl_3 + 3H_2\uparrow$ (1½)

(ii) **तनु** HNO_3 अम्ल प्रबल ऑक्सीकरक है और कॉपर के पात्र से अभिक्रिया करता है। अतः नाइट्रिक अम्ल को कॉपर के पात्र में नहीं रखा जा सकता है।

ऐलुमिनियम तनु HNO_3 से उपचयित होकर Al_2O_3 की परत बनाता है, इसलिए पात्र में रखा जा सकता है। (1)

(iii) कॉपर, जिंक से कम सक्रिय है। अतः विस्थापन अभिक्रिया नहीं होती है। अतः पात्र में रखा जा सकता है।

ऐलुमिनियम जिंक से अधिक सक्रिय है। अतः जिंक ऐलुमिनियम को विलयन से विस्थापित कर सकता है। अतः पात्र में नहीं रखा जा सकता है।

$2Al + 3ZnCl_2 \longrightarrow 2AlCl_3 + 3Zn$ (1)

(iv) कॉपर, जल से अभिक्रिया नहीं करता है। अतः जल कॉपर के पात्र में रखा जा सकता है।

ऐलुमिनियम जल से अभिक्रिया नहीं करता है। अतः जल ऐलुमिनियम के पात्र में रखा जा सकता है।

$2Al(s) + 3H_2O(g) \longrightarrow Al_2O_3(g) + 3H_2(g)$ (1½)

अथवा

(b) (i)

- जिंक (Zn), सिल्वर (Ag) से अधिक क्रियाशील होने के कारण, Ag को $AgNO_3$ के विलयन से विस्थापित कर देगा
  $Zn(s) + 2AgNO_3(aq) \longrightarrow Zn(NO_3)_2(aq) + 2Ag(s)$
- मैग्नीशियम (Mg), आयरन (Fe) से अधिक सक्रिय होने के कारण, Fe को $FeCl_2$ विलयन से विस्थापित कर देगा।
- $Mg(s) + FeCl_2(aq) \longrightarrow MgCl_2(aq) + Fe(s)$
  कॉपर (Cu), मैग्नीशियम से कम सक्रिय धातु है, अतः कोई अभिक्रिया नहीं होगी
  $Cu(s) + MgSO_4(aq) \longrightarrow$ कोई अभिक्रिया नहीं। (3)

(ii) दिया गया तत्व X पोटैशियम (K) धातु है। यह मुलायम धातु है अतः इसे चाकू द्वारा काटा जा सकता है। यह जल से हल्की है, अतः जल पर तैर जाती है। अभिक्रिया के समय ऊष्मा निकलने के कारण यह पिघलने लगता है। (2)

35. (a) (i) रुधिर के प्लाज्मा में O_2 को वहन करने की क्षमता अत्यन्त कम होती है, क्योंकि जल में O_2 की घुलनशीलता कम होती है। अतः कशेरुकीय जन्तुओं के रुधिर में 97% O_2 के परिवहन हेतु लाल रुधिर कणिकाओं (RBCs) में एक विशेष श्वसन वर्णक (Pigment), **'हीमोग्लोबिन'** (Haemoglobin) पाया जाता है। यह एक लौह (Fe) युक्त प्रोटीन है। हालाँकि CO_2 प्लाज्मा में O_2 की अपेक्षा

20 गुना अधिक घुलनशील है। कार्बन डाइऑक्साइड (CO_2) RBC के जल में घुलकर बाइकार्बोनेट आयनों का निर्माण करती है। इस प्रकार लगभग 70% कार्बन डाइऑक्साइड का परिवहन किया जाता है। शेष 23% CO_2 हीमोग्लोबिन से संयुक्त होकर कार्बोक्सीहीमोग्लोबिन बनाती है तथा 7% CO_2 प्लाज्मा में घुलित रूप से परिवहित होती है। (3)

(ii) कूपिकाओं के गैसीय विनिमय हेतु दो अनुकूलन निम्न हैं

- ये असंख्य, सूक्ष्म, गुब्बारेनुमा एवं अधिक पृष्ठीय क्षेत्रफल युक्त होती है।
- ये एकस्तरीय चपटी कोशिकाओं द्वारा निर्मित भित्ति युक्त होती है, जिसमें रुधिर केशिकाओं का सघन जाल होता है। (2)

अथवा

(b) (i) पादपों के वायवीय भागों द्वारा जल के वाष्प बनकर उड़ने की क्रिया को **वाष्पोत्सर्जन** कहते हैं, जोकि प्रकाश की उपस्थिति में होती है और रंध्रों द्वारा नियंत्रित होती हैं। वासोत्सर्जन की दर विभिन्न बाह्य कारकों, जैसे-तापमान, वायु की गति, आर्द्रता, CO_2 की सान्द्रता, आदि द्वारा प्रभावित होती है।

वाष्पोत्सर्जन, जल के अवशोषण एवं जड़ से पत्तियों तक जल तथा उसमें विलेय खनिज लवणों के उपरिमुखी गति में सहायक है। जल के परिवहन में रात्रि के समय मूल दाब तथा दिन में रंध्रों के खुले होने पर वाष्पोत्सर्जनाकर्षण, जाइलम में जल की गति के लिए मुख्य प्रेरक बल है। यह अतिरिक्त जल को निकालता है एवं प्रकाश-संश्लेषण की क्रिया में ताप का नियमन करता है। (4)

(ii) जल के ऊपरिमुखी एकदिशीय प्रवाह में पादप में उपस्थित जाइलम सहायक होता है। (1)

36. (a) (i) तुल्य प्रतिरोध, $R = R_1 + R_2 + R_3$

$$= 1 + 2 + 3 = 6\Omega$$ (1½)

(ii) दिया है, $V = 6$ वोल्ट, $R = 6\Omega$

धारा, $I = \frac{V}{R} = \frac{6}{6} = 1$ ऐम्पियर (1½)

(iii) विभवान्तर, $V = 6$ वोल्ट; आवेश $Q = 1$ कूलॉम ऊर्जा अथवा कार्य $W = VQ = 6 \times 1 = 6$ जूल; अतः $V = 6$ वोल्ट बैटरी से गुजरने वाले प्रत्येक एक कूलॉम आवेश को 6 जूल ऊर्जा दी जाती है। (2)

अथवा

(b) (i) ज्ञात है, $R_1 = 2$ ओम, $R_2 = 4$ ओम, $R_3 = 4$ ओम प्रतिरोधों R_2 व R_3 के समान्तर संयोजन का तुल्य प्रतिरोध $= R_P$

$$\therefore \quad \frac{1}{R_P} = \frac{1}{4} + \frac{1}{4} = \frac{2}{4} = \frac{1}{2}$$

$R_P = 2$ ओम

अब R_1 तथा R_P के श्रेणीक्रम संयोजन का कुल प्रतिरोध $R_S = 2 + 2 = 4$ ओम श्रेणीक्रम संयोजन, अर्थात् R_1 तथा (R_2 व R_3 के समान्तर क्रम संयोजन) R_P से समान धारा बहती है, क्योंकि ओम के नियम $V = IR$ के अनुसार, 2 ओम (R_1) तथा समान्तर संयोजन (R_2 तथा R_3) के लिए I तथा R के मान समान हैं। अतः 2 ओम प्रतिरोध तथा समान्तर क्रम संयोजन के लिए विभवान्तर V का मान भी समान होगा। (3)

(ii) धारा, $I = \frac{V}{R} = \frac{6}{2} = 3$ ऐम्पियर (1)

(iii) श्रेणीक्रम संयोजन में,

$R_S = n \cdot R$

समान्तर क्रम संयोजन में,

$R_P = \frac{R}{n} \qquad \therefore \quad \frac{R_S}{R_P} = \frac{n\,R}{R/n} = n^2$] (1)

37. (a) नमूने B एवं D के लिए pH का मान समान होगा, क्योंकि जलीय KCl एक उदासीन विलयन है ($\therefore$ pH = 7) तथा D में आसुत जल (pH = 7) है। (1)

(b) 1M HCl में H^+ आयनों की अधिक सान्द्रता HCl के पूर्णतया वियोजित हो जाने के कारण होती है, जबकि CH_3COOH एक दुर्बल अम्ल है। अतः पूर्णतया वियोजित नहीं होता। (1)

(c) दन्तवल्क कैल्सियम फॉस्फेट [$Ca_3(PO_4)_2$] का बना होता है जब मुँह में pH का मान 5.5 से कम हो जाता है, तो दाँत का क्षय आरम्भ हो जाता है। भोजन करने के पश्चात् मुँह में उपस्थित बैक्टीरिया, बच गए खाद्य पदार्थों तथा शर्करा का निम्नीकरण करके अम्ल उत्पन्न करते हैं। (1)

दाँत के क्षय को रोकने का सर्वोत्तम तरीका है कि टूथपेस्ट के उपयोग द्वारा मुँह को स्वच्छ रखा जाए, क्योंकि यह सामान्यतया क्षारीय होता है तथा मुँह में निर्मित अतिरिक्त अम्ल को उदासीन कर देता है। (2)

अथवा

(c) (i) HCl में एक विस्थापन योग्य H^+ आयन है।

(ii) CH_3COOH में एक विस्थापन योग्य H^+ आयन है।

(iii) H_2SO_4 में दो विस्थापन योग्य H^+ आयन है।

(iv) H_3PO_4 में तीन विस्थापन योग्य H^+ आयन है। (2)

38. (a) हृदय स्पन्दन एवं आहारनाल में क्रमाकुंचन गति अनैच्छिक क्रियाओं के उदाहरण हैं। (1)

(b) मस्तिष्क एवं मेरुरज्जु। (1)

(c) (i) पश्च मस्तिष्क (अनुमस्तिष्क)

(ii) पश्च मस्तिष्क (अनुमस्तिष्क)

(iii) पश्च मस्तिष्क (मेड्यूला ऑब्लोंगेटा)

(iv) अग्र मस्तिष्क (प्रमस्तिष्क) (2)

अथवा

(c) अग्रमस्तिष्क (प्रमस्तिष्क) मानव मस्तिष्क का प्रमुख सोचने वाला भाग है। यह भाग सोचने के अतिरिक्त श्रवण, गंध, दृश्य, सूचना एवं स्मृति संग्रहण, ऐच्छिक गतियों, आदि से भी सम्बन्धित होता है। (2)

39. (a) (i) आदर्श परिनालिका के लिए बिन्दु A पर चुम्बकीय क्षेत्र की प्रबलता अधिकतम है।

(ii) बिन्दु B चुम्बकीय क्षेत्र पर शून्य अथवा न्यूनतम है, क्योंकि यहाँ चुम्बकीय बल रेखाएँ दूर-दूर स्थित हैं। बिन्दु C पर जहाँ चुम्बकीय बल रेखाओं का घनत्व बिन्दु A से कम तथा बिन्दु B से अधिक है। (1)

(b) चुम्बकीय क्षेत्र की प्रबलता का क्रम A, B तथा C बिन्दुओं पर $B_B < B_C < B_A$ है। (1)

(c) (i)

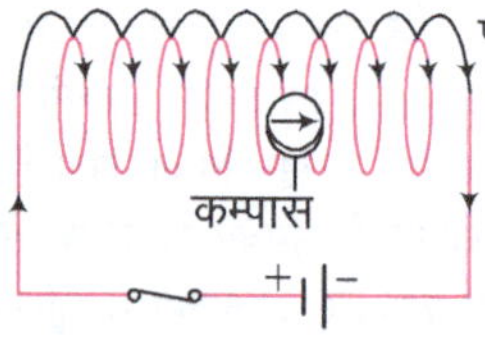

(ii) परिनालिका के अन्दर उत्पन्न चुम्बकीय क्षेत्र की दिशा, परिनालिका में प्रेरित दक्षिणी ध्रुव से उत्तरी ध्रुव की ओर होती है। (2)

अथवा

(c) किसी चुम्बकीय क्षेत्र की प्रबलता, चालक में प्रवाहित विद्युत धारा की मात्रा के अनुक्रमानुपाती होती है।

$$B \propto i$$

अत: विद्युत धारा की मात्रा बढ़ाने पर चुम्बकीय क्षेत्र की प्रबलता भी बढ़ जाती है तथा सुईं भी अधिक विक्षेपित होती है। (2)

SQP Code : **PB-10/15**

Series ***i*-Succeed 10-25/15**

अनुक्रमांक | | | | | | | | |

सैंपल प्रश्न-पत्र 10

विज्ञान कक्षा 10 (कोड 086)

सामान्य निर्देश

इस प्रश्न पत्र में पाँच खण्डों (क), (ख), (ग), (घ) और (ङ) में बाँटा गया है। प्रश्न-पत्र में 39 प्रश्न हैं। सभी प्रश्न अनिवार्य हैं।

1. प्रश्न में, 1 से 20 तक के सभी प्रश्न एक-एक अंक के हैं।
2. प्रश्न में, 21 से 26 अतिलघु उत्तरीय प्रश्न हैं, प्रत्येक के 2 अंक निर्धारित हैं। इन प्रश्नों के उत्तर 30 से 50 शब्दों के मध्य दिए जाने हैं।
3. प्रश्न में, 27 से 33 लघु उत्तरीय प्रश्न हैं, प्रत्येक के 3 अंक निर्धारित हैं। इन प्रश्नों के उत्तर 50 से 80 शब्दों के मध्य दिए जाने हैं।
4. प्रश्न में, 34 से 36 दीर्घ उत्तरीय प्रश्न हैं, प्रत्येक के 5 अंक निर्धारित हैं। इन प्रश्नों के उत्तर 80 से 120 शब्दों के मध्य दिए जाने हैं।
5. प्रश्न में, 4 अंको के उप-भागों के साथ 3 प्रश्न, स्रोत आधारित/केस आधारित दिए गए हैं। कोई समग्र विकल्प नहीं है। हालांकि, कुछ प्रश्नों में आंतरिक विकल्प दिए गए हैं, जिनमें केवल एक का उत्तर देना है।

समय : 3 घंटे

पूर्णांक : 80

खण्ड-क बहुविकल्पीय प्रश्न

1. निम्न में से कौन-सी रासायनिक अभिक्रिया होना सम्भव है?

(a) $MgSO_4 + Fe$ (b) $ZnSO_4 + Fe$

(c) $MgSO_4 + Pb$ (d) $CuSO_4 + Fe$

2. साबुन के अणु में होता है

(a) जलरागी शीर्ष तथा जलविरागी पूँछ

(b) जलविरागी शीर्ष तथा जलरागी पूँछ

(c) जलविरागी शीर्ष तथा जलविरागी पूँछ

(d) जलरागी शीर्ष तथा जलरागी पूँछ

3. यदि उत्पाद अधिक स्थायित्व रखते हैं, तो रासायनिक अभिक्रिया

(a) सम्पन्न होती है

(b) सम्पन्न नहीं होती है

(c) अत्यधिक तीव्र होती है

(d) निम्न गति से होती है

4. निम्नलिखित में से कौन-सा कथन पानी में घुले डिटर्जेंट के लिए सही है?

(a) हाइड्रॉक्साइड आयन (OH^-) का कम सान्द्रता और हाइड्रोनियम आयन की उच्च सान्द्रता (H_3O^+)

(b) हाइड्रॉक्साइड आयन (OH^-) की उच्च सान्द्रता और हाइड्रोनियम आयन (H_3O^+) की कम सान्द्रता

(c) हाइड्रॉक्साइड आयन (OH^-) के साथ-साथ हाइड्रोनियम आयन (H_3O^+) की उच्च सान्द्रता

(d) हाइड्रॉक्साइड आयन (OH^-) तथा हाइड्रोनियम आयन (H_3O^+) दोनों की समान मात्रा

5. कोई धातु ऑक्सीजन के साथ अभिक्रिया करके उच्च गलनांक वाला यौगिक निर्मित करती है। यह यौगिक जल में विलेय है। यह तत्व क्या हो सकता है?

(a) कैल्सियम (b) कार्बन

(c) सिलिकॉन (d) लोहा

6. चार विलयन P, Q, R और S के pH की तालिका निम्नलिखित है

विलयन	pH मान
P	2
Q	9
R	5
S	11

निम्नलिखित में से कौन-सा विकल्प हाइड्रोनियम आयन (H_3O^+) के बढ़ते हुए क्रम को निरूपित करता है?

(a) $P > Q > R > S$ (b) $P > S > Q > R$
(c) $S < Q < R < P$ (d) $S < P < Q < R$

7. विरंजक चूर्ण पर तनु सल्फ्यूरिक अम्ल की अभिक्रिया से गैस निकलती है

(a) H_2 (b) O_2 (c) Cl_2 (d) CO_2

8. निम्नलिखित कथनों को पढ़िए तथा सही विकल्प का चुनाव कीजिए।

A. वाष्पोत्सर्जन मुख्यतया पत्तियों की सतह व किनारों द्वारा होता है।

B. जल की कुछ मात्रा की हानि तने से होती है एवं इसे उपचर्मी वाष्पोत्सर्जन कहते हैं।

C. वाष्पोत्सर्जन, वाष्पीकरण की तुलना में धीमी प्रक्रिया है।

D. वाष्पोत्सर्जन रसारोहण को चलाता है, जो जल के ससंजन एवं आसंजन गुण और पृष्ठ तनाव पर निर्भर नहीं करता है।

सही विकल्प है।

(a) A तथा B
(b) A, B तथा C
(c) A, C तथा D
(d) A, B तथा D

SP-10

9. एक व्यक्ति एक ऐसे रोग से पीड़ित है, जिसमें पीयूष ग्रन्थि का सामान्य कार्य प्रभावित होता है। निम्न में से कौन-सा कारण प्रत्यक्ष रूप से प्रभावित होगा?

(a) आयोडीन की कमी
(b) अनियमित हृदय स्पन्दन
(c) शरीर की वृद्धि अपर्याप्त होना
(d) रुधिर शर्करा के नियमन में अक्षम्य होना

10. पुष्पित पादपों में लैंगिक अवस्था का सही क्रम है।

(a) युग्मक, युग्मनज, भ्रूण, बीज
(b) युग्मनज, युग्मक, भ्रूण, बीज
(c) बीज, भ्रूण, युग्मनज, युग्मक
(d) युग्मक, भ्रूण, युग्मनज, बीज

11. यदि एक गोल, पीले (RRYY) मटर के बीज के पौधों को पीले, झुर्रीदार पीले (rryy) मटर के बीज के पौधों के साथ संकरण कराया जाए, तो F_1-पीढ़ी में संतति उत्पन्न होते हैं

(a) गोल और पीले (b) गोल और हरे
(c) झुर्रीदार और हरे (d) झुर्रीदार और पीले

12. अलैंगिक जनन द्वारा संतति का निर्माण सरल होता है, क्योंकि

A. अलैंगिक प्रजनन में केवल एक जनक ही भाग लेता है।

B. अलैंगिक प्रजनन में युग्मकों (जनन कोशिकाओं) को शामिल नहीं करते हैं।

C. लैंगिक प्रजनन की तुलना में, अलैंगिक प्रजनन धीमा होता है।

D. लैंगिक प्रजनन की तुलना में, अलैंगिक प्रजनन जाति के स्थायित्व में अधिक योगदान देता है।

(a) A और B (b) A और C
(c) B और D (d) C और D

13. समतल दर्पण की फोकस दूरी है

(a) शून्य (b) अनन्त
(c) 25 सेमी (d) – 25 सेमी

14. किसी विद्युत धारावाही सीधी लम्बी परिनालिका के भीतर चुम्बकीय क्षेत्र

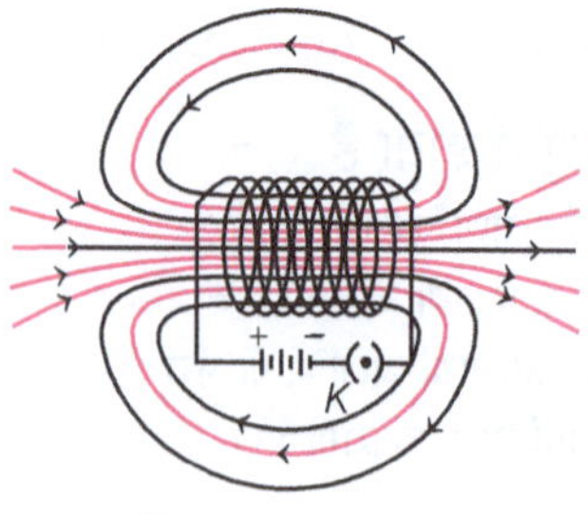

(a) शून्य होता है
(b) इसके सिरे की ओर जाने पर घटता है
(c) इसके सिरे की ओर जाने पर बढ़ता है
(d) सभी बिन्दुओं पर समान होता है

15. मॉन्ट्रियल प्रोटोकॉल सम्बन्धित है
(a) दृढ़ जैविक प्रदूषकों से
(b) ग्लोबल वार्मिंग तथा जलवायु परिवर्तन से
(c) उन तत्वों से, जो ओजोन परत का ह्रास करते हैं
(d) जीन परिवर्तित जीवों की जैव सुरक्षा से

16. प्लास्टिक की डिस्पोजेबल प्लेटें उपयोग नहीं करनी चाहिए क्योंकि ये
(a) हल्के वजन के पदार्थों से बनी होती हैं।
(b) जहरीले पदार्थों से बनी होती हैं।
(c) जैव-निम्नीकरण पदार्थों से बनी होती हैं।
(d) अजैव-निम्नीकरणीय पदार्थों से बनी होती हैं।

अभिकथन-कारण प्रकार के प्रश्न

निर्देश (प्र. सं. 17-20) इन प्रश्नों में **अभिकथन** (A) और **कारण** (R) दिए गए हैं। इन प्रश्नों के उत्तर नीचे दिए गए अनुसार उचित विकल्प को चुनकर दीजिए।
(a) A और R दोनों सही हैं तथा R द्वारा A की सही व्याख्या हो रही है।
(b) A और R दोनों सही हैं, परन्तु R द्वारा A की सही व्याख्या नहीं हो रही है।
(c) A सही है, परन्तु R गलत है।
(d) A गलत है, परन्तु R सही है।

17. **अभिकथन** (A) एथेनॉल का गलनांक और क्वथनांक सोडियम के गलनांक और क्वथनांक की अपेक्षा निम्न होता है।
कारण (R) आयनिक यौगिकों के अणुओं के बीच आकर्षण बल अत्यधिक प्रबल होते हैं।

18. **अभिकथन** (A) प्रतिवर्ती क्रिया स्वचालित होती है व तीव्र गति से उद्दीपन के प्रति अनुक्रिया करती है।
कारण (R) ये क्रियाएँ मस्तिष्क द्वारा नियन्त्रित होती हैं।

19. **अभिकथन** (A) प्रिज्म द्वारा बैंगनी रंग का अधिकतम तथा लाल रंग का न्यूनतम विचलन होता है।
कारण (R) प्रिज्म के पदार्थ का अपवर्तनांक लाल रंग के लिए अधिकतम तथा बैंगनी रंग के लिए न्यूनतम होता है।

20. **अभिकथन** (A) पारिस्थितिक तन्त्र के जैविक घटकों में सजीवों को सम्मिलित किया जाता है।
कारण (R) जैविक घटकों के अन्तर्गत प्रकाश, तापमान, जल, वायु व मृदा आते हैं।

खण्ड-ख अतिलघु उत्तरीय प्रश्न

21. संतृप्त हाइड्रोकार्बन नीली लौ के साथ जलते हैं, जबकि असंतृप्त हाइड्रोकार्बन धुएँ वाली लौ के साथ जलते हैं, क्यों?

22. मनुष्य के वृषण शरीर से बाहर क्यों स्थित होते हैं?

23. (a) एक चक्र के दौरान, मछली के हृदय में रुधिर कितनी बार जाता है एवं क्यों?

अथवा

(b) (i) मानव शरीर में से यूरिया कैसे निकाला जाता है?
(ii) उस तत्व का नाम बताइए, जो वृक्कीय धमनी में वृक्कीय शिरा की तुलना में अधिक सान्द्रता में एकत्रित होता है।

24. (a) जब श्वेत प्रकाश सल्फर के कोलाइडल मिश्रण से गुजरता है, तो निर्गत प्रकाश का रंग कैसा होगा? स्पष्ट कीजिए।
(b) टिण्डल प्रभाव क्या होता है?

25. (a) (i) एक अवतल दर्पण से बिम्ब बहुत अधिक दूरी पर स्थित है, तो प्रतिबिम्ब कहाँ बनेगा?
(ii) यदि आप अपने चेहरे का आवर्धित प्रतिबिम्ब देखना चाहते हैं, तो आप किस प्रकार का दर्पण उपयोग में लेंगे तथा आप अपने चेहरे को कहाँ रखेंगे?

अथवा

(b) (i) नीचे दिए गए चित्र के अनुसार प्रकाश किरण अपवर्तित होती है। *A* व *B* में से कौन-सा माध्यम प्रकाशिक रूप से सघन है? अपने उत्तर की पुष्टि कीजिए।

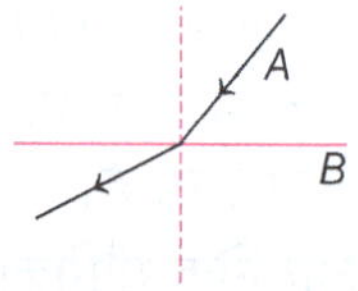

(ii) वायु, काँच तथा पानी के अपवर्तनांकों को घटते क्रम में व्यवस्थित कीजिए।

26. ओजोन परत पृथ्वी पर जीवन के लिए आवश्यक है, किन्तु प्रदूषण के कारण यह निरन्तर पतली हो रही है।

ओजोन परत के क्षीण होने का क्या कारण है? इसके क्षीण होने से उत्पन्न दो प्रभाव बताइए।

खण्ड-ग लघु उत्तरीय प्रश्न

27. दो विद्यार्थी A तथा B ने I और II अंकित बीकरों में रखे विलयनों का प्रारम्भिक रंग नोट किया और फिर इन विलयनों में जिंक की छड़ को 2 घण्टे रख कर बिना छेड़े प्रत्येक विलयन का रंग फिर नोट किया।

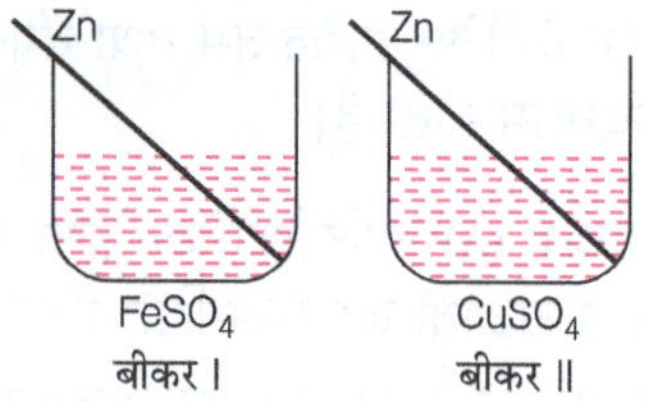

प्राप्त प्रेक्षणों के आधार पर

(a) बीकर I में रंग का परिवर्तन क्या होगा?

(b) बीकर II में रंग का परिवर्तन क्या होगा?

28. (a) निम्न की व्याख्या कीजिए।

(i) HNO_3 में डुबाने पर Al की क्रियाशीलता कम हो जाती है।

(ii) कार्बन, सोडियम या मैग्नीशियम धातु के ऑक्साइडों को अपचयित नहीं कर पाता।

(iii) NaCl ठोस अवस्था में विद्युत का कुचालक है, जबकि जलीय विलयन अथवा गलित अवस्था में यह विद्युत का चालन करता है।

अथवा

(b) धातु तथा अधातु में कोई मुख्य तीन अन्तर बताइए।

29. (a) पुष्प की अनुदैर्ध्य काट का नामांकित चित्र बनाइए।

(b) परागण क्रिया निषेचन से किस प्रकार भिन्न है?

30. निम्नलिखित संकरण पर ध्यान दीजिए और F_1 में स्व-परागण दर्शाते हुए, रिक्त स्थान की पूर्ति कीजिए।

जनक RRYY × rryy

(गोल पीला) (झुर्रीदार हरा)

F_1-सन्तति ?

(a) उपरोक्त प्रश्न में F_2-पीढ़ी में लक्षणों का क्या सम्मिश्रण होगा? अनुपात भी बताइए।

(b) F_2-पीढ़ी में लक्षणों के नए संयोजन के उत्पन्न होने का कारण बताइए।

31. (a) विद्युत परिपथ में 'फ्यूज' से आप क्या समझते हैं?

(b) नीचे दिए गए परिपथ के विषय में निम्न प्रश्नों के उत्तर दीजिए।

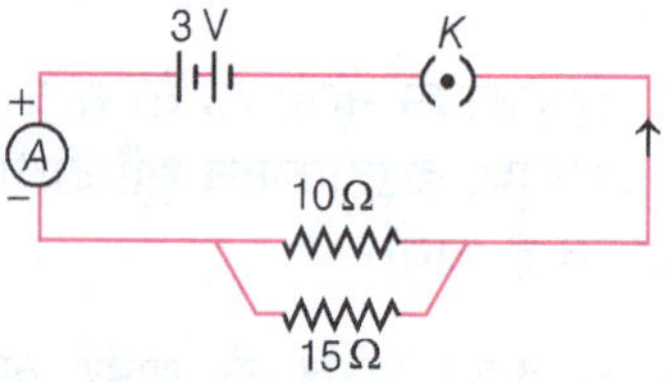

(i) दोनों प्रतिरोधों के संयोजन का क्रम बताइए।

(ii) कितनी धारा प्रवाहित हो रही है

1. 10 ओम तथा 2. 15 ओम, प्रतिरोध में?

32. (a) जब हम सूर्य के तीव्र प्रकाश से कम प्रकाश के कमरे में प्रवेश करते हैं, तो वस्तुओं को कमरे में देखने में थोड़ा समय लगता है। क्यों?

(b) एक व्यक्ति x दूरी तक स्पष्ट देख सकता है, लेकिन वह अपने से y दूरी पर स्थित बिम्ब को देखना चाहता है। उपयुक्त लेन्स की फोकस दूरी कितनी होनी चाहिए?

33. 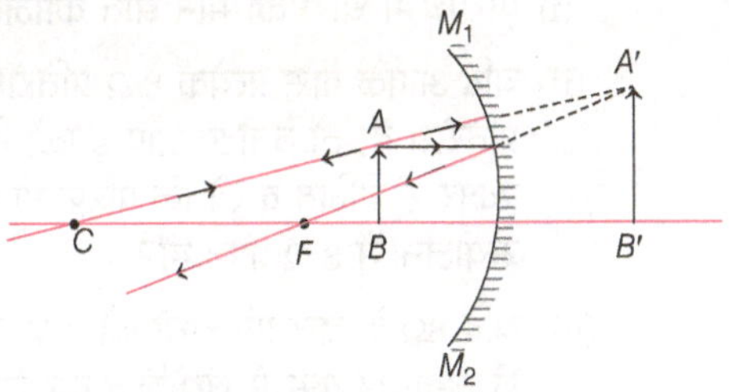

उपरोक्त चित्र में अवतल दर्पण द्वारा प्राप्त प्रतिबिम्ब की एक स्थिति को प्रदर्शित किया जाता है। निम्न प्रश्नों के उत्तर आरेख के आधार पर दीजिए।

(a) उपरोक्त चित्र में बने प्रतिबिम्ब की प्रकृति कैसी होगी?

(b) चित्र में बिम्ब दर्पण के सामने कहाँ रखा हुआ है?

(c) किसी अवतल दर्पण से किन दो बिन्दुओं पर बिम्ब को रखा जाए कि आवर्धन– 3 प्राप्त हो?

खण्ड-घ दीर्घ उत्तरीय प्रश्न

34. (a) (i) नीचे दिए गए रासायनिक समीकरणों को पूरा और सन्तुलित कीजिए।

I. $Al_2O_3 + HCl \longrightarrow$

II. $K_2O + H_2O \longrightarrow$

III. $Fe + H_2O \longrightarrow$

(ii) कोई तत्व X आयरन सल्फेट के जलीय विलयन से आयरन को विस्थापित कर देता है। अपने प्रेक्षणों की सूची बनाइए, यदि तत्व 'X' की अभिक्रिया कॉपर सल्फेट, जिंक सल्फेट तथा सिल्वर नाइट्रेट के जलीय विलयनों से कराई जाती है।

अपने प्रेक्षणों के आधार पर क्रियाशीलता के आरोही क्रम में X, Zn, Cu और Ag को व्यवस्थित कीजिए।

अथवा

(b) (i) निम्न अभिक्रियाओं के लिए सन्तुलित रासायनिक समीकरण लिखिए एवं प्रत्येक अभिक्रिया का प्रकार बताइए।

I. पोटैशियम ब्रोमाइड (aq) + बेरियम आयोडाइड $(aq) \longrightarrow$ पोटैशियम आयोडाइड (aq) + बेरियम ब्रोमाइड (s)

II. जिंक कार्बोनेट $(s) \longrightarrow$ जिंक ऑक्साइड (s) + कार्बन डाइऑक्साइड (g)

III. हाइड्रोजन (g) + क्लोरीन $(g) \longrightarrow$ हाइड्रोजन क्लोराइड (g)

(ii) ऑक्सीजन के योग या ह्रास के आधार पर निम्न पदों की व्याख्या कीजिए। प्रत्येक के लिए दो उदाहरण दीजिए।

I. उपचयन

II. अपचयन

35. (a) (i) दिए गए चित्र में मानव श्वसन के अंग दर्शाए गए हैं जिनमें फेफड़े मनुष्य के प्रमुख श्वसन अंग हैं, जो गैसीय विनिमय का कार्य करते हैं। गैसीय विनिमय में फेफड़ों की भूमिका संक्षिप्त में बताइए।

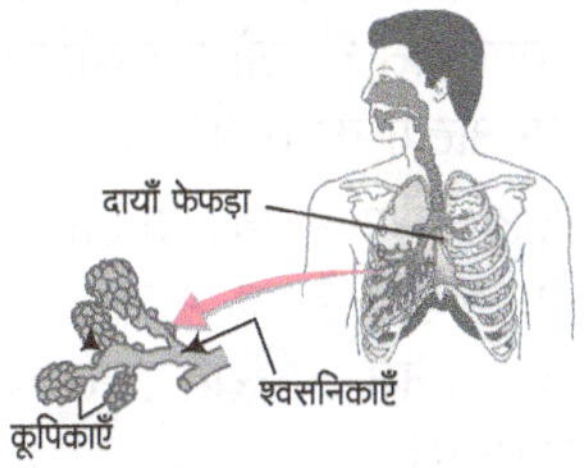

(ii) श्वसन वर्णक की श्वसन में क्या भूमिका होती है? एक उदाहरण दीजिए।

अथवा

(b) (i) वाष्पोत्सर्जन को परिभाषित कीजिए। इस प्रक्रिया को प्रदर्शित करने वाले प्रयोग को बताइए।

(ii) पादपों में वाष्पोत्सर्जन प्रक्रम की दो भूमिकाओं का उल्लेख कीजिए।

36. (a) नीचे दिए गए विद्युत परिपथ के अनुसार निम्न प्रश्नों की गणना कीजिए।

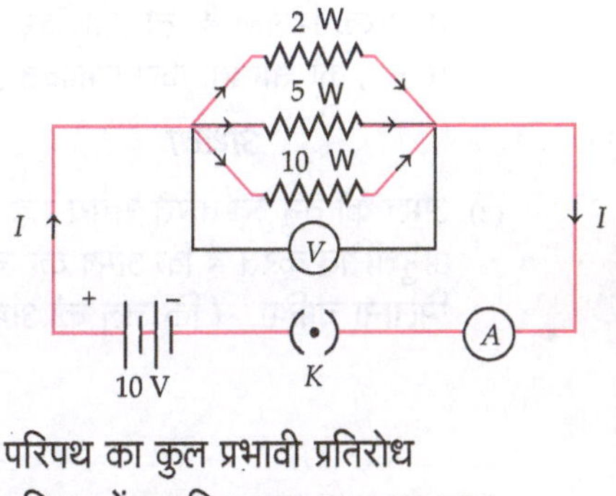

(i) परिपथ का कुल प्रभावी प्रतिरोध

(ii) परिपथ में प्रवाहित कुल धारा का मान

(iii) प्रत्येक प्रतिरोध से प्रवाहित धारा।

अथवा

(b) नीचे दिए गए परिपथ आरेख के अनुसार प्रश्नों के उत्तर दीजिए।

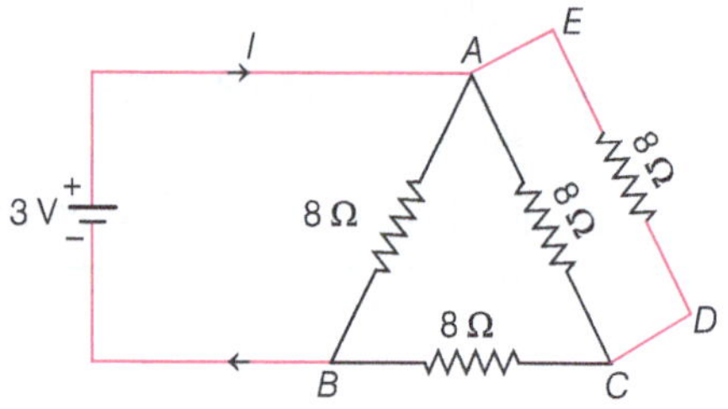

(i) परिपथ में धारा का मान ज्ञात कीजिए।

(ii) यदि आपके पास प्रत्येक 8 Ω प्रतिरोध के चार प्रतिरोध हैं, तो बताइए आप इनको किस प्रकार संयोजित करेंगे कि परिणामी प्रतिरोध संयोजन से 8 Ω प्राप्त हो?

(iii) यदि 8Ω के चार प्रतिरोधों को 4 V की बैटरी से समान्तर क्रम में संयोजित कर दिया जाए, तो प्रवाहित धारा का मान ज्ञात कीजिए।

खण्ड-ङ स्रोत आधारित/केस आधारित प्रश्न

37. सभी रासायनिक यौगिकों को उनके रासायनिक गुणों के आधार पर अम्ल, क्षारक और लवण में वर्गीकृत किया जा सकता है। इनमें कुछ विशिष्ट गुण होते हैं, जो इन यौगिकों को दूसरे यौगिक से अलग करते हैं।

जैसे-जन्तुओं तथा मनुष्यों के अधिकांश पाचक रसों में अम्ल होते हैं एवं भोजन का खट्टा या कड़वा स्वाद इनमें उपस्थित अम्ल या क्षारक के कारण होता है।

(a) एक जलीय विलयन लाल लिटमस पत्र को नीला कर देता है। किस प्रकार के विलयन को अधिक्य में मिलाने पर उपरोक्त परिवर्तन उल्टा हो जाएगा? (1)

(b) एक धातु (*M*) का ऑक्साइड, जल में विलेय है। नीले लिटमस पत्र को विलयन में डालने पर, यह कोई रंग परिवर्तन नहीं प्रदर्शित करता है। ऑक्साइड की प्रकृति की पहचान कीजिए। (1)

(c) जब सोडियम हाइड्रॉक्साइड विलयन में आधिक्य में क्षारक मिलाते हैं, तो हाइड्रॉक्साइड आयन (OH^-) की सान्द्रता कैसे प्रभावित होती है? (2)

अथवा

(c) अम्ल को तनुकृत करते समय यह क्यों अनुशंसित करते हैं कि अम्ल को जल में मिलाना चाहिए, न कि जल को अम्ल में? (2)

38. शरीर की क्रियाओं के नियन्त्रण व समन्वय के लिए जहाँ जन्तुओं में तन्त्रिका तन्त्र होता है। वहीं पादपों में तन्त्रिका तन्त्र व पेशियाँ दोनों ही अनुपस्थित होती हैं। पादप दो भिन्न-भिन्न प्रकार की गति दर्शाते हैं, जिनमें से एक वृद्धि पर आश्रित है, जबकि दूसरी वृद्धि से मुक्त है।

छुई-मुई के पौधे की गति वृद्धि से सम्बन्धित नहीं है। स्पर्श होने की सूचना पादप एक कोशिका से दूसरी कोशिका तक संचारित करने के लिए विद्युत-रसायन साधन का उपयोग करते हैं, परन्तु इनमें सूचनाओं के चालन के लिए कोई विशिष्ट ऊतक नहीं होता है।

(a) यदि किसी पौधे लगे गमले को क्षैतिज दिशा में रखा जाए, तो कुछ दिनों बाद जड़ व तने की स्थिति क्या होगी? (1)

(b) रसायनानुवर्तन की परिभाषा लिखिए। (1)

(c) पादप एवं जन्तुओं की गतियों में अन्तर बताइए। (2)

अथवा

(c) छुई-मुई पादप की पत्तियों की गति, प्रकाश की ओर प्ररोह की गति से किस प्रकार भिन्न है? (2)

39.

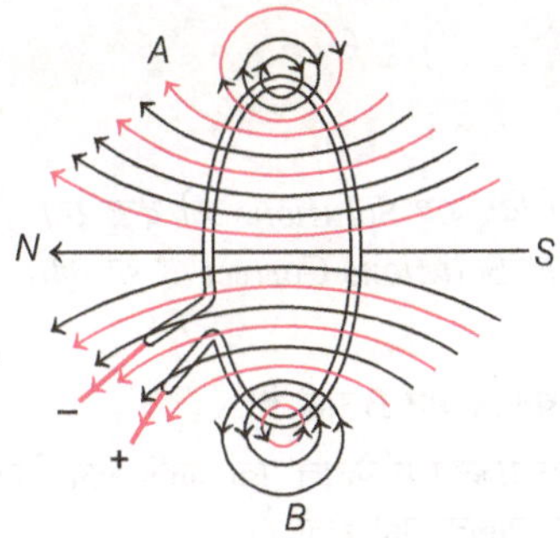

उपरोक्त आरेख में विद्युत धारावाही वृत्ताकार पाश के कारण उत्पन्न चुम्बकीय बल रेखाओं को दर्शाया गया है जो वृत्ताकार पाश के प्रत्येक बिन्दु पर बने चुम्बकीय क्षेत्र को प्रदर्शित करते हैं।

दिए गए आरेख के आधार पर निम्नलिखित प्रश्नों के उत्तर दीजिए।

(a) यदि इस वृत्ताकार लूप को तार A B के ऊपर रख दिया जाए, तो लूप में प्रेरित धारा की दिशा निम्न स्थितियों में क्या होगी?

(i) नियत है अर्थात् परिवर्तित नहीं होती।

(ii) जब धारा का मान बढ़ रहा है। (1)

(b) चुम्बकीय क्षेत्र को किस प्रकार बढ़ाया जा सकता है? (1)

(c) यदि दो वृत्ताकार कुण्डली C तथा D एक-दूसरे के निकट हैं यदि कुण्डली C में विद्युत धारा में कोई परिवर्तन करें, तो क्या कुण्डली B में कोई विद्युत धारा प्रवाहित होगी? (2)

अथवा

(c) किसी बिन्दु पर वृत्ताकार धारावाही पाश के कारण उत्पन्न चुम्बकीय क्षेत्र किन बातों पर निर्भर करता है? (2)

हल सहित उत्तर in Topper's Style

मेरी प्रतिबद्धता मैं विश्वास दिलाता हूँ कि पूरा पेपर अपने आप करने के बाद ही मैं यहाँ दिए गए Solutions को देख रहा हूँ। इन Solutions को देखने का मेरा उद्देश्य यह Check करना है कि मेरे द्वारा किये गए Solutions Correct हैं या नहीं।

1. (d) $CuSO_4$ + Fe, क्योंकि Fe कॉपर से अधिक सक्रिय है।

विकल्प (a) तथा (b) में Fe क्रमश: Mg तथा Zn से कम सक्रिय है, जबकि विकल्प (c) में Pb, Mg की अपेक्षा कम सक्रिय है। अत: (a), (b) तथा (c) अभिक्रियाएँ नहीं होंगी। (1)

2. (a) साबुन का अणु दो सिरे वाला होता है—जलरागी (आयनिक भाग) तथा जलविरागी (हाइड्रोकार्बन भाग)। जब साबुन जल की सतह पर होता है, तब इसके अणु अपने को इस प्रकार व्यवस्थित कर लेते हैं कि इसका आयनिक भाग जल के अन्दर होता है और हाइड्रोकार्बन भाग जल के बाहर होता है। (1)

3. (a) यदि उत्पाद अधिक स्थायित्व रखते हैं, तो रासायनिक अभिक्रिया सम्पन्न होती है एवं कम स्थायित्व वाले उत्पादों की स्थिति में रासायनिक अभिक्रिया सम्पन्न नहीं होती है। (1)

4. (b) लगभग सभी डिटर्जेंटों में NaOH होता है, जो क्षारीय प्रकृति का होता है और पानी में OH^- आयन देता है। जब वे पानी में घुलते हैं, तो हाइड्रॉक्साइड आयन ($\overset{\circ}{O}H^-$) की सान्द्रता बढ़ जाती है और हाइड्रोनियम आयन (H_3O^+) की सान्द्रता कम हो जाती है। (1)

5. (a) $\underset{\text{कैल्सियम}}{2Ca} + O_2 \longrightarrow \underset{\text{उच्च गलनांक युक्त}}{2CaO} \xrightarrow{+H_2O} \underset{\text{कैल्सियम हाइड्रॉक्साइड}}{2Ca(OH)_2}$ (1)

6. (c) विलयन का pH मान हाइड्रोनियम आयन की सान्द्रता पर निर्भर करता है। pH मान कम होने का अर्थ है कि हाइड्रोनियम की सान्द्रता का बढ़ता क्रम $S < Q < R < P$ $(11 < 9 < 5 < 2)$ होगा। (1)

7. (c) विरंजक चूर्ण की अभिक्रिया तनु अम्लों जैसे-सल्फ्यूरिक अम्ल (H_2SO_4), हाइड्रोक्लोरिक अम्ल (HCl), आदि से कराने पर क्लोरीन गैस (Cl_2) उत्सर्जित होती है, जिसे प्राप्य क्लोरीन भी कहते हैं।

$$\underset{\text{विरंजक चूर्ण}}{CaOCl_2} + \underset{\text{सल्फ्यूरिक अम्ल}}{H_2SO_4} \longrightarrow CaSO_4 + H_2O + \underset{\text{प्राप्य क्लोरीन}}{Cl_2\uparrow}$$

(1)

8. (b) कथन A, B और C सही हैं। गलत कथन की सही व्याख्या इस प्रकार है

जाइलम ऊतकों में रसारोहण ससंजन एवं आसंजन गुणों द्वारा, पृष्ठ तनाव एवं वाष्पोत्सर्जन से प्रभावित होता है। (1)

9. (c) पीयूष ग्रन्थि का कार्य प्रभावित होने से वृद्धि हॉर्मोन की कमी के कारण व्यक्ति के शरीर की वृद्धि अपर्याप्त होती है। (1)

10. (a) सभी पुष्पित पादपों में, लैंगिक अवस्था का सही क्रम युग्मक, युग्मनज, भ्रूण एवं बीज है। (1)

11. (a) RRYY और rryy बीजों के बीच संकरण कराने पर F_1- पीढ़ी में गोल और पीले (RrYy) बीज प्राप्त होते हैं, क्योंकि गोल और पीला प्रभावी लक्षण है। (1)

12. (a) कथन A और B सही हैं।

अलैंगिक प्रजनन में केवल एक जनक भाग लेता है। इसमें युग्मकों की आवश्यकता नहीं होती हैं। (1)

13. (b) समतल दर्पण की फोकस दूरी अनन्त होती है। (1)

14. (d) सभी बिन्दुओं पर समान होता है। (1)

15. (c) 16 सितम्बर, 1987 को अपनाया गया मॉन्ट्रियल प्रोटोकॉल ओजोन परत को नुकसान पहुँचाने वाले तत्वों के प्रतिबन्ध से सम्बन्धित है। (1)

16. (d) प्लास्टिक की डिस्पोजेबल प्लेटें अजैव-निम्नीकरणीय पदार्थों से बनी होती हैं। इसलिए इन्हें सूक्ष्मजीव विघटित नहीं कर सकते हैं एवं ये पर्यावरण प्रदूषण उत्पन्न करती हैं। (1)

17. (c) एथेनॉल का गलनांक और क्वथनांक सोडियम के गलनांक और क्वथनांक की अपेक्षा निम्न होता है, क्योंकि एथेनॉल सहसंयोजक तथा सोडियम क्लोराइड आयनिक यौगिक है। अत: अभिकथन (A) सही है, परन्तु कारण (R) गलत है।

18. (c) प्रतिवर्ती क्रिया स्वचालित होती है व तीव्र गति से उद्दीपन के प्रति अनुक्रिया करती है, परन्तु ये क्रियाएँ मेरुरज्जु द्वारा नियन्त्रित होती हैं, मस्तिष्क द्वारा नहीं। अत: अभिकथन (A) सही है, परन्तु कारण (R) गलत है। (1)

19. (a) प्रिज्म द्वारा बैंगनी रंग का अधिकतम तथा लाल रंग का न्यूनतम विचलन होता है, क्योंकि प्रिज्म के पदार्थ का अपवर्तनांक लाल रंग के लिए अधिकतम तथा बैंगनी रंग के लिए न्यूनतम होता है। अत: अभिकथन (A) तथा कारण (R) दोनों सहीं हैं तथा कारण (R) द्वारा अभिकथन (A) की सही व्याख्या हो रही है। (1)

20. (c) प्रकाश, तापमान, जल, वायु व मृदा पारितन्त्र के अजैविक घटक होते हैं, अत: अभिकथन (A) सही है, परन्तु कारण (R) गलत है। (1)

21. संतृप्त हाइड्रोकार्बन में कार्बन की प्रतिशतता अपेक्षाकृत निम्न होती है, जो वायु में उपस्थित ऑक्सीजन द्वारा पूर्ण रूप से अपचयित होकर CO_2 बनाते हैं। (1)

असंतृप्त हाइड्रोकार्बन में कार्बन की प्रतिशतता अपेक्षाकृत काफी अधिक होती है, जो वायु की ऑक्सीजन में पूर्ण रूप में अपचयित नहीं हो पाती। इस स्थिति में असंतृप्त हाइड्रोकार्बन का अपूर्ण दहन थोड़े से कार्बन कणों को उत्पन्न करता है, जिससे धुएँ की पीली लौ उत्पन्न होती है। (1)

22. मनुष्य के वृषण शरीर से बाहर वृषण कोष में स्थित होने से इनका ताप शरीर से लगभग 2-2.5°C कम बना रहता है। इससे शुक्राणु निर्माण में सहायता मिलती है, क्योंकि अधिक ताप के कारण शुक्राणुओं का परिपक्वन उदरगुहा में नहीं हो सकता है। (2)

23. (a) मछलियों में द्विकोष्ठकीय हृदय एवं एकल परिसंचरण तन्त्र पाया जाता है, क्योंकि इनमें विऑक्सीजनित रुधिर अलिन्द से निलय, निलय से गिल्स में तथा गिल्स से ऑक्सीकृत होकर सम्पूर्ण शरीर में प्रवाहित होता है। अत: यहाँ एक चक्र में हृदय केवल एक ही बार रुधिर प्रवाहित होता है। (2)

अथवा

(b) (i) यूरिया वृक्क के ग्लोमेरुलस में परानिस्यन्दन द्वारा रुधिर में से निकाला जाता है तथा मूत्र के रूप में उत्सर्जित कर दिया जाता है। (1)

(ii) यूरिया की सान्द्रता वृक्कीय धमनी में वृक्कीय शिरा की तुलना में अधिक होती है। (1)

24. (a) निर्गत प्रकाश की किरण का रंग पीला-लाल या चमकीला क्रीम रंग होगा, क्योंकि सल्फर के कोलाइडल कणों द्वारा निम्न तरंगदैर्ध्य की तरंगों का प्रकीर्णन हो जाता है। अत: निर्गत प्रकाश की तरंगदैर्ध्य का मान उच्च होता है। (1)

(b) **टिण्डल प्रभाव** कोलाइडी कणों द्वारा प्रकाश के प्रकीर्णन की परिघटना टिण्डल प्रभाव कहलाती है।

जैसे-धुएँ से भरे किसी कमरे में किसी सूक्ष्म छिद्र से कोई पतले प्रकाश किरण पुँज का प्रवेश करना। (1)

25. (a) (i) प्रतिबिम्ब दर्पण के फोकस बिन्दु पर बनेगा। (1)

(ii) अवतल दर्पण का उपयोग होगा तथा चेहरा, दर्पण के ध्रुव तथा फोकस के मध्य स्थित होना चाहिए। (1)

अथवा

(b) (i) अपवर्तित किरण अभिलम्ब से दूर मुड़ती है। अत: माध्यम A प्रकाशिक रूप से माध्यम B से सघन है। (1)

(ii) अपवर्तनांक का घटता क्रम निम्न प्रकार होगा

काँच (1.5) > पानी (1.33) > वायु (1.0003) (1)

26. (a) **ओजोन परत के क्षरण के कारण**

(i) ऐयरोसॉल प्रणोदकों में फ्लोरोकार्बन का उपयोग।

(ii) प्रशीतलकों में क्लोरोफ्लोरोकार्बन का प्रयोग। (1)

(b) **ओजोन परत के अपक्षय का प्रभाव**

(i) पराबैंगनी किरणें ओजोन परत के क्षयित क्षेत्र से होकर जीवमण्डल में प्रवेश करती हैं एवं जीवों के DNA को प्रभावित कर उनमें उत्परिवर्तन उत्पन्न करती हैं।

(ii) पराबैंगनी किरणें मनुष्यों में त्वचा कैंसर का कारण बनती हैं। (1)

27. (a) $\underset{\text{(हल्का हरा)}}{Zn + FeSO_4} \longrightarrow \underset{\text{(रंगहीन)}}{ZnSO_4} + Fe$

बीकर I में प्रारम्भिक रंग हल्का हरा होता है जिंक की छड़ दो घण्टे रखने के पश्चात् विलयन रंगहीन हो जाता है। (1½)

(b) $\underset{\text{(नीला)}}{Zn + CuSO_4} \longrightarrow \underset{\text{(रंगहीन)}}{ZnSO_4} + Cu$

बीकर II में विलयन का प्रारम्भिक रंग नीला होता है जिंक की छड़ को दो घण्टे रखने के पश्चात् विलयन रंगहीन हो जाता है। (1½)

28. (a) (i) ऐलुमिनियम धातु को HNO_3 में डुबाने पर इसके द्वारा धातु की सतह पर Al_2O_3 की एक महीन मजबूत परत जमा हो जाती है, जो अक्रिय होती है, जिससे ऐलुमिनियम धातु का संक्षारण रूक जाता है। HNO_3 में अपचायक का गुण होता है। (1)

(ii) Na तथा Mg की ऑक्सीजन के प्रति बन्धुता, कार्बन की ऑक्सीजन के प्रति बन्धुता (Affinity) की अपेक्षा कहीं अधिक होती है। अत: Na तथा Mg के ऑक्साइड कार्बन के द्वारा अपचयित नहीं होते हैं। (1)

(iii) जलीय विलयन या गलित अवस्था में NaCl, आयन उत्पन्न करता है, जो विद्युत का चालन करते हैं। परन्तु ठोस NaCl में आयन मुक्त अवस्था में नहीं होते, अत: यह विद्युत का चालन नहीं करता। (1)

अथवा

(b)

अन्तर का आधार	धातु	अधातु
विद्युत एवं ऊष्मीय सुचालकता	धातुएँ विद्युत एवं ऊष्मीय चालकता प्रदर्शित करती हैं।	अधातुएँ विद्युत एवं ऊष्मीय कुचालक होती हैं। (अपवाद—ग्रेफाइट तथा कार्बन गैस)
आघातवर्धनीयता एवं भंगुरता	ये आघातवर्धनीय होती हैं अर्थात् हथौड़े से चोट करने पर ये चादर में परिवर्तित हो जाती हैं, अत: ये भंगुर नहीं होती हैं।	ये आघातवर्धनीय नहीं होती हैं अर्थात् हथौड़े से चोट करने पर ये भंगुर होने के कारण टूट जाती हैं।
ऑक्सीजन से क्रिया	धातुएँ वायु में उपस्थित ऑक्सीजन से क्रिया करके ऑक्साइड निर्मित करती हैं, जिनकी प्रकृति क्षारीय होती है।	अधातुएँ ऑक्सीजन से क्रिया करके अम्लीय ऑक्साइड निर्मित करती हैं।

(3)

29. (a) पुष्प की अनुदैर्ध्य काट का नामांकित चित्र निम्न है

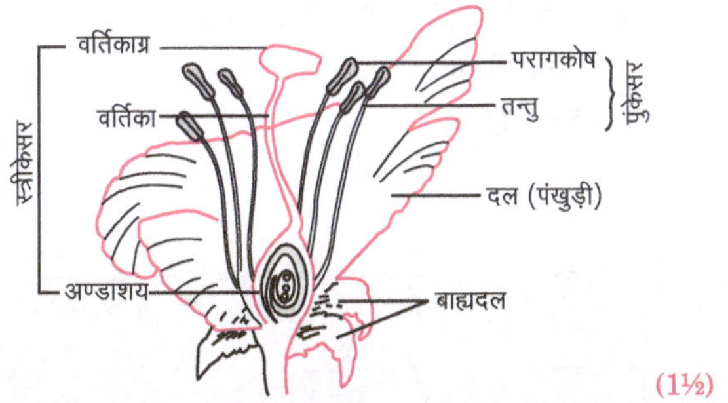

(1½)

(b)

परागण	निषेचन
परागण के अन्तर्गत, पराग कणों का पुष्प के पुंकेसर से वर्तिकाग्र, पर स्थानान्तरण होता है, जो वायु, जल व प्राणियों द्वारा होता है।	निषेचन में अगुणित नर युग्मक, अगुणित मादा युग्मक से संलयित होता है, जिसके द्वारा द्विगुणित युग्मनज भ्रूण निर्माण होता है।

(1½)

30. **जनक** RRYY × rryy
(गोल पीला) (झुर्रीदार हरा)

F_1**-सन्तति** RrYy
(गोल पीला) (विषमयुग्मजी)

(a) F_2-पीढ़ी में लक्षणों का संयोग होगा → गोल पीला = 9, गोल हरा = 3, झुर्रीदार पीला = 3, झुर्रीदार हरा = 1
अतः लक्षणप्रारूप अनुपात 9 : 3 : 3 : 1 होता है। (1)

(b) मेण्डल के स्वतन्त्र अपव्यूहन नियम के अनुसार, जब दो या दो से अधिक असम्बन्धित प्रभावी लक्षणों वाले पादपों के मध्य संकरण कराया जाता है, तो उनके जीन युग्म के कारकों का पृथक्करण एवं अपव्यूहन स्वतन्त्र रूप से होता है। इसी कारण F_1-पीढ़ी के पादपों (RrYy) में स्व-परागण करवाने पर दो पैतृक किन्तु दो नए संयोजन प्राप्त होते हैं। (2)

31. (a) किसी विद्युत परिपथ में 'फ्यूज' श्रेणीक्रम में लगा वह अवयव है, जो धारा का मान अधिक होते ही पिघल जाता है अथवा परिपथ लघुपथित होते ही जल जाता है। 'फ्यूज' किसी विद्युत युक्ति अथवा घरों में बिजली की लाइनों को सुरक्षित रखता है। (1)

(b) (i) दोनों प्रतिरोध समान्तर क्रम में संयोजित हैं।

(ii) I. 10 ओम प्रतिरोध में धारा, $I_1 = \dfrac{V}{R_1}$

$$= \frac{3}{10} = 0.3 \text{ ऐम्पियर}$$

II. 15 ओम प्रतिरोध में धारा, $I_2 = \dfrac{V}{R_2}$

$$= \frac{3}{15} = 0.2 \text{ ऐम्पियर}$$ (2)

32. (a) तीव्र प्रकाश में नेत्र की पुतली सिकुड़कर छोटी हो जाती है कम प्रकाश वाले कमरे की वस्तुओं को देखने के लिए नेत्र की पुतली का अधिक खुलकर बड़ा होना आवश्यक है। पुतली सिकुड़कर छोटी हो जाने का कारण है कि तीव्र प्रकाश से कम प्रकाश वाले कमरे में जाने पर वहाँ उपस्थित वस्तुओं को देखने में थोड़ा समय लग जाता है। (1)

(b) दिया है, प्रतिबिम्ब की दूरी, $v = -x$
बिम्ब की दूरी, $u = -y$
लेन्स सूत्र से,

$$\frac{1}{f} = \frac{1}{v} - \frac{1}{u}$$

$$\Rightarrow \quad \frac{1}{f} = \frac{1}{-x} - \frac{1}{(-y)} = \frac{1}{y} - \frac{1}{x} = \frac{x-y}{xy}$$

$$\Rightarrow \quad f = \frac{xy}{x-y}$$ (2)

33. (a) प्रतिबिम्ब की प्रकृति आभासी, सीधा तथा आवर्धित होगा। (1)

(b) बिम्ब दर्पण के सामने फोकस तथा ध्रुव के मध्य स्थित है। (1)

(c) आवर्धन $m = -3$ के लिए प्रतिबिम्ब वास्तविक, उल्टा तथा आवर्धित होता है। बिम्ब को F व C के मध्य रखा जाना चाहिए। (1)

34. (a) (i) I. इसकी अभिक्रिया निम्न प्रकार की होगी

$$Al_2O_3 + 6HCl \longrightarrow 2AlCl_3 + 3H_2O$$

II. इसकी अभिक्रिया निम्न प्रकार की होगी

$$K_2O + H_2O \longrightarrow 2KOH$$

III. इसकी अभिक्रिया निम्न प्रकार की होगी

$$3Fe + 3H_2O \longrightarrow Fe_3O_4 + 3H_2$$ (2)

(ii) तत्व Mg (मैग्नीशियम) आयरन सल्फेट के जलीय विलयन से आयरन को विस्थापित कर देता है।

$$Mg + ZnSO_4 \longrightarrow Zn + MgSO_4$$

X तत्व = Mg (मैग्नीशियम)

$$\underset{[X]}{Mg} + \underset{\text{जिंक सल्फेट}}{ZnSO_4} \longrightarrow Zn + MgSO_4$$

$$\underset{[X]}{Mg} + \underset{\text{कॉपर सल्फेट}}{CuSO_4} \longrightarrow Cu + MgSO_4$$

$$\underset{[X]}{Mg} + \underset{\text{सिल्वर नाइट्रेट}}{AgNO_3} \longrightarrow Mg(NO_3)_2 + 2Ag$$

इन तत्वों की अभिक्रियाशीलता का क्रम ⇒ Mg > Al > Zn > Cu > Ag है। (3)

अथवा

(b) (i) I. $2KBr\,(aq) + BaI_2(aq) \longrightarrow 2KI\,(aq) + BaBr_2(s)$
इस प्रकार की अभिक्रिया द्विविस्थापन अभिक्रिया होगी। (1)

II. $ZnCO_3\,(s) \longrightarrow ZnO\,(s) + CO_2(g)$
इस प्रकार की अभिक्रिया विघटन अभिक्रिया होगी। (1)

III. $H_2(g) + Cl_2\,(g) \longrightarrow 2HCl(g)$
इस प्रकार की अभिक्रिया संयोजन अभिक्रिया होगी। (1)

(ii) I. **उपचयन** वह अभिक्रिया, जिसमें किसी पदार्थ में ऑक्सीजन का संयोग होता है, उपचयन या ऑक्सीकरण कहलाती है।

उदाहरण—

1. $4Na + O_2 \longrightarrow 2Na_2O$
2. $2CO + O_2 \longrightarrow 2CO_2$ (1)

II. **अपचयन** वह अभिक्रिया, जिसमें किसी पदार्थ से ऑक्सीजन का ह्रास होता है, अपचयन कहलाती है।

उदाहरण—

1. $CuO + H_2 \longrightarrow Cu + H_2O$
2. $ZnO + C \longrightarrow Zn + CO$ (1)

35. (a) (i) फेफड़े के अन्दर वायु मार्ग छोटी-छोटी नलिकाओं में विभाजित हो जाता है, जो अन्त में गुब्बारे जैसी रचना में समाप्त हो जाता है, जिसे कूपिका या वायुकोष कहते हैं। कूपिकाओं की भित्ति में रुधिर कोशिकाओं का विस्तृत जाल पाया जाता है। यहाँ सामान्य विसरण (Diffusion) द्वारा गैसीय विनिमय होता है। वायुकोषों में उपस्थित वायु से ऑक्सीजन रुधिर केशिकाओं में तथा रुधिर केशिकाओं

से कार्बन डाइऑक्साइड वायुकोषों में विसरित हो जाती है। (2)

(ii) जटिल बहुकोशिकीय जन्तुओं के शरीर में केवल विसरण द्वारा ऑक्सीजन का परिवहन सम्भव नहीं है। अत: O_2 के तीव्र परिवहन हेतु श्वसन वर्णक प्रयुक्त होते हैं। उदाहरण के लिए, मानव में श्वसन वर्णक हीमोग्लोबिन पाया जाता है।

यह एक जटिल प्रोटीन है। इसका निर्माण लौहयुक्त वर्णक हीम तथा ग्लोबिन प्रोटीन से होता है। यह लाल रुधिराणुओं (RBCs) में पाया जाता है। हीमोग्लोबिन ऑक्सीजन से मिलकर अस्थायी यौगिक **ऑक्सीहीमोग्लोबिन** (Oxyhaemoglobin) बनाता है। कोशिकाओं तथा ऊतकों में पहुँचकर ऑक्सीहीमोग्लोबिन विखण्डित होकर ऑक्सीजन को मुक्त कर देता है और पुन: अपने वास्तविक रूप में आ जाता है। इस प्रकार यह प्रक्रिया निरन्तर चलती रहती है। (3)

अथवा

(b) (i) पौधों के वायवीय भागों से जल के वाष्प के रूप में उड़ने की क्रिया को वाष्पोत्सर्जन कहते हैं। वाष्पोत्सर्जन की प्रक्रिया प्रकाश की उपस्थिति में रन्ध्रों की सहायता से होती है।

वाष्पोत्सर्जन के प्रदर्शन के लिए काँच का बेलजार, एक गमले में लगा स्वस्थ पौधा, वैसलीन, काँच की एक बड़ी प्लेट तथा पॉलिथीन की एक शीट लेते हैं।

इस प्रयोग में सर्वप्रथम गमले में पानी डालकर पौधे को अच्छी तरह से सींच लेंगे। तत्पश्चात् गमले व उसकी मिट्टी को पॉलिथीन शीट की सहायता से अच्छी तरह से ढक देते हैं।

अब गमले को काँच की प्लेट पर रखकर उसको बेलजार से ढक दिया जाता है। बेलजार के मुख पर वैसलीन लगाकर काँच की प्लेट पर इस प्रकार रखें कि उसके भीतर वायु प्रवेश न करे सके अर्थात् वह वायुरुद्ध हो जाए। तत्पश्चात् इस उपकरण को धूप में रख दिया जाता है।

दो घण्टे पश्चात् धूप में रखे उपकरण को देखकर पता चलता है कि बेलजार के भीतर जल की बूँदें एकत्र हो गई हैं। उपर्युक्त प्रयोग से सिद्ध होता है कि पौधे की पत्तियाँ तथा अन्य वायवीय भागों से जल का वाष्पोत्सर्जन होता है। (4)

(ii) वाष्पोत्सर्जन ताप नियमन एवं जड़ से जल तथा उसमें घुले खनिज लवणों के अवशोषण और पत्तियों तक ऊपर की ओर उसकी गति में सहायता करता है। (1)

36. (a) दिया है, $R_1 = 2$ ओम, $R_2 = 5$ ओम

$R_3 = 10$ ओम, $V = 10$ वोल्ट

(i) प्रतिरोध का संयोजन समान्तर क्रम में है, जिसका प्रभावी प्रतिरोध

$$\frac{1}{R_{\text{प्रभावी}}} = \frac{1}{R_1} + \frac{1}{R_2} + \frac{1}{R_3}$$

$$= \frac{1}{2} + \frac{1}{5} + \frac{1}{10}$$

$$= \frac{5+2+1}{10} = \frac{8}{10}$$

$$\Rightarrow R_{\text{प्रभावी}} = \frac{10}{8} = 1.25\,\Omega$$ (2)

(ii) परिपथ में कुल धारा,

$$I = \frac{V}{R} = \frac{10}{1.25} = 8 \text{ ऐम्पियर}$$ (1)

(iii) प्रत्येक प्रतिरोध से प्रवाहित धारा

$$I_1 = \frac{V}{R_1} = \frac{10}{2} = 5 \text{ ऐम्पियर}$$

$$I_2 = \frac{V}{R_2} = \frac{10}{5} = 2 \text{ ऐम्पियर}$$

$$I_3 = \frac{V}{R_3} = \frac{10}{10} = 1 \text{ ऐम्पियर}$$ (2)

अथवा

(b) (i) R_{AC} तथा R_{ED} समान्तर क्रम में हैं, अत:

$$\frac{1}{R'_P} = \frac{1}{R_{AC}} + \frac{1}{R_{ED}} = \frac{1}{8} + \frac{1}{8} = \frac{1}{4}$$

$$\Rightarrow R'_P = 4\,\Omega$$

अब R'_P तथा R_{BC} श्रेणीक्रम में हैं, अत:

$$R'_S = R'_P + R_{BC}$$

$$= 4 + 8 = 12\,\Omega$$

पुन: R_{AB} तथा R'_S समान्तर क्रम में हैं, अत:

$$\frac{1}{R''_P} = \frac{1}{R_{AB}} + \frac{1}{R'_S} = \frac{1}{8} + \frac{1}{12} = \frac{1}{4}$$

$$\therefore \quad \frac{1}{R_P} = \frac{1}{8} + \frac{1}{12}$$

$$= \frac{3+2}{24}$$

$$\frac{1}{R_P} = \frac{5}{24}$$

$$R_P = \frac{24}{5} = 4.8$$

$$\mp = \frac{3}{4.8} = 0.625$$

(ii)

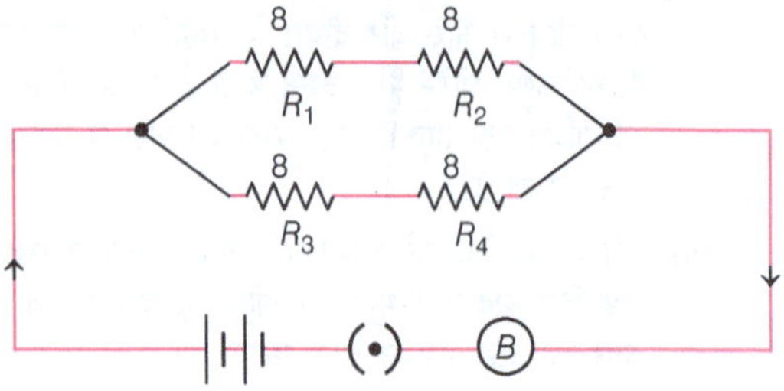

उपरोक्त परिपथ के अनुसार, 8Ω के चार प्रतिरोधों का संयोजन करने पर, प्रथम श्रेणीक्रम संयोजन का तुल्य प्रतिरोध $R' = R_1 + R_2$

$R' = 8 + 8 = 16\,\Omega$

द्वितीय श्रेणीक्रम संयोजन का तुल्य प्रतिरोध R'' भी समान अर्थात् 16 Ω ही होगा तथा अब दोनों का समान्तर क्रम संयोजन से तुल्य प्रतिरोध $\frac{1}{R_{\text{कुल}}} = \frac{1}{R'} + \frac{1}{R''}$

$$\frac{1}{R_{कुल}} = \frac{1}{16} + \frac{1}{16} = \frac{2}{16}$$

$R_{कुल} = 8\Omega$ (1½)

(iii) दिया है $R_1 = R_2 = R_3 = R_4 = 8\Omega, V = 4V$

समान्तर क्रम संयोजन से प्राप्त तुल्य प्रतिरोध,

$$\frac{1}{R_{तुल्य}} = \frac{1}{8} + \frac{1}{8} + \frac{1}{8} + \frac{1}{8} = \frac{4}{8}$$

$R_{तुल्य} = 2\Omega$

प्रवाहित धारा, $I = \frac{V}{R} = \frac{4}{2} = 2$ ऐम्पियर (2)

37. (a) दिया गया विलयन क्षारीय है, अत: यह लाल लिटमस को नीला कर देता है इसमें अधिक्य में अम्लीय विलयन मिलाने पर यह नीले लिटमस पत्र को लाल कर देगा। (1)

(b) दिया गया धातु-ऑक्साइड (MO) क्षारीय प्रकृति का है, क्योंकि यह जल में मिलाने पर विलेय है अर्थात् धातु-हाइड्रॉक्साइड देता है

$MO + H_2O \longrightarrow M(OH)_2$ तथा यह क्षारीय माध्यम में नीले लिटमस का रंग-परिवर्तन नहीं करता है। (1)

(c) जब सोडियम हाइड्रॉक्साइड विलयन में आधिक्य में क्षारक मिलाते हैं, तो हाइड्रॉक्साइड आयनों की सान्द्रता बढ़ जाती है, क्योंकि सोडियम हाइड्रॉक्साइड भी एक क्षारक है तथा दो क्षारकों के मिलने से OH^- आयनों की सान्द्रता बढ़ जाती है।

$NaOH \xrightleftharpoons{H_2O} Na^+ + OH^-$ (2)

अथवा

(c) अम्ल की तनुकरण अभिक्रिया अत्यन्त ही ऊष्माक्षेपी क्रिया है अर्थात् जब अम्ल में जल मिलाया जाता है, तो अभिक्रिया में बहुत अधिक ऊष्मा उत्पन्न होने के कारण मिश्रण आस्फलित होकर पात्र से बाहर आ सकता है। इससे जो व्यक्ति वहाँ उपस्थित हैं, उन्हें क्षति हो सकती है। लेकिन इसके विपरीत जब एक पात्र में जल लेकर उसमें दूसरे पात्र से धीरे-धीरे दीवार के सहारे से अम्ल मिलाते हैं, तो ऊष्मा धीरे-धीरे उत्पन्न होती है व अभिक्रिया अनियंत्रित नहीं होती। अत: अम्ल को जल में मिलाया जाना उचित है। (2)

38. (a) यदि किसी पौधे लगे गमले को क्षैतिज दिशा में रखते हैं, तो कुछ दिन बाद जड़ भूमि की ओर मुड़ जाएगी तथा तना ऊपर की ओर मुड़कर वृद्धि करेगा। (1)

(b) पादप के किसी भाग की रासायनिक उद्दीपन की दिशा में या इसके विपरित दिशा की ओर होने वाली वृद्धि रसायनानुवर्तन कहलाती है। (1)

(c) पादप एवं जन्तुओं की गतियों में निम्न अन्तर हैं

पादप गति	जन्तु गति
पादपों में उद्दीपन विद्युत रासायनिक रूप में एक कोशिका से दूसरी कोशिका में संचरित होते हैं।	जन्तुओं में उद्दीपन आवेग के रूप में एक न्यूरॉन से दूसरे न्यूरॉन में संचरित होता है।
यहाँ जल की मात्रा को नियमित कर कोशिकाएँ अपना आकार बदलती हैं।	यहाँ उद्दीपन के फलस्वरूप प्राप्त निर्देश के कारण विशिष्ट प्रोटीन संरचनाएँ (पेशियाँ) अपनी स्थिति एवं आकार को बदलती है।

(2)

अथवा

(c) छुई-मुई पादप के पत्तियों की गति वृद्धि से सम्बन्धित नहीं होती है। यह गति स्पर्श के कारण पत्तियों की कोशिकाओं की स्फीति में परिवर्तन से होती है। पादप में गति करने के लिए ये कोशिकाएँ जल की मात्रा में परिवर्तन करके अपनी आकृति बदल लेती हैं, जबकि प्रकाश की ओर गति प्रकाशानुवर्तन वृद्धि से सम्बन्धित है। (2)

39. (a) (i) लूप में कोई प्रेरित धारा नहीं होगी।

(ii) फ्लेमिंग के दक्षिण हस्त नियम के अनुसार, लूप में प्रेरित धारा की दिशा वामावर्त होगी। (1)

(b) किसी धारावाही वृत्ताकार कुण्डली द्वारा उत्पन्न चुम्बकीय क्षेत्र को निम्न प्रकार बढ़ाया जा सकता है

(i) फेरों की संख्या बढ़ाकर

(ii) कुण्डली में धारा का मान बढ़ाकर (1)

(c) हाँ, कुण्डली B में विद्युत धारा प्रेरित होगी। जब कुण्डली A में विद्युत धारा में परिवर्तन किया जाता है, तब इसके चारों ओर चुम्बकीय क्षेत्र भी परिवर्तित हो जाता है। अत: कुण्डली B के चारों ओर होने वाले चुम्बकीय क्षेत्र रेखाओं में परिवर्तन के कारण कुण्डली B में विद्युत धारा प्रेरित होती है। (2)

अथवा

(c) किसी बिन्दु पर वृत्ताकार धारावाही पाश के कारण उत्पन्न चुम्बकीय क्षेत्र निम्न बातों पर निर्भर करता है

(i) चुम्बकीय क्षेत्र की प्रबलता (B) पाश में प्रवाहित धारा (I) के अनुक्रमानुपाती होती है।

अर्थात् $B \propto I$

(ii) चुम्बकीय क्षेत्र की प्रबलता, वृत्ताकार कुण्डली में कुल फेरों की संख्या (N) के अनुक्रमानुपाती होती है।

अर्थात् $B \propto N$ (2)

SQP Code : **PB-11/15**	Series *i*-**Succeed 11-25/15**	अनुक्रमांक

सैंपल प्रश्न-पत्र 11

विज्ञान कक्षा 10 (कोड 086)

सामान्य निर्देश

इस प्रश्न पत्र में पाँच खण्डों (क), (ख), (ग), (घ) और (ङ) में बाँटा गया है। प्रश्न-पत्र में 39 प्रश्न हैं। सभी प्रश्न अनिवार्य हैं।

1. प्रश्न में, 1 से 20 तक के सभी प्रश्न एक-एक अंक के हैं।
2. प्रश्न में, 21 से 26 अतिलघु उत्तरीय प्रश्न हैं, प्रत्येक के 2 अंक निर्धारित हैं। इन प्रश्नों के उत्तर 30 से 50 शब्दों के मध्य दिए जाने हैं।
3. प्रश्न में, 27 से 33 लघु उत्तरीय प्रश्न हैं, प्रत्येक के 3 अंक निर्धारित हैं। इन प्रश्नों के उत्तर 50 से 80 शब्दों के मध्य दिए जाने हैं।
4. प्रश्न में, 34 से 36 दीर्घ उत्तरीय प्रश्न हैं, प्रत्येक के 5 अंक निर्धारित हैं। इन प्रश्नों के उत्तर 80 से 120 शब्दों के मध्य दिए जाने हैं।
5. प्रश्न में, 4 अंको के उप-भागों के साथ 3 प्रश्न, स्रोत आधारित/केस आधारित दिए गए हैं।
कोई समग्र विकल्प नहीं है। हालांकि, कुछ प्रश्नों में आंतरिक विकल्प दिए गए हैं, जिनमें केवल एक का उत्तर देना है।

समय : 3 घंटे

पूर्णांक : 80

खण्ड-क बहुविकल्पीय प्रश्न

1. निम्न अभिक्रिया में किस पदार्थ का अपचयन हुआ है?

$3MnO_2 + 4Al \longrightarrow 3Mn + 2Al_2O_3$

(a) MnO_2 (b) Al (c) Al_2O_3 (d) Mn

2. दी गई अभिक्रिया,

$SO_2(g) + 2H_2S(g) \longrightarrow 2H_2O(g) + 3S(s)$, में अपचायक (Reducing agent) है

(a) SO_2 (b) H_2O (c) H_2S (d) S

3. निम्नलिखित में से सहसंयोजक आबन्ध के लिए कौन-सा कथन सत्य है?

(a) इलेक्ट्रॉनों का स्थानान्तरण होता है।
(b) इलेक्ट्रॉनों की साझेदारी होती है।
(c) कुछ इलेक्ट्रॉनों की साझेदारी होती है तथा कुछ का स्थानान्तरण होता है।
(d) उपरोक्त में से कोई नहीं

4. निम्न में से जलयोजित लवण के लिए कौन-सा विकल्प सत्य है?

(a) ब्लू विट्रॉल (b) ग्रीन विट्रॉल
(c) धावन सोडा (d) ये सभी

5. अपघटन अभिक्रिया के लिए कौन-सा उदाहरण सही है?

(a) $2KClO_3 \longrightarrow 2KCl(s) + 3O_2(g)$
(b) $Zn + CuSO_4 \longrightarrow ZnSO_4 + Cu$
(c) $Mg + 2HCl \longrightarrow MgCl_2 + H_2$
(d) $CaO + H_2O \longrightarrow Ca(OH)_2$

6. धातुओं के ऑक्साइड सामान्यतया होते हैं

(a) अम्लीय (b) क्षारीय
(c) उभयधर्मी (d) उदासीन

7. प्रबल अम्ल के जलीय विलयन में किसका आधिक्य होता है?

(a) H^+ आयनों का (b) OH^- आयनों का
(c) Cl^- आयनों का (d) Na^+ आयनों का

8. स्टार्च के पाचन से सम्बन्धित कथनों का अध्ययन कीजिए तथा सही कथनों का चुनाव कीजिए।

A. स्टार्च का पाचन मुख से आरम्भ होता है।

B. लगभग 30% स्टार्च का पाचन आमाशय में होता है।

C. स्टार्च के पाचन के लिए अग्न्याशयी रस आवश्यक होता है।

D. स्टार्च का पाचन आहारनाल के सबसे लम्बे भाग में पूरा होता है।

(a) B, C और D (b) A और C
(c) A, C और D (d) A, B और C

9. विद्युत आवेग के तन्त्रिका कोशिका में संचारित होने का क्रम हैं

(a) द्रुमिका $\rightarrow$ तन्त्रिकाक्ष $\rightarrow$ तन्त्रिका का अन्तिम सिरा $\rightarrow$ कोशिकाकाय
(b) कोशिकाकाय $\rightarrow$ द्रुमिका $\rightarrow$ तन्त्रिकाक्ष $\rightarrow$ तन्त्रिका का अन्तिम सिरा
(c) द्रुमिका $\rightarrow$ कोशिकाकाय $\rightarrow$ तन्त्रिकाक्ष $\rightarrow$ तन्त्रिका का अन्तिम सिरा
(d) तन्त्रिका का अन्तिम सिरा $\rightarrow$ तन्त्रिकाक्ष $\rightarrow$ कोशिकाकाय $\rightarrow$ द्रुमिका

SP-11

10. पुष्पों के वे भाग, जो नर और मादा युग्मक (जनन कोशिकाएँ) उत्पन्न करते हैं

(a) पुंकेसर और परागकोष (b) तन्तु और वर्तिकाग्र
(c) परागकोष और अण्डाशय (d) पुंकेसर और वर्तिका

11. निम्न में से किन पादपों में सामान्यतया कायिक जनन ही सम्भव होता है?

(a) केला (b) बाँस
(c) इलायची (d) ये सभी

12. मेण्डल ने F_2 पौधों को स्वपरागित किया और पाया कि....*A*.....पौधों ने......*B*...... एवं ....*C*...... पीढ़ी में बौने पौधे उत्पन्न करना जारी रखा। अतः उसने निष्कर्ष निकाला कि बौने पौधों का जीनोटाइप......*D*......होगा। *A*, *B*, *C* एवं *D* के लिए निम्न में से उपयुक्त विकल्प का चयन कीजिए।

(a) *A*–बौने, *B*–F_3, *C*–F_4, *D*–समयुग्मजी
(b) *A*–बौने, *B*–F_3, *C*–F_4, *D*–विषमयुग्मजी
(c) *A*–लम्बे, *B*–F_5, *C*–F_6, *D*–समयुग्मजी
(d) *A*–लम्बे, *B*–F_5, *C*–F_6, *D*–विषमयुग्मजी

13. श्वेत प्रकाश के प्रिज्म से गुजरने पर किस रंग का विचलन सबसे अधिक होगा?

(a) लाल रंग का (b) हरे रंग का
(c) पीले रंग का (d) बैंगनी रंग का

14. निम्न में से किसके सामने रखी वस्तु का प्रतिबिम्ब सदैव सीधा, आभासी तथा छोटा बनता है?

(a) उत्तल लेन्स (b) अवतल लेन्स
(c) अवतल दर्पण (d) समतल दर्पण

15. जैव-निम्नीकृत पदार्थों के प्रभावों के सन्दर्भ में निम्न में से सही कथन चुनिए।

A. जैव-निम्नीकृत पदार्थों के अपघटन होते समय अत्यन्त तीक्ष्ण दुर्गंध उत्पन्न होती है।

B. लम्बे समय तक अपघटित न होने के कारण ये मृदा एवं वायु में से आहार श्रृंखला में प्रवेश कर जीवों को नुकसान पहुँचा सकते हैं।

C. बड़ी मात्रा में इन अपशिष्टों के एकत्रित होने के कारण इनमें रोगजनक, मक्खियाँ एवं मच्छर उत्पन्न हो जाते हैं, जो लोगों को बीमार कर देते हैं।

D. जल स्रोतों में ये अपशिष्ट डालने पर वे प्रदूषित हो जाते हैं तथा अनेक जल-जनित रोगों के कारण बनते हैं।

(a) A, B और C (b) B, C और D
(c) C और D (d) A, C और D

16. निम्न में से असुमेलित है

(a) प्रथम श्रेणी उपभोक्ता – चिड़िया
(b) द्वितीय श्रेणी उपभोक्ता – मेंढक
(c) तृतीय श्रेणी उपभोक्ता – बाज
(d) अपघटक – सर्प

अभिकथन-कारण प्रकार के प्रश्न

निर्देश (प्र. सं. 17-20) इन प्रश्नों में **अभिकथन** (A) और **कारण** (R) दिए गए हैं। इन प्रश्नों के उत्तर नीचे दिए गए अनुसार उचित विकल्प को चुनकर दीजिए।

(a) A और R दोनों सही हैं तथा R द्वारा A की सही व्याख्या हो रही है।

(b) A और R दोनों सही हैं तथा R द्वारा A की सही व्याख्या नहीं हो रही है।

(c) A सही है, परन्तु R गलत है।

(d) A गलत है, परन्तु R सही है।

17. **अभिकथन** (A) लोहे की कील को कॉपर सल्फेट के विलयन में डुबोने पर विलयन हरा हो जाता है।

कारण (R) कॉपर, लोहे की अपेक्षा अधिक सक्रिय धातु है। जब लोहे की कील को कॉपर सल्फेट के विलयन में डुबोया जाता है, तो लोहा कॉपर के विलयन को विस्थापित कर देता है।

18. **अभिकथन** (A) एड्रीनेलिन को आपातकालीन हॉर्मोन कहते हैं।

कारण (R) यह संकट की स्थिति में शरीर को उग्र प्रतिक्रिया के लिए तैयार करता है।

19. **अभिकथन** (A) चुम्बकीय बल रेखाएँ एक-दूसरे को नहीं काटती हैं।

कारण (R) चुम्बकीय बल रेखाएँ बन्द वक्र के रूप में चलती हैं।

20. **अभिकथन (A)** पारितन्त्र जैविक एवं अजैविक घटकों के अन्तःसम्बन्धों से निर्मित जटिल तन्त्र होता है।

कारण (R) पारितन्त्र प्रकृति की क्रियात्मक एवं संरचनात्मक इकाई होती है।

खण्ड-ख अतिलघु उत्तरीय प्रश्न

21. कॉपर सल्फेट के विलयन में जिंक के कुछ दाने डालने पर, कुछ समय पश्चात् विलयन का नीला रंग परिवर्तित हो जाता है। क्यों?

22. रुधिर अपोहन क्या है? इसकी आवश्यकता क्यों पड़ती है?

23. (a) जनन का सम्बन्ध जीव की तुलना में जाति से अधिक होता है, अतः जाति के स्थायित्व एवं नई जाति के निर्माण में जनन की क्या भूमिका होती है?

अथवा

(b) अलैंगिक जनन, लैंगिक जनन की तुलना में लाभप्रद होता है। कैसे?

24.

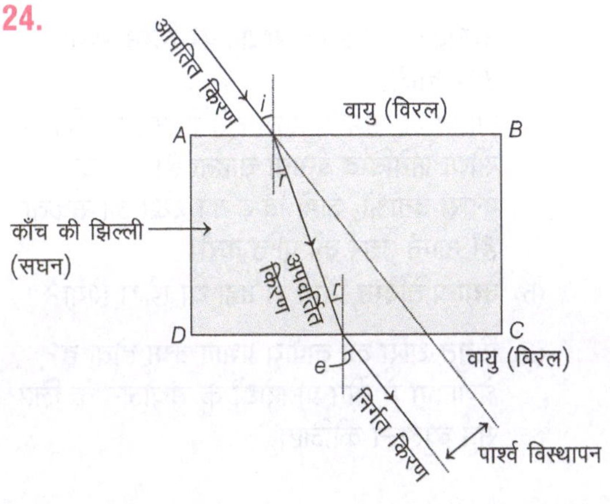

उपरोक्त चित्र के आधार पर निम्न प्रश्नों के उत्तर दीजिए।

(a) हीरे तथा जल के अपवर्तनांक क्रमशः 2.42 तथा 1.33 हैं, तो हीरे के सापेक्ष जल का अपवर्तनांक ज्ञात कीजिए।

(b) जब एक प्रकाश किरण अपवर्तनांक n के माध्यम में प्रवेश करती है, तो यह देखा गया कि अपवर्तन कोण का मान, आपतन कोण का आधा है। आपतन कोण का मान ज्ञात कीजिए।

25. (a)

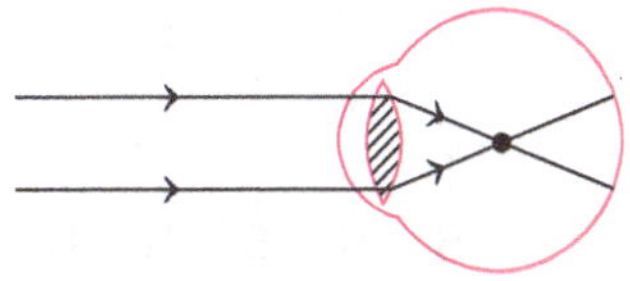

उपरोक्त किरण आरेख की सहायता से निम्नलिखित प्रश्नों के उत्तर दीजिए।

(i) निकट दृष्टि दोष युक्त नेत्र द्वारा प्रतिबिम्ब कहाँ बनेगा?

(ii) किस लेंस के उपयोग द्वारा निकट दृष्टि दोष का संशोधन किया जाता है आरेख द्वारा समझाइए?

अथवा

(b)

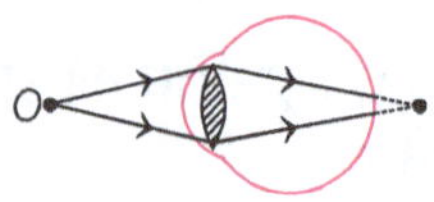

उपरोक्त किरण आरेख की सहायता से निम्नलिखित प्रश्नों के उत्तर दीजिए।

(i) दूर दृष्टि दोष युक्त नेत्र द्वारा प्रतिबिम्ब कहाँ बनेगा?

(ii) किस लेंस के उपयोग द्वारा दूर दृष्टि दोष का संशोधन किया जाता है? आरेख द्वारा समझाइए।

26. दिए गए चित्र में एक पोषी स्तर को दर्शाया गया है।

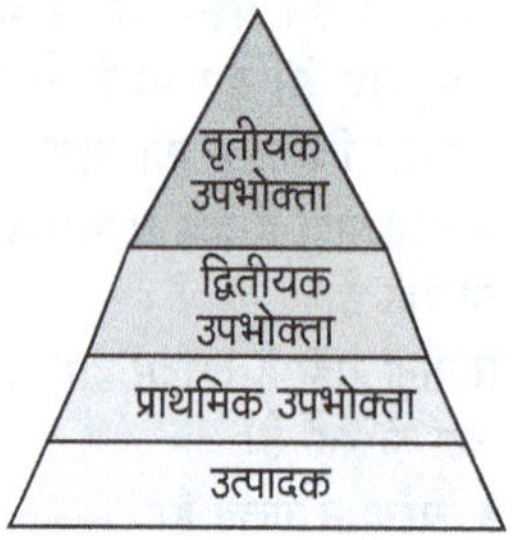

चित्रानुसार पोषी स्तर क्या होता है? जलीय पारितन्त्र में एक खाद्य श्रृंखला को बताते हुए इसे समझाइए।

खण्ड-ग लघु उत्तरीय प्रश्न

27. (a) एथेनॉल को सान्द्र सल्फ्यूरिक अम्ल की कुछ बूँदों की उपस्थिति में एथेनोइक अम्ल के साथ गर्म करने पर क्या प्राप्त होता है? रासायनिक समीकरण लिखिए।

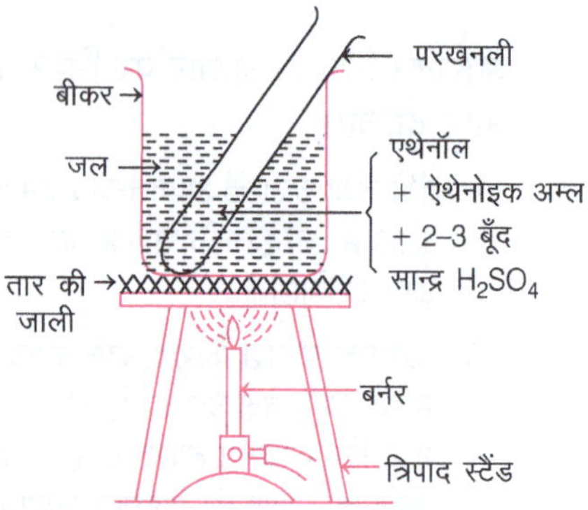

(b) ऐल्कोहॉल के लिए दो परीक्षण लिखिए।

28. (a) निम्नलिखित यौगिकों के नाम बताइए।

(i) 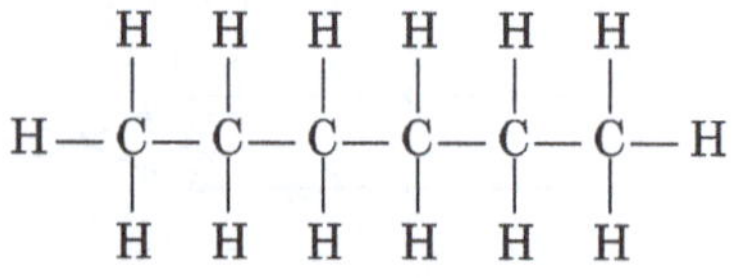

(ii) 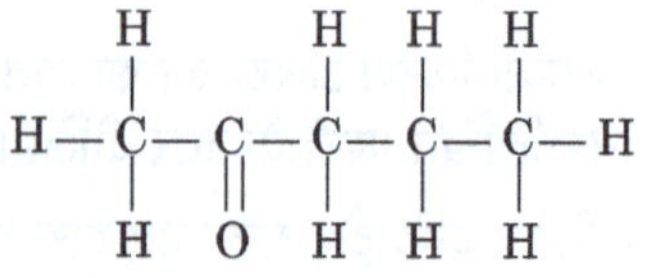

(iii) 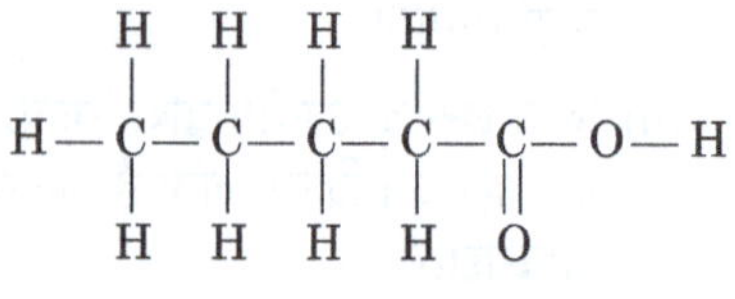

अथवा

(b) (i) कार्बन सबसे अधिक संख्या में यौगिक क्यों बनाता है? दो कारण दीजिए।

(ii) उपरोक्त में कुछ संतृप्त तथा अन्य असंतृप्त यौगिक क्यों कहे जाते हैं?

(iii) उपरोक्त दोनों में कौन अधिक सक्रिय है क्यों?

29. (a) कायिक प्रवर्धन क्या है? कृत्रिम कायिक प्रवर्धन की दो विधियाँ बताइए।

(b) कायिक प्रवर्धन के दो लाभ बताइए।

30. लिंग-निर्धारण क्या होता है? मानव में शिशु का लिंग कैसे निर्धारित होता है?

31.

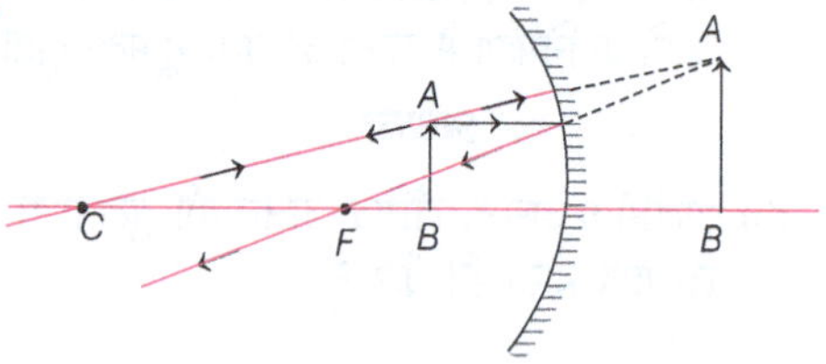

उपरोक्त आरेख के आधार पर निम्न प्रश्नों के उत्तर दीजिए

(a) रोहित 40 सेमी फोकस दूरी के उत्तल दर्पण से सीधा प्रतिबिम्ब बनाना चाहता है। दूरी की परास बताओ, जहाँ बिम्ब को रखा जा सकता है। अपने उत्तर की पुष्टि करों।

(b) क्या प्रतिबिम्ब बिम्ब से बड़ा या छोटा होगा?

32. (a) विद्युत धारा का तापीय प्रभाव क्या होता है?. श्रेणीक्रम में तीन प्रतिरोधों के संयोजन के लिए सूत्र व्युत्पन्न कीजिए।

(b) नीचे दिए गए परिपथ का कुल प्रतिरोध ज्ञात कीजिए।

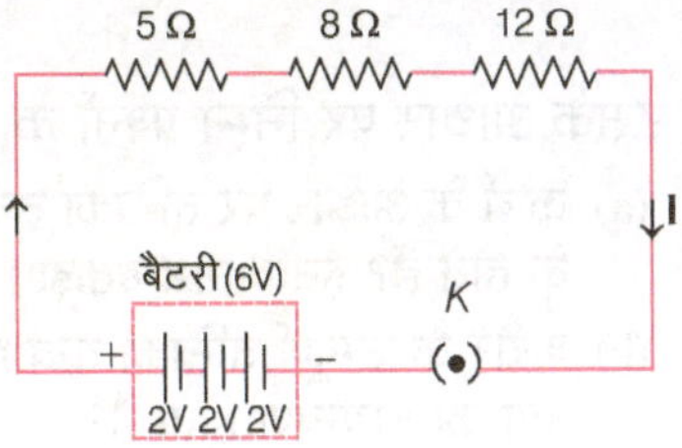

33.

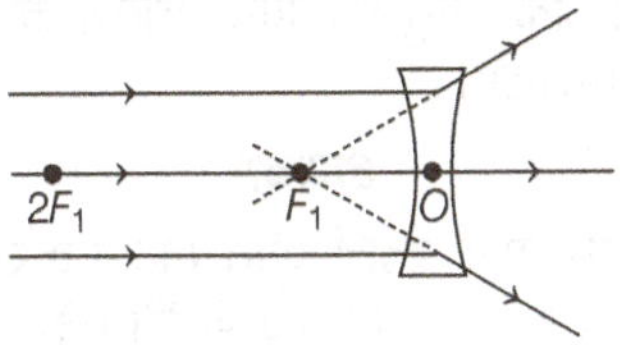

उपरोक्त किरण आरेख में अवतल लेंस की स्थिति को दर्शाया गया है।

माना सुनिता को डॉक्टर – 2 डायोप्टर की क्षमता का लेंस लगाने के लिए लिखता है। इसके आधार पर नीचे दिए गए प्रश्नों के उत्तर दीजिए।

(a) सुनिता किस दृष्टि दोष से पीड़ित है?

(b) प्रयुक्त लेंस की फोकस दूरी ज्ञात कीजिए।

(c) डॉक्टर द्वारा बताया लेंस अभिसारी है या अपसारी?

खण्ड-घ दीर्घ उत्तरीय प्रश्न

34. (a) (i) जब कोई अम्ल किसी धातु से अभिक्रिया करता है, तो मुक्त होने वाली गैस का नाम लिखिए। इस गैस की उपस्थिति का परीक्षण किस प्रकार किया जाता है?

(ii) क्या होता है जब जिंक (i) HCl, और (ii) NaOH से अभिक्रिया करता है? प्रत्येक प्रकरण में रासायनिक समीकरण और बनने वाले लवण का नाम लिखिए।

(iii) अमोनियम क्लोराइड लवण को बनाने वाले अम्ल और क्षार की पहचान कीजिए। इस लवण की प्रकृति (अम्लीय/क्षारीय/उदासीन) और इसका pH मान लिखिए।

अथवा

(b) विरंजक चूर्ण निर्माण की विधि का संक्षिप्त वर्णन कीजिए। सम्बन्धित तीनों रासायनिक अभिक्रियाओं के लिए सन्तुलित समीकरण लिखिए तथा विरंजक चूर्ण के उपयोग बताइए।

35. (a) (i) स्वपोषी व विषमपोषी पोषण में अन्तर बताइए।

(ii) पादपों में प्रकाश-संश्लेषण की प्रक्रिया को संक्षेप में बताते हुए इसकी सन्तुलित समीकरण भी लिखिए।

अथवा

(b) (i) दिए गए चित्र में *A*, *B*, *C* तथा *D* को पहचानिए।

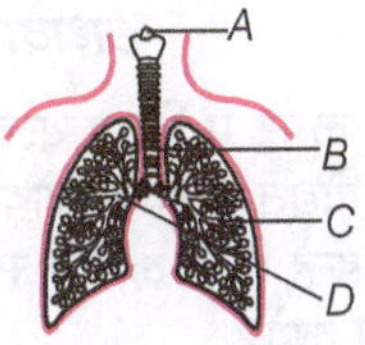

(ii) पादपों एवं जलीय जन्तुओं में श्वसन की प्रक्रिया कैसे सम्पन्न होती है?

(iii) तिलचट्टे एवं केंचुए के श्वसन अंगों का नाम लिखिए।

36. (a) (i) निम्नलिखित बिन्दुओं द्वारा उत्पन्न चुम्बकीय क्षेत्र को आरेख द्वारा प्रदर्शित कीजिए।

I. छड़ चुम्बक पर चुम्बकीय बल रेखाएँ

II. परिनालिका पर चुम्बकीय बल रेखाएँ

(ii) एक अनन्त लम्बाई के सीधे धारावाही चालक तार में 12 ऐम्पियर की धारा प्रवाहित हो रही है। चालक से 5 सेमी दूरी पर उत्पन्न चुम्बकीय क्षेत्र ज्ञात कीजिए।

अथवा

(b) (i) निम्नलिखित बिन्दुओं द्वारा चुम्बकीय क्षेत्र में उत्पन्न चुम्बकीय बल रेखाओं को आरेख द्वारा प्रदर्शित कीजिए।

I. सीधे धारावाही चालक तार के कारण

II. वृत्ताकार पाश के कारण

(ii) एक लम्बे तार में कितनी धारा प्रवाहित की जाए कि तार पर 20 सेमी की दूरी पर 10×10^{-4} वेबर/मी^{2} का चुम्बकीय क्षेत्र उत्पन्न हो जाए?

खण्ड-ङ स्रोत आधारित/केस आधारित प्रश्न

37. अधातुएँ वे तत्व हैं जो इलेक्ट्रॉनों को ग्रहण करके ऋणायन बनाते हैं।

उदाहरणार्थ, ऑक्सीजन (O) एक अधातु है जो इलेक्ट्रॉनों को ग्रहण करके ऋणावेशित ऑक्साइड आयनों (O^{2-}) को बनाता है। वास्तव में, अधातुओं को ऋणविद्युती तत्व कहा जाता है।

(a) कौन-सी अधातु चमकीली होती है तथा इसका एक उपयोग बताइए? (1)

(b) अधातुओं के दो भौतिक गुण बताइए (1)

(c) कौन-सी अधातु कमरे के ताप पर द्रव अवस्था में होती है तथा कौन-सी अधातु सबसे अधिक कठोर होती है? (2)

अथवा

(c) एक अधातु *A* हमारे भोजन का एक आवश्यक अवयव है तथा इसके दो ऑक्साइड *B* तथा *C* बनते हैं। ऑक्साइड *B* विषैला है, जबकि *C* के द्वारा ग्लोबल वार्मिंग (विश्व ऊष्मायन) होती है।

(i) *A*, *B* तथा *C* को पहचानिए।

(ii) आवर्त सारणी के किस समूह में तत्व *A* स्थित है? (2)

38. तन्त्रिका तन्तुओं का मुख्य कार्य संवेदी अंगों से उद्दीपन ग्रहण करके उन्हें मस्तिष्क तक पहुँचाना तथा मस्तिष्क से प्राप्त प्रेरणाओं को अपवाही अंगों तक ले जाना है।

यह सम्पूर्ण कार्य आवेगों के रूप में होता है। तन्त्रिका तन्तुओं में आवेगों का संवहन एक विद्युत- रासायनिक (Electro-chemical) घटना है, जिसके अन्तर्गत आवेग स्वसंचारी (Self-propagative) विद्युत-रासायनिक लहरों (Electro-chemical waves) के रूप में तन्त्रिका तन्तुओं में से प्रसारित होते हैं।
दिया गया चित्र तन्त्रिका का है।

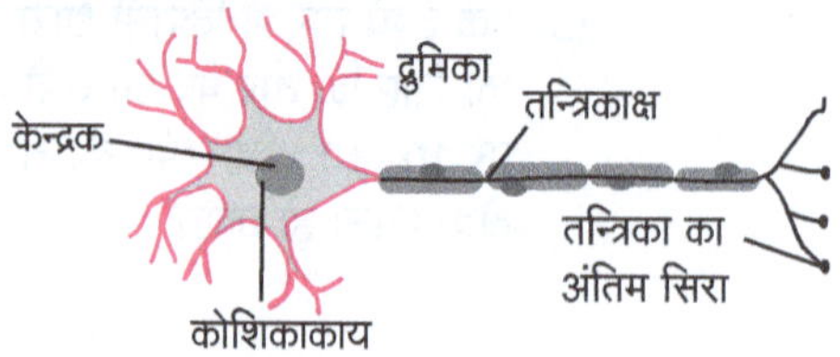

इसके आधार पर निम्न प्रश्नों के उत्तर दीजिए।

(a) कार्य के आधार पर तन्त्रिका तन्तु कितने प्रकार के होते हैं? इनके नाम बताइए। (1)

(b) शरीर के सम्पूर्ण तन्त्रिका तन्त्र पर किस भाग/अंग का नियन्त्रण होता है? (1)

(c) तन्त्रिका तन्तु में आवेग संचलन की क्रियाविधि समझाइए। (2)

अथवा

(c) निम्न ग्राफ स्टार्च युक्त भोजन करने के बाद रुधिर में ग्लूकोस एवं इंसुलिन के स्तर में परिवर्तन बताता है। इस ग्राफ से आप क्या निष्कर्ष निकाल सकते हैं?

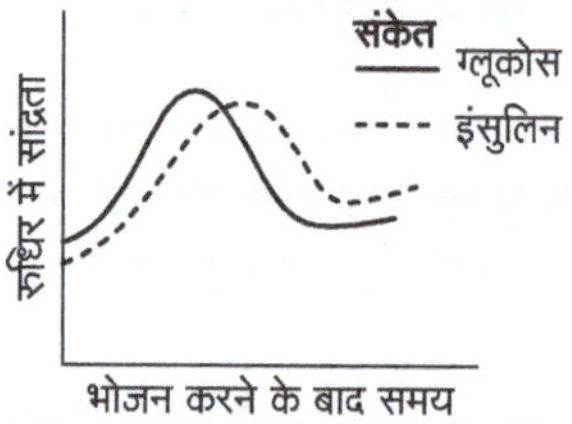

(2)

39. नीचे दिए गए परिपथ में तीन प्रतिरोध क्रमशः 10 Ω, 6 Ω तथा 4 Ω श्रेणीक्रम में संयोजित हैं। नीचे दिए गए परिपथ आरेख के आधार पर निम्नलिखित प्रश्नों के उत्तर दीजिए।

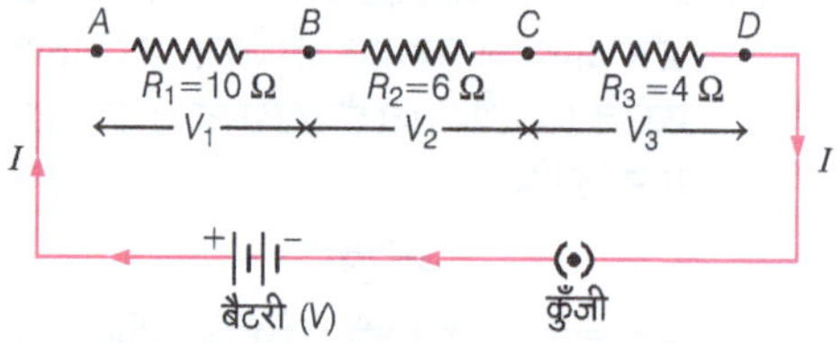

(a) ज्ञात कीजिए यदि 220 V की बैटरी संयोजित हो, तब

(i) *A* व *D* के मध्य तुल्य प्रतिरोध

(ii) परिपथ में प्रवाहित धारा (1)

(b) श्रेणीक्रम में प्रवाहित धारा का मान सभी प्रतिरोधों में एकसमान क्यों होता है? (1)

(c) परिकलित कीजिए।

(i) *A* व *B* के मध्य विभवान्तर

(ii) *B* व *C* के मध्य विभवान्तर (2)

अथवा

(c) एक कमरे में विद्युत बल्बों तथा एक प्लग प्वाइंट को विद्युत मेन्स से जोड़ना है, तो स्पष्ट कीजिए कि इन्हें किस क्रम में संयोजित किया जाता है तथा क्यों? (2)

हल सहित उत्तर in Topper's Style

मेरी प्रतिबद्धता मैं विश्वास दिलाता हूँ कि पूरा पेपर अपने आप करने के बाद ही मैं यहाँ दिए गए Solutions को देख रहा हूँ। इन Solutions को देखने का मेरा उद्देश्य यह Check करना है कि मेरे द्वारा किये गए Solutions Correct हैं या नहीं।

1. (a) $3MnO_2 + 4Al \longrightarrow 3Mn + 2Al_2O_3$
अभिक्रिया में MnO_2 पदार्थ का अपचयन हुआ है। ऑक्सीजन का निष्कासन अथवा हाइड्रोजन से योग, अपचयन कहलाता है। (1)

2. (c) दी गई, अभिक्रिया में H_2S अपचायक है। वे पदार्थ, जो अन्य पदार्थों का अपचयन करते हैं एवं रासायनिक अभिक्रिया में स्वयं ऑक्सीकृत हो जाते हैं अपचायक कहलाते हैं। (1)

3. (b) सहसंयोजक आबन्ध के लिए कथन (b) सत्य है। सहसंयोजक आबन्ध का निर्माण इलेक्ट्रॉनों की साझेदारी के द्वारा होता है। (1)

4. (d) जलयोजित लवण के लिए विकल्प (d) सत्य है। ब्लू विट्रॉल ($CuSO_4.5H_2O$), ग्रीन विट्रॉल ($FeSO_4.7H_2O$), धावन सोडा ($Na_2CO_3.10H_2O$) आदि में जल योजित लवण हैं। (1)

5. (a) $2KClO_3 \longrightarrow 2KCl(s) + 3O_2(g)$ अपघटन अभिक्रिया के लिए उदाहरण सही है। वह रासायनिक अभिक्रिया जिसमें एकल यौगिक दो या दो से अधिक सरल पदार्थों में टूट जाते हैं, अपघटन अभिक्रिया कहलाती है। (1)

6. (b) धातुओं के ऑक्साइड सामान्यतया क्षारीय व्यवहार दर्शाते हैं। ये जल से अभिक्रिया करके क्षार का निर्माण करते हैं, जो लाल लिटमस को नीला कर देते हैं। (1)

7. (a) प्रबल अम्ल जलीय विलयन में H^+ आयन देते हैं अर्थात् जलीय विलयन में H^+ आयनों का आधिक्य होता है। (1)

8. (c) कथन A, C और D सही हैं।
स्टार्च के पाचन की प्रक्रिया मुख से आरम्भ होकर, छोटी आँत में पूर्ण होती है। मुखगुहा में लारीय टायलिन द्वारा भोजन का 30% स्टार्च, डाइसैकेराइड (माल्टोस) में परिवर्तित हो जाता है। शेष 70% स्टार्च आहारनाल के सबसे लम्बे भाग, छोटी आँत में अग्न्याशयी रस में उपस्थित एमाइलेज द्वारा पूर्णतया पचित होता है। (1)

9. (c) तन्त्रिका कोशिका में विद्युत आवेग के संचारित होने का सही क्रम है
द्रुमिका $\rightarrow$ कोशिकाकाय $\rightarrow$ तन्त्रिकाक्ष $\rightarrow$ तन्त्रिका का अन्तिम सिरा (1)

10. (c) पुंकेसर (नर जननांग) का फूला हुआ ऊपर वाला भाग परागकोष कहलाता है, जिसमें नर युग्मक अर्थात् पराग कण बनते हैं। स्त्रीकेसर (मादा जननांग) के अण्डाशय भाग में बीजाण्ड में मादा युग्मक बनाते हैं। (1)

11. (d) अनेक पादपों में सामान्यतया कायिक जनन ही सम्भव होता है। इसमें लैंगिक जनन सम्भव नहीं होता है; जैसे—केला, बाँस, इलायची, आदि। (1)

12. (a) मेण्डल ने F_2 पौधों को स्वपरागित किया और पाया कि बौने पौधों ने F_3 एवं F_4 पीढ़ी में बौने पौधे उत्पन्न करना जारी रखा। अत: उसने निष्कर्ष निकाला कि बौने पौधों का जीनोटाइप समयुग्मजी होगा। (1)

13. (d) जब श्वेत प्रकाश प्रिज्म में से गुजरता है, तो सर्वाधिक विचलन बैंगनी रंग का होता है, क्योंकि बैंगनी रंग की तरंगदैर्ध्य सबसे कम होती है। (1)

14. (b) अवतल लेन्स के सामने रखी वस्तु का प्रतिबिम्ब सदैव सीधा, आभासी तथा छोटा बनता है। (1)

15. (d) कथन A, C और D सही हैं। जैव-निम्नीकृत पदार्थ शीघ्र अपघटित हो जाते हैं एवं खाद्य शृंखला में प्रवेश कर जीवों को क्षति नहीं पहुँचाते हैं। (1)

16. (d) अपघटक जटिल कार्बनिक पदार्थों को सरल अकार्बनिक पदार्थों में तोड़कर भोजन प्राप्त करते हैं; जैसे— मृतोपजीवी जीवाणु, कवक, आदि। सर्प अपघटक नहीं, उपभोक्ता है। (1)

17. (a) लोहा, कॉपर की अपेक्षा अधिक सक्रिय धातु है। जब लोहे की कील को कॉपर सल्फेट के विलयन में डुबाया जाता है, तो लोहा कॉपर को विलयन से विस्थापित कर देता है तथा आयरन (II) सल्फेट का विलयन बन जाता है, जिसका रंग हरा होता है। इसलिए विलयन का रंग नीले से बदलकर हरा हो जाता है।

$Fe(s)$ +	$CuSO_4(aq) \longrightarrow$	$FeSO_4(aq)$ +	$Cu(s)$
स्लेटी	नीला	हरा	भूरा

अभिकथन (A) और कारण (R) दोनों सही हैं तथा कारण (R) द्वारा अभिकथन (A) की सही व्याख्या हो रही है। (1)

18. (a) एड्रीनेलीन हॉर्मोन एड्रीनल ग्रन्थि द्वारा तनाव या संकटकालीन क्षणों में स्रावित होता है तथा हृदय गति, रुधिर दाब, श्वास दर, आदि को नियन्त्रित कर शरीर को आपात स्थिति के विरुद्ध उग्र प्रतिक्रिया हेतु तैयार करता है।
अत: अभिकथन (A) और कारण (R) दोनों सही हैं तथा कारण (R) द्वारा अभिकथन (A) की सही व्याख्या हो रही है। (1)

19. (b) चुम्बकीय बल रेखाएँ बन्द वक्र के रूप में चलती हैं तथा एक-दूसरे को काटती नहीं हैं, क्योंकि एक बिन्दु पर चुम्बकीय क्षेत्र की दो दिशाएँ सम्भव नहीं हैं।
अत: अभिकथन (A) तथा कारण (R) दोनों सही हैं, परन्तु कारण (R) द्वारा अभिकथन (A) की सही व्याख्या नहीं हो रही है। (1)

20. (b) अभिकथन (A) और कारण (R) दोनों सही हैं, परन्तु कारण द्वारा अभिकथन (A) की सही व्याख्या नहीं हो रही है। (1)

21. जिंक धातु, कॉपर (Cu) से अधिक सक्रिय होने के कारण, Zn के परमाणु Cu^{2+} आयनों को $CuSO_4$ विलयन से विस्थापित करके Cu-परमाणु तथा $ZnSO_4$ (Zn^{2+} व SO_4^{2-}) का विलयन बना देते हैं। जिससे $CuSO_4$ का नीला रंग बदल जाता है। (2)

22. रुधिर अपोहन एक कृत्रिम प्रक्रिया है, जिसका उपयोग रुधिर के शोधन या अपोहन हेतु किया जाता है। अनेक कारक जैसे—संक्रमण, आघात या वृक्क में सीमित रुधिर प्रवाह, आदि

वृक्क की क्रियाशीलता को कम कर देते हैं जिससे वृक्क खराब हो जाते हैं। इस कारण शरीर में विषैले अपशिष्ट पदार्थ संचित होने लगते हैं, जिससे मृत्यु भी हो सकती है। वृक्क के अक्रिय होने की अवस्था में कृत्रिम वृक्क या रुधिर अपोहन उपकरण का उपयोग किया जा सकता है। अत: यह नाइट्रोजनी अपशिष्ट उत्पादों को रुधिर से अपोहन द्वारा निकालने की एक युक्ति है। (2)

23. (a) जनन जीवों का एक प्रमुख लक्षण है, जिसके द्वारा जीव अपने समान अन्य सन्तति उत्पन्न करते हैं। पृथ्वी पर जीवन की निरन्तरता जनन द्वारा ही सम्भव है। जनन द्वारा ही आनुवंशिक पदार्थ (DNA) का स्थानान्तरण एक जीव से दूसरे जीव में होता है एवं अपनी मृत्यु से पूर्व जीव अपनी सन्ततियों के रूप में, अपनी जाति के नए सदस्य उत्पन्न करता है।

जनन (लैंगिक जनन) द्वारा सन्तानों में विभिन्नताएँ उत्पन्न होती हैं और ये विभिन्नताएँ जैव-विकास का आधार होती हैं, जिससे नई जातियों का निर्माण होता है। अत: जाति के स्थायित्व एवं नई जाति की उत्पत्ति में जनन की प्रमुख भूमिका होती है। (2)

अथवा

(b) अलैंगिक जनन, लैंगिक जनन की तुलना में लाभप्रद होता है, क्योंकि

(i) इस प्रकार के जनन में विशेष जनन कोशिकाओं (Generative cells) के बिना ही एक जनक द्वारा नई सन्तति का निर्माण होता है। इसके फलस्वरूप, जिस सन्तति का जन्म होता है, वह आनुवंशिक रूप से पूरी तरह अपने जनक के समान (क्लोन) होती है।

(ii) इसमें गुणन तीव्र दर से होता है, क्योंकि इसमें युग्मक निर्माण, निषेचन, भ्रूणीय विकास, आदि क्रियाएँ नहीं होती हैं और एकल जीव द्वारा अनेक सन्ततियों का निर्माण होता है। (2)

24. (a) दिया है, $\eta_w = 1.33,\ \eta_d = 2.42$

$$\eta_{dw} = \frac{\eta_d}{\eta_w} = \frac{2.42}{1.33} = 1.8$$

(b) हम जानते हैं, अपवर्तनांक, $n = \frac{\sin i}{\sin r}$

दिया है, आपतन कोण $= i$, अपवर्तन कोण $(r) = \frac{i}{2}$

$$\therefore \quad n = \frac{\sin i}{\sin r} \quad \Rightarrow n = \frac{\sin i}{\sin \frac{i}{2}} = \frac{2\sin\frac{i}{2}\cos\frac{i}{2}}{\sin\frac{i}{2}}$$

$$\Rightarrow \quad n = 2\cos\frac{i}{2}$$

$$\Rightarrow \quad \cos\frac{i}{2} = \frac{n}{2}$$

$$\Rightarrow \quad \frac{i}{2} = \cos^{-1}\left(\frac{n}{2}\right)$$

$$\Rightarrow \quad i = 2\cos^{-1}\left(\frac{n}{2}\right)$$

(1½)

25. (a) (i) निकट दृष्टि दोष युक्त नेत्र द्वारा प्रतिबिम्ब रेटिना से पहले बनता है। (1)

(ii) निकट दृष्टि दोष का संशोधन के लिए प्रयुक्त लेस अवतल लेंस होगा।

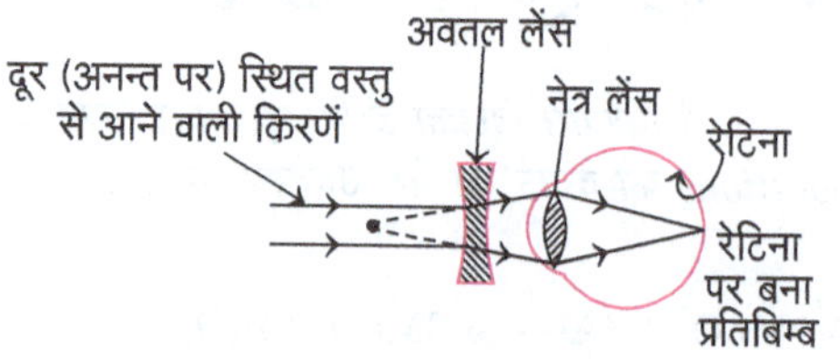

(1)

अथवा

(b) (i) दूर दृष्टि दोष युक्त नेत्र द्वारा प्रतिबिम्ब रेटिना के पीछे बनता है। (1)

(ii) दूर दृष्टि दोष संशोधन के लिए प्रयुक्त लेन्स उत्तल लेंस होगा।

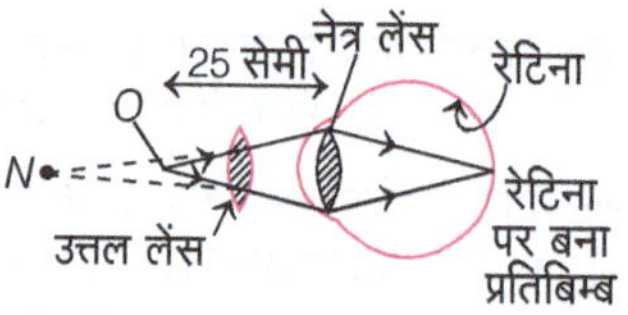

(1)

26. खाद्य शृंखला में भोजन के रूप में ऊर्जा का प्रवाह विभिन्न पदों या स्तरों के द्वारा होता है। इन पदों या स्तरों को पोषक स्तर (Trophic level) कहा जाता है। (1)

जलीय पारितन्त्र की खाद्य शृंखला का उदाहरण

पादपप्लवक (उत्पादक/ प्रथम पोषी स्तर) → जन्तुप्लवक (शाकाहारी उपभोक्ता/ द्वितीय पोषी स्तर) → मछली (प्रथम माँसाहारी उपभोक्ता/ तृतीय पोषी स्तर) → केकड़ा (द्वितीय माँसाहारी उपभोक्ता/ चतुर्थ पोषी स्तर) → बगुला (सर्वोच्च माँसाहारी उपभोक्ता/ पाँचवा पोषी स्तर)

(1)

27. (a) एथेनॉल को सान्द्र सल्फ्यूरिक अम्ल की कुछ बूँदों की उपस्थिति में एथेनोइक अम्ल के साथ गर्म करने पर एक सुगन्धित एस्टर, एथिल एथेनोएर प्राप्त होता है।

$$\underset{\substack{\text{एथेनोइक अम्ल}\\(\text{ऐसीटिक अम्ल})}}{CH_3COOH} + \underset{\substack{\text{एथेनॉल}\\(\text{एथिल ऐल्कोहॉल})}}{CH_2OH} \xrightarrow{\text{सान्द्र } H_2SO_4} \underset{\substack{\text{एथिल एथेनोएट}\\(\text{एथिल ऐसीटेट})\\(\text{सुगंधित एस्टर})}}{CH_3COOC_2H_5} + \underset{\text{जल}}{H_2O}$$

(1)

(b) ऐलकोहॉल के दो परीक्षण निम्न हैं।

(i) **सोडियम धातु परीक्षण** (Sodium Metal Test) एक शुष्क परखनली में लिए गए कार्बनिक द्रव (परीक्षण किए जाने वाले) में सोडियम धातु का एक छोटा टुकड़ा डालें। यदि हाड्रोजन गैस के बुलबुले उत्पन्न होते हैं, वह सूचित करता है कि दिया हुआ कार्बनिक द्रव एक ऐल्कोहॉल है।

(ii) **ऐलकोहॉलों के लिए एस्टर परीक्षण** (Ester Test for Alcohols) कार्बनिक यौगिक (परीक्षण किए जाने वाले) को, थोड़े-से ग्लेशल एथेनोइक अम्ल और सान्द्र सल्फ्यूरिक

अम्ल की कुछ बूँदों के साथ गर्म किया जाता है। सुगंध (एस्टर बनने के कारण) सूचित करती है कि कार्बनिक यौगिक एक ऐल्कोहॉल है। (2)

28. (a) (i) हेक्सेन, इसका सूत्र C_6H_{14} होता है। (1)

(ii) पेन्टेनॉन, इसका सूत्र $C_5H_{10}O$ होता है। (1)

(iii) पेन्टेनोइक अम्ल, इसक सूत्र $C_5H_{10}O_2$ होता है। (1)

अथवा

(b) (i) कार्बन सबसे अधिक संख्या में यौगिक बनाता है, इसके कारण निम्न हैं।

(a) कार्बन का छोटा आकार।

(b) कार्बन का विशेष शृंखलन गुण। (1)

(ii) कार्बन-कार्बन के मध्य एकल बन्ध उपस्थित होता है तो वह संतृप्त यौगिक होता है तथा कार्बन-कार्बन के मध्य द्विबन्ध तथा त्रिबन्ध उपस्थित होता तो वह असंतृप्त यौगिक होता है। (1)

(iii) संतृप्त तथा असंतृप्त यौगिकों में से असंतृप्त यौगिक अधिक सक्रिय होते हैं, क्योकि असंतृप्त यौगिकों के मध्य द्विबन्ध एवं त्रिबन्ध उपस्थित होता है द्विबन्ध तथा त्रि बन्धु दुर्बल होता है, जो आसानी से टूट जाता है। (1)

29. (a) पादप के कायिक भागों जैसे-जड़, तना, पत्ती आदि से उत्पन्न संतति पादप कायिक क्लोन कहलाते हैं तथा यह प्रक्रिया कायिक प्रवर्धन कहलाती है। मानव द्वारा पादपों में कृत्रिम ढंग से किए गए कायिक जनन को कृत्रिम कायिक जनन या प्रवर्धन कहते हैं।

पादपों में कृत्रिम कायिक जनन की विधि निम्नलिखित हैं

(i) रोपण द्वारा (By grafting)

(ii) कलम द्वारा (By cutting) (2)

(b) कायिक जनन के लाभ निम्नलिखित हैं

(i) इस विधि द्वारा कम समय में पादप विकसित किए जा सकते हैं।

(ii) इस विधि से उत्पन्न नए पादप, मातृ पादप के समान होते हैं अर्थात् इनमें विभिन्नताएँ नहीं होती हैं। (1)

30. 'लिंग-निर्धारण वह प्रक्रिया है, जिसके द्वारा यह सुनिश्चित होता है कि एकलिंगी जन्तुओं में लैंगिक जनन द्वारा उत्पन्न होने वाला नया प्राणी नर होगा या मादा'। स्त्रियों (44 + XX) में अर्द्धसूत्री विभाजन से निर्मित होने के कारण प्रत्येक अण्डाणु में 22 दैहिक गुणसूत्र (Autosome) तथा एक X-लिंग गुणसूत्र (Allosomes) उपस्थित होता है। अत: इसे 22A+X से प्रदर्शित करते हैं।

पुरुषों (44 + XY) में शुक्राणु दो प्रकार के होते हैं, क्योंकि अर्द्धसूत्री विभाजन द्वारा आधे शुक्राणु गुणसूत्र X-युक्त (22A+X) तथा आधे शुक्राणु गुणसूत्र Y-युक्त (22A + Y) होते हैं।

निषेचन के दौरान यदि 22+X गुणसूत्र वाला शुक्राणु, 22+X गुणसूत्र वाले अण्ड को निषेचित करता है, तो मादा शिशु का जन्म होगा। इसके विपरीत यदि 22+Y गुणसूत्र वाला शुक्राणु, 22+X गुणसूत्रों वाले अण्ड को निषेचित करता है, तब नर शिशु का जन्म होता है। (3)

31. (a) सीधा प्रतिबिम्ब बनाने के लिए बिम्ब को ध्रुव तथा फोकस के मध्य रखा जाना चाहिए अर्थात् 0 सेमी से 40 सेमी के मध्य। (1½)

(b) आवर्धित प्रतिबिम्ब प्राप्त होगा अर्थात् प्रतिबिम्ब का आकार, बिम्ब से बड़ा होगा। (1½)

32. (a) **विद्युत धारा का ऊष्मीय प्रभाव या तापीय प्रभाव**

परिपथ में निरंतर धारा प्रवाह के कारण युक्ति गर्म हो जाती है इसलिए उच्च प्रतिरोध से धारा प्रवाहित करने पर तार का अधिक गर्म हो जाने को धारा का ऊष्मीय प्रभाव कहते हैं।

उदाहरण विद्युत हीटर, विद्युत प्रेस

श्रेणीक्रम में प्रतिरोधों के संयोजन

माना तीन प्रतिरोध R_1, R_2 व R_3 परिपथ के अनुसार श्रेणीक्रम में संयोजित हैं, जिनके सिरों के बीच विभवान्तर क्रमश: V_1, V_2 व V_3 हैं तथा प्रतिरोधों में धारा I प्रवाहित हो रही हैं। तथा माना परिपथ में लगी बैटरी का विभवान्तर V है, तब

$$V = V_1 + V_2 + V_3$$

तथा $$IR = IR_1 + IR_2 + IR_3$$

$$R = R_1 + R_2 + R_3$$

अत: हम कह सकते हैं कि श्रेणीक्रम में संयोजित प्रतिरोधों का तुल्य प्रतिरोध, उनके योग के बराबर होता है। (2)

(b) $R_1 = 5\,\Omega$, $R_2 = 8\,\Omega$, $R_3 = 12\,\Omega$

$$R_{तुल्य} = R_1 + R_2 + R_3$$

$$= 5 + 8 + 12 = 25\,\Omega$$ (1)

33. (a) सुनिता को निकट दृष्टि दोष है क्योंकि दिए गए लेंस की फोकस दूरी ऋणात्मक है। (1)

(b) दिया है, $P = -2$ डायोप्टर

$$f = \frac{1}{P}$$

[जहाँ, P = लेन्स की क्षमता, तथा f = लेन्स की फोकस दूरी]

$$= \frac{1}{-2} = -0.5 \text{ मी}$$ (1)

(c) यह लेस अपसारी होगा, क्योंकि क्षमता ऋणात्मक है। (1)

34. (a)(i) जब धातु, अम्ल से क्रिया करती है, तब हाइड्रोजन गैस उत्पन्न होती है—

$$Zn + H_2SO_4 \text{ (तनु)} \longrightarrow ZnSO_4 + H_2(g)$$

तड़कदार ध्वनि द्वारा इस गैस H_2 की उपस्थिति प्रमाणित होती है। (1)

(ii) जब जिंक धातु HCl के साथ अभिक्रिया करता है, तो हाइड्रोजन गैस और जिंक क्लोराइड बनता है।

$$Zn(s) + 2HCl(aq) \longrightarrow \underset{\substack{\downarrow \\ \text{जिंक क्लोराइड} \\ \text{(लवण)}}}{ZnCl_2(aq)} + H_2(g)$$

जब जिंक, NaOH के साथ अभिक्रिया करता है, तो सोडियम जिंकेट (लवण) और हाइड्रोजन गैस बनती हैं

$$2NaOH(aq) + Zn(s) \longrightarrow \underset{\substack{\downarrow \\ \text{सोडियम जिंकेट} \\ \text{(लवण)}}}{Na_2ZnO_2(aq)} + H_2(g)$$ (2)

(iii) अमोनियम क्लोराइड लवण को बनाने वाला अम्ल (HCl), क्षार (NH_4OH) है।

$$\underset{\text{क्षार}}{NH_4OH} + \underset{\text{अम्ल}}{HCl} \longrightarrow \underset{\text{अमोनियम क्लोराइड}}{NH_4Cl} + H_2O$$

NH_4Cl लवण की प्रकृति दुर्बल अम्लीय होती है, क्योंकि NH_4Cl का pH मान 4.5 से 6 होता हैं (2)

अथवा

(b) विरंजक चूर्ण का निर्माण शुष्क बुझे हुए चूने (Slaked lime) पर क्लोरीन (Cl_2) की क्रिया द्वारा किया जाता है।

$$\underset{\text{कैल्सियम हाइड्रॉक्साइड}}{Ca(OH)_2} + \underset{\text{क्लोरीन}}{Cl_2} \longrightarrow \underset{\text{विरंजक चूर्ण}}{CaOCl_2} + H_2O$$

विरंजक चूर्ण की रासायनिक अभिक्रियाएँ निम्न हैं।

(i) **गर्म जल से क्रिया** (Reaction with hot water) विरंजक चूर्ण को जल में विलेय कर गर्म करने पर क्लोरीन (Cl_2) गैस मुक्त होती है।

$$\underset{\text{विरंजक चूर्ण}}{CaOCl_2} + \underset{\text{जल}}{H_2O} \longrightarrow Ca(OH)_2 + \underset{\text{क्लोरीन}}{Cl_2} \uparrow$$ (1)

(ii) **ऊष्मा का प्रभाव** (Effect of heat) इसे गर्म करने पर यह अपघटित होकर ऑक्सीजन (O_2) तथा कैल्सियम क्लोराइड ($CaCl_2$) देता है।

$$2CaOCl_2 \xrightarrow{\Delta} \underset{\text{कैल्सियम क्लोराइड}}{2CaCl_2} + \underset{\text{ऑक्सीजन}}{O_2} \uparrow$$ (1)

(iii) **उत्प्रेरकीय अपघटन** (Catalytic decomposition) विरंजक चूर्ण उत्प्रेरक कोबाल्ट क्लोराइड ($CoCl_2$) की उपस्थिति में अपघटन के पश्चात् ऑक्सीजन (O_2) देता है।

$$\underset{\text{विरंजक चूर्ण}}{2CaOCl_2} \xrightarrow{CoCl_2} 2CaCl_2 + \underset{\text{ऑक्सीजन}}{O_2} \uparrow$$ (1)

उपयोग (Uses)

(i) विरंजक चूर्ण का प्रयोग विभिन्न पदार्थों जैसे- कपड़े, कागज, जूट, लकड़ी, आदि का रंग उड़ाने में (अर्थात् उन्हें विरंजित करने में) किया जाता है। (1)

(ii) जल के शुद्धिकरण में जीवाणुनाशक के रूप में उपयोग किया जाता है। (1)

35. (a) (i) स्वपोषी और विषमपोषी पोषण में अन्तर निम्नवत् है

स्वपोषण	विषमपोषण/परपोषण
यह हरे पादपों, कुछ जीवाणुओं एवं प्रोटिस्ट में पाया जाता है।	यह कवकों एवं जन्तुओं में पाया जाता है।
भोजन स्वयं द्वारा CO_2 एवं जल की उपस्थिति में बनाया जाता है।	भोजन प्रत्यक्ष या अप्रत्यक्ष रूप से स्वपोषियों से प्राप्त किया जाता है।
भोजन का पाचन नहीं होता है।	भोजन में उपस्थित जटिल कार्बनिक पदार्थों को सरल एवं घुलनशील रूप में तोड़ने हेतु पाचन क्रिया आवश्यक होती है।

(2½)

(ii) प्रकाश-संश्लेषण वह जैव-रासायनिक प्रक्रिया है, जिसके द्वारा पादपों में अकार्बनिक सरल यौगिकों, कार्बन डाइऑक्साइड तथा जल को प्रकाशीय ऊर्जा (सूर्य का प्रकाश) तथा पर्णहरित की उपस्थिति में कार्बोहाइड्रेट्स (ग्लूकोस) के रूप में परिवर्तित किया जाता है।

इसे निम्न समीकरण द्वारा प्रदर्शित किया जा सकता है–

$$\underset{\text{कार्बन डाइऑक्साइड}}{6CO_2} + \underset{\text{जल}}{12H_2O} \xrightarrow[\text{पर्णहरित}]{\text{सूर्य का प्रकाश}} \underset{\text{ग्लूकोस}}{C_6H_{12}O_6} + \underset{\text{जल}}{6H_2O} + \underset{\text{ऑक्सीजन}}{6O_2} \uparrow$$

इस क्रिया में ऑक्सीजन सहउत्पाद के रूप में बाहर निकलती है।

प्रकाश-संश्लेषण में मुख्यतया तीन घटनाएँ होती हैं

- **अवशोषण** पर्णहरित द्वारा सूर्य की प्रकाश ऊर्जा को अवशोषित करना।
- **रूपान्तरण** प्रकाश ऊर्जा का रासायनिक ऊर्जा में परविर्तित होना एवं जल (H_2O) का O_2 एवं H^+ में टूटना।
- **अपचयन** CO_2 का कार्बोहाइड्रेट में परिवर्तित होना। (2½)

अथवा

(b) (i) यहाँ A-कण्ड, B-श्वासनली, C-फेफड़े, D-श्वसनी है। (1)

(ii) जलीय जन्तु जैसे- मछलियाँ जल में विलेय ऑक्सीजन का श्वसन में उपयोग करती हैं। वायु में विलेय ऑक्सीजन की तुलना में इसकी मात्रा जल में बहुत कम होती है। इसलिए जलीय जीवों में स्थलीय जीवों की तुलना में श्वसन दर अधिक होती है। मछलियों में गिल्स पाए जाते हैं, जो विसरण द्वारा जलीय श्वसन में सहायक होते हैं। इनके द्वारा विलेय ऑक्सीजन रुधिर द्वारा ग्रहण की जाती है।
पादपों में केवल विसरण द्वारा ही सभी कोशिकाओं में ऑक्सीजन की आपूर्ति होती है, क्योंकि पादपों की पत्तियों में श्वसन के लिए रन्ध्र व तने पर वातरन्ध्र पाए जाते हैं, जोकि गैसों के विनिमय में सहायक होते हैं। (3)

(iii) तिलचट्टे में वात नलिकाएँ या ट्रैकिया तथा केंचुए में नम त्वचा श्वसन अंग होते हैं। (1)

36. (a) I. छड़ चुम्बक पर चुम्बकीय बल रेखाएँ निम्न प्रकार होती हैं।

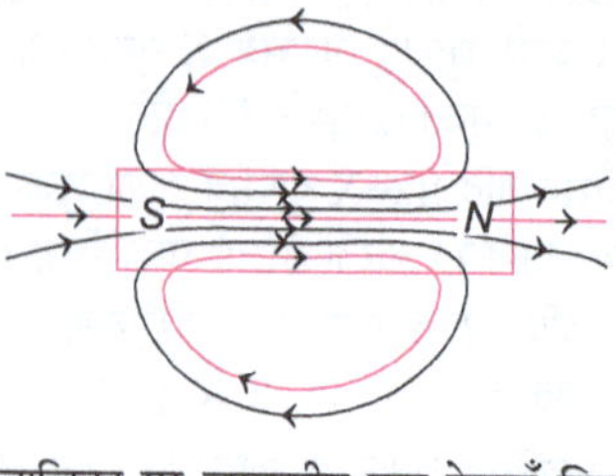

(1½)

II. परिनालिका पर चुम्बकीय बल रेखाएँ निम्न प्रकार होती हैं

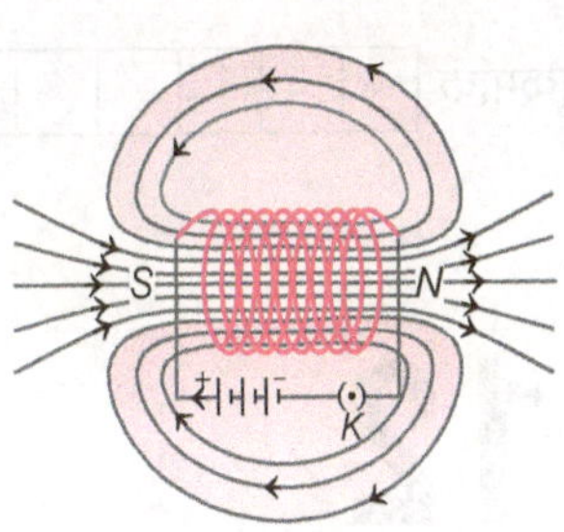

(1½)

(ii) दिया है, $I = 12$ ऐम्पियर, $r = 5$ सेमी

चुम्बकीय क्षेत्र, $B = \frac{\mu_0}{2\pi} \cdot \frac{I}{r} = \frac{2 \times 10^{-7} \times 12}{5 \times 10^{-2}}$

$B = \frac{24 \times 10^{-7+2}}{5}$

$B = 4.8 \times 10^{-5}$ न्यूटन/ऐम्पियर-मी (2)

अथवा

(b) (i) I. सीधे धारावाही चालक तार के कारण चुम्बकीय क्षेत्र रेखाएँ निम्न प्रकार होती हैं

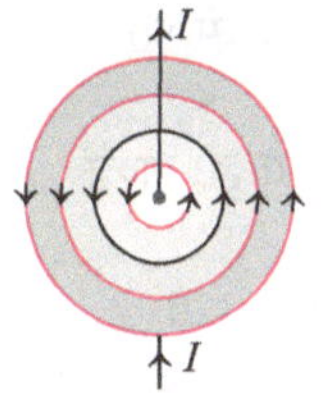

(1½)

II. वृत्ताकार पाश के कारण उत्पन्न चुम्बकीय क्षेत्र रेखाएँ निम्न प्रकार होती हैं

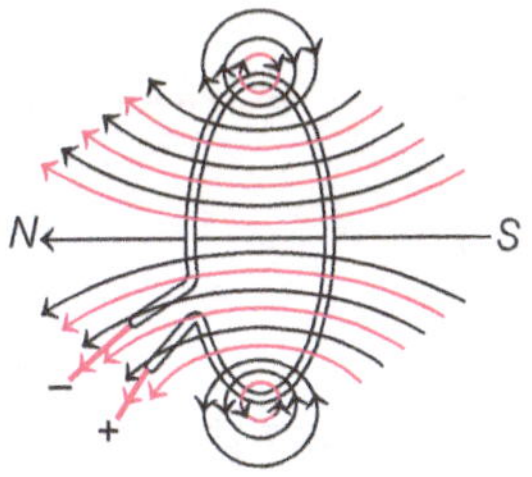

(1½)

(ii) दिया है, $B = 10 \times 10^{-4}$ वेबर/मी^{2}, $r = 20$ सेमी $= 2 \times 10^{-2}$ मी

$I = \frac{B \cdot 2\pi r}{\mu_0} = \frac{10 \times 10^{-4} \times 2 \times 10^{-2}}{2 \times 10^{-7}} = 100$ ऐम्पियर (2)

37. (a) आयोडीन अधातु चमकीली होती है आयोडीन के समस्थानिक I^{131} का उपयोग कैंसर के उपचार के लिए किया जाता है। (1)

(b) (i) अधातुओं का गलनांक प्राय: कम होता है। (½)

(ii) अधातुएँ विद्युत की कुचालक होती है। (अपवाद-ग्रेफाइड)

(c) ब्रोमीन अधातु कमरे के ताप पर द्रव अवस्था में होती है तथा हीरा अधातु सबसे अधिक कठोर होती है। (2)

अथवा

(c) (i) अधातु A कार्बन है।

ऑक्साइड B कार्बन मोनॉक्साइड (CO) है, जिसकी प्रकृति विषैली है। ऑक्साइड C कार्बन डाइऑक्साइड (CO_2) है, जो ग्लोबल वार्मिंग उत्पन्न करती है। (1)

(ii) तत्व A, अर्थात् कार्बन आवर्त सारणी के समूह 14 में स्थित है, जिसका उपयोग कई कार्बनिक यौगिकों में किया जाता है। (1)

38. (a) कार्य के आधार पर तन्त्रिका तन्तु तीन प्रकार के होते हैं

(i) चालक (ii) संवेदी (iii) मिश्रित (1)

(b) शरीर के सम्पूर्ण तन्त्रिका तन्त्र पर केन्द्रीय तन्त्रिका तन्त्र अर्थात् मस्तिष्क व मेरुरज्जु का नियन्त्रण होता है। (1)

(c) तन्त्रिका तन्तुओं में आवेगों का संवहन एक विद्युत-रासायनिक घटना है।

तन्त्रिका आवेग की चालन क्रिया को निम्न भागों में बाँटा जा सकता है

(i) तन्त्रिका तन्तु में तन्त्रिका आवेग की उत्पत्ति, तन्त्रिका तन्तु में उपस्थित विभिन्न आयनों के आदान-प्रदान के फलस्वरूप होती है।

(ii) तन्त्रिका तन्तु में आवेग संचरण या आवेगों का अन्तरा-तन्त्रिकीय संचरण, जोकि आयनों के **उपरोक्त** आदान-प्रदान के सभी सम्भव दिशाओं में संचरण के फलस्वरूप होता है। विश्रामावस्था के समय तन्त्रिका ध्रुवित (Polarised) अवस्था में होती है, आवेग उत्पन्न होने पर यह विध्रुवित (Depolarised) हो जाती है और आवेग एक लहर के रूप में पूरी तन्त्रिका में फैल जाता है। यह आवेग तन्त्रिका प्रेषी तत्वों द्वारा युग्मानुबंधन (Synapse) से गुजर कर एक तन्त्रिका से दूसरी तन्त्रिका में संचलित होता है। (2)

अथवा

(c) दिए गए ग्राफ के अनुसार, भोजन के पश्चात् रुधिर में शर्करा (ग्लूकोस) की मात्रा तेजी से बढ़ती है, जिसे नियंत्रित करने के लिए रुधिर में इंसुलिन की भी मात्रा बढ़ जाती है। कुछ समय बाद इंसुलिन शर्करा की मात्रा को कम कर देता है, जो ग्लाइकोजन के रूप में शरीर में संचित हो जाती है तथा इंसुलिन की मात्रा भी कम हो जाती है। (2)

39. (a) (i) $R_1 = 10\,\Omega, R_2 = 6\,\Omega, R_3 = 4\,\Omega$

तुल्य प्रतिरोध, $R_{AD} = R_1 + R_2 + R_3 = 10 + 6 + 4 = 20\,\Omega$

(ii) परिपथ में प्रवाहित धारा, $I = \frac{V}{R} = \frac{220}{20} = 11$ ऐम्पियर (1)

(b) श्रेणीक्रम में प्रवाहित धारा का मान सभी प्रतिरोधों में एकसमान होता है, क्योंकि इस संयोजन में धारा प्रवाह का एक ही मार्ग होता है। (1)

(c) (i) A व B के मध्य विभवान्तर, $V_{AB} = V = IR_1$

$V = 11 \times 10 = 110$ वोल्ट

(ii) B व C के मध्य विभवान्तर,

$V_{BC} = V = IR_2 = 11 \times 6 = 66$ वोल्ट (2)

अथवा

(c) एक कमरे में विद्युत बल्बों तथा एक प्लग प्वाइंट विद्युत मेन्स से समांतर क्रम में संयोजित किए जाते हैं ताकि सभी बल्बों को उचित वोल्टेज प्राप्त होती रहे तथा किसी एक बल्ब के फ्यूज हो जाने पर वह अन्य बल्ब को प्रभावित न कर सके। (2)

SQP Code : **PB-12/15** Series *i*-**Succeed 12-25/15** अनुक्रमांक

सैंपल प्रश्न-पत्र 12

विज्ञान कक्षा 10 (कोड 086)

सामान्य निर्देश

इस प्रश्न पत्र में पाँच खण्डों (क), (ख), (ग), (घ) और (ङ) में बाँटा गया है। प्रश्न-पत्र में 39 प्रश्न हैं। सभी प्रश्न अनिवार्य हैं।

1. प्रश्न में, 1 से 20 तक के सभी प्रश्न एक-एक अंक के हैं।
2. प्रश्न में, 21 से 26 अतिलघु उत्तरीय प्रश्न हैं, प्रत्येक के 2 अंक निर्धारित हैं। इन प्रश्नों के उत्तर 30 से 50 शब्दों के मध्य दिए जाने हैं।
3. प्रश्न में, 27 से 33 लघु उत्तरीय प्रश्न हैं, प्रत्येक के 3 अंक निर्धारित हैं। इन प्रश्नों के उत्तर 50 से 80 शब्दों के मध्य दिए जाने हैं।
4. प्रश्न में, 34 से 36 दीर्घ उत्तरीय प्रश्न हैं, प्रत्येक के 5 अंक निर्धारित हैं। इन प्रश्नों के उत्तर 80 से 120 शब्दों के मध्य दिए जाने हैं।
5. प्रश्न में, 4 अंको के उप-भागों के साथ 3 प्रश्न, स्रोत आधारित/केस आधारित दिए गए हैं। कोई समग्र विकल्प नहीं है। हालांकि, कुछ प्रश्नों में आंतरिक विकल्प दिए गए हैं, जिनमें केवल एक का उत्तर देना है।

समय : 3 घंटे

पूर्णांक : 80

खण्ड-क बहुविकल्पीय प्रश्न

1. रासायनिक समीकरण, $BaCl_2$ (जलीय) + H_2SO_4 (जलीय) $\longrightarrow BaSO_4$ (ठोस) + 2HCl (जलीय) है

(a) योगात्मक अभिक्रिया (b) निराकरण अभिक्रिया
(c) अवक्षेपण अभिक्रिया (d) इनमें से कोई नहीं

2. रासायनिक अभिक्रिया का वह प्रकार जिसमें अभिकारक यौगिकों के आयन (Ions) एवं मूलक (Radicals) परस्पर विनिमय कर नए उत्पाद निर्मित करते हैं, कहलाता है

(a) उभय अपघटन अभिक्रिया (b) अपघटन अभिक्रिया
(c) आयनिक वियोजन अभिक्रिया (d) अनुत्क्रमणीय अभिक्रिया

3. $CH_3—CH_2—OH \xrightarrow{\text{क्षारीय } KMnO_4 \text{ + ऊष्मा}} CH_3—COOH$

उपरोक्त अभिक्रिया में क्षारीय $KMnO_4$ किस रूप में कार्य करता है?

(a) अपचायक (b) ऑक्सीकारक
(c) उत्प्रेरक (d) निर्जलीकारक

4. H_2S विलयन का pH मान है

(a) 0 (b) 7 (c) 7 से कम (d) 7 से अधिक

5. लौह चूर्ण पर तनु हाइड्रोक्लोरिक अम्ल डालने से क्या होता है? सही उत्तर पर निशान लगाइए।

(a) हाइड्रोजन गैस एवं आयरन क्लोराइड बनता है।
(b) क्लोरीन गैस एवं आयरन हाइड्रॉक्साइड बनता है।
(c) कोई अभिक्रिया नहीं होती है।
(d) आयरन लवण एवं जल बनता है।

6. ऐलुमिनियम (Al), कॉपर (Cu) तथा सिल्वर (Ag) धातुओं का विद्युत तथा ऊष्मीय चालकता का क्रम क्या होगा?

(a) Al < Cu < Ag
(b) Ag > Cu > Al
(c) Cu > Ag > Al
(d) Ag > Al > Cu

7. उदासीन विलयन के लिए कौन-सा कथन असत्य है?
(a) हाइड्रोजन आयन सान्द्रण का मान 10^{-7} मोल/लीटर होता है।
(b) हाइड्रॉक्साइड आयन सान्द्रण का मान 10^{-7} मोल/लीटर होता है।
(c) pH मान 0 होता है।
(d) pH मान 7 होता है।

8. निम्नलिखित कथनों पर विचार कीजिए तथा सही कथनों को चुनिए।
A. रुधिर प्लाज्मा में किसी भी ज्ञात रोगजनक से लड़ने के लिए पर्याप्त मात्रा में एण्टीबॉडीज पाए जाते हैं।
B. रुधिर प्लाज्मा का रंग हल्का पीला होता है।
C. रुधिर प्लाज्मा में हीमोग्लोबिन पाया जाता है।
D. कोई भी AB^+ रुधिर समूह का व्यक्ति किसी अन्य व्यक्ति को रुधिर दान कर सकता है।
(a) A और C (b) C और D
(c) A और B (d) B और D

9. थायरॉक्सिन के सम्बन्ध में कौन-सा कथन सही नहीं है?
(a) आयरन, थायरॉक्सिन के संश्लेषण के लिए आवश्यक है।
(b) यह शरीर में कार्बोहाइड्रेट, प्रोटीन और वसा उपापचय को नियन्त्रित करता है।
(c) थायरॉइड ग्रन्थि, थायरॉक्सिन के संश्लेषण के लिए आवश्यक है।
(d) थायरॉक्सिन, थायरॉइड हॉर्मोन भी कहलाता है।

10. आवृतबीजी (एन्जियोस्पर्म्स) में निषेचनोपरान्त बीज कवच बनता है
(a) द्वितीयक केन्द्रक से (b) अध्यावरण से
(c) अण्डाशय भित्ति से (d) भ्रूणपोष से

11. मटर में, एक शुद्ध लम्बे पौधे (TT) को एक छोटे पौधे (tt) के साथ संकरित कराया जाता है। F_2-पीढ़ी में, लम्बे पौधों से छोटे पौधों का अनुपात होगा
(a) 1:3 (b) 3:1 (c) 1:1 (d) 2:1

12. शुक्राणुओं का परिपक्वन किन नलिकाओं में होता है?
(a) शुक्रनलिकाओं में (b) शुक्रवाहिनियों में
(c) अधिवृषण में (d) अपवाही नलिकाओं में

13. वायु के सापेक्ष जल तथा काँच के अपवर्तनांक क्रमशः $\frac{4}{3}$ तथा $\frac{3}{2}$ हैं। जल के सापेक्ष काँच का अपवर्तनांक होगा
(a) $\left(\frac{4}{3}+\frac{3}{2}\right)$ (b) $\left(\frac{3}{2}-\frac{4}{3}\right)$ (c) $\left(\frac{3}{2}\times\frac{4}{3}\right)$ (d) $\left(\frac{3}{2}\div\frac{4}{3}\right)$

14. किसी पारदर्शी माध्यम में रखे गए काँच का प्रिज्म प्रकाश किरण को विचलित करता है
(a) सदैव आधार की ओर
(b) सदैव आधार से दूर
(c) आधार की तरफ परन्तु जब माध्यम का अपवर्तनांक काँच से कम है
(d) उपरोक्त में से कोई नहीं

15. पारितन्त्र के सम्बन्ध में निम्न में से कौन-से कथन सही हैं?
A. एक घासस्थल तथा तालाब के पारिस्थितिकी तन्त्र में जैवीय एवं अजैवीय घटक भिन्न होते हैं।
B. माँसाहारी जीव, जो शाकाहारियों से पोषण प्राप्त करते हैं, खाद्य श्रृंखला में सदैव चतुर्थ पोषक स्तर पर उपस्थिति होते हैं।
C. विषमपोषी जीव पोषण हेतु दूसरे जीवों पर निर्भर होते हैं।
D. उत्पादक स्तर से उच्च पोषी स्तर तक जाने पर ऊर्जा की मात्रा लगातार कम होती जाती है, क्योंकि प्रत्येक पोषी स्तर पर ऊर्जा का एक बड़ा हिस्सा (2/3) जीवों के रख-रखाव के लिए उपयोग किया जाता है।
(a) A और C (b) A, C और D
(c) B, C और D (d) B और C

SP-12

16. जो जीव विकिरण ऊर्जा का उपयोग करके अकार्बनिक पदार्थों से कार्बोहाइड्रेट्स का संश्लेषण करते हैं, कहलाते हैं
(a) अपघटक (b) उत्पादक
(c) शाकाहारी (d) माँसाहारी

अभिकथन-कारण प्रकार के प्रश्न

निर्देश (प्र. सं. 17-20) इन प्रश्नों में **अभिकथन** (A) और **कारण** (R) दिए गए हैं। इन प्रश्नों के उत्तर नीचे दिए गए अनुसार उचित विकल्प को चुनकर दीजिए।
(a) A और R दोनों सही हैं तथा R द्वारा A की सही व्याख्या हो रही है।
(b) A और R दोनों सही हैं, परन्तु R द्वारा A की सही व्याख्या नहीं हो रही है।
(c) A सही है, परन्तु R गलत है।
(d) A गलत है, परन्तु R सही है।

17. **अभिकथन** (A) चाँदी का बर्तन कुछ दिनों के लिए वायु में खुला रखने पर वह काला पड़ जाता है।

कारण (R) चाँदी वायुमण्डल में उपस्थित सल्फर यौगिकों से अभिक्रिया करके सिल्वर सल्फाइड (Ag_2S) बनाता है।

18. **अभिकथन** (A) एकल संकर संकरण में F_2-पीढ़ी में दोनों जनकीय विशेषकों की अभिव्यक्ति 3 : 1 के अनुपात में होती है।

कारण (R) विपर्यासी जनकीय विशेषक F_2-पीढ़ी में सम्मिश्रण को दर्शाते हैं।

19. **अभिकथन** (A) धारा के मान में वृद्धि के कारण सीधे धारावाही चालक के परितः चुम्बकीय क्षेत्र का मान बढ़ता है।

कारण (R) चुम्बकीय क्षेत्र, धारा के अनुक्रमानुपाती होता है।

20. **अभिकथन** (A) कार्बोक्सीहीमोग्लोबिन रुधिर में 23-25% CO_2 का परिवहन करता है।

कारण (R) CO_2 हीमोग्लोबिन पॉलीपेप्टाइड शृंखला के अमीनो समूह के साथ उत्क्रमणीय (Reversible) रूप से जुड़ती है।

खण्ड-ख अतिलघु उत्तरीय प्रश्न

21. दो धातुओं के नाम बताइए, जो तनु अम्ल से हाइड्रोजन को विस्थापित कर देगीं तथा दो धातुएँ जो ऐसा नहीं कर सकती हैं।

22. जलीय एवं स्थलीय जीवों के श्वसन अंगों में कौन-कौन-से सामान्य लक्षण पाए जाते हैं?

23. (a) माँ के शरीर में गर्भस्थ भ्रूण को पोषण किस प्रकार प्राप्त होता है?

अथवा

(b) कुछ पादपों को उगाने के लिए कायिक प्रवर्धन का उपयोग क्यों किया जाता है?

SP-12

24. (a) यदि माध्यम *A* में प्रकाश की चाल v_a और माध्यम *B* में प्रकाश की चाल v_b है, तो माध्यम *B* का माध्यम *A* के सापेक्ष अपवर्तनांक क्या है?

(b)

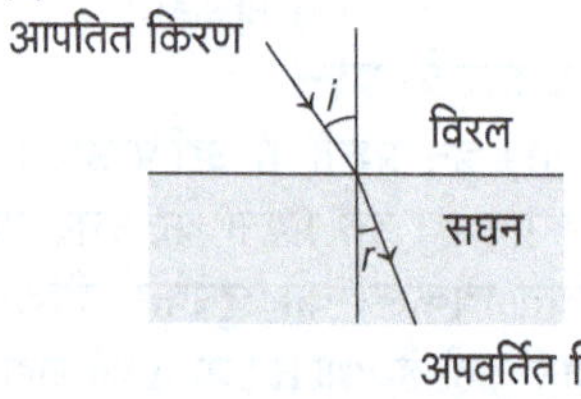

उपरोक्त चित्र के आधार पर निम्न प्रश्नों के उत्तर दीजिए।

1.5 अपवर्तनांक के काँच के स्लैब में प्रकाश का वेग क्या होगा?

25. (a)

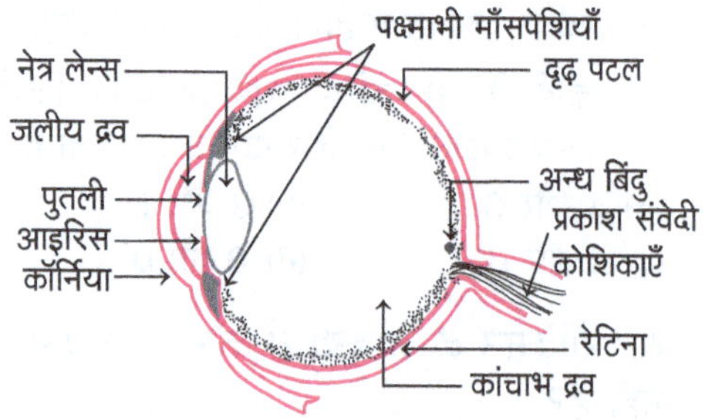

उपरोक्त चित्र में नेत्र का नामांकित चित्र दिया गया है। चित्र के आधार पर निम्न बिन्दुओं को परिभाषित कीजिए।

(i) पक्ष्माभी माँसपेशियाँ (ii) आइरिस

अथवा

(b)

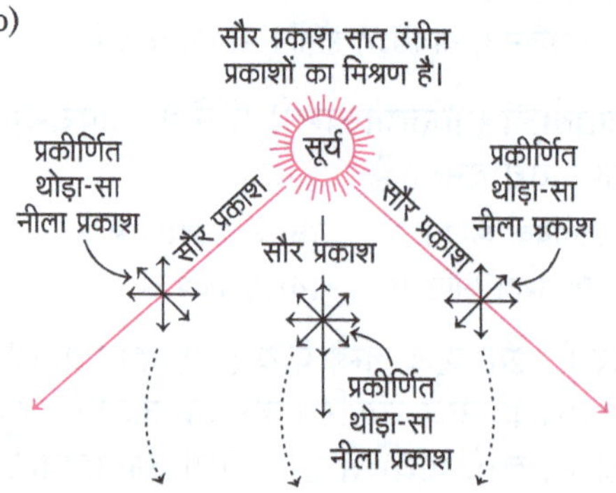

उपरोक्त चित्र प्रकाश कि किस परिघटना की व्याख्या करता है तथा यह परिघटना प्रकृति में किस कारण घटित होती है? समझाइए।

26. मेण्डल द्वारा चुने गए पादप के कोई चार लक्षण बताइए, जिन्होंने मेण्डल के नियमों के प्रतिपादन में महत्त्वपूर्ण भूमिका निभायी थी।

खण्ड-ग लघु उत्तरीय प्रश्न

27. (a) एथेनोइक अम्ल क्षारकों के साथ अभिक्रिया करके लवण और जल बनाता है। बनने वाले लवण का नाम तथा रासायनिक समीकरण लिखिए।

(b) एथेनोइक अम्ल सोडियम कार्बोनेट के साथ अभिक्रिया करके कौन-सी गैस उत्पन्न करता है? परीक्षण सहित लिखिए।

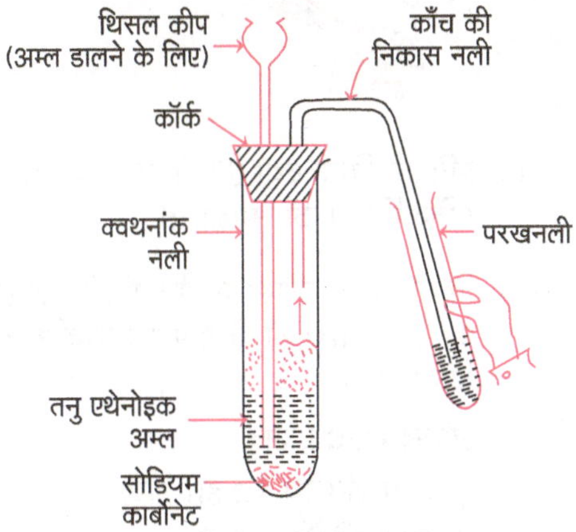

28. (a) पेन्टेन के तीन संरचनात्मक समावयवियों का चित्रण कीजिए।

अथवा

(b) निम्नलिखित यौगिकों के नाम बताइए तथा उनमें उपस्थित क्रियात्मक समूह का नाम भी बताइए।

(i) 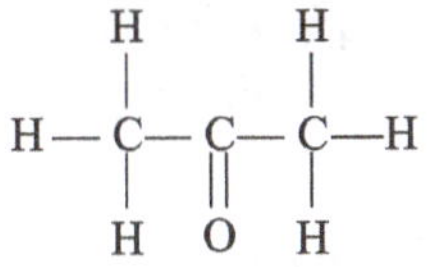

(ii) 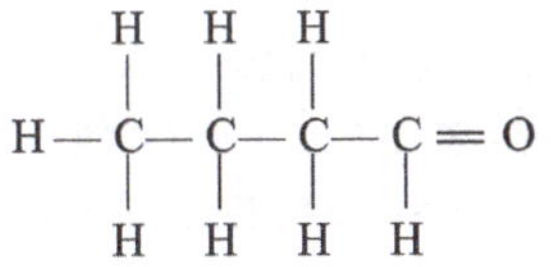

(iii) 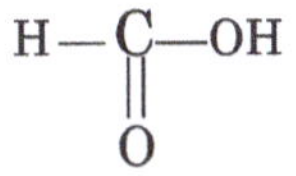

29. परागण किसे कहते हैं? स्व-परागण एवं पर-परागण में उदाहरण सहित अन्तर स्पष्ट कीजिए।

30. (a) पारितन्त्र की परिभाषा लिखिए।

(b) स्वपोषी आहार श्रृंखला के प्रथम पोषी स्तर पर होते हैं। कारण दीजिए।

(c) मेंढक, घास, कीट और साँप की आहार श्रृंखला में मेंढक का पोषी स्तर निर्धारित कीजिए। इसे उपभोक्ताओं की किस श्रेणी में रखा जाएगा?

31. एक दर्पण के सामने 48 सेमी की दूरी पर रखे पर्दे पर एक छात्र मोमबत्ती की लौ को प्रक्षेपित करना चाहता है, जबकि मोमबत्ती की लौ दर्पण के ध्रुव से 12 सेमी दूरी पर स्थित है।

(a) उसे किस प्रकार का दर्पण उपयोग में लेना चाहिए?

(b) प्रतिबिम्ब का रेखीय आवर्धन ज्ञात कीजिए।

(c) प्रतिबिम्ब, बिम्ब से कितनी दूरी पर है?

32. (a) ओम के नियम को प्रायोगात्मक रूप से किस प्रकार सिद्ध किया जा सकता है?

(b) $20\,\Omega$ प्रतिरोध की कोई विद्युत इस्तरी 5 ऐम्पियर विद्युत धारा लेती है। 30 सेकण्ड में उत्पन्न ऊष्मा को परिकलित कीजिए।

33. नीचे दिए गए चित्र को ध्यानपूर्वक देखिए तथा इसके आधार पर निम्न प्रश्नों के उत्तर लिखिए

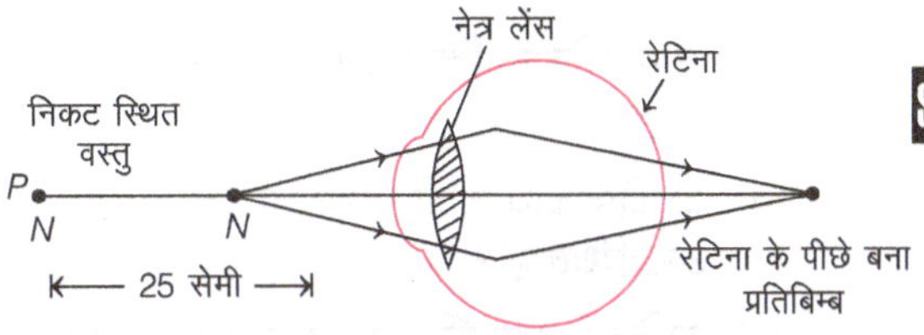

(a) चित्र में कौन-सा नेत्र दोष दिखाया गया है? अपना उत्तर कारण सहित दीजिए।

(b) इस दोष के कौन-से दो कारण हो सकते हैं?

(c) चित्र की सहायता से दिखाओं कि इस दोष का निवारण उचित फोकस दूरी के लेंस के उपयोग द्वारा किस प्रकार किया जा सकता है?

खण्ड-घ दीर्घ उत्तरीय प्रश्न

34. (a) निम्न के लिए कारण व्यक्त कीजिए

(i) जब एक चमकहीन ताँबें का पात्र नींबू से रगड़ा जाता है, तो पुनः चमकने लगता है।

(ii) सभी क्षार क्षारक होते हैं लेकिन सभी क्षारक क्षार नहीं होते हैं।

(iii) दुर्बल क्षार जैसे बेकिंग सोडा का मधुमक्खी के काटे हुए स्थान पर उपयोग आराम देता है।

(iv) एक पदार्थ (X) जो जल में अविलेय है तथा मकान बनाने की सामग्री में प्रयुक्त होता है। तनु HCl से क्रिया करने पर, यह एक गैस उत्पन्न करता है जो चूने के जल को दूधिया कर देती है। दिए गए पदार्थ को पहचाने एवं संबंधित रासायनिक समीकरण लिखिए।

अथवा

(b) निम्नलिखित का उत्तर दीजिए

(i) क्या होता है जब सोडियम क्लोराइड विलयन का विद्युत-अपघटन किया जाता है? संबंधित रासायनिक समीकरण लिखिए।

(ii) सांद्र सोडियम क्लोराइड विलयन का विद्युत/अपघटन, क्लोर-क्षार अभिक्रिया क्यों कहलाता है?

(iii) क्लोर-क्षार अभिक्रिया के तीन उत्पादों का नाम बताइए।

35. (a) क्या होगा यदि

(i) पश्च मस्तिष्क किसी दुर्घटना में क्षतिग्रस्त हो जाए?

(ii) बहुकोशिकीय जीवों में रासायनिक संचरण अनुपस्थित हो?

(iii) व्यक्ति में थायरॉक्सिन हॉर्मोन की कमी हो जाए?

अथवा

(b) (i) नीचे दिए गए चित्र में A-D तक की पहचान कीजिए।

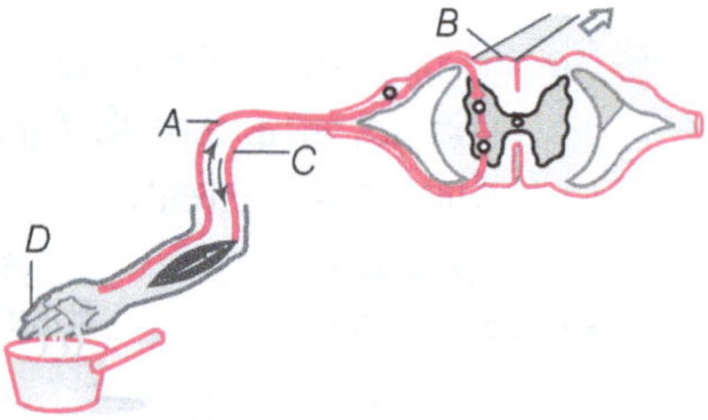

(ii) प्रतिवर्ती क्रिया क्या है? दो उदाहरण दिजिए। प्रतिवर्ती चाप को समझाइए।

36. (a) (i) किसी विद्युत परिपथ में तीन प्रतिरोध क्रमशः $2\,\Omega, 3\,\Omega, 6\,\Omega$ को किस प्रकार व्यवस्थित किया जाए?

आरेख खींचिए, जब

I. तुल्य प्रतिरोध $4\,\Omega$ हो।

II. तुल्य प्रतिरोध $1\,\Omega$ हो।

(ii) यदि 2 वोल्ट के तीन सेलों की बैटरी, जो $5\,\Omega$, $8\,\Omega$ तथा $12\,\Omega$ प्रतिरोध एवं एक प्लग कुँजी सभी श्रेणीक्रम में संयोजित हैं, तो परिपथ में प्रवाहित धारा व तुल्य प्रतिरोध ज्ञात कीजिए।

अथवा

(b) (i) किसी विद्युत परिपथ में $6\,\Omega$ के तीन प्रतिरोधों को किस प्रकार संयोजित करेंगे? आरेख खींचिए, जब

I. तुल्य प्रतिरोध $9\,\Omega$ II. तुल्य प्रतिरोध $4\,\Omega$

(ii) दो घण्टे में 40V विभवान्तर से 960000 कूलॉम आवेश को स्थानान्तरित करने में उत्पन्न ऊष्मा परिकलित कीजिए।

खण्ड-ङ स्रोत आधारित/केस आधारित प्रश्न

37. जब किसी अम्ल को जल में विलेय किया जाता है, तो ऊष्मा उत्पन्न होती है तथा विलयन के ताप में वृद्धि हो जाती है। जल में विलेय करने पर उत्पन्न ऊष्मा का मान अम्ल की प्रकृति पर निर्भर करता है अर्थात् प्रबल अम्ल को जल में विलेय करने पर अधिक ऊष्मा उत्सर्जित होती है।

(a) किसी अम्ल को तनुकृत करते समय विलयन को लगातार विलोडित करते हुए जल को अम्ल में मिलाना चाहिए, अम्ल को जल में नहीं डालना चाहिए। क्यों? (1)

SP-12

(b) क्या होता है, जब एक अम्लीय विलयन को एक परखनली में लिए गए क्षारीय विलयन में मिलाया जाता है? (1)

(c) कोई धातु यौगिक A तनु हाइड्रोक्लोरिक अम्ल के साथ अभिक्रिया करता है, तो बुदबुदाहट उत्पन्न होती है। इससे उत्पन्न गैस जलती मोमबत्ती को बुझा देती है। यदि उत्पन्न यौगिकों में से एक कैल्सियम क्लोराइड है, तो इस अभिक्रिया के लिए संतुलित रासायनिक समीकरण लिखिए। (2)

अथवा

(c) धातु के साथ अम्ल की अभिक्रिया होने पर सामान्यतः कौन-सी गैस निकलती है? एक उदाहरण के द्वारा समझाइए। इस गैस की उपस्थिति की जाँच आप कैसे करेंगे? (2)

38. पादपों का हरा रंग पर्णहरिम (Chlorophyll) की उपस्थिति के कारण होता है और पर्णहरिम की उपस्थिति के कारण ही पादप सूर्य की प्रकाश ऊर्जा को रासायनिक ऊर्जा के रूप में बदलकर कार्बोहाइड्रेट्स का निर्माण करते हैं। अतः "प्रकाश-संश्लेषण वह जैव-रासायनिक प्रक्रिया है, जिसमें हरे पादपों के हरे भाग में उपस्थित पर्णहरिम युक्त हरितलवक, सौर ऊर्जा ग्रहण करके वायु से ली गई CO_2 एवं मृदा से अवशोषित जल द्वारा स्वयं के लिए भोजन का निर्माण करते हैं तथा O_2 सहउत्पाद के रूप में निष्कासित होती है।

(a) प्रकाश-संश्लेषण की प्रक्रिया की सन्तुलित समीकरण लिखिए। (1)

(b) प्रकाश-संश्लेषण के दौरान निर्मित सहउत्पाद का स्रोत क्या है? (1)

(c) अर्द्ध पत्ती प्रयोग में, पत्ती का एक भाग, परखनली के अन्दर रखा तथा इसमें KOH से भीगी हुई रूई भी रखी शेष भाग को वायु में रखा, फिर इस व्यवस्था को कुछ समय प्रकाश में रखा। बाद में यह पाया गया कि वायु में रखा हुआ पत्ती का भाग स्टार्च का धनात्मक परीक्षण देता है। इस प्रयोग द्वारा क्या प्रदर्शित होता है? (2)

अथवा

(c) प्रकाश-संश्लेषण को प्रभावित करने वाले कारक कौन-से होते हैं? नाम बताइए। (2)

39. किसी छड़ चुम्बक को निम्न आरेख द्वारा संयोजित किया जाता है ताकि विद्युत धारावाही छड़ AB अपनी लम्बाई तथा चुम्बकीय क्षेत्र के लम्बवत् एक बल का अनुभव करें और परिपथ में धारा प्रवाहित हो तथा छड़ A B के विस्थापन सम्बन्धित निम्न प्रश्नों का उत्तर दीजिए

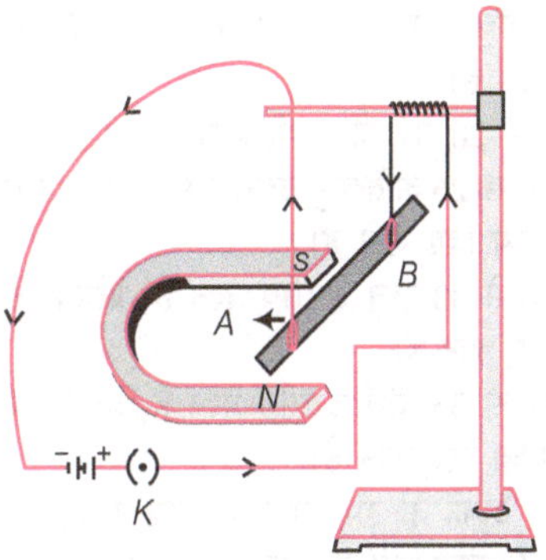

(a) उल्लेख कीजिए, क्या होता है जब

(i) छड़ AB से प्रवाहित विद्युत धारा में वृद्धि हो जाए?

(ii) छड़ AB की लम्बाई में वृद्धि कर दी जाए? (1)

(b) चुम्बकीय क्षेत्र उत्पन्न करने के दो विधियाँ बताइए। (1)

(c) दो चुम्बकीय क्षेत्र रेखाएँ एक-दूसरे को प्रतिच्छेद क्यों नहीं करती हैं? (2)

अथवा

(c) किसी चुम्बकीय क्षेत्र में स्थित विद्युत धारावाही चालक पर आरोपित बल कहाँ अधिकतम होता है? (2)

SP-12

इस प्रश्न-पत्र के उत्तर प्राप्त करने के लिए इस QR Code को अपने मोबाइल फोन से Scan करें।

SQP Code : **PB-13/15** Series ***i*-Succeed 13-25/15** अनुक्रमांक | | | | | | | | |

सैंपल प्रश्न-पत्र 13

विज्ञान कक्षा 10 (कोड 086)

सामान्य निर्देश

इस प्रश्न पत्र में पाँच खण्डों (क), (ख), (ग), (घ) और (ङ) में बाँटा गया है। प्रश्न-पत्र में 39 प्रश्न हैं। सभी प्रश्न अनिवार्य हैं।

1. प्रश्न में, 1 से 20 तक के सभी प्रश्न एक-एक अंक के हैं।
2. प्रश्न में, 21 से 26 अतिलघु उत्तरीय प्रश्न हैं, प्रत्येक के 2 अंक निर्धारित हैं। इन प्रश्नों के उत्तर 30 से 50 शब्दों के मध्य दिए जाने हैं।
3. प्रश्न में, 27 से 33 लघु उत्तरीय प्रश्न हैं, प्रत्येक के 3 अंक निर्धारित हैं। इन प्रश्नों के उत्तर 50 से 80 शब्दों के मध्य दिए जाने हैं।
4. प्रश्न में, 34 से 36 दीर्घ उत्तरीय प्रश्न हैं, प्रत्येक के 5 अंक निर्धारित हैं। इन प्रश्नों के उत्तर 80 से 120 शब्दों के मध्य दिए जाने हैं।
5. प्रश्न में, 4 अंको के उप-भागों के साथ 3 प्रश्न, स्रोत आधारित/केस आधारित दिए गए हैं। कोई समग्र विकल्प नहीं है। हालांकि, कुछ प्रश्नों में आंतरिक विकल्प दिए गए हैं, जिनमें केवल एक का उत्तर देना है।

समय : 3 घंटे

पूर्णांक : 80

खण्ड-क बहुविकल्पीय प्रश्न

1. MnO_2 और HCl की रासायनिक अभिक्रिया उदाहरण है?

(a) विस्थापन अभिक्रिया (b) संयोजन अभिक्रिया
(c) रेडॉक्स अभिक्रिया (d) वियोजन अभिक्रिया

2. क्या होता है, जब ड्राई HCl गैस जलीय HCl विलयन में प्रवाहित की जाती है?

(a) अभिक्रिया का वेग तीव्र हो जाता है
(b) अभिक्रिया सम्भव नहीं
(c) अभिक्रिया का वेग धीमा हो जाता है
(d) अभिक्रिया का वेग अपरिवर्तित रहता है

3. पैलेडियम अथवा निकेल उत्प्रेरक की उपस्थिति में तेल हाइड्रोजन से अभिकृत कराने पर वसा देते हैं। यह उदाहरण है, एक

(a) संकलन अभिक्रिया का (b) प्रतिस्थापन अभिक्रिया का
(c) विस्थापन अभिक्रिया का (d) ऑक्सीकरण अभिक्रिया का

4. सल्फ्यूरिक अम्ल में अम्लीय हाइड्रोजन परमाणुओं की संख्या है।

(a) 2 (b) 1
(c) 3 (d) शून्य

5. निम्न में से कौन-सी गैस को ताजा तेल के नमूने के लंबे समय तक परिरक्षण (भंडारण) के लिए उपयोग किया जा सकता है?

(a) कार्बन डाइऑक्साइड या ऑक्सीजन
(b) नाइट्रोजन या ऑक्सीजन
(c) कार्बन डाइऑक्साइड या हीलियम
(d) हीलियम या नाइट्रोजन

6. ऐसी कौन-सी धातु है, जिसे पीटकर 0.0001 मिमी से भी कम मोटाई की पतली चादर में परिवर्तित किया जा सकता है?

(a) Cu (b) Hg (c) Au (d) K

7. निम्नलिखित में अम्लीय लवण कौन-सा है?
(a) KCN (b) $NaHSO_4$
(c) NaCl (d) Na_2SO_4

8. पुरुषों में पाए जाने वाले द्वितीयक लैंगिक लक्षणों के संदर्भ में कौन-से कथन सही हैं?
A. चेहरे व शरीर पर बाल उग जाते हैं तथा स्वर भारी हो जाता है।
B. वृषणकोषों तथा शिश्न के आकार में वृद्धि हो जाती है।
C. शुक्रजनन नलिकाओं में शुक्राणुओं का निर्माण शुरू हो जाता है।
D. श्रोणि मेखला तथा नितम्ब चौड़े हो जाते हैं।
(a) A, B और C (b) A, C और D
(c) A, B और D (d) A, B, C और D

9. आयोडीन विलयन की कुछ बूँदें, चावल के पानी में मिलाने पर यह विलयन नीले-काले रंग में बदल जाता है। इससे पता चलता है, कि चावल का पानी बना होता है
(a) जटिल प्रोटीन का
(b) साधारण प्रोटीन का
(c) वसा का
(d) स्टार्च का

10. मनुष्य के मस्तिष्क का कौन-सा भाग ताप नियन्त्रण करता है?
(a) पिट्यूटरी (b) डाइएनसिफैलॉन
(c) हाइपोथैलेमस (d) इनमें से कोई नहीं

11. निषेचन के दौरान, पराग कण से निकलने वाली पराग नलिका सामान्यतया किसके द्वारा बीजाण्ड में प्रवेश करती हैं?
(a) अध्यावरण (b) बीजाण्डद्वार
(c) निभागी (d) अण्डद्वार

12. एकसंकर संकरण के F_2-पीढ़ी में शुद्ध तथा संकर लक्षणों वाले पादपों का अनुपात होगा
(a) 2 : 1 (b) 3 : 1 (c) 1 : 1 (d) 1 : 3

13. $4\,\Omega$ प्रतिरोध वाले एक तार को वृत्त के रूप में मोड़ा गया है। इसके व्यास के सिरों के बीच प्रतिरोध कितना होगा?
(a) 1 ओम (b) 2 ओम
(c) 4 ओम (d) 8 ओम

14. किसी प्रिज्म से यदि पीला प्रकाश न्यूनतम विचलन कोण पर आपतित होता है, तब
(a) आपतन कोण, निर्गत् कोण की अपेक्षा छोटा होता है
(b) आपतन कोण तथा निर्गत् कोण बराबर होते हैं
(c) आपतन कोण, निर्गत् कोण की अपेक्षा बड़ा होता है
(d) आपतन कोण तथा निर्गत् कोण का योग 60° होता है।

15. ओजोन के विषय में नीचे दिए गए कथनों पर विचार कीजिए।
A. ओजोन विषैली गैस है।
B. ओजोन पृथ्वी के पृष्ठ को सूर्य से आने वाले हानिकारक पराबैंगनी विकिरणों से सुरक्षा प्रदान करती है।
C. पराबैंगनी विकिरणों के प्रभाव से ऑक्सीजन (O_2) अणुओं से ओजोन बनती है।
D. पृथ्वी के वायुमण्डल के निचले स्तर पर ओजोन एक अत्यन्त आवश्यक प्रकार्य सम्पादित करती है।
इनमें सही कथन हैं
(a) A और B (b) A और C
(c) B और C (d) B और D

16. दी गई तालिका में से *A*, *B* एवं *C* को सही दर्शाते हुए विकल्प की पहचान कीजिए।

जीव	पोषक स्तर	खाद्य शृंखला के प्रकार
बाज	*A*	चारण
केंचुआ	प्राथमिक उपभोक्ता	*B*
C	द्वितीयक उपभोक्ता	चारण

(a) *A*—द्वितीयक उपभोक्ता, *B*—चारण, *C*—शैवाल
(b) *A*—शीर्षस्थ माँसाहारी, *B*—अपरद्, *C*—मेंढक
(c) *A*—अपमार्जक, *B*—चारण, C—शैवाल
(d) *A*—अपघटक, B—अपरद्, *C*—पर्च मछली

अभिकथन-कारण प्रकार के प्रश्न

निर्देश (प्र. सं. 17-20) इन प्रश्नों में **अभिकथन** (A) और **कारण** (R) दिए गए हैं। इन प्रश्नों के उत्तर नीचे दिए गए अनुसार उचित विकल्प को चुनकर दीजिए।
(a) A और R दोनों सही हैं तथा R द्वारा A की सही व्याख्या हो रही है।
(b) A और R दोनों सही हैं, परन्तु R द्वारा A की सही व्याख्या नहीं हो रही है।
(c) A सही है, परन्तु R गलत है।
(d) A गलत है, परन्तु R सही है।

17. **अभिकथन** (A) निम्नलिखित रासायनिक समीकरण एक सन्तुलित रासायनिक समीकरण है।

$2C_6H_6 + 7O_2 \longrightarrow 4CO_2 + 6H_2O$

कारण (R) सन्तुलित रासायनिक समीकरण में दोनों ओर तत्वों के परमाणुओं की संख्या बराबर होती है।

18. **अभिकथन** (A) मानव में किसी शिशु का लिंग उसके पिता द्वारा वंशानुगत गुणसूत्र के प्रकार द्वारा निर्धारित होता है।

कारण (R) वह शिशु जो अपने पिता से 'X' गुणसूत्र प्राप्त करता है, लड़की (XX) होती है, जबकि वह शिशु जो अपने पिता से 'Y' गुणसूत्र प्राप्त करता है, लड़का (XY) होता है।

19. **अभिकथन** (A) एक उत्तल लेन्स द्वारा निर्मित प्रतिबिम्ब की प्रदीप्त तीव्रता माध्य में अधिक एवं किनारों पर कम होती है।

कारण (R) प्रतिबिम्ब का मध्य भाग अविचलित किरणों द्वारा निर्मित होता है, जबकि बाहरी भाग झुकी किरणों द्वारा निर्मित होता है।

20. **अभिकथन** (A) *अमीबा* अपनी कोशिकीय सतह से अंगुली जैसे प्रवर्धों से भोजन ग्रहण करता है।

कारण (R) सभी एककोशिकीय जीव अपना भोजन सम्पूर्ण कोशिकीय सतह से ग्रहण करते हैं।

खण्ड-ख अतिलघु उत्तरीय प्रश्न

21. जिंक सल्फेट के विलयन में एक स्वच्छ ऐलुमिनियम-पत्र को रखा गया। लगभग 15-मिनट बाद ऐलुमिनियम पत्र को जिंक सल्फेट के विलयन से निकालने पर उसकी सतह पर सफेद-भूरे (सिल्वरी-ग्रे) रंग की परत जमी पाई गई। उपरोक्त प्रेक्षण से आप क्या निष्कर्ष निकालते हैं?

22. निम्न एन्जाइमों हेतु सही क्रियाकारकों का नाम बताइए।

(a) ट्रिप्सिन (b) एमाइलेज
(c) पेप्सिन (d) लाइपेज

23. (a) बाल विवाह प्रजनन स्वास्थ्य के लिए खतरा है। कोई दो कारण बताइए।

अथवा

(b) गर्भावस्था को रोकने के लिए उपयोग की जाने वाली यान्त्रिक विधियाँ अन्य गर्भनिरोधक युक्तियों से बेहतर होती हैं। इनके कोई दो लाभ बताइए।

24. (a) हम बिम्बों को सीधा किस प्रकार देखते हैं, जबकि नेत्र वास्तविक तथा उल्टा प्रतिबिम्ब रेटिना पर बनाता है?

(b) यदि नेत्र से किसी वस्तु की दूरी को 10 मी से 1 मी कर दिया जाता है, तो सामान्य मानव नेत्र के लिए प्रतिबिम्ब की दूरी पर क्या प्रभाव पड़ेगा? उत्तर की पुष्टि कीजिए।

25. (a)

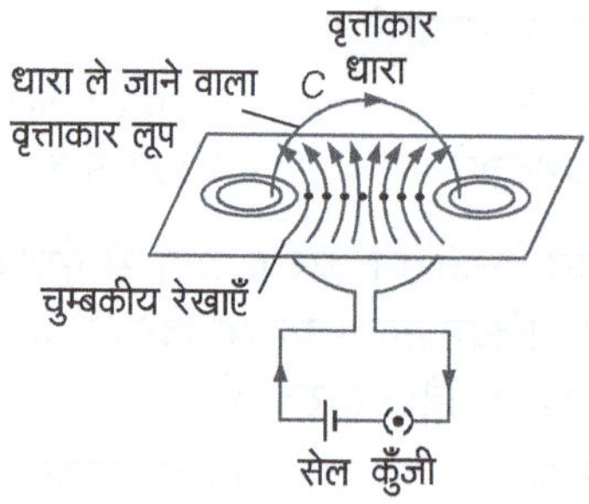

उपरोक्त चित्र एक धारावाही वृत्ताकार लूप को दर्शाता है। इसके आधार पर निम्न प्रश्नों के उत्तर दीजिए।

SP-13

(i) इस आरेख में चालक में प्रवाहित धारा की दिशा और चुम्बकीय क्षेत्र रेखाओं की दिशा को समझाइए।

(ii) यदि एक विद्युत धारावाही कुण्डली में फेरों की संख्या n होती है, तब उसके द्वारा किसी बिन्दु पर उत्पन्न चुम्बकीय क्षेत्र, एकल फेरे द्वारा उत्पन्न क्षेत्रों की अपेक्षा n गुना अधिक प्रबल क्यों होता है?

अथवा

(b) (i) उस नियम की व्याख्या कीजिए, जिसका उपयोग चुम्बकीय क्षेत्र तथा विद्युत क्षेत्र की दिशा ज्ञात करने में किया जाता है।

(ii) इस नियम को दर्शाने के लिए नामांकित आरेख खींचिए।

26. DNA का पूरा नाम लिखिए। इसका क्या महत्त्व है?

खण्ड-ग लघु उत्तरीय प्रश्न

27. एक विद्यार्थी Cu, Al और Zn की पट्टियों को अलग-अलग I, II और III नामांकित परखनलियों में क्रमशः लेता है। वह प्रत्येक परखनली में 10 mL ताजा बना फेरस सल्फेट का विलयन डालता है और प्रत्येक दशा में अवशेष के रंग का प्रेक्षण प्राप्त करता है।

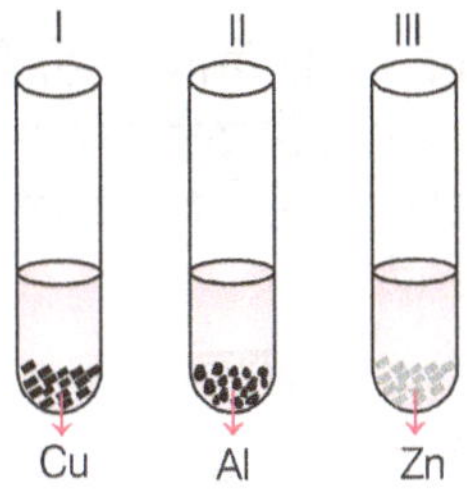

(a) वह स्लेटी रंग का अवशेष किस परखनली में देखेगा?

(b) फेरस सल्फेट की Cu, Al और Zn के साथ रासायनिक अभिक्रियाएँ लिखिए।

28. (a) (i) कार्बन टेट्राक्लोराइड का सूत्र तथा इलेक्ट्रॉन बिंदु संरचना लिखिए।

(ii) साबुनीकरण (Saponification) क्या है? अभिक्रिया से सम्बन्धित समीकरण भी लिखिए।

अथवा

(b) साबुन तथा अपमार्जक में कोई तीन-तीन अन्तर लिखिए।

29. पुष्प वाले पादपों में द्विनिषेचन तथा त्रिक संलयन को समझाइए।

30. कुछ वर्षों से गिद्धों की संख्या में तीव्रता से गिरावट आई है, जोकि चिंता का विषय है।

निम्न प्रश्नों को कारण सहित समझाइए।

(a) गिद्ध किस श्रेणी का जन्तु है?

(b) पारितन्त्र के सन्तुलन को बनाए रखने में इनकी प्रकृति में क्या भूमिका है?

(c) खाद्य श्रृंखला में गिद्धों की क्या स्थिति है?

31. (a) दण्ड चुम्बक तथा विद्युत चुम्बक में अन्तर लिखिए।

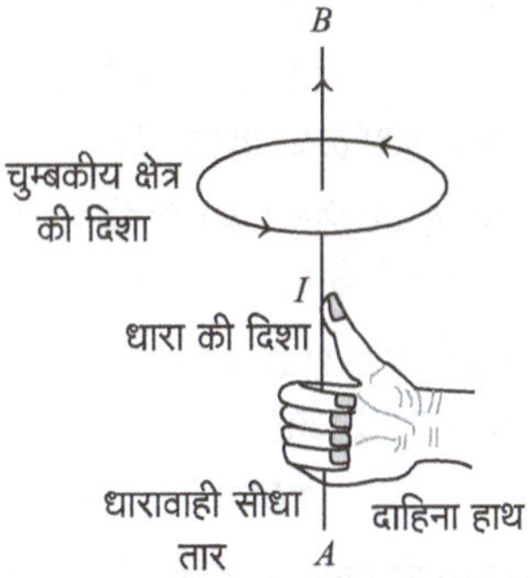

(b) उपरोक्त आरेख दक्षिण हस्त अंगुष्ठ नियम को दर्शाता है। हमारे विचार से तार AB का विस्थापन किस प्रकार प्रभावित होगा, यदि

(i) तार AB में प्रवाहित विद्युत धारा में वृद्धि हो जाए?

(ii) अधिक प्रबल नाल चुम्बक प्रयोग किया जाए?

(iii) तार AB की लम्बाई में वृद्धि कर दी जाए?

SP-13

32. (a) आवेश q, विभवान्तर V तथा कार्य W में सम्बन्ध दर्शाते हुए, 1 वोल्ट विभवान्तर की परिभाषा लिखिए।

(b) नीचे दिए गए परिपथ आरेख में तुल्य प्रतिरोध ज्ञात कीजिए।

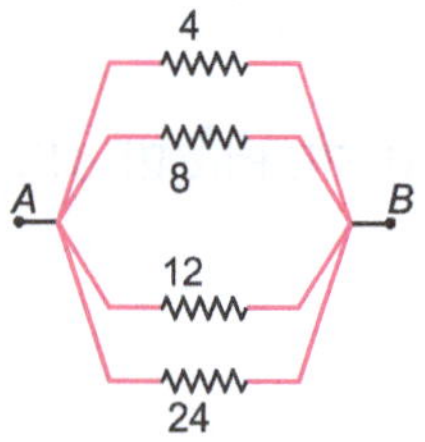

33. निम्नांकित चित्र में एक संकीर्ण श्वेत प्रकाश की किरण जो प्रिज्म ABC से गुजर रही है, प्रदर्शित है

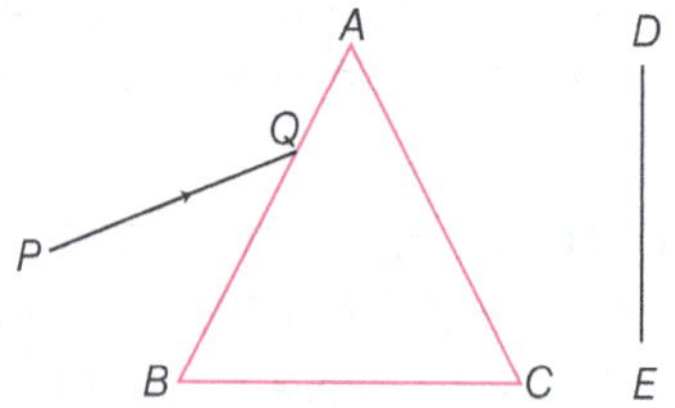

इस चित्र को अपनी उत्तर पुस्तिका में बनाओ तथा निर्गत् किरण जो पर्दे DE पर जा रही है, उसका मार्ग प्रदर्शित कीजिए।

(a) उत्पन्न घटना का नाम तथा कारण लिखिए।

(b) प्रकृति में यह घटना कहाँ दिखाई देती है?

(c) प्राप्त प्रेक्षणों के आधार पर, अपना उत्तर लिखो जिससे श्वेत प्रकाश की रचना हुई हो।

खण्ड-घ दीर्घ उत्तरीय प्रश्न

34. (a) निम्न अभिक्रिया के लिए पहले शब्द-समीकरण लिखिए तथा उसके बाद संतुलित समीकरण लिखिए।

(i) तनु सल्फ्यूरिक अम्ल दानेदार जिंक के साथ अभिक्रिया करता है।

(ii) तनु हाइड्रोक्लोरिक अम्ल मैग्नीशियम पट्टी के साथ अभिक्रिया करता है।

(iii) तनु सल्फ्यूरिक अम्ल ऐलुमिनियम चूर्ण के साथ अभिक्रिया करता है।

(iv) उदासीनीकरण अभिक्रिया क्या है? एक उदाहरण दीजिए।

अथवा

(b) जिप्सम से प्लास्टर ऑफ पेरिस रासायनिक रूप से किस प्रकार भिन्न है? ये कैसे अंत: परिवर्तित किए जा सकते हैं? प्लास्टर ऑफ पेरिस के दो उपयोग लिखिए।

35. (a) (i) तन्त्रिका तन्त्र और हॉर्मोनल तन्त्र दोनों मिलकर मानव में नियन्त्रण और समन्वयन का कार्य करते हैं। इस कथन की पुष्टि कीजिए।

(ii) कोई गिलहरी आतंक की परिस्थिति में है। वह अपने शरीर को लड़ने के लिए अथवा वहाँ से भागने के लिए तैयार करती है। उसके शरीर में तत्काल होने वाले परिवर्तनों का उल्लेख कीजिए जिससे कि वह गिलहरी लड़ अथवा भाग सके।

अथवा

(b) (i) हॉर्मोन क्या हैं? इसकी दो विशेषताएँ बताइए।

(ii) सम्बन्धित ग्रन्थि एवं हॉर्मोन का नाम बताइए

I. जो नर मानव में किशोरावस्था के समय परिवर्तन लाता है।

II. जो रुधिर में शर्करा का स्तर नियन्त्रित करता है।

(iii) मानव शरीर की सबसे बड़ी अन्तःस्रावी ग्रन्थि एवं इससे स्रावित एक हॉर्मोन का नाम बताइए।

36. (a) (i) किसी काँच की झिल्ली से प्रकाश के अपवर्तन को किरण आरेख द्वारा दर्शाइए तथा निम्न बिन्दुओं को अंकित कीजिए

I. अपवर्तन कोण

II. झिल्ली से निर्गत् किरण में उत्पन्न पार्श्व विस्थापन

(ii) यदि काँच का अपवर्तनांक, जब प्रकाश वायु से काँच में जाता है, तो $\frac{3}{2}$ है। जब प्रकाश काँच से वायु में जाता है, तो वायु का अपवर्तनांक क्या होगा?

अथवा

(b) (i) किसी वायु के बुलबुले को जल के अन्दर किरण आरेख द्वारा दर्शाइए तथा दिए गए प्रश्नों को आरेख में अंकित कीजिए।

I. सतह पर अभिलम्ब तथा आपतन कोण

II. चित्र में तीन प्रकाश की किरणों के पथ को, जहाँ तीनों किरणें वायु के बुलबुले के सम्पर्क में आती हैं, अंकित करो।

(ii) पानी के अपवर्तनांक की परिभाषा दीजिए। यदि प्रकाश की निर्वात् में चाल 3×10^8 मी/से तथा प्रकाश की पानी में चाल 2.2×10^8 मी/से है, तो पानी के अपवर्तनांक की गणना कीजिए।

खण्ड-ङ स्रोत आधारित/केस आधारित प्रश्न

37. ऐलुमिनियम धातु हल्की होती है परंतु मजबूत नहीं, लेकिन कॉपर, मैग्नीशियम और मैंगनीज के साथ ऐलुमिनियम की मिश्रधातु हल्की होने के साथ-साथ मजबूत होती है। क्योंकि डूरैलूमिन हल्की और मजबूत भी होती है, इसे वायुयान के ढाँचे एवं भाग, अंतरिक्ष उपग्रह तथा रसोई के बर्तन जैसे प्रेशर कुकर, इत्यादि बनाने के लिए उपयोग किया जाता है।

(a) जंगरोधी इस्पात बनाने के लिए आयरन के साथ किस धातु को मिलाया जाता है तथा सम्बन्धित धातु का एक गुण लिखिए? (1)

(b) पीतल मिश्र-धातु कॉपर के साथ किस धातु के मिश्रण से बनती है इसका कोई एक उपयोग लिखिए? (1)

(c) दरवाजों को लगाने में स्टैनलेस स्टील (Stainless steel) की अपेक्षा ब्रास के उपयोग को वरीयता क्यों दिया जाता है? (2)

अथवा

(c) मिश्रधातु के गुण, उसके अवयवों से किस प्रकार भिन्न होते हैं? (2)

38. उच्च पादपों (आवृतबीजी) में लैंगिक जनन की प्रक्रिया के लिए विशेष संरचनाएँ पाई जाती हैं, जिन्हें पुष्प कहते हैं। इन पुष्पों के विशेष अंगों में जनन कोशिकाएँ पाई जाती हैं, जिनमें युग्मक बनते हैं। पुष्पी पादपों में मुख्य जननांग पुष्प होते हैं। अधिकांश पादपों में पुष्प चार प्रकार की रूपांतरित पत्तियों की रूपांतरित संरचना होते हैं। पुष्प के विभिन्न भाग बाह्यदल (Calyx), दल (Corolla), पुंकेसर (Stamen) एवं स्त्रीकेसर (Pistil) होते हैं। इसमें से बाह्य दलपुंज एवं दलपुंज पुष्प के सहायक अंग तथा पुमंग एवं जायांग आवश्यक अंग या जननांग कहलाते हैं। ये भाग पुष्पवृंत के फूले हुए सिरे पर चक्रों के रूप में बाहर से अंदर की ओर निम्न प्रकार विन्यासित रहते हैं

बाह्य दलपुंज → दलपुंज → पुमंग (पुंकेसर) → जायांग (स्त्रीकेसर)

(a) लैंगिक जनन द्वारा उत्पन्न सन्तति में विभिन्नताओं की उत्पत्ति के दो कारण बताइए। (1)

(b)

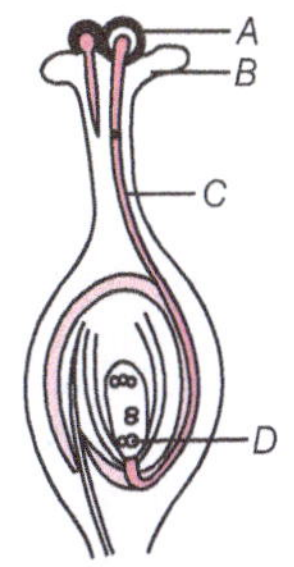

(i) चित्र में A भाग का नाम बताइए।

(ii) A भाग B तक किस प्रकार से पहुँचता है? (1)

SP-13

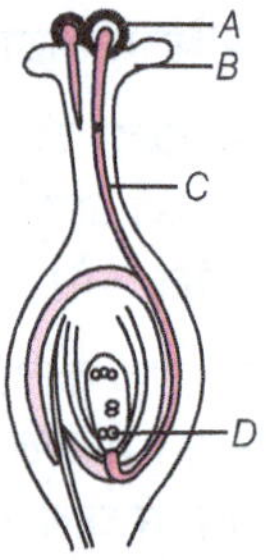

(i) चित्र में A भाग का नाम बताइए।

(ii) A भाग B तक किस प्रकार से पहुँचता है? (1)

(c) भाग C का महत्व बताइए तथा भाग D का निषेचन के बाद क्या होता है? (2)

अथवा

(c) दिए गए चित्र में A, B एवं C भाग का नाम बताइए तथा प्रत्येक का एक कार्य बताइए।

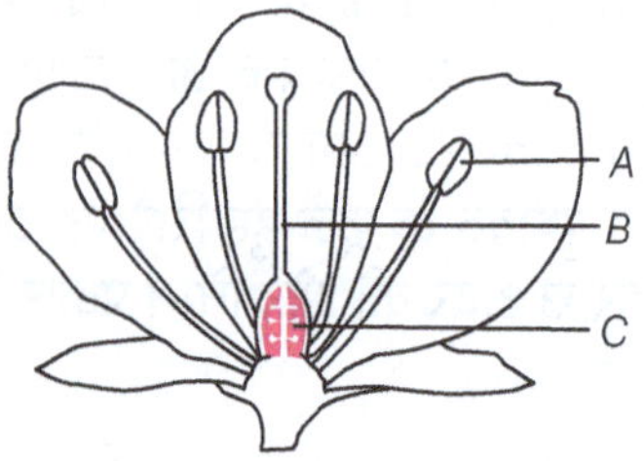

पुष्प में निम्नलिखित प्रत्येक भाग का एक कार्य लिखिए।

(i) अण्डाशय (ii) वर्तिकाग्र

(iii) परागकोष (2)

SP-13

39. एक छात्र ने ओम के नियम के अध्ययन के लिए नीचे दिए गए आरेख द्वारा परिपथ का निर्माण किया है। आरेख को ध्यान में रखते हुए निम्न प्रश्नों का उत्तर दीजिए।

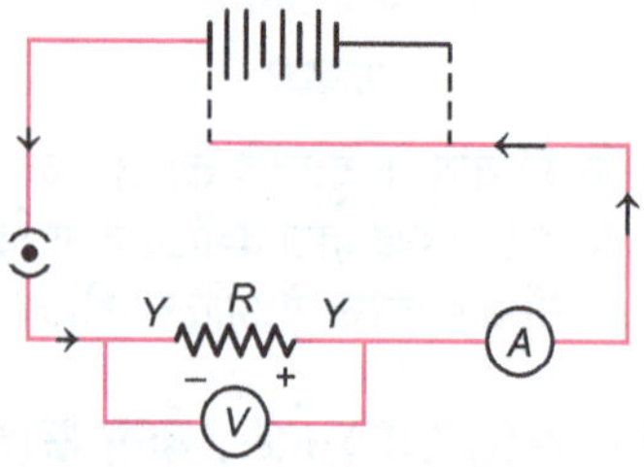

(a) उल्लेख कीजिए, क्यों

(i) अमीटर को श्रेणीक्रम में संयोजित किया जाता है?

(ii) वोल्टमीटर को समान्तर क्रम में संयोजित किया जाता है? (1)

(b) बैटरी के सभी सेलों का संयोजन किस क्रम में होना चाहिए? (1)

(c) यदि आरेख में दिए गए प्रतिरोध का मान 4 Ω तथा बैटरी 4 वोल्ट की हो, तो परिपथ में प्रवाहित धारा तथा परिपथ द्वारा 2 सेकण्ड में उत्पन्न ऊष्मा परिकलित कीजिए। (2)

अथवा

(c) किसी धातु के 1 मी लम्बे तार का प्रतिरोध 10 Ω है। यदि तार का व्यास 0.2 मिमी है, तो उस धातु की वैद्युत प्रतिरोधकता क्या है? (2)

इस प्रश्न-पत्र के उत्तर प्राप्त करने के लिए इस QR Code को अपने मोबाइल फोन से Scan करें।

SQP Code : **PB-14/15** Series ***i*-Succeed 14-25/15** अनुक्रमांक | | | | | | | | |

सैंपल प्रश्न-पत्र 14

विज्ञान कक्षा 10 (कोड 086)

सामान्य निर्देश

इस प्रश्न पत्र में पाँच खण्डों (क), (ख), (ग), (घ) और (ङ) में बाँटा गया है। प्रश्न-पत्र में 39 प्रश्न हैं। सभी प्रश्न अनिवार्य हैं।

1. प्रश्न में, 1 से 20 तक के सभी प्रश्न एक-एक अंक के हैं।
2. प्रश्न में, 21 से 26 अतिलघु उत्तरीय प्रश्न हैं, प्रत्येक के 2 अंक निर्धारित हैं। इन प्रश्नों के उत्तर 30 से 50 शब्दों के मध्य दिए जाने हैं।
3. प्रश्न में, 27 से 33 लघु उत्तरीय प्रश्न हैं, प्रत्येक के 3 अंक निर्धारित हैं। इन प्रश्नों के उत्तर 50 से 80 शब्दों के मध्य दिए जाने हैं।
4. प्रश्न में, 34 से 36 दीर्घ उत्तरीय प्रश्न हैं, प्रत्येक के 5 अंक निर्धारित हैं। इन प्रश्नों के उत्तर 80 से 120 शब्दों के मध्य दिए जाने हैं।
5. प्रश्न में, 4 अंको के उप-भागों के साथ 3 प्रश्न, स्रोत आधारित/केस आधारित दिए गए हैं। कोई समग्र विकल्प नहीं है। हालांकि, कुछ प्रश्नों में आंतरिक विकल्प दिए गए हैं, जिनमें केवल एक का उत्तर देना है।

समय : 3 घंटे

पूर्णांक : 80

खण्ड-क बहुविकल्पीय प्रश्न

1. ऐसीटिक अम्ल में अम्लीय हाइड्रोजन परमाणुओं की संख्या है

(a) 1 (b) 2 (c) 3 (d) 4

2. मैग्नीशियम धातु का घनत्व कितना होता है?

(a) 1.74 ग्राम-सेमी$^{-3}$ (b) 1.60 ग्राम-सेमी$^{-3}$
(c) 1.52 ग्राम-सेमी$^{-3}$ (d) 1.30 ग्राम-सेमी$^{-3}$

3. लेड बैटरियों में प्रयुक्त किया जाने वाला अम्ल है

(a) नाइट्रिक अम्ल (b) सल्फ्यूरिक अम्ल
(c) हाइड्रोक्लोरिक अम्ल (d) उपरोक्त सभी

4. किसी द्विविस्थापन अभिक्रिया जैसे सोडियम सल्फेट विलयन और बेरियम क्लोराइड विलयन के बीच अभिक्रिया में

(a) आयनों का आदान-प्रदान होता है।
(b) कोई अवक्षेप नहीं बनता है।
(c) कोई अविलेय लवण बनता है।
(d) उपरोक्त में से कोई नहीं

5. सिल्वर नाइट्रेट ($AgNO_3$) के विलयन में कॉपर (Cu) धातु डालने पर क्या अभिक्रिया होती है?

(a) कम सक्रिय धातु का प्रतिस्थापन
(b) अधिक सक्रिय धातु का प्रतिस्थापन
(c) सक्रिय धातु की क्रियाशीलता का घटना
(d) सक्रिय धातु की क्रियाशीलता का बढ़ना

6. अमोनिय (NH_3) और हाइड्रोजन क्लोराइड (HCl) सम्पर्क में आने पर क्रिया करके बनाते हैं

(a) अमोनियम क्लोराइड
(b) अमोनियम सल्फाइड
(c) अमोनियम ऑक्साइड
(d) गन्धक

7. निम्नलिखित में से दुर्बल अम्ल है

(a) HCl (b) HCN (c) HNO_3 (d) H_2SO_4

8. आमाशय का अस्तर निम्नलिखित में से एक की उपस्थिति के कारण सुरक्षित बना रहता हैं। सही उत्तर चुनिए।

(a) पेप्सिन (b) म्यूकस (श्लेष्मा)
(c) क्षारीय एमाइलेज (d) पित्त रस

9. स्त्रियों में पाए जाने वाले गौण लैंगिक लक्षणों के सम्बन्ध में कौन-से कथन सही हैं?

A. बाह्य जननांगों तथा स्तनों का विकास प्रारम्भ हो जाता है।

B. अण्डोत्सर्ग तथा मासिक धर्म या आर्तव चक्र प्रारम्भ हो जाता है।

C. अस्थियाँ व पेशियाँ मजबूत तथा कन्धे चौड़े हो जाते हैं व शरीर की लम्बाई बढ़ने लगती है।

D. जननांगों के आस-पास, बगलों, आदि स्थानों पर बाल उग जाते हैं।

(a) A, B और C (b) A, B और D
(c) A और B (d) A, B, C और D

10. दो पृथक् लक्षणों-बीजों की आकृति और रंग की स्वतन्त्र वंशानुगति के अध्ययन के लिए किए गए प्रयोग में F_2-संतति में विभिन्न संयोजनों का अनुपात होगा।

(a) 1 : 3 (b) 1 : 2 : 1
(c) 9 : 3 : 3 : 1 (d) 9 : 1 : 1 : 3

SP-14

11. यदि किसी पौधे लगे गमले को क्षैतिज दिशा में रखा जाए, तो कुछ दिनों बाद जड़ व तने की स्थिति क्या होगी?

(a) जड़ व तना दोनों क्षैतिज दिशा में ही रहेंगे
(b) जड़ ऊपर की ओर गति करेगी, जबकि तना भूमि की ओर मुड़ जाएगा
(c) जड़ भूमि की ओर मुड़ जाएगी तथा तना ऊपर की ओर मुड़कर वृद्धि करेगा
(d) जड़ व तना दोनों ही भूमि की ओर मुड़कर वृद्धि करेंगे

12. निम्न में से किस ग्रन्थि का तरल मैथुन के समय स्नेहक का कार्य करता है?

(a) प्रोस्टेट ग्रन्थि का
(b) बार्थोलिन ग्रन्थि का
(c) पेरिनियल ग्रन्थि का
(d) उपरोक्त में से कोई नहीं

13. किसी पृष्ठ से परावर्तित प्रकाश की मात्रा निर्भर करती है

(a) प्रकाशिक माध्यम पर
(b) प्रकाश स्रोत पर
(c) पृष्ठ की प्रकृति पर
(d) उपरोक्त में से कोई नहीं

14. मानव नेत्र का वह भाग कौन-सा है, जिससे प्रकाश नेत्र में प्रवेश करता है?

(a) रेटिना (दृष्टिपटल)
(b) पुतली
(c) नेत्र लेन्स (क्रिस्टलीय लेन्स)
(d) कॉर्निया (स्वच्छ मंडल)

15. एक घासस्थल तथा तालाब पारिस्थितिक तन्त्र के तुलनात्मक अध्ययन में क्या देखा जा सकता है?

(a) प्राथमिक एवं द्वितीयक उपभोक्ता समान हैं।
(b) जैवीय एवं अजैवीय घटक भिन्न हैं।
(c) जैवीय घटक लगभग समान हैं।
(d) अजैवीय घटक लगभग समान हैं।

16. खाद्य श्रृंखला के सन्दर्भ में नीचे दिए गए कथनों में से सही कथनों का चयन कीजिए।

A. मेंढ़क खाद्य श्रृंखला के द्वितीय पोषक स्तर पर पाया जाता है।

B. शेर खाद्य श्रृंखला के तृतीय पोषक स्तर पर पाया जा सकता है।

C. सायनोबैक्टीरिया जलीय खाद्य श्रृंखला में प्रथम पोषक स्तर का निर्माण करते हैं।

D. अपघटकों का चारण खाद्य श्रृंखला में स्थान अनिश्चित होता है।

(a) A, B और C (b) B और C
(c) A और C (d) B, C और D

अभिकथन-कारण प्रकार के प्रश्न

निर्देश (प्र.सं. 17-20) इन प्रश्नों में **अभिकथन** (A) और **कारण** (R) दिए गए हैं। इन प्रश्नों के उत्तर नीचे दिए गए अनुसार उचित विकल्प को चुनकर दीजिए।

(a) A तथा R दोनों सही हैं तथा R द्वारा A की सही व्याख्या हो रही है।
(b) A तथा R दोनों सही हैं परन्तु R द्वारा A की सही व्याख्या हो नहीं हो रही है।
(c) A सही है, परन्तु R गलत है।
(d) A गलत है, परन्तु R सही है।

17. **अभिकथन** (A) नीला थोथा (Blue vitriol) $CuSO_4 \cdot 5H_2O$ में क्रिस्टलन जल की संख्या 5 होती है।

कारण (R) लवण के इकाई सूत्र में स्थित, जल के निश्चित अणुओं की संख्या को क्रिस्टलन का जल कहते हैं।

18. **अभिकथन** (A) लिंग निर्धारण करने वाले गुणसूत्र लिंग गुणसूत्र कहलाते हैं, इन्हें हेटेरोसोम (Heterosome) भी कहते हैं।

कारण (R) लिंग गुणसूत्र नर और मादा दोनों में अलग-अलग होते हैं। ये प्रायः X और Y-गुणसूत्र कहलाते हैं।

19. **अभिकथन** (A) फ्यूज तार का प्रतिरोध उच्च और गलनांक निम्न होना चाहिए।

कारण (R) फ्यूज का उपयोग अल्प धारा प्रवाह के लिए ही होता है।

20. **अभिकथन** (A) उभयचर ऑक्सीजनित तथा विऑक्सीजनित रुधिर के मिश्रण को सहन कर सकते हैं।

कारण (R) उभयचर दो कक्षीय हृदय वाले जानवर हैं।

खण्ड-ख अतिलघु उत्तरीय प्रश्न

21. एक गृह-स्वामिनी अपने घर में पुताई (सफेदी) कराना चाहती है। उसने बाजार से 10 किग्रा बिना बुझा चूना खरीदा और उसे 30 लीटर जल में विलेय किया। जल में चूना डालने पर उसने ध्यान दिया कि जल तब भी उबलने लगा जब उसे गर्म नहीं किया गया था। उसके प्रेक्षण के लिए कारण बताइए। अनुरूप रासायनिक समीकरण और बने उत्पाद का नाम लिखिए।

22. यौन संक्रमित रोगों को परिभाषित कीजिए तथा इन्हें रोकने के उपाय बताइए।

23. (a) जलीय जीव स्थलीय जीवों की तुलना में अधिक तीव्रता से श्वासोच्छ्वास क्यों करते हैं?

अथवा

(b) निम्न के कारण दीजिए

(i) श्वासनली में उपास्थिल छल्ले उपस्थित होते हैं।

(ii) फेफड़े सदैव वायु का अवशेषी आयतन रखते हैं।

24. (a) एक कैमरा अनेक प्रकार से मानव नेत्र के तुल्य होता है, लेकिन इन दोनों के बने प्रतिबिम्बों में मूल अन्तर होता है। स्पष्ट कीजिए, क्यों?

(b) नेत्र में प्रतिबिम्ब जिस पर्दे पर बनता है, उसका नाम लिखिए। सामान्य मनुष्य के नेत्र की परास क्या होती है?

25. (a)

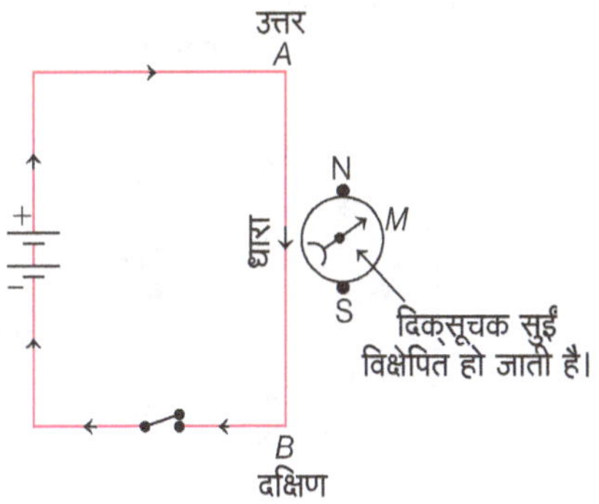

उपरोक्त परिपथ आरेख में दिक्सूचक विक्षेपण को दर्शाया गया है। यदि एक दिक्सूचक की सुईं के समीप किसी धारावाही लूप को लाया जाता है, तो यह उत्तर-दक्षिण दिशा से विक्षेपित हो जाती है।चित्र के आधार पर निम्न प्रश्नों के उत्तर दीजिए।

(i) उपरोक्त आरेख विद्युत धारा के किस प्रभाव को दर्शाता है?

(ii) इस प्रभाव से सम्बन्धित महत्त्वपूर्ण युक्तियों के नाम लिखिए।

अथवा

(b)

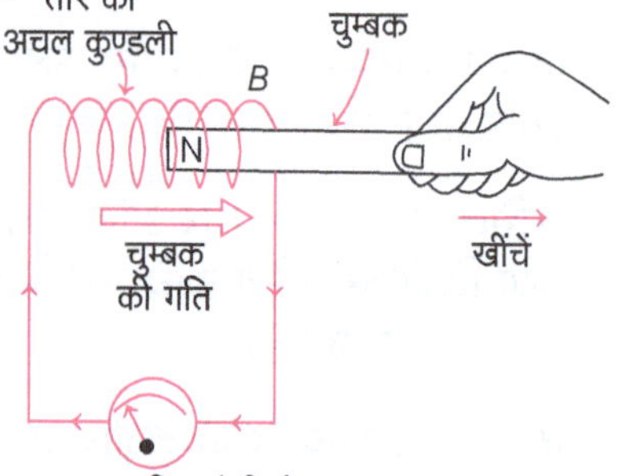

उपरोक्त आरेख में दण्ड चुम्बक के कारण परिपथ में धारा प्रवाह को दर्शाया गया है।

(i) जब दण्ड चुम्बक को अचल कुण्डली से बाहर खींचा जाता है, तो क्या कुण्डली में धारा प्रवाह होती है?

(ii) जब दण्ड चुम्बक को अचल कुण्डली के भीतर धकेला जाता है, तो क्या कुण्डली में धारा प्रवाह होता है?

26. मटर के लम्बे पादपों (TT) तथा मटर के बौने पादपों (tt) को लेकर किए गए किसी एकसंकर संकरण में किसी वैज्ञानिक को पहली-पीढ़ी (F_1) में केवल मटर के लम्बे पादप (Tt) ही प्राप्त हुए, परन्तु F_1-पीढ़ी के पादपों के स्व-परागण द्वारा उसे F_2- पीढ़ी में मटर के लम्बे और बौने दोनों ही प्रकार के पादप प्राप्त हुए। अन्य आवृतबीजियों के साथ किए गए प्रयोगों में भी प्राप्त उपरोक्त प्रेक्षणों के पाए जाने के आधार पर क्या वैज्ञानिक किसी नियम पर पहुँच सकते हैं? यदि हाँ, तो उस नियम की व्याख्या कीजिए। यदि नहीं, तो अपने उत्तर की कारण सहित पुष्टि कीजिए।

खण्ड-ग लघु उत्तरीय प्रश्न

27. (a) साबुन की स्वच्छीकारक क्रिया में मिसेल निर्माण को समझाइए।

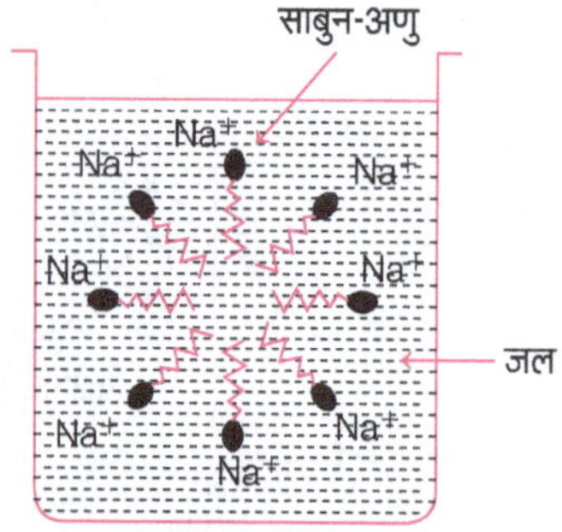

साबुन मिसेल

(b) साबुन के निर्माण से प्राप्त सह उत्पाद का नाम व सूत्र लिखिए।

28. (a) एक अधातु X दो भिन्न रूपों Y तथा Z में पाई जाती है।
Y सर्वाधिक कठोर (प्राकृतिक) पदार्थ है, जबकि Z विद्युत का सुचालक है। X, Y तथा Z को पहचानिए तथा इनके एक-एक उपयोग भी लिखिए।

अथवा

(b) निम्न में उपयोग किए गए गुणधर्म को व्यक्त कीजिए।

(i) इलेक्ट्रोड के निर्माण में ग्रेफाइट।

(ii) विद्युत तारें पॉलि विनाइल क्लोराइड या एक रबड़ जैसे पदार्थ से ढकी होती है।

(iii) मिश्रधातुओं का उपयोग घंटियों के निर्माण तथा वाद्य यन्त्रों के तार बनाने में होता है।

29. एक पुष्प का चित्र बनाइए तथा चारों चक्रों को नामांकित कीजिए। मादा में युग्मक निर्माता अंग का नाम लिखिए।

30. उत्पादकों और उपभोक्ता में तीन अन्तर लिखिए।

31. 2 मी लम्बाई के एक वृत्ताकार पाश में 1 ऐम्पियर की धारा प्रवाहित हो रही है। इसे 0.5 न्यूटन ऐम्पियर-मी के चुम्बकीय क्षेत्र में रखा गया, तो दिए गए कारणों के आधार पर बताइए कि प्रवाहित धारा से उत्पन्न चुम्बकीय क्षेत्र कैसे परिवर्तित होगा?

(a) पाश से दूरी बढ़ाने पर

(b) पाश के फेरों की संख्या बढ़ाने पर

(c) विद्युत धारा के परिमाण में वृद्धि की जाए

32. (a) प्रकाश का प्रकीर्णन क्या है? यह किन कारकों पर निर्भर करता है?

(b) आकाश का रंग नीला क्यों होता है? स्पष्ट कीजिए।

(c) एक अन्तरिक्ष यात्री को आकाश काला क्यों दिखाई देता है? इसका कारण बताइए।

33. (a) यदि किसी प्रतिरोध में से प्रवाहित धारा I को 100% बढ़ा दिया जाए (ताप समान रहता है), तब उपमुक्त विद्युत शक्ति में में वृद्धि कितनी होगी?

(b) नीचे दिए गए परिपथ में चित्र के अनुसार पाँच प्रतिरोध संयोजित किए गए हैं। जब परिपथ बंद होता है, तो अमीटर का पाठ्यांक ज्ञात कीजिए।

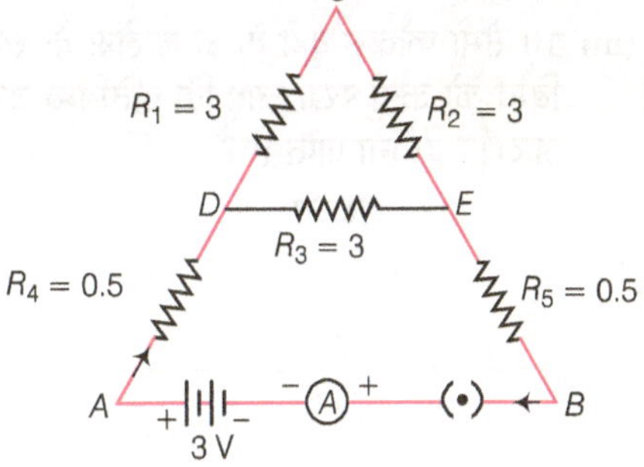

खण्ड-घ दीर्घ उत्तरीय प्रश्न

34. (a) (i) निम्नलिखित के लिए कारण दीजिए

I. हवा तथा नमी की उपस्थिति में ताँबे की सतह पर किसकी परत का निर्माण होता है।

II. ऐल्कोहॉल एवं ग्लूकोस में H परमाणु है, परन्तु यह विद्युत प्रवाहित नहीं करते।

III. अम्ल के विलयन को तनु करने पर H_3O^+ की सान्द्रता प्रभावित होती है।

(ii) विसंक्रामक (Disinfectant) के रूप में प्रयुक्त होने वाला एक कैल्सियम यौगिक पीले-सफेद पाउडर के रूप में है तथा यह टेक्सटाइल उद्योग (वस्त्र उद्योग) में भी प्रयुक्त होता है।

I. यौगिक का नाम बताइए।

II. यदि इस यौगिक को वायु में खुला छोड़ दें, तो कौन-सी गैस निकलेगी?

अथवा

(b) (i) शुष्क हाइड्रोजन क्लोराइड गैस शुष्क लिटमस पत्र के रंग को क्यों परिवर्तित नहीं करती?

(ii) प्लास्टर ऑफ पेरिस को आर्द्रता-रोधी बर्तन में क्यों रखा जाना चाहिए? इसकी व्याख्या कीजिए।

35. (a) (i) पादप हॉर्मोन क्या है? निम्नलिखित क्रियाओं के लिए उत्तरदायी पादप हॉर्मोन के नाम लिखिए।

A. तने की लम्बाई में वृद्धि

B. कोशिका विभाजन को बढ़ावा देना

C. वृद्धि का अवरोध

D. कोशिकाओं की लम्बाई में वृद्धि में सहायक

(ii) जल और रसायनों के नियन्त्रण में होने वाली परिघटनाओं का नाम लिखिए और प्रत्येक का एक-एक ऐसा उदाहरण दीजिए, जो इन गतियों को दर्शाता है।

अथवा

(b) (i) मटर के पौधे की भाँति कुछ पादप दूसरे पादप पर प्रतान की सहायता से ऊपर चढ़ते हैं। ऐसा क्यों होता है, व्याख्या कीजिए। इस प्रकार की गति के लिए उत्तरदायी पादप हॉर्मोन का नाम लिखिए।

(ii) 'पादपों में भी रासायनिक समन्वयन उपस्थित होता है।' व्याख्या कीजिए।

36. (a)

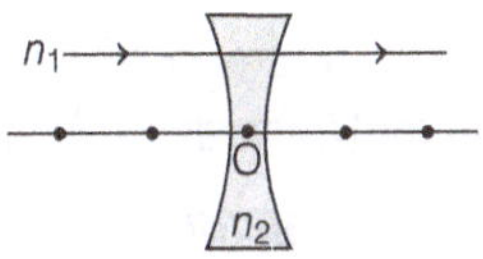

उपरोक्त आरेख में एक n_1 अपवर्तनांक के पदार्थ से बने उत्तल लेन्स को n_2 अपवर्तनांक के माध्यम में रखा गया है। एक प्रकाश का समान्तर किरण पुंज इस पर आपतित होता है। चित्र के आधार पर निम्न प्रश्नों के उत्तर दीजिए।

(i) अवतल लेन्स पर, मुख्य अक्ष के समान्तर आपतित प्रकाश की किरणों के पथ की व्याख्या कीजिए, जब $n_1 > n_2$ हो।

(ii) जब $n_1 = n_2$ हो, तब मुख्य अक्ष के समान्तर आपतित प्रकाश की किरणों के पथ की व्याख्या कीजिए।

(iii) 10 सेमी फोकस दूरी के उत्तल लेंस के सामने बिम्ब को कहाँ रखा जाए कि प्रतिबिम्ब का आवर्धन दोगुना प्राप्त हो?

अथवा

(b)

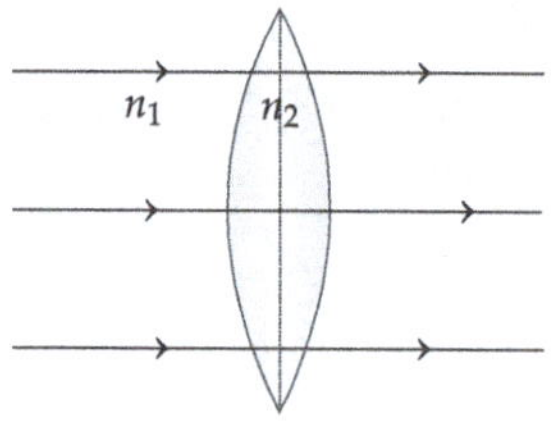

उपरोक्त आरेख में एक n_2, अपवर्तनांक का उत्तल लेन्स n_1 अपवर्तनांक के माध्यम में रखा गया है। एक समान्तर किरण पुंज लेन्स पर आपतित होती है। निम्न प्रश्नों के उत्तर दीजिए।

(i) उत्तल लेन्स से निर्गत प्रकाश की किरणों के पथ की व्याख्या कीजिए, जब $n_1 < n_2$,

(ii) जब $n_1 = n_2$ हो, तब निर्गत् प्रकाश किरण पथ की व्याख्या कीजिए।

(iii) एक अपसारी लेंस की फोकस दूरी 20 सेमी है। किस दूरी पर एक 4 सेमी ऊँचाई के बिम्ब को लेंस के सामने कितनी दूरी पर रखा जाए कि उसका प्रतिबिम्ब लेंस से 10 सेमी दूर बने? प्रतिबिम्ब का आकार भी ज्ञात कीजिए।

खण्ड-ड· स्रोत आधारित/केस आधारित प्रश्न

37. जैवशक्ति सिद्धान्त के अन्त होने तक अत्यधिक संख्या में रासायनिक यौगिकों की खोज हो चुकी थी। रासायनिक यौगिकों के अध्ययन को सुगम बनाने के लिए इनका पुनः वर्गीकरण करना अति आवश्यक हो गया है। ज्ञात तत्त्वों के विश्लेषण के पश्चात् यह निष्कर्ष निकाला गया कि लगभग एक बड़ी संख्या में ऐसे यौगिक थे, जिनमें कार्बन उपस्थित था।

(a) कार्बनिक यौगिकों के अतिरिक्त, कार्बन कहाँ पाया जाता है? पाए जाने वाले का रूप एवं प्रतिशत्ता भी बताइए। (1)

SP-14

(b) कार्बन के अधिकांश यौगिक विद्युत के कुचालक क्यों होते हैं? (1)

(c) सामान्यतया, कार्बन सह-संयोजक बन्धों के द्वारा यौगिक का निर्माण करता है। क्यों? (2)

अथवा

(c) कार्बनिक यौगिकों में योगात्मक अभिक्रिया को उनके उपयोग सहित समझाइए। इन अभिक्रियाओं में उत्प्रेरक की भूमिका बताइए। (2)

38. मनुष्य में पाचन प्रक्रिया मुख से प्रारम्भ होती है। भोजन को मुख में लेने के बाद उसे दाँतों द्वारा पीसा एवं चबाया जाता है। कार्बोहाइड्रेट का पाचन यहीं से आरम्भ होता है। अब यह भोजन जीभ द्वारा ग्रसिका में भेज दिया जाता है, जहाँ से यह आमाशय में पहुँच जाता है। आमाशय में मुख्यतः प्रोटीन का सरल अणुओं में पाचन होता है। अब भोजन छोटी आँत के अगले हिस्से अर्थात् ग्रहणी में पहुँचता है। यहाँ भोजन में दो पाचक रस अग्न्याशयिक रस एवं पित्त रस मिलते हैं। छोटी आँत में ही आन्त्रीय रस के स्रावण द्वारा भोजन का पाचन अन्तिम रूप से हो जाता है।

(a) पित्त रस का निर्माण एवं संचय किस अंग में होता है? (1)

(b) आहारनाल में किन्हीं दो ऐसे अंगों के नाम बताइए जहाँ भोजन का पाचन नहीं होता है। (1)

(c) आहारनाल में प्रोटीन के पाचन में प्रयुक्त दो एन्जाइमों के नाम एवं इनके स्रोत भी बताइए। (2)

अथवा

(c) मानव आहारनाल में निम्न के कार्य लिखिए

(i) लार (ii) आमाशय में HCl (2)

39. किसी घरेलू परिपथ में चार LED बल्ब, आरेख में दर्शाए अनुसार व्यवस्थित हैं। स्रोत की वोल्टता 200 V है तथा प्रत्येक बल्ब की शक्ति अनुमतांक 100 वाट, 220 वोल्ट है। नीचे दिए गए परिपथ आरेख के आधार पर निम्नलिखित प्रश्नों के उत्तर दीजिए।

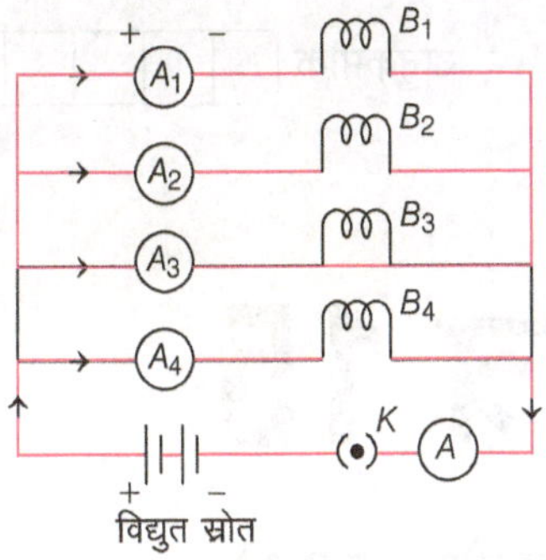

(a) परिकलित कीजिए

(i) बल्ब B_1 फ्यूज होने पर अन्य बल्बों पर क्या प्रभाव पड़ेगा?

(ii) बल्ब B_2 फ्यूज होने पर अमीटर A_2 का पाठ्यांक क्या होगा? (1)

(b) जब बल्ब B_3 चमक रहा है, तो A_3 का पाठ्यांक क्या होगा? (1)

(c) परिकलित कीजिए।

(i) बल्ब B_1 का प्रतिरोध तथा

(ii) चारों बल्बों के संयोजन का कुल प्रतिरोध। (2)

अथवा

(c) परिपथ में A का पाठयांक क्या होगा, जब बल्ब B_4 फ्यूज हो गया हो? अपने उत्तर की पुष्टि के लिए कारण दीजिए। (2)

इस प्रश्न-पत्र के उत्तर प्राप्त करने के लिए इस QR Code को अपने मोबाइल फोन से Scan करें।

SP-14

SQP Code : **PB-15/15** Series ***i*-Succeed 15-25/15** अनुक्रमांक

सैंपल प्रश्न-पत्र 15

विज्ञान कक्षा 10 (कोड 086)

सामान्य निर्देश

इस प्रश्न पत्र में पाँच खण्डों (क), (ख), (ग), (घ) और (ङ) में बाँटा गया है। प्रश्न-पत्र में 39 प्रश्न हैं। सभी प्रश्न अनिवार्य हैं।

1. प्रश्न में, 1 से 20 तक के सभी प्रश्न एक-एक अंक के हैं।
2. प्रश्न में, 21 से 26 अतिलघु उत्तरीय प्रश्न हैं, प्रत्येक के 2 अंक निर्धारित हैं। इन प्रश्नों के उत्तर 30 से 50 शब्दों के मध्य दिए जाने हैं।
3. प्रश्न में, 27 से 33 लघु उत्तरीय प्रश्न हैं, प्रत्येक के 3 अंक निर्धारित हैं। इन प्रश्नों के उत्तर 50 से 80 शब्दों के मध्य दिए जाने हैं।
4. प्रश्न में, 34 से 36 दीर्घ उत्तरीय प्रश्न हैं, प्रत्येक के 5 अंक निर्धारित हैं। इन प्रश्नों के उत्तर 80 से 120 शब्दों के मध्य दिए जाने हैं।
5. प्रश्न में, 4 अंको के उप-भागों के साथ 3 प्रश्न, स्रोत आधारित/केस आधारित दिए गए हैं।
   कोई समग्र विकल्प नहीं है। हालांकि, कुछ प्रश्नों में आंतरिक विकल्प दिए गए हैं, जिनमें केवल एक का उत्तर देना है।

समय : 3 घंटे

पूर्णांक : 80

खण्ड-क बहुविकल्पीय प्रश्न

1. सजातीय श्रेणी के सदस्य आण्विक भार में वृद्धि के साथ दर्शाते हैं

(a) भौतिक गुणों में परिवर्तन (b) रासायनिक गुणों में परिवर्तन
(c) (a) व (b) दोनों (d) इनमें से कोई नहीं

2. खाद्य पदार्थ के डिब्बों पर जिंक की बजाय टिन का लेप होता है, क्योंकि

(a) टिप की अपेक्षा जिंक महँगा है।
(b) टिन की अपेक्षा जिंक का गलनांक अधिक है।
(c) टिन की अपेक्षा जिंक अधिक अभिक्रियाशील है।
(d) टिन की अपेक्षा जिंक कम अभिक्रियाशील है।

3. अपच का उपचार करने के लिए निम्न में से किस औषधि का उपयोग होता है?

(a) एण्टीबायोटिक (प्रतिजैविक) (b) एनालजेसिक (पीड़ाहारी)
(c) एण्टीएसिड (प्रतिअम्ल) (d) एण्टीसेप्टिक (प्रतिरोधी)

4. ऊष्माशोषी अभिक्रिया है

(a) $N_2 + O_2 \rightarrow 2NO$ (b) $H_2 + I_2 \rightarrow 2HI$
(c) $C + O_2 \rightarrow 2HI$ (d) $S + C_2 \rightarrow SO_2$

5. क्या होता है जब, कैल्सियम की जल से अभिक्रिया कराई जाती है?

(a) यह जल से अभिक्रिया नहीं करता।
(b) यह जल से विस्फोटक अभिक्रिया करता है।
(c) हाइड्रोजन गैस के बुलबुले बनते हैं तथा कैल्सियम की सतह पर जमा हो जाते हैं।
(d) उपरोक्त में से कोई नहीं।

6. कार्बन मोनॉक्साइड का क्लोरीन के साथ अभिक्रिया द्वारा कार्बोनिल क्लोराइड का बनना उदाहरण है

(a) वियोजन अभिक्रिया का (b) संयोजन अभिक्रिया का
(c) विस्थापन अभिक्रिया का (d) अपघटन अभिक्रिया का

7. प्रबल अम्लों तथा क्षारकों द्वारा निर्मित लवणों का लिटमस पेपर के प्रति व्यवहार कैसा होता है?

(a) अम्लीय (b) क्षारीय
(c) उदासीन (d) अम्लीय, क्षारीय या उदासीन

8. यकृत सबसे बड़ी ग्रन्थि है और विभिन्न कार्यों में उसका योगदान होता है। निम्न में से एक गलत विकल्प है, उसका चयन कीजिए।

(a) कार्बोहाइड्रेट उपापचय
(b) वसा का पाचन
(c) पित्त का बनना
(d) गैस्ट्रिन नामक हॉर्मोन का स्राव

9. पौधों में, परिपक्व पत्तियों और फलों का गिरना किस पदार्थ के उद्दीपन के कारण होता है?

(a) ऑक्सिन (b) जिबरेलिन
(c) एब्सिसिक अम्ल (d) साइटोकाइनिन

10. कृषि प्रक्रमों में बीज बुआई से लेकर फसल के कटाई तक की समयावधि बहुत महत्वपूर्ण होती है।
उपर्युक्त जानकारी के आधार पर कारण बताइए कि किसान क्यों फसलों को उगाने के लिए कायिक प्रवर्धन का चयन करता है?

(a) बीजरहित फसल को उगाने के लिए।
(b) सन्तति पादप आनुवंशिक रूप से जनक पादप के समान होते हैं।
(c) कायिक प्रवर्धन द्वारा उत्पन्न पादपों में फल शीघ्र आते है।
(d) कायिक प्रवर्धन परागण के बाह्य कारकों पर निर्भर नहीं होता है।

11. निम्नलिखित कथनों में से सही कथनों का चयन कीजिए।

A. द्विसंकर संकरण का जीनप्रारूप अनुपात 1 : 2 : 1 : 2 : 2 : 4 : 1 : 2 : 1 होता है।
B. द्विसंकर संकरण में दो जोड़ी विपर्यासी लक्षणों का अध्ययन किया जाता है एवं इसका लक्षणप्रारूप अनुपात 9 : 3 : 3 : 1 होता है।
C. परीक्षार्थ संकर $TT \times Tt$ का अनुपात 1 : 1 होता है।
D. मेण्डल के तीनों नियम अपवाद रहित हैं।

(a) B, C और D (b) A और B
(c) B और C (d) A, B और C

12. निषेचन वह प्रक्रिया है, जिसमें

(a) नर युग्मक का मादा युग्मक की ओर स्थानान्तरण होता है।
(b) नर और मादा युग्मक के केन्द्रकों का संलयन होता है।
(c) नर और मादा जननांगों का आसंजन (चिपकाव) होता है।
(d) किसी जननांग द्वारा युग्मक बनते हैं।

13. प्रिज्म के पदार्थ का अपवर्तनांक किस रंग के प्रकाश के लिए अधिकतम होता है?

(a) लाल रंग (b) बैंगनी रंग
(c) नीला रंग (d) पीला रंग

14. वायु में प्रकाश की चाल 3×10^8 मी/से है, जबकि एक पदार्थ में इसकी चाल 1.5×10^8 मी/से हो जाती है, तो पदार्थ का अपवर्तनांक है

(a) 3 (b) 5
(c) 0.5 (d) 2

15. ऊर्जा के पदों में कोई आहार श्रृंखला तक अधिक लाभकारी होती है, जब उसमें होते हैं

(a) दो पोषी स्तर (b) तीन पोषी स्तर
(c) चार पोषी स्तर (d) पाँच पोषी स्तर

16. पारितन्त्र के जैविक घटकों के सन्दर्भ में नीचे दिए गए कौन-से कथन गलत हैं?

A. भालू एवं गौरेया माँसाहारी प्राणी हैं।
B. *राइज़ोबियम* जीवाणु एवं नील-हरित जीवाणु स्वपोषी जीव हैं।
C. गिद्ध और लकड़बग्घा अपमार्जक कहलाते हैं।
D. बाज और शेर शीर्ष उपभोक्ता कहलाते हैं।

(a) A और D (b) B और C
(c) A और C (d) A और B

निर्देश (प्र०सं० 17-20) इन प्रश्नों में **अभिकथन** (A) और **कारण** (R) दिए गए हैं। इन प्रश्नों के उत्तर नीचे दिए गए अनुसार उचित विकल्प को चुनकर दीजिए।

(a) A और R दोनों सही हैं तथा R द्वारा A की सही व्याख्या हो रही है।

(b) A और R दोनों सही हैं, परन्तु R द्वारा A की सही व्याख्या नहीं हो रही है।

(c) A सही है, परन्तु R गलत है।

(d) A गलत है, परन्तु R सही है।

17. **अभिकथन** (A) सोडियम हाइड्रॉक्साइड जिंक से क्रिया करके हाइड्रोजन गैस बनाता है।

कारण (R) प्रबल क्षार सक्रिय धातु से क्रिया करके हाइड्रोजन गैस बनाता है।

18. **अभिकथन** (A) यीस्ट; जैसे-*सैकेरोमाइसीज सेरेवेसी* का उपयोग बेकरी उद्योग में किण्वन के लिए किया जाता है।

कारण (R) किण्वन के दौरान उत्पन्न हुई कार्बन डाइऑक्साइड प्रसार द्वारा ब्रेड के आटे को फूलने देती है।

19. **अभिकथन** (A) संचालक तार ताँबे के बने होते हैं।

कारण (R) ताँबे की विद्युत चालकता उच्च होती है।

20. **अभिकथन** (A) स्वतन्त्र अपव्यूहन का नियम युग्मकों की शुद्धता का नियम भी कहलाता है।

कारण (R) स्वतन्त्र अपव्यूहन के नियम का आधार द्विसंकर संकरण एवं लक्षणों का यादृच्छिक संयोजन है।

खण्ड-ख अतिलघु उत्तरीय प्रश्न

21. धावन सोडा एवं बेकिंग सोडा के दो-दो प्रमुख उपयोग बताइए।

22. श्वास चक्र लयबद्ध होता है, जबकि गैसों का विनिमय सतत् प्रक्रम होता है। इस कथन पर टिप्पणी कीजिए।

23. (a) "लैंगिक जनन करने वाले जीवों के जनकों एवं उनकी संततियों में गुणसूत्रों की संख्या समान होती है।" इस कथन की पुष्टि कीजिए।

अथवा

(b) आवृतबीजी पादप के प्रजनन भागों का नाम बताइए। ये कहाँ स्थित होते हैं? नर पादप के प्रजनन भाग की संरचना स्पष्ट कीजिए।

24. (a) किसी आयताकार काँच की झिल्ली से गुजरने वाली प्रकाश की किरण में उत्पन्न पार्श्व विस्थापन के दो कारण लिखिए।

(b) किसी पदार्थ का अपवर्तनांक किन कारकों पर निर्भर करता है?

25. (a)

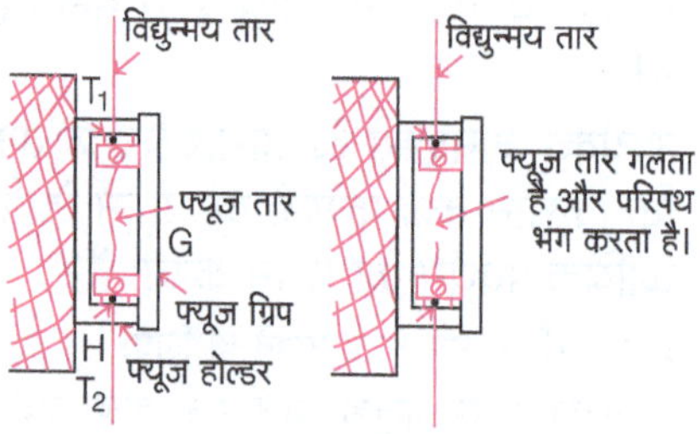

उपरोक्त चित्र घरेलु परिपथ में अतिभार होने की स्थिति को दर्शाता है। इसके आधार पर निम्न प्रश्नों के उत्तर दीजिए।

(i) उपरोक्त चित्र में विद्युत परिपथ का स्वतः विच्छेदन किस युक्ति के कारण होता है तथा क्यों?

(ii) फ्यूज तार किसे कहते हैं?

अथवा

(b) घरेलू प्रत्यावर्ती विद्युत परिपथ में किस तार से स्विच, प्रचालन के लिए जोड़ा जाता है?

26. मटर के पादप में गोल बीज, झुर्रीदार बीज पर प्रभावी है। यदि इन दोनों के शुद्ध पादपों के मध्य क्रॉस करवाया गया, तो निम्न प्रश्नों के उत्तर दीजिए।

(a) जनकों के लक्षणों हेतु जीन एवं F_1-संकर का लक्षण बताइए।

(b) F_2-संतति से प्राप्त अनुपात लिखिए। इस क्रॉस का क्या नाम है?

खण्ड-ग लघु उत्तरीय प्रश्न

27. निम्न रासायनिक समीकरणों को सन्तुलित कीजिए।

(a) पहली परखनली में केवल वायु तथा दुसरी परखनली में केवल जल में लोहे की कील को रखने पर जंग क्यों नहीं लगती?

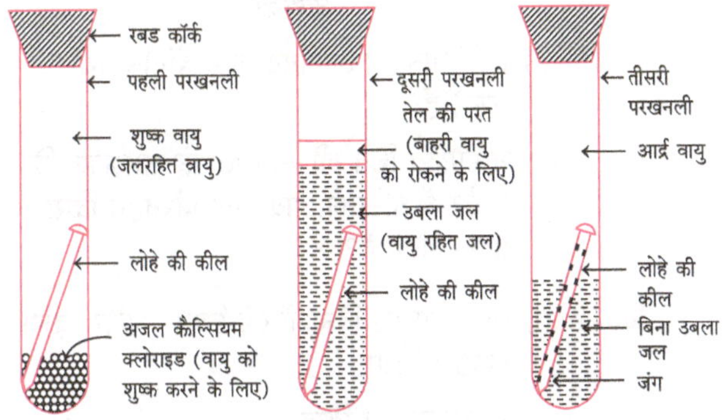

A केवल वायु : जंग नही लगती | B केवल जल : जंग नही लगती | C वायु और जल एक साथ : जग लगती है

(b) तीसरी परखनली C में वायु और जल के साथ लोहे की कील को रखने पर जंग लग जाती है। क्यों?

28. (a) उन स्थायी द्विअंगी (Binary) यौगिकों के सूत्र लिखिए, जिन्हें निम्न तत्व-युग्मों की अभिक्रिया द्वारा प्राप्त किया जाता है।

(i) Mg तथा N_2 (ii) Li तथा O_2

(iii) Al तथा Cl_2

अथवा

(b) धातु का कोई नाइट्रेट *A* गर्म किए जाने पर धातु का ऑक्साइड बनाता है और कोई भूरी गैस *B* तथा एक अन्य रंगहीन गैस निकलती है, जो जलने में सहायक है। *A* का जलीय विलयन पोटैशियम आयोडाइड से अभिक्रिया करके पीला अवक्षेप बनाता है।

(i) *A* और *B* को पहचानिए।

(ii) उपरोक्त कथन में होने वाली दोनों अभिक्रियाओं के रासायनिक समीकरण दीजिए।

29. (a) निम्न में से प्रत्येक की एक हानि बताइए

(i) मुखीय गोलियाँ

(ii) कॉपर-टी

(b) कण्डोम का उपयोग गर्भ निरोधन की विधियों की कौन-सी श्रेणी में आता है? अन्य गर्भ निरोधन विधियों की अपेक्षा यह सबसे उपयुक्त विधि है, क्यों?

30. मोरे, पौधे, चूहे और साँप से बनी किसी आहार श्रृंखला में यदि कोई हानिकारक रसायन प्रवेश कर जाता है, तो इन जीवों में से किसके शरीर में इस रसायन की सबसे अधिक सान्द्रता हो सकती है? अपने उत्तर की पुष्टि कीजिए। होने वाली प्रक्रिया का नाम और उसकी परिभाषा लिखिए।

31. लेन्स से सम्बन्धित निम्न तथ्यों को परिभाषित कीजिए।

(a) प्रकाशिक केन्द्र

(b) द्वितीय मुख्य फोकस

(c) लेन्स की अभिसारी व अपसारी प्रकृति।

32.

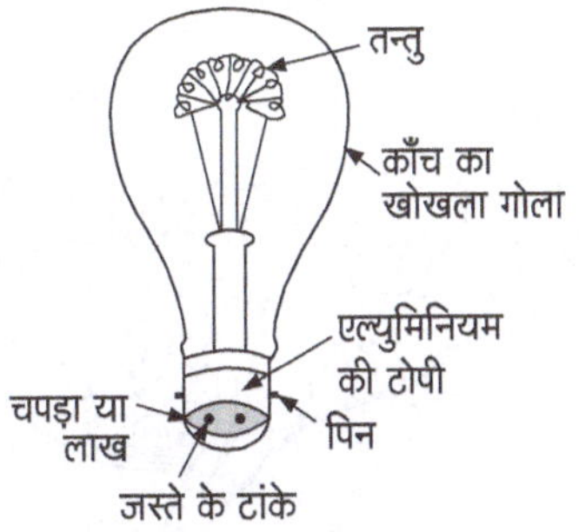

उपरोक्त आरेख विद्युत बल्ब की संरचना को प्रदर्शित करता है।

(a) विद्युत बल्ब किस पर आधारित उपकरण है तथा यह किस कारण चमकता है?

(b) विद्युत बल्ब में निष्क्रिय गैस क्यों भरी जाती है?

33. (a) श्रेणीक्रम में संयोजित करने के स्थान पर विद्युत युक्तियों को समान्तर क्रम में संयोजित करने के क्या लाभ हैं?

(b) एक घण्टे में 50 वोल्ट विभवान्तर से 96000 कूलॉम आवेश को स्थानान्तरित करने में उत्पन्न ऊष्मा परिकलित कीजिए।

(c) नीचे दिए गए परिपथ आरेख में कुल धारा ज्ञात कीजिए।

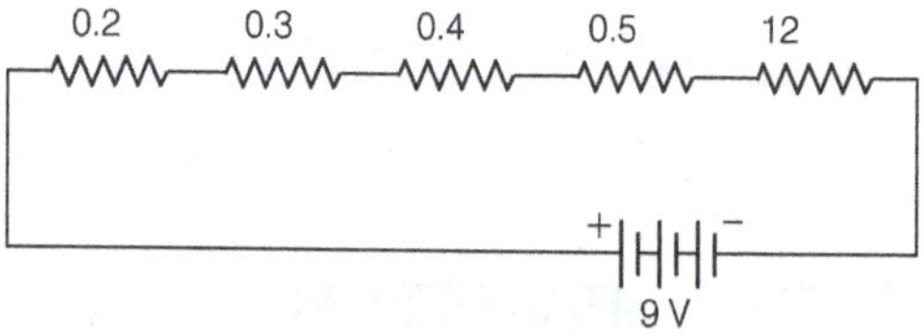

खण्ड-घ दीर्घ उत्तरीय प्रश्न

34. (a) (i) HCl, HNO_3, आदि जलीय विलयन में अम्लीय अभिलक्षण क्यों प्रदर्शित करते हैं, जबकि ऐल्कोहॉल एवं ग्लूकोस जैसे यौगिकों के विलयनों में अम्लीयता के अभिलक्षण प्रदर्शित नहीं होते हैं?

(ii) आपको तीन परखनलियाँ दी गई हैं। इनमें से एक में आसवित जल एवं शेष में दो में से एक में अम्लीय विलयन तथा दूसरे में क्षारीय विलयन है। यदि आपको केवल लाल लिटमस पत्र दिया जाता है, तो आप प्रत्येक परखनली में रखे गए पदार्थों की पहचान कैसे करेंगे?

अथवा

(b) जब साबुन को जल में डाला जाता है, तो मिसेल का निर्माण होता है क्यो? क्या एथेनॉल जैसे दूसरे विलायकों में भी मिसेल का निर्माण होगा?

35. (a) (i) दिए गए चित्र में मस्तिष्क के भागों को नामांकित कीजिए।

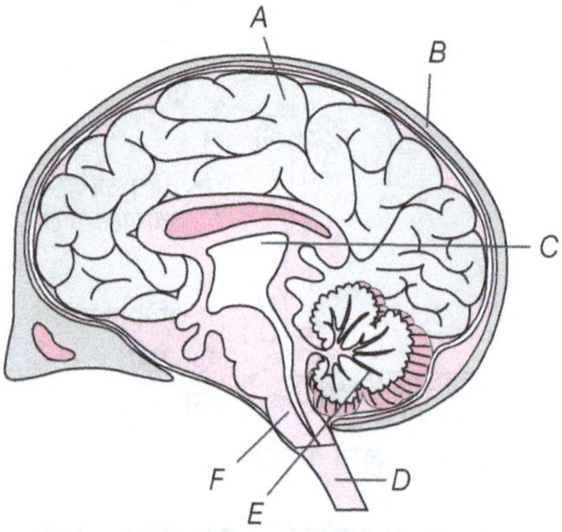

(ii) यदि पश्च मस्तिष्क क्षतिग्रस्त हो जाए, तो शरीर के कौन-से दो कार्य प्रभावित होंगे?

(iii) मस्तिष्क का कौन-सा भाग रुधिर चाप, लार आना और वमन को नियन्त्रित करता है?

अथवा

(b) (i) एड्रीनेलीन को आपातकालीन हॉर्मोन क्यों कहते हैं?

(ii) नामांकित चित्र की सहायता से समझाइए कि शरीर में तन्त्रिका आवेग का परिवहन किस प्रकार होता है?

36. (a) (i) नीचे दिए गए बिन्दुओं को किरण आरेख द्वारा स्पष्ट कीजिए।

I. नेत्र का दूर बिन्दु

II. नेत्र का निकट बिन्दु

(ii) 36.4 सेमी फोकस दूरी के अवतल लेन्स की सहायता से 25 सेमी दूरी पर रखी पुस्तक पढ़ने वाले व्यक्ति की दृष्टि में कौन-सा दोष होगा तथा उसकी आँख से कितनी दूरी पर प्रतिबिम्ब बनेगा?

अथवा

(b) (i) नेत्र का नामांकित आरेख बनाइए तथा निम्न बिन्दु को परिभाषित कीजिए।

I. दृष्टि पटल

II. परितारिका

(ii) एक दूर दृष्टि दोष वाले व्यक्ति का निकट बिन्दु 2 मी है। यदि वह पुस्तक को पढ़ना चाहता है, जो 25 सेमी दूर स्थित है, तो उसे कितनी फोकस दूरी का लेन्स प्रयोग करना चाहिए?

खण्ड-ङ स्रोत आधारित/केस आधारित प्रश्न

37. आधुनिक समय में इसकी अत्यधिक महत्ता के कारण इसे **काला सोना** (Black gold), **द्रव सोना** (Liquid gold), आदि की संज्ञा दी गई है। वास्तव में पेट्रोलियम एक प्रकार का ईंधन है, जिसमें बहुत से (C_1 से C_{40} तक) संतृप्त हाइड्रोकार्बन उपस्थित होते हैं। दूसरे शब्दों में, यह संतृप्त हाइड्रोकार्बनों का मिश्रण है। इसके अतिरिक्त इसमें अल्प मात्रा में ऐरोमैटिक हाइड्रोकार्बन तथा ऑक्सीजन, नाइट्रोजन व सल्फर, आदि के यौगिक पाए जाते हैं।

(a) निम्नलिखित सूत्रों में से कौन संतृप्त हाइड्रोकार्बन प्रदर्शित करता है?

C_nH_{2n+2}, C_nH_{2n+1}, C_nH_{2n}, C_nH_{2n-2} (1)

(b) निम्नलिखित हाइड्रोकार्बन का नाम बताइए,

$H_3C-CH_2-CH=CH-CH_3$

इसका सक्रिय स्थल (site) भी बताइए। (1)

(c) कार्बन एवं उसके यौगिकों का उपयोग अधिकतर अनुप्रयोगों में ईंधन के रूप में क्यों किया जाता है? (2)

अथवा

(c) दिए गए हाइड्रोकार्बन C_2H_6, C_3H_8, C_3H_6, C_2H_2 एवं CH_4 में से किसमें संकलन (योग) अभिक्रिया होती है? (2)

38. हृदय मानव शरीर की वक्ष गुहा के लगभग बीच में अधर तल पर दोनों फेफड़ों के मध्य, तन्तुपट (Diaphragm) के ठीक ऊपर स्थित होता है। वक्ष गुहा की अस्थियाँ, पसलियाँ व वक्ष कशेरुकाएँ हृदय का सुरक्षा कवच बनाती हैं। मनुष्यों में हृदय की लम्बाई लगभग 12 सेमी व चौड़ाई लगभग 9 सेमी होती है। हृदय का वजन पुरुषों में लगभग 310 ग्राम व स्त्रियों में 255 ग्राम होता है। यह कुछ बाईं ओर झुका रहता है। अतः इसकी स्थिति वक्ष गुहा में कुछ तिरछी होती है।

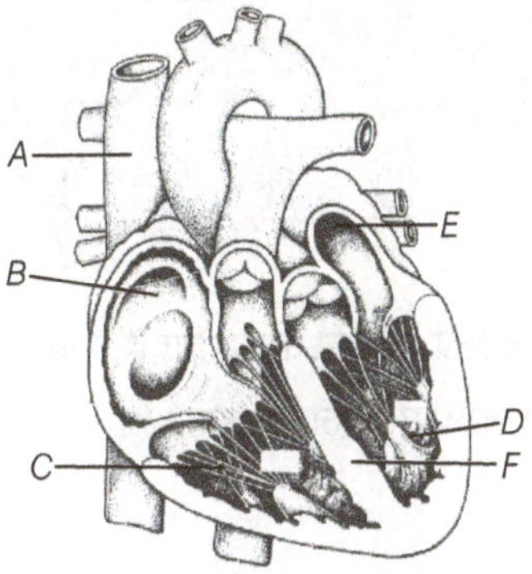

चित्र में मानव हृदय की संरचना दी गई है इसके आधार पर निम्न प्रश्नों के उत्तर दीजिए।

(a) मानव हृदय के दो ऊपरी कक्षों के कार्य बताइए। (1)

(b) SA सन्धि को हृदय का पेसमेकर क्यों कहते हैं? (1)

(c) अलिन्द और निलय के मध्य उपस्थित वाल्वों के नाम एवं कार्य बताइए। (2)

अथवा

(c)

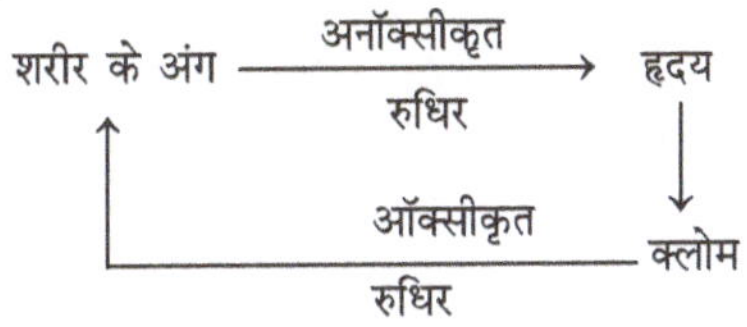

दिया गया चित्र किस प्रकार का परिसंचरण प्रदर्शित करता है तथा यह किस जीव में पाया जाता है? (2)

39. किसी घरेलू परिपथ में छः LED बल्ब, आरेख में दर्शाए अनुसार व्यवस्थित हैं। स्रोत की वोल्टता 230 V है तथा प्रत्येक बल्ब का शक्ति अनुमतांक परिपथ आरेख में बल्ब के साथ अंकित किया गया है।
नीचे दिए गए परिपथ आरेख के आधार पर निम्नलिखित प्रश्नों के उत्तर दीजिए।

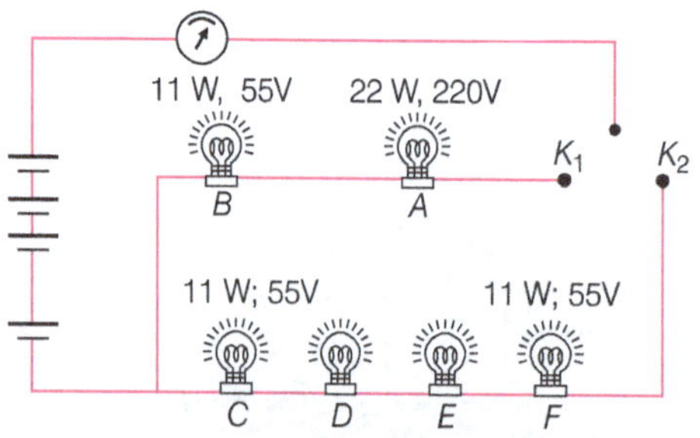

(a) उल्लेख कीजिए क्या होता है, जब

(i) बल्ब B फ्यूज हो जाए?

(ii) कुँजी K_2 बन्द करते हैं? (1)

(b) जब कुँजी K_1 बन्द हो, तब A व B में प्रवाहित धाराएँ ज्ञात करो। (1)

(c) परिकलित कीजिए।

(i) बल्ब A तथा B का कुल प्रतिरोध

(ii) बल्बों C, D, E तथा F का कुल प्रतिरोध (2)

अथवा

(c) यदि बल्ब C अचानक फ्यूज हो जाए, तो क्या होगा? तथा ज्ञात करें कि परिपथ में कौन-से बल्ब प्रज्वलित रहेंगे? (2)

SP-15

इस प्रश्न-पत्र के उत्तर प्राप्त करने के लिए इस QR Code को अपने मोबाइल फोन से Scan करें।

नॉलेज बूस्टर जोन

Welcome to नॉलेज बूस्टर जोन

इस सेक्शन में आपको Chapterwise Revision Notes दिए गए हैं। इन Notes की सहायता से आप Complete Syllabus का Revision कम समय में बड़ी आसानी से कर सकते हैं।

Progress Tracker प्रत्येक भाग को समाप्त करने के पश्चात् यहाँ Tick (✓) करें।

- ☐ रासायनिक अभिक्रियाएँ
- ☐ अम्ल, क्षारक एवं लवण
- ☐ धातु तथा अधातु
- ☐ कार्बन और उसके यौगिक
- ☐ जीवन प्रक्रियाएँ
- ☐ नियन्त्रण एवं समन्वयन
- ☐ जीव जनन कैसे करते हैं?
- ☐ आनुवंशिकता
- ☐ प्रकाश-परावर्तन तथा अपवर्तन
- ☐ मानव नेत्र एवं रंगबिरंगा संसार
- ☐ वैद्युत
- ☐ वैद्युत धारा का चुम्बकीय प्रभाव
- ☐ हमारा पर्यावरण

अध्याय 1. रासायनिक अभिक्रियाएँ

1. रासायनिक अभिक्रिया

- ऐसी अभिक्रिया, जिसमें एक या एक से अधिक पदार्थ परस्पर अभिकारकों से अभिक्रिया करके नए पदार्थ बनाते हैं, जिनके गुण मूल पदार्थों से भिन्न होते हैं।
- अभिक्रिया करने वाले पदार्थ को अभिकारक के रूप में जाना जाता है और अभिक्रिया के परिणामस्वरूप बनने वाले नए पदार्थ को उत्पाद कहा जाता है।
- एक रासायनिक अभिक्रिया को निम्न प्रेक्षणों के द्वारा पहचाना जा सकता है

  (i) अवस्था या रंग में परिवर्तन

  (ii) गैस की उत्पत्ति

  (iii) ताप में परिवर्तन

  (iv) अवक्षेप का निर्माण

2. रासायनिक समीकरण

रासायनिक समीकरण किसी रासायनिक अभिक्रिया का प्रतीकात्मक प्रतिनिधित्व करता है। इसके लिए अभिकारकों और उत्पादों के प्रतीकों और सूत्रों का उपयोग किया जाता है। उदाहरण

$$CH_4(g) + 2O_2(g) \xrightarrow{\Delta} CO_2(g) + 2H_2O$$

मेथेन ऑक्सीजन कार्बन डाइऑक्साइड जल

3. सन्तुलित रासायनिक समीकरण

- रासायनिक अभिक्रिया से पहले और बाद में प्रत्येक तत्व के परमाणुओं की संख्या समान रहती है। द्रव्यमान संरक्षण के नियम को सन्तुष्ट करने के लिए रासायनिक समीकरण को सन्तुलित किया जाता है।

4. रासायनिक अभिक्रियाओं के प्रकार

- विभिन्न प्रकार की रासायनिक अभिक्रियाएँ इस प्रकार हैं

(i) संयोजन अभिक्रिया

- ऐसी अभिक्रिया जिसमें दो या दो से अधिक अभिकारक एक साथ अभिक्रिया करके एक एकल उत्पाद बनाते हैं, संयोजन अभिक्रिया कहलाती है।
- उदाहरण, जब कैल्सियम ऑक्साइड (बिना बुझा चूना) को पानी में घोला जाता है, तो यह कैल्सियम हाइड्रॉक्साइड (बुझा हुआ चूना) बनाता है। अभिक्रिया अत्यधिक ऊष्माक्षेपी होती है।

$$CaO(s) + H_2O(l) \longrightarrow Ca(OH)_2(aq)$$

बिना बुझा चुना जल बुझा हुआ चुना

(ii) अपघटन अभिक्रिया

- ऐसी अभिक्रिया जिसमें एक अभिकारक टूटकर दो या दो से अधिक उत्पाद बनाता है, अपघटन अभिक्रिया कहलाती है। अभिक्रिया के लिए आवश्यक ऊर्जा के स्वरूप के आधार पर ये अभिक्रियाएँ तीन प्रकार की होती हैं

(अ) **तापीय/ऊष्मीय अपघटन** ऐसी अभिक्रियाएँ जिसमें अभिकारक के अपघटन के लिए ऊष्मा के रूप में ऊर्जा का उपयोग होता है। उदाहरण

$$CaCO_3(s) \xrightarrow{\text{ऊष्मा}} CaO(s) + CO_2(g)$$

कैल्सियम कार्बोनेट कैल्सियम ऑक्साइड कार्बन डाइऑक्साइड

(ब) **विद्युत जल अपघटन** इन अभिक्रियाओं में अभिकारक अणुओं के अपघटन के लिए आवश्यक विद्युत ऊर्जा का उपयोग होता है। उदाहरण

$$2H_2O(l) \xrightarrow{\text{विद्युत धारा}} 2H_2(g) + O_2(g)$$

जल हाइड्रोजन ऑक्सीजन

(स) **प्रकाश अपघटन अथवा प्रकाश रासायनिक अपघटन** इन अभिक्रियाओं में अपघटन के लिए प्रकाश ऊर्जा का उपयोग होता है

उदाहरण

$$2AgCl(s) \xrightarrow{\text{प्रकाश ऊर्जा}} 2Ag(s) + Cl_2(g)$$

सिल्वर क्लोराइड सिल्वर क्लोरीन

(iii) विस्थापन अभिक्रिया

यह अभिक्रिया दो प्रकार की होती है

(अ) **एकल विस्थापन अभिक्रिया** ऐसी अभिक्रिया जिसमें अधिक अभिक्रियाशील तत्व अपने यौगिक के विलयन में से कम अभिक्रियाशील तत्व को विस्थापित करता है, एकल विस्थापन अथवा विस्थापन अभिक्रिया कहलाती है। उदाहरण

$$Zn(s) + CuSO_4(aq) \longrightarrow ZnSO_4(aq) + Cu(s)$$

जिंक धातु कॉपर सल्फेट विलयन नीला जिंक सल्फेट विलयन रंगहीन कॉपर धातु भूरा

(ब) **द्विविस्थापन/उभय विस्थापन अभिक्रिया** ऐसी अभिक्रिया जिसमें अभिकारक अणुओं के बीच अलग-अलग आयन एक-दूसरे को विस्थापित करते हैं, द्विविस्थापन अभिक्रिया कहलाती है। उदाहरण

$$Na_2SO_4(aq) + BaCl_2(aq) \longrightarrow BaSO_4 + 2NaCl(aq)$$
सोडियम सल्फेट बेरियम क्लोराइड बेरियम सल्फेट (सफेद अवक्षेप) सोडियम क्लोराइड

(iv) उदासीनीकरण अभिक्रिया

ऐसी अभिक्रिया जिसमें अम्ल किसी क्षार के साथ अभिक्रिया करता है, उदासीनीकरण अभिक्रिया कहलाती है।

उदाहरण

$$NaOH(aq) + HNO_3(aq) \longrightarrow NaNO_3(aq) + H_2O\ (l)$$
सोडियम हाइड्रॉक्साइड नाइट्रिक अम्ल सोडियम नाइट्रेट जल

(v) ऑक्सीकरण और अपचयन अभिक्रियाएँ

- **ऑक्सीकरण** वह प्रक्रिया है जिसमें किसी पदार्थ में ऑक्सीजन का योग होता है।

अथवा

वह प्रक्रिया जिसमें किसी पदार्थ से हाइड्रोजन पृथक् होती है

$$4Na + O_2 \longrightarrow 2Na_2O$$
सोडियम ऑक्सीजन सोडियम ऑक्साइड

- **अपचयन** वह प्रक्रिया है जिसमें किसी पदार्थ में हाइड्रोजन का संयोग होता है अथवा वह प्रक्रिया जिसमें किसी पदार्थ से ऑक्सीजन पृथक् होती है

$$2Na + H_2 \longrightarrow 2NaH$$
सोडियम हाइड्रोजन सोडियम हाइड्राइड

$$ZnO + C \longrightarrow Zn + CO$$

- **रेडॉक्स अभिक्रियाएँ** ऐसी अभिक्रियाएँ जिनमें ऑक्सीकरण और अपचयन एक साथ होता है, रेडॉक्स अभिक्रियाएँ कहलाती हैं। उदाहरण

अपचयन ($CuO \rightarrow Cu$)

$$CuO + H_2 \longrightarrow Cu + H_2O$$
कॉपर ऑक्साइड हाइड्रोजन कॉपर जल

ऑक्सीकरण ($H_2 \rightarrow H_2O$)

इस अभिक्रिया में, कॉपर *(ii)* ऑक्साइड से ऑक्सीजन पृथक् होती है और अपचयन होता है। हाइड्रोजन ऑक्सीजन ग्रहण कर ऑक्सीकृत हो जाता है।

(vi) ऊष्माक्षेपी और ऊष्माशोषी अभिक्रियाएँ

- **ऊष्माक्षेपी अभिक्रियाएँ** ऐसी अभिक्रियाएँ जिनमें ऊष्मा निर्मुक्त होती है, ऊष्माक्षेपी उत्सर्जन/निकास या उत्पन्न अभिक्रियाएँ कहलाती हैं। उदाहरण

$$CH_4(g) + 2O_2(g) \longrightarrow CO_2(g) + 2H_2O(g) + \text{ऊष्मा}$$
मेथेन ऑक्सीजन कार्बन डाइऑक्साइड जल

- **ऊष्माशोषी अभिक्रियाएँ** ऐसी अभिक्रियाएँ जिनमें ऊष्मा/ऊर्जा का अवशोषण होता है, ऊष्माशोषी अभिक्रियाएँ कहलाती हैं। उदाहरण

$$2HgO(s) + \text{ऊष्मा} \longrightarrow 2Hg(l) + O_2(g)$$
मरक्यूरिक ऑक्साइड मर्करी ऑक्सीजन

5. संक्षारण और विकृतगंधिता

वह अभिक्रिया जिसमें धातु वायु की ऑक्सीजन नमी या अन्य रसायनों से धीमी अभिक्रिया द्वारा धीरे-धीरे नष्ट होती है, संक्षारण कहलाती है। लोहे पर जंग लगना संक्षारण कहलाता है नम हवा में खुला रखने पर आयरन, हाइड्रेट आयरन ऑक्साइड (जंग) बनाता है।

$$4Fe + \underbrace{3O_2 + xH_2O}_{\text{हवा द्वारा}} \longrightarrow 2Fe_2O_3.xH_2O$$
हाइड्रेटेड आयरन ऑक्साइड (जंग)

- संक्षारण से देश में हर साल विभिन्न धातु विशेषकर लोहा बहुत सारा टन बर्बाद हो जाता है।
  अतः, क्षरण को रोकना अत्यंत आवश्यक है।
- विकृतगंधिता खाद्य पदार्थों में मौजूद तेल और वसीय पदार्थों के धीमी गति से ऑक्सीकरण की प्रक्रिया है जिसके परिणामस्वरूप इन उत्पादों में एक विशेष स्वाद और दुर्गन्ध पैदा हो जाती है।
- वसा और तेल युक्त खाद्य पदार्थों के ऑक्सीकरण को रोकने के लिए इन पदार्थों में ऐन्टीऑक्सीडेंट मिलाए जाते हैं।

अध्याय 2. अम्ल, क्षारक एवं लवण

1. अम्ल

- अम्ल वे रासायनिक पदार्थ हैं जिनका स्वाद खट्टा होता है और नीले लिटमस विलयन को लाल कर देते हैं।
- आर्हेनियस अवधारणा के अनुसार, वे पदार्थ जो जलीय विलयन में (हाइड्रोजन) H^+ आयन प्रदान करते हैं, अम्ल कहलाते हैं
  उदाहरण
  $$H_2SO_4 \longrightarrow 2H^+ + SO_4^{2-}$$

2. क्षारक

वे पदार्थ जो जलीय विलयन में हाइड्रॉक्साइड आयन (OH^-) प्रदान करते हैं, क्षारक कहलाते हैं। उदाहरण कास्टिक सोडा या सोडियम हाइड्रॉक्साइड ($NaOH$)।

3. अम्लों के रासायनिक गुण

- धातुओं के साथ अभिक्रिया तनु अम्लों (उदाहरण HCl और H_2SO_4, HNO_3 नहीं) कुछ सक्रिय धातुओं जैसे जिंक (Zn), आयरन (Fe), आदि के साथ अभिक्रिया करके लवण बनाते हैं और हाइड्रोजन (H_2) गैस बनती हैं। उदाहरण
  $$Zn(s) + H_2SO_4(aq) \longrightarrow ZnSO_4(aq) + H_2(g)$$
  जिंक अम्ल सल्फ्यूरिक अम्ल जिंक सल्फेट हाइड्रोजन
- धातु ऑक्साइड के साथ अभिक्रिया अम्ल कुछ धातु ऑक्साइडों (सामान्य ऑक्साइड) के साथ अभिक्रिया करके लवण और जल बनाते हैं। उदाहरण
  $$CaO(s) + 2HCl(aq) \longrightarrow CaCl_2(aq) + H_2O(l)$$
  कैल्सियम ऑक्साइड हाइड्रोक्लोरिक अम्ल कैल्सियम क्लोराइड जल
- धातु कार्बोनेट के साथ अभिक्रिया अम्ल धातु कार्बोनेट के साथ अभिक्रिया करके कार्बन डाइऑक्साइड गैस उत्पन्न करता है।
  $$CaCO_3(s) + 2HCl(aq) \longrightarrow CaCl_2(aq) + H_2O(l) + CO_2(g)$$
  कैल्सियम कार्बोनेट हाइड्रोक्लोरिक अम्ल कैल्सियम क्लोराइड जल कार्बन डाइऑक्साइड

4. क्षारों के रासायनिक गुण

- धातुओं के साथ अभिक्रिया प्रबल क्षारों के साथ अभिक्रिया करके सक्रिए धातुएँ हाइड्रोजन गैस उत्पन्न करती हैं। उदाहरण
  $$Zn(s) + 2NaOH(aq) \longrightarrow Na_2ZnO_2(aq) + H_2(g)$$
  जिंक सोडियम हाइड्रॉक्साइड सोडियम जिंकेट हाइड्रोजन
- अधात्विक ऑक्साइड के साथ अभिक्रिया क्षार अधात्विक ऑक्साइडों (अम्लीय ऑक्साइड) के साथ अभिक्रिया करके लवण और जल उत्पन्न करते हैं। यह अभिक्रिया सिद्ध करती है कि अधात्विक ऑक्साइड अम्लीय प्रकृति के होते हैं। उदाहरण
  $$CO_2(g) + Ca(OH)_2(aq) \longrightarrow CaCO_3(s) + H_2O(l)$$
  कार्बनडाइ ऑक्साइड बुझा हुआ चूना कैल्सियम कार्बोनेट जल
- अम्ल और क्षारकों के बीच अभिक्रिया अम्ल क्षार के साथ अभिक्रिया करके लवण और जल उत्पन्न करते हैं। इस अभिक्रिया में अम्ल एक क्षार को उदासीन कर देता है, अर्थात् इसके प्रभाव को कम कर देता है अथवा इसके विपरीत, ऐसी अभिक्रिया को उदासीनीकरण अभिक्रिया के रूप में जाना जाता है।
- सामान्यतः उदासीनीकरण अभिक्रिया को इस प्रकार लिखा जाता है उदाहरण
  $$\text{क्षार} + \text{अम्ल} \longrightarrow \text{लवण} + \text{जल}$$
  $$NaOH(aq) + HCl(aq) \longrightarrow NaCl(aq) + H_2O(l)$$
  सोडियम हाइड्रॉक्साइड हाइड्रोक्लोरिक अम्ल सोडियम क्लोराइड जल
- तनुकरण किसी अम्ल और क्षार को जल के साथ मिलाने को तनुकरण कहा जाता है, जिसके परिणामस्वरूप प्रति इकाई आयतन में आयनों [H_3O^+ / OH^-) की सान्द्रता में कमी आती है और अम्ल या क्षार को तनुकृत कहा जाता है।
- किसी अम्ल या क्षार को तनु करने की प्रक्रिया एक अत्यधिक ऊष्माक्षेपी प्रक्रिया है। अम्ल को लगातार हिलाते हुए धीरे-धीरे जल में मिलाया जाना चाहिए।

- यदि सान्द्र अम्ल में जल मिलाया जाता है, तो ऊष्मा उत्पन्न होने के कारण मिश्रण स्फूटित होकर बाहर निकल सकता है और जलने का कारण बन सकता है।

5. सूचक

- सूचक ऐसे पदार्थ होते हैं जो अम्ल या क्षारीय विलयन में मिलाए जाने पर अपना रंग अथवा गन्ध बदल लेते हैं। लिटमस, हल्दी और चाइना रोज आदि प्राकृतिक सूचक हैं।
- कृत्रिम सूचक वे रासायनिक पदार्थ जो अम्ल और क्षार में अपना रंग बदलते हैं कृत्रिम सूचक कहलाते हैं, इन्हें कृत्रिम अम्ल क्षार सूचक भी कहा जाता है। उदाहरण-मेथिल ऑरेंज।
- गंध युक्त सूचक वे पदार्थ जिनकी गन्ध अम्लीय या क्षारीय माध्यम में बदलती है, गंध युक्त सूचक/घ्राण सूचक कहलाते हैं। उदाहरण-वनीला।

6. अम्ल या क्षार की सामर्थ्य

- किसी अम्ल या क्षार की सामर्थ्य उनके द्वारा उत्पन्न H^+ आयनों और OH^- आयनों की संख्या पर निर्भर करती है। किसी अम्ल द्वारा उत्पन्न H^+ आयनों की संख्या जितनी अधिक होगी, अम्ल उतना ही प्रबल होगा। इसी प्रकार क्षार द्वारा उत्पन्न OH^- आयनों की संख्या जितनी अधिक होगी, क्षार उतना ही प्रबल होगा।

विलयन की सापेक्षिक अम्लीयता और क्षारीयता का मापन

- *pH* स्केल हाइड्रोजन आयन सान्द्रता को मापने के लिए उपयोग किया जाने वाला एक पैमाना है। *pH* पैमाने में *p* का मतलब पोटेंज है जिसका जर्मन भाषा में मतलब शक्ति है। इसका मान शून्य (अत्यधिक अम्लीय) से चौदह (अत्यधिक क्षारीय) तक होता है।
- *pH* एक संख्या है जो किसी विलयन की अम्लीय या क्षारीय प्रकृति को सूचित करती है।
  (i) यदि $pH > 7$ विलयन क्षारीय है।
  (ii) यदि $pH < 7$ विलयन अम्लीय है।
  (iii) यदि $pH = 7$ विलयन उदासीन है।

7. लवण

- अम्ल और क्षार के बीच उदासीनीकरण अभिक्रिया से लवण का निर्माण होता है।

$$\text{अम्ल} + \text{क्षार} \longrightarrow \text{लवण} + \text{जल}$$

$$HX + MOH \longrightarrow \underset{\text{लवण}}{MX} + HOH$$

यहाँ *X* अधातु और *M* धातु है।

- प्रबल अम्ल और प्रबल क्षार के लवण उदासीन ($pH = 7$) होते हैं। प्रबल अम्ल और दुर्बल क्षार के लवण अम्लीय ($pH < 7$) होते हैं और प्रबल क्षार और दुर्बल अम्ल के लवण क्षारीय प्रकृति के होते हैं ($pH > 7$).
- **सामान्य लवण/नमक** (सोडियम क्लोराइड) सामान्य नमक हाइड्रोक्लोरिक अम्ल और सोडियम हाइड्रॉक्साइड विलयन के संयोजन से बनता है। यह वह नमक है जिसका उपयोग हम भोजन में करते हैं।
- **कास्टिक सोडा** (सोडियम हाइड्रॉक्साइड [NaOH]) जब विद्युत को सोडियम क्लोराइड (जिसे ब्राइन कहा जाता है) के जलीय विलयन से गुजारा जाता है, तो यह अपघटित होकर सोडियम हाइड्रॉक्साइड बनाता है। इस प्रक्रिया को क्लोर-क्षार प्रक्रिया कहा जाता है।

$$\underset{\text{सोडियम क्लोराइड}}{2NaCl(aq)} + \underset{\text{जल}}{2H_2O} \xrightarrow{\text{विद्युत धारा}} \underset{\text{सोडियम हाइड्रॉक्साइड}}{2NaOH(aq)} + \underset{\text{क्लोरीन}}{Cl_2(g)} + \underset{\text{हाइड्रोजन}}{H_2(g)}$$

- **विरंजक चूर्ण** (कैल्सियम ऑक्सीक्लोराइड [$CaOCl_2$]) यह सूखे बुझे हुए चूने पर क्लोरीन की क्रिया से उत्पन्न होता है।

$$\underset{\text{बुझा हुआ चूना}}{Ca(OH)_2} + \underset{\text{क्लोरीन}}{Cl_2} \longrightarrow \underset{\text{विरंजक चूर्ण}}{CaOCl_2} + \underset{\text{जल}}{H_2O}$$

- **बेकिंग सोडा** (सोडियम हाइड्रोजन कार्बोनेट अथवा सोडियम बाइकार्बोनेट [$NaHCO_3$]) स्वादिष्ट कुरकुरे पकौड़े बनाने के लिए सामान्यतया रसोई में इस्तेमाल किया जाने वाला सोडा बेकिंग सोडा है। यह बेकिंग चूर्ण का मुख्य घटक है। इसका उत्पादन कच्चे माल के रूप में सोडियम क्लोराइड का उपयोग करके किया जाता है।

- **बेकिंग सोडा का निर्माण की अभिक्रिया निम्नलिखित है।**

$$NaCl + H_2O + CO_2 + NH_3 \longrightarrow NH_4Cl + NaHCO_3$$

ब्राइन, कार्बन डाइऑक्साइड, अमोनिया, अमोनियम क्लोराइड, सोडियम हाइड्रोजन कार्बोनेट

- **धावन सोडा** (सोडियम कार्बोनेट $[Na_2CO_3.10H_2O]$) बेकिंग सोडा को गर्म करके सोडियम कार्बोनेट प्राप्त किया जा सकता है, सोडियम कार्बोनेट के पुनः क्रिस्टलीकरण से धावन सोडा प्राप्त होता है। यह एक क्षारीय लवण भी है।

$$Na_2CO_3 + 10H_2O \longrightarrow Na_2CO_3.10H_2O$$

- **प्लास्टर ऑफ पेरिस** (कैल्सियम सल्फेट हेमीहाइड्रेट $[CaSO_4.1/2H_2O]$) यह जिप्सम $(CaSO_4.2H_2O)$ को 373 K पर गर्म करने से प्राप्त होता है इस तापमान पर जिप्सम जल के अणुओं को खो देता है और प्लास्टर ऑफ पेरिस का निर्माण होता है।

$$CaSO_4.2H_2O \xrightarrow[\text{ऊष्मा}]{373\ K} CaSO_4 + \frac{1}{2}H_2O + 1\frac{1}{2}H_2O$$

जिप्सम, प्लास्टर ऑफ पेरिस

- जल का क्रिस्टलीकरण लवण की एक सूत्र इकाई में उपस्थित जल के अणुओं की निश्चित संख्या है। उदाहरण जलयोजित कॉपर सल्फेट $CuSO_4.5H_2O$।

अध्याय 3. धातु तथा अधातु

1. धातु

- ऐसे तत्व जो विद्युत धनात्मक प्रवृत्ति रखते हैं, धातु कहलाते हैं। उदाहरण ताँबा।

2. धातुओं के भौतिक गुण

- **आघातवर्धनीयता** यह धातु का वह गुण है जिसके कारण इसे पीटकर पतली शीट बनाई जा सकती है। अधिकांश धातुएँ आघातवर्ध्य होती हैं।
- **तन्यता** वह गुण है जिसके कारण किसी धातु को तारों में खींचा जा सकता है। धातुएँ सामान्यतः तन्य होती हैं। सोना सबसे अधिक तन्य धातु है।
- **कठोरता** अधिकांश धातुएँ कठोर होती हैं। लेकिन कुछ क्षार धातुएँ जैसे सोडियम और पोटैशियम इतनी नरम होती है कि इन्हें चाकू से आसानी से काटा जा सकता है।
- **धात्विक चमक** धातुओं की शुद्ध अवस्था में इनकी सतह चमकीली होती है। इस गुण को धात्विक चमक कहा जाता है।
- **विद्युत चालकता** अधिकांश धातुएँ विद्युत की सुचालक होती हैं।
- **तापीय चालकता** सामान्यतः धातुएँ ऊष्मा की अच्छी सुचालक होती हैं, सीसा (Pb) और पारा (Hg) के अलावा, जो ऊष्मा की कुचालक होती हैं। सभी धातुओं में ऊष्मा की सबसे अच्छी चालक ताँबा (Cu) और चाँदी है।
- **गलनांक और क्वथनांक** धातुएँ सामान्यतः उच्च गलनांक तथा क्वथनांक रखती हैं, पारा, गैलियम और क्षार धातुओं को छोड़कर। धातुओं में टंगस्टन (W) का गलनांक सबसे अधिक होता है जबकि पारे (Hg) का गलनांक सबसे कम होता है।
- **ध्वानिक** (सोनोरिटी) जब धातुओं पर किसी ठोस पदार्थ से प्रहार किया जाता है तो वे ध्वनि उत्पन्न करती हैं। इस गुण को ध्वानिक (सोनोरिटी) कहा जाता है और धातुओं को सोनोरस कहा जाता है। इसी गुण के कारण घंटियाँ धातुओं से बनी होती हैं।

3. धातुओं के रासायनिक गुण

धातुओं के अधिकांश रासायनिक गुण उनकी विद्युत धनात्मक प्रकृति के कारण होते हैं। इसका मतलब है कि एक धातु परमाणु धनायन बनाने के लिए इलेक्ट्रॉन खो देता है।

$$M \longrightarrow M^{n+} + ne^-$$

(धातु परमाणु)

1. धातुओं की ऑक्सीजन के साथ अभिक्रिया

(वायु में जलना अथवा ऑक्साइड का बनना)

(i) लगभग सभी धातुएँ ऑक्सीजन (या वायु) के साथ अभिक्रिया करके धातु ऑक्साइड बनाती हैं।

धातु + ऑक्सीजन $\longrightarrow$ धातु ऑक्साइड

उदाहरण, जब ताँबे (कॉपर) को वायु में गर्म किया जाता है, तो यह ऑक्सीजन के साथ मिलकर कॉपर (II) ऑक्साइड, एक काला ऑक्साइड बनाता है।

$$2Cu + O_2 \longrightarrow 2CuO$$

कॉपर ऑक्सीजन (कॉपर (II) ऑक्साइड)

(ii) ऑक्सीजन के साथ क्रियाशीलता का क्रम विभिन्न धातुएँ अलग-अलग दरों पर ऑक्सीजन के साथ अभिक्रिया करती हैं। उदाहरण, सोडियम (Na) और पोटैशियम (K) वायु में खुला रखने पर आग पकड़ लेती हैं।

इसलिए ये सबसे अधिक क्रियाशील धातुएँ हैं।

धातुओं की ऑक्सीजन के साथ क्रियाशीलता का क्रम है

$$K > Na > Mg > Zn > Fe > Cu > Ag$$

II. धातुओं की जल के साथ अभिक्रिया

धातुएँ जल के साथ अभिक्रिया करके धातु ऑक्साइड और हाइड्रोजन गैस उत्पन्न करती हैं।

धातु + जल ⟶ धातु ऑक्साइड + हाइड्रोजन

धातु ऑक्साइड + जल ⟶ धातु हाइड्रॉक्साइड

उदाहरण

$$2K(s) + 2H_2O(l) \longrightarrow 2KOH(aq) + H_2(g) + Heat$$

पोटैशियम ठण्डा जल पोटैशियम हाइड्रॉक्साइड हाइड्रोजन ऊष्मा

$$Ca(s) + 2H_2O(l) \longrightarrow Ca(OH)_2(aq) + H_2(g)$$

कैल्सियम ठण्डा जल कैल्सियम हाइड्रॉक्साइड हाइड्रोजन (कम सक्रिय)

III. धातुओं की विभिन्न अम्लों के साथ अभिक्रिया

(i) धातुओं की तनु HCl और तनु H_2SO_4 के साथ

अभिक्रिया अपवाद कुछ कम क्रियाशील धातुएँ (Cu, Hg, Ag, Au, Pt, आदि) को छोड़कर सभी धातुएँ तनु सल्फ्यूरिक अम्ल और हाइड्रोक्लोरिक अम्ल के साथ अभिक्रिया करके लवण और हाइड्रोजन गैस बनाती है।

उदाहरण $$Zn + 2HCl \longrightarrow ZnCl_2 + H_2\uparrow$$

जिंक हाइड्रोक्लोरिक अम्ल जिंक क्लोराइड हाइड्रोजन

(ii) धातुओं की तनु नाइट्रिक अम्ल के साथ अभिक्रिया मैग्नीशियम और मैगनीज को छोड़कर, धातुएँ तनु नाइटिक अम्ल के साथ अभिक्रिया नहीं करती हैं। यह नाइट्रिक अम्ल की ऑक्सीकारक प्रकृति के कारण है।

धातु + तनु $HNO_3 \longrightarrow$ लवण $+ NO_2 / H_2O \uparrow + H_2O$

अपवाद स्वरूप (केवल Mn और Mg के लिए)

धातु (Mn/Mg) + तनु $HNO_3 \longrightarrow$ लवण + $H_2\uparrow$

IV. धातुओं की लवण विलयनों के साथ अभिक्रिया

एक क्रियाशील धातु जलीय विलयन में से तुलनात्मक रूप में अपने से कम क्रियाशील धातु को विस्थापित कर देती है।

सामान्य समीकरण

$$A(s) + BC(aq) \longrightarrow AC(aq) + B(s)$$

क्रियाशील धातु; धातु का लवण B; धातु का लवण A; कम क्रियाशील धातु

उदाहरण

$$Cu(s) + 2AgNO_3(aq) \longrightarrow Cu(NO_3)_2(aq) + 2Ag(s)$$

कॉपर सिल्वर नाइट्रेट कॉपर नाइट्रेट सिल्वर

4. अधातु

- वे तत्व जो प्रकृति में विद्युत ऋणात्मक होते हैं, अधातु कहलाते हैं अर्थात् अधातु ऋणात्मक आयन बनाने के लिए इलेक्ट्रॉन ग्रहण करती है। उदाहरण, आयोडीन।

5. अधातुओं के भौतिक गुण

- **भंगुरता** अधातुएँ न तो आघातवर्धनीय और न ही तन्य लेकिन वे प्रकृति में भंगुर होती हैं।
- **भौतिक अवस्था** अधिकांश अधातुएँ मुलायम (यदि ठोस) हैं। केवल हीरा जो कार्बन का एक अपररूप है, सबसे कठोर ज्ञात पदार्थ है। ब्रोमीन जो एक तरल है, को छोड़कर अन्य अधातुएँ गैस हैं।
- **धात्विक चमक** अधातुओं में चमक अर्थात् चमकदार सतह नहीं होती। हालाँकि, हीरा (कार्बन का एक अपररूप), आयोडीन और ग्रेफाइट (कार्बन) में चमक होती है, भले ही वे अधातु हों।
- **विद्युत और तापीय चालकता** अधातुएँ सामान्यत: ऊष्मा और विद्युत की कुचालक होती हैं।
- **गलनांक और क्वथनांक** सामान्यत: अधातुओं के गलनांक और क्वथनांक कम होते हैं। लेकिन अधातुएँ

जो ठोस होती हैं, उनका क्वथनांक तुलनात्मक रूप से अधिक होता है (उदाहरण, *B*, *Si*, *C*, आदि)।

6. अधातुओं के रासायनिक गुणधर्म

- **ऑक्सीजन के साथ अभिक्रिया** अधातुएँ ऑक्सीजन के साथ अभिक्रिया करके ऑक्साइड बनाती हैं। ये ऑक्साइड सामान्यतः अम्लीय होते हैं। केवल कुछ अधात्विक ऑक्साइड उदासीन होते हैं।
- **अम्लीय ऑक्साइड** CO_2, SO_2, P_2O_5, आदि हैं।

उदाहरण $\underset{\text{कार्बन डाइऑक्साइड}}{CO_2(g)} + \underset{\text{जल}}{H_2O(l)} \rightarrow \underset{\text{कार्बोनिक अम्ल}}{H_2CO_3(aq)}$

- **जल के साथ अभिक्रिया** अधातुएँ हाइड्रोजन गैस उत्पन्न करने के लिए जल या भाप के साथ अभिक्रिया नहीं करती हैं। ऐसा इसलिए होता है क्योंकि अधातुएँ जल में हाइड्रोजन को इलेक्ट्रॉन नहीं दे सकती हैं, इसलिए हाइड्रोजन गैस नहीं निकल पाती है।
- **अम्लों के साथ अभिक्रिया** अधातुएँ अम्लों के साथ अभिक्रिया करके हाइड्रोजन गैस नहीं देती हैं। क्योंकि एक अधातु एक इलेक्ट्रॉन ग्रहण करता है, यह अम्ल के H^+ आयनों को हाइड्रोजन गैस में कम करने के लिए इलेक्ट्रॉनों की आपूर्ति नहीं कर पाता है।
- **विस्थापन अभिक्रिया** अधातुएँ भी धातुओं की भाँति विस्थापन अभिक्रिया प्रदर्शित करती हैं। उदाहरण

$$\underset{\text{क्लोरीन}}{Cl_2} + \underset{\text{सोडियम ब्रोमाइड}}{2NaBr} \longrightarrow \underset{\text{सोडियम क्लोराइड}}{2NaCl} + \underset{\text{ब्रोमीन}}{Br_2}$$

7. आयनिक यौगिक

- ऐसे यौगिक जो किसी धातु से अधातु में इलेक्ट्रॉनों के स्थानान्तरण से बनते हैं।

$$\underset{(2,8,1)}{Na} \longrightarrow \underset{(2,8)}{Na^+} + e^- \longrightarrow \underset{(2,8,7)}{Cl} + e^- \longrightarrow \underset{(2,8,8)}{Cl^-}$$

$$Na + Cl \qquad [Na^+]\,[\,Cl\,]$$

- **प्रबल स्थिरवैद्युत** आकर्षण बल जो *Na* और *Cl* आयनों को एक साथ बाँधने में मदद करते हैं, उसे आयनिक बन्ध अथवा वैद्युतसंयोजी बन्ध कहा जाता है।

8. आयनिक यौगिकों का गुणधर्म

- **भौतिक प्रकृति** धनात्मक और ऋणात्मक आयनों के मध्य प्रबल आकर्षण बलों की उपस्थिति के कारण आयनिक यौगिक ठोस होते है।

ये यौगिक सामान्यतः भंगुर होते है।

- **गलनांक और क्वथनांक** आयनिक यौगिकों के गलनांक तथा क्वथनांक उच्च होते है क्योंकि प्रबल स्थिर वैद्युत आकर्षण को तोड़ने के लिए अत्यधिक ऊर्जा की आवश्यकता होती है।
- **विलेयता** आयनिक यौगिक सामान्यतः जल में घुलनशील होते है और पेट्रोल, कैरोसीन जैसे विलायकों में अविलेय होते है।
- **विद्युत का चालन** आयनिक यौगिक केवल गलित अवस्था या जलीय विलयन में ही विद्युत का चालन करते है क्योंकि विपरीत आवेश वाले आयनों के मध्य स्थिरवैद्युत आकर्षण बल ऊष्मा के कारण नष्ट हो जाता है, और इस प्रकार आयन स्वतन्त्र रूप से गमन करते है और विद्युत का संचालन करते हैं। मुक्त आयनों की अनुपस्थिति के कारण ये ठोस अवस्था में विद्युत का संचालन नहीं करते है।

9. धातुओं के निष्कर्षण

(i) सक्रियता श्रेणी में नीचे आने वाली धातुओं का निष्कार्षण (निम्न अभिक्रियाशील)

- ये धातुएँ बहुत कम अभिक्रियाशील होती हैं, इन धातुओं के ऑक्साइड को केवल गर्म करने से ही धातु को प्राप्त किया जा सकता है।
- **सिनेबार** (*HgS*) सिनेबार मर्करी का एक अयस्क है। जब इसे वायु में गर्म करते हैं, तो यह सबसे पहले मर्क्यूरिक ऑक्साइड (*HgO*) में बदलता है तथा बाद में मर्करी धातु में परिवर्तित हो जाता है।

$$\underset{\text{सिनेबार}}{2HgS(s)} + \underset{\text{वायु से}}{3O_2(g)} \longrightarrow \underset{\text{मर्करी ऑक्साइड}}{2HgO(s)} + \underset{\text{सल्फर डाइऑक्साइड}}{2SO_2(g)}$$

- **कॉपर ग्लान्स** (Cu_2S) जब इसे वायु में गर्म करते हैं, तो आंशिक रूप से ऑक्सीकृत होता है तथा

ऑक्सीकृत उत्पाद शेष कॉपर ग्लान्स से क्रिया करके कॉपर धातु देते है।

उदाहरण

$$2Cu_2S(s) + 3O_2(g) \longrightarrow 2Cu_2O(s) + 2SO_2(g)$$

कॉपर ग्लांस वायु से कॉपर ऑक्साइड सल्फर डाइऑक्साइड

(ii) सक्रियता श्रेणी के मध्य में स्थित धातुओं का निष्कर्षण प्रकृति में ये धातुएँ प्रायः सल्फाइड या कार्बोनेट के रूप में पायी जाती हैं। ये सल्फाइड या कार्बोनेट पहले ऑक्साइड में परिवर्तित होते हैं। जिंक के निष्कर्षण के समय निम्न रासायनिक अभिक्रिया होती है

भर्जन

$$2ZnS(s) + 3O_2(s) \xrightarrow{\text{गर्म}} 2ZnO(s) + 2SO_2(g)$$

जिंक सल्फाइड ऑक्सीजन जिंक ऑक्साइड सल्फर डाइऑक्साइड

निस्तापन

$$ZnCO_3(s) \xrightarrow{\text{गर्म}} ZnO(s) + CO_2(g)$$

जिंक कार्बोनेट जिंक ऑक्साइड कार्बन डाइऑक्साइड

अपचयन

$$ZnO(s) + C(s) \longrightarrow Zn(s) + CO(g)$$

जिंक ऑक्साइड कार्बन जिंक कार्बन मोनोऑक्साइड

(iii) सक्रियता श्रेणी में सबसे ऊपर सित धातुओं का निष्कर्षण

- इन धात्विक यौगिकों को ऑक्सीजन के साथ उनकी अधिक वन्धुता के कारण कार्बन या किसी अन्य अपचायक द्वारा अपचयित नहीं किया जा सकता है। इसलिए इन धातुओं के लिए विद्युत अपघटनी अपचयन का उपयोग किया जाता है। उदाहरण, *Na*, *Mg*, *Ca*, आदि।

विद्युत-अपघटनी अपचयन

- इन धातुओं के लवणों जैसे क्लोराइडों को द्रवित रूप में विद्युत अपघटित करते हैं। धातु कैथोड पर निक्षेपित हो जाती हैं तथा क्लोराइड ऐनोड पर मुक्त होती है।

  अभिक्रिया

  कैथोड पर $M^+ + e^- \longrightarrow M$

  ऐनोड पर $2Cl^- \longrightarrow Cl_2 + 2e^-$

- धातुओं का शोधन यह अपचयन के वाद प्राप्त होने वाली धातु के शुद्धिकरण की प्रक्रिया है। शोधन के लिए विभिन्न तरीके अपनाये जाते हैं, लेकिन सबसे सामान्यतः विद्युत अपघटनी शोधन है।

10. संक्षारण

- यह वायुमण्डलीय वायु और नमी की अभिक्रिया से धातुओं को धीमी गति से नष्ट होने की प्रक्रिया है। उदा. लोहे जंग लगना।
- जंग की रोकथाम पेंटिंग, ऑयलिंग, ग्रीसिंग, यशद्लेपन, क्रोम प्लेटिंग, ऐनोडीकरण और मिश्रधातु के द्वारा लोहे पर जंग की रोकथाम की जा सकती है।
- यशद्लेपन (*Galvanisation*) लोहे और इस्पात की वस्तुओं पर जिंक की पतली परत चढ़ाने की प्रक्रिया को यशद्लेपन कहा जाता है।
- मिश्रधातु यह दो या दो से अधिक धातुओं को मिलाकर किसी धातु के गुणों को वेहतर बनाने की विधि है।

अध्याय 4. कार्बन और उसके यौगिक

1. कार्बन में सहसंयोजी आबन्ध

- तत्वों के परमाणुओं के मध्य (या तो समान अथवा अलग-अलग परमाणुओं) इलेक्ट्रॉनों की साझेदारी से वने आवन्ध को सहसंयोजी आवन्ध कहा जाता है।
- कार्बन (*C*) का परमाणु क्रमांक 6 है।
- इसके सबसे वाह्य कोश में 4 इलेक्ट्रॉन हैं और इसलिए इसे अष्टक को पूरा करने के लिए इसे 4 और इलेक्ट्रॉन प्राप्त करने होंगे अथवा 4 इलेक्ट्रॉन खोने होंगे। लेकिन इसे चार इलेक्ट्रॉनों को प्राप्त करने अथवा खोने के लिए वहुत अधिक ऊर्जा की आवश्यकता होती है। इसलिए, यह प्रायः अपने संयोजी इलेक्ट्रॉनों को कार्बन के अन्य परमाणुओं या अन्य तत्वों के परमाणुओं के साथ साझा करता है।
- ये साझित इलेक्ट्रॉन, दोनों परमाणुओं के सबसे वाह्यतम कोश से सम्वन्धित है और इस प्रकार, दोनों परमाणु अपने निकटतम उत्कृष्ट गैस विन्यास को प्राप्त कर लेते हैं।
- इस प्रकार के वन्धन को सहसंयोजी आवन्ध कहा जाता है।

- सहसंयोजी बन्धन वाले यौगिकों को सहसंयोजी यौगिक कहा जाता है, ये सामान्यत: विद्युत के कुचालक होते हैं।

2. कार्बन के अपररूप

कुछ रासायनिक तत्व दो या दो से अधिक विभिन्न रूपों में मौजूद हो सकते हैं, जो परमाणुओं की व्यवस्था और परमाणुओं की संख्या में भिन्न होते हैं लेकिन रासायनिक रूप से समान होते हैं। इन्हें अपररूप के रूप में जाना जाता है और इस घटना को अपररूपता के रूप में जाना जाता है। कार्बन कई अपररूप के रूप में पाया जाता है जैसे हीरा, ग्रेफाइट, बकमिन्स्टर फुलरीन।

3. कार्बन की सर्वतोमुखी प्रकृति

कार्बन अपनी चतु:संयोजी प्रकृति और श्रृंखलन (Catenation) के गुण के कारण लाखों यौगिक बना सकता है। अपने छोटे आकार के कारण कार्बन में कई बन्ध बनाने की प्रवृत्ति प्रबल होती है।

4. समावयवता

- समान आण्विक सूत्र/अणुसूत्र लेकिन विभिन्न भौतिक और रासायनिक गुणों वाले कार्बनिक यौगिकों को समावयवी कहा जाता है। इस घटना को समावयवता कहा जाता है।
- इन यौगिकों के गुणों में अन्तर उनकी संरचनाओं में अन्तर के कारण होता है। इन यौगिकों का अणुसूत्र समान होता है लेकिन संरचनाएँ भिन्न-भिन्न होती हैं। इसलिए इन्हें संरचनात्मक समावयवी कहा जाता है और इस घटना को संरचनात्मक समावयवता कहा जाता है। उदाहरण, ब्यूटेन (Butane) (C_4H_{10}) के दो संरचनात्मक समावयवी सम्भव हैं।

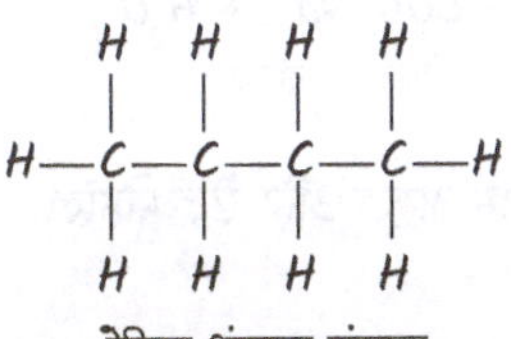

रैखित श्रृंखला संरचना

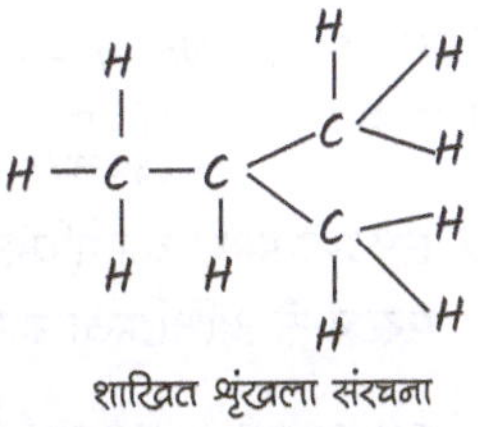

शाखित श्रृंखला संरचना

5. क्रियात्मक समूह

क्रियात्मक समूह एक परमाणु अथवा परमाणुओं का वह समूह है जो कार्बनिक यौगिकों की संरचना को परिभाषित करता है। महत्वपूर्ण क्रियात्मक समूह ऐल्कोहॉल, ऐल्डिहाइड, कीटोन और कार्बोक्सिलिक अम्ल हैं।

6. सजातीय श्रेणी

समान रूप से बने हुए यौगिकों की एक श्रृंखला जिसमें उपस्थित सदस्यों के क्रियात्मक समूह और रासायनिक गुण समान होते हैं और किसी विशिष्ट श्रृंखला में किन्हीं दो क्रमिक सदस्यों के अणुसूत्र में एक $-CH_2-$ इकाई का अन्तर होता है, समजात श्रृंखला कहलाती है। उदाहरण CH_4, C_2H_6, C_3H_8, C_4H_{10} ऐल्केन परिवार के सदस्य हैं।

7. कार्बनिक यौगिकों के नामकरण के लिए IUPAC पद्धति

- मूल शब्द यह श्रृंखला में कार्बन परमाणु की संख्या को प्रदर्शित करता है।

  C_1—मेथ, C_2—एथ, C_3—प्रोप, C_4—ब्यूट, आदि।

- **पूर्वलग्न** (*Prefix*) यह मुख्य हाइड्रोकार्बन श्रृंखला से प्रतिस्थापन करने वाले प्रतिस्थापकों तथा पार्श्व श्रृंखलाओं की संख्या व कार्बन श्रृंखला में स्थिति को प्रदर्शित करता है।

  $-CH_3$ (मेथिल समूह), *Br* (ब्रोमो), आदि।

- **अनुलग्न** (*Suffix*) यह ऐल्केन, ऐल्कीन, ऐल्काइन तथा अन्य क्रियात्मक समूह की उपस्थिति को प्रदर्शित करता है।

8. कार्बनिक यौगिकों के रासायनिक गुणधर्म

कार्बनिक यौगिकों के कुछ महत्वपूर्ण रासायनिक गुण इस प्रकार हैं

(i) **दहन** (Combustion) सभी कार्बनिक यौगिक (उसके अपररूपों के साथ) ऑक्सीजन के साथ जलकर कार्बन डाइऑक्साइड और जलवाष्प बनाते हैं। इस प्रक्रिया के दौरान ऊष्मा और प्रकाश भी निकलती है। इस अभिक्रिया को दहन कहा जाता है।

उदाहरण,

$$C + O_2 \longrightarrow CO_2 + \text{ऊष्मा} + \text{प्रकाश}$$

(ii) **ऑक्सीकरण** इस अभिक्रिया में ऑक्सीजन का जुड़ना और हाइड्रोजन का निकलना शामिल होता है। ऐल्कोहॉल को क्षारीय $KMnO_4$ (पोटैशियम परमैंगनेट) अथवा अम्लीय $K_2Cr_2O_7$ (पोटैशियम डाइक्रोमेट) जैसे ऑक्सीकारक पदार्थों की उपस्थिति में गर्म करके कार्बोक्सिलिक अम्ल में ऑक्सीकृत किया जा सकता है।

उदाहरण

$$CH_3CH_2OH \xrightarrow[\text{ऊष्मा}]{\text{क्षारीय } KMnO_4 +} CH_3 - \overset{\overset{O}{||}}{C} - OH$$

ऐसीटिक अम्ल ऐथेनॉइक अम्ल

वे पदार्थ जो अन्य पदार्थों से ऑक्सीजन जोड़ने में सक्षम होते हैं, ऑक्सीकारक कहलाते हैं।

सामान्यतया, एल्कोहॉल $\xrightarrow{[O]}$ ऐल्डिहाइड $\xrightarrow{[O]}$ कार्बोक्सिलिक अम्ल $[O]$ = ऑक्सीकरण

(*iii*) **योगात्मक अभिक्रियाएँ** वह अभिक्रिया जिसमें एक अभिकर्मक किसी छोटे अणु को हटाए बिना ही पूर्णत: अभिकारक से जुड़ जाता है, योगात्मक अभिक्रिया कहलाती है।

उदाहरण

$$\begin{matrix} R \\ R \end{matrix} \rangle C = C \langle \begin{matrix} R \\ R \end{matrix} + H_2 \xrightarrow[200°C]{\text{निकेल उत्प्रेरक}}$$

(असंतृप्त हाइड्रोकार्बन)

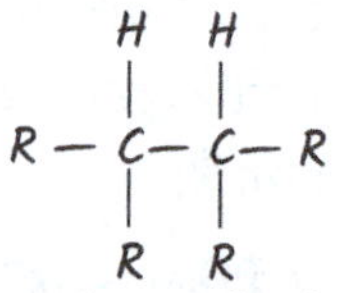

(संतृप्त हाइड्रोकार्बन)

(*iv*) **प्रतिस्थापन अभिक्रियाएँ** ऐसी अभिक्रियाएँ जिनमें एक अभिकर्मक किसी क्रियाकारक/अभिकारक (सब्सट्रेट) से एक परमाणु अथवा परमाणुओं के समूह को प्रतिस्थापित करता है प्रतिस्थापन अभिक्रिया कहलाती है। ये अभिक्रियाएँ सामान्यतया संतृप्त यौगिकों द्वारा दर्शायी जाती हैं।

9. कुछ महत्वपूर्ण कार्बनिक यौगिक

एथेनॉल इसका सामान्य नाम एथिल ऐल्कोहॉल है और सूत्र C_2H_5OH अथवा CH_3CH_2OH है।

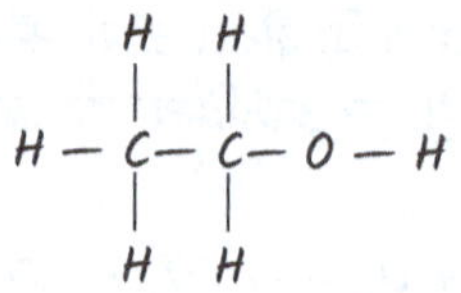

10. रासायनिक गुण

(*i*) **सोडियम के साथ अभिक्रिया** एथिल ऐल्कोहॉल की अभिक्रिया सोडियम धातु के साथ करवाने पर हाइड्रोजन गैस उत्सर्जित/उत्पन्न होती है और सोडियम एथॉक्साइड का निर्माण होता है।

$$\underset{\text{सोडियम}}{2Na} + \underset{\text{एथेनॉल}}{2CH_3CH_2OH} \longrightarrow \underset{\text{सोडियम एथॉक्साइड}}{2CH_3CH_2O^-Na^+} + \underset{\text{हाइड्रोजन गैस}}{H_2} \uparrow$$

(*ii*) **निर्जलीकरण** यौगिक से जल को अलग करने वाली अभिक्रियाएँ निर्जलीकरण अभिक्रियाएँ कहलाती हैं।

$$\underset{\text{एथेनॉल}}{CH_3 - CH_2OH} \xrightarrow[H_2SO_4, 170°C]{\text{गर्म सान्द्र}} \underset{\text{एथीन}}{CH_2 = CH_2} + \underset{\text{जल}}{H_2O}$$

11. एथेनॉल के उपयोग

- इसका उपयोग सभी ऐल्कोहॉलिक पेयों में सक्रिय घटक के रूप में किया जाता है।
- इसका उपयोग जैसे टिंचर आयोडीन, कफ सिरप और कुछ अन्य टॉनिक औषधियों में किया जाता है।

12. एथेनॉइक अम्ल

इसे सामान्यत: ऐसीटिक अम्ल के नाम से भी जाना जाता है। इसका सूत्र CH_3COOH है। जल में एथेनॉइक अम्ल का 5-8% घोल को सिरका के रूप में जाना जाता है।

13. रासायनिक अभिक्रियाएँ

(*i*) **अम्लीयता** HCl (हाइड्रोक्लोरिक अम्ल) की तुलना में ऐसीटिक अम्ल की अम्लीयता कम होती है क्योंकि इसका आयनन कम होता है लेकिन ऐल्कोहॉल की तुलना में अधिक अम्लीय होता है क्योंकि प्रोटॉन (H^+) को हटाने के बाद बनने वाले आयन की स्थिरता अधिक होती है। इसकी अभिक्रिया सोडियम धातु के साथ कराने पर हाइड्रोजन गैस मुक्त होती है।

$$\underset{\text{ऐसीटिक अम्ल}}{2CH_3COOH} + \underset{\text{सोडियम धातु}}{2Na} \longrightarrow \underset{\text{सोडियम ऐसीटेट}}{2CH_3COO^-Na^+} + H_2 \uparrow$$

(*ii*) **क्षार के साथ अभिक्रिया** यह सोडियम हाइड्रॉक्साइड जैसे क्षार के साथ अभिक्रिया करके लवण और जल देता है।

$$\underset{\text{ऐसीटिक अम्ल}}{CH_3COOH} + \underset{\text{सोडियम हाइड्रॉक्साइड}}{NaOH} \longrightarrow \underset{\text{सोडियम ऐसीटिट}}{CH_3COO^-Na^+} + H_2O$$

(*iii*) **एस्टरीकरण** कार्बोक्सिलिक अम्ल और ऐल्कोहॉल एस्टर से अभिक्रिया करके

$$\underset{\text{एसीटिक अम्ल}}{CH_3COOH} + \underset{\text{एथेनालॅ}}{HOC_2H_5} \xrightarrow{\text{सांद्र } H_2SO_4} \underset{\text{एस्टर (फलों जैसी गंध)}}{CH_3COOC_2H_5} + H_2O$$

सोडियम हाइड्रॉक्साइड के साथ उपचारित करने पर एस्टर वापस ऐल्कोहॉल और अम्ल के सोडियम

लवण में परिवर्तित हो जाता है। इस अभिक्रिया को साबुनीकरण कहा जाता है।

$$CH_3COOCH_2CH_3 \xrightarrow{NaOH} CH_3CH_2OH + CH_3COO^-Na^+$$

(एथिल ऐसीटेट → एथिल ऐल्कोहॉल + सोडियम ऐसीटेट)

(iv) **कार्बोनेट और हाइड्रोजन कार्बोनेट के साथ अभिक्रिया** इस अभिक्रिया में हाइड्रोजन और कार्बन डाइऑक्साइड गैस निकलती है

$$CH_3COOH + NaHCO_3 \longrightarrow CH_3COO^-Na^+ + H_2O + CO_2\uparrow$$

(सोडियम ऐसीटेट)

$$2CH_3COOH + Na_2CO_3 \longrightarrow 2CH_3COO^-Na^+ + H_2O + CO_2\uparrow$$

(सोडियम ऐसीटेट)

14. ऐसीटिक अम्ल का उपयोग

(i) इसका उपयोग सिरका बनाने के लिए किया जाता है।

(ii) इसे अचार में परिरक्षक के रूप में व्यापक रूप से उपयोग किया जाता है।

15. साबुन और अपमार्जक

- दीर्घ शृंखला वाले कार्बोक्सिलिक अम्लों के सोडियम और पोटैशियम लवण **साबुन** होते हैं और सामान्य सूत्र $RCOO^-Na^+$ लिखते हैं। यहाँ $R = C_{15}H_{31}, C_{17}H_{35}$ आदि।
- सामान्यतः दीर्घ शृंखला वाले कार्बोक्सिलिक अम्लों के अमोनियम और सल्फोनेट लवण **अपमार्जक** कहलाते हैं। साबुन और अपमार्जक की क्रिया अणु के जलविरोधी (Hydrophobic) और जलस्नेही (Hydrophilic) दोनों समूहों की उपस्थिति पर आधारित होती है और तैलीय गन्दगी को इमल्सीकृत करने और इसे हटाने में मदद करती है।

अध्याय 5. जीवन प्रक्रियाएँ

(A) पोषण

- जीवित संरचनाओं को बनाए रखने के लिए किसी जीव के द्वारा शरीर के बाहर से ऊर्जा के स्रोत (भोजन) को अन्तर्ग्रहित कर उचित स्वास्थ्य एवं वृद्धि हेतु आवश्यक पोषक तत्त्वों एवं ऊर्जा को प्राप्त करने की प्रक्रिया को पोषण के रूप में जाना जाता है।
- पोषक तत्व के पदार्थ है, जो जीवित शरीर के उचित विकास और रखरखाव के लिए आवश्यक होते हैं।
- पोषण की दो प्रमुख विधियाँ हैं

1. स्वपोषी पोषण

- स्वपोषी पोषण स्वपोषी जीवों से पाया जाता है। ये सूर्य के प्रकाश और क्लोरोफिल (पर्णहरित) की उपस्थिति में कार्बन डाइऑक्साइड और जल से कार्बोहाइड्रेट के रूप में कार्बनिक भोजन का संश्लेषण करते हैं और इसे ऊर्जा के संग्रहित रूपों में परिवर्तित करते हैं। भोजन संश्लेषण की इस प्रक्रिया को प्रकाश-संश्लेषण के नाम से जाना जाता है। स्वपोषी जीवों के उदाहरण हरे पौधे (उत्पादक) और कुछ जीवाणु हैं।
- प्रकाश-संश्लेषण की प्रक्रिया में शामिल सामान्य अभिक्रिया है

$$6CO_2 + 12H_2O \xrightarrow[\text{क्लोरोफिल}]{\text{सुर्य का प्रकाश}} C_6H_{12}O_6 + 6O_2 + 6H_2O$$

(कार्बन डाइऑक्साइड, जल → कार्बोहाइड्रेट, ऑक्सीजन, जल)

- प्रकाश-संश्लेषण में होने वाली प्रमुख घटनाएँ हैं
  (i) क्लोरोफिल द्वारा प्रकाश ऊर्जा का अवशोषण।
  (ii) प्रकाश ऊर्जा का रासायनिक ऊर्जा में रूपान्तरण।
  (iii) जल के अणुओं का हाइड्रोजन और ऑक्सीजन में टूटना।
  (iv) कार्बन डाइऑक्साइड का कार्बोहाइड्रेट में अपचयन।
- हरे पौधों की पत्तियों में हरितलवक (क्लोरोफिल युक्त लवक) नामक संरचनाएँ होती हैं, जो प्रकाश-संश्लेषण की प्रक्रिया के लिए मुख्य स्थल होती है।
- पत्ती में, रन्ध्र (पत्ती की सतह पर मौजूद छोटे छिद्र) प्रकाश-संश्लेषण के दौरान गैसीय विनिमय में भाग

लेते हैं। वे बड़ी मात्रा में जल की वाष्प के रूप में हानि (वाष्पोत्सर्जन) के लिए भी जिम्मेदार होते हैं। जब प्रकाश-संश्लेषण के लिए कार्बन डाइऑक्साइड की आवश्यकता नहीं होती है, तो ये छिद्र बन्द हो जाते हैं। सेम के बीज के आकार की रक्षक या द्वार कोशिकाएँ रन्ध्र के खुलने और बन्द होने को नियन्त्रित करती है।

- पौधों को जल के अलावा कुछ अन्य कच्चे माल की भी आवश्यकता होती हैं, जैसे-नाइट्रोजन, फॉस्फोरस, लौह और मैग्नीशियम, जो मिट्टी से ग्रहण किए जाते हैं।
- नाइट्रोजन प्रोटीन और अन्य यौगिकों के संश्लेषण के लिए एक आवश्यक घटक है। इसे पादपों में मुख्य रूप से अकार्बनिक नाइट्रेट या नाइट्राइट या कार्बनिक रूप (N_2 से तैयार) के रूप में लिया जाता है।

2. विषमपोषी या परपोषी पोषण

- विषमपोषी पोषण ऐसे जीवों द्वारा किया जाता है, जो अपना भोजन स्वय नहीं बना सकते हैं और इसे अन्य जीवों से प्राप्त करते हैं। इस प्रकार, विषमपोषी जीव स्वपोषी जीवों द्वारा उत्पादित कार्बनिक अणुओं से कार्बन और ऊर्जा प्राप्त करते हैं; जैसे-शाकाहारी, माँसाहारी, सर्वाहारी, मृतोपजीवी और परजीवी।
- परपोषी पोषण की विधि निम्नलिखित तीन प्रकार की हो सकती है

(1) **प्राणिसमभोजी पोषण,** पोषण का वह तरीका है, जिसमें शाकाहारी (पौधे खाने वाले), मांसाहारी (मांस खाने वाले) और सर्वाहारी (पौधे और मांस दोनों खाने वाले) जीव भोजन के रूप में जटिल अणु ग्रहण करते हैं और फिर उन्हें शरीर में सरल और घुलनशील अणुओं में तोड़ देते हैं;
जैसे-*अमीबा*, गाय, बकरी, कुत्ता, बिल्ली, मनुष्य, आदि।

(2) **मृतोपजीवी पोषण,** पोषण का वह तरीका है, जिसमें मृतोपजीवी जीव शरीर के बाहर जटिल मृत कार्बनिक पदार्थों को तोड़कर और फिर उन्हें अवशोषित करके अपना पोषण प्राप्त करते हैं; जैसे-यीस्ट और कुछ जीवाणु।

(3) **परजीवी पोषण,** पोषण का वह तरीका है, जिसमें परजीवी जीव , जो किसी दूसरे जीव (पोषद् के शरीर) पर या उसके शरीर में रहते हैं और उन्हें मारे बिना उनसे अपना पोषण प्राप्त करते हैं,
जैसे-*प्लाज्मोडियम*, टिक, जूँ, जोंक, फीताकृमि, *कुस्कुटा* (अमरबेल), आदि।

3. विभिन्न जीवों में पोषण प्रक्रिया

- चूँकि विभिन्न प्रकार के जीवों के लिए भोजन और उसे प्राप्त करने का तरीका अलग-अलग होता है, इसलिए विभिन्न जीवों के पाचन तन्त्र में भी भिन्नता होती है।
- एककोशिकीय जीवों में भोजन जीव की पूरी सतह द्वारा ग्रहण किया जा सकता है, लेकिन जटिल बहुकोशिकीय जीवों में, पाचन के लिए विशेष भाग या अंग होते हैं।
- मनुष्यों में, पाचन तन्त्र एक लम्बी नलिकाकार संरचना, जिसे **आहार नाल** (लगभग 7-8 मीटर लम्बी) कहा जाता है और इससे सम्बन्धित **पाचक ग्रन्थियों** से बना होता है, जो पाचन की पूरी प्रक्रिया के लिए विभिन्न पाचक एन्जाइमों का स्राव करती हैं।
- **आहारनाल** मुँह से गुदा तक जाती है, जहाँ पाचन की पूरी प्रक्रिया सम्पन्न होती है।
- भोजन के **अन्तर्ग्रहण**, **पाचन**, **अवशोषण**, **स्वांगीकरण** और **बहिःक्षेपण** की पूरी प्रक्रिया आहार नाल में होती है।
- मुँह पाचन तन्त्र के पहले भाग के रूप में कार्य करता है, जहाँ से भोजन का अन्तर्ग्रहण होता है।
- पाचन प्रक्रिया कुछ मुख्य घटकों की सहायता से मुँह में शुरू होती है

(i) दाँत जो भोजन को पीसने, चबाने, कुचलने और काटने की प्रक्रिया द्वारा जटिल रूप से सरल रूप में तोड़ देते हैं।

(ii) मुँह में यह भोजन लार नामक जलीय पदार्थ के साथ मिश्रित होता है, जो लार ग्रन्थियों द्वारा स्रावित होता है।

(iii) लार में क्षारीय एमाइलेज नामक एक एन्जाइम होता है, जो स्टार्च को सरल शर्करा में तोड़ देता है।

(iv) अब यह भोजन ग्रासनली (भोजन नली) नामक मार्ग से होकर मुँह से आमाशय तक जाता है।

- **आमाशय** आहारनाल का सबसे फैला हुआ भाग है, जो ग्रासनली और छोटी आँत के बीच स्थित होता है।
- आमाशय की भित्ति में जठरीय ग्रन्थियाँ मौजूद होती हैं, जो पाचन की प्रक्रिया के लिए हाइड्रोक्लोरिक अम्ल, पेप्सिन (प्रोटीन पाचक एन्जाइम) और श्लेष्म स्रावित करता है।

- हाइड्रोक्लोरिक अम्ल मुख्य रूप से पेप्सिन द्वारा प्रोटीन पाचन के लिए एक अम्लीय वातावरण प्रदान करता है।
- श्लेष्म सामान्य परिस्थितियों में आमाशय की परत को अम्ल की क्रिया से बचाता है।
- भोजन अब स्फिंक्टर माँसपेशी की सहायता से छोटी आँत (लम्बी कुण्डलित नलिकाकार अंग) में जाता है।
- छोटी आँत (आहारनाल का सबसे लम्बा भाग) कार्बोहाइड्रेट, वसा और प्रोटीन के पूर्ण पाचन स्थल के रूप में कार्य करती है। यहाँ यकृत में निर्मित एवं पित्ताशय में संचित क्षारीय पित्त रस स्रावित होता है, जो भोजन के माध्यम को क्षारीय करता है एवं वसा का पायसीकरण भी करता है।
- **अग्न्याशय** भोजन की अम्लीय प्रकृति को क्षारीय बनाने के लिए अग्न्याशयी रस प्रदान करता है। इसमें कार्बोहाइड्रेट, प्रोटीन और लिपिड के पाचन के लिए क्रमशः एमाइलेज, ट्रिप्सिन और लाइपेज एन्जाइम भी होते हैं।
- छोटी आँत की भित्ति में मौजूद ग्रन्थियों द्वारा स्रावित आंत्रीय रस अन्ततः प्रोटीन को अमीनो अम्ल में, जटिल कार्बोहाइड्रेट को ग्लूकोस में और वसा को वसीय अम्ल और ग्लिसरॉल में बदल देता है।
- शाकाहारी (घास खाने वाले) जन्तु में सेलुलोस पाचन के लिए छोटी आँत लम्बी होती है।
- पचा हुआ भोजन आँत में भित्ति में मौजूद रसांकुर नामक अंगुलीनुला प्रवर्धों की भित्ति की रुधिर एवं लसीका केशिकाओं द्वारा अवशोषित होता है।
- अवशोषित भोजन का उपयोग ऊर्जा प्राप्त करने, नए ऊतकों के निर्माण और पुराने ऊतकों की मरम्मत के लिए किया जाता है।
- बिना अवशोषित भोजन को बड़ी आँत में ले जाया जाता है, जहाँ जल अवशोषित होता है और अन्त में अपचित पदार्थ को **गुदा** (गुदा स्फिंक्टर माँसपेशी द्वारा नियन्त्रित) के माध्यम से शरीर से बाहर निकाल दिया जाता है।

(b) श्वसन

- उपापचयी गतिविधियों हेतु ऊर्जा मुक्त करने के लिए कोशिकाओं में इष्टतम तापमान पर विशिष्ट एन्जाइमों की उपस्थिति में पोषक तत्वों (कोशिका के कोशिकाद्रव्य में उपस्थित) के जैव-रासायनिक ऑक्सीकरण की प्रक्रिया को श्वसन के रूप में जाना जाता है।
- यह एक अपचयी प्रक्रिया है, जिसमे शरीर और बाहरी वातावरण के बीच गैसों जैसे ऑक्सीजन और कार्बन डाइऑक्साइड का आदान-प्रदान होता है।

भोजन + ऑक्सीजन → कार्बन डाइऑक्साइड + जल + ऊर्जा

- कुछ जीव ऑक्सीजन का उपयोग करते हैं, जबकि कुछ नहीं। लेकिन, दोनों ही स्थितियों में पहला पद समान होता है अर्थात् ग्लूकोस (छह-कार्बन अणु) का एक अणु पाइरुवेट (तीन-कार्बन अणु) के दो अणुओं में टूटता है।
- पाइरुवेट का अन्य पदार्थों में रूपान्तरण ऑक्सीजन की उपस्थिति या अनुपस्थिति पर निर्भर करता है।
- वायवीय श्वसन में ऑक्सीजन की उपस्थिति में पोषक तत्वों के ऑक्सीकरण से बड़ी मात्रा में ऊर्जा मुक्त होती है। मुक्त की गई ऊर्जा का उपयोग अन्य जीवन प्रक्रियाओं के लिए किया जाता है।

$$\underset{\text{(6 कार्बन अणु)}}{\text{ग्लूकोस}} \rightarrow \underset{\text{(3 कार्बन अणु)}}{\text{पाइरुवेट}} + \text{ऊर्जा} \xrightarrow{O_2} \text{कार्बन डाइऑक्साइड} + \text{जल} + 38\ ATP$$

- यह प्रक्रिया कोशिका के कोशिकाद्रव्य में शुरू होती है और माइटोकॉण्ड्रिया में जारी रहती है।
- अवायवीय श्वसन में ऑक्सीजन की अनुपस्थिति में पोषक तत्वों के ऑक्सीकरण से थोड़ी मात्रा में ऊर्जा मुक्त होती है। इसे किण्वन के नाम से भी जाना जाता है।
- यह यीस्ट, जीवाणु और मानव की कंकाली मांसपेशियों में होता है।
- अवायवीय श्वसन में प्रत्येक ग्लूकोस अणु से *ATP* के केवल दो अणु उत्पन्न होते हैं
- *ATP* का मतलब एडीनोसिन ट्राइफॉस्फेट है, जिसे कोशिका की ऊर्जा मुद्रा के रूप में भी जाना जाता है।
- यह मुख्य रूप से बड़ी मात्रा में ऊर्जा प्रदान करने के लिए *ADP* एवं फॉस्फेट में टूट जाता है, जो कोशिका

में होने वाली ऊष्माशोषी अभिक्रियाओं को संचालित करती है।

$$ADP + P \xrightarrow{\text{ऊर्जा}} ADP \sim P = ATP$$

जहाँ P = अकार्बनिक फॉस्फेट

1. पौधों में श्वसन

- पौधों में गैसों का आदान-प्रदान रन्ध्रों और बड़े अन्तरकोशिकीय स्थानों के माध्यम से होता है।
- पौधे की जड़, तना और पत्ती श्वसन में शामिल भाग हैं। यह प्रक्रिया विभज्योतक ऊतकों में तीव्र और परिपक्व क्षेत्रों में धीमी होती है।
- पौधे की जड़ों में, गैसों का आदान-प्रदान विसरण प्रक्रिया द्वारा होता है।
- काष्ठीय पौधों में, गैसीय विनिमय तनों में मौजूद छोटे-छोटे छिद्रों के माध्यम से होता है, जिन्हें वातरन्ध्र *(Lenticels)* कहते हैं।
- पत्तियों में, श्वसन रन्ध्रों *(Stomata)* के माध्यम से विसरण द्वारा होता है, जहाँ कार्बन डाइऑक्साइड को वायुमण्डल में छोड़ा जाता है एवं ऑक्सीजन को ग्रहण किया जाता है।

2. जन्तुओं में श्वसन

- कुछ जन्तु अपनी त्वचा, जबकि अन्य विशिष्ट अंगों के माध्यम से साँस लेते हैं, अर्थात् ऑक्सीजन लेते हैं और कार्बन डाइऑक्साइड छोड़ते हैं। इन अंगों को **श्वसन** अंग के रूप में जाना जाता है, जो एक साथ मिलकर किसी जीव के **श्वसन** तन्त्र का निर्माण करते हैं।
- जलीय जीव (जैसे-मछलियाँ, आदि) श्वसन के लिए जल में घुली ऑक्सीजन का उपयोग करते हैं। चूंकि, जल में घुलनशील ऑक्सीजन की मात्रा, वायु में ऑक्सीजन की मात्रा से काफी कम होती है, इसलिए जलीय जीव अधिक से अधिक ऑक्सीजन प्राप्त करने के लिए त्रीव दर से साँस लेते हैं।
- स्थलीय जीवों में श्वसन के लिए वायुमण्डलीय ऑक्सीजन का उपयोग किया जाता है और इस ऑक्सीजन को विभिन्न जन्तुओं में विभिन्न अगों द्वारा अवशोषित किया जाता है।
- इन जीवों में ऑक्सीजन अवशोषित करने वाले क्षेत्रों तक वायु को अन्दर ले जाने और बाहर निकालने के लिए एक सुव्यवस्थित संवाही तन्त्र उपस्थित होता है।

3. मनुष्य में श्वसन

- अन्य प्राणियों की तरह मनुष्य में भी श्वसन तन्त्र द्वारा श्वसन की प्रक्रिया शरीर की सभी कोशिकाओं को ऑक्सीजन प्रदान करती है और हानिकारक कार्बन डाइऑक्साइड को शरीर से बाहर निकालती है।
- ऑक्सीजन ग्रहण करने की इस प्रकिया को **अन्तः श्वसन** के रूप में जाना जाता है और कार्बन डाइऑक्साइड को बाहर निकालने की प्रक्रिया को **निःश्वसन** के रूप में जाना जाता है।
- नासा द्वार के माध्यम से वायु को शरीर में ग्रहण किया जाता है तथा **नासिका मार्ग** वायु को सूक्ष्म बालों और उसमें मौजूद श्लेष्म द्वारा साफ करता है। नासिका मार्ग वायु के ताप के शरीर के बराबर लाने के लिए भी जिम्मेदार होता है।
- **ग्रसनी** नासा गुहा से आने वाली वायु को साफ करती है और इसे गर्म और नम बनाती है। वायु मार्ग को पिचकने से रोकने के लिए गले में उपास्थि के छल्ले मौजूद होते हैं।
- **श्वासनली** (वायु नली) ग्रसनी से वायु ग्रहण करती है, जो एक बेलनाकार नलिका है। इसमें भी उपास्थि के छल्ले मौजूद होते हैं। श्वासनली वक्ष में दो छोटी नलियों में विभाजित हो जाती है, जिन्हें **श्वसन** *(Bronchi)* कहते हैं। ये नलिकाएँ फेफड़ों के भीतर जाती है।
- **श्वसनिकाएँ** *(Bronchioles)* श्वसनी के छोटी नलिकाओं में विभाजित होने से बनती हैं। प्रत्येक श्वसनिका अन्ततः वायुकूपिका या एल्वियोली *(Alveoli)* (गुब्बारे जैसी संरचना जो गैसों के आदान-प्रदान के लिए सतह प्रदान करती है) में समाप्त हो जाती है।
- एल्वियोली या वायुकोष गुच्छों में उपस्थित होते हैं। इनमें से प्रत्येक की भित्ति केशिकाओं के जाल से घिरी होती है।

- डायाफ्राम वक्ष गुहा का आधार बनाता है और वक्ष और उदर के बीच एक माँसपेशीय विभाजक का कार्य करता है।

4. श्वसन वर्णक

- हीमोग्लोबिन (जिसमें ऑक्सीजन के प्रति बहुत अधिक बन्धुता होती है) मनुष्य में श्वसन वर्णक होता है। यह ऑक्सीजन को फेफड़ों से ऊतकों तक ले जाने के लिए मुख्य रूप से जिम्मेदार है। यह लाल रुधिर कणिकाओं (RBC) के लाल रंग एवं CO_2 के परिवहन के लिए भी जिम्मेदार है।

(C) परिवहन

- वह जीवन प्रक्रिया जिसमें किसी जीव के शरीर के एक भाग में अवशोषित (या निर्मित) पदार्थ को रुधिर और लसीका जैसे परिसंचारी तरल पदार्थों के माध्यम से शरीर के अन्य भागों में ले जाया जाता है, परिवहन कहलाती है।
- कोशिकाओं तक भोजन तथा O_2 को पहुँचाने के लिए, कोशिकाओं में उपापचय के फलस्वरूप बने उत्सर्जी पदार्थों को उत्सर्जी अंगों तक पहुँचाने के लिए एवं हॉर्मोन्स, आदि के वितरण के लिए शरीर में परिसंचरण तन्त्र (*Circulatory system*) की आवश्यकता होती है।
- इसके अन्तर्गत रुधिर, लसीका, हृदय एवं वाहिनियाँ आती हैं, जिसमें रुधिर एवं लसीका प्रमुख तरल ऊतक होते हैं।
- मानव का परिसंचरण तन्त्र निम्न दो भागों में बँटा होता है

1. रुधिर परिसंचरण तन्त्र

- मानव में यह तन्त्र रुधिर, हृदय तथा रुधिर वाहिनियों से मिलकर बना होता है। रुधिर परिसंचरण की खोज विलियम हार्वे ने की थी।

(i) रुधिर

- यह एक संयोजी ऊतक है, जो प्लाज्मा (55%), रुधिर कणिकाओं (RBC, WBC, प्लेटलेट्स), प्रतिस्कन्दकों (हिपेरिन), अकार्बनिक लवणों (पोटैशियम, कैल्शियम क्लोराइड), वर्णकों (हीमोग्लोबिन), आदि का जटिल सम्मिश्रण होता है।
- रुधिर ऑक्सीजन व पोषक पदार्थों के परिवहन तथा रुधिर का थक्का जमाने में आवश्यक होता है।
- लाल रुधिराणुओं में उपस्थित हीमोग्लोबिन के कारण ही रुधिर का रंग लाल होता है। मानव नर के एक घन मिमी रुधिर में 50-55 लाख प्रति घन मिली लाल रुधिर कणिकाएँ पाई जाती हैं।

(ii) हृदय

- यह दोहरी झिल्ली से बनी थैलीनुमा संरचना में सुरक्षित रहता है, जिसे हृदयावरण (*Pericardium*) कहते हैं। हृदयावरण की दोनों झिल्लियों के मध्य हृदयावरणीय तरल पदार्थ पाया जाता है, जो हृदय वाह्य आघातों से सुरक्षा करता है।
- मनुष्य के हृदय में चार वेश्म होते हैं अर्थात् दो अलिन्द व दो निलय। बायाँ निलय सबसे बड़ा वेश्म होता है।

हृदय की स्पन्दन क्रिया

- ऑक्सीजन युक्त रुधिर, फुप्फुस से फुप्फुसीय शिरा द्वारा हृदय में बाईं ओर स्थित ऊपरी कोष्ठ, बाएँ अलिन्द में आता है। इस रुधिर को एकत्रित करते समय बायाँ अलिन्द शिथिल रहता है।
- तत्पश्चात् निचला कोष्ठ, बायाँ निलय फैलता है तथा बायाँ अलिन्द संकुचित होता है, जिससे रुधिर बाएँ निलय में स्थानान्तरित होता है। अब बायाँ निलय संकुचित होता है तथा ऑक्सीजनित रुधिर महाधमनी द्वारा शरीर में पम्पित हो जाता है।
- जब ऊपरी दायाँ कोष्ठ, दायाँ अलिन्द शिथिल रहता है, तब महाशिरा द्वारा शरीर का विऑक्सीजनित रुधिर इसमें आ जाता है।
- जैसे ही दायाँ अलिन्द संकुचित होता है, नीचे वाला संगत कोष्ठ, दायाँ निलय फैल जाता है, जिससे रुधिर दाएँ निलय में स्थानान्तरित हो जाता है, जो रुधिर को ऑक्सीजनीकरण हेतु संकुचित होकर फुप्फुसीय धमनी में पम्प कर देता है।
- अलिन्द की अपेक्षा निलय की पेशीय भित्ति मोटी होती है। जब अलिन्द या निलय संकुचित होते हैं, तो इनके संयोजन पर स्थित वाल्व उल्टी दिशा में रुधिर प्रवाह को रोकना सुनिश्चित करते हैं।
- उभयचर एवं सरीसृप में तीन कोष्ठीय हृदय तथा मत्स्यों में दो कोष्ठीय हृदय होता है। मत्स्यों में एक

चक्र में केवल एक बार रुधिर हृदय में जाता है, जबकि अन्य कशेरुकियों में प्रत्येक चक्र में यह दो बार हृदय में जाता है। इसे दोहरा परिसंचरण कहते हैं।

(iii) रुधिर वाहिकाएँ

- रुधिर हृदय के द्वारा पम्प होता हुआ विस्तृत रूप से फैली मोटी-पतली रुधिर वाहिकाओं में निरन्तर बहता रहता है।
- रुधिर वाहिकाएँ तीन प्रकार की होती हैं

  (a) धमनियाँ (b) शिराएँ (c) केशिकाएँ

(a) **धमनियाँ** मोटी, माँसपेशीय और लचीली भित्ति युक्त होती हैं, जो उच्च दवाव पर रुधिर ले जाती हैं। इनमें वाल्व नहीं पाए जाते हैं।

कार्य ये रुधिर को हृदय से दूर शरीर के विभिन्न अंगों तक ले जाती हैं।

(b) **शिराओं** की भित्ति धमनियों की तुलना में पतली होती हैं, जो कम दवाव पर रुधिर ले जाती हैं। इनमें रक्त के विपरीत प्रवाह को रोकने के लिए वाल्व उपस्थित होते हैं।

कार्य ये विभिन्न अंगों से रुधिर एकत्र कर हृदय में वापस लाती हैं।

(c) **केशिकाएँ** तब बनती हैं, जब ऊतक स्तर पर धमनी छोटी एक कोशिका मोटी भित्ति युक्त नलिकाओं में विभाजित हो जाती हैं। केशिकाओं की भित्ति एक कोशिका मोटी होती हैं।

कार्य रुधिर और ऊतक की कोशिकाओं के बीच पदार्थों का आदान-प्रदान केशिकाओं की पतली भित्ति के पार होता है।

रुधिर दाब

रुधिर वाहिकाओं की भित्ति के विरुद्ध, लगने वाले दाब को रुधिर दाब कहते हैं। यह दाब शिराओं की अपेक्षा धमनियों में बहुत अधिक होता है। रुधिर दाब **स्फिग्मोमैनोमीटर** नामक यन्त्र से नापा जाता है।

प्लेटलेट्स द्वारा अनुरक्षण

हमारे शरीर से रुधिर की हानि कम-से-कम होनी चाहिए। अत्यधिक रुधिरस्राव से रुधिर दाब में कमी आने से पम्पिंग प्रणाली की दक्षता में कमी आ जाएगी। अतः रुधिर स्राव को रोकने के लिए रुधिर में प्लेटलेट्स होती है जो चोट लगने पर रुधिर स्राव के स्थान पर रुधिर का थक्का बनाकर रुधिर स्राव को रोक देती है।

2. लसीका परिसंचरण तन्त्र

- लसीका एक अन्य प्रकार का रंगहीन द्रव है, जो पदार्थों के संवहन में सहायता करता है। लसीका में श्वेत रुधिर कणिकाओं की संख्या अधिक होती है।
- यह लसीका अंग जैसे थाइमस ग्रन्थि, प्लीहा एवं टॉन्सिल द्वारा उत्पादित होता है एवं लसीका वाहिनियाँ में भरा होता है, जो पूरे शरीर में उपस्थित होती हैं।
- लसीका ग्रन्थियों में प्रतिरक्षी का निर्माण होता है।

3. पादपों में परिवहन

- पादपों में मृदा से जड़ों द्वारा अवशोषित लवण युक्त जल तथा प्रकाश-संश्लेषण द्वारा संश्लेषित खाद्य पदार्थों की विभिन्न भागों में आपूर्ति के लिए एक विकसित परिवहन या संवहन तन्त्र होता है, जो संवहनी ऊतकों, जाइलम या दारु तथा फ्लोएम या पोषवाह का बना होता है।
- **दारु** (जाइलम) पादपों में जड़ द्वारा अवशोषित जल तथा खनिज लवणों को जड़ से पादप के विभिन्न भागों में पहुँचाता है।
- **पोषवाह** (फ्लोएम) पत्तियों में संश्लेषित कार्बनिक भोज्य पदार्थ के पादप के विभिन्न भागों में परिवहन के लिए उत्तरदायी होता है। फ्लोएम द्वारा भोज्य पदार्थों का स्थानान्तरण सुक्रोस शर्करा के रूप में होता है।

(i) जल का परिवहन

- मृदा से जल का अवशोषण पादपों की मूल में उपस्थित मूलरोम द्वारा होता है। ये मूलरोम मृदा के कणों के बीच फँसे केशिका जल (*Capillary water*) को ग्रहण करते हैं।
- मूलरोमों के कोशिकाद्रव्य की सान्द्रता अर्थात् कोशिकाद्रव्य का परासरण दाब (*Osmotic pressure*) मृदा के जल के परासरण दाब से अधिक होता है। अतः जल इस उच्च दाब के कारण अर्द्धपारगम्य प्लाज्मा झिल्ली में से होकर अन्तः परासरण द्वारा मूलरोम कोशिका में प्रवेश कर जाता है।
- मूलदाब वह दाब है, जो जड़ों की वल्कुट (*Cortex*) कोशिकाओं द्वारा पूर्ण स्फीति अवस्था में उत्पन्न होता है।
- पादपों में जाइलम ऊतक द्वारा, भूमि से अवशोषित जल एवं खनिज लवणों के जड़ो से तने एवं पतियों तक स्थानान्तरण की प्रक्रिया रसारोहण (*Ascent of sap*) कहलाती है।

वाष्पोत्सर्जन

- पादपों के वायवीय भागों द्वारा जल के वाष्प बनकर उड़ने की क्रिया को वाष्पोत्सर्जन कहते हैं, जोकि प्रकाश की उपस्थिति में होती है और रन्ध्रों द्वारा नियन्त्रित होती है।
- वाष्पोत्सर्जन जल के अवशोषण एवं जड़ से पत्तियों तक जल तथा उसमें विलेय खनिज लवणों की उपरिमुखी गति में सहायक होता है।
- जल के परिवहन में रात्रि के समय मूलदाब तथा दिन में रन्ध्रों के खुले होने पर वाष्पोत्सर्जनाकर्षण जाइलम में जल की गति के लिए मुख्य प्रेरक बल है।

(ii) भोजन तथा दूसरे पदार्थों का स्थानान्तरण

- प्रकाश-संश्लेषण के द्वारा निर्मित विलेय भोज्य कार्बनिक उत्पादों का वहन स्थानान्तरण (Translocation) कहलाता है। इन संश्लेषित खाद्य-पदार्थों का स्थानान्तरण पत्तियों से तरल अवस्था में ऊपर और नीचे दोनों ओर होता है।
- इसके अतिरिक्त मज्जा रश्मियों (Pith rays) द्वारा कुछ खाद्य-पदार्थ पार्श्वीय दिशा में भी वितरित कर दिया जाता है।
- इन खाद्य-पदार्थों (शर्करा) का स्थानान्तरण मुख्यतया फ्लोएम की **चालनी नलिकाओं** (Sieve tubes) तथा **सह-कोशिकाओं** (Companion cells) की सहायता से होता है। इस प्रक्रिया में ऊर्जा (ATP) की आवश्यकता होती है।

(D) उत्सर्जन

- जैव-प्रक्रम जिसमें हानिकारक उपापचयी वर्ज्य पदार्थों का निष्कासन होता है, उत्सर्जन (Excretion) कहलाता है तथा उत्सर्जन को कार्यान्वित करने वाले अंग उत्सर्जी अंग कहलाते हैं।
- एककोशिकीय और बहुकोशिकीय जीवों में उत्सर्जन की प्रक्रिया बिल्कुल अलग होती है। एककोशिकीय जीव विसरण जैसी सरल प्रक्रिया द्वारा शरीर की सतह से अपशिष्ट का उत्सर्जन करते हैं, जबकि बहुकोशिकीय जीव अपशिष्ट उत्पादों को निकालने के लिए विशेष उत्सर्जी अंगों का उपयोग करते हैं।

1. मनुष्य में उत्सर्जन

- मानव उत्सर्जन तन्त्र में शामिल उत्सर्जी अंग एक जोड़ी वृक्क और मूत्रवाहिनी, एक मूत्राशय और मूत्रमार्ग हैं।
- वृक्क संख्या में दो, उदर गुहा में कशेरुकदण्ड के पार्श्वों में स्थित, सेम के बीज के आकार की संरचनाएँ हैं। प्रत्येक वृक्क लगभग 10 सेमी लम्बा, 6 सेमी चौड़ा तथा 2.5 सेमी मोटा होता है। दायाँ वृक्क बाएँ की अपेक्षा कुछ नीचे स्थित होता है।
- एक जोड़ी मूत्रवाहिनियाँ (Ureters) मूत्र को वृक्क से मूत्राशय में लाती है।
- मूत्राशय (Urinary bladder) पेशीय थैलीनुमा संरचना है, जो मूत्रण तक मूत्र को संचित रखता है।
- मूत्रमार्ग (Urethra) मूत्र को मूत्राशय से शरीर के बाहर की ओर निकालता है।
- वृक्क में असंख्य अत्यन्त कुण्डलित तथा लम्बी नलिकाएँ होती हैं। इन्हें वृक्क नलिकाएँ या नेफ्रॉन (Nephron) कहते हैं।
- नेफ्रॉन में मूत्र का गठन रुधिर से अपशिष्ट उत्पादों के निस्यन्दन के द्वारा किया जाता है।

अपशिष्ट उत्पाद	से निकाला गया
CO_2	फेफड़ों में रुधिर से
नाइट्रोजन अपशिष्ट (यूरिया या यूरिक अम्ल)	वृक्क में रुधिर से

मूत्र का निर्माण

- वृक्क के नेफ्रॉन में मूत्र निर्माण निम्नलिखित तीन प्रक्रियाओं द्वारा होता है
  - (i) **परानिस्यन्दन** कोशिकागुच्छ की रुधिर केशिकाओं में रुधिर का दाब बढ़ जाता है। इस बढ़े हुए दाब के कारण रुधिर का तरल भाग छनकर बोमेन संपुट में आ जाता है।
  - (ii) **वरणात्मक या चयनात्मक पुनरावशोषण** यहाँ विसरण तथा सक्रिय पुनरावशोषण द्वारा क्रमशः जल तथा अन्य घटकों का अवशोषण होता है। इस क्रिया में महत्त्वपूर्ण तत्त्व-ग्लूकोस, विटामिन, अमीनो अम्ल आदि पुनः रुधिर में पहुँचा दिए जाते हैं।

(iii) **वाहिकीय स्रावण** वृक्क नलिकाओं के समीपस्थ तथा दूरस्थ भाग की नलिकाएँ परिनलिका जाल (Peritubular network) की रुधिर केशिकाओं से हानिकारक उत्सर्जी पदार्थ (जैसे K^+, H^+, यूरिक अम्ल), जो छनने से रह गए थे, सक्रिय विसरण द्वारा वृक्क की संग्राहक नलिका में मुक्त कर देती हैं।

2. पादपों में उत्सर्जन

- पादप भी जन्तुओं की भाँति उत्सर्जन करते हैं, किन्तु पादप उत्सर्जन के लिए जन्तुओं से बिल्कुल भिन्न युक्तियाँ प्रयुक्त करते हैं, जो निम्न हैं
  - *(i)* **गैसीय अपशिष्ट पदार्थों का उत्सर्जन** पादप दिन में प्रकाश-संश्लेषण के दौरान बनी ऑक्सीजन एवं रात्रि में श्वसन द्वारा उत्पन्न CO_2 के उत्सर्जन हेतु रन्ध्रों एवं वातरन्ध्रों का उपयोग करते हैं।
  - *(ii)* **तरल अपशिष्ट पदार्थों का उत्सर्जन** पादप अतिरिक्त जल को वाष्पोत्सर्जन (Transpiration) तथा बिन्दुस्रावण (Guttation) प्रक्रम द्वारा निष्कासित करते हैं। रबड़, लौंग का तेल, गोंद आदि जलीय अपशिष्ट पदार्थों के उदाहरण है।
  - *(iii)* **ठोस अपशिष्ट पदार्थों का उत्सर्जन** बहुवर्षीय पादपों में मृत कोशिकाओं, ऊतकों या रिक्तिकाओं (जैसे-कठोर काष्ठ में) में अपशिष्ट पदार्थ संचित हो जाते हैं; जैसे-टैनिन, लिग्निन, आदि। इसके अतिरिक्त कुछ अपशिष्ट पदार्थ छाल या पर्ण में संचित होकर पादप से पृथक् हो जाते हैं। टैनिन का उपयोग चमड़े के शोधन में किया जाता है।

अध्याय 6. नियन्त्रण एवं समन्वयन

- विभिन्न उत्तेजनाओं के प्रति उचित प्रतिक्रिया उत्पन्न करने के लिए व्यवस्थित, नियन्त्रित और कुशल तरीके से जीवित प्राणियों के विभिन्न अंगों का एक साथ काम करना समन्वयन के रूप में जाना जाता है।
- पौधों में तन्त्रिका तन्त्र नहीं होता है, लेकिन ये हॉर्मोनों द्वारा पर्यावरणीय परिवर्तनों के विरुद्ध अपने व्यवहार का समन्वय करते हैं, जबकि जन्तुओं में तन्त्रिका तन्त्र और हॉर्मोन दोनों होते हैं, जो उनके शरीर की गतिविधियों को नियन्त्रित और समन्वयित करते हैं।
- मनुष्यों सहित जन्तुओं में, नियन्त्रण और समन्वयन तन्त्रिका तन्त्र द्वारा प्रदान किया जाता है, जिसमें न्यूरॉन्स, तन्त्रिकाएँ और तन्त्रिकीय अंग शामिल होते हैं। यह शरीर में विभिन्न अंगों की गतिविधियों को परस्पर जोड़ता है तथा इन्हें समन्वयित और नियन्त्रित करता है। यह संचालन ऊतकों का तन्त्र है।

1. न्यूरॉन्स : तन्त्रिका तन्त्र की इकाई

- तन्त्रिका तन्त्र के मुख्य घटक को **तन्त्रिका कोशिका** या **न्यूरॉन** कहते हैं। न्यूरॉन या **तन्त्रिका** कोशिका जीव के तन्त्रिका तन्त्र की संरचना तथा क्रियात्मक इकाई होती है। इसकी संरचना के निम्नलिखित तीन भाग होते हैं
  1. **कोशिकाकाय या साइटॉन** यह तन्त्रिका कोशिका का प्रमुख भाग है। इसमें एक बड़ा केन्द्रक तथा निस्सल के कण पाए जाते हैं।
  2. **अक्ष तन्तु या तन्त्रिकाक्ष** इसे एक्सॉन भी कहते हैं। कोशिकाकाय से एक लम्बा प्रवर्ध, अक्ष तन्तु या तन्त्रिकाक्ष निकलता है जो उद्दीपन या आवेग को कोशिकाकाय से दूर ले जाता है। इसके अन्तिम छोर पर तन्त्रिकाक्ष से समकोण पर कुछ शाखाएँ निकलती हैं। इस पर मायलिन का आच्छद पाया जाता है।
  3. **वृक्षिकान्त या द्रुमिका** ये अपेक्षाकृत छोटे एवं शाखामय प्रवर्ध होते हैं, जो सिरों की ओर क्रमशः संकरे होते जाते हैं। ये उद्दीपनों को ग्रहण कर कोशिकाकाय की ओर ले जाते हैं।

2. युग्मानुबन्धन

- दो तन्त्रिका कोशिकाओं (न्यूरॉन) के बीच में एक रिक्त स्थान होता है, जिसे युग्मानुबन्धन कहते हैं। तन्त्रिका के अंतिम सिरों से विद्युत आवेग कुछ रसायनों का विमोचन करते हैं। ये रसायन युग्मानुबन्धन को पार करके अगली तन्त्रिका कोशिकाओं तक विद्युत आवेगों को पहुँचाते हैं।

3. तन्त्रिका तन्त्र का विभाजन

- मानव में तन्त्रिका तन्त्र तीन प्रकार का होता है, जो निम्नलिखित हैं
  - *(i)* **केन्द्रीय तन्त्रिका तन्त्र** इसमें मस्तिष्क तथा मेरुरज्जु को सम्मिलित किया जाता है।
  - *(ii)* **परिधीय तन्त्रिका तन्त्र** इसके अन्तर्गत मस्तिष्क तथा मेरुरज्जु से सम्बन्धित तन्त्रिकाएँ आती हैं।

मानव में 12 जोड़ी कपालीय तन्त्रिकाएँ तथा 31 जोड़ी मेरु तन्त्रिकाएँ पाई जाती हैं।

(iii) **स्वायत्त तन्त्रिका तन्त्र** यह स्वतन्त्र रूप से कार्य करता है, किन्तु इसका नियन्त्रण केन्द्रीय तन्त्रिका तन्त्र द्वारा होता है।

- स्वायत्त तन्त्रिका तन्त्र के दो घटक होते हैं
  (a) अनुकम्पी तन्त्रिका तन्त्र
  (b) परानुकम्पी तन्त्रिका तन्त्र

4. मस्तिष्क

- मानव मस्तिष्क कपाल गुहा में स्थित होता है। यह चारों ओर से तीन झिल्लियों दृढ़तानिका, जालतानिका तथा मृदुतानिका से घिरा रहता है। इन झिल्लियों के मध्य प्रमस्तिष्क मेरुद्रव्य भरा रहता है। यह मस्तिष्क को बाह्य आघातों से बचाता है।
- वयस्क मानव के मस्तिष्क का भार लगभग 1300-1400 ग्राम होता है।

  मस्तिष्क के निम्नलिखित तीन भाग होते हैं

  (i) **अग्रमस्तिष्क** इसके अन्तर्गत घ्राण पिण्ड, प्रमस्तिष्क तथा डाइएनसिफैलॉन आते हैं। प्रमस्तिष्क (सेरेब्रम) मस्तिष्क का सबसे बड़ा एवं विकसित बनाता है, जो चिन्तन, स्मृति, भाषा, ऐच्छिक क्रियाओं के नियन्त्रण आदि का केन्द्र होता है।

  (ii) **मध्यमस्तिष्क** यह देखने एवं सुनने में सहायक होता है। इसका अधिकांश भाग अनुमस्तिष्क से ढका होता है।

  (iii) **पश्चमस्तिष्क** इसके अन्तर्गत अनुमस्तिष्क, मस्तिष्क पुच्छ (मेड्यूला ऑब्लोंगेटा) तथा पोन्स वैरोलाई आते हैं।
- **अनुमस्तिष्क** शरीर का सन्तुलन बनाए रखता है। यह कंकाली पेशियों को नियमित करके प्रचलन एवं आसन को नियन्त्रित करता है।
- **मेड्यूला ऑब्लोंगेटा** श्वसन, हृदय स्पन्दन, रुधिर दाब, उल्टी आना, खाँसना, छींक आना व निगलना जैसी अनैच्छिक क्रियाओं का नियन्त्रण तथा नियमन करता है।

5. मेरुरज्जु या सुषुम्ना

- मस्तिष्क पुच्छ कपालीय गुहा के बाहर एक लम्बी, खोखली व बेलनाकार रचना के रूप में मानव की देहगुहा में रूपान्तरित होता है, इस रचना को मेरुरज्जु कहते हैं। इसकी केन्द्रीय अक्ष में प्रमस्तिष्क मेरुद्रव्य से भरी संकरी गुहा न्यूरोसील होती है।

6. प्रतिवर्ती क्रिया

- बाह्य उद्दीपनों के प्रति शीघ्र एवं अनैच्छिक या बिना सोचे-विचारे होने वाली अनुक्रिया को प्रतिवर्ती क्रिया कहते हैं। ये क्रियाएँ मेरुरज्जु द्वारा नियन्त्रित होती हैं।
- प्रतिवर्ती क्रिया के अन्तर्गत आने वाले तन्त्रिका ऊतक एक चाप के समान एक निश्चित परिपथ का अनुसरण करते हैं, जिसे प्रतिवर्ती चाप (*Reflex arc*) कहते हैं।
- संवेदी अंगों द्वारा ग्रहण किए गए पर्यावरणीय उद्दीपन की सूचना अभिवाही तन्त्रिका द्वारा मेरुरज्जु तक पहुँचती है। मेरुरज्जु उद्दीपन के आवेग को ग्रहण कर निर्देशों को आवेग के रूप में अपवाही तन्त्रिका को प्रेषित करता है और अपवाही तन्त्रिका सम्बन्धित अंग तक सूचना पहुँचाती है, ताकि वह प्रतिवर्ती क्रिया कर सके।

7. तन्त्रिका ऊतक की क्रियाविधि

- तन्त्रिका ऊतक शरीर से सूचनाओं को एकत्र करता है उसे संसाधित करता है, निर्णय लेता है और उस निर्णय के क्रियान्वयन के लिए माँसपेशियों तक निर्देश पहुँचाता है। अतः माँसपेशियाँ अन्तिम कार्य करती है।

8. पौधों में समन्वयन

- जन्तुओं के विपरीत पौधों में तन्त्रिका तन्त्र और माँसपेशी ऊतक नहीं होते हैं। इसके विपरीत वे एक कोशिका से दूसरी कोशिका तक सूचना पहुँचाने के लिए रासायनिक साधनों का उपयोग करते हैं। किसी पौधे की संवेदनशीलता पौधे की वातावरणीय परिवर्तन का पता ज्ञात करने और उस परिवर्तन पर प्रतिक्रिया करने की क्षमता होती है।

- कुछ पौधों की कोशिकाएँ जल की मात्रा को बदलकर अपना आकार बदल लेती है, जिसके परिणामस्वरूप ये या तो स्फीत हो जाती है या सिकुड़ जाती है।

वृद्धि के कारण गति

- पादप किसी दिशा में विशेष रूप से बढ़ते हुए उद्दीपन के प्रति अनुक्रिया दर्शाते हैं। इसके अन्तर्गत दो प्रकार की गतियाँ प्रदर्शित होती हैं

  (i) **अनुवर्तनी गतियाँ** ये गतियाँ पादप के किसी अंग में एक निश्चित दिशा से प्रभावित करने वाले उद्दीपन के कारण होती हैं। ये गतियाँ निम्न प्रकार की होती हैं
    - प्रकाश की अनुक्रिया में पौधों के भागों की गति को प्रकाशानुवर्ती गति कहा जाता है और इसमें शामिल घटना को **प्रकाशानुवर्तन** कहा जाता है।
    - जब तना प्रकाश की ओर बढ़ता है, तो इसे **धनात्मक प्रकाशानुवर्तन** के रूप में जाना जाता है। दूसरी ओर प्रकाश से दूर जड़ की वृद्धि **ऋणात्मक प्रकाशानुवर्तन** दर्शाती है।
    - गुरुत्वाकर्षण की अनुक्रिया में पौधे के भागों की गति को गुरुत्वानुवर्ती गति कहा जाता है और इसमे शामिल घटना को **गुरुत्वानुवर्तन** कहा जाता है।
    - जब तने का सिरा पृथ्वी के गुरुत्वाकर्षण बल से दूर बढ़ता है, तो इसे **ऋणात्मक गुरुत्कानुवर्तन** के रूप में जाना जाता है और जब जड़ का सिरा गुरुत्वाकर्षण की ओर बढ़ता है, तो इसे **धनात्मक गुरुत्वानुवर्तन** के रूप में जाना जाता है।
    - जल की अनुक्रिया में पौधे की वृद्धि को जलानुवर्तन कहा जाता है; उदाहरण-जड़ की वृद्धि।
    - रासायनिक उत्तेजना की अनुक्रिया में पौधे की वृद्धि की रसायनानुवर्तन कहा जाता है; उदाहरण-पराग नली की वृद्धि।

  (ii) **अनुकुंचन गतियाँ** इस प्रकार की गति में उद्दीपन की दिशा का प्रभाव पादप गति की दिशा पर नहीं पड़ता है। ये निम्न प्रकार की होती हैं
    - प्रकाशानुकुंचनी गति
    - स्पर्शानुकुंचनी गति
    - तापानुकुंचनी गति
    - कंपानुकुंचनी गति

9. पौधों और जन्तुओं में रासायनिक या हॉर्मोनल संचार

- चूँकि कोशिकाएँ लगातार विद्युत आवेगों का निर्माण और संचार नहीं कर सकती हैं, इसलिए अधिकांश बहुकोशिकीय जीव संचार के एक अन्य साधन का उपयोग करते हैं, जिसे रासायनिक संचार के रूप में जाना जाता है, जो हॉर्मोनों के माध्यम से होता है।
- हॉर्मोन उस स्थान, जहाँ वे कार्य करते हैं. से दूर विशिष्ट स्थानों या ग्रन्थियों में संश्लेषित होते हैं और विसरण या रुधिर द्वारा लक्षित क्षेत्र तक जाते हैं।
- पादप हॉर्मोन या फाइटोहॉर्मॉन के रासायनिक पदार्थ हैं, जो प्राकृतिक रूप से पौधे में उत्पन्न होते हैं और पौधों की जैविक प्रक्रिया को विनियमित करने में सक्षम होते हैं।
- **ऑक्सिन** जड़ों और प्ररोह के शीर्षों में संश्लेषित होता है, जो कोशिका दीर्घीकरण और विभाजन को बढ़ावा देने में सहायता करता है और जड़ और बीजरहित फल के निर्माण में भी महत्त्वपूर्ण भूमिका निभाता है।
- **जिबरेलिन्स** तने और फूल की वृद्धि और बीज के अंकुरण में सहायता करते हैं।
- **साइटोकाइनिन** कोशिका विभाजन को बढ़ावा देने और पत्तियों की जीर्णता में विलम्ब करने में सहायता करता है।
- **एब्सिसिक अम्ल** एक वृद्धि-अवरोधक हॉर्मोन के रूप में कार्य करता है, जो ऑक्सिन और जिबरेलिन के वृद्धि प्रेरक प्रभावों के विपरीत कार्य करता है।
- **एथिलीन** (एथीन) एक गैसीय हॉर्मोन है, जो फलों को पकाने के लिए आवश्यक है।
- जन्तुओं में, अन्त: स्त्रावी ग्रन्थियाँ नलिकाविहीन ग्रन्थियाँ होती हैं, जो अपने स्त्राव को सीधे रुधिर प्रवाह में डाल देती है।
- इनमें पिट्यूटरी ग्रन्थि, थाइरॉयड ग्रन्थि, अग्न्याशय का अन्त:स्त्रावी भाग, अधिवृक्क ग्रन्थि, पिनियल काय, जनद आदि शामिल है।
- जन्तुओं में हॉर्मोन सूचना स्थानान्तरित करने के साधन होते हैं और अन्त:स्रावी ग्रन्थियों द्वारा स्रावित होते हैं।

अध्याय 7. जीव जनन कैसे करते हैं?

- प्रत्येक जीव कुछ निश्चित समय तक **ही जीवित** रहता है, जो उस जीव का **जीवनकाल** (*Lifespan*) कहलाता है। अत: अपनी जाति या वंश की निरन्तरता को बनाए रखने के लिए अपने जैसे जीवों को उत्पन्न करने की क्रिया को जनन कहते हैं।
- प्रजनन की प्रक्रिया अन्य जैविक प्रक्रियाओं की तरह किसी जीव के जीवन को बनाए रखने के लिए आवश्यक नहीं है, लेकिन यह किसी प्रजाति के अस्तित्व के लिए महत्त्वपूर्ण है।
- प्रजनन करने वाले जीव नए सन्ततियों का निर्माण करते हैं, जो बिल्कुल जनक जैसे ही दिखती है।
- प्रजनन में मूल घटना DNA प्रतिलिपि का निर्माण है। कोशिकाएँ अपने DNA की प्रतिलिपि बनाने के लिए रासायनिक अभिक्रियाओं का उपयोग करती हैं। DNA प्रोटीन संश्लेषण के लिए जानकारी प्रदान करता है।
- DNA प्रतिलिपिकरण की प्रक्रिया सटीक नहीं होती है, जिसके परिणामस्वरूप प्रजनन के दौरान विभिन्नताएँ उत्पन्न होती हैं, जो जैव-विकास का आधार हैं।
- विभिन्नताएँ व्यक्ति के लिए लाभकारी हो भी सकती है और नहीं भी, लेकिन ये प्रतिकूल परिस्थितियों के दौरान प्रजातियों के अस्तित्व को बनाए रखने में सहायता करती हैं।
- जीवित जीवों के शरीर की बनावट के आधार पर प्रजनन के विधियाँ भिन्न-भिन्न हो सकती है। इसे मुख्य तौर पर अलैंगिक प्रजनन और लैंगिक प्रजनन के रूप में विभाजित किया जा सकता है।

1. अलैंगिक जनन (एकल जीवों में प्रजनन की विधि)

इस प्रकार के जनन में विशेष **जनन कोशिकाओं** के बिना ही, एक जनक द्वारा नई सन्तति का निर्माण होता है। इसके फलस्वरूप, जिस सन्तति का जन्म होता है, वह आनुवंशिक रूप से पूरी तरह अपने जनक के समान होती है।

इसके अन्तर्गत निम्न विधियाँ आती हैं

(i) **विखण्डन** इस विधि में परिपक्व एककोशिकीय जीव विभाजित होकर दो या अधिक कोशिकाओं में विभक्त हो जाता है। इसमें सर्वप्रथम केन्द्रक विभाजित होता है तथा बाद में कोशिकाद्रव्य विभाजित होता है। यह दो प्रकार का होता है

(a) **द्विविखण्डन** कुछ प्रोटोजोअन्स जैसे-*अमीबा*, *पैरामीशियम*; आदि में कोशिकाएँ विभाजन द्वारा सामान्यतया दो बराबर भागों में विभक्त हो जाती हैं।

(b) **बहुविखण्डन** कुछ एककोशिकीय जन्तुओं में कोशिका अनेक बार विभाजित होकर कई सूक्ष्म विखण्ड बना लेती है; उदाहरण-*प्लाज्मोडियम* (मलेरिया परजीवी)।

(ii) **खण्डन द्वारा** इस विधि में बहुकोशिकीय जीव पूर्ण वृद्धि करके दो या अधिक खण्डों में टूट जाते हैं। इसके पश्चात् प्रत्येक खण्ड वृद्धि करके पूर्ण जीव बना लेता है; उदाहरण-*स्पाइरोगायरा*, *राइजोपस*, *यूलोथ्रिक्स*।

(iii) **पुनरुद्भवन** (पुनर्जनन) किसी जन्तु के किसी भी कटे हुए भाग से नए जन्तु की उत्पत्ति को पुनरुद्भवन (पुनर्जनन) कहते हैं; उदाहरण-*हाइड्रा*, *प्लेनेरिया*, आदि।

(iv) **मुकुलन** इस प्रक्रिया में एक छोटा-सा उभार शरीर के बाहर की ओर निकलने लगता है, जिसे मुकुल (*Bud*) कहते हैं। यह मुकुल धीरे-धीरे बड़ा हो जाता है और मातृ कोशिका से अलग होकर स्वतन्त्र जीव बना लेता है; उदाहरण- यीस्ट, *हाइड्रा*।

(v) **बीजाणुजनन** बीजाणु का निर्माण प्रतिकूल परिस्थितियों में एककोशिकीय और बहुकोशिकीय दोनों ही प्रकार के जीवों में होता है।
बीजाणु निर्माण में, जनक अपनी बीजाणुधानी में सैकड़ों प्रजनन इकाइयाँ पैदा करता है, जिन्हें 'बीजाणु' कहते हैं। जब यह बीजाणुधानी फटती है, तो ये बीजाणु वायु, भूमि, भोजन या मृदा पर बिखर जाते हैं और नए जीव को जन्म देते हैं। *राइजोपस*, *म्यूकर*, आदि कवक बीजाणु निर्माण के उदाहरण हैं।

(vi) **कायिक प्रवर्धन** पादप के किसी भी कायिक भाग से सम्पूर्ण पादप के उत्पन्न होने की प्रक्रिया को कायिक प्रवर्धन कहते हैं। यह मुख्य रूप से दो प्रकार का होता है

(a) **प्राकृतिक कायिक प्रवर्धन** प्राकृतिक रूप से उचित परिस्थितियों में पौधे की जड़ों, तनों या पत्तियों द्वारा होता है। उदाहरण के लिए,

ब्रायोफिल्लम की पत्ती के किनारे के कटानों से उत्पन्न कलियाँ जब मिट्टी पर गिरती हैं, तो ये नए पौधों में विकसित हो जाती हैं।

(*b*) **कृत्रिम कायिक प्रवर्धन** दाब लगाना, कलम लगाना, रोपण और ऊतक संवर्धन द्वारा किया जाता है।

- कायिक प्रवर्धन के लाभ निम्नवत् हैं
  - (*i*) इसके द्वारा केला, संतरा, गुलाब और चमेली जैसे पौधों का प्रवर्धन किया जा सकता है, जो बीज पैदा करने की क्षमता खो चुके हैं।
  - (*ii*) इसके द्वारा उत्पादित सभी पौधे आनुवंशिक रूप से जनक पौधे के समान होते हैं एवं कम समय में फल प्रदान करते हैं।

2. लैंगिक जनन

- यह प्रजनन की वह क्रिया है, जिसमें विशेष जनन कोशिकाएँ अर्थात् दो युग्मकों के मिलने से बनी रचना युग्मनज द्वारा नए जीव की उत्पत्ति होती है।
- युग्मकों के संयोग को संयुग्मन या निषेचन कहते हैं तथा युग्मकों का निर्माण एक ही जनक या दो अलग-अलग जनकों (नर एवं मादा) से हो सकता है।
- गैर-प्रजनन कायिक कोशिकाओं की तुलना में, जनन कोशिकाओं में गुणसूत्र संख्या आधी होती है। जब अगुणित नर और मादा जनन कोशिकाओं के निषेचन से सन्तान उत्पन्न होती है, तो उसकी विशिष्ट द्विगुणित गुणसूत्र संख्या और *DNA* सामग्री पुनः स्थापित हो जाती है।
- सरल जीवों में, दोनों जनन कोशिकाएँ एक-दूसरे से बहुत भिन्न नहीं होती हैं या समान भी हो सकती हैं। लेकिन, जटिल जीवों में, जनन कोशिकाएँ विशिष्ट होती है। इनमें नर युग्मक छोटा और गतिशील होता है, जबकि मादा युग्मक बड़ा होता है और भोजन का भण्डारण करता है।

3. पुष्पीय पादपों में लैंगिक जनन

पादपों में पुष्प जनन हेतु बनी एक विशिष्ट संरचना होती है। पुष्प एक संघनित रूपान्तरित तना होता है। पुष्पवृन्त के शिखर पर पुष्पासन होता है एवं पुष्पासन पर चार पुष्प चक्र लगे होते हैं। इन्हें परिधि से केन्द्र की ओर क्रमशः बाह्यदलपुंज, दलपुंज, पुमंग तथा जायांग कहते हैं।

(*i*) **बाह्य दलपुंज** इसकी इकाई संरचना बाह्यदल कहलाती है। बाह्यदल पुष्पासन पर सबसे बाहर की ओर स्थित तथा हरे रंग के होते हैं। यह कलिकावस्था में पुष्प की रक्षा करते हैं।

(*ii*) **दलपुंज** इसकी इकाई, दल कहलाती है। यह पुष्प का द्वितीय चक्र होता है। ये प्रायः रंगीन होते हैं तथा कीट-परागण में सहायक होते हैं।

(*iii*) **पुमंग** यह पुष्प का तीसरा चक्र होता है। इसका निर्माण पुतन्तु एवं परागकोष से बने पुंकेसरों द्वारा होता है। यह पुष्प का नर जनन अंग होता है। परागकोष में पराग कण या लघुबीजाणु (*Microspores*) बनते हैं।

(*vi*) **जायांग** यह पुष्प का सबसे भीतरी चक्र होता है। इसका निर्माण अण्डप या स्त्रीकेसर से होता है। यह पुष्प का मादा जनन अंग है। इसके तीन भाग होते हैं-वर्तिकाग्र जो परागण के समय पराग कणों को ग्रहण करता है, मध्य में वर्तिका एवं आधारीय व फूला हुआ भाग अण्डाशय जिसमें बीजाण्ड (भ्रूणकोष में मादा युग्मक युक्त) उपस्थित होते हैं।

- एकलिंगी पुष्पों में प्रजनन अंगों के रूप में या तो पुंकेसर या स्त्रीकेसर होते हैं; जैसे-पपीता और तरबूज, जबकि उभयलिंगी पुष्पों में पुंकेसर और स्त्रीकेसर दोनों होते हैं; जैसे-सरसों और गुड़हल।

4. परागण

किसी पुष्प के पराग कणों का परागकोष से उसी पुष्प या उसी जाति के किसी अन्य पुष्प के वर्तिकाग्र पर पहुँचने की क्रिया को 'परागण' कहते हैं।

परागण मुख्य रूप से दो प्रकार का होता है

(*i*) **स्व-परागण** एक पुष्प के पराग कण के उसी पुष्प के वर्तिकाग्र पर या पादप के किसी अन्य पुष्प के वर्तिकाग्र पर या कायिक जनन द्वारा तैयार किए गए, उसी जाति के किसी अन्य पादप के वर्तिकाग्र पर पहुँचने को 'स्व-परागण' कहते हैं।

(*ii*) **पर-परागण** जब एक पुष्प के पराग कण लैंगिक जनन द्वारा उत्पन्न उसी जाति के अन्य पादप के वर्तिकाग्र पर विभिन्न माध्यमों से पहुँचते हैं, तो इसे पर-परागण कहते हैं। एकलिंगी पुष्पों पपीता, मक्का में पर-परागण पाया जाता है। पर-परागण कीटों द्वारा, वायु द्वारा, जल द्वारा और जन्तुओं के माध्यम से होता है।

5. पादपों में निषेचन क्रिया

- पुष्पी पादपों में बीजाण्ड के भ्रूणकोष में निषेचन क्रिया होती है।
- पराग कण का जनन केन्द्रक दो अगुणित नर युग्मक बनाता है। पराग कण से निकली परागनलिका बीजाण्ड के भ्रूणकोष में प्रायः बीजाण्डद्वार से प्रवेश करके दोनों नर युग्मकों को मुक्त कर देती है।
- एक नर युग्मक अगुणित अण्ड कोशिका से संलयित होकर द्विगुणित युग्मनज बनाता है। यह सत्य निषेचन कहलाता है।
- दूसरा नर युग्मक द्विगुणित द्वितीयक केन्द्रक से मिलकर त्रिगुणित प्राथमिक भ्रूणपोष केन्द्रक बनाता है। यह वृद्धि करके पोषक ऊतक भ्रूणपोष का निर्माण करता है। इस प्रक्रिया को त्रिक संलयन *(Triple fertilisation)* कहते हैं।
- यहाँ निषेचन की क्रिया दो बार (सत्य निषेचन व त्रिक संलयन) होती हैं। अतः इसे द्विनिषेचन *(Double fertilisation)* भी कहते हैं।
- युग्मनज से भ्रूण बनाता है। निषेचन के बाद बीजाण्ड विकसित होकर बीज बनता है, जबकि अण्डाशय फल बनाता है।
- बीज में भविष्य का पौधा या भ्रूण होता है, जो उपयुक्त परिस्थितियों में अंकुर के रूप में विकसित होता है। इस प्रक्रिया को **अंकुरण** *(Germination)* कहते हैं।

6. मानव में लैंगिक जनन

- किसी भी प्राणी के जनन करने योग्य हो जाने को यौवनारम्भ *(Puberty)* कहते हैं। इसकी आयु पुरुषों में 15-18 वर्ष तक तथा स्त्रियों में 11-14 वर्ष तक होती है। इस अवस्था में स्त्री एवं पुरुषों के लक्षणों में कुछ महत्त्वपूर्ण बदलाव आते हैं, जोकि गौण लैंगिक लक्षण कहलाते हैं।
- यौवन के दौरान होने वाले कुछ परिवर्तन लड़कों और लड़कियों में सामान्य होते हैं, जबकि कुछ अन्य परिवर्तन लड़कों और लड़कियों के लिए विशिष्ट होते हैं।
- चेहरे पर मुहाँसों का दिखना, बगल और जननांग क्षेत्रों में घने बालों का उगना जैसे बदलाव लड़के और लड़कियों दोनों में होते हैं।
- लड़कियों में स्तन, जाँघों एवं नितम्बों के आकार में वृद्धि, चूचकों के रंग का गहरा होना और मासिक धर्म का प्रारम्भ होना यौवनावस्था से सम्बन्धित परिवर्तन हैं। लड़कों में यौवन के दौरान चेहरे पर बाल उगना, आवाज का फटना और शिश्न का बढ़ना और खड़ा होना जैसे परिवर्तन प्रकट होते हैं।

नर जनन तन्त्र

इसमें पाए जाने वाले प्रमुख जननांग निम्न हैं

(i) **वृषण** पुरुषों में एक जोड़ी वृषण, उदरगुहा से बाहर शिश्न के पास वृषण कोष *(Scrotal sacs or scrotum)* में सुरक्षित पाए जाते हैं। वृषण कोष की थैलेनुमा संरचना होती है, जिसका तापमान शरीर से लगभग 2-2.5°C कम रहता है। वृषणों में कुण्डलित शुक्रनलिकाएँ उपस्थित होती हैं वृषण जिनमें शुक्राणुओं का निर्माण होता है। वृषण से नर हॉर्मोन टेस्टोस्टेरॉन भी स्रावित होता है।

(ii) **अधिवृषण** वृषणों से चिपकी नलिकाकार, लम्बी संरचना होती है। इनमें शुक्राणु परिपक्व होते हैं।

(iii) **शुक्रवाहिनियाँ** द्वारा शुक्राणु उदरगुहा में स्थित शुक्राशय में पहुँचते हैं।

(iv) **शुक्राशय** थैलीनुमा संरचना होती है। इसके द्वारा क्षारीय पोषक तरल का स्रावण होता है, जिसमें शुक्राणु गति करते हैं। शुक्राणु इस तरल के साथ मिलकर वीर्य *(Semen)* का निर्माण करते हैं। शुक्राशय से निकलने वाली एक छोटी नलिका शुक्रवाहिनी से मिलकर स्खलन नलिका *(Ejaculatory duct)* बनाती है।

(v) **मूत्रमार्ग** स्खलन नलिका से जुड़ा होता है, जो शिश्न के शीर्ष सिरे पर मूत्र जनन छिद्र द्वारा बाहर खुलता है। यह शुक्राणु तथा मूत्र के बाहर निकलने का संयुक्त मार्ग होता है।

(vi) **शिश्न** बेलनाकार पेशीय मैथुनांग *(Copulatory organ)* होता है, जो मैथुन क्रिया में सहायक होता है।

(vii) **सहायक ग्रन्थियाँ** प्रोस्टेट *(Prostate)*, काउपर *Cowper)*, पेरीनियल *(Perineal)* ग्रन्थि नर जनन तन्त्र की सहायक ग्रन्थियाँ होती हैं। ये वीर्य निर्माण, शुक्राणुओं को पोषण देने तथा उनको जीवित रखने में सहायता करती हैं।

मादा जनन तन्त्र

इसमें पाए जाने वाले प्रमुख जननांग निम्न हैं

(i) **अण्डाशय** इनमें अण्ड कोशिका का निर्माण होता है। ये मादा हॉर्मोन प्रोजेस्टेरॉन तथा एस्ट्रोजन का भी स्रावण करते हैं।

(ii) **अण्डवाहिनियाँ** अथवा **फैलोपियन नालिका** अण्डाणु को अण्डाशय से गर्भाशय तक पहुँचाती हैं। यहाँ निषेचन की क्रिया भी होती है।

(iii) **गर्भाशय** दोनों अण्डवाहिनियों के खुलने का स्थान होता है। भ्रूण का परिवर्धन एवं भरण-पोषण यहीं होता है।

(iv) **योनि** नलिका समान संरचना है, जो मूत्राशय तथा मलाशय के मध्य स्थित होती है। यह मैथुनांग है एवं रजोधर्म के स्रावण का मार्ग भी है।

(v) **भग** स्त्री के सभी बाह्य जननांगों से मिलकर बनता है।

(vi) **सहायक ग्रन्थियाँ** स्तन ग्रन्थियाँ, बार्थोलिन एवं पेरीनियल सहायक ग्रन्थियाँ होती हैं। स्तन ग्रन्थियाँ दुग्ध का स्रावण करती हैं।

7. निषेचन एवं पश्च-निषेचन परिवर्तन

- मैथुन के समय शुक्राणु योनि मार्ग में स्थापित होते हैं जहाँ से वे ऊपर की ओर गति करके अण्ड वाहिनी तक पहुँच जाते हैं, जहाँ अण्ड कोशिका से मिल जाते हैं।
- शुक्राणु एवं अण्ड कोशिका के संयोजन को निषेचन कहते हैं, जिसके फलस्वरूप द्विगुणित युग्मनज का निर्माण होता है।
- निषेचन के एक सप्ताह पश्चात् निषेचित अण्ड या युग्मनज (*Zygote*) गर्भाशय में स्थापित हो जाता है। यह प्रक्रिया **गर्भाधान** या **रोपण** (*Implanation*) कहलाती है।
- भ्रूण (*Embryo*) को माँ के रुधिर से ही पोषण मिलता है। इसके लिए एक विशेष प्रकार की संरचना विकसित होती है, जिसे **जरायु** या **अपरा** (*Placenta*) कहते हैं।
- शिशु गर्भाशय में लगभग 9 माह के समय में विकसित हो जाता है। तत्पश्चात् गर्भाशय की पेशियों के लयबद्ध संकुचन से शिशु का जन्म (प्रसव) होता है।

8. ऋतुस्राव

अण्डाशय प्रत्येक माह एक अण्डे का मोचन करता है। अतः निषेचित अण्ड की प्राप्ति हेतु गर्भाशय प्रतिमाह तैयारी करता है, परन्तु निषेचन ना होने की अवस्था में गर्भाशय की आंतरिक यह परत धीरे-धीरे टूट कर योनि मार्ग से रुधिर एवं श्लेष्म के रूप में निष्कासित हो जाती है। अतः इसे ऋतुस्राव अथवा रजोधर्म कहते हैं। इसकी अवधि 2 से 8 दिनों की होती है।

9. यौन संचारित रोग

वे रोग, जो सम्भोग के समय यौन सम्बन्धों द्वारा एक व्यक्ति से दूसरे व्यक्ति में संचारित होते हैं, यौन संचारित रोग कहलाते हैं। इन्हें रजित रोग (*Veneral Diseases of VD*) भी कहते हैं; उदाहरण-*HIV-AIDS*, गोनोरिया, सिफिलिस, आदि।

10. परिवार नियोजन

परिवार कल्याण हेतु बच्चों की संख्या सीमित कर, परिवार को नियोजित करने की प्रक्रिया को परिवार नियोजन कहते हैं।

नीचे दी गई अस्थायी और स्थायी विधियों द्वारा आसानी से परिवार को नियोजित किया जा सकता है

(a) **लूप अथवा कॉपर-टी** स्त्रियाँ लूप या कॉपर-टी लगवाकर गर्भधारण करने से अपना बचाव कर सकती हैं।

(b) **निरोध** निरोध (*Condom*) का प्रयोग पुरुष द्वारा किया जाता है। इसके प्रयोग से गर्भधारण होने की कोई भी सम्भावना नहीं होती है।

(c) **गर्भ निरोधक गोलियाँ** आजकल ऐसी गोलियाँ उपलब्ध हैं, जिनके सेवन से गर्भधारण की सम्भावनाएँ समाप्त हो जाती हैं। स्त्रियों के लिए अनेक प्रकार की गर्भ निरोधक गोलियाँ उपलब्ध हैं; जैसे-माला-डी, पर्ल्स, सहेली, आदि।

(d) **पुरुष का ऑपरेशन या नसबन्दी** (*Vasectomy*) पुरुषों में शुक्रवाहिनी के ऑपरेशन से गर्भधारण की समस्या स्थायी रूप से दूर हो जाती है। इसमें पुरुष की शुक्रवाहिनी काट कर बाँध दी जाती है।

(d) **महिला का ऑपरेशन या नसबन्दी** (*Tubectomy*) यह विधि पूर्ण तथा स्थायी विधि है। इस विधि में स्त्रियों की अण्डवाहिनी को काटकर बाँध दिया जाता है, जिससे अण्डाणु अण्डवाहिनी (*Fallopian tube*) में आगे नहीं बढ़ पाते हैं।

अध्याय 8. आनुवंशिकता

- वे लक्षण, जो एक पीढ़ी (माता-पिता) से दूसरी पीढ़ी (सन्तानों) में वंशागत (*Inherit*) होते हैं, **आनुवंशिक लक्षण** अथवा **विशेषक** (*Hereditary characters or traits*) कहलाते हैं तथा आनुवंशिक लक्षणों के एक पीढ़ी से दूसरी पीढ़ी में स्थानान्तरित होने की प्रक्रिया को **वंशागति** (*Heredity*) कहते हैं।
- विज्ञान की वह शाखा, जिसके अन्तर्गत जीवों की आनुवंशिक समानताओं और असमानताओं एवं वंशागति का अध्ययन किया जाता है, **आनुवंशिकी** (*Genetics*) कहलाती है।
- अलैंगिक प्रजनन के दौरान, *DNA* प्रतिलिपि के निर्माण में थोड़ी-सी त्रुटि के कारण भी विभिन्नताएँ उत्पन्न हो जाती हैं। ये लैंगिक प्रजनन में विभिन्नताएँ मुख्य रूप से अगुणित युग्मकों के निर्माण, यानी अर्द्धसूत्री विभाजन के कारण उत्पन्न होती है। अतः पूर्ववर्ती जनक पीढ़ी से सन्तति को वंशागत रूप से एक आधारीय शारीरिक अभिकल्प एवं कुछ विभिन्नताएँ प्राप्त होती हैं।
- एक ही जाति (*Species*) के विभिन्न सदस्यों के मध्य लक्षणों में पाई जाने वाली **असमानताएँ** (*Dissimilarities*) या अन्तर (*Differences*), जिनके कारण वे एक-दूसरे से अलग लगते हैं, विभिन्नताएँ कहलाती हैं।
- विभिन्नताओं की अनुपस्थिति में भी कोई जाति विकास नहीं कर सकती है। ऐसा होने पर उस जाति के सभी सदस्य समान होंगे।
- लाभकारी विभिन्नताएँ प्रजातियों को पर्यावरण में बेहतर ढंग से जीवित रहने में सहायता करती है एवं जैव-विकास का आधार बनती है।
- प्रजनन से जनक के समान अभिकल्प वाली सन्ताने उत्पन्न होती हैं। हालांकि, वे बिल्कुल समान नहीं हैं, बल्कि वे अपने जनकों से काफी विभिन्नताएँ दिखाती है
- मनुष्यों में, पिता और माता बच्चे के लिए समान मात्रा में आनुवंशिक पदार्थ का योगदान करते हैं। इसका मतलब है, कि प्रत्येक गुण पैतृक और मातृ दोनों *DNA* से प्रभावित हो सकता है। इस प्रकार, प्रत्येक गुण के लिए, मनुष्य के पास जीन के दो रूप या संस्करण उपस्थित होते हैं, जिन्हे एलील कहा जाता है।

1. लक्षणों की वंशागति के नियम : मेण्डल का योगदान

- ऑस्ट्रिया के पादरी **ग्रेगर जॉन मेण्डल** को 'आनुवंशिकी का जनक' कहा जाता है। मेण्डल ने उद्यान मटर (*Pisum sativum*) के पादप पर संकरण सम्बन्धी अनेक प्रयोग किए।
- इन्होंने इस पादप में सात विपर्यासी लक्षणों की वंशागति का अध्ययन किया।
  जैसे-पुष्प के रंग के लिए बैंगनी व सफेद, बीज के आकार के लिए गोल एवं झुर्रीदार, पादप की लम्बाई के लिए बौना एवं लम्बा लक्षण, आदि।
- सन् 1900 में हॉलैण्ड के ह्यूगो डी व्रीज, जर्मनी के कार्ल कॉरेन्स तथा ऑस्ट्रिया के एरिक वॉन शेरमार्क ने मेण्डल के नियमों की पुष्टि की।

2. एकसंकर संकरण

- एकाकी लक्षणों के तुलनात्मक या विपर्यासी लक्षणप्रारूपों की वंशागति के अध्ययन हेतु किए गए प्रयोगों को एकसंकर संकरण कहते हैं। इसके लिए मेण्डल ने मटर के शुद्ध लम्बे और शुद्ध बौने पादपों का चयन किया।
- इसमें F_2-पीढ़ी में लक्षणप्रारूप अनुपात 3 : 1 एवं जीनप्रारूप अनुपात 1 : 2 : 1 प्राप्त होता है।

इस संकरण प्रयोग से दो नियमों का प्रतिपादन हुआ

(i) **प्रभाविता का नियम** इस नियम के अनुसार, जब परस्पर विपर्यासी (विपरीत) लक्षण वाले समयुग्मजी पादपों के बीच संकरण कराया जाता है, तो F_1-पीढ़ी की सन्तानों में, जो लक्षण प्रदर्शित होता है, उसे प्रभावी **लक्षण** कहते हैं तथा जो लक्षण इस पीढ़ी की सन्तानों में प्रदर्शित नहीं होता, वह अप्रभावी लक्षण कहलाता है।

(ii) **पृथक्करण या युग्मकों की शुद्धता का नियम** इस नियम के अनुसार, एक जोड़ी के जीन युग्मक निर्माण के समय एक-दूसरे से पृथक् हो जाते हैं और एक युग्मक में जीन युग्म का एक जीन ही पहुँचता है।

3. द्विसंकर संकरण

- मेण्डल ने बाद में एक ही समय पर दो जोड़ी विपर्यासी लक्षणों की वंशागति के प्रयोगों का व्यावहारिक अध्ययन किया, जिसे द्विसंकर संकरण कहते हैं।
- मेण्डल ने जब **गोल बीज व पीले बीजपत्र** (*RRYY*) वाले पादपों तथा **झुर्रीदार बीज व हरे बीजपत्र** (*rryy*) वाले समयुग्मजी जनक पादपों (P_1) के मध्य संकरण करवाया, तो F_1-पीढ़ी में केवल गोल बीज तथा पीले बीजपत्र (*RrYy*) वाले पादप उत्पन्न हुए।
- इन पादपों में स्व-परागण करवाने पर उन्हें F_2-पीढ़ी में चार प्रकार के संयोजन 9 : 3 : 3 : 1 के लक्षणप्रारूपी अनुपात में प्राप्त हुए।
- इस संकरण प्रयोग द्वारा व्युत्पन्न **स्वतन्त्र अपव्यूहन के नियम** के अनुसार, जब दो या दो से अधिक असम्बन्धित **लक्षणों** वाले पादपों के मध्य संकरण कराया जाता है, तो उनके जीन युग्म के कारकों का पृथक्करण एवं अपव्यूहन स्वतन्त्र रूप से होता है अर्थात् ये स्वतन्त्र रूप से पृथक् होकर जनकों के किसी भी लक्षण के साथ संयोग बनाते हुए सन्तानीय पीढ़ियों में जाते हैं।

4. लक्षणों की अभिव्यक्ति

- *DNA* का वह भाग, जिसमें किसी प्रोटीन संश्लेषण के लिए सूचना होती है, उसे जीन कहते हैं। जीन शब्द का प्रयोग सर्वप्रथम जॉहन्सन ने किया था।

5. लिंग-निर्धारण

- लिंग-निर्धारण वह प्रक्रिया है, जिसके द्वारा यह सुनिश्चित होता है कि एकलिंगी जन्तुओं में लैंगिक जनन द्वारा उत्पन्न होने वाला नया प्राणी नर होगा या मादा।

6. मनुष्य में लिंग-निर्धारण

- मनुष्य की कोशिकाओं में 46 गुणसूत्र उपस्थित होते हैं। इनमें से 22 जोड़ें नर तथा मादा में दोनों में समान होते हैं। अतः इन्हें ऑटोसोम्स या कायिक गुणसूत्र कहते हैं।
- स्त्री में 23वाँ जोड़ा भी समयुग्मजी *XX*-गुणसूत्रों वाला होता है, किन्तु पुरुष में 23वें जोड़े के गुणसूत्र विषमयुग्मजी *XY* होते हैं। यह मानव में लिंग का निर्धारण करते हैं, इन्हें हेटेरोसोम्स या एलोसोम्स या लिंग गुणसूत्र भी कहते हैं।

अध्याय 9. प्रकाश-परावर्तन तथा अपवर्तन

1 प्रकाश

ऐसा विकिरण या ऊर्जा जो हमारी आँखों में दृष्टि संवेदना उत्पन्न करता है, प्रकाश कहलाता है।

2. प्रकाश का परावर्तन

जब प्रकाश किसी पॉलिशदार या चिकने तल पर गिरता है, तो उसका अधिकांश भाग तल से टकराकर उसी माध्यम में वापस लौट आता है। प्रकाश के चिकने या पॉलिशदार तल से टकराकर लौटने की इस प्रक्रिया को प्रकाश का परावर्तन कहते हैं।

3. परावर्तन के नियम

परावर्तन के दो नियम होते हैं

(*i*) आपतित किरण, आपतन बिन्दु पर अभिलम्ब तथा परावर्तित किरण तीनों एक ही तल में होते हैं।

(*ii*) परावर्तन कोण सदैव आपतन कोण के बराबर होता है।

अर्थात् $\angle i = \angle r$

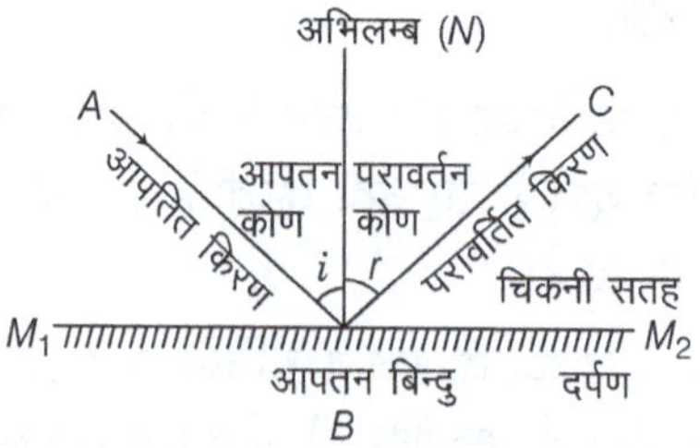

समतल पृष्ठ से प्रकाश का परावर्तन

4. दर्पण

यदि किसी चिकने पारदर्शी तल के एक पृष्ठ पर कलई अथवा लाल ऑक्साइड का लेप करके दूसरे पृष्ठ को परावर्तक पृष्ठ बना दिया जाए, तो वह निकाय दर्पण कहलाता है।

दर्पण दो प्रकार के होते हैं

(i) **समतल दर्पण** ऐसे दर्पण, जिनका परावर्तक पृष्ठ समतल होता है, समतल दर्पण कहलाते हैं।

(ii) **गोलीय दर्पण** ऐसे दर्पण, जिनका परावर्तक पृष्ठ गोलीय होता है, गोलीय दर्पण कहलाते हैं।
गोलीय दर्पण काँच के खोखले गोले का काटा गया भाग होता है। इसके एक तल पर पारे तथा लाल ऑक्साइड का लेप होता है तथा दूसरा तल परावर्तन तल होता है।

गोलीय दर्पण दो प्रकार के होते हैं

(a) **अवतल दर्पण** वह गोलीय दर्पण, जिनमें उभरे तल पर कलई होती है तथा परावर्तन दबे हुए तल से होता है, उसे अवतल दर्पण कहते हैं।
इसका उपयोग दाढ़ी बनाने में, चिकित्सकीय क्षेत्र में आँख, नाक एवं गले के परीक्षण में, सौर भट्टियों में तथा टेबल लैम्प शैड, इत्यादि में किया जाता है।

(b) **उत्तल दर्पण** वह गोलीय दर्पण, जिनमें दबे हुए तल पर कलई होती है तथा परावर्तन बाहरी उभरी सतह से होता है, उसे उत्तल दर्पण कहते हैं। इसका दृष्टि क्षेत्र अधिक होता है।
इसका उपयोग स्कूटर, मोटरकारों आदि वाहनों में पश्च दृश्य दर्पण के रूप में तथा बाजार में लगे हुए लैम्प में किया जाता है।

5. अवतल तथा उत्तल दर्पण द्वारा प्रतिबिम्ब का बनना

अवतल दर्पण

क्र.सं.	वस्तु की स्थिति	प्रतिबिम्ब की स्थिति	प्रतिबिम्ब की प्रकृति एवं आकार
1.	अनन्त पर	फोकस तल में	वास्तविक, उल्टा तथा वस्तु से बहुत छोटा
2.	अनन्त तथा वक्रता केन्द्र के बीच	फोकस तथा वक्रता केन्द्र के बीच	वास्तविक, उल्टा तथा वस्तु से छोटा
3.	वक्रता केन्द्र पर	वक्रता केन्द्र पर	वास्तविक, उल्टा तथा वस्तु के बराबर
4.	वक्रता केन्द्र तथा मुख्य फोकस के बीच	वक्रता केन्द्र तथा अनन्त के बीच	वास्तविक, उल्टा तथा वस्तु से बड़ा
5.	फोकस पर	अनन्त पर	वास्तविक, उल्टा तथा वस्तु से बहुत बड़ा
6.	मुख्य फोकस तथा ध्रुव के बीच	दर्पण के पीछे अनन्त तथा ध्रुव के बीच	आभासी, सीधा तथा वस्तु से बड़ा

उत्तल दर्पण

क्र.सं.	वस्तु की स्थिति	प्रतिबिम्ब की स्थिति	प्रतिबिम्ब की प्रकृति एवं आकार
1.	अनन्त पर	फोकस तल में, दर्पण के पीछे	आभासी, सीधा तथा वस्तु से छोटा
2.	अनन्त तथा ध्रुव के बीच	फोकस तथा ध्रुव के बीच, दर्पण के बीच	वास्तविक, अभासी उल्टा तथा सीधा वस्तु से छोटा

6. दर्पण सूत्र

गोलीय दर्पण के लिए फोकस दूरी तथा दर्पण से वस्तु और प्रतिबिम्ब की दूरियों के लिए निम्न सम्बन्ध होता है

$$\frac{1}{f} = \frac{1}{u} + \frac{1}{v}$$

जहाँ, u = दर्पण से वस्तु की दूरी, v = दर्पण से प्रतिबिम्ब की दूरी तथा f = दर्पण की फोकस दूरी।

रेखीय आवर्धन

वस्तु के प्रतिबिम्ब के आकार या लम्बाई तथा उस वस्तु के आकार या लम्बाई (O) का अनुपात आवर्धन कहलाता है।

$$m = \frac{\text{प्रतिबिम्ब का आकार}}{\text{वस्तु का आकार}} = \frac{I}{O}$$

7. प्रकाश का अपवर्तन

प्रकाश किरण के एक माध्यम से दूसरे माध्यम में प्रवेश करने पर उनके पथ में परिवर्तन होने की घटना को प्रकाश का अपवर्तन कहते हैं।

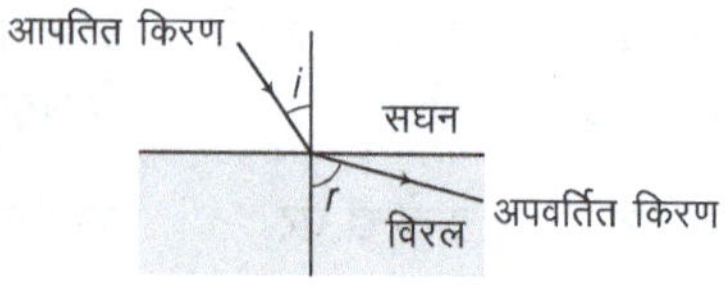

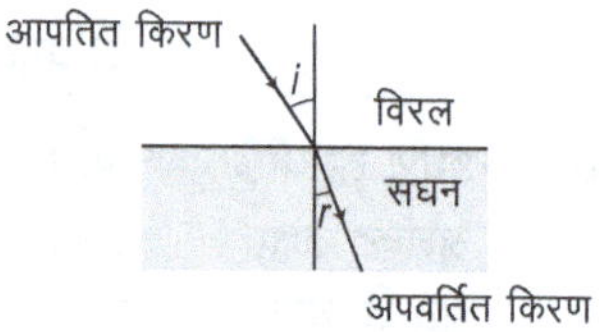

8. अपवर्तन के नियम

प्रकाश के अपवर्तन के दो नियम होते हैं

(i) आपतित किरण, अपवर्तित किरण तथा आपतन बिन्दु पर अभिलम्ब तीनों एक ही तल में होते हैं।

(ii) आपतन कोण की ज्या ($\sin i$) तथा अपवर्तन कोण की ज्या ($\sin r$) का अनुपात एक नियतांक होता है।

अर्थात् $\frac{\sin i}{\sin r}$ = नियतांक

इसे **स्नैल का नियम** भी कहते हैं तथा इस नियतांक को पहले माध्यम के सापेक्ष दूसरे माध्यम का अपवर्तनांक (μ) कहते हैं।

9. अपवर्तनांक

किसी माध्यम का अपवर्तनांक, निर्वात् अथवा वायु में प्रकाश की चाल व उस माध्यम में प्रकाश की चाल के अनुपात के बराबर होता है।

माध्यम का अपवर्तनांक,

$$\mu = \frac{\text{निर्वात् अथवा वायु में प्रकाश की चाल } (c)}{\text{माध्यम में प्रकाश की चाल } (v)}$$

10. लेन्स

ऐसा पारदर्शी माध्यम (काँच), जो दो गोलीय पृष्ठों या एक गोलीय तथा एक समतल पृष्ठ से घिरा होता है, लेन्स कहलाता है।

लेन्स निम्नलिखित दो प्रकार के होते हैं

(i) **उत्तल लेन्स** वे लेन्स जो बीच में से मोटे तथा किनारों से पतले होते हैं, उन्हें उत्तल लेन्स कहते हैं।

(ii) **अवतल लेन्स** वे लेन्स जो बीच में से पतले तथा किनारों पर से मोटे होते हैं, उन्हें अवतल लेन्स कहते हैं।

अभिसारी या उत्तल लेन्स द्वारा प्रतिबिम्ब का बनना

वस्तु की स्थिति	प्रतिबिम्ब की स्थिति	प्रतिबिम्ब की प्रकृति एवं आकार
अनन्त पर	F_2 पर	वास्तविक, उल्टा तथा वस्तु से छोटा
अनन्त तथा $2F_1$ के बीच	F_2 तथा $2F_2$ के बीच	वास्तविक, उल्टा तथा वस्तु से छोटा
$2F_1$ पर	$2F_2$ पर	वास्तविक, उल्टा तथा वस्तु के बराबर
$2F_2$ तथा F_1 के बीच	$2F_2$ के पीछे	वास्तविक, उल्टा तथा वस्तु से बड़ा
प्रथम फोकस F_1 पर	अनन्त पर	वास्तविक, उल्टा तथा वस्तु से बहुत बड़ा
प्रथम फोकस F_1 तथा प्रकाशिक केन्द्र के बीच	वस्तु की ओर ही अनन्त तथा फोकस के बीच	आभासी, सीधा तथा वस्तु से बड़ा

अपसारी या अवतल लेन्स द्वारा प्रतिबिम्ब का बनना

वस्तु की स्थिति	प्रतिबिम्ब की स्थिति	प्रतिबिम्ब की प्रकृति एवं आकार
अनन्त पर	F_2 पर	आभासी, सीधा तथा वस्तु से अत्यन्त छोटा
अनन्त तथा प्रकाशिक केन्द्र के बीच	F_2 तथा प्रकाशिक केन्द्र के बीच	आभासी, सीधा तथा वस्तु से छोटा

11. लेन्स सूत्र

लेन्स के लिए बिम्ब की दूरी u, प्रतिबिम्ब की दूरी v तथा फोकस दूरी f में सम्बन्ध को लेन्स सूत्र कहा जाता है जो निम्न है

$$\frac{1}{f} = \frac{1}{v} - \frac{1}{u}$$

12. रेखीय आवर्धन

लेन्स द्वारा बने प्रतिबिम्ब की लम्बाई तथा बिम्ब की लम्बाई के अनुपात को रेखीय आवर्धन कहते हैं तथा इसे m से प्रदर्शित करते हैं।

$$\text{अतः रेखीय आवर्धन} = \frac{\text{प्रतिबिम्ब की लम्बाई } (I)}{\text{बिम्ब की लम्बाई } (O)}$$

$$= \frac{(v) \text{ प्रतिबिम्ब की लेन्स से दूरी}}{(u) \text{ वस्तु की लैन्स से दूरी}}$$

13. लेन्स की क्षमता

किसी लैन्स द्वारा प्रकाश किरणों को अभिसारित या अपसारित करने के सामर्थ्य को लैन्स की क्षमता कहते हैं। लैन्स की क्षमता फोकस दूरी के व्युत्क्रमानुपाती होती है।

अर्थात् लैन्स की क्षमता

$$= \frac{1}{\text{लैन्स की फोकस दूरी (मीटर में)}}$$

$$\text{या } P = \frac{1}{f \text{ (मीटर में)}}$$

लैन्स की क्षमता का SI मात्रक डायोप्टर है तथा डायोप्टर को प्राय : D से प्रदर्शित करते हैं।

14. लेन्सों के संयोजन की क्षमता

$$P = \frac{1}{f} = \frac{1}{f_1} + \frac{1}{f_2} + \ldots..$$

$$P = P_1 + P_2 + \ldots..$$

अध्याय 10. मानव नेत्र एवं रंगबिरंगा संसार

1 मानव नेत्र

नेत्र, मनुष्य व सभी जीवों के लिए प्रकृति की एक बहुमूल्य देन है। नेत्र लगभग फोटो कैमरे की भाँति कार्य करता है, जिसका व्यास लगभग 25 मिमी होता है। नेत्र में वस्तुओं के वास्तविक प्रतिबिम्ब रेटिना पर बनते हैं। नेत्र एक विशेष प्रकार का प्रकाशिक यन्त्र है। इसका लेन्स प्रोटीन से बने पारदर्शी पदार्थ का बना होता है।

2 मानव नेत्र की संरचना

नेत्र के निम्नलिखित भाग होते हैं

- **दृढ़ पटल** मनुष्य का नेत्र एक खोखले गोले के समान होता है, जिसका व्यास 25 मिमी होता है। यह बाहर से एक दृढ़ तथा अपारदर्शी श्वेत परत से ढका रहता है। इस परत को दृढ़ पटल कहते हैं।
- **रक्तक पटल** दृढ़ पटल के भीतरी पृष्ठ पर लगी काले रंग की झिल्ली को रक्तक पटल कहते हैं। रक्तक पटल आँख पर आपतित होने वाले प्रकाश का अवशोषण करता है तथा आन्तरिक परावर्तन को रोकता है। इस प्रकार, यह कैमरे के प्रकाशरोधी बॉक्स की भाँति कार्य करता है।
- **कॉर्निया** दृढ़ पटल के सामने का भाग उभरा हुआ तथा पारदर्शी होता है, इसे कॉर्निया कहते हैं। नेत्र में प्रकाश इसी भाग से होकर प्रवेश करता है।
- **परितारिका अथवा आइरिस** कॉर्निया के पीछे एक रंगीन एवं अपारदर्शी झिल्ली का पर्दा होता है, जिसे आइरिस कहते हैं।
- **पुतली अथवा नेत्र तारा** आइरिस के बीच में एक छिद्र होता है, जिसे पुतली अथवा नेत्र तारा कहते हैं। यह गोल तथा काली दिखाई देती है। कॉर्निया से आया प्रकाश पुतली से होकर ही लैन्स पर पड़ता है।
- **नेत्र लेन्स** आइरिस के ठीक पीछे प्रोटीन का बना पारदर्शक तथा मुलायम पदार्थ का एक द्विउत्तल लैन्स होता है, जिसे नेत्र लैन्स कहते हैं तथा यह अभिसारी प्रकृति का होता है।
- **नेत्रोद तथा जलीय द्रव** कॉर्निया तथा लैन्स के बीच के भाग को नेत्रोद कहते हैं। इसमें जल के समान एक नमकीन पारदर्शी द्रव भरा रहता है, जिसे जलीय द्रव (*Aqueous humour*) कहते हैं। इसका अपवर्तनांक 1.336 होता है।
- **काँचाभ कक्ष तथा काँचाभ** द्रव नेत्र लैन्स तथा रेटिना के बीच के भाग को काँचाभ कक्ष कहते हैं। इसमें गाढ़ा, पारदर्शी एवं उच्च अपवर्तनांक वाला द्रव भरा रहता है, इसे काँचाभ द्रव (*Vitreous humour*) कहते हैं।
- **रेटिना** रक्तक पटल के नीचे तथा नेत्र के सबसे अन्दर की ओर एक पारदर्शी झिल्ली होती है जिसे रेटिना कहते हैं, इसे दृष्टि पटल भी कहा जाता है। यह प्रकाश

सुग्राही होती है तथा इस पर दृष्टि तन्त्रिकाओं का जाल फैला रहता है। सभी वस्तुओं का प्रतिबिम्ब रेटिना पर बनता है।

- **पीत बिन्दु** रेटिना के बीचों-बीच एक पीला भाग होता है, जहाँ पर बना हुआ प्रतिबिम्ब सबसे अधिक स्पष्ट दिखाई देता है, इसे पीत बिन्दु कहते हैं। इस भाग की सुग्राहिता सबसे अधिक होती है।
- **अन्ध बिन्दु** जिस बिन्दु से दृष्टि नाड़ियाँ मस्तिष्क को जाती हैं, उस बिन्दु को अन्ध बिन्दु कहते हैं।
- **समंजन** मानव नेत्र द्वारा निकट या दूर की वस्तु पर फोकस हेतु नेत्र लेन्स की फोकस दूरी में समायोजन को समंजन कहते हैं।
- **समंजन क्षमता** नेत्र द्वारा फोकस दूरी को कम या ज्यादा करने की क्षमता को नेत्र की समंजन क्षमता कहते हैं। स्वस्थ मनुष्य के लिए समंजन क्षमता होती है।
- **निकट बिन्दु** वह निकटतम बिन्दु, जिसे नेत्र बिना किसी तनाव के सुस्पष्ट देख सकता है, उसे नेत्र का निकट बिन्दु कहते हैं। इस बिन्दु से नेत्र तक की दूरी, स्पष्ट दृष्टि की न्यूनतम दूरी कहलाती है। स्वस्थ नेत्र के लिए यह दूरी 25 सेमी होती है।
- **दूर बिन्दु** वह दूरस्थ बिन्दु, जिसे नेत्र बिना किसी तनाव के स्पष्ट देख सकता है, उसे नेत्र का दूर बिन्दु कहते हैं। इस बिन्दु से नेत्र तक की दूरी, स्पष्ट दृष्टि की अधिकतम दूरी कहलाती है। स्वस्थ नेत्र के लिए यह दूरी अनन्त होती है।
- **दृष्टि विस्तार** नेत्र के निकट बिन्दु तथा दूर बिन्दु के बीच की दूरी को दृष्टि विस्तार कहते हैं। यह सामान्य नेत्र के लिए लगभग २५ सेमी से अनन्त तक होता है।

3 दृष्टि दोष तथा उनके निवारण

जब आँखों की समंजन क्षमता क्षीण हो जाती है, तब वस्तुएँ स्पष्ट नहीं दिखाई देती हैं। इस स्थिति में वस्तु का प्रतिबिम्ब रेटिना के आगे या पीछे कहीं भी बन सकता है। इसी दोष को दृष्टि दोष कहते हैं।

मानव नेत्र में निम्नलिखित प्रकार के दृष्टि दोष होते हैं

(i) निकट दृष्टि दोष

निकट दृष्टि दोष से पीड़ित व्यक्ति को निकट की वस्तुएँ तो स्पष्ट दिखाई देती हैं परन्तु दूर की वस्तुएँ स्पष्ट दिखाई नहीं देती हैं।

- निकट दृष्टि दोष होने के निम्नलिखित दो कारण होते हैं
  (a) नेत्र लेन्स की वक्रता का बढ़ जाना, जिससे उनकी फोकस दूरी कम हो जाती है।
  (b) नेत्र लेन्स के गोलक का व्यास बढ़ जाना।
- निकट दृष्टि दोष को दूर करने के लिए उचित फोकस दूरी वाले अवतल लेन्स के चश्में का प्रयोग किया जाता है।

(ii) दूर दृष्टि दोष

दूर दृष्टि दोष से पीड़ित व्यक्ति को दूर की वस्तुएँ तो स्पष्ट दिखाई देती हैं परन्तु निकट की वस्तुएँ स्पष्ट दिखाई नहीं देती हैं।

- दूर दृष्टि दोष होने के निम्नलिखित दो कारण होते हैं
  (i) नेत्र लेन्स की वक्रता का कम हो जाना, जिससे उसकी फोकस दूरी बढ़ जाती है।
  (ii) नेत्र की माँसपेशियों के क्षीण हो जाने से नेत्र गोलक के व्यास का कम हो जाना।
- दूर दृष्टि दोष को दूर करने के लिए उचित फोकस दूरी वाले उत्तल लेन्स के चश्में का प्रयोग किया जाता है।

(iii) जरा दूरदृष्टिता

- आयु में वृद्धि के साथ-साथ नेत्र की माँसपेशियाँ दुर्बल होती जाती हैं जिस कारण नेत्र की समंजन क्षमता घट जाती है। जिससे व्यक्ति को दूर अथवा निकट या दोनों ही स्थानों की वस्तुएँ स्पष्ट रूप से दिखाई नहीं देती हैं। इसे ही जरा दूरदृष्टिता कहते हैं।
- पक्ष्माभी माँसपेशियों की शक्ति में कमी तथा नेत्र लेन्स के लचीलेपन में कमी आ जाने के कारण नेत्र में जरा दूरदृष्टिता दोष हो जाता है।
- जरा दूरदृष्टिता को दूर करने के लिए द्वि-फोकसी लेन्सों का उपयोग किया जाता है। द्वि-फोकसी लेन्सों में अवतल तथा उत्तल दोनों लेन्स होते हैं। चश्में के ऊपरी भाग में अवतल लेन्स होता है, जो दूर की वस्तुओं को स्पष्ट देखने में सहायता करता है तथा निचले भाग में उत्तल लेन्स होता है, जो निकट की वस्तुओं को स्पष्ट देखने में सहायता करता है।

4 प्रिज्म से प्रकाश का अपवर्तन

- किसी समांग पारदर्शी माध्यम की उस आकृति को प्रिज्म कहते हैं, जो किसी कोण पर झुके हुए दो

समतल पृष्ठों से घिरा होता है। इसमें दो त्रिभुजाकार आधार और तीन आयताकार अपवर्तक पृष्ठ होते हैं।

- दो अपवर्तक पृष्ठों के मध्य कोण को प्रिज्म कोण कहते हैं।

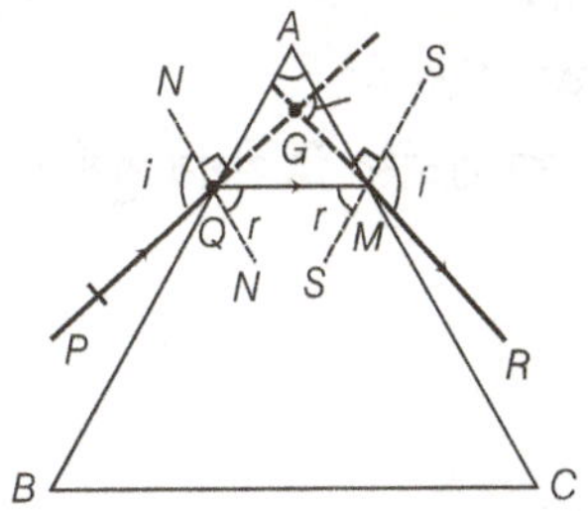

काँच के त्रिभुज प्रिज्म से प्रकाश का अपवर्तन

- यहाँ, PQ = आपतित किरण, MR = निर्गत् किरण, $\angle i$= आपतन कोण, $\angle i$ = निर्गत् कोण, QM = अपवर्तित किरण, $\angle A$ = प्रिज्म कोण, $\angle r$= अपवर्तन कोण तथा $\angle D$= विचलन कोण।
- आपतित किरण व निर्गत् किरण के बीच बना कोण विचलन कोण (D) कहलाता है।

अर्थात् $\angle D = \angle i + \angle i' - \angle A$

5. काँच के प्रिज्म द्वारा श्वेत प्रकाश का वर्ण विक्षेपण

- प्रिज्म से गुजरने वाले श्वेत प्रकाश का अपने अवयवी रंगों में विभक्त होना, प्रकाश का वर्ण विक्षेपण कहलाता है। श्वेत प्रकाश के वर्ण-क्रम में मुख्य रूप से सात रंग दिखाई देते हैं तथा प्रिज्म के आधार की ओर से इन रंगों का क्रम इस प्रकार होता है
- सबसे पहले नीचे से बैंगनी (*Violet*) फिर क्रमानुसार जामुनी (*Indigo*), नीला (*Blue*), हरा (*Green*), पीला (*Yellow*), नारंगी (*Orange*) तथा अन्त में लाल (*Red*)। रंगों के इस क्रम को अंग्रेजी के शब्द *VIBGYOR* या हिन्दी के शब्द **बैंजनीहपीनाला** द्वारा याद रखा जा सकता है।
- **प्रिज्म सूत्र** यदि किसी प्रिज्म का कोण तथा किसी रंग विशेष के अल्पतम विचलन कोण हो, तो प्रकाश के किसी विशेष रंग के लिए प्रिज्म का अपवर्तनांक

$$n = \frac{\sin\left(\frac{A + \delta_m}{2}\right)}{\sin\frac{A}{2}}$$

- किसी भी पारदर्शी पदार्थ (जैसे–काँच) का अपवर्तनांक प्रकाश के रंग (अर्थात् उसकी तरंगदैर्ध्य) पर निर्भर करता है। अपवर्तनांक जितना अधिक होगा, प्रकाश किरण में विचलन उतना ही अधिक होगा। लाल रंग के लिए काँच का अपवर्तनांक न्यूनतम तथा बैंगनी रंग के लिए काँच का अपवर्तनांक अधिकतम होता है।

तरंगदैर्ध्य वेग $\propto \frac{1}{\text{विक्षेपण}}$

- **इन्द्रधनुष** प्रकाश के वर्ण विक्षेपण का एक प्राकृतिक उदाहरण इन्द्रधनुष का बनना है। कभी-कभी वर्षा के समय तथा उसके बाद जब धूप निकलती है, तो आकाश में रंगीन संकेन्द्रीय वृत्तीय चाप सूर्य के विपरीत दिखाई पड़ते हैं। यह रंगीन संरचना इन्द्रधनुष कहलाती है।

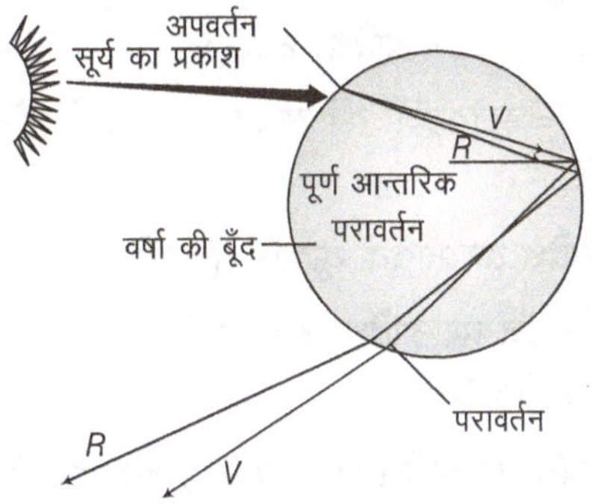

6 वायुमण्डलीय अपवर्तन

- वायुमण्डल में गर्म वायु तथा ठण्डी वायु की परतें होती हैं तथा ठंडी वायु का अपवर्तनांक गर्म वायु की तुलना में थोड़ा अधिक होता है। वायुमण्डल की इन परतों के कारण प्रकाश में उत्पन्न अपवर्तन, वायुमण्डलीय अपवर्तन कहलाता है।
- वायुमण्डलीय अपवर्तन पर आधारित कुछ घटनाएँ निम्नलिखित हैं
  (*i*) तारों का टिमटिमाना।
  (*ii*) तारों की स्थिति का वास्तविक स्थिति से ऊपर दिखाई देना।
  (*iii*) ग्रहों का न टिमटिमाना।

7. प्रकाश का प्रकीर्णन

- जब प्रकाश किसी ऐसे माध्यम से गुजरता है जिसमें धूल, वायु आदि के अतिसूक्ष्म कण उपस्थित हों, तो

उन कणों द्वारा प्रकाश का कुछ भाग सभी दिशाओं में फैल जाता हैं इस घटना को प्रकाश का प्रकीर्णन कहते हैं।

- लॉर्ड रैले के अनुसार, यदि माध्यम के कणों का आकार प्रकाश की तरंगदैर्ध्य से अतिसूक्ष्म होता है, तो प्रकाश के प्रकीर्णन की मात्रा, तरंगदैर्ध्य (A) की चतुर्थ घात के व्युत्क्रमानुपाती होती है अर्थात्

  प्रकीर्णन $\propto \frac{1}{\lambda^4}$

- लाल रंग के प्रकाश का प्रकीर्णन न्यूनतम तथा बैंगनी रंग के प्रकाश का प्रकीर्णन अधिकतम होता है।
- प्रकीर्णन पर आधारित घटनाए निम्नलिखित है
  (i) टिंडलप्रभाव
  (ii) आकाश का नीला रंग
  (iii) सूर्योदय तथा सूर्यास्त के समय सुर्य का रंग

अध्याय 11. वैद्युत

1 वैद्युत आवेश

- वैद्युत आवेश पदार्थ का वह गुण है, जिसके कारण वह वैद्युत व चुम्वकीय प्रभाव उत्पन्न या अनुभव करता है।

  आवेश, $q = ne$

  जहाँ, n = इलेक्ट्रॉनों की संख्या, e = इलेक्ट्रॉन पर आवेश है।
- वैद्युत आवेश का मात्रक कूलॉम होता है।
- एक इलेक्ट्रॉन पर आवेश 1.6×10^{-19} कूलॉम ऋणावेश के बराबर होता है।
- एक प्रोटॉन पर आवेश 1.6×10^{-19} कूलॉम धनावेश के बराबर होता है।

2 वैद्युत धारा

- किसी चालक में वैद्युत आवेश के प्रवाह की दर को वैद्युत धारा कहते हैं। यदि किसी चालक में t समय में q आवेश प्रवाहित हो, तो चालक में उत्पन्न वैद्युत धारा

  $$(I) = \frac{\text{आवेश } (q)}{\text{समय } (t)} = \frac{ne}{t} \qquad [\because q = ne]$$

  जहाँ, n = चालक में प्रवाहित इलेक्ट्रॉनों की संख्या है।
- वैद्युत धारा का मात्रक कूलॉम/सेकण्ड तथा SI मात्रक ऐम्पियर होता है।
- किसी परिपथ में वैद्युत धारा की माप **अमीटर** नामक उपकरण से की जाती है व इसे परिपथ में श्रेणीक्रम में लगाया जाता है। इसका प्रतिरोध निम्न होता है।

3 वैद्युत विभव

- एकांक धनावेश को अनन्त से किसी बिन्दु तक लाने में किया गया कार्य, उस बिन्दु का वैद्युत विभव कहलाता है। इसे V से प्रदर्शित करते हैं।
- यदि किसी आवेश को अनन्त से किसी बिन्दु तक लाने में कार्य किया जाए, तो उस बिन्दु का वैद्युत विभव, $V = \frac{W}{q_0}$

वैद्युत विभव (V) का मात्रक जूल/कूलॉम अथवा वोल्ट होता है।

- यदि अनन्त से किसी बिन्दु तक 1 कूलॉम आवेश लाने में 1 जूल कार्य किया जाए, तो उस बिन्दु का वैद्युत विभव 1 वोल्ट होगा।

4 विभवान्तर

- किसी वैद्युत परिपथ के दो बिन्दुओं के बीच एकांक आवेश को एक बिन्दु से दूसरे बिन्दु तक ले जाने में किए गए कार्य को उन बिन्दुओं के बीच विभवान्तर कहते हैं।
- किसी परिपथ में विभवान्तर की माप **वोल्टमीटर** नामक उपकरण से की जाती है व इसे परिपथ में समान्तर क्रम में लगाया जाता है। इसका प्रतिरोध उच्च होता है।

5 वैद्युत परिपथ

वैद्युत धारा के प्रवाह के बन्द मार्ग को वैद्युत परिपथ कहते हैं। प्रत्येक वैद्युत परिपथ में विभिन्न अवयव; जैसे—वैद्युत उपकरण, स्विच तार, आदि लगे होते हैं।

वैद्युत परिपथों में कुछ अवयवों के प्रतीक

परिपथ अवयव	विवरण	प्रतीक
वैद्युत सेल	दो बिन्दुओं के मध्य नियत विभवान्तर प्रदान करने हेतु	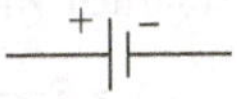
बैटरी	दो या दो से अधिक सेलों का श्रेणीक्रम संयोजन	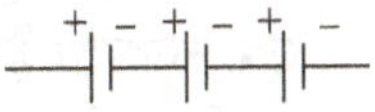
वैद्युत वल्ब	परिपथ अवयव	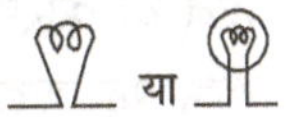
प्रतिरोध या प्रतिरोधक	परिपथ में धारा प्रवाह का नियन्त्रण	
परिवर्ती प्रतिरोध या धारा नियन्त्रक	परिवर्ती प्रतिरोध प्रदान करना या विभव विभाजक का कार्य करना	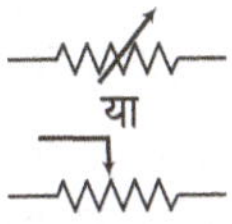
अमीटर	परिपथ में प्रवाहित धारा का मापन	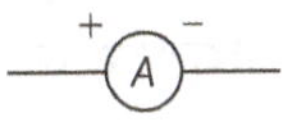
वोल्टमीटर	दो बिन्दुओं के मध्य विभवान्तर का मापन	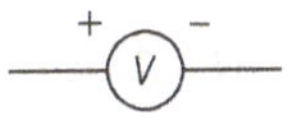
स्विच या प्लग कुंजी (खुली)	खुला परिपथ	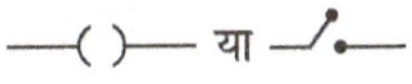
स्विच या प्लग कुंजी (वन्द)	वन्द परिपथ	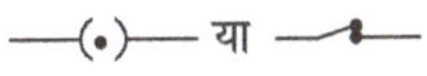
तार सन्धि	–	
तार क्रॉसिंग (बिना सन्धि के)	–	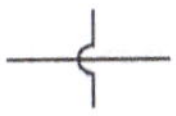

6 ओम का नियम

- ओम के नियम के अनुसार, यदि किसी चालक की भौतिक अवस्थाएँ (जैसे-लम्बाई, परिच्छेद का क्षेत्रफल, चालक का पदार्थ व ताप) अपरिवर्तित रहें, तो चालक में बहने वाली धारा, चालक के सिरों के विभवान्तर के अनुक्रमानुपाती होती है। यदि किसी चालक के सिरों पर लगा विभवान्तर V तथा उसमें बहने वाली धारा हो,

तब $I \propto V$ अथवा $V \propto I$ [नियत ताप पर]

अथवा $V = RI$ अथवा $I = \frac{V}{R}$

7 वैद्युत प्रतिरोध

- किसी चालक का वह गुण, जिसके कारण वह वैद्युत धारा के प्रवाह का विरोध करता है, चालक का प्रतिरोध अथवा वैद्युत प्रतिरोध कहलाता है। इसे R से व्यक्त करते हैं।

$$\text{अर्थात् प्रतिरोध } (R) = \frac{\text{विभवान्तर } (V)}{\text{धारा } (I)}$$

- प्रतिरोध का मात्रक वोल्ट/ऐम्पियर अथवा ओम होता है।

8 प्रतिरोध को प्रभावित करने वाले कारक

वैद्युत प्रतिरोध निम्न कारकों पर निर्भर करता है

(i) **लम्बाई** किसी भी चालक तार का प्रतिरोध R, चालक की लम्बाई l के अनुक्रमानुपाती होता है अर्थात्

$$R \propto l \quad \text{...(i)}$$

(ii) **क्षेत्रफल** किसी भी चालक तार का वैद्युत प्रतिरोध R, चालक के अनुप्रस्थ-काट के क्षेत्रफल A के व्युत्क्रमानुपाती होता है अर्थात्

$$R \propto \frac{1}{A} \quad \text{...(ii)}$$

(iii) पदार्थ की प्रकृति यदि समान लम्बाई व समान अनुप्रस्थ-काट के क्षेत्रफल के तारों को भिन्न-भिन्न पदार्थों द्वारा निर्मित किया जाता है, तो दोनों चालक तारों का प्रतिरोध भी भिन्न-भिन्न होता है।

9 विशिष्ट प्रतिरोध या प्रतिरोधकता

- किसी चालक का प्रतिरोध R, उसकी लम्बाई l के अनुक्रमानुपाती तथा समान अनुप्रस्थ-काट के क्षेत्रफल A के व्युत्क्रमानुपाती होता है।

$$\text{अर्थात् } R \propto \frac{l}{A} \text{ अथवा } R = \rho\frac{l}{A} \text{ अथवा } \rho = \frac{RA}{l}$$

- जहाँ, ρ एक नियतांक है, जिसका मान केवल चालक तार के पदार्थ पर निर्भर करता है। इसे पदार्थ का विशिष्ट प्रतिरोध अथवा विशिष्ट प्रतिरोधकता कहते हैं।
- विशिष्ट प्रतिरोध का मात्रक ओम-मी अथवा ओम-सेमी होता है।

10 प्रतिरोधों का संयोजन

संयोजन के प्रकार	संयोजन के चित्र	तुल्य प्रतिरोध
श्रेणीक्रम संयोजन	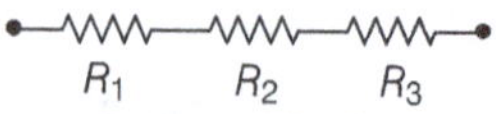	$R_{eq} = R_1 + R_2 + R_3$
समान्तर क्रम संयोजन	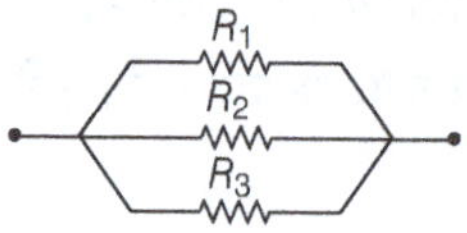	$\frac{1}{R_{eq}} = \frac{1}{R_1} + \frac{1}{R_2} + \frac{1}{R_3}$

11 वैद्युत ऊर्जा

- किसी चालक में वैद्युत आवेश प्रवाहित होने के कारण जो ऊर्जा व्यय होती है, उसे वैद्युत ऊर्जा कहते हैं।

  अतः वैद्युत ऊर्जा, W = विभवान्तर $\times$ आवेश

  $$W = V \times q \text{ जूल}$$

  किसी चालक में t सेकण्ड में व्यय वैद्युत ऊर्जा,

  $$W = VIt \text{ जूल} \quad [\because q = I \times t]$$

  यदि चालक का प्रतिरोध R ओम है, तो व्यय वैद्युत ऊर्जा,

  $$W = I^2Rt \text{ जूल} \quad [\because V = IR]$$

  [ओम के नियम से]

12 वैद्युत धारा का ऊष्मीय प्रभाव

- वैद्युत धारा के प्रवाह से किसी चालक तार के ताप बढ़ने की घटना को वैद्युत धारा का ऊष्मीय प्रभाव कहते हैं। इसे जूल का ऊष्मीय प्रभाव कहते हैं। इस नियम के अनुसार प्रतिरोध में उत्पन्न ऊष्मा
  (i) प्रतिरोध में प्रवाहित धारा के वर्ग के समानुपाती होती है।
  (ii) प्रतिरोध के समानुपाती होती है।
  (iii) उस समय के समानुपाती होती है, जिस समय के लिए धारा प्रतिरोध में प्रवाहित होती है।

वैद्युत ऊर्जा के विभिन्न रूपों में सूत्र निम्नलिखित हैं

$$H = I^2Rt = VI\,t = V^2\frac{t}{R} \text{ जूल} \quad \left[\because I = \frac{V}{R}\right]$$

धारा के ऊष्मीय प्रभाव का उपयोग वैद्युत बल्ब व वैद्युत में किया जाता है।

- जब कोई इलेक्ट्रॉन 1 वोल्ट के विभवान्तर द्वारा त्वरित होता है, तो उसके द्वारा अर्जित ऊर्जा 1 **इलेक्ट्रॉन-वोल्ट** कहलाती है।

  1 इलेक्ट्रॉन-वोल्ट (eV) $= 1.6 \times 10^{-19}$ जूल

- **वैद्युत बल्ब,** वैद्युत धारा के ऊष्मीय प्रभाव पर आधारित एक उपकरण है। जब वैद्युत बल्ब के तन्तु में धारा प्रवाहित की जाती है, तो तन्तु का प्रतिरोध अत्यधिक होने के कारण इसका तापमान 1500°C से 2500°C तक बढ़ जाता है, जिस कारण यह चमकने लगता है।
- कभी-कभी घरों में बिजली के तार आपस में संपर्क में आ जाते हैं, तो परिपथ में लघुपथन हो जाता है, जिस कारण उपकरणों में धारा का मान बढ़ जाता है, व इतनी अधिक ऊष्मा उत्पन्न हो जाती है, कि उपकरणों के जल जाने का भय रहता है। परिपथ के इस दोष को दूर करने हेतु जिस युक्ति का प्रयोग करते हैं, उसे **वैद्युत फ्यूज** कहते हैं।

13 वैद्युत सामर्थ्य अथवा वैद्युत शक्ति

- किसी वैद्युत परिपथ में वैद्युत ऊर्जा के व्यय होने की दर को वैद्युत सामर्थ्य अथवा वैद्युत शक्ति कहते हैं। इसे Â से प्रदर्शित करते हैं।

  $$\text{वैद्युत सामर्थ्य, } P = \frac{\text{ऊर्जा}}{\text{समय}}$$

- यदि किसी वैद्युत परिपथ में t सेकण्ड में W जूल ऊर्जा व्यय होती है, तो परिपथ की वैद्युत सामर्थ्य,

  $$P = \frac{W}{t}$$

- इसका मात्रक जूल/सेकण्ड अथवा वाट होता है।
- यान्त्रिकी में सामर्थ्य का व्यापारिक मात्रक अश्वशक्ति होता है।
  1 अश्वशक्ति = 746 वाट
- किसी परिपथ में जुड़े 1 किलोवाट के उपकरण में 1 घण्टे में व्यय होने वाली वैद्युत ऊर्जा 1 **किलोवाट-घण्टा** अथवा 1 **यूनिट** कहलाती है।

  किलोवाट-घण्टा अथवा यूनिटों की संख्या

  $$= \frac{\text{वाट} \times \text{घण्टे}}{1000} = \frac{\text{वोल्ट} \times \text{ऐम्पियर} \times \text{घण्टे}}{1000}$$

1 किलोवाट-घण्टा $= 3.6 \times 10^6$ जूल, 1 मेगावाट-घण्टा $= 10^6$ वाट-घण्टा

अध्याय 12. वैद्युत धारा के चुम्बकीय प्रभाव

1. चुम्बकीय क्षेत्र

- किसी चुम्बक के चारों ओर का वह क्षेत्र, जिसमें उस चुम्बक के प्रभाव का अनुभव किया जा सकता है, उसे चुम्बकीय क्षेत्र कहते हैं। यह एक सदिश राशि है तथा इसका मात्रक **टेस्ला** अथवा **वेबर/मीटर^2** होता है।

2. चुम्बकीय बल रेखाएँ

- किसी चुम्बकीय क्षेत्र में चुम्बकीय बल रेखाएँ वे काल्पनिक रेखाएँ हैं, जो उस स्थान में चुम्बकीय क्षेत्र की दिशा को अविरत प्रदर्शित करती हैं तथा इन रेखाओं के किसी बिन्दु पर खींची गई स्पर्श रेखा उस बिन्दु पर चुम्बकीय क्षेत्र की दिशा को प्रदर्शित करती है।

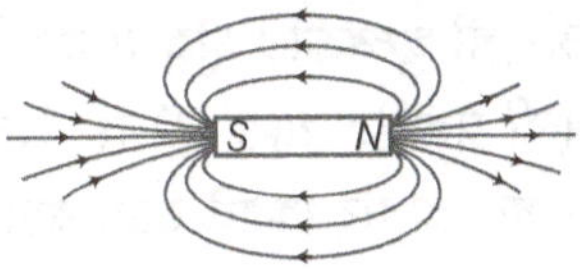

- चुम्बकीय बल रेखाओं के गुण निम्नलिखित हैं
  (i) चुम्बक के बाहर इन बल रेखाओं की दिशा उत्तरी ध्रुव से दक्षिणी ध्रुव की ओर तथा चुम्बक के अन्दर दक्षिणी ध्रुव से उत्तरी ध्रुव की ओर होती है।
  (ii) चुम्बकीय बल रेखाएँ बन्द वक्र के रूप में चलती हैं।
  (iii) चुम्बकीय बल रेखाएँ एक-दूसरे को कभी नहीं काटती हैं।
  (iv) चुम्बक के ध्रुवों के समीप, जहाँ चुम्बकीय क्षेत्र प्रबल होता है, वहाँ चुम्बकीय बल रेखाएँ पास-पास होती हैं तथा ध्रुव से दूर जाने पर चुम्बकीय क्षेत्र की प्रबलता घटती जाती है। अतः वहाँ चुम्बकीय बल रेखाएँ परस्पर दूर होती जाती हैं।
  (v) एकसमान चुम्बकीय क्षेत्र में बल रेखाएँ परस्पर समान्तर व बराबर दूरियों पर होती हैं।
  (vi) चुम्बकीय क्षेत्र की दिशा, चुम्बकीय बल रेखा के किसी बिन्दु पर स्पर्श रेखा द्वारा प्रदर्शित करते हैं।

3. किसी वैद्युत धारावाही चालक द्वारा उत्पन्न चुम्बकीय क्षेत्र

- सर्वप्रथम ऑरेस्टेड ने प्रयोगों के आधार पर यह पता लगाया कि जब किसी चालक में वैद्युत धारा प्रवाहित की जाती है, तो उसके चारों ओर चुम्बकीय क्षेत्र उत्पन्न होता है।

विभिन्न स्थितियों में धारावाही चालक द्वारा उत्पन्न चुम्बकीय क्षेत्र निम्न है

(i) **सीधे धारावाही चालक के कारण उत्पन्न चुम्बकीय क्षेत्र** जब किसी सीधे धारावाही चालक में धारा प्रवाहित करते हैं, तो चालक के समीप प्रेक्षण बिन्दु पर चुम्बकीय क्षेत्र उत्पन्न होता है। यह चुम्बकीय क्षेत्र चालक में प्रवाहित वैद्युत धारा के अनुक्रमानुपाती तथा प्रेक्षण बिन्दु की चालक से दूरी के व्युत्क्रमानुपाती होता है।

अर्थात् $B \propto \frac{I}{r}$

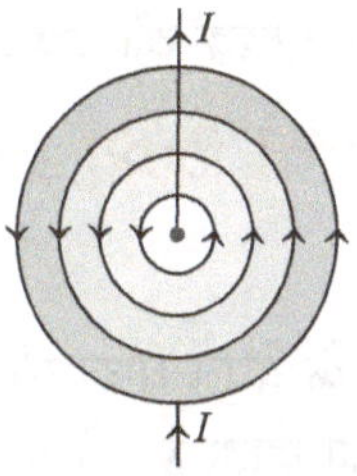

(ii) **वैद्युत धारावाही वृत्ताकार पाश (कुण्डली) के कारण चुम्बकीय क्षेत्र** किसी धारावाही पाश के कारण चुम्बकीय बल रेखाएँ चित्र द्वारा दर्शाई गई हैं। धारावाही वृत्ताकार पाश के प्रत्येक बिन्दु पर बने इसके चारों ओर चुम्बकीय क्षेत्र को प्रदर्शित करते हैं।

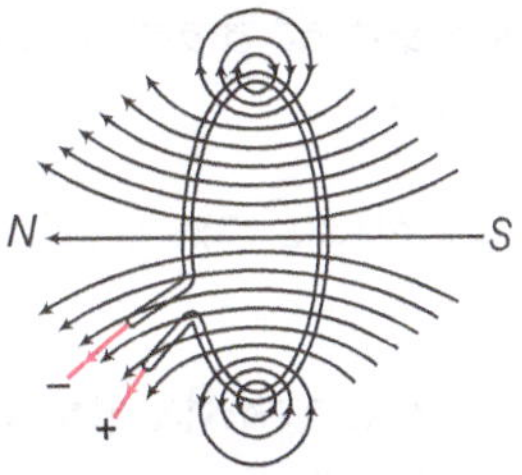

(iii) **धारावाही परिनालिका में प्रवाहित वैद्युत धारा के कारण चुम्बकीय क्षेत्र** किसी कुचालक बेलनाकार पाइप के ऊपर उसकी लम्बाई के अनुदिश एकसमान रूप से वैद्युतरोधी ताँबे के तारों को लपेटकर बनाई गई बहुत अधिक फेरों की कुण्डली, **परिनालिका** कहलाती है।

- परिनालिका के भीतर सभी बिन्दुओं पर चुम्बकीय क्षेत्र समान होता है।
- धारावाही परिनालिका के अन्दर गर्म लोहे की छड़ रखने पर चुम्बकीय क्षेत्र की तीव्रता बढ़ जाती है।

- धारावाही परिनालिका में धारा की दिशा बदलने पर परिनालिका की ध्रुवता बद्ल जाती है।

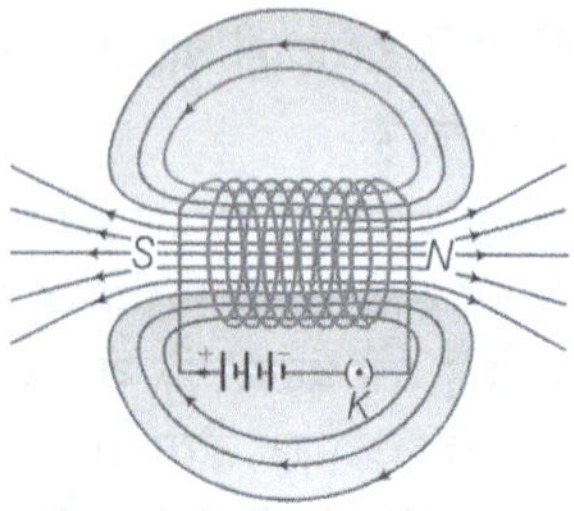

- परिनालिका के भीतर उत्पन्न प्रबल चुम्बकीय क्षेत्र का उपयोग किसी चुम्बकीय पदार्थ, जैसे–नम्र लोहे को परिनालिका के भीतर रखकर चुम्बक बनाने में किया जाता है। इस प्रकार बने चुम्बक को **वैद्युत चुम्बक** कहते हैं।

4. चुम्बकीय क्षेत्र में किसी वैद्युत धारावाही चालक पर बल

जब किसी l लम्बाई के वैद्युत धारावाही चालक को बाह्य चुम्बकीय क्षेत्र में रखा जाता है, तो बाह्य चुम्बकीय क्षेत्र के कारण धारावाही चालक पर बल लगता है, जो चालक को विस्थापित करता है।

अर्थात् चुम्बकीय बल,

$$F = ilB \sin\theta$$

जहाँ, B = चुम्बकीय क्षेत्र की तीव्रता, i = चालक में धारा, l = चालक की लम्बाई

तथा θ = चालक की लम्बाई तथा चुम्बकीय क्षेत्र की दिशा के बीच का कोण है।

- यदि धारावाही चालक, चुम्बकीय क्षेत्र के लम्बवत् ($\theta = 90°$) रखा है, तो इस पर चुम्बकीय क्षेत्र के कारण कार्यरत् बल का मान अधिकतम होता है।

इस प्रकार, चुम्बकीय क्षेत्र में गतिमान आवेश पर कार्यरत् बल,

$$F = qvB \sin\theta$$

जहाँ, θ गतिमान आवेश की दिशा तथा चुम्बकीय क्षेत्र की दिशा के बीच का कोण है।

5. मैक्सवेल के दाएँ हाथ के अँगूठे का नियम

इस नियम के अनुसार, यदि दाएँ हाथ में एक सीधे धारावाही चालक को इस प्रकार पकड़ें कि अँगुलियाँ तार पर लिपटी हों व अँगूठा धारा की दिशा में हो, तो लिपटी हुई अँगुलियों की दिशा चुम्बकीय बल-रेखाओं की दिशा को प्रदर्शित करेंगी।

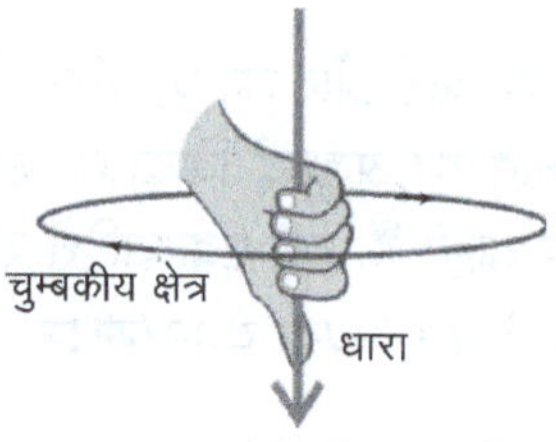

दाएँ हाथ के अँगूठे का नियम

6. फ्लेमिंग के बाएँ हाथ का नियम

इस नियम के अनुसार, यदि बाएँ हाथ के अँगूठे तथा उसके पास वाली दोनों अँगुलियों को इस प्रकार फैलाया जाए कि तीनों एक-दूसरे के लम्बवत् रहें, तब इस स्थिति में यदि प्रथम अँगुली चुम्बकीय क्षेत्र B की दिशा को तथा बीच वाली अँगुली प्रवाहित धारा (I) की दिशा को प्रदर्शित करे, तो अँगूठा चालक पर लगने वाले बल F की दिशा को प्रदर्शित करेगा।

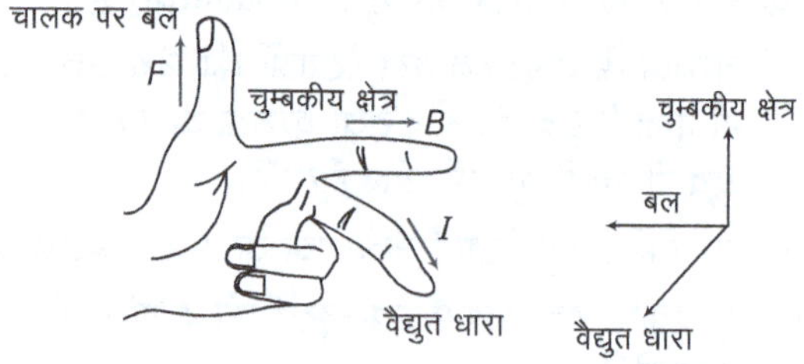

फ्लेमिंग के बाएँ हाथ का नियम

7. घरेलू वैद्युत परिपथ

बिजली घर में उत्पन्न बिजली दो मोटे ताँबे या एल्युमीनियम तारों द्वारा हमारे घरों तक आती है। इनमें लाल आवरण का तार वैद्युतमय तार है, जो 220 वोल्ट तथा 50 हर्ट्ज आवृत्ति पर है तथा दूसरा तार उदासीन है, जो काले आवरण में, शून्य विभव पर होता है।

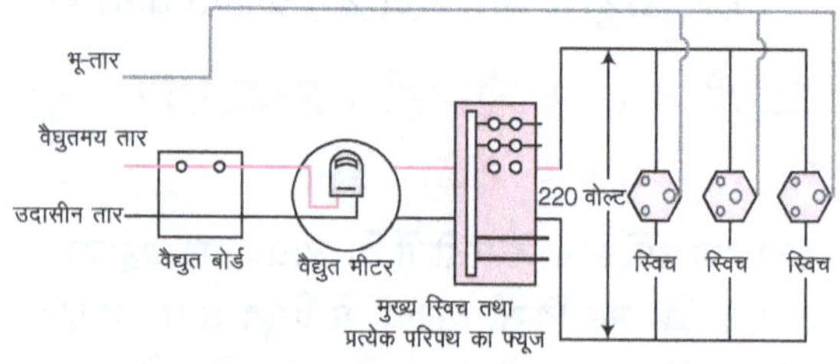

घरेलू वैद्युत वायरिंग का रेखाचित्र

- ये तार वैद्युत मीटर से एक फ्यूज द्वारा जुड़े रहते हैं। यह फ्यूज, मुख्य फ्यूज कहलाता है। ये तार, घरों में वैद्युतमय तार से मुख्य स्विच द्वारा जोड़ दिए जाते हैं।

8. घरेलू वैद्युत परिपथ के विभिन्न घटक तथा उनका कार्य

भू-योजन

वैद्युत शॉक से बचने के लिए, धातु के आवरण युक्त उपकरणों का भू-योजन कर दिया जाता है। भू-योजन से तात्पर्य उसे शून्य विभव पर करना है। घर की वायरिंग में हरे रंग का तार उदासीन तार होता है। यह भू-योजन वैद्युत शॉक से बचाता है।

लघुपथन

जब लघुपथन होता है, तो धारा बढ़ जाती है तथा फ्यूज तार गल जाता है और परिपथ भंग हो जाता है। इससे वायरिंग को कोई क्षति नहीं पहुँचती है।

अतिभारण

जब अधिक पावर के अनेक वैद्युत उपकरणों को एक साथ चलाया जाता है, तो वे परिपथ अधिक धारा लेते हैं। इस स्थिति में बहुत अधिक ऊष्मा उत्पन्न होती है। यह आग उत्पन्न कर सकती है।

फ्यूज

यह टिन तथा शीशे के मिश्रधातु का बना तार होता है। जिसका गलनांक $200°C$ होता है। इसका उपयोग वायरिंग को अतिभारण तथा लघुपथन से बचाना होता है।

9. विद्युत से खतरों के कारण

विद्युत से खतरों के निम्नलिखित कारण होते हैं

(i) यदि उपकरणों से जुड़े तारों का सम्बन्ध ढीला होता है, तो तारों में आग लगने की संभावना रहती है।

(ii) यदि स्विच की संरचना में दोष हो तथा स्विच से तारों का सम्बन्ध दोषयुक्त होता है, तो स्विच में आग लग सकती है तथा वैद्युत उपकरण के जलने की संभावना रहती है।

10. वैद्युत खतरों से बचाव एवं सावधानियाँ

वैद्युत खतरों से बचाव एवं आवश्यक सावधानियाँ निम्नलिखित हैं

(i) वैद्युत परिपथ में प्रयुक्त तार उच्च कोटि का होना चाहिए तथा उसके ऊपर विद्युतरोधी पदार्थ का आवरण ठीक प्रकार से लगा होना चाहिए।

(ii) परिपथ में जुड़े सभी अवयवों के टर्मिनलों से संयोजक तार अच्छे प्रकार से संयोजित होने चाहिए।

(iii) यदि दो तारों को आपस में जोड़ा जाता है, तो उन पर विद्युतरोधी टेप (*Tape*) ठीक प्रकार से लगानी चाहिए।

अध्याय 13 हमारा पर्यावरण

- 'जीव के चारों ओर उपस्थित वह क्षेत्र, जो उन्हें घेरे रहता है तथा उसकी जैविक क्रियाओं पर प्रत्यक्ष या अप्रत्यक्ष रूप से प्रभाव डालता है, पर्यावरण कहलाता है। इस परिवृत्ति में जीव से सम्बन्धित वे सभी तत्व, वस्तुएँ, स्थितियाँ और दशाएँ सम्मिलित हैं, जो जीवों के जीवन एवं विकास को प्रभावित करती हैं।

1. पारितन्त्र

- जीवों व पर्यावरण के मध्य होने वाले पारस्परिक सम्बन्धों से बने तन्त्र को पारितन्त्र या पारिस्थितिक तन्त्र कहते हैं।
- इकोसिस्टम (*Ecosystem*) शब्द का सर्वप्रथम प्रयोग ए. जी. टैन्सले (*AG Tansley*) ने सन् 1935 में किया था।
- पारितन्त्र के दो मुख्य प्रकार होते हैं-प्राकृतिक (वन, महासागर, घास के मैदान, तालाब, झील, रेगिस्तान) एवं कृत्रिम (मछलीघर, खेत)।

2. पारिस्थितिक तन्त्र के घटक

पारिस्थितिक तन्त्र का निर्माण दो घटकों के मिलने से होता है;

(i) **जैविक घटक** पारिस्थितिक तन्त्र के जैविक घटकों में सजीवों को सम्मिलित किया जाता है; जैसे-पादप, जन्तु, जीवाणु, आदि। इनका पारिस्थितिक तन्त्र में महत्त्वपूर्ण स्थान होता है। पोषण के आधार पर जैविक घटकों को भी निम्न भागों में बाँटा जा सकता है

(a) **स्वपोषी घटक या उत्पादक** वे सभी जीव जो सूर्य के प्रकाश एवं क्लोरोफिल की उपस्थिति में प्रकाश-संश्लेषण (*Photosynthesis*) द्वारा सरल

अकार्बनिक पदार्थों से जटिल कार्बनिक पदार्थ जैसे शर्करा का निर्माण करते हैं, स्वपोषी या उत्पादक जीव कहलाते हैं।

इसके अन्तर्गत समस्त हरे पादप, प्रकाश-संश्लेषी जीवाणु तथा सायनोबैक्टीरिया आते हैं।

(b) **विषमपोषी घटक या उपभोक्ता** ऐसे जीव, जो स्वपोषी घटकों द्वारा निर्मित भोजन से प्रत्यक्ष या अप्रत्यक्ष रूप से अपने पोषण (*Nutrition*) की प्राप्ति करते हैं, विषमपोषी या उपभोक्ता कहलाते हैं; जैसे- खरगोश, चूहा, मेंढक, शेर, मनुष्य, आदि।

उपभोक्ताओं को मुख्यतया शाकाहारी, माँसाहारी, सर्वाहारी एवं परजीवी में बाँटा गया है।

(c) सूक्ष्म उपभोक्ता या मृतोपजीवी या अपघटक वे सूक्ष्मजीव, जो पादप व जंतुओं के मृत शरीर के जटिल कार्बनिक पदार्थों को सरल अकार्बनिक पदार्थों में तोड़कर अपना भोजन प्राप्त करते हैं, अपघटक कहलाते हैं; जैसे-मृतोपजीवी जीवाणु एवं कवक।

(ii) **अजैविक घटक** इनमें सभी निर्जीव पदार्थ सम्मिलित हैं। ये परितन्त्र में जीवों की विविधता एवं संख्या को प्रभावित करते हैं। ये निम्न प्रकार हैं

(a) प्रकाश (b) तापमान

(c) जल (d) वायु

3. खाद्य शृंखला

- पारिस्थितिक तन्त्र में सभी जीव भोजन ग्रहण करने के लिए एक-दूसरे से परस्पर जुड़े रहते हैं और एक शृंखला बनाते हैं। यह एक दिशीय एवं सरल अन्तर्सम्बन्ध शृंखला खाद्य शृंखला कहलाती है।
- खाद्य शृंखला में भोजन के रूप में ऊर्जा का प्रवाह विभिन्न पदों या स्तरों के द्वारा होता है। इन पदों या स्तरों को पोषक स्तर (*Trophic level*) कहते हैं, जो निम्न प्रकार के होते हैं

(i) किसी भी खाद्य शृंखला का प्रथम पोषी स्तर उत्पादक या स्वपोषी पादप होते हैं।

(ii) वे जीव जो अपना भोजन सीधे ही उत्पादकों या पादपों से प्राप्त करते हैं, प्राथमिक उपभोक्ता अथवा शाकाहारी (*Herbivores*) कहलाते हैं और ये खाद्य शृंखला में द्वितीय पोषी स्तर पर आते हैं; जैसे-खरगोश, बकरी, आदि।

(iii) ऐसे जीव जो शाकाहारी जन्तुओं का शिकार करके अपने भोजन की प्राप्ति करते हैं, प्राथमिक स्तर के माँसाहारी (*Primary carnivores*) या द्वितीय श्रेणी के उपभोक्ता कहलाते हैं और खाद्य शृंखला का तृतीय पोषी स्तर बनाते हैं; जैसे-मेंढक, लोमड़ी, सर्प, भेड़िया, आदि।

(iv) तृतीय श्रेणी उपभोक्ता या द्वितीयक माँसाहारी (*Secondary carnivores*) जन्तुओं द्वारा खाद्य शृंखला के चतुर्थ पोषी स्तर का निर्माण होता है। इन्हें सर्वोच्च उपभोक्ता (*Top consumers*) भी कहते हैं; जैसे-मानव, भालू, शेर, बाघ, आदि।

4. खाद्य जाल

- जब अनेक प्रकार की खाद्य शृंखलाएँ आपस में जुड़ जाती हैं, तो पारितन्त्र में अन्तर्सम्बन्धों का स्वरूप एक जाल की भाँति दिखाई देता है, इस जटिल अन्तर्सम्बन्धों के जाल को खाद्य जाल कहते हैं। यह जीवों के समुदायों के मध्य सम्बन्धों को प्रदर्शित करता है।

5. पारिस्थितिक तन्त्र में ऊर्जा प्रवाह

- पृथ्वी पर सूर्य का प्रकाश ही सभी जीवों के लिए ऊर्जा का मुख्य स्त्रोत है। सूर्य से प्राप्त प्रकाश के उपयोग की क्षमता केवल उत्पादकों में होती है। उत्पादक प्रकाश-संश्लेषण की क्रिया द्वारा सौर ऊर्जा को रासायनिक ऊर्जा में परिवर्तित कर देते हैं।
- अतः पारिस्थितिक तन्त्र में एक पोषी स्तर से दूसरे पोषी स्तर में ऊर्जा का स्थानान्तरण भोजन के रूप में होता है, जिसे ऊर्जा प्रवाह (*Energy flow*) कहते हैं। यह एकदिशीय होता है।
- लिण्डमान के ऊर्जा स्थानान्तरण के 10% नियम के अनुसार, किसी पारितन्त्र में एक जीव या पोषी स्तर से दूसरे जीव या पोषी स्तर में ऊर्जा के केवल 10% भाग ही स्थानान्तरण होता है तथा शेष भाग जीवों द्वारा अपने स्वयं के विभिन्न क्रियाकलापों; जैसे-उत्सर्जन, श्वसन, आदि में व्यर्थ हो जाता है।

6. जैव आवर्धन

- *DDT, BHC, Hg* जैसे अजैव निम्नीकृत पदार्थ मिट्टी एवं जल स्रोत से पारितन्त्र की खाद्य शृंखला में प्रवेश कर जाते हैं और प्रत्येक पोषी स्तर पर उत्तरोत्तर संग्रहित होते जाते हैं।

- सर्वोच्च उपभोक्ता तक पहुँचने तक इनकी सान्द्रता कई 100 गुना बढ़ जाती है। यह घटना जैव आवर्धन या जैविक आवर्धन कहलाती है।

7. मानव का प्राकृतिक पर्यावरण पर प्रभाव

वर्तमान में प्राकृतिक संसाधनों के अत्यधिक दोहन, औद्योगिक विकास, वनोन्मूलन, जनसंख्या वृद्धि, आदि मानवीय क्रियाकलाप पर्यावरण को बहुत अधिक प्रदूषित एवं असन्तुलित कर रहे हैं। इन मानवीय क्रियाकलापों के कारण उत्पन्न प्रमुख पर्यावरणीय समस्याएँ निम्न हैं

8. ओजोन परत अपक्षय

- वायुमण्डल में भू-सतह से लगभग 50 किमी ऊपर समतापमण्डल (*Stratosphere*) में ओजोन (O_3) गैस का एक सघन स्तर पाया जाता है, जिसे ओजोन परत (*Ozone layer*) कहते हैं।
- यह गैसीय परत सूर्य से आने वाली हानिकारक पराबैंगनी (*Ultraviolet or UV*) किरणों को अन्तरिक्ष में अवशोषित एवं परावर्तित कर जैवमण्डल की सुरक्षा करती है। ये UV विकिरण मानव में त्वचा का कैंसर उत्पन्न करती हैं।
- समतापमण्डल में सन् 1980 से प्राण रक्षक ओजोन की परत पतली होती जा रही है, जिसे ओजोन छिद्र (*Ozone hole*) कहते हैं। इसका मुख्य कारण मानव द्वारा CFCs (*Chlorofluorocarbons*) का अत्यधिक उपयोग है।
- इनमें फ्रेऑन (*Freon*) सबसे अधिक घातक क्लोरोफ्लोरोकार्बन (CFC) गैस है, जिसका प्रयोग प्रशीतलक के रूप में रेफ्रिजरेटर, एअरकंडिशनर, गद्देदार सीट या सोफों में काम आने वाली फोम तथा ऐरोसॉल स्प्रे में होता है।

9. ठोस अपशिष्ट तथा इसका प्रबन्धन

- हम अपने दैनिक जीवन में अनेक अनुपयोगी या अवाँछित वस्तुओं का निष्कासन करते हैं, जो अपशिष्ट कहलाती हैं।
- अपघटन के आधार पर अपशिष्ट दो प्रकार के होते हैं, जो निम्नलिखित हैं

(i) जैवनिम्नीकृत अपशिष्ट

- वे पदार्थ, जो वातावरण में कुछ समय बाद स्वत: ही ऊष्मा या सूक्ष्मजीवों की क्रियाओं द्वारा नष्ट या अपघटित हो जाते हैं, जैव-निम्नीकृत अपशिष्ट कहलाते हैं।
- ये पुन: स्रोत में परिवर्तित हो सकते हैं;
  उदाहरण-कार्बनिक कचरा (जैसे-जूट, फलों तथा सब्जियों के छिलके, मृत देह, मल, आदि), वाहित मल, आदि।
- कार्बनिक अपशिष्टों या जैवनिम्नीकृत पदार्थों के अपघटन से खाद एवं जैव-गैस (*Biogas*) का उत्पादन किया जाता है, जो क्रमश: खेतों में उर्वरक के रूप में एवं भोजन पकाने में प्रयुक्त होती है।

(ii) अजैवनिम्नीकृत अपशिष्ट

- वे अपशिष्ट जो सूक्ष्मजीवों की अपघटन की क्रियाओं द्वारा विघटित होकर उपयोगी पदार्थ में परिवर्तित नहीं होते हैं, अजैवनिम्नीकृत अपशिष्ट कहलाते हैं। जैसे- काँच, प्लास्टिक, DDT, आदि।
- ठोस अपशिष्टों के कारण जल तथा भूमि प्रदूषण होता है तथा अनेक संक्रामक बीमारियाँ उत्पन्न हो जाती हैं। अत: अत: इनका उचित निस्तारण आवश्यक है।
- वर्तमान में ठोस अपशिष्ट के नियन्त्रण के लिए 3R (*Reduce, Reuse and Recycling*) अर्थात् अपशिष्ट के उत्पादन में कमी लाना, पुरानी वस्तुओं को पुन: उपयोग करना तथा पुन:चक्रण तकनीक के उपयोग को बढ़ावा दिया जा रहा है।